Peter Müller

Einstieg in WordPress

Liebe Leserin, lieber Leser,

WordPress hat nach seiner Einführung im Jahre 2003 eine steile Karriere hingelegt. Von einer anfänglichen Blog-Software ist es zu einem vollwertigen Content-Management-System herangewachsen. Heute ist WordPress zum Standard für die Erstellung von Internetseiten geworden. Gut 25 % aller Websites weltweit basieren auf WordPress! Dies hat natürlich seine Gründe: WordPress ist besonders leicht zu bedienen, und es lassen sich damit bequem eigene Projekte im Netz umsetzen. Mit diesem Einstieg wird Ihnen der Zugang noch leichter gemacht. Sie müssen dabei über keine besonderen Vorkenntnisse in der Webentwicklung verfügen.

Peter Müller erklärt Ihnen in seiner unnachahmlichen und unterhaltsamen Art, wie Sie Ihre erste Website mit WordPress erstellen. Dabei zeigt er Ihnen den gesamten Prozess: von der ersten Planung über die Installation der Software, der Befüllung der Website mit Texten, Bildern, Videos und Musik, die Anpassung des Layouts bis hin zur Erweiterung mit Plug-ins und vorgefertigten Modulen (Widgets). Zahlreiche Schritt-für-Schritt-Anleitungen ermöglichen die praktische Umsetzung spannender Features. Auf *www.rheinwerk-verlag.de/4215* finden Sie zudem die verwendeten Materialien zum Buch.

Die 2. Auflage dieses Buchs hat Peter Müller gründlich aktualisiert und an vielen Stellen inhaltlich erweitert. So finden Sie nun ein eigenes Kapitel zur Suchmaschinenoptimierung und eine ausführliche Berücksichtigung des neuen Standard-Themes »Twenty Sixteen«.

Um die Qualität unserer Bücher zu gewährleisten, stellen wir stets hohe Ansprüche an Autoren und Lektorat. Falls Sie dennoch Anmerkungen und Vorschläge zu diesem Buch formulieren möchten, so freue ich mich über Ihre Rückmeldung.

Und nun wünsche ich Ihnen viel Spaß und Erfolg mit WordPress!

Ihr Stephan Mattescheck
Lektorat Rheinwerk Computing

stephan.mattescheck@rheinwerk-verlag.de
www.rheinwerk-verlag.de
Rheinwerk Verlag · Rheinwerkallee 4 · 53227 Bonn

Auf einen Blick

Wir hoffen, dass Sie Freude an diesem Buch haben und sich Ihre Erwartungen erfüllen. Bitte teilen Sie uns doch Ihre Meinung mit. Eine E-Mail mit Ihrem Lob oder Tadel senden Sie direkt an den Lektor des Buches: *stephan.mattescheck@rheinwerk-verlag.de*. Im Falle einer Reklamation steht Ihnen gerne unser Leserservice zur Verfügung: *service@rheinwerk-verlag.de*. Informationen über Rezensions- und Schulungsexemplare erhalten Sie von: *sebastian.mack@rheinwerk-verlag.de*.

Informationen zum Verlag und weitere Kontaktmöglichkeiten finden Sie auf unserer Verlagswebsite *www.rheinwerk-verlag.de*. Dort können Sie sich auch umfassend und aus erster Hand über unser aktuelles Verlagsprogramm informieren und alle unsere Bücher versandkostenfrei bestellen.

An diesem Buch haben viele mitgewirkt, insbesondere:

Lektorat Stephan Mattescheck, Erik Lipperts
Fachgutachten Annette Schwindt
Korrektorat Annette Lennartz
Einbandgestaltung Daniel Kratzke
Coverbilder Shutterstock_61316674 © Valua Vitaly, 127635929 © Iancu Cristian, 139363592 © Optimarc
Typografie und Layout Vera Brauner
Herstellung Denis Schaal
Satz III-satz, Husby
Druck und Bindung C. H. Beck, Nördlingen

Dieses Buch wurde gesetzt aus der TheAntiquaB (9,35/13,7 pt) in FrameMaker.
Gedruckt wurde es auf chlorfrei gebleichtem Offsetpapier (90 g/m²).

Bibliografische Information der Deutschen Nationalbibliothek:
Die Deutsche Nationalbibliothek verzeichnet diese Publikation in der Deutschen National-
bibliografie; detaillierte bibliografische Daten sind im Internet über *http://dnb.d-nb.de* abrufbar.

ISBN 978-3-8362-4301-8
© Rheinwerk Verlag GmbH, Bonn 2016
2., aktualisierte Auflage 2016

Inhalt

3   WordPress installieren 53

4   Die ersten Schritte im Backend von WordPress   81

TEIL II   Inhalte: Texte, Bilder und Multimedia

5   Die ersten Seiten und Beiträge   112

6   Texte schreiben in WordPress   141

7   Die Mediathek: Bilder und Galerien

8   Multimedia: Sounds und Videos   218

9   Kommentare: Interaktion mit Besuchern   233

TEIL III   Themes: Das Design Ihrer Website

11   Das Menü »Design«: Themes anpassen   278

12   Ein Theme installieren und ausprobieren   310

13   Das richtige Theme finden 333

TEIL IV   Plugins: WordPress erweitern

<table>
<tr><td>

14   WordPress erweitern: Plugins installieren

</td><td>

356

</td></tr>
</table>

15   Jetpack – die Plugin-Sammlung von Automattic   383

16 Kontaktformular, Beiträge teilen und Spamschutz 401

TEIL V   Systemverwaltung und Tipps & Tricks

17 SEO – die Optimierung für Suchmaschinen 422

19   Tipps und Tricks

Geleitwort

Das Buch »Einstieg in WordPress 4« empfehle ich seit seiner Veröffentlichung all meinen Kunden und Followern, die sich in das Content-Management-System WordPress einarbeiten wollen. Peter Müller erklärt so wunderbar anschaulich, wie das Konzipieren einer Website mit oder ohne Blog funktioniert, wie Seiten und Beiträge erstellt und mit zusätzlichen Funktionen wie Bildergalerien, Kontaktformularen und Plugins erweitert werden können. Selbst ich als erfahrener WordPress-Nutzer habe beim Begleiten der Entstehung des Buches noch das ein oder andere dazugelernt.

Im Gegensatz zur 1. Auflage habe ich diesmal Peters Arbeit allein begleitet. Daher brauchten wir dafür auch keine Facebook-Gruppe mehr, sondern haben uns über die Projektmanagement-App Trello und wie gewohnt via Dropbox organisiert. Das erwies sich als ziemlich effizient, auch wenn die Kommentarfunktionen in beiden Diensten noch zu wünschen übrig lassen. Und zu besprechen gab es bei dieser Neuauflage einiges. Die alten Kapitel wurden nicht bloß aktualisiert, sondern auch umgestellt, einiges Alte flog raus, Neues kam hinzu.

Da WordPress inzwischen längst nicht mehr nur Blogsystem, sondern ein richtiges Content-Management-System ist, hat Peter die Variante Website ohne Blog noch deutlicher hervorgehoben. Fakt bleibt aber, dass, wer heute eine funktionierende Kommunikationsbasis haben möchte, um einen Bereich für aktuelle Beiträge (der dann via Blog umgesetzt wird) nicht herumkommt.

Niemand besucht Websites, nur weil sie da sind. Wer keine fortlaufend neuen Beiträge zum Weitersagen in Social Media hat, der wird früher oder später im suchmaschinentechnischen Nirwana landen. Dasselbe gilt für diejenigen, die ihre Website nicht responsiv gestalten und nicht auf möglichst geringe Ladezeiten achten. Auch in dieser Hinsicht gibt Peter Müller in diesem Buch hilfreiche Tipps.

Zu den neuen Inhalten dieser 2. Auflage gehören auch Empfehlungen für Plugins, die wir natürlich vorher getestet haben. Das Fachsimpeln über die jeweiligen Vor- und Nachteile solcher Helfer macht mir immer besonderen Spaß. Und es zeigte sich mal wieder: Trotz Multitalenten wie Jetpack oder Spezialisten für einzelne Funktionen – das rundum perfekte Plugin gibt es nicht. Außerdem neu: Das bisher nur als Download verfügbare Zusatzkapitel zum Thema Suchmaschinenoptimierung (SEO) wurde direkt mit ins Buch aufgenommen und ebenfalls aktualisiert.

Das Thema WordPress bleibt also spannend. Daher hoffe ich, dass auch diese Auflage von »Einstieg in WordPress 4« auf reges Interesse stößt und vielen Website-Betreibern dabei hilft, ihre Webpräsenz ins 21. Jahrhundert zu führen. Und dir, Peter, danke ich für die wie immer geniale Zusammenarbeit, die nie »made of ticky tacky« ist, sondern immer bereichernd für beide Seiten. Ich werde auch diese Auflage meinen Followern und Kunden wärmstens ans Herz legen!

Bonn,
Annette Schwindt

Vorwort

WordPress ist ein Phänomen. Das 2003 von Matt Mullenweg gestartete Projekt ist quasi zum Standard geworden und inzwischen der Motor hinter mehr als 25 % *aller* Websites im World Wide Web.

Dieses Buch ist Ihre Eintrittskarte in das WordPress-Universum. Schritt für Schritt werden Sie mit übersichtlichen ToDo-Kästchen durch den gesamten Prozess der Erstellung einer WordPress-Website geführt: von der Planung über die Installation, den Aufbau der Website, das Füllen mit Inhalten, die Gestaltung mithilfe von Themes und die Erweiterung mit Plugins bis hin zur Wartung der fertigen Website.

Für wen ist dieses Buch?

»Einstieg in WordPress« ist für alle, die gerne eine professionelle Website mit Word-Press hätten und denen die Kombination aus wenig Webwissen und begrenztem Budget bekannt vorkommt, z. B.:

▶ Privatpersonen

▶ Schulen und Vereine

▶ kleine und mittlere Firmen

▶ Läden, Kneipen und Cafes

▶ öffentliche und kirchliche Einrichtungen (Kindergärten etc.)

▶ Selbstständige und Existenzgründer

Aber auch wenn Sie bereits eine Website haben oder schon mit WordPress arbeiten, kann Ihnen das Buch weiterhelfen:

▶ Sie haben von WordPress gehört und möchten wissen, ob das vielleicht auch für Ihre Website in Frage kommt.

▶ Sie erstellen bereits Inhalte mit WordPress, haben aber das Gefühl, dass eine gut strukturierte Einführung Ihnen weiterhelfen würde.

▶ Sie haben schon eine WordPress-Website, möchten das Programm aber gerne einmal so richtig gründlich kennenlernen.

Sollten Sie sich bisher noch nicht angesprochen fühlen, blättern Sie einfach ein wenig. Wenn Sie das, was Sie dort lesen, interessant finden, dann ist dieses Buch für Sie.

Was Sie bereits wissen sollten

Die mit Abstand wichtigsten Voraussetzungen zur Lektüre dieses Buches sind Spaß am Lernen und der Wunsch, eine eigene WordPress-Website erstellen und betreiben zu wollen. Das Buch erfordert ansonsten keinerlei Vorwissen in Sachen Webdesign, und Sie müssen nichts über Sprachen wie HTML, CSS, JavaScript oder PHP wissen. Sie sollten mit einem Computer umgehen können, und Dinge wie Ordner erstellen, Dateien kopieren und verschieben, Programme installieren oder ZIP-Dateien entpacken sollten Ihnen keine Schwierigkeiten bereiten.

Außerdem sollten Sie einen nicht zu langsamen Internetzugang haben und mit einem modernen Browser wie Google Chrome, Mozilla Firefox, Safari oder Microsoft Edge regelmäßig im Web unterwegs sein, idealerweise auch mit Tablet oder Smartphone.

Kurzum: Je mehr Sie sich im Web zu Hause fühlen, desto leichter wird es Ihnen fallen, bei der Erstellung Ihrer Website die richtigen Entscheidungen zu treffen.

Der Aufbau des Buches

Das Buch besteht aus fünf großen Teilen:

▶ **Teil I – WordPress kennenlernen** ist die Einleitung. Sie lernen den Unterschied zwischen WordPress.com und WordPress.org kennen, machen sich ein paar Gedanken zu Ihrer Website, installieren WordPress und richten es ein.

▶ **Teil II – Inhalte: Texte, Bilder und Multimedia**: Von der Erstellung von Texten auf Seiten und Beiträgen geht die Reise über die Mediathek und das Einfügen von Bildern, Audio und Video bis hin zur Verwaltung von Kommentaren und zu einem kurzen Crashkurs zum Arbeiten mit HTML im WordPress-Editor.

▶ **Teil III – Themes: Das Design Ihrer Website**: Themes bestimmen das Aussehen Ihrer WordPress-Website, und es gibt buchstäblich Millionen davon. Sie lernen, wie man Themes installiert und anpasst, was Widgets sind und wie man sie einfügt, wie man Menüs zur Navigation erstellt und worauf Sie bei der Suche nach einem passenden Theme achten sollten.

▶ **Teil IV – Plugins: WordPress erweitern**: Plugins erweitern WordPress um neue Funktionen. Sie installieren Plugins, erstellen Bildergalerien, fügen ein Kontaktformular hinzu, schützen sich vor Spam und optimieren Ihre Beiträge und Seiten für Suchmaschinen und das Teilen in den sozialen Netzen.

▶ **Teil V – Systemverwaltung und Tipps & Tricks**: Im letzten Teil geht es um die Systemverwaltung: das Einrichten mehrerer Benutzer, die Erstellung einer Sicherheitskopie und das Updaten von WordPress, Themes und Plugins. Zum Abschluss lernen Sie noch einige Tipps und Tricks zur Arbeit mit WordPress kennen.

Die zweite Auflage

Für die zweite Auflage wurde das Buch *komplett* überarbeitet, aktualisiert, an einigen Stellen gestrafft und an anderen erweitert.

Basis für das Kennenlernen von WordPress ist jetzt das Standard-Theme *Twenty Sixteen*, mit dem Sie eine Website inklusive Startseite und Newsbereich erstellen. Dadurch ist das Buch mehr auf eine klassische Website ausgerichtet und weniger blogorientiert als in der ersten Auflage.

Anschließend werden diverse neue Plugins vorgestellt und das vormals als PDF-Download erhältliche SEO-Kapitel zur Optimierung von Inhalten für Suchmaschinen und das Weitersagen in Social Media ist jetzt als Kapitel 17 im Buch integriert.

Die Website zum Buch

Beispieldateien, aktuelle Infos zu WordPress und Updates zum Buch finden Sie auf der Website zum Buch:

▶ *wpbuch.pmueller.de*

Schauen Sie mal vorbei. Eine solche Website erstellen Sie im Laufe des Buches.

Vielen Dank

An die weltweite WordPress-Community, dafür, dass es WordPress gibt.

An Annette Schwindt als Fachlektorin für die wie immer tolle Zusammenarbeit.

An meinen Lektor Stephan Mattescheck für die Idee zu diesem Buch.

Und an Sie als Leser.

Ich wünsche Ihnen viel Spaß und Erfolg bei der Erstellung Ihrer Website mit WordPress.

TEIL I
WordPress kennenlernen

Kapitel 1

WordPress – der Motor für Ihre Website

Worin zunächst die wichtigsten Begriffe zum World Wide Web vorgestellt werden. Außerdem erfahren Sie, warum WordPress die Arbeit mit Websites vereinfacht und was der Unterschied zwischen WordPress.org und WordPress.com ist.

Die Themen im Überblick:

- ▶ Das Web ist ein weltweites Gewebe aus Hyperlinks, Seite 28
- ▶ WordPress vereinfacht das Veröffentlichen im Web, Seite 33
- ▶ Das Eigenheim: WordPress auf »wordpress.org«, Seite 37
- ▶ Die Mietwohnung: WordPress auf »wordpress.com«, Seite 39
- ▶ Auf einen Blick, Seite 41

WordPress ist der Motor hinter mehr als 25 % aller Websites. Wie es dazu kam und welche beiden verschiedenen Arten von WordPress es gibt, erfahren Sie in diesem einführenden Kapitel. Aber zunächst ein paar Worte zum Web selbst.

1.1 Das Web ist ein weltweites Gewebe aus Hyperlinks

Ihre Website wird ein Teil des World Wide Web sein, und deshalb möchte ich Ihnen zunächst in aller Kürze die wichtigsten Grundbegriffe zum Web vorstellen. Falls Ihnen Begriffe wie *Websites*, *Webseiten*, *URL*, *Webspace* und *Webserver*, *Quelltext* oder *responsiv* geläufig sind, überfliegen Sie diesen Abschnitt einfach. WordPress kommt direkt danach.

1.1.1 Das Web besteht aus Webseiten und Hyperlinks

Das Grundprinzip des Web ist ebenso genial wie einfach:

- ▶ Alle Informationen werden auf Webseiten dargestellt.
- ▶ Jede Webseite hat eine weltweit einmalige Adresse.

▶ Ein Hyperlink ist ein Querverweis auf eine Webadresse.

▶ Hyperlinks verbinden die Webseiten miteinander.

Um eine Webseite zu betrachten, verwendet man einen *Browser* wie Google Chrome, Mozilla Firefox, Opera, Safari, Internet Explorer oder Microsoft Edge. Es gibt Milliarden solcher Webseiten, die auf über die ganze Welt verteilten Computern gespeichert und über Hyperlinks miteinander verbunden sind.

Hyperlinks verknüpfen Webseiten also miteinander, und durch diese virtuellen Verknüpfungen entsteht ein weltweites Gewebe aus Webseiten, das *World Wide Web*. Anders ausgedrückt:

Hyperlinks sind die Fäden, aus denen das World Wide Web gesponnen wird.

Abbildung 1.1 zeigt ein einfaches Beispiel.

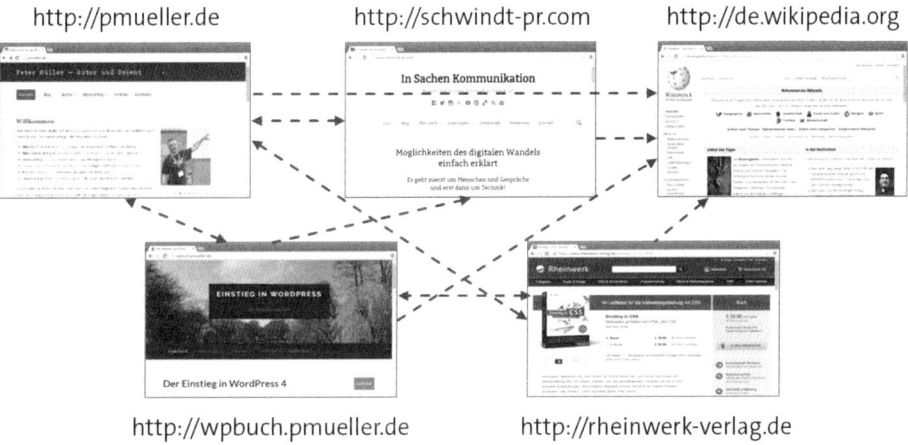

Abbildung 1.1 Hyperlinks – die Fäden, aus denen das Web gesponnen wird

Um andere auf eine bestimmte Webseite aufmerksam zu machen, klicken Sie einfach oben ins Adressfeld des Browsers, kopieren die Adresse und fügen sie in einer E-Mail, einem Tweet, bei Facebook oder irgendwo anders wieder ein.

Webadressen werden auch URL oder Permalinks genannt

Webadressen werden in Fachkreisen und Fehlermeldungen auch als *URL* bezeichnet, kurz für *Uniform Resource Locator*. Rund um WordPress heißen sie auch *Permalinks*, kurz für *permanente Links*.

1.1.2 Verwirrend: Webseite und Website

Im Englischen sind die Begriffe rund ums Web recht eindeutig geregelt:

▶ Das Web besteht aus *Webseiten* (*web pages*).

▶ Mehrere Webseiten zusammen bilden eine *Website* (*web site*).

Eine *site* ist ein *Grundstück* oder ein *Platz*. Eine *camping site* ist ein Platz für Zelte, und eine *web site* wäre somit ein Platz für Webseiten.

Im deutschen Sprachgebrauch ist das alles nicht ganz so einfach, denn *web page* wurde korrekt mit *Webseite* übersetzt, *web site* hingegen als *Website* einfach unübersetzt übernommen, und das führt zu Verwirrungen:

▶ Im Englischen besteht zwischen *web page* und *web site* keinerlei Verwechslungsgefahr.

▶ Im Deutschen kommen wir durch die klangliche Ähnlichkeit von *Website* und *Webseite* ständig durcheinander.

Viele Surfer halten die scharfe Aussprache *webssssseit* eher für einen Sprachfehler und benutzen anstelle von *Website* kurzerhand einen eigentlich falschen Begriff wie *Homepage* oder *Webseite* oder auch komplette Neuschöpfungen wie *Webauftritt* oder *Internetpräsenz* (Abbildung 1.2).

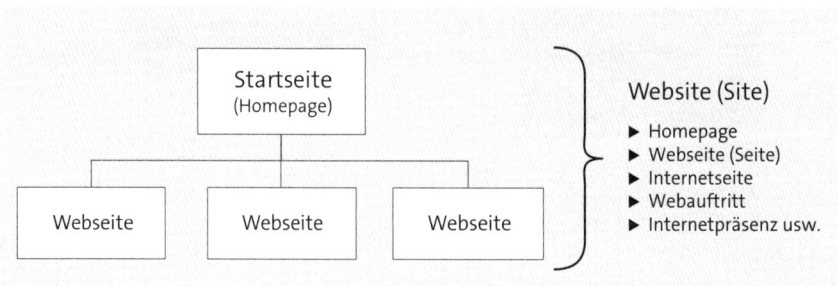

Abbildung 1.2 Website, Webseite und Homepage im Überblick

»Seite« und »Site« im Backend von WordPress

Auch im Verwaltungsbereich von WordPress, dem sogenannten *Backend*, wird in der deutschen Übersetzung manchmal von einer *Seite* gesprochen, wenn eigentlich eine *Site* gemeint ist. Das wurde erst in WordPress 4.5 weitgehend korrigiert.

1.1.3   Webseiten werden auf einem Webspace gespeichert

Webseiten werden auf einem sogenannten *Webspace* gespeichert, der in der Wikipedia als »Speicherplatz für Dateien auf einem Server, auf den über das Internet zugegriffen werden kann«, definiert wird. Dieser Speicherplatz wird mit einem Domain-Namen wie *mein-name.de* verbunden.

Wenn ein Besucher den Domain-Namen im Browser eingegeben hat, wird diese Anfrage von einem *Webserver* entgegengenommen, der anschließend die Startseite an den Besucher ausliefert. Ein Webserver ist also ein Programm auf einem Webspace, das buchstäblich *Webseiten serviert*, und *Webseiten-Servierer* wäre eine treffende Übersetzung (Abbildung 1.3).

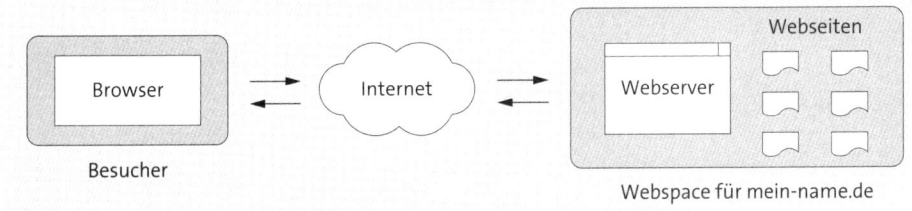

Abbildung 1.3 Webseiten werden auf einem Webspace gespeichert.

1.1.4   Webseiten bestehen aus Quelltext – WordPress schreibt ihn für Sie

Webseiten werden nicht so ausgeliefert, wie der Betrachter sie im Browserfenster sieht. Abbildung 1.4 zeigt die Website zum Buch in einem Browser auf einem Desktop-Rechner. Surfen Sie ruhig einmal kurz hin:

▶ *wpbuch.pmueller.de*

Eine Website wie diese erstellen Sie im Laufe dieses Buches.

Der Browser erhält vom Webserver wie gesagt nicht die in Abbildung 1.4 dargestellte fertige Webseite, sondern lediglich den sogenannten *Quelltext*, eine Art Bauplan, der aus den drei Sprachen HTML, CSS und JavaScript besteht. Der Browser analysiert diesen Bauplan und erstellt daraus eine Webseite.

Sie können sich diesen Quelltext anschauen, indem Sie mit der rechten Maustaste irgendwo im Browserfenster auf die Webseite klicken und im Kontextmenü einen Befehl wie QUELLCODE ANZEIGEN oder SEITENQUELLTEXT ANZEIGEN suchen. Probieren Sie es ruhig einmal aus, aber erschrecken Sie nicht, denn es sieht ziemlich kompliziert aus. Abbildung 1.5 zeigt einen kurzen Ausschnitt aus dem Quelltext für die in Abbildung 1.4 gezeigte Webseite.

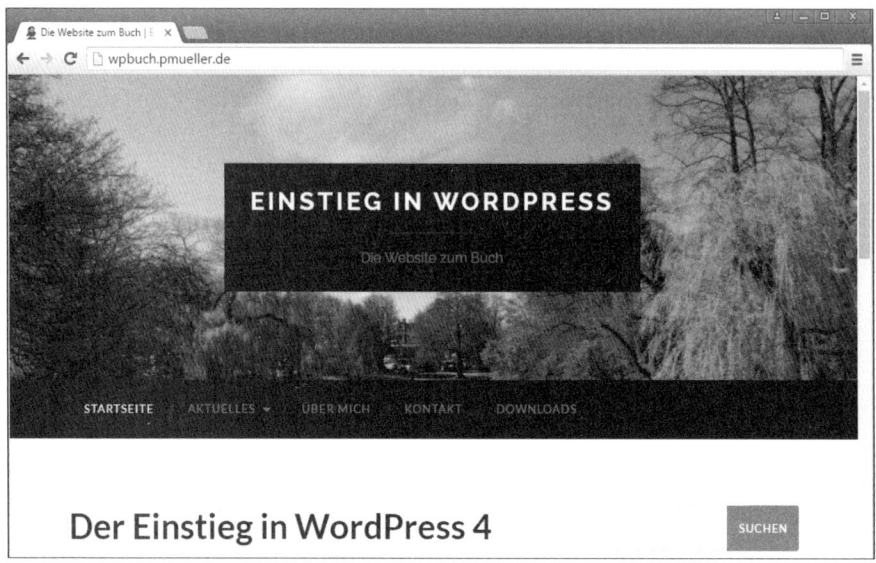

Abbildung 1.4 Die Website zum Buch – »wpbuch.pmueller.de«

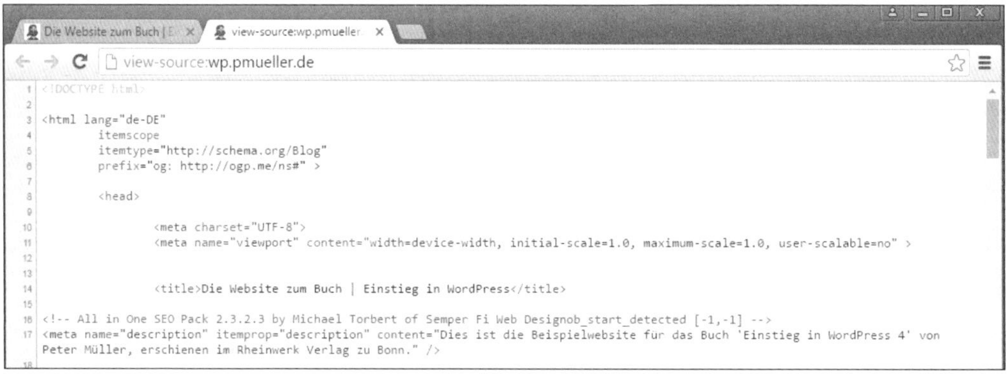

Abbildung 1.5 Jede Webseite besteht aus Quelltext.

Wenn Sie eine Webseite erstellen, erzeugen Sie Quelltext. Immer. Ohne Ausnahme. Auch wenn Sie das Wort noch nie gehört und Quelltext noch nie gesehen haben. In gewisser Weise *ist* der Quelltext also die Webseite.

Die gute Nachricht ist, dass WordPress die Erstellung des Quelltextes für Sie übernimmt: Sie schreiben den Inhalt der Beiträge, und WordPress erzeugt den Quelltext automatisch. Kenntnisse in Sprachen wie HTML, CSS, JavaScript oder PHP benötigen Sie nur, wenn Sie den von WordPress erzeugten Quelltext über die Standardvorlage hinaus individualisieren möchten.

1.1.5   Responsiv: Webseiten passen sich ihrer Umgebung an

Was man im Browserfenster sieht, ist also genau genommen die *Interpretation des Quelltextes* vom gerade benutzten Browser auf dem gerade benutzten Gerät mit den jeweils aktuellen Einstellungen.

Da Webseiten immer mehr auf verschiedenen Geräten betrachtet werden, werden sie vom Webdesigner idealerweise so gestaltet, dass sie sich der jeweiligen Umgebung flexibel anpassen. Webdesigner nennen das *responsiv*, was auf Deutsch so viel wie *anpassungsfähig* heißt.

So passt sich die Website zum Buch auf Desktops, Notebooks, Tablets und Smartphones dem zur Verfügung stehenden Platz an. Abbildung 1.6, die mithilfe der Website *ami.responsivedesign.is* erstellt wurde, zeigt die Website zum Buch auf verschiedenen Geräten auf einen Blick.

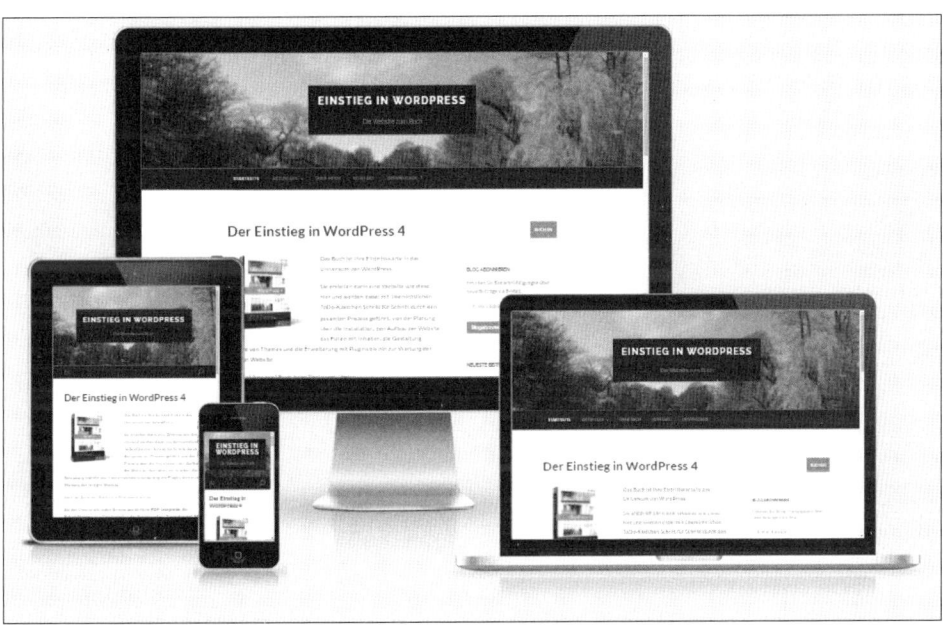

Abbildung 1.6 »wpbuch.pmueller.de« auf verschiedenen Geräten

1.2   WordPress vereinfacht das Veröffentlichen im Web

So viel zu den wichtigsten Begriffen rund um das World Wide Web. Ein Grund für den Erfolg von WordPress ist, dass es das Veröffentlichen im Web vereinfacht hat, sodass damit (fast) jeder professionelle Websites erstellen und verwalten kann.

1.2.1   Content-Management-Systeme (CMS) erleichtern das Webpublishing

Webpublishing war um die Jahrtausendwende eher etwas für Spezialisten, aber gleichzeitig wuchs bei immer mehr Freiberuflern, Firmen, Vereinen und anderen Organisationen der Wunsch, die Inhalte auf ihren Webseiten selbst verändern zu können. Um diesen Wunsch Wirklichkeit werden zu lassen, wurden sogenannte *Content-Management-Systeme* (CMS) erfunden.

Ein solches CMS ist ein Programm, das auf dem Webspace installiert wird, die Inhalte in einer Datenbank speichert und die Webseiten automatisch zusammenbaut, wenn sie von einem Besucher angefordert werden. WordPress ist so ein CMS. Andere bekannte Vertreter dieser Gattung sind z. B. Contao, Joomla, TYPO3 oder Drupal.

Die Installation eines CMS auf dem Webspace ist zwar nicht ganz ohne, aber das muss nur ein einziges Mal gemacht werden. Danach benötigt man zum Ändern von Inhalten oder um schnell ein paar Gedanken zu veröffentlichen nur noch eine Internetverbindung und einen Browser. Das Verwalten der Inhalte einer Website ist mit einem CMS wie WordPress nicht viel schwieriger als das Schreiben einer E-Mail (Abbildung 1.7).

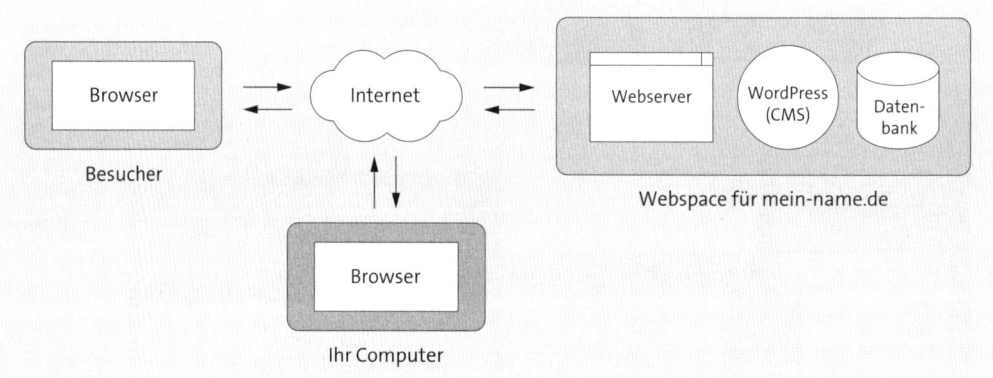

Abbildung 1.7 Webpublishing mit einem CMS im Überblick

1.2.2   Ein Blog ist ein CMS mit einfacher Bedienung und viel Interaktion

Anfang 2003 war ein amerikanischer Student namens Matt Mullenweg auf der Suche nach einer guten Möglichkeit zur Verwaltung seiner Website und installierte ein sogenanntes *weblog tool* namens *b2*. Das Wort *Weblog* ist kurz für *Web-Logbuch* und wurde schon bald zu *Blog* verkürzt.

Technisch gesehen ist ein solches Blogtool ein einfaches CMS, bei dem der Schwerpunkt auf unkomplizierter Bedienung und Interaktion liegt – und zwar auf Interaktion mit

Besuchern, anderen Blogs und Suchmaschinen. Blogs haben gegenüber einem klassischen CMS denn auch einige besondere Features:

▶ Inhalte werden in einem Blog in Beiträgen gespeichert.

▶ Kern eines Blogs ist die *chronologisch umgekehrte Ausgabe* dieser Beiträge auf einer Webseite. Neue Beiträge werden oben eingefügt. Ältere Beiträge rutschen langsam nach unten und verschwinden irgendwann in einem *Archiv*.

▶ Eine *Kommentarfunktion* bietet Besuchern die Möglichkeit, auf einen Beitrag zu reagieren.

▶ Beiträge bekommen *Kategorien* und *Schlagwörter*, die zum Filtern der Beiträge und zur Navigation auf der Website verwendet werden können.

▶ Eine *Suchfunktion* erleichtert das Auffinden bestimmter Beiträge.

Matt Mullenweg war mit b2 sehr zufrieden, und als der Programmierer Michel Vadrighi keine Zeit mehr für die Weiterentwicklung hatte, signalisierte Mullenweg seine Bereitschaft, das Projekt zu übernehmen. Er nannte das Programm fortan *WordPress*, mit großem W und großem P, und der Rest ist, wie man so schön sagt, Geschichte (Abbildung 1.8).

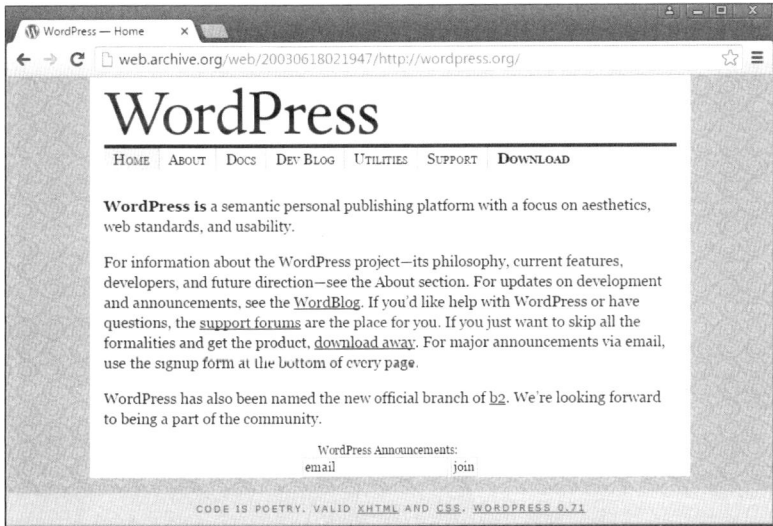

Abbildung 1.8 WordPress ist geboren – »wordpress.org« im Juni 2003

1.2.3 WordPress ist sehr flexibel und sowohl Blog als auch CMS

Blogtools wurden ursprünglich nicht als vollwertiges CMS betrachtet, da sie nur eine einzige Webseite zur Ausgabe der Blogbeiträge erzeugen konnten und zusätzliche Seiten, wie z. B. *Impressum* oder *Über mich*, nur mit einigem Aufwand möglich waren.

WordPress war zwar ursprünglich ein reines Blogsystem, kann aber seit der Version 1.5 Webseiten in beliebigen Mengen erstellen. Spätestens mit der Einführung der ziemlich pfiffigen Menüverwaltung in Version 3.0 ist auch die Verwaltung dieser Seiten kein Problem mehr, und WordPress kann auch als echtes CMS eingesetzt werden.

Wenn Sie irgendwo etwas von »WordPress als CMS« lesen, dann ist damit meistens gemeint, dass der Schwerpunkt nicht auf Blogbeiträgen und der Interaktion mit den Besuchern liegt, sondern auf normalen Webseiten. Die Beiträge werden dann z. B. nur für einen Newsbereich eingesetzt oder auch ganz weggelassen. Mit WordPress können Sie sowohl ein Blog als auch eine klassische Website betreiben oder auch eine Mischung davon. WordPress ist da sehr flexibel.

Im Showcase auf *wordpress.org* können Sie sich einige der besten mit WordPress erstellten Websites anschauen. (Abbildung 1.9):

▶ *wordpress.org/showcase/*

Sie können dort nach Belieben stöbern oder sich mithilfe der Optionen in der Sidebar auch nur bestimmte Websites anzeigen lassen.

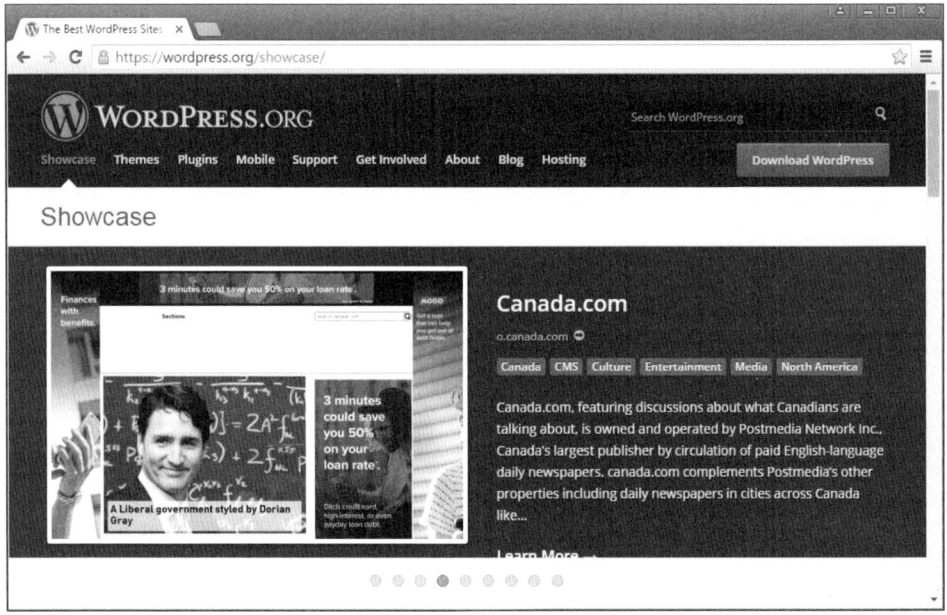

Abbildung 1.9 Showcase – Beispiele für mit WordPress erstellte Websites

Fazit: WordPress ist der Motor hinter sehr verschiedenen Websites, von kleinen persönlichen Blogs bis hin zu großen internationalen Unternehmenswebsites. Und bald gehört Ihre auch dazu.

1.3   Das Eigenheim: WordPress auf »wordpress.org«

WordPress gibt es in zwei unterschiedlichen Varianten auf *wordpress.org* und *wordpress.com*, was bei Einsteigern oft zu Verwirrung führt. In den folgenden Abschnitten möchte ich die Unterschiede sowie die Vor- und Nachteile dieser beiden Varianten kurz erläutern.

1.3.1   WordPress ist Open Source und kann kostenlos genutzt werden

WordPress ist zunächst einmal ein Open-Source-Content-Management-System, das im Web auf *wordpress.org* zu Hause ist. Auf dieser Website kann jeder die Software kostenlos herunterladen, auf seinem eigenen Webspace installieren und dann nach Belieben verändern und anpassen (Abbildung 1.10).

Abbildung 1.10 Die Startseite von »de.wordpress.org«

Open Source bedeutet, dass der Quellcode von WordPress öffentlich zugänglich ist. Er wird von einer großen, über den gesamten Planeten verteilten Gemeinschaft von Entwicklern gepflegt und weiterentwickelt, neudeutsch auch *Community* genannt.

Hinter WordPress.org steht also keine Firma, sondern viele freiwillige Helfer und eine Non-Profit-Stiftung namens *WordPress Foundation*, die die Aktivitäten rund um WordPress koordiniert und unter anderem die Richtlinien für die Markenrechte des Begriffs WordPress erstellt. So ist es z. B. nicht erlaubt, den Begriff *WordPress* in einem Domain-

Namen zu verwenden, und deshalb enthalten viele nicht offizielle Websites zu Word-Press stattdessen das Kürzel *wp*, wie z. B. *wpbuch.pmueller.de*.

1.3.2 WordPress als Hausbesitzer: »wordpress.org«

Auf *wordpress.org* können Sie die Software WordPress herunterladen und diese auf einem eigenen Webspace installieren. Ein solcher Webspace ist wie ein leeres Baugrund-stück, und WordPress ist das Eigenheim darauf.

Sie müssen das Haus zwar selbst bauen, aber das ist nicht so schwierig, wie es klingt. WordPress ist berühmt für seine »5-Minuten-Installation«, die auch technisch nicht sonderlich versierten Anwendern gelingt. Viele Firmen bieten inzwischen sogar Web-space mit einem einfach zu installierenden (»1-Klick«) oder einem fix und fertig vorin-stallierten WordPress an.

Der größte Vorteil von WordPress auf dem eigenen Webspace ist, dass buchstäblich alles möglich ist:

▶ Mit *Themes* können Sie das Aussehen der Webseiten ganz einfach fast nach Belieben ändern und so die Fassade ganz einfach neu streichen.

▶ Mit *Plugins* erweitern Sie den Funktionsumfang von WordPress fast beliebig, vom Kontaktformular bis zum Onlineshop.

Sie können in Ihrem WordPress-Eigenheim nach Belieben Wände einreißen oder den Garten umpflügen und neu bepflanzen und müssen nicht erst den Vermieter um Erlaubnis bitten.

Auf der anderen Seite sind Sie selbst dafür verantwortlich, dass alles funktioniert. Ein CMS auf dem eigenen Webspace erfordert Know-how auf den verschiedensten Gebie-ten, und Probleme tauchen meist erst *nach* der Installation im laufenden Betrieb auf.

So müssen WordPress, Themes und Plugins z. B. regelmäßig mit Updates versorgt wer-den, um Sicherheitslöcher zu stopfen, damit unerwünschte Eindringlinge nicht unab-sichtlich Zugang zu Ihrem Webspace bekommen. Diese Updates sind in der Regel mit wenigen Klicks erledigt, aber es kann dabei auch mal was kaputtgehen.

Anders ausgedrückt: Wenn bei klirrender Kälte plötzlich die Heizung ausfällt, müssen *Sie* sie selbst wieder reparieren, und das erfordert manchmal eine anstrengende Kombi-nation aus Zeit, Lernbereitschaft und Frustrationstoleranz.

Oder Sie fragen jemanden, der sich damit auskennt, und beauftragen einen WordPress-Experten. Das spart zwar Zeit und Nerven, kostet dafür aber Geld, denn, wie bei Hand-werkern üblich, wird meist schon für die (virtuelle) Anreise ein kleiner Obolus fällig. Und die Reparatur ist auch nicht umsonst.

1.4   Die Mietwohnung: WordPress auf »wordpress.com«

Auf *wordpress.org* ist das Projekt WordPress also zu Hause, und dort können Sie die Software auch herunterladen, aber was ist dann *wordpress.com*?

1.4.1   WordPress.com wird von einer Firma namens Automattic betrieben

Viele WordPress-Nutzer empfinden Aufgaben wie Installieren und Updaten eher als lästig, etwa auf einer Stufe mit dem täglichen Abwasch, und wünschen sich deshalb eine Geschirrspülmaschine.

Als Antwort auf diesen Wunsch bietet *Automattic*, die Firma von Matt Mullenweg, auf *wordpress.com* eine fix und fertig vorinstallierte Version von WordPress an. *Word-Press.com* ist also ein Service, eine Dienstleistung, die Sie auf der Website *wordpress.com* finden. Abbildung 1.11 zeigt einen Ausschnitt der dort angebotenen Features.

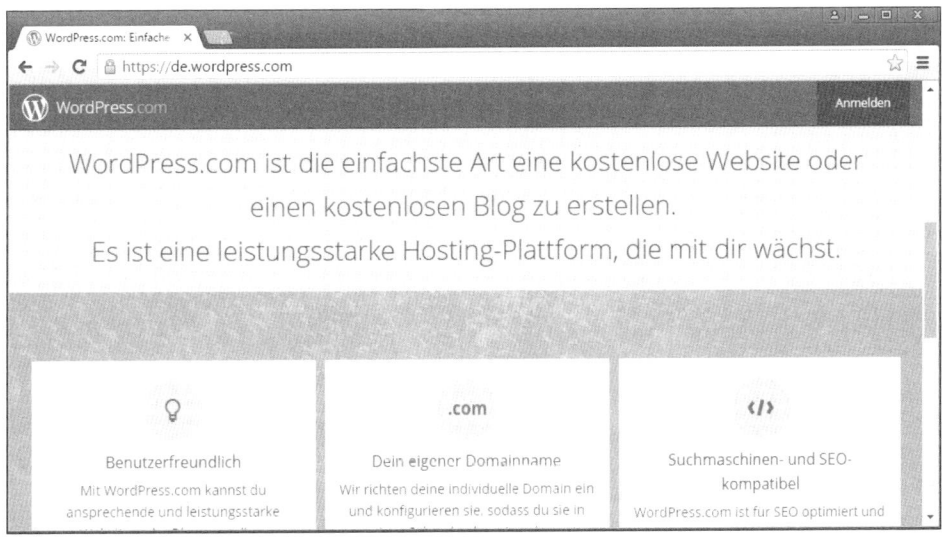

Abbildung 1.11 Weiter unten auf der Startseite von »de.wordpress.com«

WordPress.com ist also eine Art *Website-Baukasten* und konkurriert mit anderen Vertretern dieser Gattung wie *jimdo.com*, *squarespace.com* oder *weebly.com*.

1.4.2   WordPress als Mieter: »wordpress.com«

Wenn WordPress auf dem eigenen Webspace ein Eigenheim ist, dann entspricht Word-Press.com einer Mietwohnung, und das bietet einige Vorteile:

- ▶ Nach einer Registrierung bekommen Sie kostenlos eine Adresse wie *mein-name.wordpress.com* und können ohne Installation sofort loslegen.

- ▶ Sie müssen keine Updates einspielen. Um den ganzen technischen Kram kümmert sich der Vermieter, und der macht das richtig gut.

- ▶ Für Ihre eigenen Dateien stellt WordPress.com Ihnen Speicherplatz zur Verfügung. Bei Bedarf können Sie auch Speicherplatz dazukaufen.

- ▶ Das sehr nützliche Plugin-Bundle *Jetpack* ist auf WordPress.com bereits vorinstalliert. Wichtige Funktionen wie Kontaktformular, Spamschutz, Share-Buttons etc. sind also bereits vorhanden.

- ▶ Hunderte von ausgesuchten Themes warten darauf, Ihrer Website das gewünschte Aussehen zu verleihen. Viele davon sind zumindest in der Basisversion kostenlos.

Mehr zu den Funktionen auf WordPress.com erfahren Sie auf der folgenden Seite:

- ▶ *de.wordpress.com/features/*

Automattic behält sich vor, auf Beitrags- und Schlagwortseiten unter den Beiträgen ein dezentes Werbebanner zu präsentieren, allerdings passiert das in der Praxis eher selten. Meistens steht dort nur ein Platzhalter.

WordPress.com kostet im Tarif *Free* wirklich nichts. Null. Niente. Sie können einzelne Dienstleistungen wie Domain-Namen oder Themes hinzukaufen oder eines von zwei Komplettpaketen buchen:

- ▶ WordPress.com *Premium* bietet unter anderem einen eigenen Domain-Namen, Anpassung der Themes, Werbefreiheit, 13 GB Speicherplatz und Support per E-Mail für ca. 99 € pro Jahr.

- ▶ WordPress.com *Business* (*Geschäft*) enthält zusätzlich Premium-Themes, unbegrenzten Speicherplatz und Support per Live-Chat für ca. 299 € pro Jahr.

Klingt gut? Nun, kein Vorteil ohne Nachteil: Auf WordPress.com gibt es auch in der Premium- und Business-Version unter anderem folgende Beschränkungen:

- ▶ Sie können keine eigenen Themes oder Plugins installieren, sondern nur welche aus dem Angebot von WordPress.com auswählen.

- ▶ Sie haben keinen FTP-Zugang zu Ihrem Webspace.

- ▶ Sie dürfen keine Werbung von anderen Werbenetzwerken wie Google AdSense schalten.

WordPress.com ist ideal zum Ausprobieren von WordPress und um zu sehen, ob das mit dem Blog oder der Website etwas für Sie sein könnte. Die Erstellung einer Website auf *wordpress.com* wird in Abschnitt 3.1 beschrieben.

1.5   Auf einen Blick

Die wichtigsten Themen noch einmal im Überblick:

▶ Das Web ist ein weltweites Gewebe aus Hyperlinks.
  - Informationen werden auf Webseiten dargestellt.
  - Jede Webseite hat eine weltweit einmalige Adresse (URL).
  - Hyperlinks verknüpfen die Webseiten miteinander.
  - Programme zum Betrachten von Webseiten heißen *Browser*.
  - Eine *Website* besteht aus *Webseiten*.
▶ Webseiten werden auf einem Webspace gespeichert:
  - *Webspace* ist unter einem Domain-Namen wie *mein-name.de* erreichbar.
  - Ein *Webserver* serviert Webseiten.
  - Webseiten bestehen aus Quelltext.
  - WordPress schreibt den Quelltext Ihrer Webseiten für Sie.
  - Responsive Webseiten passen sich ihrer Umgebung automatisch an.
▶ WordPress vereinfacht das Veröffentlichen im Web (Webpublishing):
  - Webpublishing war um die Jahrtausendwende etwas für Spezialisten.
  - Ein CMS erleichtert die Verwaltung von Inhalten auf Webseiten.
  - Ein Blogtool ist ein einfaches CMS mit Schwerpunkt auf Interaktion.
  - WordPress ist Blogtool und CMS in einem.
▶ WordPress gibt es in zwei Varianten:
  - Auf *wordpress.org* erhalten Sie die Software WordPress als Download zur Installation auf dem eigenen Webspace.
  - Auf *wordpress.com* ist WordPress bereits fertig installiert: registrieren und loslegen.
▶ WordPress auf dem eigenen Webspace ist wie ein Eigenheim. Sie können alles machen, sind aber selbst dafür verantwortlich, dass alles funktioniert.
▶ WordPress auf *wordpress.com* ist wie eine Mietwohnung, bei der der Vermieter sich um die Technik kümmert.

Kapitel 2

Ihre Website: Planung, Domain und Webspace

Worin Sie sich ein paar Gedanken über Ihre Website machen und Wissenswertes zu Domain-Namen und Webspace erfahren.

Die Themen im Überblick:

- ▶ Die Rahmenbedingungen: Ziele, Zeit und Zaster, Seite 42
- ▶ Der rote Faden: Inhalt, Gestaltung, Funktionen und Technik, Seite 43
- ▶ So finden Sie einen guten Domain Namen, Seite 47
- ▶ So finden Sie einen passenden Webspace, Seite 49
- ▶ Auf einen Blick, Seite 52

Eine Website hat viel Ähnlichkeit mit einem Haus oder – genau genommen – mit einem öffentlichen Gebäude. Beide werden gebaut, um Besucher zu empfangen, und beide erfordern vor dem Bau ein wenig Vorbereitung.

2.1   Die Rahmenbedingungen: Ziele, Zeit und Zaster

Am besten beginnen Sie damit, sich in aller Kürze ein paar Notizen zu den Rahmenbedingungen für das Projekt »Website erstellen« zu machen. Das muss nicht länger als ein paar Minuten dauern und dreht sich im Wesentlichen um die drei Faktoren *Ziele*, *Zeit* und *Zaster*.

Nehmen Sie die Fragen aus Tabelle 2.1 als Anregung, und notieren Sie sich die Antworten, aber halten Sie sich nicht zurück, falls Ihnen mehr einfällt.

Ziele	▶ Was wollen Sie mit der Website erreichen?
	▶ Wer ist Ihre Zielgruppe?
	▶ Warum sollte diese Zielgruppe Ihre Website besuchen?
	▶ Bei welchen Suchbegriffen möchten Sie gefunden werden?

Tabelle 2.1 Fragen zur Skizzierung der Rahmenbedingungen

Zeit	▸ Wann soll die Website online sein?
	▸ Wie viel Zeit haben Sie danach für die Pflege und Wartung?
Zaster	▸ Was darf die Erstellung der Website maximal kosten?
	▸ Wie hoch ist das Budget für die laufenden Kosten (pro Monat)?

Tabelle 2.1 Fragen zur Skizzierung der Rahmenbedingungen (Forts.)

2.2   Der rote Faden: Inhalt, Gestaltung, Funktionen und Technik

Sind die Rahmenbedingungen skizziert, geht es weiter mit der Planung. Wie intensiv diese ausfällt, hängt natürlich von Wichtigkeit und Größe des Projekts ab, aber über die folgenden vier Bereiche sollten Sie sich auf jeden Fall ein paar Gedanken machen:

▸ **Inhalt**: In Abschnitt 2.2.1 geht es um einen Titel für Ihre Website. Von Kapitel 5 bis Kapitel 10 erfahren Sie alles Wichtige über die Erstellung und Verwaltung von Inhalten in WordPress.

▸ **Gestaltung** (Themes): Bei WordPress wird die Gestaltung der Website durch ein *Theme* geregelt. In Abschnitt 2.2.2 gibt es dazu eine kurze Einführung, von Kapitel 11 bis Kapitel 13 wird die Arbeit mit Themes in WordPress ausführlich geschildert.

▸ **Funktionen** (Plugins): Der Funktionsumfang von WordPress wird über Plugins erweitert. In Abschnitt 2.2.3 wird dies kurz geschildert, von Kapitel 14 bis Kapitel 16 spielen Plugins die Hauptrolle.

▸ **Technik**: Bei der Technik geht es z. B. um Domain-Namen (Abschnitt 2.3) und Webspace (Abschnitt 2.4). Später folgen in Kapitel 17 bis Kapitel 19 noch weitere Themen wie SEO, Installation, Systemverwaltung, Backups und Updates.

Diese vier Bereiche dienen während der Arbeit an Ihrer Website und in diesem Buch als roter Faden (Abbildung 2.1).

Abbildung 2.1 Die vier Bereiche bei der Erstellung einer Website

2.2.1   Inhalt: Überlegungen zu Titel und Untertitel

In diesem Abschnitt möchte ich Ihnen kurz zeigen, über welche inhaltlichen Aspekte Sie sich schon vor der Installation von WordPress ein paar Gedanken machen können.

Zunächst einmal geht es um eine Art Überschrift für Ihre Website. In WordPress gibt es dazu einen Titel und einen Untertitel:

► Der *Titel der Website* ❶ begrüßt den Besucher und wird von den meisten Themes als große Überschrift im Kopfbereich dargestellt.

► Der *Untertitel* ❷ erläutert den Titel in wenigen Worten und wird oft etwas kleiner darunter oder daneben angezeigt. Auf kleinen Bildschirmen wird er in manchen Themes bei Platzmangel auch weggelassen.

Abbildung 2.2 zeigt Titel und Untertitel auf *schwindt-pr.com*.

Abbildung 2.2 Titel der Website und Untertitel auf »schwindt-pr.com«

Die Inhalte, die Sie auf Ihrer Website veröffentlichen möchten, bestehen aus Texten, Bildern, Sounds und Videos und werden in WordPress als Beiträge oder Seiten gespeichert. Wie das genau gemacht wird, erfahren Sie ab Kapitel 5, »Die ersten Seiten und Beiträge«.

2.2.2   Gestaltung: Themes übernehmen das Design

Bei WordPress wird die Gestaltung der Website durch sogenannte *Themes* geregelt, und ein Grund für den großen Erfolg von WordPress ist, dass es davon mehr als genug gibt.

Auf WordPress.com sind über 370 verschiedene Themes im Angebot, aber Sie können keine Themes installieren, die Sie irgendwo anders im Web gefunden haben. Bei einem WordPress auf dem eigenen Webspace haben Sie buchstäblich die Qual der Wahl. Erste Anlaufstelle ist das offizielle Theme-Verzeichnis (Abbildung 2.3):

► *de.wordpress.org/themes/*

2

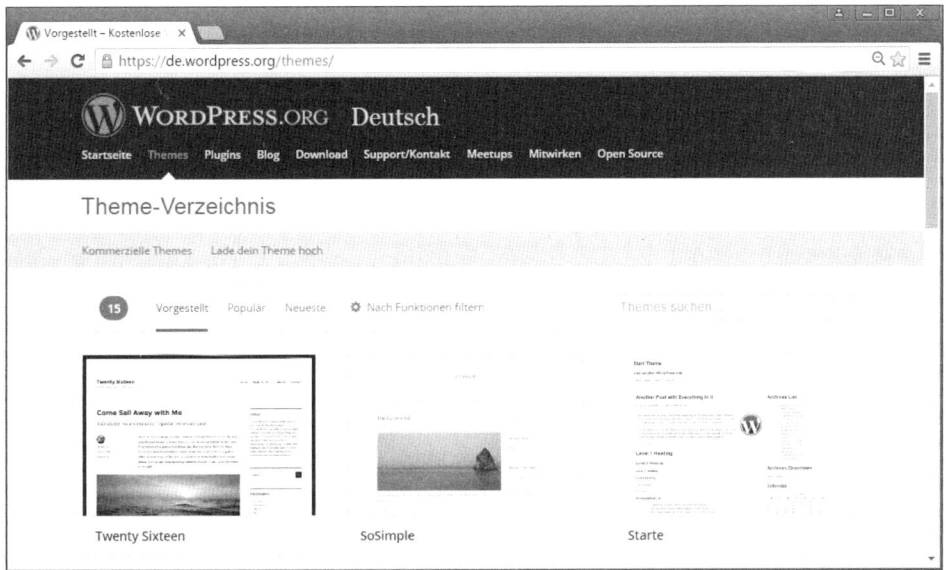

Abbildung 2.3 Das Theme-Verzeichnis auf »de.wordpress.org/themes«

Das Aussehen einer Website ist nicht unwichtig, aber auch nicht das einzig wichtige Kriterium. Auf Webseiten ist die Gestaltung kein Selbstzweck, sondern dient in erster Linie dazu, den Inhalt in einem positiven Licht erscheinen zu lassen. Eine übersichtliche Navigation und die Lesbarkeit der Texte auf allen Geräten sind für die meisten Besucher wichtiger als ein in stundenlanger Feinarbeit genial gewählter Farbton für den Hintergrund.

Kurzum: Achten Sie im Web darauf, was Ihnen gefällt, aber denken Sie daran, dass hübsch auszusehen nicht alles ist. Letztlich zählt der Inhalt.

Mehr über Themes erfahren Sie ab Kapitel 11

Wie Sie Themes an Ihre Vorstellungen anpassen können, wo Sie ansprechende Themes finden und worauf Sie bei der Auswahl eines Themes achten sollten, wird von Kapitel 11 bis Kapitel 13 erklärt.

2.2.3   Funktionen: Plugins erweitern WordPress

Die interaktiven Bestandteile Ihrer Website wie Kontaktformular, Kommentarfunktion und dergleichen werden als *Funktionen* bezeichnet.

WordPress kommt mit einem schlanken Kern und hat von Haus aus eigentlich nur eine Suchfunktion und die Möglichkeit, Beiträge zu kommentieren, an Bord. Alles andere kann (und muss) man mit Plugins nachrüsten.

Überlegen Sie vorab schon einmal kurz, was Sie noch so alles brauchen könnten: Kontaktformular, Buttons zum Weitersagen von Beiträgen in den sozialen Netzen, Anfahrtsskizze, Newsletter und so weiter.

Auf WordPress.com sind die wichtigsten Funktionen, wie z. B. ein Kontaktformular, bereits vorhanden, aber Sie können keine eigenen Plugins installieren. Für ein selbst gehostetes WordPress gibt es im Plugin-Verzeichnis über 44.000 Erweiterungen, Tendenz steigend:

▶ *de.wordpress.org/plugins/*

Die Palette reicht dabei von der Formularerstellung über die Optimierung für Suchmaschinen (SEO) bis hin zu kompletten Onlineshops (Abbildung 2.4).

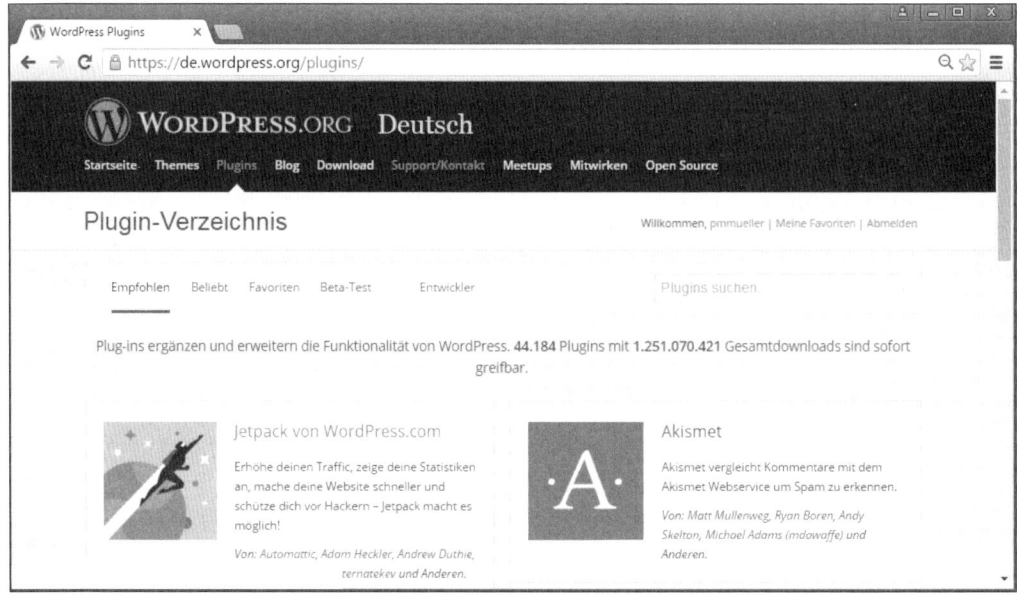

Abbildung 2.4 Das Plugin-Verzeichnis auf »de.wordpress.org/plugins«

Plugins werden ab Kapitel 14 vorgestellt

Die Arbeit mit Plugins stelle ich Ihnen ab Kapitel 14, »WordPress erweitern: Plugins installieren«, genauer vor.

2.3 So finden Sie einen guten Domain Namen

Webspace und Domain-Namen bekommen Sie bei einem sogenannten *Webhoster*. Das ist eine Firma, die sich auf die Vermietung von Webspace spezialisiert hat. Wörtlich übersetzt ist ein *Host* ein Gastgeber, und der Webhoster ist demzufolge Ihr Gastgeber im Web. Andere Begriffe für Webhoster sind *Webspace Provider* oder auch nur *Provider*.

Webhoster registrieren einen Domain-Namen wie *mein-name.de* für Sie, koppeln ihn an den Webspace und sorgen dafür, dass Ihre Website unter dem Domain-Namen aus dem Internet erreichbar ist. Im Folgenden zeige ich Ihnen zunächst, wie Domain-Namen auf-gebaut sind und wie Sie testen können, ob Ihr Wunschname noch frei ist, und gebe Ihnen dann einige Hinweise zur Auswahl eines Webhosters und des richtigen Web-space.

Auf WordPress.com müssen Sie sich um die Auswahl eines Webhosters keine Gedanken machen, denn dort ist das automatisch die Firma Automattic.

2.3.1 Der Aufbau von Domain-Namen: »www.mein-name.de«

Ein Domain-Name wie *www.pmueller.de* ist hierarchisch aufgebaut und besteht aus mehreren Teilen, die jeweils durch einen Punkt voneinander getrennt werden (Abbil-dung 2.5).

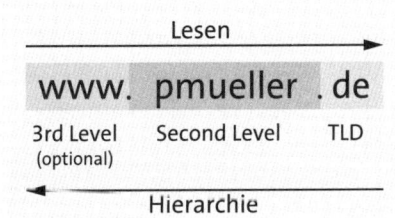

Abbildung 2.5 Der Aufbau eines Domain-Namens

Ungewöhnlich ist, dass Domain-Namen zwar wie üblich von links nach rechts gelesen werden, die Hierarchie aber *von rechts nach links* aufgebaut ist:

▶ Ganz rechts steht die oberste Ebene, die *Top Level Domain* (TLD).

▶ Links davon ist der eigentliche Name (*Second Level Domain*).

▶ Davor gibt es optional noch eine Third Level Domain, auch *Subdomain* genannt.

Ein Domain-Name besteht immer mindestens aus einem Namen für die Second Level Domain plus einer Top Level Domain, getrennt durch einen Punkt.

Als Subdomain ist im Web das Kürzel *www* weit verbreitet, aber das kann auch etwas anders sein, wie z. B. bei *wpbuch.pmueller.de*.

Bei WordPress.com bekommen Sie eine Subdomain in Form von *mein-name.wordpress.com* und sind damit quasi Untermieter auf *wordpress.com*.

Domain-Namen gelten auch für E-Mails

Domain-Namen gelten nicht nur für das World Wide Web, sondern auch für E-Mails. Wenn Sie also einen eigenen Domain-Namen haben, können Sie sich verschiedene E-Mail-Adressen wie *info@mein-name.de* oder *kontakt@mein-name.de* einrichten.

2.3.2   Einen Domain-Namen auswählen: »mein-name.tld«

Wenn Ihre Webseiten unter einer eigenen Domain wie *mein-name.tld* erreichbar sein sollen, müssen Sie sich zunächst einen Namen ausdenken und dann prüfen, ob er noch frei ist.

Die Registrierung der Domain übernimmt meist der Webhoster, bei dem Sie auch Ihren Webspace mieten, aber zum Prüfen, ob der Name noch frei ist, können Sie auch einen Domain-Spezialisten wie *checkdomain.de* oder *united-domains.de* konsultieren.

Wenn Sie die Website für eine Firma erstellen, sollten Sie am besten den Namen der Firma wählen, z. B. *meine-firma.de*. Für eine persönliche Website ist wahrscheinlich *ihrname.de* besser geeignet. Probieren Sie es einfach aus. Wenn Sie z. B. *Waldemar Weber* heißen und eine persönliche Website erstellen möchten, zeigt Abbildung 2.6, dass »waldemarweber« in vielen Top Level Domains (TLD) noch verfügbar ist: *waldemarweber.de* wäre ebenso frei wie *waldemarweber.net*. Nur in der TLD *.com* ist der Name bereits vergeben.

Sollte Ihr Wunschname schon vergeben sein, können Sie entweder eine andere Variante in derselben Top Level Domain probieren, z. B. *waldemar-weber.de* mit Bindestrich, oder denselben Namen in einer anderen TLD, z. B. *waldemarweber.info*. Oder Sie gehen zu einem Marktplatz für Domain-Namen wie *sedo.de* und versuchen, sich den gewünschten Namen zu kaufen.

Umlaute sind in Domain-Namen übrigens seit einigen Jahren erlaubt, aber nicht sehr gebräuchlich, da es dabei besonders international immer wieder zu Problemen kommt.

Bei der im nächsten Abschnitt beschriebenen Auswahl eines Webhosters sollten Sie auch darauf achten, dass Sie dort die von Ihnen gewünschten Domain-Namen registrieren können und ob dafür eventuell zusätzliche Kosten entstehen.

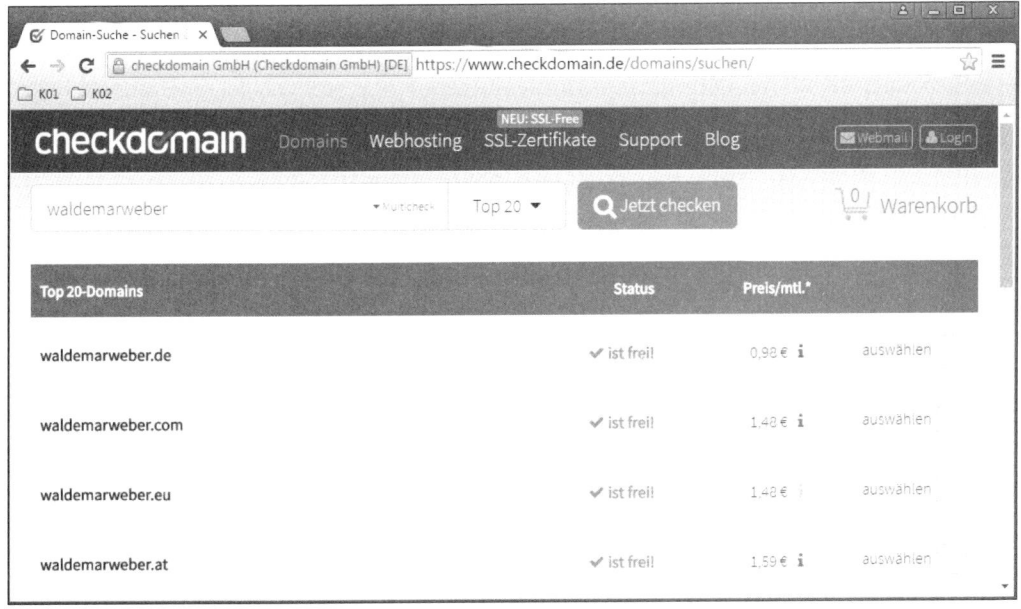

Abbildung 2.6 »waldemarweber« ist in vielen Top Level Domains noch frei.

Die sieben goldenen Regeln für Domain-Namen

Bei der Registrierung von Domain-Namen kann es auch einige juristische Fallstricke geben. Der folgende Blogbeitrag fasst einige davon zusammen:

▶ »Die Sieben goldenen Domain-Regeln«
  domain-recht.de/domain-recht/die-sieben-goldenen-domain-regeln

Je kommerzieller Ihr Vorhaben, desto ausführlicher sollten Sie zu diesem Thema recherchieren.

2.4   So finden Sie einen passenden Webspace

Zunächst ganz kurz die technischen Voraussetzungen, die ein Webspace für WordPress benötigt:

▶ PHP ab Version 5.6

▶ MySQL ab Version 5.6

▶ das Apache-Modul *mod_rewrite* (für aussagekräftige Permalinks)

Im Zweifelsfall schicken Sie diese drei Angaben in einer E-Mail an den Webhoster und fragen, ob diese Voraussetzungen erfüllt werden. Die meisten Webhoster schreiben aber schon in der Werbung, ob ein bestimmtes Angebot für WordPress geeignet ist oder nicht.

2.4.1   Probieren: Kann man das Angebot kostenlos testen?

Technische Daten sind bei der Beurteilung von Webspace zwar nicht unwichtig, aber sie sagen manchmal wenig darüber, wie gut der Webspace im Alltag wirklich funktioniert.

So ist z. B. die Verwaltungsoberfläche für den Webspace, mit der Sie wichtige Einstellungen vornehmen, bei einigen Webhostern benutzerfreundlicher als bei anderen, und auch weitere wichtige Faktoren wie Geschwindigkeit, Verlässlichkeit oder die Qualität des Supports lassen sich erst im laufenden Betrieb richtig beurteilen, in der Regel also *nach* Vertragsabschluss.

Achten Sie darum bei der Auswahl eines Webhosting-Pakets darauf, ob es eine Möglichkeit gibt, den gewünschten Tarif *vor* Vertragsabschluss kostenlos auszuprobieren. Das gibt es häufiger, als man denkt.

2.4.2   Preise: »Null Euro Sternchen« kostet auch Geld

Zur Orientierung gleich mal eine »Hausnummer« vorweg: Guter Webspace für WordPress kostet ca. 5 bis 10 € pro Monat. Natürlich gibt es auch günstigere Anbieter, die deshalb nicht gleich schlecht sein müssen, aber 5 bis 10 € pro Monat sind realistisch. Nach oben ist die Skala wie immer offen.

Wenn ein Webhosting-Angebot mit »0 Euro*« beworben wird, können Sie ziemlich sicher sein, dass Ihr Konto nach Vertragsabschluss um mehr als null Euro erleichtert wird. Ein Webhoster ist kein wohltätiger Verein, sondern eine Firma, und die muss Geld verdienen, denn sonst geht sie pleite. Um die verschiedenen Hosting-Angebote übersichtlicher und vor allem vergleichbarer zu machen, können Sie sich eine kleine Tabelle als Kosten-Checkliste mit den folgenden Punkten erstellen:

▶ **Einmalige Einrichtungsgebühr**: von gar nicht bis zu zweistelligen Euro-Beträgen

▶ **Monatliche Gebühr**: Was kostet der Vertrag wirklich pro Monat, und zwar *nach* Ablauf vergünstigter Sonderfristen? Interessant ist auch, welche und wie viele Domain-Namen in diesem Preis enthalten sind.

▶ **Vertragslaufzeit**: Je kürzer, desto besser. 24 Monate sind lang. Wenn der Vertrag nach Ablauf automatisch verlängert wird, werden wieder 24 Monate fällig, und zwar ohne Sternchen.

- **Kündigungsfrist**: Vier Wochen zum Vertragsende sind üblich. Abweichende Fristen sind meist gut versteckt und zu lang.
- **Zahlungsweise**: Jährlich ist durchaus üblich, aber es gibt auch monatliche oder halb-jährliche Zahlungskonditionen, abhängig von der Vertragslaufzeit.

Aus allen diesen Angaben errechnen Sie dann die Gesamtkosten, und zwar am besten für ein ganzes Jahr, denn das ist schneller rum, als man glaubt. Die Summe teilen Sie dann durch zwölf, und schon haben Sie die tatsächlichen monatlichen Kosten.

Wenn irgendetwas unklar ist, fragen Sie den Webhoster

Wenn Ihnen an einem Angebot etwas nicht klar ist, dann sollten Sie nicht zögern, den Anbieter zu fragen. Dabei machen Sie bereits die ersten Erfahrungen mit der Firma, und das kostet außer ein bisschen Zeit noch nichts:

- Wie schwierig ist es, eine gute Kontaktmöglichkeit zu finden?
- Wie schnell bekommen Sie eine Antwort auf Ihre Frage?
- Wie kompetent ist die Antwort, und wie freundlich ist der Service?

Wenn Ihre Fragen *vor* Vertragsabschluss nicht beantwortet werden, ist die Chance auf Besserung *nach* Vertragsabschluss eher gering.

2.4.3   Angebote: Einige konkrete Beispiele für Webhosting mit WordPress

Viele Webhoster haben inzwischen spezielle Angebote für WordPress. Zahlreiche Emp-fehlungen und Antworten auf viele Fragen zur Auswahl von Webspace finden Sie z. B. im Webhosting-Forum auf *WordPress Deutschland*:

- *forum.wpde.org/webhosting-provider/*

Im Folgenden möchte ich Ihnen in alphabetischer Reihenfolge einige konkrete Bei-spiele vorstellen, die aber naturgemäß nur einen winzigen Ausschnitt aus einer fast unüberschaubaren Menge an Angeboten darstellen (Stand: April 2016):

- Alfahosting.de: *alfahosting.de/wordpress-hosting/*
  Alle *Multi-Tarife* sind für WordPress geeignet und haben eine 1-Klick-Installation. Ab 2,99 €/Monat bei 24 Monaten Laufzeit. Bei kürzerer Laufzeit ein paar Euros mehr. Kostenloser Test-Account für 45 Tage.
- all-inkl.com: *all-inkl.com/wordpress-hosting/*
  Renommierter Webhoster mit bekannt gutem Support. Alle Tarife von all-inkl.com eignen sich für WordPress und haben eine 1-Klick-Installation. Ab 4,95 €/Monat.

Keine Mindestvertragslaufzeit, aber Rabatt bei Vorauszahlung. Kostenloser Test-Account für drei Monate.

► Host Europe: *hosteurope.de/BlogHosting/*
Profi-Hosting ab 9,99 €/Monat bei sechs Monaten Mindestvertragslaufzeit. Mit vorinstalliertem WordPress und einer schnellen SSD-Festplatte für die Datenbank. Einmalige Setupgebühr 14,99 €. Unter *hosteurope.de/WebHosting* gibt es auch günstigere für WordPress geeignete Tarife ab 3,99 € (plus Domains).

► InternetWerk – WordPress Webhosting: *wp-webhosting.de*
Auf WordPress spezialisierter Webhoster mit vorinstalliertem WordPress und sehr flexiblen, günstigen Tarifen ab umgerechnet ca. 2,40 € im Monat (zwölf Monate Mindestvertragslaufzeit).

► Mittwald CM Service: *mittwald.de/wordpress-hosting*
Renommierter Webhoster für Agenturen und Gewerbetreibende. Mit pfiffigem Onlinetarifberater und ohne Lockangebote. Ab 4,99 €/Monat plus Mehrwertsteuer bei zwölf Monaten Vertragslaufzeit. Kostenloser Test-Account für 30 Tage.

Managed WordPress Hosting übernimmt auch die Updates

Ein *Managed WordPress-Hosting* erledigt auch die Updates von WordPress, Themes und Plugins für Sie. Beim amerikanischen Anbieter *wpengine.com* gibt es das ab 29 US$/Monat, in Deutschland z. B. bei *raidboxes.de* ab 30 €/Monat.

2.5   Auf einen Blick

Die wichtigsten Themen noch einmal im Überblick:

► Die Rahmenbedingungen für das Projekt »Website erstellen« werden durch die drei Faktoren *Ziele*, *Zeit* und *Zaster* bestimmt.

► Als roter Faden bei der Erstellung der Websites dienen die vier Bereiche *Technik*, *Inhalt*, *Gestaltung* und *Funktionen*.

► Domain-Namen werden von links nach rechts gelesen, die Hierarchie geht aber von rechts nach links.

► Eigenen Webspace bekommen Sie von einem *Webhoster*, manchmal auch *Webspace Provider* oder nur *Provider* genannt.

► Guten Webspace für WordPress gibt es für ungefähr 5 bis 10 € pro Monat, je nach Anforderung aber auch etwas günstiger oder sehr viel teurer.

Kapitel 3
WordPress installieren

*Worin Sie verschiedene Wege zu einem funktionierenden
WordPress kennenlernen.*

Die Themen im Überblick:

In diesem Kapitel möchte ich Ihnen verschiedene Wege vorstellen, die allesamt zu einem funktionsfähigen WordPress führen:

1. *Gehostet:* Falls Sie noch keinen Webspace haben und WordPress einfach einmal ausprobieren möchten, lesen Sie zunächst Abschnitt 3.1 zur Erstellung einer Website auf *wordpress.com*.

2. *Vorinstalliert:* Haben Sie bereits Webspace mit einem vorinstalliertem WordPress oder mit einer 1-Klick-Installation? Springen Sie zu Abschnitt 3.2.

3. *Manuell:* In Abschnitt 3.3 wird die manuelle Installation von WordPress auf einem Online-Webspace ausführlich beschrieben.

4. *Offline:* Falls Sie WordPress zum Ausprobieren gerne auf Ihrem eigenen Rechner installieren möchten, finden Sie eine detaillierte Anleitung dazu in Abschnitt 3.4.

Sie müssen nicht alle vier Möglichkeiten ausprobieren

Ziel ist, dass Sie am Ende des Kapitels ein funktionierendes WordPress haben, mit dem Sie die folgenden Kapitel durcharbeiten können. Nehmen Sie einfach die Variante, die am besten zu Ihren Bedürfnissen passt.

3.1   Website erstellen auf »wordpress.com«

Die erste und wohl einfachste Möglichkeit zum Ausprobieren von WordPress ist die Erstellung einer Website auf *wordpress.com*. Dort können Sie WordPress in aller Ruhe testen, ohne sich vorher um Webspace kümmern oder WordPress installieren zu müssen.

WordPress.com ist eine *gehostete Version* von WordPress. Das bedeutet, dass Sie einen fix und fertigen Webspace bekommen, auf dem WordPress bereits installiert ist.

Alles, was Sie zur Erstellung einer Website benötigen, ist ein Browser, eine Internetverbindung, eine E-Mail-Adresse und ein paar Minuten Zeit:

1. Surfen Sie zu *de.wordpress.com* (Abbildung 3.1).
2. Klicken Sie auf die Schaltfläche WEBSITE ERSTELLEN.
3. Folgen Sie der Anleitung auf dem Bildschirm.

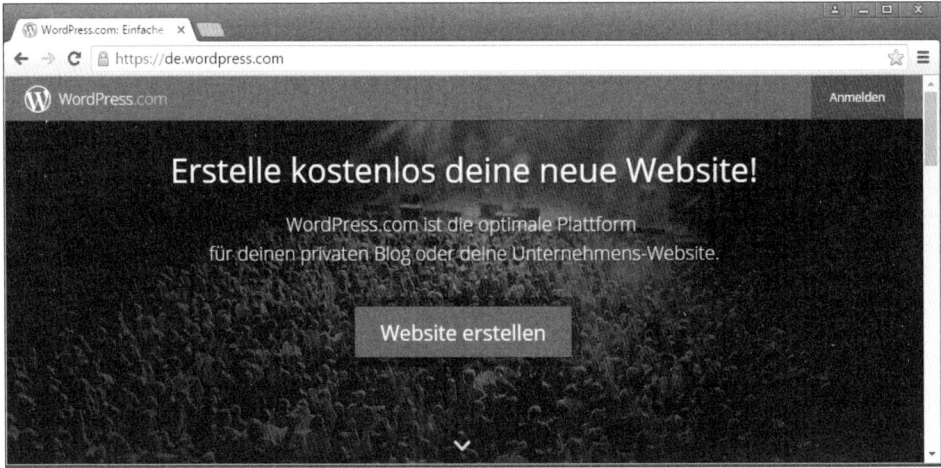

Abbildung 3.1 Die Startseite von »de.wordpress.com«

Der genaue Ablauf der Registrierung ändert sich immer mal wieder, aber zur Erstellung einer Website auf WordPress.com werden unter anderem folgende Details abgefragt:

▶ *Theme:* Zum Kennenlernen von WordPress ist das Standard-Theme *Twenty Sixteen* gut geeignet, das in diesem Buch auch von Kapitel 5 bis Kapitel 11 als Beispiel dient. Sie können das bei der Erstellung der Website ausgewählte Theme später leicht ändern (siehe Kapitel 12, »Ein Theme installieren und ausprobieren«)

▶ *Domain:* Unter dieser Adresse wird die Website erreichbar sein. Eine kostenlose Subdomain wie *mein-name.wordpress.com* ist für den Einstieg völlig ausreichend.

▶ *Tarif:* Zur Auswahl stehen *Free*, *Premium* und *Business*. Zum Ausprobieren ist der kostenlose Free-Tarif empfehlenswert.

▶ *E-Mail-Adresse*, *Benutzername* und *Passwort* dienen der Erstellung eines Kontos bei WordPress.com. Mit diesem Konto können Sie auf WordPress.com bei Bedarf auch mehrere Websites betreiben.

Sie sollten alle von Ihnen gemachten Angaben am besten sofort nach der Eingabe notieren, damit Sie sie zur Verfügung haben, wenn Sie danach gefragt werden.

Falls Sie WordPress später doch lieber auf einem eigenen Webspace installieren möchten, können Sie die auf WordPress.com erstellten Inhalte exportieren und in einer anderen WordPress-Installation wieder importieren. Wie genau das geht, erfahren Sie in Abschnitt 18.2, »Import/Export: Inhalte in ein anderes WordPress übertragen«.

Website erstellt? Dann können Sie in Kapitel 4 weitermachen

Wenn die Registrierung geklappt hat, geht es in Kapitel 4, »Die ersten Schritte im Backend von WordPress«, weiter mit dem Kennenlernen der Website und der Anmeldung am Backend.

3.2   WordPress vorinstalliert oder als 1-Klick-Installation

Die in diesem Abschnitt beschriebenen Varianten mit einem vorinstallierten WordPress oder einer 1-Klick-Installation können Sie nur ausprobieren, wenn der von Ihnen gemietete Webspace das anbietet.

3.2.1   Schlüsselfertig: Ein vorinstalliertes WordPress

Der wohl einfachste Weg zu einem WordPress auf dem *eigenen* Webspace ist ein fix und fertig vorinstalliertes WordPress. Ihr Webhoster übernimmt dabei die ganze Arbeit:

▶ Der Webhoster kopiert die WordPress-Dateien auf Ihren Webspace.

▶ Der Webhoster installiert WordPress für Sie auf Ihrem Webspace.

▶ Sie bekommen eine E-Mail mit allen Adressen und Zugangsdaten.

Genau wie bei der Erstellung einer Website auf WordPress.com haben Sie in diesem Fall ein funktionierendes WordPress, ohne es selbst installiert zu haben. Der wichtigste Unterschied gegenüber WordPress.com ist, dass Sie *nach* der Installation selbst für die Wartung von WordPress verantwortlich sind, während das auf WordPress.com für Sie erledigt wird.

Ein vorinstalliertes WordPress kommt meist relativ schmucklos daher, weil während der Installation einfach nur ein Standard-Theme zugewiesen wird (Abbildung 3.2).

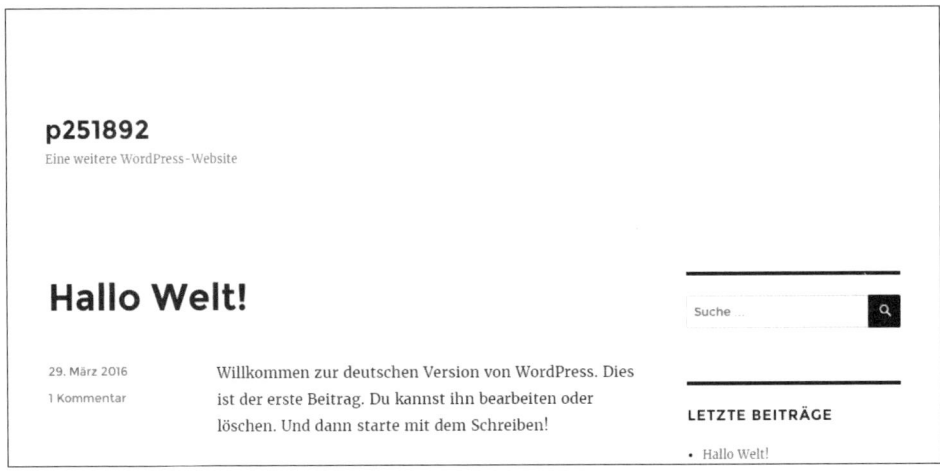

Abbildung 3.2 So könnte ein vorinstalliertes WordPress aussehen.

Webspace mit vorinstalliertem WordPress? Weiter geht's in Kapitel 4

Wenn Sie sich für einen Webspace mit vorinstalliertem WordPress entschieden haben, können Sie direkt zu Kapitel 4, »Die ersten Schritte im Backend von WordPress«, springen, in dem Sie das Frontend und die Anmeldung am Backend kennenlernen. Wir sehen uns dann dort.

3.2.2   WordPress als 1-Klick-Installation

Nicht ganz so bequem wie ein vorinstalliertes WordPress ist eine sogenannte *1-Klick-Installation*. Die Bezeichnung *1-Klick* sollten Sie übrigens nicht zu wörtlich nehmen, denn ein paar mehr Klicks sind es dann meistens doch. Im Prinzip geht eine 1-Klick-Installation so vor sich:

▶   Sie loggen sich in die Verwaltungsoberfläche für Ihren Webspace ein.

▶   Sie wählen dort die Option zur Installation von WordPress.

▶   Sie füllen ein Formular mit den zur Installation benötigten Daten aus.

▶   Der Webhoster installiert WordPress mit diesen Angaben auf Ihrem Webspace.

Die genaue Vorgehensweise unterscheidet sich von Webhoster zu Webhoster, sodass ich Ihnen hier nur ein paar allgemeine Anhaltspunkte geben kann. Falls dabei Fragen auftauchen, wenden Sie sich an den Support Ihres Webhosters. Abbildung 3.3 zeigt das Formular für die WordPress-Installation bei DomainFactory (*df.eu*), und auch wenn das Formular anders aussehen sollte, werden bei anderen Webhostern ähnliche Informationen abgefragt.

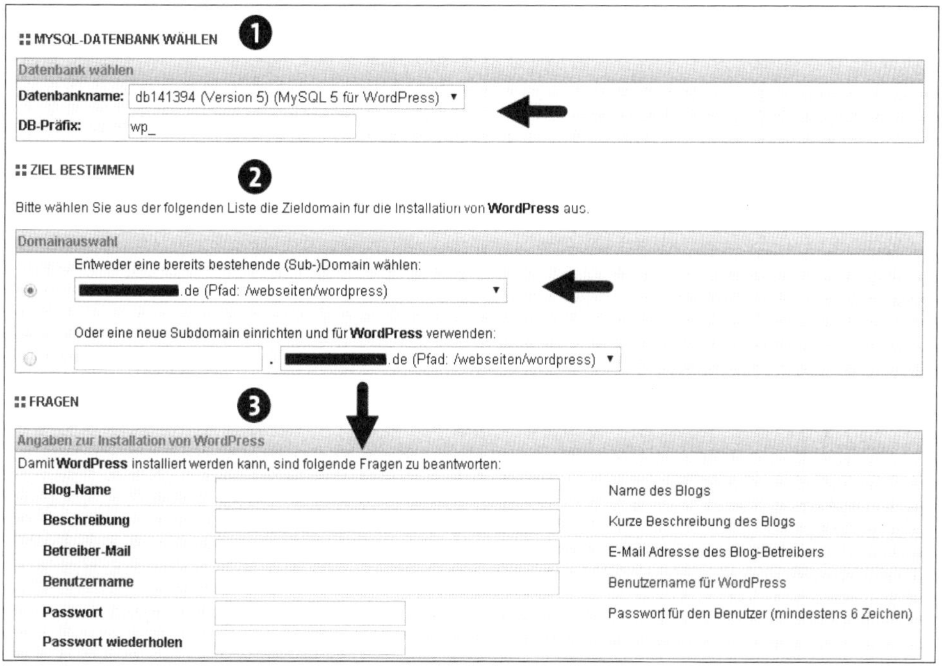

Abbildung 3.3 Ein Beispiel für eine 1-Klick-Installation von WordPress

Das Formular in Abbildung 3.3 fragt Details ab, die für eine Installation von WordPress benötigt werden:

▶ *Datenbank* ❶: WordPress muss wissen, welche Datenbank es bei der Installation benutzen kann (*db141394*) und welche Vorsilbe die Datenbanktabellen darin haben sollen (*wp_*).

▶ *Domain/Ordner* ❷: Vor der Installation müssen Sie angeben, unter welcher Domain WordPress erreichbar sein soll (*mein-name.de*) und in welchen Ordner die WordPress-Dateien kopiert werden sollen (Pfad */webseiten/wordpress*).

▶ *Weitere Informationen* ❸: Hier werden z. B. der *Titel der Website* (BLOG-NAME), der *Untertitel* (BESCHREIBUNG) sowie Angaben zum Account für den Administrator (BETREIBER-MAIL, BENUTZERNAME und PASSWORT) abgefragt.

Eine gut durchdachte 1-Klick-Installation ist bequemer als eine manuelle Installation, aber manche 1-Klick-Varianten verursachen letztlich mehr Arbeit als sie sparen. Bei Problemen mit einer 1-Klick-Installation wenden Sie sich an den Support Ihres Webhosters.

Falls die Details für das Administratorkonto nicht abgefragt werden, sondern stattdessen eine Standardkombination wie *admin* und *passwort* vergeben wird, sollten Sie Benutzernamen und Passwort nach der Installation unbedingt sofort ändern (siehe Abschnitt 4.7, »Das Menü ›Benutzer‹: Ihr Benutzerprofil im Überblick«) oder WordPress am besten gleich manuell installieren.

Die 1-Klick-Installation hat geklappt? Weiter in Kapitel 4!

Wenn die 1-Klick-Installation geklappt hat, können Sie den Rest dieses Kapitels überspringen. In Kapitel 4, »Die ersten Schritte im Backend von WordPress«, erfahren Sie, wie Sie das Frontend aufrufen und sich am Backend anmelden können.

3.3   WordPress auf einem Online-Webspace installieren

Die manuelle Installation von WordPress auf einem Online-Webspace ist nicht wirklich schwierig, aber Sie müssen WordPress dazu selbst herunterladen, die ZIP-Datei auf Ihrer Festplatte entpacken und die Dateien dann per FTP in den richtigen Ordner auf dem Webspace kopieren.

Ist Ihr Webspace fit für WordPress?

Wenn Sie Ihren Webspace schon vor längerer Zeit gemietet haben, sollten Sie vor der Installation kurz prüfen, ob er die in Abschnitt 2.4, »So finden Sie einen passenden Webspace«, beschriebenen Voraussetzungen für WordPress erfüllt. Falls Sie sich nicht sicher sind, fragen Sie Ihren Webhoster.

3.3.1   Schritt 1: WordPress herunterladen und entpacken

Zunächst einmal müssen Sie WordPress herunterladen. Das machen Sie am besten auf der deutschen Version der offiziellen Website von WordPress:

▶ *de.wordpress.org*

Im folgenden ToDo laden Sie WordPress herunter und entpacken die ZIP-Datei auf Ihrer Festplatte.

3

ToDo: WordPress herunterladen und entpacken

1. Starten Sie einen Browser, und surfen Sie zu *de.wordpress.org*.
2. Klicken Sie auf die farbig hervorgehobene Download-Schaltfläche mit der Beschriftung WORDPRESS 4.x.x HERUNTERLADEN.
3. Speichern Sie die ZIP-Datei auf Ihrer Festplatte in einem Ordner Ihrer Wahl.
4. Entpacken Sie die ZIP-Datei, und suchen Sie in den entpackten Dateien einen Ordner namens *wordpress*.

Nach dem Entpacken des Download-Archivs erhalten Sie im Ordner */wordpress/* die in Abbildung 3.4 gezeigten Dateien und Ordner. Je nach Versionsnummer von WordPress kann es dabei leichte Unterschiede geben.

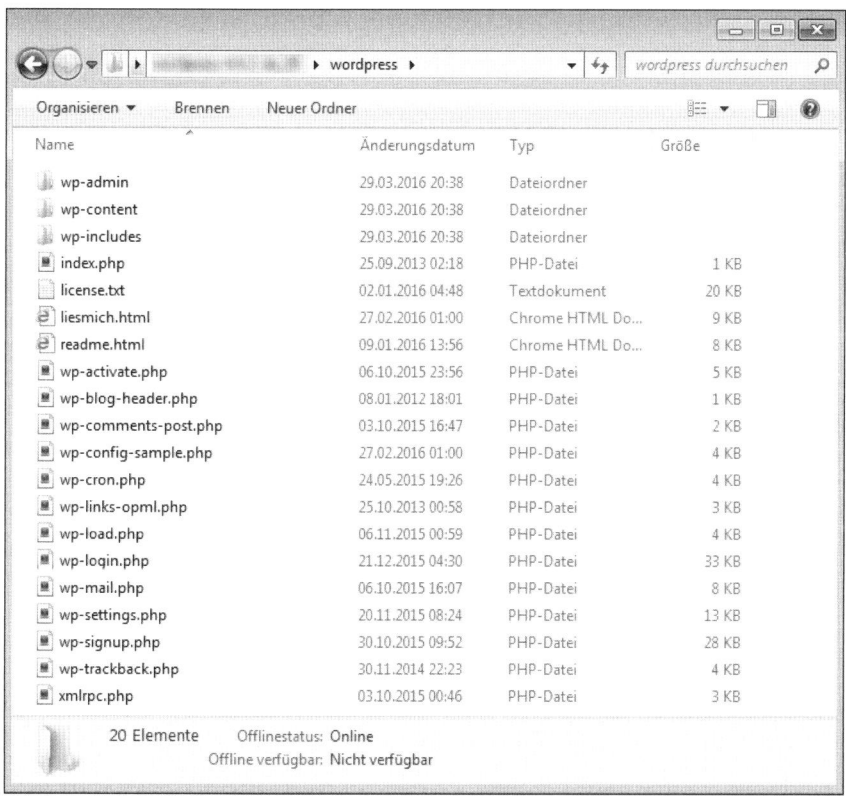

Abbildung 3.4 Nach dem Entpacken – Dateien und Ordner in »/wordpress/«

Die Ordnerstruktur von WordPress im Überblick

Im Ordner *wordpress* liegen einige Dateien und drei Unterordner:

▶ *wp-admin* enthält die Dateien für das Backend.

▶ *wp-content* beinhaltet alle Themes, Plugins und Uploads.

▶ *wp-includes* ist ein Ordner mit wichtigen Systemdateien.

3.3.2 Schritt 2: Eine FTP-Verbindung zum Webspace herstellen

Alle im Ordner *wordpress* enthaltenen Dateien und Unterordner müssen mit einem FTP-Programm auf Ihren Webspace kopiert werden. Dazu stellen Sie in diesem Schritt erst einmal eine FTP-Verbindung zum Webspace her, und dazu benötigen Sie zwei Dinge:

▶ Ein FTP-Programm, wie z. B. FileZilla; falls Sie noch kein FTP-Programm haben, laden Sie es am besten von folgender Adresse herunter, da diese Version keine zusätzliche Werbesoftware enthält:

heise.de/download/filezilla.html

Bei einem Download von anderen Adressen sollten Sie bei der Installation von FileZilla darauf achten, Felder zur Installation zusätzlicher Software (Adware etc.) abzuwählen bzw. nicht anzuwählen.

▶ Ihre FTP-Zugangsdaten, die Sie von Ihrem Webhoster/Provider erhalten haben: SERVER, BENUTZERNAME und PASSWORT

Wenn Sie beides haben, kann es losgehen.

Im folgenden ToDo starten Sie FileZilla, geben die Zugangsdaten in der Quickconnect-Leiste ein (Abbildung 3.5) und stellen dann eine Verbindung zum Webspace her.

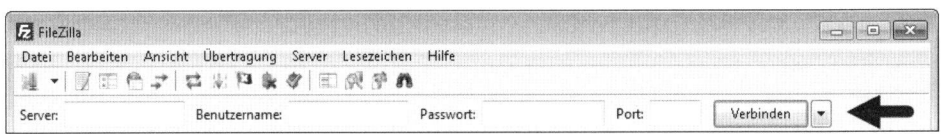

Abbildung 3.5 Die Zugangsdaten in der Quickconnect-Leiste eintragen

ToDo: FTP-Verbindung zum Webspace herstellen

1. Starten Sie FileZilla.

2. Geben Sie in der Quickconnect-Leiste die FTP-Zugangsdaten zu Ihrem Webspace ein (Abbildung 3.5).

3. Das Feld PORT können Sie frei lassen, solange der Standardport benutzt wird.

4. Klicken Sie auf die Schaltfläche VERBINDEN rechts außen.

Falls die Verbindung zum Webspace nicht klappt, überprüfen Sie, ob wirklich alle Daten korrekt eingegeben wurden. Falls es auch dann nicht funktioniert, zögern Sie nicht, den Support Ihres Webhosters zu kontaktieren.

3.3.3   Schritt 3: WordPress-Dateien per FTP auf den Webspace kopieren

Nach dem Herstellen der Verbindung stellt sich die Frage, in welchen Ordner die Word-Press-Dateien kopiert werden sollen, und dabei gibt es zwei Möglichkeiten, die ich kurz erläutern möchte.

1. Möglichkeit: Nur eine Website auf dem Webspace – Installation im Hauptordner

Möglichkeit Nummer eins ist der Hauptordner auf dem Webspace. Auf jedem Webspace gibt es einen Ordner, in dem die Webseiten gespeichert werden. Dieser Ordner wird manchmal auch *Document Root* genannt, frei übersetzt *Hauptordner für Webseiten*. In diesem Ordner schaut der Webserver nach, wenn ein Besucher eine URL wie *http://mein-name.de/* eingibt.

Gängige Namen für den Hauptordner sind *webseiten*, *html*, *htdocs* oder *www*. Falls Sie sich nicht sicher sind, wie dieser Ordner auf Ihrem Webspace heißt, schauen Sie in den Unterlagen Ihres Webhosters nach, oder fragen Sie den Support.

Am einfachsten ist es, alle WordPress-Dateien in diesen Hauptordner zu kopieren, denn dann müssen Sie meistens an der Konfiguration des Webspace nichts ändern. Wenn Sie sicher wissen, dass Sie auf diesem Webspace nur diese eine Domain mit diesem einen WordPress betreiben werden, spricht nicht viel dagegen, die Dateien in den Hauptordner zu kopieren.

Wenn Sie aber später eventuell noch weitere Websites mit anderen Domain-Namen auf demselben Webspace betreiben möchten, ist Möglichkeit 2 besser.

2. Möglichkeit: Vielleicht mal mehrere Websites – Unterordner und Domain-Zuweisung

Möglichkeit Nummer zwei ist es, die Dateien nicht in den Hauptordner für Webseiten zu kopieren, sondern in einen Unterordner, den Sie z. B. *wordpress* nennen.

Da die Website dann aber zunächst einmal unter der etwas umständlichen Adresse *mein-name.de/wordpress/* erreichbar wäre, sollten Sie anschließend in der Verwaltungs-software für Ihren Webspace die Domain *mein-name.de* auf den Unterordner *webseiten/wordpress* umleiten. Falls Sie die Option zur Zuweisung von Domain und Ordner nicht finden, fragen Sie den Support Ihres Webhosters. Die sollten das wissen.

Durch eine solche Umleitung wird der Webserver angewiesen, für Anfragen an die Domain *mein-name.de* nicht mehr im Hauptordner *webseiten* nachzuschauen, sondern direkt in dem Unterordner *webseiten/wordpress*.

Der größte Vorteil der Installation von WordPress in einen Unterordner mit Domain-Zuweisung ist, dass Sie bei der Nutzung des Webspace auf Dauer mehr Möglichkeiten haben. So können Sie z. B. problemlos weitere Domains einrichten und ihnen einfach andere Unterordner zuweisen. Hier ein Beispiel:

▶ Für *mein-name.de* schaut der Webserver in *webseiten/wordpress/*.

▶ Für *zweite-website.de* liegen die Seiten z. B. in *webseiten/zweitewebsite/*.

Wenn Sie WordPress, wie in Möglichkeit 1 beschrieben, im Hauptordner installieren, ist das nicht so ohne Weiteres möglich oder zumindest unübersichtlicher.

Und Action! – WordPress-Dateien auf den Webspace kopieren

Egal, ob Sie sich für den Hauptordner oder für einen Unterordner mit Domain-Umlei-tung entscheiden, wirklich wichtig ist, dass die Ordnerstruktur lokal und auf dem Web-space identisch ist (Abbildung 3.6).

ToDo: WordPress per FTP auf den Webspace kopieren

1. Starten Sie gegebenenfalls das FTP-Programm, und stellen Sie, wie in Abschnitt 3.3.2 beschrieben, eine Verbindung her.
2. Öffnen Sie im linken Fenster (LOKAL, ❶) den Ordner *wordpress*.
3. Öffnen Sie im rechten Fenster (SERVER, ❷) den Ordner, in den Sie WordPress installie-ren möchten.
4. Markieren Sie im linken Fenster (LOKAL, ❶) alle Dateien und Ordner.
5. Klicken Sie mit rechts auf die Markierung, und wählen Sie aus dem Kontextmenü den Befehl HOCHLADEN.

Nach diesem ToDo sollten die beiden Fenster in FileZilla etwa so aussehen wie in Abbil-dung 3.6.

Die FTP-Zugangsdaten in FileZilla abspeichern

Die in diesem Abschnitt gezeigte Quickconnect-Leiste wird ihrem Namen gerecht und ermöglicht den schnellen FTP-Zugang zum Webspace. FileZilla bietet im Menü DATEI • SER-VERMANAGER... aber auch die Möglichkeit, die Zugangsdaten für Ihren FTP-Account in einem Profil abzuspeichern. Dann müssen Sie sie nicht jedes Mal eingeben und können z. B. auch eine verschlüsselte FTP-Übertragung einrichten, sofern Ihr Webhoster das anbietet.

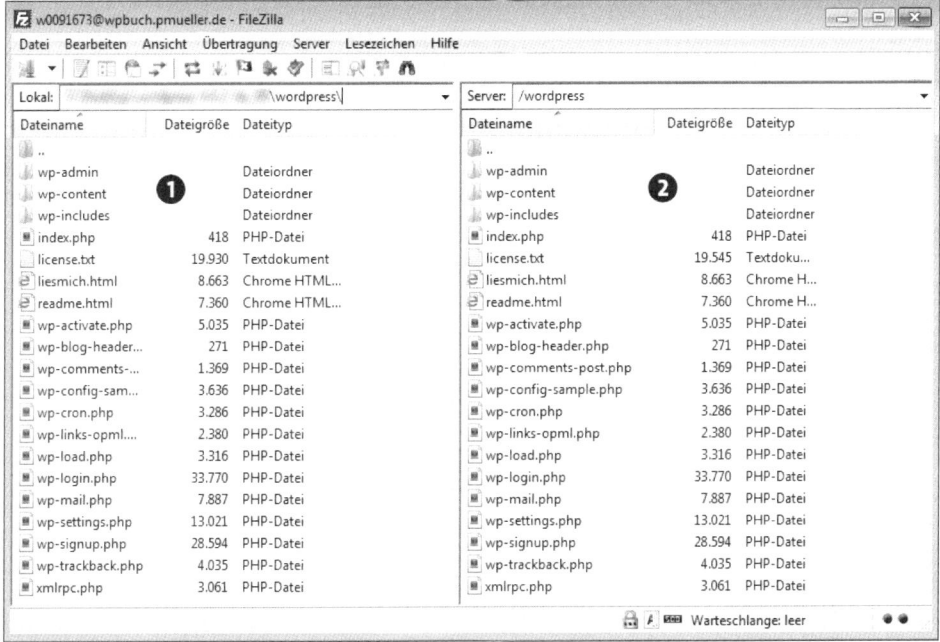

Abbildung 3.6 WordPress wurde auf den Webspace kopiert.

3.3.4   Schritt 4: Das Installationsprogramm von WordPress aufrufen

Um die eigentliche Installation zu starten, rufen Sie das Installationsprogramm von WordPress auf. Dazu gibt es zwei Möglichkeiten:

1. Im Normalfall geben Sie im Browser nur den Domain-Namen ein:

    http://mein-name.de/

2. Falls Sie WordPress in einem Unterordner installiert und die Domain nicht umgeleitet haben, geben Sie den Ordnernamen mit ein:

    http://mein-name.de/wordpress/

WordPress schaut dann, ob auf dem Webspace eine Konfigurationsdatei namens *wp-config.php* vorhanden ist. Wenn es diese Datei noch nicht gibt, wird automatisch das Installationsprogramm gestartet. Im Browserfenster erscheint daraufhin eine Willkommensseite mit einigen lesenswerten Hinweisen (Abbildung 3.7).

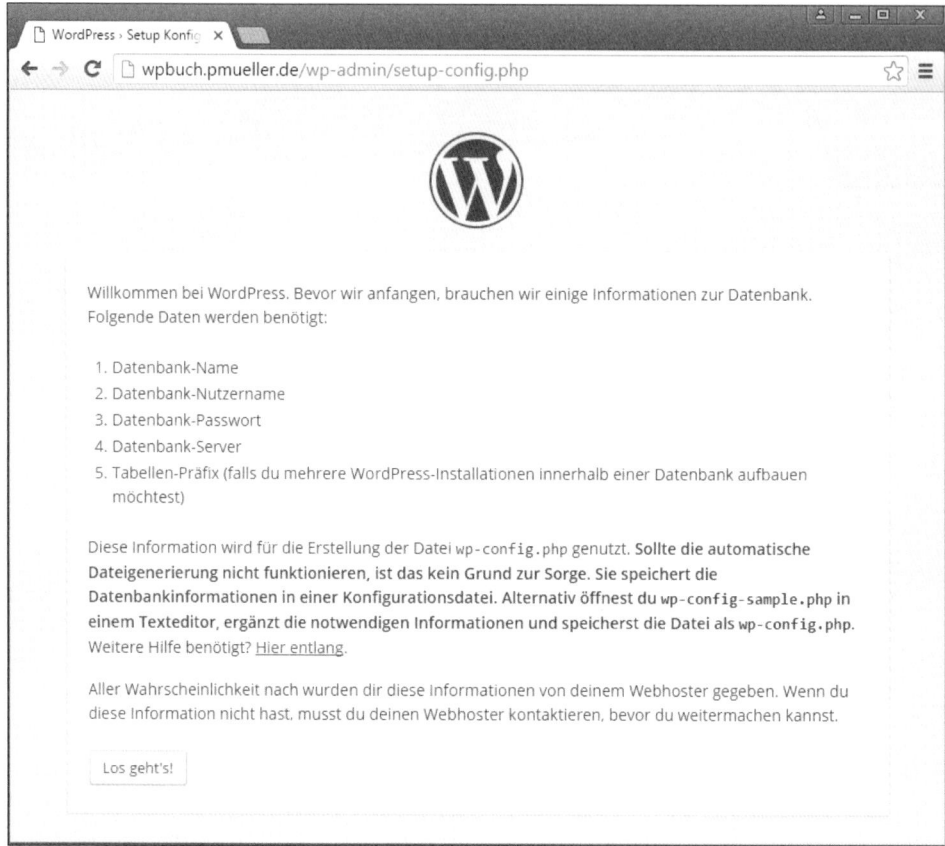

Abbildung 3.7 Die Willkommensseite der WordPress-Installation

Das Installationsprogramm benötigt fünf Informationen von Ihnen:

1. DATENBANK-NAME: Das ist der Name der MySQL-Datenbank, die Ihr Webhoster Ihnen auf Ihrem Webspace zur Verfügung stellt. Falls noch keine Datenbank existiert, müssen Sie in der Verwaltungsoberfläche erst eine erstellen. Bei Unklarheiten fragen Sie den Support Ihres Webhosters.

2. DATENBANK-NUTZERNAME: Der Benutzername für die Datenbank ist oft identisch mit dem Datenbanknamen, muss es aber nicht sein.

3. DATENBANK-PASSWORT: Ihr Passwort zur Anmeldung an der MySQL-Datenbank

4. DATENBANK-SERVER: Der Name des Servers, auf dem die Datenbank läuft. Das ist oft *localhost*, aber es kann auch ein Domain-Name in der Art von *dbserver.provider.de* sein.

5. TABELLEN-PRÄFIX: Mit diesen Buchstaben beginnen alle Datenbanktabellen. Die Standardvorgabe ist *wp_*, aber das können und werden Sie gleich ändern.

Mit diesen Informationen versucht WordPress gleich in Schritt 5, die Datei *wp-config.php* zu erstellen.

ToDo: Informationen zur Datenbank bereithalten

1. Lesen Sie die Willkommensseite des Installationsprogramms.

2. Lesen Sie weiter oben die Erklärungen zu den fünf Punkten.

3. Halten Sie die benötigen Informationen zur Datenbank bereit.

4. Wenn alles klar ist, klicken Sie auf die Schaltfläche LOS GEHT'S!

Falls Sie noch keine Datenbank haben …

Sollte es auf Ihrem Webspace noch keine Datenbank geben, müssen Sie mit der Verwaltungsoberfläche für Ihren Webspace eine erstellen. Dabei kommt häufig ein Programm namens phpMyAdmin zum Einsatz. Wie Sie mit phpMyAdmin eine Datenbank erstellen, wird in Abschnitt 3.5 beschrieben.

3.3.5   Schritt 5: Die Zugangsdaten für die Datenbank eingeben

In diesem Schritt geben Sie die in Schritt 4 gezeigten Informationen zur Datenbank in ein Online-Formular ein:

▶ DATENBANK NAME und BENUTZERNAME sind wie gesagt oft identisch, müssen es aber nicht sein. Füllen Sie die beiden Felder entsprechend den Angaben Ihres Webhosters aus.

▶ Das PASSWORT wird nur in der *wp-config.php* gespeichert, und Sie müssen es nirgendwo manuell eingeben. Falls Sie das Passwort also selbst vergeben können, wählen Sie ruhig ein ziemlich kompliziertes. Sie müssen es nur ein einziges Mal hier im Formular richtig schreiben.

▶ Falls der DATENBANK-HOST nicht *localhost* ist, müssen Sie im Formularfeld den tatsächlichen Namen des Datenbankservers eintragen.

▶ Ergänzen Sie aus Sicherheitsgründen das TABELLEN-PRÄFIX *wp_* um ein paar beliebige Zeichen. So erschweren Sie einen möglichen Angriff auf die Datenbank.

Abbildung 3.8 zeigt das Formular mit einigen Beispieldaten. Bitte ersetzen Sie diese
durch Ihre eigenen.

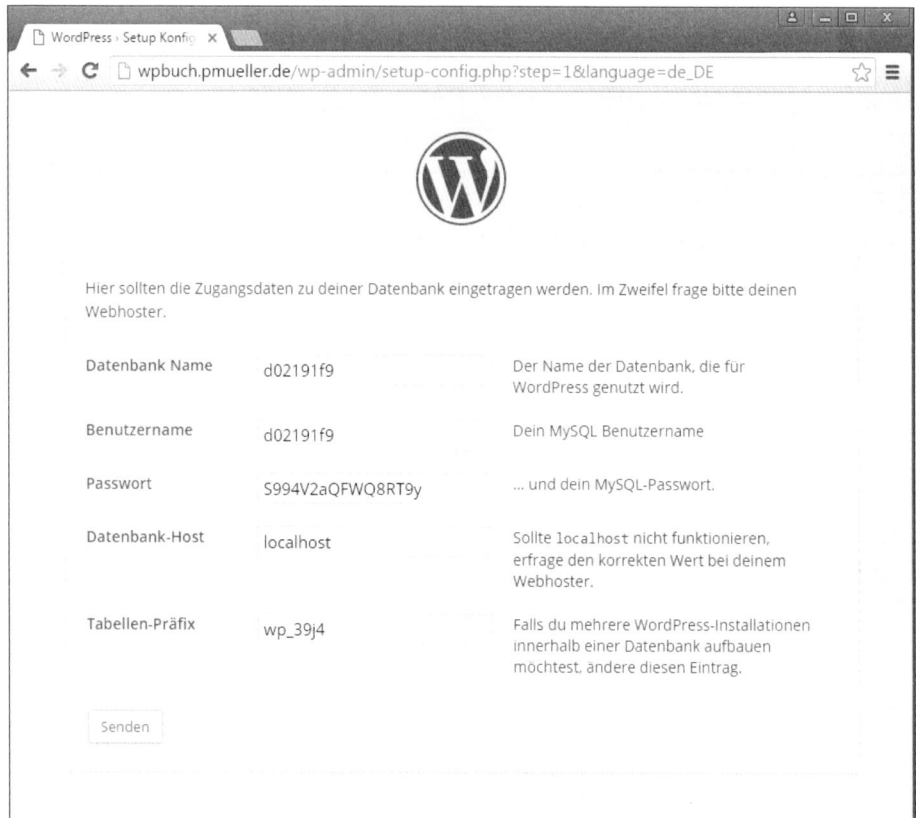

Abbildung 3.8 Ein Beispiel für Zugangsdaten zur Datenbank

Im folgenden ToDo füllen Sie das Formular aus und schicken es ab.

ToDo: Formular für die Zugangsdaten zur Datenbank abschicken

1. Füllen Sie das Formular für die Zugangsdaten zur Datenbank aus.
2. Überprüfen Sie alle Informationen.
3. Notieren Sie sich alle Informationen, und bewahren Sie sie an einem sicheren Platz.
4. Wenn Sie das Formular nach bestem Wissen und Gewissen ausgefüllt und alles
   notiert haben, klicken Sie auf die Schaltfläche SENDEN.

5. Das Installationsprogramm versucht, die Datei *wp-config.php* zu erstellen, in der diese Informationen gespeichert werden. Kurz danach erscheint die in Abbildung 3.9 dargestellte Seite.

6. Klicken Sie auf INSTALLATION AUSFÜHREN.

Abbildung 3.9 Alles okay. WordPress hat eine Verbindung zur Datenbank.

Wenn anstelle der in Abbildung 3.9 gezeigten Erfolgsmeldung eine Mitteilung erscheint, dass *wp-config.php* nicht beschreibbar sei, lesen Sie bitte den folgenden Hinweiskasten.

Die Datei »wp-config.php« ist nicht beschreibbar? Keine Panik!

Je nach Konfiguration des Webspace kann es sein, dass Sie anstelle der in Abbildung 3.9 dargestellten Meldung eine Meldung mit folgendem Hinweis bekommen:

Tut mir leid, aber die wp-config.php kann nicht geschrieben werden.

In diesem Fall haben Sie zwei Möglichkeiten:

▶ Sie erstellen auf Ihrem eigenen Rechner eine Datei namens *wp-config.php*, kopieren die auf der Meldungsseite angezeigten Daten hinein, speichern die Datei und kopieren sie per FTP in den WordPress-Ordner auf dem Webspace.

▶ Sie fragen Ihren Webhoster, wie Sie diese Meldung auf Ihrem Webspace umgehen können. Eine mögliche Lösung wäre es, PHP nicht als Apache-Modul, sondern als (Fast-)CGI zu betreiben. Das funktioniert auch, wenn man nicht versteht, was damit gemeint ist.

Die zweite Möglichkeit dauert zwar länger, ist aber besser, denn wenn die *wp-config.php* nicht beschreibbar ist, kann es später auch Probleme beim Hochladen und Ändern von Grafiken, Themes oder Plugins geben. Eine WordPress-Installation auf dem eigenen Webspace erfordert wie gesagt manchmal etwas Geduld.

3.3.6 Schritt 6: Titel der Website eingeben und Admin-Account anlegen

Wenn Sie bei diesem Schritt angekommen sind, haben Sie alle wirklich großen Hürden genommen:

▶ Die WordPress-Dateien sind auf dem Webspace.

▶ Die Konfigurationsdatei *wp-config.php* wurde erstellt.

▶ WordPress kann mit der Datenbank kommunizieren.

Jetzt müssen Sie nur noch das in Abbildung 3.10 dargestellte Formular zur Einrichtung der Website ausfüllen und abschicken.

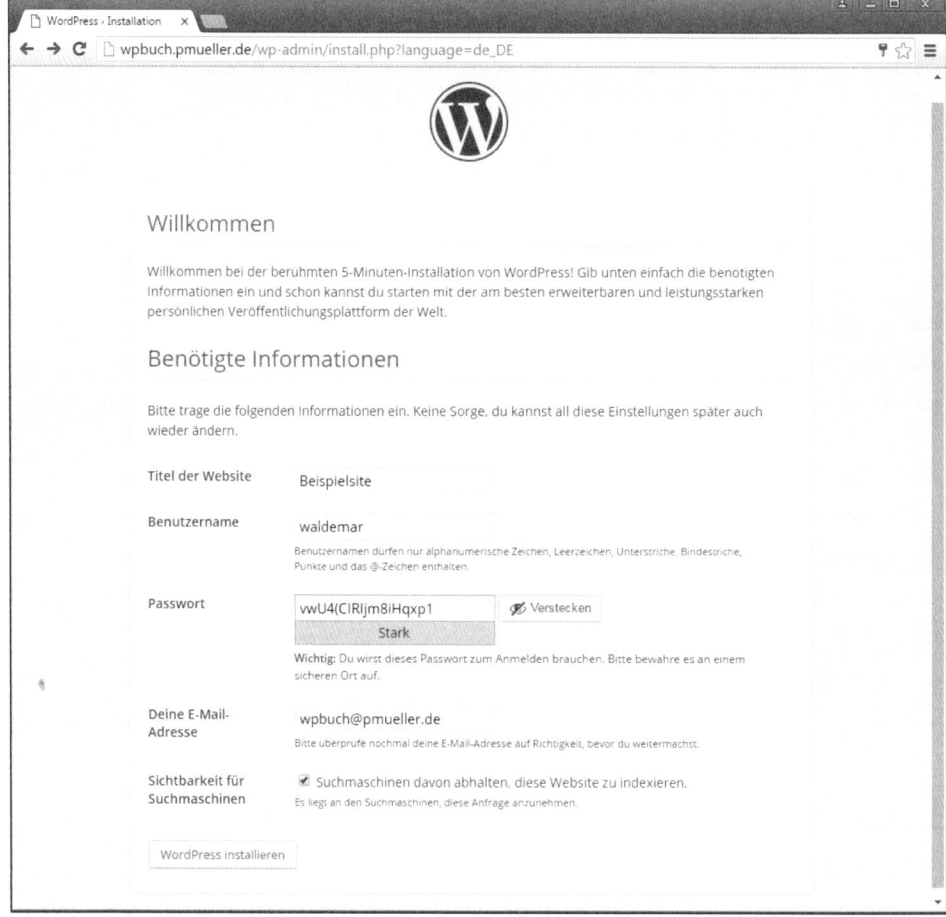

Abbildung 3.10 Das Formular zur 5-Minuten-Installation von WordPress

Im ersten Textfeld geben Sie den gewünschten TITEL DER WEBSITE ein. Was immer Sie hier eingeben, wird in großen Lettern im Kopfbereich der Webseiten erscheinen. Sie können den Titel der Website im Backend von WordPress später problemlos ändern (siehe Abschnitt 4.4, »›Einstellungen • Allgemein‹: Titel der Website & Co.«).

Mit den Angaben aus den Feldern BENUTZERNAME und PASSWORT erstellt das Installationsprogramm ein Administratorkonto. Sie können den Benutzernamen später nicht ohne Weiteres ändern und sollten deshalb einen ernsthaften (nicht *schnulli42*) und schlecht zu ratenden Benutzernamen (nicht *admin*) eingeben.

Und wählen Sie ein wirklich sicheres Passwort. Das Installationsprogramm prüft Ihr eingegebenes Passwort und wenn dieses zu schwach sein sollte, erscheint ein Kontrollkästchen mit der Aufforderung, die Verwendung des schwachen Passwortes zu bestätigen. Am besten wählen Sie in dem Fall ein anderes.

Bevor Sie weitermachen, notieren Sie sich kurz den Benutzernamen und das Passwort für den Administrator:

BENUTZERNAME: ....

PASSWORT: ....

Im Feld DEINE E-MAIL-ADRESSE tragen Sie eine gültige E-Mail-Adresse ein, auf die Sie zugreifen können. Die Adresse muss nicht doppelt eingegeben werden und sollte deshalb dreimal überprüft werden.

Bleibt noch die Option SICHTBARKEIT FÜR SUCHMASCHINEN:

▶ Falls Sie sofort loslegen und mit Ihrer Website die Welt erobern möchten, lassen Sie die Option SUCHMASCHINEN DÜRFEN DIESE WEBSITE INDEXIEREN deaktiviert. Dann werden nach dem Veröffentlichen eines Beitrags die Suchmaschinenrobots benachrichtigt.

▶ Falls Sie erst einmal in Ruhe üben möchten, sollten Sie diese Option ankreuzen, auch wenn es, wie in Abbildung 3.10 zu sehen ist, an den Suchmaschinen liegt, ob sie dieser Bitte folgen leisten.

Mehr zu dieser Option erfahren Sie in Abschnitt 4.5, »›Einstellungen • Lesen‹: Beiträge, Newsfeed und Suchmaschinen«. Dort können Sie die Einstellung auch ganz einfach wieder ändern, wenn Sie die Suchmaschinen später einladen möchten.

Im folgenden ToDo geben Sie die benötigten Informationen ein und beenden damit die manuelle Installation von WordPress.

> **ToDo: Titel der Website eingeben und Admin-Konto einrichten**
>
> 1. Geben Sie im Feld TITEL DER WEBSITE eben diesen ein.
> 2. Geben Sie im Feld BENUTZERNAME den Benutzernamen für den Administrator ein.
> 3. Geben Sie im Feld PASSWORT ein Passwort für das Admin-Konto ein.
> 4. Geben Sie im Feld DEINE E-MAIL-ADRESSE Ihre E-Mail-Adresse ein.
> 5. Überlegen Sie, ob Suchmaschinen diese Webseite indizieren sollen oder lieber erst einmal nicht. Diese Einstellung ist später leicht zu ändern.
> 6. Wenn alles stimmt, klicken Sie auf WORDPRESS INSTALLIEREN.

Das war's. Wenn alles stimmt, erhalten Sie kurz danach die in Abbildung 3.11 dargestellte Meldung »Installation erfolgreich«.

Abbildung 3.11 Die WordPress-Installation hat geklappt.

> **Weiter geht es in Kapitel 4**
>
> Die Installation von WordPress auf einem Online-Webspace ist mit diesem Schritt beendet. Weiter geht es in Kapitel 4 mit der Überprüfung des Frontend und den ersten Schritten im Backend.

3.4   Offline-Webspace: WordPress lokal installieren

In diesem Abschnitt möchte ich Ihnen zeigen, wie Sie WordPress lokal, also auf dem eigenen Rechner, installieren. Eine lokale Installation ist für Besucher aus dem Internet nicht erreichbar und in erster Linie zum Testen und Ausprobieren von WordPress, Plugins und Themes gedacht.

Mit einer lokalen Installation können Sie ...

▶ ... offline mit WordPress arbeiten, also ohne Internetverbindung.

▶ ... WordPress auch ohne Online-Webspace oder WordPress.com testen.

So ein WordPress auf dem eigenen Computer ist aber eher etwas für ambitionierte Einsteiger, denn auf Ihrem Rechner gibt es keinen Webspace, und deshalb müssen Sie den vor der Installation von WordPress mit XAMPP oder MAMP zunächst einrichten.

WordPress: Umzug auf einen Online-Webspace

Wenn Sie eine lokale Installation nicht nur zum Testen benutzen, sondern damit Ihre Website erstellen, muss diese irgendwann auf einen Online-Webspace umziehen. Wie man das macht, wird auf der Website zum Buch in folgendem Beitrag beschrieben:

▶ *wpbuch.pmueller.de/wordpress-umzug/*

Und jetzt viel Erfolg mit XAMPP und MAMP.

3.4.1   XAMPP oder MAMP: Webspace auf Ihrem Rechner einrichten

Um WordPress auf Ihrem Computer betreiben zu können, benötigen Sie einen Webserver, einen PHP-Interpreter und eine Datenbank wie MySQL. Da es eher mühsam ist, alle Komponenten einer solchen Serverumgebung einzeln zu installieren und dann auch noch zur Zusammenarbeit zu bewegen, haben die Macher von XAMPP und MAMP Ihnen diese Arbeit abgenommen und ein Komplettpaket geschnürt.

XAMPP und MAMP sind Abkürzungen für eine Kombination verschiedener Komponenten, die für eine Serverumgebung häufig benötigt werden:

▶ X oder M. Der erste Buchstabe bezieht sich auf das Betriebssystem. Das M von MAMP steht für *Mac*, das X von XAMPP ist ein Platzhalter für verschiedene Betriebssysteme.

▶ A ist der erste Buchstabe des Webservers *Apache*.

▶ M steht für den Datenbankserver, *MySQL* oder *MariaDB*.

▶ P steht für die Programmiersprachen *PHP*. Das zweite P von XAMPP steht übrigens für die Programmiersprache *Perl*.

Es gibt zwar auch XAMPP für den Mac und MAMP für Windows, aber in den folgenden Abschnitten zeige ich Ihnen, wie Sie die Pakete auf dem Betriebssystem installieren, auf dem Sie zu Hause sind: XAMPP für Windows und MAMP für OS X.

3.4.2   Windows: Offline-Webspace mit XAMPP

XAMPP wird im Englischen wie *Champ* gesprochen, und Sie finden es im Web unter der folgenden Adresse:

▶ *www.apachefriends.org*

Die Installation von XAMPP ist recht simpel. Melden Sie sich an Ihrem Rechner als Administrator an, und arbeiten Sie die folgenden Schritte ab:

1. Starten Sie die Installationsdatei mit einem Doppelklick.

2. Eventuelle Hinweise auf einen Virenscanner und die Windows-Benutzerkontensteuerung (UAC) bestätigen Sie nach der Lektüre mit OK.

3. Im Willkommensbildschirm klicken Sie auf NEXT.

4. Stellen Sie sicher, dass im Dialogfeld SELECT COMPONENTS die Komponenten APACHE, MYSQL, PHP und PHPMYADMIN angekreuzt sind. Der Rest ist optional. Bestätigen Sie die Auswahl mit einem Klick auf NEXT.

5. Als Ziel der Installation wird *C:\xampp* vorgeschlagen, und sofern es keine wirklich guten Gründe dagegen gibt, sollten Sie diesen Vorschlag übernehmen.

6. Im Fenster BITNAMI FOR XAMPP können Sie ein Fertigpaket zur Installation von WordPress auswählen. Falls Sie das möchten, öffnet sich ein Browserfenster mit der Möglichkeit zum Download von der Website von Bitnami. Das fertige Paket enthält bereits diverse Plugins, die Sie wahrscheinlich nicht alle brauchen, und ist ca. 26 MB groß. Für die manuelle Installation von WordPress deaktivieren Sie das Kontrollkästchen, bevor Sie auf NEXT klicken.

7. Bestätigen Sie die Mitteilung, dass jetzt alles fertig zur Installation ist, mit einem Klick auf NEXT. Daraufhin werden die Dateien entpackt, was eine ganze Weile dauern kann.

8. Prüfen Sie auf dem folgenden Bildschirm, ob die Option zum Starten des Control Panels aktiviert ist, und beenden Sie dann das Installationsprogramm mit einem Klick auf FINISH.

Falls irgendetwas nicht klappen sollte, finden Sie die FAQ zu XAMPP für Windows unter der folgenden Adresse im Web:

▶ *www.apachefriends.org/faq-xampp-windows.html*

Wenn das XAMPP Control Panel nicht automatisch erscheint, können Sie es mit einem Doppelklick auf die Datei *xampp-control.exe* im Ordner *C:\xampp* aufrufen. Im XAMPP Control Panel starten Sie dann die beiden Komponenten Apache und MySQL:

▶ Starten Sie zuerst den Webserver Apache mit einem Klick auf die Schaltfläche START. Kurze Zeit später wird der Begriff APACHE im Control Center hellgrün hinterlegt, und die Schaltfläche START heißt dann STOP.

▶ Falls sich beim Starten eine Firewall meldet, sollten Sie einen Moment innehalten, die Meldung lesen und dann die Ausführung von Apache erlauben, denn sonst wird er nicht funktionieren.

▶ Starten Sie danach den Datenbankserver MySQL. Falls sich beim Apache eine Firewall gemeldet hat, tut sie das jetzt wahrscheinlich auch wieder. Erlauben Sie auch die Ausführung von MySQL.

Wenn das XAMPP Control Panel nach diesen Schritten so ähnlich aussieht wie in Abbildung 3.12, hat alles geklappt.

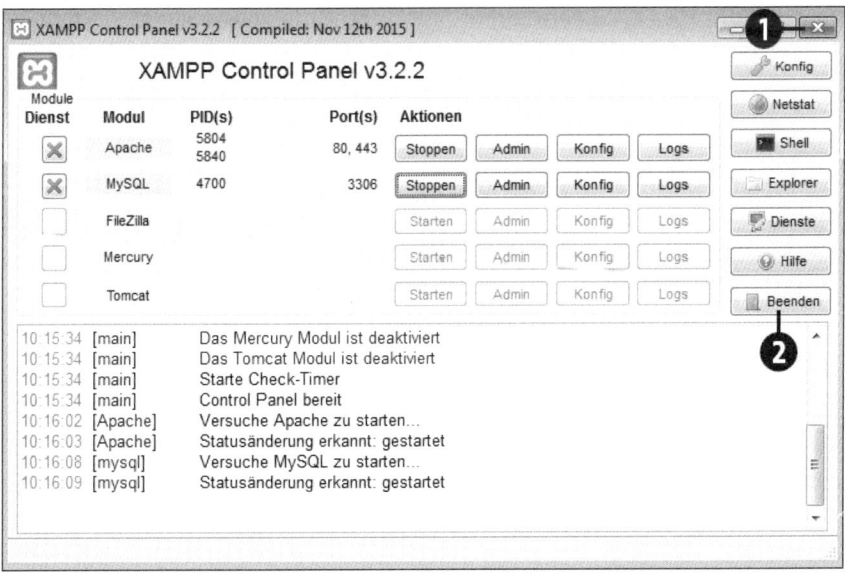

Abbildung 3.12 Das XAMPP Control Panel – Apache und MySQL laufen.

Gewöhnungsbedürftig ist, dass ein Klick auf das rot hinterlegte × **❶** ganz rechts oben im Fenster das XAMPP Control Panel nicht beendet, sondern verkleinert und es ganz rechts unten in den Infobereich der Taskleiste von Windows schickt. Um das Control Panel wirklich zu beenden, stoppen Sie zuerst alle aktiven Server und klicken dann auf die Schaltfläche BEENDEN **❷**.

Wenn der Apache nicht startet

Falls der Apache nicht startet, ist wahrscheinlich der Port 80, den ein Webserver braucht, schon belegt. Kandidaten dafür sind Fernwartungs- oder Telefonieprogramme, wie z. B. Skype. Zur Beseitigung des Problems starten Sie einfach zuerst den Apache und dann Skype. Oder wählen Sie in den Skype-Einstellungen einen anderen Port.

3.4.3   OS X: Offline-Webspace mit MAMP

Das Download-Paket von MAMP finden Sie im Web auf:

▶ *www.mamp.info*

Sofern Sie als Administrator angemeldet sind, ist die Installation von MAMP sehr einfach. Das einzige Hindernis könnten die strengen Sicherheitsvorkehrungen auf einem modernen OS X sein, aber auch dafür gibt es einfache Abhilfe. Und so installieren Sie MAMP:

1. Entpacken Sie das im Finder heruntergeladene ZIP-Paket.

2. Starten Sie die entpackte Datei *MAMP*.pkg* mit einem Doppelklick.
   Wenn die Sicherheitseinstellungen auf Ihrem Mac das nicht erlauben, weil das Programm nicht von einem »verifizierten Entwickler« stammt, bestätigen Sie zunächst die entsprechende Meldung mit OK. Um das Installationsprogramm trotzdem zu starten, drücken Sie die Taste `ctrl` und klicken auf das Programmsymbol (oder klicken Sie mit der rechten Maustaste). Wählen Sie aus dem Menü den Befehl ÖFFNEN, und bestätigen Sie den Warnhinweis mit OK.

3. Klicken Sie auf dem Willkommensbildschirm auf FORTFAHREN, und installieren Sie das Programm in den nächsten Schritten mit den vorgegebenen Einstellungen. Wahrscheinlich benötigen Sie während der Installation das Admin-Passwort für OS X.

4. Am Ende der Installation erhalten Sie den Hinweis, dass MAMP erfolgreich installiert wurde. Beenden Sie das Installationsprogramm mit einem Klick auf SCHLIESSEN.

Falls irgendetwas nicht klappen sollte, finden Sie die FAQ zu MAMP unter der folgenden Adresse im Web:

▶ *www.mamp.info/de/dokumentation/faq.html*

Nach dem Starten von MAMP erscheint das Programmfenster aus Abbildung 3.13. Kurze Zeit nach dem Programmstart sollten die kleinen Quadrate APACHE und MYSQL rechts oben im Fenster grün werden ❶. Dann laufen sowohl der Apache- als auch der MySQL-Server.

Um zu testen, ob alles funktioniert hat, klicken Sie im Programmfenster von MAMP auf die Schaltfläche WEBSTART ÖFFNEN ❷. Daraufhin wird ein Browser gestartet, der Ihnen die Startseite von MAMP präsentiert.

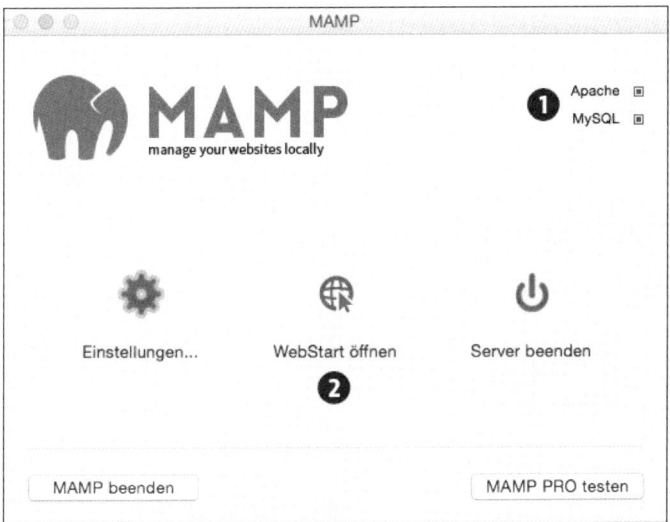

Abbildung 3.13 Das Programmfenster von MAMP

MAMP benutzt spezielle Ports

Bemerkenswert ist, dass MAMP besondere Ports benutzt:

▶ Der Apache-Webserver läuft nicht wie üblich auf Port 80, sondern auf Port 8888. Im Browser müssen Sie deshalb die Portnummer mit angeben, und zwar nach einem Doppelpunkt: *http://localhost:8888/*.

▶ Der MySQL-Server läuft nicht auf dem Standardport 3306, sondern auf Port 8889. Der MySQL-Benutzer heißt *root*, und das Passwort ist auch *root*.

Die Informationen zu MySQL benötigen Sie zur Installation von WordPress.

3.4.4   Überblick: Die wichtigsten Daten zu XAMPP und MAMP

Bevor Sie gleich phpMyAdmin kennenlernen und WordPress installieren, möchte ich die wichtigsten Infos zu XAMPP und MAMP kurz zusammenfassen:

▶ Die Server Apache und MySQL starten Sie bei XAMPP im Control Panel, bei MAMP direkt im Programmfenster.

▶ Um zu testen, ob der Webserver funktioniert, geben Sie bei XAMPP *http://localhost* ein, bei MAMP hängen Sie noch mit einem Doppelpunkt die Portnummer *8888* hinten dran: *http://localhost:8888*.

▶ XAMPP finden Sie in *C:\xampp*, MAMP in */Programme/MAMP/*.

▶ Der Hauptordner für Webseiten (*Document Root*) heißt sowohl bei XAMPP als auch bei MAMP *htdocs*, und er liegt jeweils direkt unterhalb des Programmordners (siehe auch Tabelle 3.1).

▶ Bei beiden Varianten heißt der MySQL-Benutzer *root*. Bei XAMPP gibt es nach der Installation kein Passwort, bei MAMP ist das Passwort *root*, genau wie der Benutzername.

▶ Zur Verwaltung der Datenbanken gibt es bei XAMPP und MAMP das Programm phpMyAdmin, das in Abschnitt 3.5 kurz vorgestellt wird.

Tabelle 3.1 zeigt diese Informationen und weitere Details im Überblick.

Komponente	XAMPP	MAMP
Server starten	via XAMPP Control Panel	via Programm MAMP
Webserver-Port	80 (Standardport)	8888
Webserver testen	*http://localhost*	*http://localhost:8888*
Startseite mit Infos	*http://localhost/xampp*	*http://localhost/MAMP/*
Programmordner	*C:\xampp*	*/Programme/MAMP/*
Ordner für Webseiten	*C:\xampp\htdocs*	*/Programme/MAMP/htdocs/*
MySQL-Benutzer	*root*	*root*
MySQL-Passwort	–	*root*
MySQL-Portnummer	3306 (Standardport)	8889
phpMyAdmin starten	im XAMPP Control Panel: MySQL • ADMIN	im Programm MAMP: WEBSTART ÖFFNEN

Tabelle 3.1 XAMPP und MAMP im Überblick

3.4.5   Die lokale Installation von WordPress

Die Installation von WordPress läuft im Prinzip genauso, wie in Abschnitt 3.3 beschrieben, abgesehen davon, dass Sie kein FTP-Programm benötigen, sondern die Dateien einfach mit dem Explorer oder dem Finder in den Ordner für Webseiten kopieren können.

Hier die einzelnen Schritte im Überblick:

1. Installieren Sie XAMPP oder MAMP.
2. Starten Sie die Server Apache und MySQL.
3. Erstellen Sie mit phpMyAdmin eine neue (leere) Datenbank, die Sie z. B. *db_wordpress* nennen. Das wird in Abschnitt 3.5 beschrieben.
4. Erstellen Sie unterhalb des Hauptordners für Webseiten *htdocs* einen neuen Ordner, den Sie z. B. *wpbuch* nennen.
5. Kopieren Sie die WordPress-Dateien in diesen Ordner.
6. Starten Sie das Installationsprogramm von WordPress:

   XAMPP: *http://localhost/wpbuch/*

   MAMP: *http://localhost:8888/wpbuch/*

Der Rest der Installation entspricht der normalen WordPress-Installation, und zwar ab Schritt 4 (siehe Abschnitt 3.3.4, »Schritt 4: Das Installationsprogramm von WordPress aufrufen«).

Falls Sie auf dem eigenen Rechner weitere WordPress-Websites einrichten möchten, wiederholen Sie einfach die weiter oben beschriebenen Schritte mit einer weiteren Datenbank (Schritt 3) und einem weiteren Ordner (Schritt 4). Fertig.

3.5   phpMyAdmin: Datenbanken erstellen und verwalten

Zur Verwaltung von Datenbanken auf dem Webspace gibt es bei wohl fast jedem Webhoster und auch bei XAMPP und MAMP eine Webanwendung namens *phpMyAdmin*. Da das Programm so weit verbreitet ist und man oft doch irgendwann mal etwas mit der Datenbank machen muss, möchte ich Sie hier kurz mit dem Programm bekannt machen.

phpMyAdmin erleichtert das Leben eines jeden Webentwicklers, auch wenn der Name eher verwirrend ist: Das Programm ist eine in PHP geschriebene Webanwendung zur Administration von MySQL-Datenbanken, und somit wäre eigentlich ein Name wie *phpMySQLAdmin* passender.

phpMyAdmin wird als Webanwendung über einen Browser bedient. Es gibt im Web unzählige verschiedene Versionen und Oberflächen für phpMyAdmin, aber sie haben letztlich alle eine ähnliche Menüstruktur.

3.5.1   So starten Sie phpMyAdmin

Zum Starten von phpMyAdmin gibt es verschiedene Möglichkeiten:

▸ Auf Ihrem Webspace gibt es ziemlich sicher irgendwo eine Option zum Starten von phpMyAdmin. Falls Sie sie nicht finden, fragen Sie Ihren Webhoster.

▸ Im XAMPP Control Panel klicken Sie in der Zeile für MYSQL auf die Schaltfläche ADMIN, oder Sie geben im Browser folgende Adresse ein:

http://localhost/phpmyadmin

▸ Bei MAMP klicken Sie im Programmfenster auf WEBSTART ÖFFNEN und dann auf der Webseite in der horizontalen Navigationsleiste im Menü TOOLS auf den Link PHP-MYADMIN.

Abbildung 3.14 zeigt phpMyAdmin unter XAMPP.

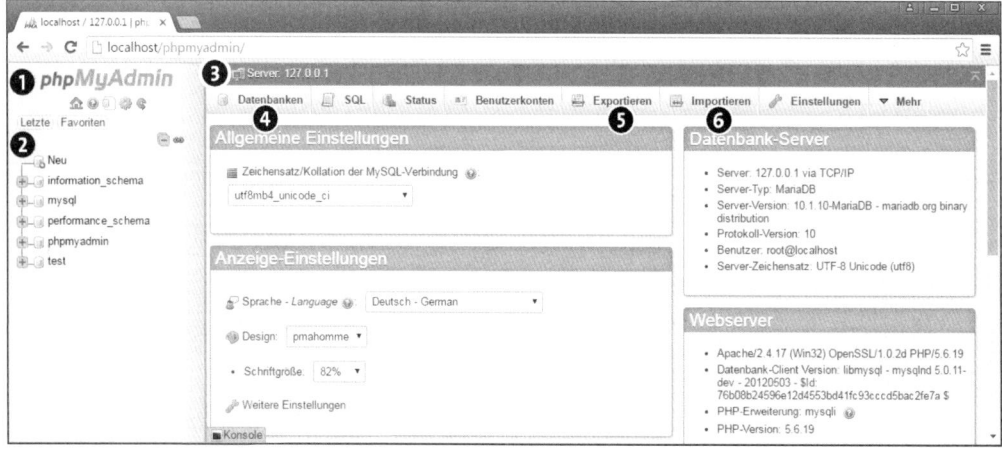

Abbildung 3.14 phpMyAdmin unter XAMPP

Unter MAMP und vielleicht auch auf Ihrem Webspace sieht phpMyAdmin auf den ersten Blick vielleicht etwas anders aus, aber spätestens auf den zweiten offenbaren sich große Ähnlichkeiten:

▸ In der linken Spalte führt ein Klick auf das Logo PHPMYADMIN ❶ zurück zur Startseite der Applikation.

▶ Direkt darunter sehen Sie eine Liste der vorhandenen Datenbanken ❷.

▶ In der rechten Spalte sehen Sie oben, auf welchem Server Sie sich gerade befinden (*localhost* oder *127.0.0.1*, ❸).

Darunter erscheint die horizontale Navigation, und bei der Arbeit mit WordPress sind drei Menüpunkte besonders wichtig:

▶ Im Bereich DATENBANKEN ❹ legt man eine neue Datenbank an.

▶ EXPORTIEREN ❺ bietet Optionen, um die SQL-Daten aus der Datenbank herauszuholen (Backup).

▶ IMPORTIEREN ❻ ermöglicht das Gegenteil, nämlich ein vorhandenes Backup wieder einzuspielen.

3.5.2   Super einfach: Datenbank erstellen mit phpMyAdmin

Mit phpMyAdmin können Sie eine neue Datenbank anlegen, in der dann vom WordPress-Installtool während der Installation die benötigten Tabellen und Felder angelegt werden:

1. Klicken Sie in der oberen Navigationsleiste von phpMyAdmin auf DATENBANKEN.

2. Geben Sie in das Eingabefeld DATENBANKNAME unterhalb von NEUE DATENBANK ANLEGEN den gewünschten Namen der Datenbank an, z. B. »db_wpbuch«.

3. Klicken Sie auf die Schaltfläche ANLEGEN.

Fertig. Links in der Sidebar erscheint danach in der Liste der Datenbanken ein neuer Eintrag namens DB_WPBUCH.

3.5.3   Gefährlich einfach: Datenbank löschen mit phpMyAdmin

Falls Sie die eben erstellte Datenbank wieder löschen möchten, ist auch das mit phpMyAdmin ganz einfach:

1. Klicken Sie auf der Startseite von phpMyAdmin links in der Übersicht auf die zu löschende Datenbank DB_WORDPRESS. Daraufhin ändert sich rechts die horizontale Navigation.

2. Klicken Sie in der neuen Navigationsleiste auf OPERATIONEN.

3. Klicken Sie auf den Link DATENBANK LÖSCHEN (DROP).

4. Es erscheint noch eine Frage, ob Sie das wirklich tun möchten. Sie möchten. Klicken Sie also auf OK.

Und schon ist die Datenbank wieder weg. Das geht so einfach, dass man doppelt und dreifach prüfen sollte, ob man die richtige Datenbank ausgewählt hat.

3.6   Auf einen Blick

Die wichtigsten Themen noch einmal im Überblick:

▶ Die Registrierung auf *wordpress.com* ist der wahrscheinlich einfachste Weg zu einem fertigen WordPress und ideal zum Probieren.

▶ Eventuell erlaubt Ihr Online-Webspace eine der beiden folgenden Installationsmöglichkeiten:
  - ein fix und fertig vorinstalliertes WordPress
  - eine 1-Klick-Installation

▶ Eine manuelle WordPress-Installation besteht aus folgenden Schritten:
  - Schritt 1: WordPress herunterladen und entpacken
  - Schritt 2: FTP-Verbindung zum Webspace herstellen
  - Schritt 3: WordPress-Dateien per FTP auf den Webspace kopieren
  - Schritt 4: Das Installationsprogramm von WordPress aufrufen
  - Schritt 5: Die Zugangsdaten für die Datenbank eingeben
  - Schritt 6: Titel der Website eingeben und Administratorkonto anlegen

▶ Eine Installation von WordPress auf dem eigenen Computer mit XAMPP oder MAMP ist gut zum Testen von WordPress, Themes und Plugins, aber nicht ganz einfach, da erst ein Webspace eingerichtet werden muss.

▶ phpMyAdmin dient der Verwaltung von Datenbanken auf einem Webspace.

Kapitel 4

Die ersten Schritte im Backend von WordPress

Worin Sie sich mit dem Backend vertraut machen, die wichtigsten Einstellungen vornehmen und Ihr Benutzerprofil anpassen.

Die Themen im Überblick:

- WordPress besteht aus Frontend und Backend, Seite 81
- Das Backend von WordPress im Überblick, Seite 84
- Das Menü »Einstellungen« im Überblick, Seite 88
- »Einstellungen • Allgemein«: Titel der Website & Co., Seite 89
- »Einstellungen • Lesen«: Beiträge, Newsfeed und Suchmaschinen, Seite 94
- »Einstellungen • Permalinks«: Aussagekräftige Adressen für Beiträge, Seite 95
- Das Menü »Benutzer«: Ihr Benutzerprofil im Überblick, Seite 100
- Gravatar: Das Profilbild für Benutzer anpassen, Seite 105
- Auf einen Blick, Seite 110

In diesem Kapitel machen Sie die ersten Schritte mit Ihrem funkelnagelneuen Word-Press, lernen die wichtigsten Bereiche im Backend kennen und erledigen dabei gleich die wichtigsten Einstellungen.

4.1 WordPress besteht aus Frontend und Backend

WordPress besteht immer aus einem Frontend und einem Backend. Dieses Grundprinzip ist bei einer Installation auf dem eigenen Webspace nicht anders als bei einer Website auf WordPress.com:

- Das *Frontend* ist die Fassade, die ganz normale Website, die die Besucher sehen.
- Das *Backend* ist der Verwaltungsbereich, der passwortgeschützt und nur für Mitarbeiter zugänglich ist.

Diese beiden Bereiche möchte ich Ihnen in diesem Abschnitt kurz vorstellen.

4.1.1   Das Frontend ist die Website, so wie Ihre Besucher sie sehen

Das Frontend ist die ganz normale Website, so wie Ihre Besucher sie sehen, und es ist nach der Installation meist unter dem Domain-Namen, wie z.B. *mein-name.de*, erreichbar. Abbildung 4.1 zeigt die Startseite mit dem aktuellen Standard-Theme *Twenty Sixteen* direkt nach der Installation im Browserfenster. Sie sehen den *Titel der Website* ❶, den *Untertitel* ❷ und einen ersten, automatisch erstellten *Beitrag* ❸. Auch eine *Suchfunktion* ❹, diverse *Links* ❺ und ein *erster, automatisch erstellter Kommentar* ❻ sind bereits vorhanden. In den weiteren Kapiteln dieses Buches lernen Sie Schritt für Schritt, wie Sie die Inhalte, das Aussehen und den Funktionsumfang dieser Website an Ihre Bedürfnisse anpassen können.

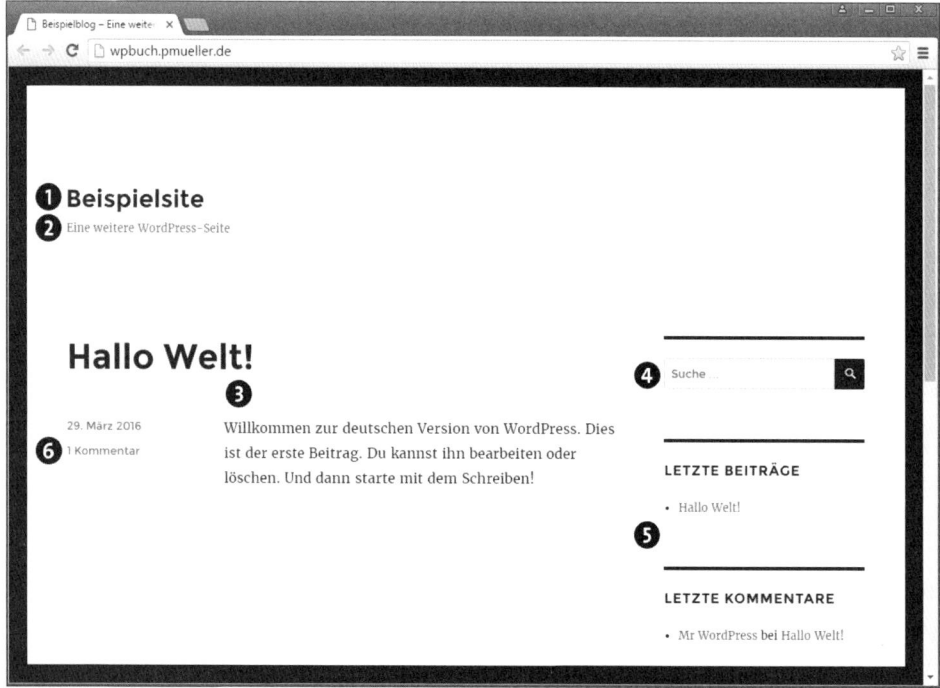

Abbildung 4.1 Das Frontend von WordPress nach der Installation

---

Twenty Sixteen – das Theme mit dem Trauerrand

Als das Standard-Theme *Twenty Sixteen* Ende 2015 erschien, hat der an allen vier Seiten sichtbare schwarze Rahmen viele Benutzer an eine Traueranzeige erinnert. Falls Ihnen das auch so geht – das Schwarz ist die Hintergrundfarbe der Webseite, und die können Sie mit wenigen Klicks ändern (siehe Abschnitt 11.4, »Farben, Header- und Hintergrundbild«).

4.1.2   Das Backend ist die Verwaltungsabteilung

Das *Backend* von WordPress ist der Verwaltungsbereich im Hintergrund, den Sie in diesem Kapitel näher kennenlernen, und wird manchmal auch *WP Admin* genannt. Das Backend dient den Mitarbeitern zur Pflege der Website; und damit Unbefugte keinen Zutritt zu diesem Bereich haben, gibt es eine Anmeldung, bei der man sich mit Benutzernamen und Passwort als Mitarbeiter ausweisen muss.

Die Anmeldungsseite können Sie auf verschiedenen Wegen erreichen. Am einfachsten ist es, im Frontend in der Sidebar ganz unten im Bereich META auf den Link ANMELDEN zu klicken. Da dieser Link aber nicht in jedem Theme vorhanden ist, können Sie das Backend mit den folgenden Adressen auch direkt aufrufen:

▶ *mein-name.de/login*

▶ *mein-name.de/wp-admin*

▶ *mein-name.de/wp-login.php*

Nehmen Sie die Variante, die Sie sich am besten merken können.

Alle drei Adressen führen zu der in Abbildung 4.2 gezeigten Anmeldung am Backend. Hier geben Sie BENUTZERNAME ODER E-MAIL-ADRESSE und PASSWORT ein, und zwar so, wie es während der Installation für das WordPress-Admin-Konto festgelegt wurde.

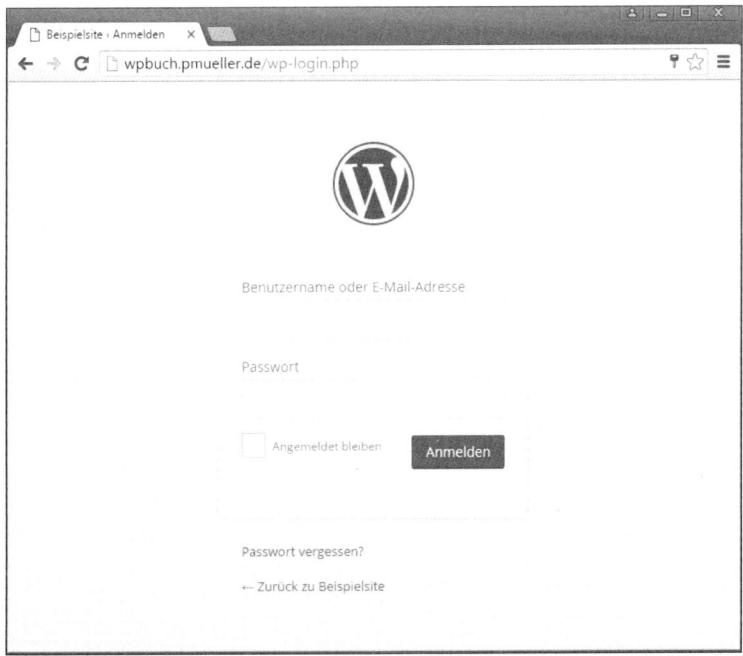

Abbildung 4.2 Die Anmeldung am Backend

Passwort vergessen? Klicken Sie auf den Link.

Wenn Sie das Passwort für die Anmeldung am Backend von WordPress vergessen haben, klicken Sie einfach auf den unscheinbaren Link PASSWORT VERGESSEN? direkt unterhalb des Anmeldeformulars. Sie werden dann gebeten, Ihren Benutzernamen oder die E-Mail-Adresse einzugeben. Dann bekommen Sie eine E-Mail zugesandt, mit deren Hilfe Sie ein neues Passwort erstellen können.

4.2   Das Backend von WordPress im Überblick

Im Backend von WordPress werden Sie viel Zeit verbringen, denn hier werden Beiträge geschrieben, Bilder eingebunden, Kommentare verwaltet und vieles mehr. Kurzum: Alles, was die Besucher im Frontend sehen, wird hier im Backend erstellt und verwaltet.

Das Backend eines selbst installierten WordPress besteht nach einer erfolgreichen Anmeldung aus drei großen Bereichen:

► Werkzeugleiste (Admin-Toolbar) ❶
► Menüleiste ❷
► Inhaltsbereich ❸

Abbildung 4.3 zeigt diese drei Bereiche im Überblick, wobei der Menüpunkt DASH-BOARD ausgewählt ist.

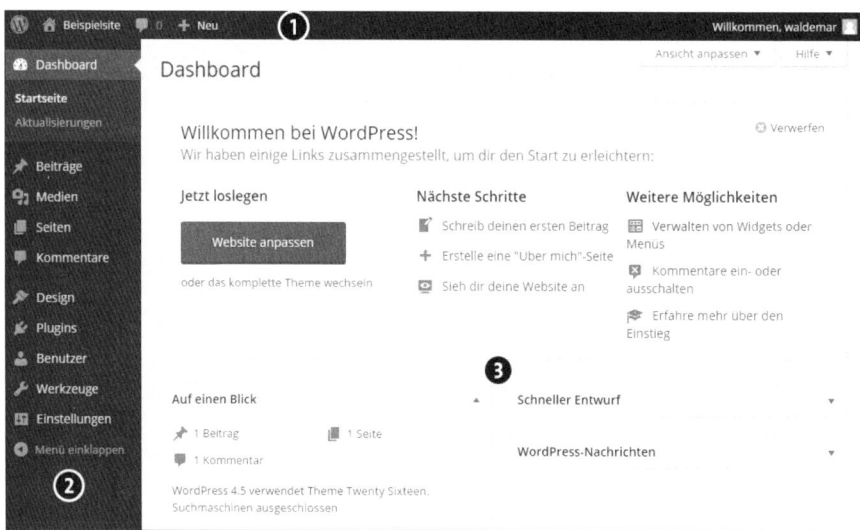

Abbildung 4.3 Das Backend – WordPress auf dem eigenen Webspace

Das blaue Backend auf WordPress.com

Seit November 2015 gibt es auf WordPress.com ein neues, ganz in Blau gehaltenes Backend namens *Calypso*, das von Grund auf neu konzipiert wurde. Das Backend im klassischen Look aus Abbildung 4.3 bekommen Sie, wenn Sie in der Menüleiste ganz unten links auf den Link WP ADMIN klicken.

Das WP-ADMIN-Backend auf WordPress.com ist zwar nicht identisch mit dem hier vorgestellten Backend auf einem selbst gehosteten WordPress, aber wer eine der beiden Varianten kennt, findet sich in der anderen schnell zurecht.

4.2.1   Die Werkzeugleiste am oberen Bildschirmrand

Abbildung 4.4 zeigt die Werkzeugleiste am oberen Rand des Browserfensters. Sie wird oft auch *Admin-Leiste* oder *Admin-Toolbar* genannt.

Die Werkzeugleiste erscheint, wenn Sie im Backend angemeldet sind, auch im Frontend und ist sehr praktisch zum Wechseln zwischen Front- und Backend.

Abbildung 4.4 Die Werkzeugleiste von WordPress.org

Diese Werkzeugleiste bietet folgende Optionen:

▸ Das WordPress-Logo ❶ ganz links ist ein Dropdown-Menü mit einigen Links wie ÜBER WORDPRESS, SUPPORT-FOREN und FEEDBACK, von denen die meisten zu WordPress.org führen.

▸ Rechts daneben sehen Sie ein Häuschen mit dem Titel der Website ❷. Ein Klick darauf öffnet das Frontend im selben Browserfenster, und im Frontend führt derselbe Link wieder zurück ins Backend. Wenn Sie vor dem Klick die Taste Strg bzw. cmd drücken, wird der Link in einem neuen Browser-Tab geöffnet. Front- und Backend sind dann jeweils in einem eigenen Tab.

▸ Die Sprechblase ❸ steht für Kommentare, und die Zahl daneben zeigt die Anzahl der ausstehenden Kommentare. Ein Klick auf den Link bringt Sie direkt ins Menü KOMMENTARE.

▸ + NEU ❹ ist ein Dropdown-Menü mit verschiedenen Links, mit denen Sie schnell einen neuen *Beitrag*, eine neue *Datei* (gemeint ist das Hochladen von Medien), eine neue *Seite* und einen neuen *Benutzer* erstellen können.

▶ WILLKOMMEN, WALDEMAR ❺ ganz außen rechts ist ein Dropdown-Menü mit den Links PROFIL BEARBEITEN und ABMELDEN.

Viele Links in der Werkzeugleiste sind Abkürzungen zu häufig benutzten Menübefehlen, die Sie im Laufe des Buches näher kennenlernen werden.

4.2.2   Die Menüleiste ist die Schaltzentrale im Backend

Die Menüleiste am linken Bildschirmrand ist die Schaltzentrale im Backend und enthält nach der Installation zehn Menüpunkte (Abbildung 4.5).

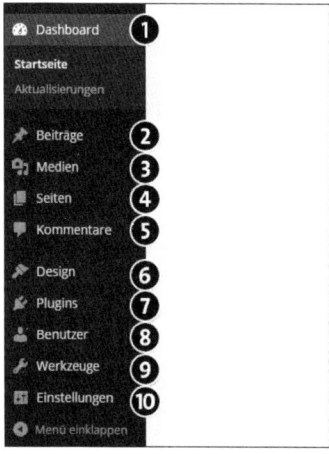

Abbildung 4.5 Die Menüleiste von WordPress mit zehn Menüpunkten

Der aktuell ausgewählte Menüpunkt wird farblich hervorgehoben, und am rechten Rand zeigt ein kleines Dreieck darauf. Das Menü DASHBOARD ❶ wird gleich in Abschnitt 4.2.3 vorgestellt, die restlichen Menüs lernen Sie im weiteren Verlauf des Buches kennen. Sie können in zwei Blöcke unterteilt werden:

▶ Im ersten Block geht es in den Menüs BEITRÄGE ❷, MEDIEN ❸, SEITEN ❹ und KOMMENTARE ❺ um die *Inhalte* auf Ihrer Website.

▶ Die Menüs im zweiten Block darunter kümmern sich um die *Konfiguration*. Hier gibt es Menüs für DESIGN ❻, PLUGINS ❼, BENUTZER ❽, WERKZEUGE ❾ und EINSTELLUNGEN ❿.

Mit dem Befehl MENÜ EINKLAPPEN ganz unten in der Menüleiste können Sie, tja, das Menü einklappen. Sie sehen dann lediglich die Symbole, was besonders auf Geräten mit kleinen Bildschirmen nützlich sein kann. Wenn das Browserfenster nicht breit genug ist, passiert das von alleine.

4.2.3   Das Dashboard – alles Wichtige auf einen Blick

Nach der Anmeldung am Backend wird das Menü DASHBOARD angezeigt. Dashboard heißt auf Deutsch *Armaturenbrett*, und das Symbol daneben ist dazu passend ein Tacho.

Das Dashboard hat zwei Unterseiten namens STARTSEITE und AKTUALISIERUNGEN. In Abbildung 4.6 sehen Sie die Seite DASHBOARD • STARTSEITE.

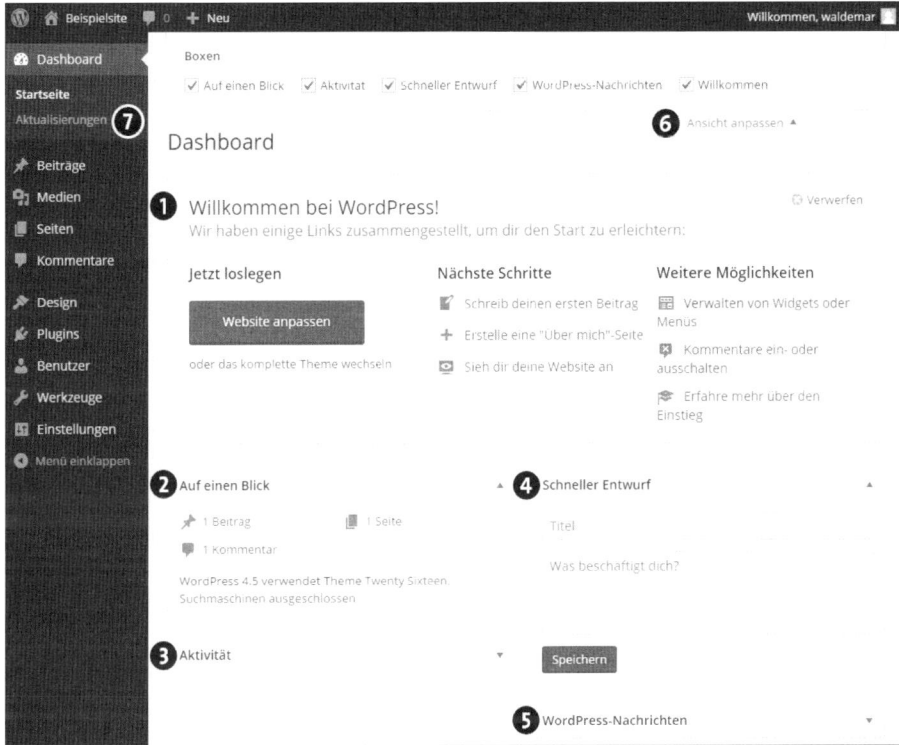

Abbildung 4.6 Das Dashboard im Backend von WordPress

Abbildung 4.6 zeigt die wichtigsten Parameter im Überblick. Sie sehen diverse weiße Rechtecke mit einer Überschrift:

▶ Der Bereich WILLKOMMEN BEI WORDPRESS! ❶ enthält einige nützliche Links, die besonders am Anfang hilfreich sein können. Wenn Sie das Backend besser kennengelernt haben, können Sie den Bereich über den Link VERWERFEN oder über ANSICHT ANPASSEN ❻ ausblenden.

▶ AUF EINEN BLICK ❷ zeigt Ihnen, wie viele Beiträge, Seiten und Kommentare es gibt, welches Theme verwendet wird und ob die Website momentan von Suchmaschinen durchsucht werden kann oder nicht.

▶ AKTIVITÄT ❸ zeigt kürzlich veröffentlichte Beiträge und Kommentare.

▶ SCHNELLER ENTWURF ❹ ist ideal, um Ideen für Beiträge festzuhalten. Sie geben einen Titel und ein paar Stichworte ein und klicken auf SPEICHERN. Der Text wird als Entwurf gespeichert und kann später im Menü BEITRÄGE weiterbearbeitet werden.

▶ Die WORDPRESS-NACHRICHTEN ❺ werfen einen Blick über den Tellerrand und zeigen Schlagzeilen von Blogs und Websites, die mit WordPress zu tun haben.

Die meisten Bereiche können mit einem Klick auf das kleine Dreiecksymbol rechts oben ein- und ausgeklappt werden. Im Bereich ANSICHT ANPASSEN ❻ rechts oben können Sie auf jeder Backend-Seite die zur Verfügung stehenden Bereiche auch ganz ein- und ausblenden und die Seiten so übersichtlicher machen.

Auf der zweiten Seite im Dashboard, AKTUALISIERUNGEN ❼, finden Sie eine Übersicht eventuell anstehender Updates für WordPress, Plugins, Themes oder Übersetzungen.

4.3   Das Menü »Einstellungen« im Überblick

Bevor Sie sich ab dem nächsten Kapitel dem Erstellen von Inhalten in allen seinen Facetten widmen, werfen Sie zunächst einen Blick auf die wichtigsten Einstellungen, damit Ihre Website von Anfang an auf einem soliden Fundament steht.

Das Menü EINSTELLUNGEN dient der Konfiguration von WordPress und ist in die sechs Bereiche ALLGEMEIN, SCHREIBEN, LESEN, DISKUSSION, MEDIEN und PERMALINKS unterteilt (Abbildung 4.7).

Abbildung 4.7 Das Menü »Einstellungen« hat sechs Unterpunkte.

Im Menü EINSTELLUNGEN gibt es unzählige Optionen, mit denen Sie das Verhalten von WordPress beeinflussen können. In diesem Kapitel lernen Sie zunächst nur die wichtigsten Einstellungen aus den Bereichen ALLGEMEIN, LESEN und PERMALINKS kennen:

▶ Im Menü ALLGEMEIN ❶ geht es dabei unter anderem um den Titel der Website, den Untertitel und einige Einstellungen zu Datumsformaten (siehe Abschnitt 4.4).

▶ Bei den Optionen in LESEN ❸ geht es um die Anzahl der auszugebenden Blogbeiträge pro Seite, ob die Startseite die Blogbeiträge oder statische Inhalte darstellen soll, den Newsfeed und die Sichtbarkeit in Suchmaschinen. Diese Optionen lernen Sie in Abschnitt Ø kennen. 0 = 4.5

▶ PERMALINKS ❻ sind die Adressen (URLs) für Beiträge in der Einzelansicht, und in diesem Bereich stellen Sie ein, nach welchem Schema WordPress die Permalinks erstellen soll (siehe Abschnitt 4.6).

Die anderen drei Bereiche lernen Sie später im Rahmen der dazugehörigen Themen genauer kennen:

▶ Im Bereich SCHREIBEN ❷ werden unter anderem Feinheiten zur Eingabe und Wege zur Erstellung von Beiträgen wie VIA E-MAIL SCHREIBEN beschrieben, die eher selten benutzt werden.

▶ Im Bereich DISKUSSION ❹ geht es um Kommentare. Den Standard-Avatar lernen Sie in Abschnitt 4.8 kennen, die übrigen Optionen stelle ich Ihnen in Kapitel 9 bei der Verwaltung von Kommentaren vor.

▶ Im Bereich MEDIEN ❺ werden die Bildgrößen für das Hochladen von Bildern festgelegt, und die entsprechenden Einstellungen werden in Abschnitt 7.1, »Schnelldurchlauf: Ein Bild auf ›Über mich‹ einfügen«, erläutert.

Los geht es mit einigen nicht ganz unwichtigen allgemeinen Einstellungen.

4.4 »Einstellungen • Allgemein«: Titel der Website & Co.

In dicscm Abschnitt stelle ich Ihnen die Optionen aus dem Menü EINSTELLUNGEN • ALLGEMEIN vor. Abbildung 4.8 zeigt die obere Hälfte des Menüs.

▶ Die in Abbildung 4.8 dargestellten Optionen zu TITEL DER WEBSITE und UNTERTITEL ❶ werden weiter unten in Abschnitt 4.4.1 ausführlich beschrieben, die anderen gleich hier kurz erläutert.

▶ WORDPRESS-ADRESSE (URL) und WEBSITE-ADRESSE (URL) ❷: Diese beiden Adressen sind in der Regel identisch, und Sie können und sollten sie unverändert lassen. Sie sind nur relevant, wenn WordPress in ein Unterverzeichnis installiert wurde, aber über das Hauptverzeichnis aufgerufen werden soll. Und selbst dann wäre es in den meisten Fällen eleganter, das Problem nicht hier, sondern mit der Zuweisung einer

Domain in der Webspace-Verwaltungsoberfläche zu lösen (siehe Abschnitt 3.3.3, »Schritt 3: WordPress-Dateien per FTP auf den Webspace kopieren«).

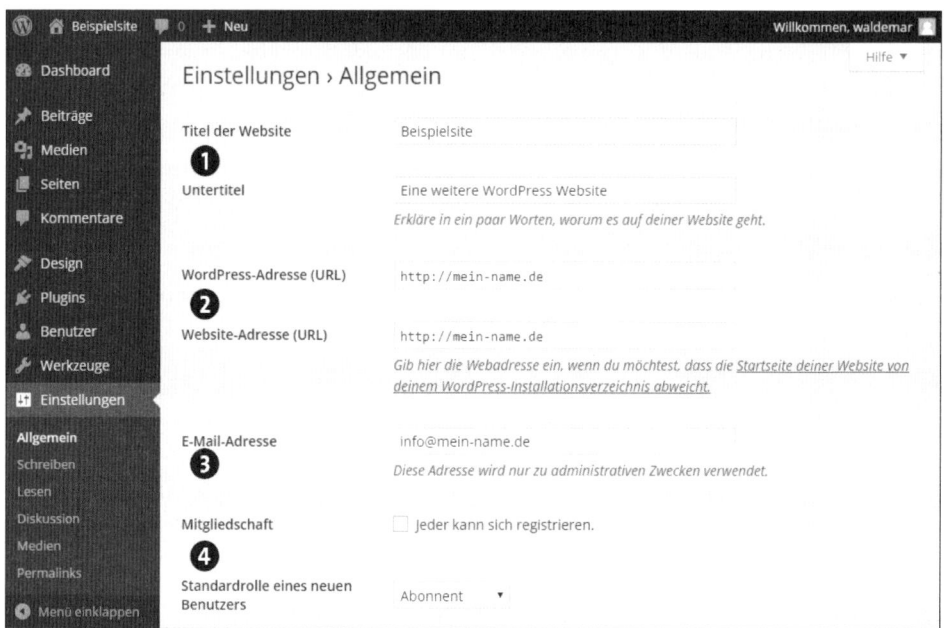

Abbildung 4.8 Das Menü »Einstellungen • Allgemein«

▶ E-Mail-Adresse ❸: Diese Adresse dient der Administration und ist von außen nicht sichtbar. WordPress schickt allgemeine Nachrichten zur Verwaltung und Pflege der Website an diese Adresse, z. B. wenn Kommentare von einem Admin freigegeben werden müssen oder wenn sich neue Benutzer angemeldet haben. Für Sie als Administrator ist diese Adresse meist identisch mit der für benutzerspezifische Nachrichten in Ihrem Benutzerprofil (siehe Abschnitt 4.7.3, »›Kontaktinfo‹, ›Über dich‹ und Passwort ändern«).

▶ Mitgliedschaft und Standardrolle eines neuen Benutzers ❹: Hier stellen Sie ein, ob sich Besucher auf Ihrer Website registrieren können und – wenn ja – welche Benutzerrolle ihnen dann standardmäßig zugewiesen wird. Auf Ihrer eigenen Website sind Sie in der Regel Administrator, der alles kann und alles darf. Mehr über die anderen Rollen erfahren Sie in Abschnitt 18.1, »Die Benutzerverwaltung von WordPress«. Ohne guten Grund sollten Sie diese Optionen nicht aktivieren.

Weiter unten auf der Seite folgen noch Einstellungen zu Datums- und Zeitangaben, die in Abschnitt 4.4.2 vorgestellt werden.

4.4.1   Der Name für Ihre Website: »Titel der Website« und »Untertitel«

Die Optionen TITEL DER WEBSITE und UNTERTITEL sind Ihnen im Laufe des Buches bereits mehrfach begegnet:

▶ bei der Planung Ihrer Website in Abschnitt 2.2.1, »Inhalt: Überlegungen zu Titel und Untertitel«

▶ bei der Installation von WordPress in Kapitel 3

Der *Titel der Website* wurde in älteren WordPress-Versionen auch *Blog-Titel* oder *Seitentitel* genannt. Gemeint ist hier der Titel für die gesamte *Website*, der in fast allen Themes an sehr prominenter Stelle im Frontend ausgegeben wird. Typische Titel wären z. B. »Gitarrenschule Online«, »Einstieg in WordPress« oder »In Sachen Kommunikation«.

Der Untertitel sollte den Titel der Website in wenigen Worten ergänzen und den Besuchern kurz und knapp erzählen, worum es auf der Website geht. Er steht meist etwas kleiner darunter oder daneben, wird aber in manchen Themes auch gar nicht ausgegeben.

Nach einer normalen Installation lautet der Untertitel zunächst *Eine weitere WordPress-Site*, und er sollte auf jeden Fall geändert werden, auch wenn er im Frontend nicht zu sehen ist, denn im Quelltext der Webseite ist er vorhanden, und er wird von den Suchmaschinen erfasst und spätestens auf den Ergebnisseiten der Suchmaschinen wieder sichtbar.

Bis WordPress 4.4 hieß der Standardtitel übrigens *Eine weitere WordPress-Seite*, und Abbildung 4.9 zeigt, dass ungefähr 27.000 WordPress-Admins diesen Untertitel nie geändert haben.

Im folgenden ToDo überprüfen Sie den Titel der Website, den Untertitel und die E-Mail-Adresse für administrative Zwecke.

ToDo: Titel der Website, Untertitel und E-Mail Adresse überprüfen

1. Öffnen Sie im Backend das Menü EINSTELLUNGEN • ALLGEMEIN.

2. Überprüfen Sie den im Feld TITEL DER WEBSITE eingetragenen Text, und tragen Sie dort Ihren eigenen Titel der Website ein.

3. Geben Sie einen passenden UNTERTITEL ein. Sollten Sie keinen Untertitel wünschen, löschen Sie den bestehenden Eintrag, und lassen Sie das Feld leer.

4. Überprüfen Sie, ob im Feld E-MAIL-ADRESSE eine geeignete Adresse steht.

5. Lassen Sie alle anderen Optionen unverändert.

6. Speichern Sie die Änderungen mit einem Klick auf die Schaltfläche ÄNDERUNGEN ÜBERNEHMEN ganz unten auf der Seite, und überprüfen Sie die Änderungen anschließend im Frontend.

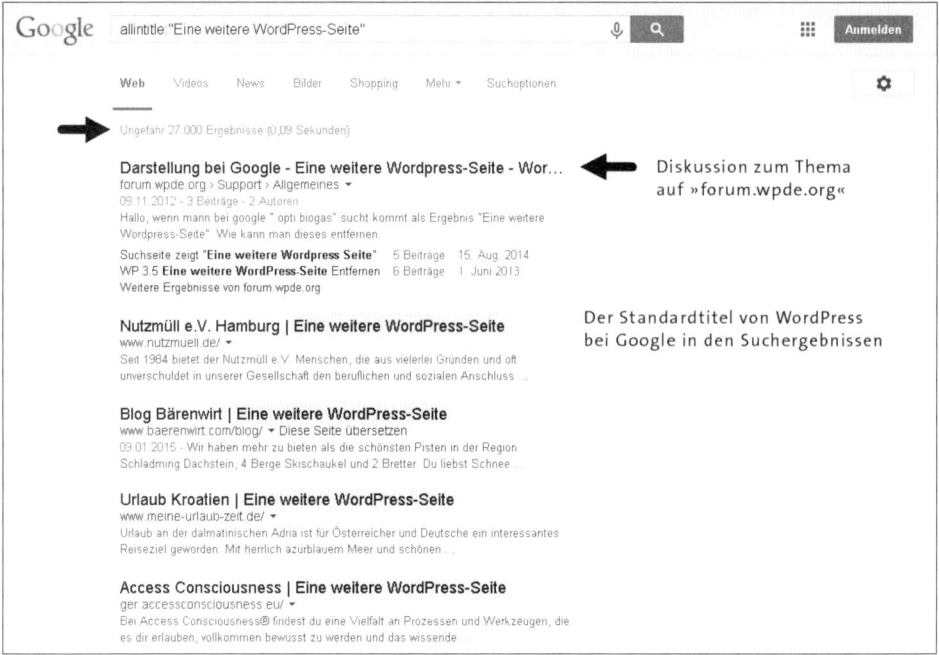

Abbildung 4.9 Der Untertitel erscheint bei Google in den Suchergebnissen.

4.4.2   Allgemeine Einstellungen für Zeit, Datum und Sprache der Seite

In der unteren Hälfte der Seite EINSTELLUNGEN • ALLGEMEIN geht es um verschiedene Einstellungen zur Zeitzone und zum Datums- und Zeitformat. Außerdem wird festgelegt, mit welchem Tag die Woche beginnt und welche Sprache die Website haben soll.

Die in Abbildung 4.10 gezeigten Optionen sind für eine Website im deutschsprachigen Raum durchaus sinnvoll:

▶ ZEITZONE ❶ ist z. B. BERLIN. Die in der Dropdown-Liste gezeigte koordinierte Weltzeit (UTC) entspricht übrigens der Greenwich Mean Time (GMT) und ist deren offizieller Nachfolger.

▶ Beim DATUMSFORMAT ❷ wählen Sie das, was Sie auf Ihrer Website am liebsten sehen würden. Im deutschsprachigen Raum üblich ist die Reihenfolge *Tag-Monat-Jahr*. Die kryptischen Zeichen dahinter sind die Parameter zur Datumsformatierung in der Programmiersprache PHP, in der WordPress geschrieben wurde.

▶ Unter ZEITFORMAT ❸ stellen Sie das gewünschte Zeitformat ein.

▶ Die WOCHE BEGINNT AM ❹ MONTAG, meistens jedenfalls.

▶ SPRACHE DER WEBSITE ❺ ist wahrscheinlich DEUTSCH.

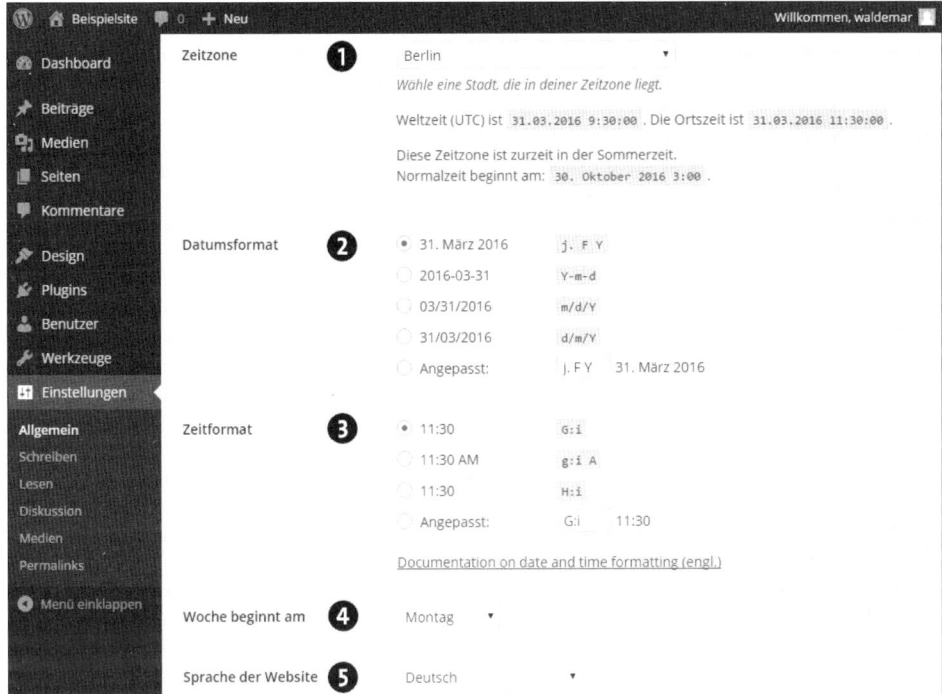

Abbildung 4.10 Die untere Hälfte von »Einstellungen • Allgemein«

Im folgenden ToDo überprüfen Sie die Datums- und Zeitformate.

ToDo: Datums- und Zeitformate überprüfen

1. Öffnen Sie im Backend das Menü EINSTELLUNGEN • ALLGEMEIN.
2. Überprüfen Sie, ob bei der Option ZEITZONE eine zutreffende Stadt oder Zeitzone ausgewählt wurde, z. B. BERLIN.
3. Wählen Sie bei DATUMSFORMAT das von Ihnen gewünschte Format aus.
4. Überprüfen Sie, ob das gewählte ZEITFORMAT Ihren Vorstellungen entspricht.
5. Prüfen Sie, ob der Wochenanfang und die SPRACHE DER WEBSITE stimmen.
6. Speichern Sie die Einstellungen mit einem Klick auf die Schaltfläche ÄNDERUNGEN ÜBERNEHMEN ganz unten auf der Seite.

4.5   »Einstellungen • Lesen«: Beiträge, Newsfeed und Suchmaschinen

Abbildung 4.11 zeigt die Optionen im Menü EINSTELLUNGEN • LESEN.

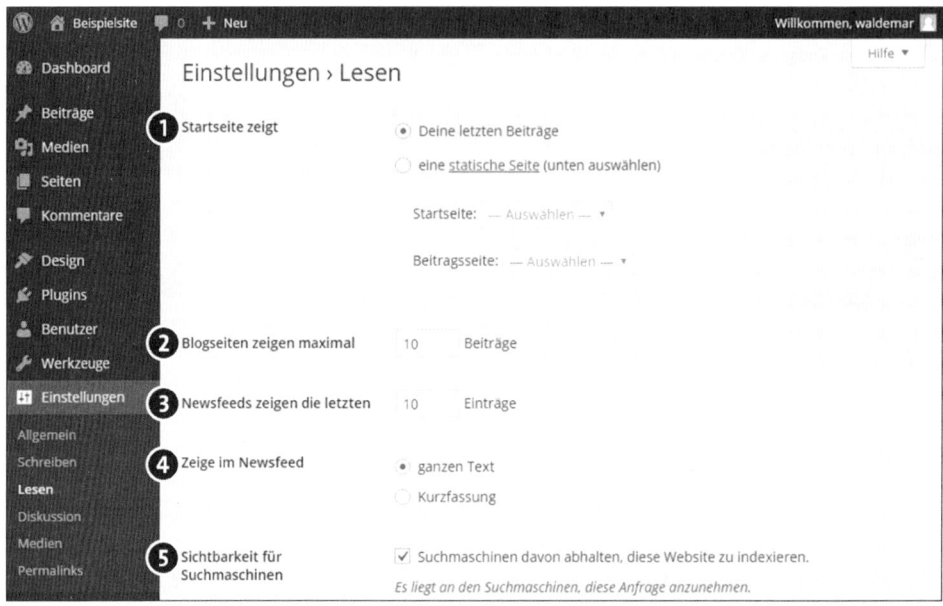

Abbildung 4.11 Die Optionen im Menü »Einstellungen • Lesen«

Insgesamt gibt es im Menü LESEN fünf Bereiche. Die Optionen von STARTSEITE ZEIGT ❶ werden in Abschnitt 5.7, »Eine Website mit Startseite und News erstellen«, ausführlich erklärt, bleiben also noch vier weitere:

▶ BLOGSEITEN ZEIGEN MAXIMAL XX BEITRÄGE ❷: Hier können Sie bestimmen, wie viele Beiträge pro Seite angezeigt werden. Die voreingestellte »10« ist für den Anfang völlig in Ordnung.

▶ NEWSFEEDS ZEIGEN DIE LETZTEN XX EINTRÄGE ❸: WordPress erzeugt aus den Blog-beiträgen automatisch einen Beitrags-Feed (RSS), den Ihre Besucher abonnieren kön-nen (siehe Abschnitt 5.1, »Beiträge und Seiten: So verwaltet WordPress Inhalte«). Hier können Sie einstellen, wie viele Beiträge in diesem Newsfeed angezeigt werden.

▶ ZEIGE IM NEWSFEED ❹ gibt an, ob der Newsfeed den ganzen Text eines Beitrags ent-hält oder nur eine Kurzfassung. Im Zweifelsfall bleiben Sie bei der Standardeinstel-lung GANZEN TEXT.

▶ SICHTBARKEIT FÜR SUCHMASCHINEN ❺: Solange Sie in Ruhe experimentieren möchten, können Sie diese Option ruhig aktivieren. Nach der Anmeldung am Backend finden Sie dann im DASHBOARD-Bereich AUF EINEN BLICK den Hinweis SUCHMASCHINEN AUSGESCHLOSSEN. Sie sollten später nicht vergessen, die Option zu deaktivieren, sonst findet Sie niemand über die Suchmaschinen.

Das Häkchen vor der Option SUCHMASCHINEN DAVON ABHALTEN, DIESE WEBSITE ZU INDEXIEREN ist übrigens keine absolute Garantie, dass die Seiten nicht in den Suchmaschinen auftauchen. WordPress sendet zwar diverse Signale an die Suchmaschinenrobots und bittet sie damit, die Seiten nicht zu indizieren, aber es liegt im Ermessen der Suchmaschinen, dieser Bitte nachzukommen. Seriöse Suchmaschinen wie Google oder Bing tun das, aber andere Suchmaschinen vielleicht nicht. Im englischen WordPress heißt die Option denn auch DISCOURAGE SEARCH ENGINES FROM INDEXING THIS SITE. *To discourage* heißt so viel wie *entmutigen*, *abschrecken* oder *demotivieren*.

Im folgenden ToDo überprüfen Sie die Einstellungen im Menü LESEN.

ToDo: Die Einstellungen im Menü »Lesen« überprüfen

1. Öffnen Sie im Backend gegebenenfalls das Menü EINSTELLUNGEN • LESEN.

2. Lassen Sie die Option STARTSEITE ZEIGT vorerst unverändert.

3. Geben Sie die Anzahl der Beiträge ein, die auf Blogseiten höchstens angezeigt werden sollen. Im Zweifelsfall lassen Sie die »10« stehen.

4. Lassen Sie die beiden Einstellungen für den NEWSFEED vorerst unverändert.

5. Prüfen Sie, ob die Option SUCHMASCHINEN DAVON ABHALTEN, DIESE WEBSITE ZU INDEXIEREN aktiviert ist. Solange Sie noch in der Testphase sind, ist das empfehlenswert.

6. Speichern Sie die Einstellungen mit einem Klick auf die Schaltfläche ÄNDERUNGEN ÜBERNEHMEN ganz unten auf der Seite.

4.6 »Einstellungen • Permalinks«: Aussagekräftige Adressen für Beiträge

Permalink ist kurz für *permanenter Link* und bezeichnet in WordPress die Webadresse für Beiträge in der Einzelansicht. Ein Permalink ist also eine Adresse, unter der ein bestimmter Beitrag permanent erreichbar ist. Da jeder Permalink auch eine ganz normale Webadresse ist, möchte ich zunächst kurz den Aufbau einer solchen URL schildern.

4.6.1   Der Aufbau einer Webadresse (URL)

Jede Webseite hat eine weltweit einmalige Adresse, die auch als *URL* bezeichnet wird. Da die naheliegende Aussprache »uhrrl« schwer von der Zunge geht, haben sich für URL zwei gebräuchliche Aussprachevarianten eingebürgert:

▶ *uh-er-el*, alle Buchstaben einzeln auf Deutsch

▶ *you-are-al*, alle Buchstaben einzeln auf Englisch

URLs sind in erster Linie für Browser und nicht für Benutzer gedacht, was ihren geringen Merkwert und ihren etwas kryptisch anmutenden Aufbau erklärt. Abbildung 4.12 zeigt ein Beispiel.

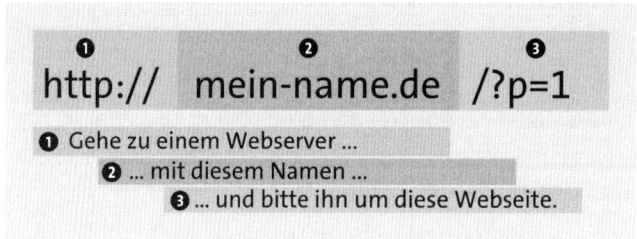

Abbildung 4.12 Der Aufbau einer Webadresse (URL)

Die URL aus Abbildung 4.12 besteht aus drei Teilen:

❶ **Protokoll**
http bedeutet vereinfacht gesagt »Gehe zu einem Webserver«, und *Doppelpunkt* und *Doppelslash* sagen dem Browser einfach nur, dass der erste Teil der URL zu Ende ist. Viele Browser zeigen das Protokoll im Adressfeld nicht mehr an, aber es ist trotzdem vorhanden.

❷ **Domain-Name**
Der Name, unter dem der Webserver erreichbar ist. Er beginnt *nach* dem doppelten Schrägstrich und endet mit einer Top Level Domain *vor* dem ersten einfachen Schrägstrich.

❸ **Die gewünschte Webseite**
Nach dem ersten einfachen Schrägstrich folgen oft Ordner- und Dateinamen, bei WordPress stehen dort von Haus aus aber nur ein Fragezeichen und ein Parameter wie p=1. Dieser Parameter teilt WordPress mit, was genau gewünscht wird. p=1 bedeutet z. B. »den Beitrag (post) mit der ID-Nummer 1«.

So viel zum Aufbau einer URL. Es folgen die Einstellungen für die Permalinks in WordPress.

4.6.2   »Gebräuchliche Einstellungen« für Permalinks in WordPress

Bei den Einstellungen für Permalinks geht es darum, wie der dritte Teil der URL aussieht, und zwar für statische Seiten und Beiträge in der Einzelansicht.

Abbildung 4.13 zeigt die verschiedenen Möglichkeiten in der Übersicht des Menüs EINSTELLUNGEN • PERMALINKS. Damit diese Einstellungen funktionieren, muss auf dem Webspace das Apache-Modul *mod_rewrite* aktiviert sein (siehe Abschnitt 2.4, »So finden Sie einen passenden Webspace«), aber das ist heute fast immer der Fall.

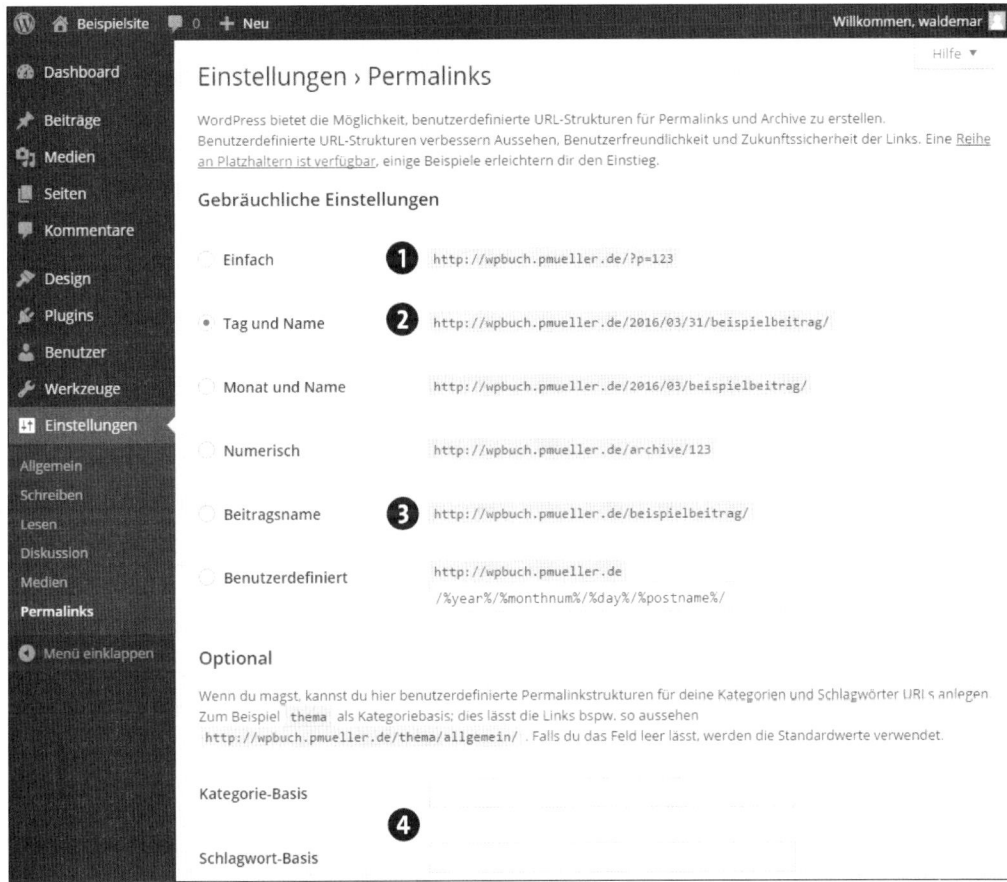

Abbildung 4.13 Die Möglichkeiten zur Einstellung der Permalinks

Die Adressen für Beiträge und Seiten sollten möglichst aussagekräftig sein. So bekommt ein Besucher im Idealfall nur durch den Permalink schon eine Vorstellung davon, was ihn inhaltlich in dem Beitrag oder auf der Seite erwartet, und auch in Suchmaschinen bekommen Sie Zusatzpunkte, wenn die Suchbegriffe in der URL auftauchen.

Die folgende Aufzählung zeigt die häufigsten Einstellungen für Permalinks im Überblick. Diese gelten übrigens nur für Blogbeiträge, bei Seiten wird immer der Titel der Seite verwendet, und zwar ohne Datumsangabe:

▶ EINFACH: */?p=123* ❶
  Die Standardeinstellung ist zwar nicht hübsch, funktioniert aber auf fast jedem Webspace:

  http://mein-name.de/?p=123

  Damit weiß WordPress, dass auf der gewünschten Seite der Beitrag mit der ID 123 dargestellt werden soll, aber die URL lässt keine Rückschlüsse auf den Inhalt dieses Beitrags zu.

▶ TAG UND NAME: */2016-03-31/beispielbeitrag/* ❷
  Auch wenn rund um WordPress viel vom englischen Wort *Tag* (*tägh*) die Rede ist, geht es in dieser Option um einen ganz normalen Wochentag. Genau genommen, um das Tagesdatum der Beitragserstellung. Wurde ein Beitrag am 31. März 2016 geschrieben, erzeugt die Option TAG UND NAME folgende URL:

  http://mein-name.de/2016/03/31/beispielbeitrag/

  Damit können Besucher und Suchmaschinen auf Anhieb sehen, wie alt der Beitrag ist und wovon er handelt.

▶ BEITRAGSNAME: */beispielbeitrag/* ❸
  Die Option BEITRAGSNAME verwendet den Titel eines Beitrags zur Erzeugung der URL. Für den automatisch erstellten Beitrag mit dem Titel »Hallo Welt« lautet der Permalink wie folgt:

  http://mein-name.de/hallo-welt/

  Etwaige Leerstellen werden übrigens entfernt und Umlaute umgewandelt, aber trotzdem ist diese Adresse wesentlich aussagekräftiger als die Standardeinstellung.

▶ Ganz unten auf der Seite können Sie noch Wünsche bezüglich der KATEGORIE-BASIS und SCHLAGWORT-BASIS ❹ eingeben. Damit können Sie die URL für Beiträge bei der Anzeige von Kategorien bzw. Schlagwörtern beeinflussen. Beide lernen Sie in Kapitel 6, »Texte schreiben in WordPress«, kennen.

Im folgenden ToDo aktivieren Sie die gewünschte Einstellung für die Permalinks.

ToDo: Die Einstellungen für Permalinks ändern

1. Öffnen Sie im Backend das Menü EINSTELLUNGEN • PERMALINKS.
2. Aktivieren Sie die gewünschte Einstellung für Permalinks. Weit verbreitet ist die Einstellung TAG UND NAME. Die Optionen MONAT UND NAME oder BEITRAGSNAME sind auch okay.

---

3. Geben Sie im Feld Kategorie-Basis den Text »thema« ein.

4. Geben Sie im Feld Schlagwort-Basis den Text »schlagwort« ein.

5. Speichern Sie die Einstellungen mit einem Klick auf die Schaltfläche Änderungen übernehmen ganz unten auf der Seite.

6. Wechseln Sie ins Frontend.

7. Rufen Sie einen Beitrag mit einem Klick auf den Beitragstitel in der Einzelansicht auf.

8. Prüfen Sie den Permalink in der Adressleiste des Browsers. Viele moderne Browser verstecken Teile der Adresse. Falls Sie also nicht die ganze Adresse sehen sollten, klicken Sie in die Adresszeile, um sie sichtbar zu machen.

Nach diesem ToDo haben die Beiträge in der Einzelansicht bereits eine aussagekräftige Adresse (Abbildung 4.14).

Abbildung 4.14 Ein Beitrag mit einer aussagekräftigen Adresse

WordPress arbeitet intern übrigens unabhängig von der gewählten Option weiterhin mit der Beitrags-ID. Auf diese Weise ist sichergestellt, dass die Beiträge gefunden werden, auch wenn Sie nachträglich die Permalink-Struktur ändern. Trotzdem sollten Sie mit den Einstellungen für die Permalinks nicht zu viel rumspielen.

WordPress.com verwendet das Format »Tag und Name«

Auf WordPress.com wird die Option Tag und Name verwendet, und das kann dort in den Einstellungen auch nicht geändert werden.

4.7   Das Menü »Benutzer«: Ihr Benutzerprofil im Überblick

In diesem Abschnitt überprüfen Sie die Einstellungen in Ihrem Benutzerprofil, von denen einige nur internen Verwaltungszwecken dienen, andere hingegen auch für Besucher sichtbar sind. Ihr Benutzerprofil können Sie aufrufen, indem Sie rechts oben auf den Link WILLKOMMEN, … oder links in der Menüleiste auf den Link BENUTZER klicken. In beiden Fällen landen Sie auf der Seite BENUTZER (Abbildung 4.15).

Abbildung 4.15 Das Menü »Benutzer« in der Übersicht

Auf der Seite BENUTZER sehen Sie eine Übersicht aller Benutzer mit BENUTZERNAME ❶, NAME ❷, E-MAIL-ADRESSE ❸, ROLLE ❹ und Anzahl der BEITRÄGE ❺.

Um das Profil für einen Benutzer zu ändern, fahren Sie mit der Maus auf den Benutzernamen und klicken auf den Namen oder auf den Befehl BEARBEITEN ❻, der beim Berühren mit der Maus darunter erscheint.

Um Ihr eigenes Profil zu ändern, klicken Sie auf Ihren Benutzernamen oder auf den Befehl DEIN PROFIL ❼ in der Menüleiste links unten.

4.7.1   »Persönliche Optionen«: Farbschema für das Backend und mehr

Nach einem Klick zur Bearbeitung Ihres Benutzerprofils kommen Sie auf die Seite PROFIL, die oben mit dem Abschnitt PERSÖNLICHE OPTIONEN beginnt (Abbildung 4.16).

Im ersten Abschnitt des Profils geht es um einige persönliche Vorlieben:

▶ VISUELLER EDITOR ❶: WordPress hat einen visuellen Editor, mit dem das Schreiben so ähnlich ist wie in Word. Falls Sie lieber puren HTML-Quelltext schreiben, können Sie den visuellen Editor hier ausstellen.

▶ FARBSCHEMA VERWALTEN ❷: Hier können Sie ein Farbschema für das Backend wählen. Probieren Sie aus, was Ihnen am besten gefällt. Sie können es jederzeit wieder
ändern. Auch mehrmals täglich.

▶ TASTATURKÜRZEL ❸: Bei der Moderation von Kommentaren können Sie auch mit
Tastaturkürzeln arbeiten, aber das lohnt sich erst, wenn Sie tagtäglich wirklich viele
Kommentare bekommen.

▶ WERKZEUGLEISTE ❹ ist die Toolbar am oberen Rand. Wenn Sie die Werkzeugleiste im
Frontend lieber nicht sehen möchten, stellen Sie diese Option einfach aus.

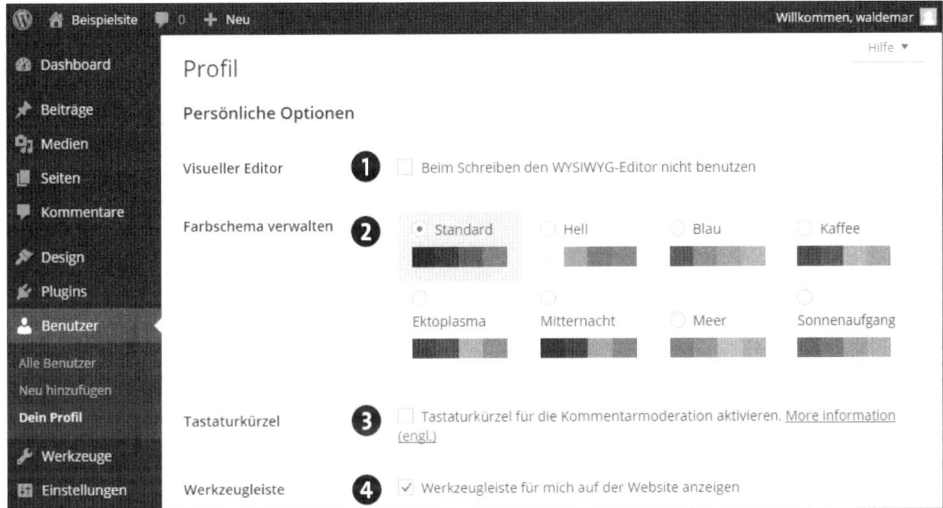

Abbildung 4.16 »Persönliche Optionen« im Benutzerprofil

Zum Speichern eventueller Änderungen gibt es ganz unten auf der Seite die Schaltfläche PROFIL AKTUALISIEREN.

4.7.2   Der Name der User: Der Bereich »Name« im Benutzerprofil

Im zweiten Bereich des Benutzerprofils geht es um die verschiedenen Namen, die ein
Benutzer in WordPress hat (Abbildung 4.17).

In Abbildung 4.17 sehen Sie diverse Namensoptionen, deren Vielfalt auf den ersten Blick
etwas verwirrend sein kann. Hier ein Überblick:

▶ BENUTZERNAME ❶: Das ist der Name, mit dem Sie sich am Backend anmelden, und
Sie können ihn nicht nachträglich ändern. Falls Sie trotzdem gerne einen anderen
Benutzernamen hätten, lesen Sie den Hinweiskasten etwas weiter unten.

▶ VORNAME ❷ und NACHNAME ❸: Hier können Sie Ihre ganz normalen Vor- und Nachnamen eintragen, die dann weiter unten in diversen Kombinationen als ÖFFENTLICHER NAME angeboten werden.

▶ SPITZNAME ❹: Der Spitzname (engl. *nickname*) ist aus historischen Gründen eine Pflichtangabe und standardmäßig identisch mit dem Benutzernamen, muss es aber nicht bleiben. Ein Spitzname bietet die Möglichkeit, den Benutzernamen nach außen zu verbergen, ohne seinen Vor- und Nachnamen einzusetzen.

▶ ÖFFENTLICHER NAME ❺: Das ist der Name, der im Frontend unter Beiträgen und Kommentaren nach außen hin sichtbar wird. Die Dropdown-Liste bietet den Benutzernamen, den Spitznamen und Vor- und Nachnamen in verschiedenen Kombinationen zur Auswahl.

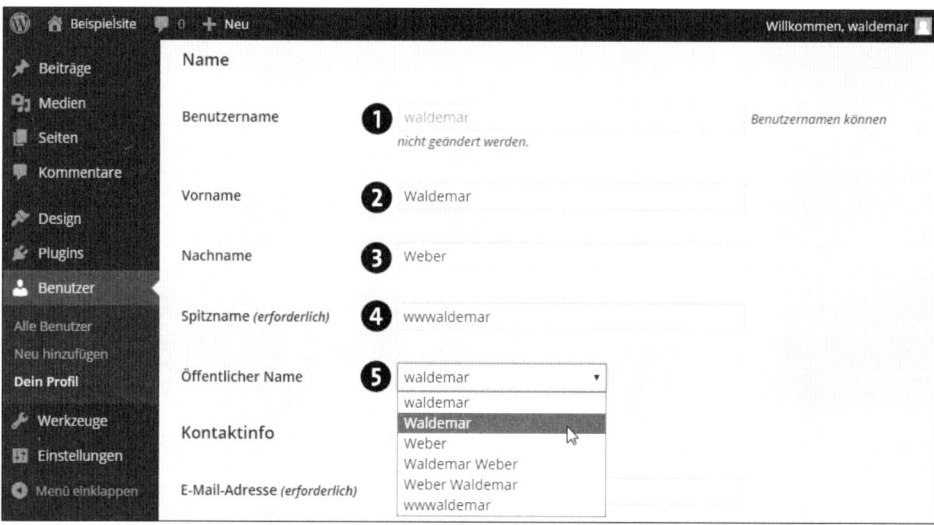

Abbildung 4.17 Die verschiedenen Namensoptionen im Benutzerprofil

Im folgenden ToDo überprüfen Sie die Einstellungen für die Namen.

ToDo: Die Einstellungen für Namen im Benutzerprofil überprüfen

1. Öffnen Sie im Backend das Menü BENUTZER.
2. Rufen Sie Ihr Benutzerprofil zur Bearbeitung auf.
3. Überprüfen Sie, ob die Namen Ihren Wünschen entsprechen.
4. Speichern Sie die Einstellungen mit einem Klick auf die Schaltfläche PROFIL AKTUALI-SIEREN ganz unten im Browserfenster.
5. Überprüfen Sie im Frontend, ob alle Einstellungen korrekt übernommen wurden.

Sie würden gerne Ihren Benutzernamen ändern?

Den Benutzernamen kann man bei WordPress nicht einfach nachträglich ändern. Falls Sie trotzdem gerne einen anderen Benutzernamen hätten, müssen Sie einen kleinen Umweg gehen:

▶ Sie legen einen neuen Benutzer an.

▶ Sie übertragen Ihre Beiträge und Seiten dem neuen Benutzer.

▶ Sie löschen den alten Benutzer.

Mehr zur Benutzerverwaltung erfahren Sie in Kapitel 18, »Systemverwaltung, Backups und Updates«.

4.7.3   »Kontaktinfo«, »Über dich« und Passwort ändern

Im unteren Bereich der Profilseite können Sie Ihre Kontaktdaten speichern, einige biografische Angaben machen und das Passwort ändern (Abbildung 4.18).

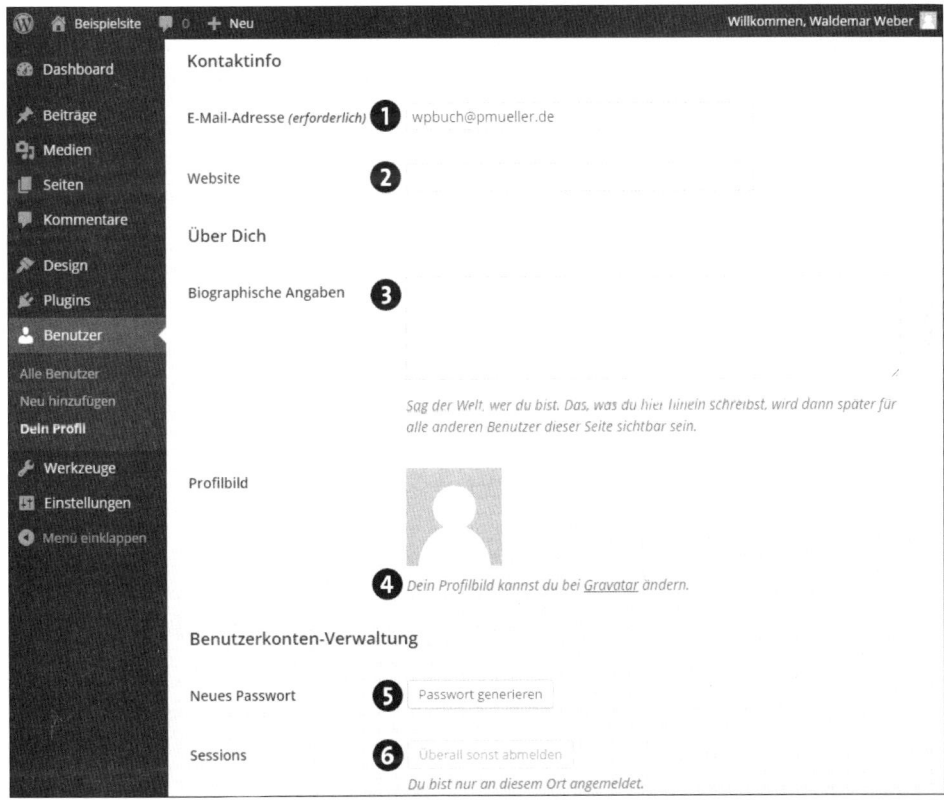

Abbildung 4.18 »Kontaktinfo« und »Über Dich« im Profil

103

Abbildung 4.18 zeigt die dort vorhandenen Optionen im Überblick:

▶ Im Bereich KONTAKTINFO tragen Sie eine E-MAIL-ADRESSE ❶ ein, an die WordPress *benutzerspezifische Nachrichten* verschickt. Für Sie als Administrator ist sie meist identisch mit der im Menü EINSTELLUNGEN • ALLGEMEIN definierten Adresse für *allgemeine Nachrichten* (siehe Abschnitt 4.4, »›Einstellungen • Allgemein‹: Titel der Website & Co.«). Die hier eingetragene E-Mail-Adresse wird auch für das Profilbild via Gravatar verwendet (siehe Abschnitt 4.8.2, »Möglichkeit 2: Gravatar – ein Avatar für das ganze World Wide Web«).

▶ Im Feld WEBSITE ❷ können Sie die URL zu einer Homepage eintragen. Das kann z. B. bei Redakteuren sehr nützlich sein oder falls dieses Blog nicht Ihre Haupt-Website ist.

▶ Bei BIOGRAPHISCHE ANGABEN ❸ können Sie in wenigen Worten etwas über sich erzählen. Diese Angaben werden in einigen Themes im Frontend angezeigt, und zwar z. B. in dem Autorenkasten unter einem Beitrag. *Twenty Sixteen* und viele andere Themes zeigen die Bio-Info erst im Frontend, wenn es mehrere Benutzer gibt, die jeweils mindestens einen Beitrag geschrieben haben.

▶ PROFILBILD ❹. Hier können Sie über den Link zu *gravatar.com* Ihr Profilbild ändern. Mehr dazu erfahren Sie in Abschnitt 4.8.

▶ Falls Sie Ihr Passwort ändern möchten, klicken Sie rechts neben NEUES PASSWORT ❺ auf die Schaltfläche Passwort generieren. Direkt darunter wird dann live die PASSWORTSTÄRKE angezeigt.

Vergessen Sie nicht, sich das neue Passwort aufzuschreiben, und am besten testen Sie es gleich, indem Sie sich einmal ab- und wieder anmelden.

▶ Die Option ÜBERALL SONST ABMELDEN ❻ im Bereich SESSIONS zeigt Ihnen, ob Sie eventuell noch von anderen Computern aus am Backend angemeldet sind. Das könnte z. B. der Fall sein, wenn Sie an einem anderen Computer im Backend gearbeitet und sich nicht wieder abgemeldet haben.

Im folgenden ToDo überprüfen Sie diese Einstellungen im Benutzerprofil.

ToDo: Die restlichen Einstellungen im Benutzerprofil überprüfen

1. Öffnen Sie im Backend das Menü BENUTZER.
2. Rufen Sie Ihr Benutzerprofil zur Bearbeitung auf.
3. Überprüfen Sie, ob die Felder E-MAIL-ADRESSE und WEBSITE korrekt ausgefüllt sind.
4. Erzählen Sie im Feld BIOGRAPHISCHE ANGABEN kurz etwas über sich.
5. Speichern Sie die Einstellungen mit einem Klick auf die Schaltfläche PROFIL AKTUALISIEREN ganz unten im Browserfenster.
6. Überprüfen Sie im Frontend, ob alle Einstellungen korrekt übernommen wurden.

WordPress.com trennt »Mein Profil« und »Persönliche Einstellungen«

Auf WordPress.com ist die Einteilung der Optionen im Benutzerprofil etwas anders, denn dort sind MEIN PROFIL und PERSÖNLICHE EINSTELLUNGEN zwei getrennte Menüoptionen:

▶ PERSÖNLICHE EINSTELLUNGEN enthält das Farbschema, die E-Mail-Adresse und einige andere Optionen.

▶ MEIN PROFIL besteht aus den verschiedenen Namen, weiteren Optionen und ist eng an die Website *gravatar.com* gekoppelt.

Was es mit einem solchem *Gravatar* so auf sich hat, erfahren Sie nun im nächsten Abschnitt.

4.8   Gravatar: Das Profilbild für Benutzer anpassen

WordPress-Einsteiger erwarten oft, dass man wie in vielen anderen Apps und Social-Media-Profilen zur Änderung des Profilbildes einfach eine Grafik hochlädt, zuschneidet und aktiviert. Ganz so einfach ist die Sache in WordPress aber leider nicht.

Um das Profilbild im Benutzerprofil zu ändern, haben Sie zwei Möglichkeiten, und in beiden taucht das Wort *Avatar* bzw. *Gravatar* auf:

▶ Sie wählen einen anderen Standard-Avatar (nicht so tolle Auswahl).

▶ Sie erstellen auf *gravatar.com* einen Gravatar (hübscher).

Ein Avatar ist eine einem Benutzer zugeordnete Grafik, also in gewisser Weise ein Online-Erscheinungsbild für diesen Benutzer.

WP User Avatar – ein Avatar via Plugin

Wenn Sie weder, wie in diesem Abschnitt beschrieben, einen Standard-Avatar noch einen Gravatar verwenden möchten, bleibt noch der Weg über ein Plugin:

▶ *WP User Avatar*
  de.wordpress.org/plugins/wp-user-avatar/

Dieses Plugin ermöglicht es Ihnen, ein beliebiges Bild aus der WordPress-Mediathek als Avatar zu benutzen. Wie Sie Plugins installieren und konfigurieren, erfahren Sie in Kapitel 14, »WordPress erweitern: Plugins installieren«.

4.8.1 Möglichkeit 1: Standard-Avatar ändern in »Einstellungen • Diskussion«

Das momentan verwendete Profilbild ist der in WordPress definierte Standard-Avatar. Die Standard-Avatare sind in erster Linie für den Einsatz bei Kommentaren von Benutzern ohne eigenen Avatar gedacht, und deshalb findet sich die Option im Menü EINSTELLUNGEN • DISKUSSION ❶, und zwar ziemlich weit unten im Bereich AVATARE.

Abbildung 4.19 zeigt die Standard-Avatare im Überblick ❷, und nach der Installation ist der erste mit dem schönen Namen GEHEIMNISVOLLE PERSON ausgewählt.

Sie können diese Einstellungen unverändert lassen, den Standard-Avatar auf KEIN AVATAR setzen oder einen der anderen Avatare auswählen. Speichern Sie eventuelle Änderungen mit einem Klick auf die Schaltfläche ÄNDERUNGEN ÜBERNEHMEN ganz unten auf der Seite.

Abbildung 4.19 Standard-Avatar ändern in »Einstellungen • Diskussion«

4.8.2 Möglichkeit 2: Gravatar – ein Avatar für das ganze World Wide Web

Ein *Gravatar* ist in vielerlei Hinsicht ein ganz besonderer Avatar. Gravatar steht für *Globally Recognized Avatar*, übersetzt als *weltweit wiedererkennbarer Avatar*, und die Idee dahinter ist einfach:

▶ Anstatt überall und immer wieder auf Websites irgendwelche Bilder für einen Avatar hochzuladen, surfen Sie zu *gravatar.com*.

▶ Dort melden Sie sich mit einem WordPress.com-Konto an (mehr dazu weiter unten) und erstellen ein Profil, bei dem Sie Ihre E-Mail-Adresse mit einem Bild verknüpfen.

▶ Wenn Sie in einem gravatarfähigen Forum oder Blog irgendwo im Web diese E-Mail-Adresse verwenden, wird automatisch der mit dieser E-Mail-Adresse verknüpfte Gravatar angezeigt.

Abbildung 4.20 zeigt die Startseite von *de.gravatar.com*, und im Folgenden möchte ich Ihnen zeigen, wie Sie einen Gravatar einrichten können.

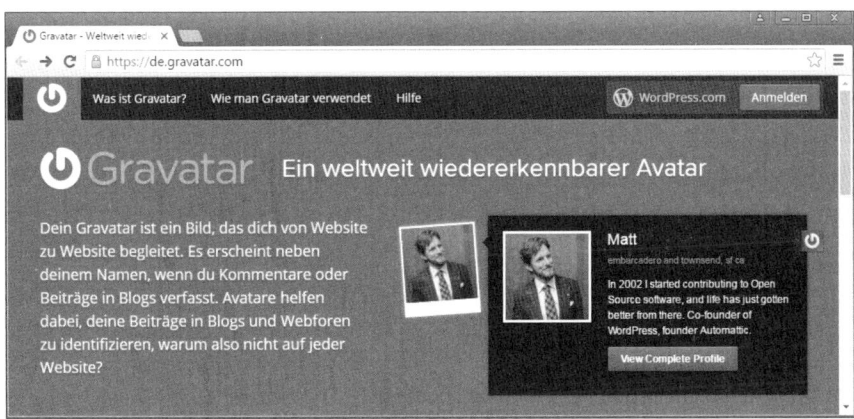

Abbildung 4.20 Die Startseite von »de.gravatar.com«

4.8.3   Gravatar.com – einen Gravatar einrichten

Der Dienst *Gravatar.com* gehört zu Automattic, der Firma hinter WordPress.com, und für die Nutzung benötigt man ein Konto auf WordPress.com. Nach einem Klick auf WORDPRESS.COM ANMELDEN sehen Sie die Anmeldung aus Abbildung 4.21.

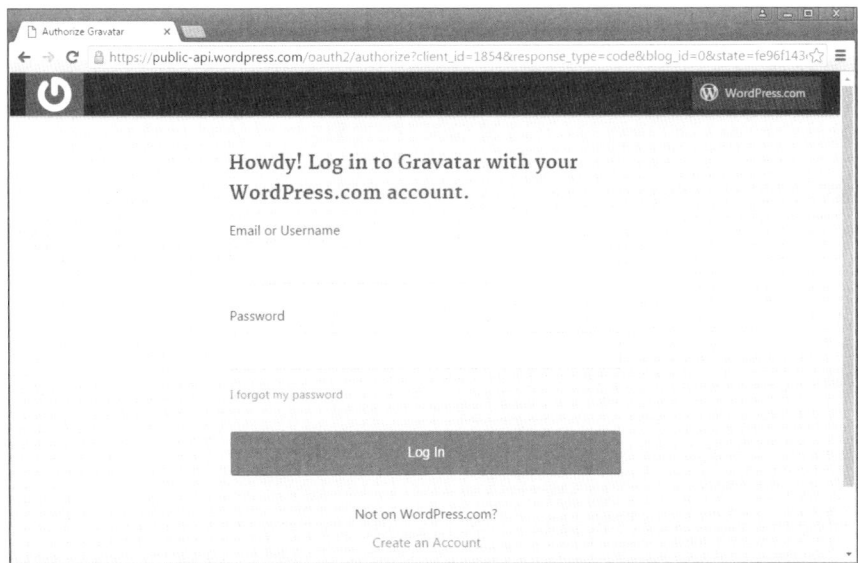

Abbildung 4.21 Die Anmeldung für Gravatar mit WordPress.com-Konto

Wenn Sie bereits ein WordPress.com-Konto haben, können Sie hier die Zugangsdaten eingeben. Falls Sie noch kein WordPress-Konto haben:

▶ Klicken Sie ganz unten auf den Link CREATE AN ACCOUNT.

▶ Geben Sie im daraufhin erscheinenden Anmeldeformular die gewünschte E-Mail-Adresse sowie einen Benutzernamen und ein Passwort für das Konto auf Word-Press.com ein.

▶ Anschließend erhalten Sie eine E-Mail, die einen Bestätigungslink mit der Beschriftung ACTIVATE ACCOUNT enthält.

▶ Nach einem Klick auf ACTIVATE ACCOUNT werden Sie zu *wordpress.com* weitergeleitet. Dort sehen Sie die Nachricht YOUR WORDPRESS.COM ACCOUNT HAS BEEN ACTIVATED!

▶ Direkt darunter wartet eine Schaltfläche mit der Beschriftung SIGN IN TO GRAVATAR.

Ein Klick bringt Sie zurück zu *gravatar.com* und präsentiert die E-Mail-Adresse, die darauf wartet, mit einem Bild verknüpft zu werden. Laden Sie ein oder mehr Profilbilder hoch, und wählen Sie eins aus. Abbildung 4.22 zeigt die E-Mail-Adresse mit einem Gravatar.

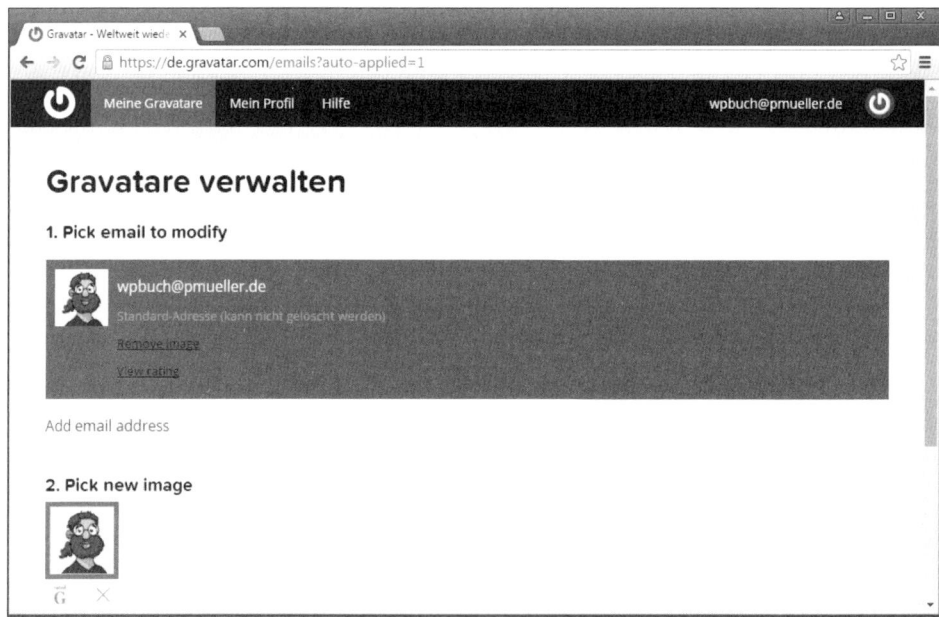

Abbildung 4.22 Die E-Mail-Adresse wurde mit einem Bild verknüpft.

Nach der Verbindung von E-Mail-Adresse und Bild auf *gravatar.com* erscheint der Gravatar automatisch im Backend von WordPress (Abbildung 4.23). Auch im Frontend wird der Gravatar je nach verwendetem Theme an verschiedenen Stellen sichtbar.

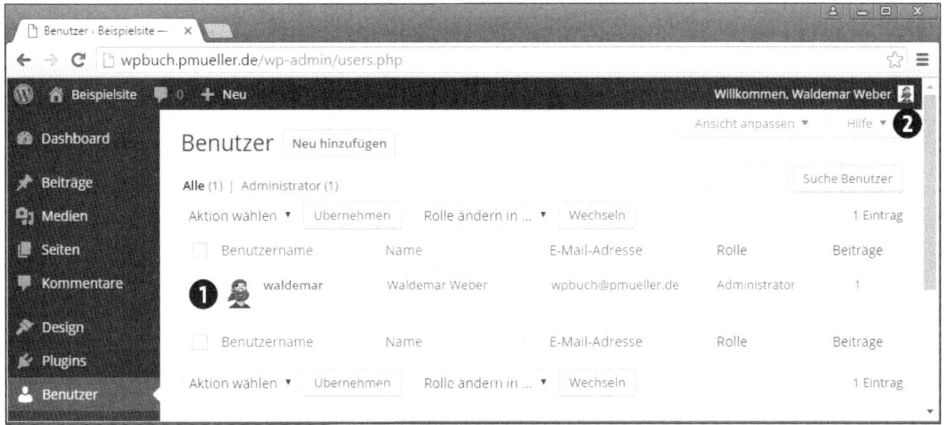

Abbildung 4.23 Der Gravatar im Backend von WordPress

4.8.4   Falls Sie Ihren Gravatar irgendwann wieder loswerden möchten …

Ein Konto auf WordPress.com kann man nicht löschen und somit auch das Konto auf Gravatar.com nicht. Das finden zwar viele Benutzer seltsam bis ärgerlich, aber es geht einfach nicht. Immerhin kann man sein Profil bei Gravatar so ausblenden, dass es nach außen hin unsichtbar ist:

▶ Surfen Sie zu *gravatar.com*, und melden Sie sich dort mit Ihrem WordPress.com-Konto an.

▶ Klicken Sie oben in der Menüleiste auf MEIN PROFIL.

▶ Klicken Sie rechts unter dem Benutzernamen auf PROFIL ANZEIGEN.

▶ Auf der nächsten Seite klicken Sie auf MEIN PROFIL AUSBLENDEN. Daraufhin erscheint folgender Hinweis, halb deutsch, halb englisch:

»Dieser Vorgang wird keine Angaben aus deinem Konto löschen. Er wird nur den Zugriff auf deine Profilseite und deren Angaben verhindern.

If you want to remove your profile information, just go to the profile editor and delete it manually.

Während dein Profil ausgeblendet wird, kannst du keine der hinterlegten Angaben bearbeiten. Wenn du etwas löschen möchtest, solltest du es jetzt tun.

Your Gravatar (image) will continue to work even with your profile hidden. If you want to remove your Gravatar as well, go to the Manage My Gravatars page and click the Don't use this image link underneath each email address in the list.

Du kannst dein Profil jeder Zeit wieder einblenden, wenn du deine Meinung ändern solltest.«

▶ Bestätigen Sie das Ausblenden mit MEIN PROFIL ausblenden.

Wenn Sie den deutsch-englischen Hinweistext sorgfältig studieren, werden Sie sehen, dass Sie auch noch die mit der E-Mail-Adresse verknüpften Bilder löschen müssen, um wirklich unsichtbar zu werden.

4.9   Auf einen Blick

Die wichtigsten Themen noch einmal im Überblick:

▶ Das Backend von WordPress besteht aus drei Bereichen:
  – Werkzeugleiste oben (auch Admin-Toolbar genannt)
  – Menüleiste links mit diversen Menüs
  – Inhaltsbereich mit den verschiedensten Inhalten
▶ Im Menü EINSTELLUNGEN können Sie WordPress konfigurieren. Es gibt diverse Menüpunkte:
  – Im Bereich ALLGEMEIN definieren Sie den Blogtitel, den Untertitel und Zeit- und Datumsformate.
  – Unter LESEN geht es unter anderem um die Sichtbarkeit für Suchmaschinen.
  – Im Bereich PERMALINKS definieren Sie die URLs für Beiträge.
▶ Jeder Benutzer hat ein Benutzerprofil. Dort können Sie unter anderem …
  – … das Farbschema für das Backend festlegen.
  – … den Namen für das Frontend definieren.
  – … einige Kontaktinfos für einen Benutzer eingeben.
▶ Ein Avatar ist eine einem Benutzer zugeordnete Grafik, die z. B. bei den Kommentaren erscheint.
▶ Ein *Gravatar* ist ein ganz besonderer Avatar, der auf *gravatar.com* hochgeladen und an eine E-Mail-Adresse gekoppelt wird. Wenn Sie mit dieser E-Mail-Adresse irgendwo im Web in einem WordPress-Blog kommentieren, erscheint der entsprechende Gravatar.

TEIL II

Inhalte: Texte, Bilder und Multimedia

Kapitel 5
Die ersten Seiten und Beiträge

Worin Sie die ersten Seiten und Beiträge bearbeiten und erstellen. Anschließend sehen Sie, wie man eine statische Startseite einrichtet und die Beiträge auf einer Seite namens News ausgibt.

Die Themen im Überblick:

- Beiträge und Seiten: So verwaltet WordPress Inhalte, Seite 113
- Eine vorhandene Seite bearbeiten: »Über mich«, Seite 116
- Eine neue Seite erstellen: »Impressum«, Seite 120
- Einen vorhandenen Beitrag bearbeiten, Seite 124
- Einen neuen Beitrag erstellen, Seite 128
- Beiträge im Frontend: Übersicht und Einzelansicht, Seite 130
- Eine Website mit Startseite und News erstellen, Seite 133
- Know-how: Verschiedene Seitentypen in WordPress, Seite 139
- Auf einen Blick, Seite 140

In diesem Kapitel bearbeiten und erstellen Sie die ersten Seiten und Beiträge in Ihrer WordPress-Installation, aber zunächst geht es um die Unterschiede zwischen beiden. Dabei lernen Sie auch gleich eine kleine WordPress-Besonderheit namens *Widgets* kennen.

Zum Abschluss sehen Sie, wie Sie anstelle der normalen Beitragsseite eine statische Seite als Startseite definieren können. Das ist z. B. sinnvoll, wenn Sie eine eher klassische Website erstellen möchten und die Beiträge nicht im Vordergrund stehen sollen.

Coming Soon Page – falls Sie erst einmal in Ruhe probieren möchten

Wenn WordPress auf einem Online-Webspace installiert wurde, ist Ihre Website bereits weltweit erreichbar. Falls Sie lieber erst einmal ohne Zuschauer alles in Ruhe ausprobieren möchten, haben Sie folgende Möglichkeiten:

▶ In einem selbst gehosteten WordPress springen Sie kurz zu Kapitel 14, »WordPress erweitern: Plugins installieren«, und installieren ein Plugin namens *Coming Soon Page*. Das Plugin zeigt Besuchern eine Hinweisseite, Sie selbst hingegen arbeiten im Front- und Backend ganz normal an der Website.

▶ Für eine Website auf WordPress.com können Sie nur die in Abschnitt 4.5, »›Einstellungen • Lesen‹: Beiträge, Newsfeed und Suchmaschinen«: Beiträge, Newsfeed und Suchmaschinen«, beschriebene Aktion zum Ausschließen der Suchmaschinen aktivieren.

So können Sie erst einmal einigermaßen ungestört Beiträge und Seiten erstellen, ohne dass gleich die ganze Welt mitliest.

5.1   Beiträge und Seiten: So verwaltet WordPress Inhalte

Inhalte werden bei WordPress entweder in einem Beitrag oder auf einer statischen Seite gespeichert. Im Folgenden zeige ich zunächst ganz kurz, welche Inhalte in Beiträgen bzw. Seiten gespeichert werden.

5.1.1   Beiträge werden auf einer Seite untereinander ausgegeben

WordPress war wie gesagt ursprünglich ein reines Blogsystem, und Beiträge sind in einem Blog sozusagen des Pudels Kern. Beiträge werden im Frontend auf einer Seite chronologisch umgekehrt untereinander ausgegeben. Neue Beiträge werden oben eingefügt, und die älteren rutschen dadurch immer weiter nach unten. Das können Sie sich vorstellen wie eine Faxpapier- oder Schriftrolle, auf der die Beiträge (fast) endlos weiterfließen (Abbildung 5.1).

Wenn mehr als die in EINSTELLUNGEN • LESEN festgelegte Anzahl von Beiträgen pro Seite erreicht ist, erstellt WordPress automatisch eine neue Seite und fügt unterhalb des letzten Beitrags eine Paginierung ein, mit der Besucher ältere Beiträge aufrufen können.

Jeder Beitrag hat besondere Eigenschaften wie Datum, Autor, Kategorien und Schlagwörter. Datum, Autor und eine Standardkategorie weist WordPress einem Beitrag beim Speichern automatisch zu, Schlagwörter vergibt der Autor manuell.

Die Besucher der Website können die Beiträge im Frontend nach Datum, Autor, Kategorien oder Schlagwörtern filtern und sich so nur bestimmte Beiträge anzeigen lassen:

▶ Zeige nur Beiträge aus dem Juni 2016.

▶ Zeige nur Beiträge der Kategorie REISEN.

▶ Zeige nur Beiträge zum Schlagwort BERLIN.

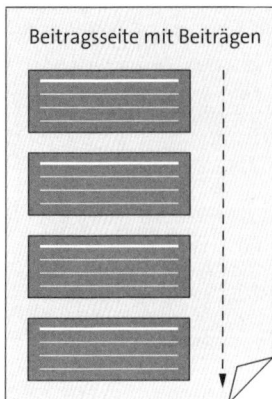

Abbildung 5.1 Beiträge stehen auf einer Beitragsseite untereinander.

Die Seite, auf der die Beiträge ausgegeben werden, heißt in WordPress *Beitragsseite*, was ein ziemlich treffender Name ist.

RSS-Feed: Beiträge können abonniert werden

Ihre Besucher können Beiträge abonnieren und so auf dem Laufenden bleiben, ohne die Website im Browser zu besuchen. WordPress erzeugt dazu automatisch einen sogenannten *RSS-Feed*, auch *Newsfeed* oder *Feed* genannt, und erzeugt in der Sidebar im Bereich META den Link BEITRAGS-FEED (RSS). Seiten werden im RSS-Feed nicht gelistet.

Zum Abonnieren eines RSS-Feeds benötigt man einen sogenannten *Feedreader* oder einen browserbasierten Dienst, wie z. B. *feedly.com*. Mehr dazu erfahren Sie in Wikipedia:

► *de.wikipedia.org/wiki/RSS_(Web-Feed)*

5.1.2   Statische Seiten als Ergänzung zu Beiträgen

Es gibt auf jeder Website Inhalte wie das *Impressum*, die einen eher statischen Charakter haben und deshalb nicht im Strom der Beiträge mitschwimmen sollen. Diese Inhalte werden in WordPress auf sogenannten *statischen Seiten* gespeichert (Abbildung 5.2).

Typische Beispiele für Inhalte, die auf Seiten gehören, sind *Über mich*, *Impressum* oder *Kontakt*, aber eine statische Seite kann natürlich auch andere Inhalte wie die Darstellung von Produkten oder eine Bildergalerie enthalten.

Statische Seiten können nicht abonniert werden und haben im Gegensatz zu Beiträgen keine Kategorien oder Schlagwörter. Auch das Erstelldatum und der Autor werden im Frontend meist nicht automatisch angezeigt.

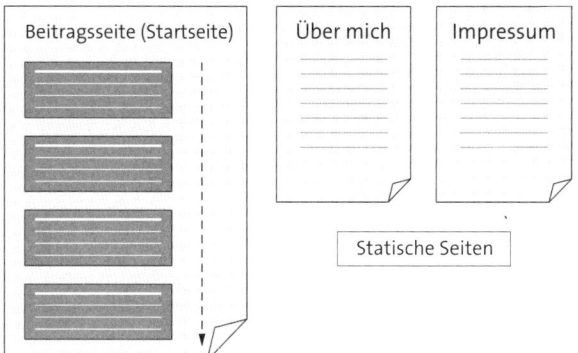

Abbildung 5.2 Beitragsseite mit Beiträgen und zwei statische Seiten

5.1.3   Seiten und Beiträge bunt gemischt: WordPress mit Newsbereich

Ursprünglich war WordPress ein reines Blogsystem, und in den meisten Blogs erscheinen die Beiträge direkt auf der Startseite. In WordPress können Sie aber auch eine beliebige statische Seite zur Startseite befördern und die Beiträge stattdessen auf einer anderen Seite mit Namen wie *Blog*, *News* oder *Aktuelles* ausgeben (Abbildung 5.3).

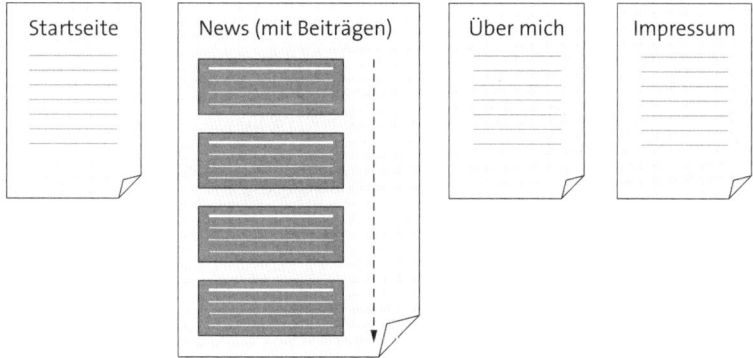

Abbildung 5.3 WordPress mit statischen Seiten und einer Beitragsseite

Wie man eine statische Seite als Startseite und eine andere Seite als Beitragsseite definiert, erfahren Sie in Abschnitt 5.7, »Eine Website mit Startseite und News erstellen«.

5.1.4   Nur Seiten: WordPress als reines CMS

Falls Sie Ihre Website eher als eine Art Visitenkarte im Web betrachten und nicht vorhaben, ab und an neue Beiträge zu veröffentlichen, können Sie die Beitragsseite auch ganz weglassen und nur mit statischen Seiten arbeiten (Abbildung 5.4).

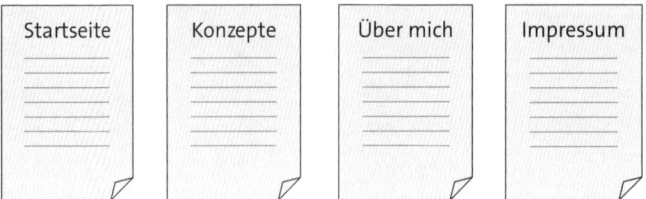

Abbildung 5.4 WordPress nur mit statischen Seiten als reines CMS

Im Folgenden lernen Sie zunächst den Umgang mit statischen Seiten kennen, und danach kommen dann die Beiträge dran.

5.2   Eine vorhandene Seite bearbeiten: »Über mich«

Statische Seiten sind auf vielen Websites mindestens genauso wichtig wie Beiträge, und in diesem Abschnitt bearbeiten Sie zunächst die bereits vorhandene *Beispiel-Seite* und benennen Sie um in *Über mich*.

5.2.1   »Seiten • Alle Seiten«: Statische Seiten in der Übersicht

Das in Abbildung 5.5 dargestellte Menü ALLE SEITEN ❶ zeigt alle vorhandenen statischen Seiten im Überblick. Nach der Installation von WordPress gibt es dort genau eine statische Seite, die den eher schlichten Titel BEISPIEL-SEITE trägt.

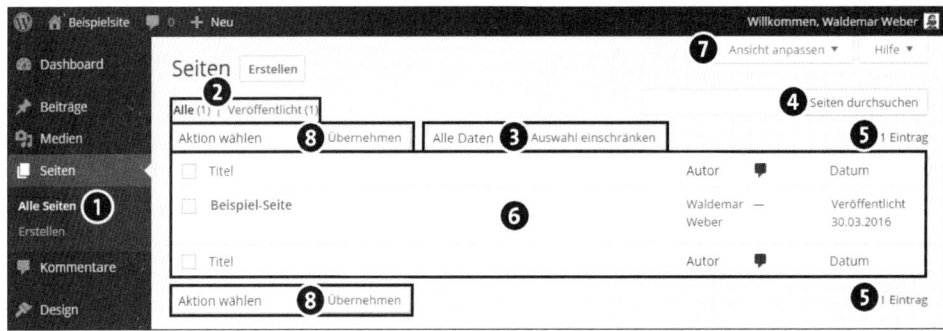

Abbildung 5.5 »Alle Seiten« zeigt die statischen Seiten in der Übersicht.

Die Übersicht der statischen Seiten sieht ähnlich aus wie die weiter unten beschriebene Übersicht für Beiträge:

▶ *Status der Veröffentlichung* ❷: Sie können ALLE anzeigen lassen oder nur Seiten, die VERÖFFENTLICHT sind. Weitere mögliche Optionen sind hier z. B. PAPIERKORB, ENT-

WURF, PRIVAT, und GEPLANT, die nur erscheinen, wenn mindestens ein Eintrag vorhanden ist.

▶ *Filter für Datum* ❸: Um die Darstellung der Seiten nach Datum zu filtern, wählen Sie eine Option aus der Dropdown-Liste ALLE DATEN und klicken auf AUSWAHL EINSCHRÄNKEN.

▶ *Seiten durchsuchen* ❹: Um eine bestimmte Seite zu finden, geben Sie das gewünschte Suchwort ein und klicken auf SEITEN DURCHSUCHEN.

▶ *Anzahl der Seiten* ❺: Momentan gibt es 1 EINTRAG.

▶ *Übersichtstabelle* ❻ mit einer Zeile pro Seite: Die Spalten der Tabelle können Sie über ANSICHT ANPASSEN ❼ am oberen Bildschirmrand ausblenden.

Außerdem gibt es ober- und unterhalb der Tabelle noch die Dropdown-Liste AKTION WÄHLEN ❽, mit der Sie mehrere Seiten auf einmal bearbeiten oder löschen können. Ausgeführt wird die gewählte Aktion mit einem Klick auf die Schaltfläche ÜBERNEHMEN rechts daneben.

5.2.2   Die bereits vorhandene Seite »Über mich« bearbeiten

Um die bereits vorhandene BEISPIEL-SEITE zu bearbeiten, klicken Sie in der Übersichtstabelle einfach auf den Namen der Seite. WordPress öffnet die Seite daraufhin im Editor (Abbildung 5.6).

Abbildung 5.6 Eine vorhandene Seite bearbeiten

Ganz oben im Inhaltsbereich steht der Hinweis, dass Sie gerade eine SEITE BEARBEI-TEN ❶. Der Titel der Seite lautet BEISPIEL-SEITE ❷, und direkt darunter steht der aktuelle PERMALINK. Im Textfeld unterhalb der Formatierungsleiste stehen bereits einige formatierte Absätze ❸.

Änderungen können Sie sich auf zwei verschiedene Arten anschauen:

▶ Über den Link SEITE ANSEHEN ❹ in der Werkzeugleiste erscheint die Seite im selben Browserfenster – sofern zuvor alle Änderungen gespeichert wurden. Bei ungespeicherten Änderungen gibt es einen entsprechenden Hinweis im Browser.

▶ Der Link VORSCHAU DER ÄNDERUNGEN ❺ im Bereich VERÖFFENTLICHEN zeigt die Seite auch mit noch nicht gespeicherten Änderungen, wechselt dazu aber in einen neuen Browser-Tab.

Im folgenden ToDo erstellen Sie die Seite *Über mich*, und zwar auf Basis der vorhandenen *Beispiel-Seite*. Sie ändern den Titel, den Permalink und den Text der Seite und speichern diese Änderungen dann in der Datenbank.

ToDo: Die Seite »Über mich« erstellen

1. Öffnen Sie die vorhandene BEISPIEL-SEITE im Editor.

2. Ändern Sie zunächst den Titel in »Über mich«.

3. Klicken Sie im Feld PERMALINK auf die Schaltfläche BEARBEITEN.

4. Ändern Sie den Eintrag von »beispiel-seite« in »ueber-mich«, und bestätigen Sie die Änderung mit einem Klick auf OK.

5. Setzen Sie den Cursor in das Textfeld, und löschen Sie den bereits vorhandenen Text.

6. Geben Sie im Editorfenster einen neuen Text ein. Erzählen Sie dabei etwas über sich. Falls Ihnen gerade nichts einfällt, nehmen Sie einfach den folgenden Text und ersetzen die drei Punkte durch Ihren Namen:

   »Mein Name ist … und ich mache auf dieser Website meine ersten Gehversuche auf einer eigenen Website.

   Offline kann ich mit Texten ganz gut umgehen, aber online ist alles noch ziemlich neu. Ich bin gespannt wie ein Flitzebogen und freue mich auf meine Website.«

7. Klicken Sie rechts im Bereich VERÖFFENTLICHEN auf die Schaltfläche VORSCHAU DER ÄNDERUNGEN, um die Seite in einem neuen Tab zu betrachten.

8. Wenn die Seite fertig ist, klicken Sie im Backend auf AKTUALISIEREN. Daraufhin werden die Änderungen in der Datenbank gespeichert, und oberhalb des Titels erscheint die Meldung SEITE WURDE AKTUALISIERT.

Um sich die aktualisierte Seite im Browser anzuschauen, klicken Sie oben in der Werkzeugleiste auf den Link SEITE ANSEHEN. Dann sehen Sie die Seite mit allen Änderungen und dem neuen Permalink (Abbildung 5.7).

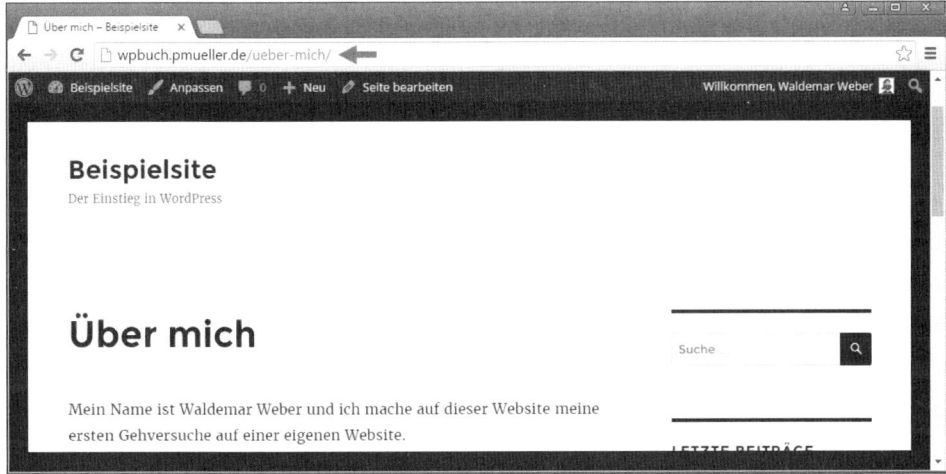

Abbildung 5.7 Die Seite »Über mich« mit dem Permalink »/ueber-mich/«

Um den Text zu ändern, klicken Sie entweder oben in der Admin-Leiste auf SEITE BEARBEITEN oder auf den Link BEARBEITEN unterhalb des Fließtextes.

5.2.3   Die Funktion »QuickEdit« für Seiten

In diesem Abschnitt möchte ich Ihnen kurz die Funktion QUICKEDIT vorstellen, mit der Sie die wichtigsten Einstellungen für Seiten auf die Schnelle bearbeiten können. Wechseln Sie dazu, wie in Abbildung 5.8 gezeigt, in das Menü ALLE SEITEN ❶, und klicken Sie dort auf die Funktion QUICKEDIT ❷.

Abbildung 5.8 »QuickEdit« in der Übersicht der statischen Seiten

Nach dem Klick auf den Link QUICKEDIT erscheint eine Eingabemaske (Abbildung 5.9), in der Sie die Metainformationen wie Titel, Titelform (den letzten Teil des Permalinks ❶), Datum etc. anpassen und ändern können. Eventuelle Änderungen können Sie über die Schaltfläche AKTUALISIEREN ❷ speichern.

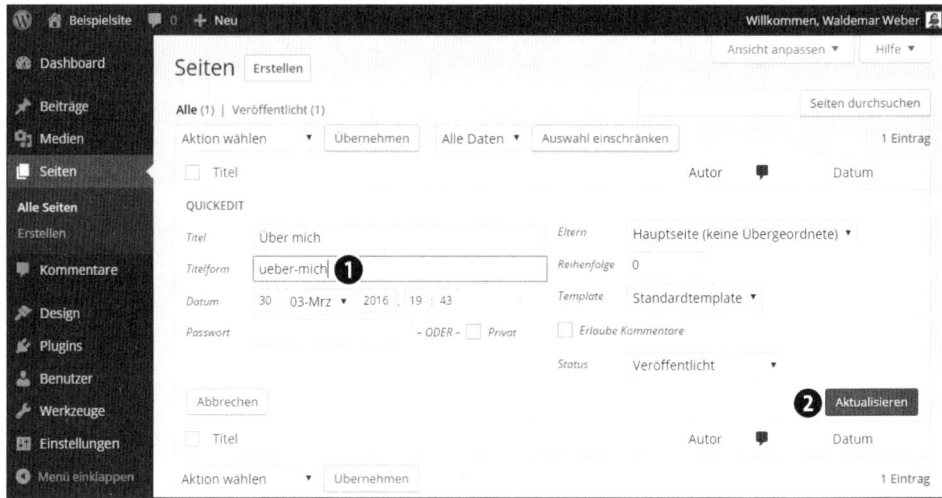

Abbildung 5.9 Die Änderung des Permalinks mit »QuickEdit«

5.3   Eine neue Seite erstellen: »Impressum«

Als Beispiel zur Erstellung einer neuen Seite dient das Impressum, denn eine Website unterliegt in deutschen Landen in der Regel der Impressumspflicht.

Falls Sie sich nicht sicher sein sollten, was alles in so ein Impressum gehört, gibt es einige hilfreiche Websites, wie z. B. *www.impressum-generator.de*. Schritt für Schritt werden dort die gesetzlich erforderlichen Angaben zu Website und Betreiber abgefragt, und das Ergebnis können Sie abschreiben oder einfach in das Textfeld der Seite kopieren.

5.3.1   Das Menü »Seiten • Erstellen«: Eine neue Seite erstellen

Im folgenden ToDo erstellen Sie eine neue Seite für das Impressum (Abbildung 5.10).

ToDo: Eine neue Seite für das Impressum erstellen

1. Erstellen Sie eine neue Seite, indem Sie das Menü SEITEN • ERSTELLEN aufrufen.
2. Geben Sie als Titel »Impressum« ein ❶.

---

3. Ergänzen Sie im Editorfenster die Angaben für das Impressum ❷. Einen Zeilenumbruch erzeugen Sie mit ⇧ + ↵ , einen neuen Absatz wie gewohnt nur mit ↵ .
4. Überprüfen Sie die Seite im Frontend mit einem Klick auf die Schaltfläche Vorschau im Bereich Veröffentlichen ❸, der die Seite in einem neuen Tab öffnet.
5. Wenn alles okay ist, klicken Sie auf die Schaltfläche Veröffentlichen ❹. Nach dem Veröffentlichen wird die Seite im Frontend sichtbar.

Abbildung 5.10 zeigt die Seite Impressum im Editor. *TMG* steht übrigens für Telemediengesetz und *RStV* für Rundfunkstaatsvertrag. Letzteres ist erforderlich, wenn Sie redaktionelle oder journalistische Inhalte veröffentlichen.

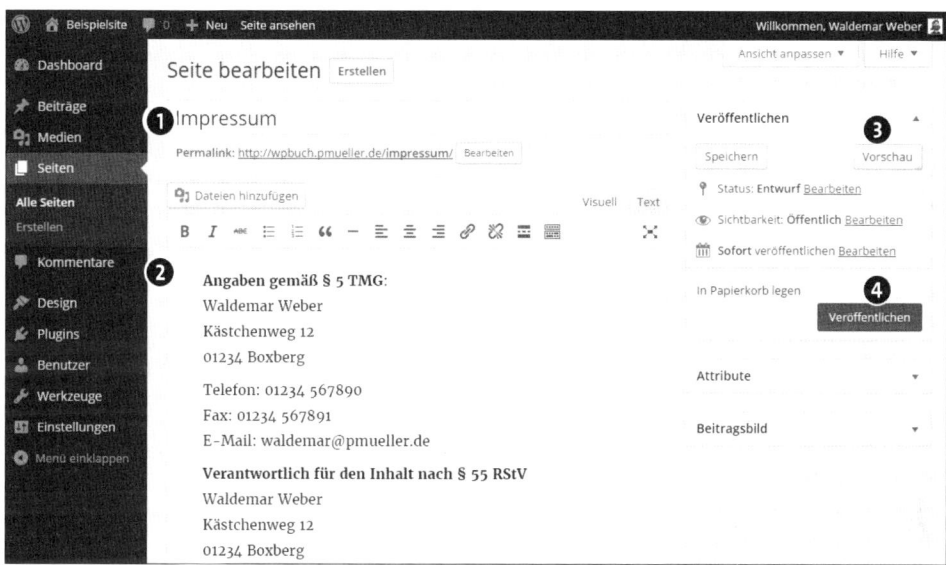

Abbildung 5.10 Eine neue statische Seite namens »Impressum« im Editor

---

Eine Website benötigt auch eine Datenschutzerklärung

Bevor Sie online gehen, sollten Sie zusätzlich zum Impressum noch eine Datenschutzerklärung erstellen. Bei der Formulierung kann Ihnen die folgende Website von Rechtsanwalt Thomas Schwenke behilflich sein:

▶ *datenschutz-generator.de*

Wie immer heißt es hier: Informationen lesen, Zutreffendes ankreuzen, Ergebnis kopieren, auf einer Seite namens Datenschutz o. Ä. einfügen und auf der Website verlinken.

5.3.2   Navigation: Widget mit Links zu Seiten in der Sidebar einfügen

Das Impressum sieht schon sehr gut aus, aber es gibt noch ein kleines Problem: Ein Impressum sollte laut der gängigen Rechtsprechung von jeder Seite aus mit einem Klick erreichbar sein, und das ist im Augenblick nicht der Fall, denn genau genommen gibt es überhaupt keinen Link, mit dem ein Besucher die Seiten *Impressum* oder auch *Über mich* erreichen könnte.

In einigen WordPress-Themes werden statische Seiten in der Navigation, der Sidebar oder im Fußbereich automatisch verlinkt, aber bei dem aktuellen Standard-Theme *Twenty Sixteen* ist das nicht der Fall. Deshalb werfen Sie in diesem Abschnitt schon mal einen kurzen Blick in die Arbeit mit Themes und fügen in der Sidebar mit einem soge-nannten *Widget* die Links zu den statischen Seiten *Über mich* und *Impressum* ein.

Widget heißt wörtlich übersetzt so viel wie *Dingsbums* und wird *widschett* gesprochen. Ein Widget ist ein vorgefertigtes Modul, das ganz einfach eine bestimmte Funktion bereitstellt, ohne dass man selbst programmieren muss. Das Widget *Seiten* zeigt z. B. eine Liste mit Links zu allen veröffentlichten Seiten auf Ihrer Website.

Zum Einfügen von Widgets wechseln Sie in das Menü DESIGN • WIDGETS ❶ (Abbildung 5.11). Dort sehen Sie zwei Spalten:

▶ links die alphabetisch geordnete Liste VERFÜGBARE WIDGETS,

▶ rechts daneben die Widget-Bereiche, die in diesem Theme zur Verfügung stehen.

Widget-Bereiche sind die Bereiche auf einer Seite, in denen Widgets platziert werden können. Die im Bereich SEITENLEISTE bereits vorhandenen Widgets wie *Suche*, *Letzte Beiträge* etc. erscheinen im Frontend in der Sidebar, und zwar genau in der hier festge-legten Reihenfolge.

Das Thema Twenty Sixteen kennt noch zwei weitere Widget-Bereiche namens *Unter-halb des Inhalts 1* und *Unterhalb des Inhalts 2*, die momentan aber noch keine Widgets enthalten.

Um das Widget SEITEN einzubinden, scrollen Sie die Seite nach unten, klicken auf den Namen des Widgets ❷. Danach wählen Sie den gewünschten Widget-Bereich ❸ und bestätigen die Auswahl mit einem Klick auf WIDGET HINZUFÜGEN ❹ (Abbildung 5.11).

Im folgenden ToDo erstellen Sie mit dem Widget *Seiten* die Links zu den statischen Sei-ten *Über mich* und *Impressum*, damit diese von jeder Seite aus mit einem Klick erreich-bar sind.

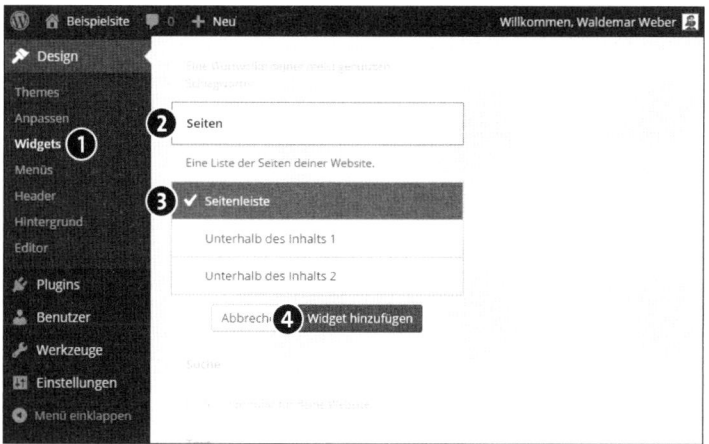

Abbildung 5.11 Ein Widget der Seitenleiste hinzufügen

ToDo: Widget mit Links zu statischen Seiten in der Sidebar einfügen

1. Öffnen Sie den Bereich für Widgets: DESIGN • WIDGETS ❶.
2. Suchen Sie das Widget SEITEN ❷, und klicken Sie darauf.
3. Prüfen Sie, ob als Widget-Bereich die SEITENLEISTE ❸ ausgewählt ist.
4. Klicken Sie auf die Schaltfläche WIDGET HINZUFÜGEN ❹. Das Widget erscheint daraufhin rechts im Widget-Bereich SEITENLEISTE, und zwar unterhalb von META.
5. Fahren Sie mit dem Mauszeiger auf den Titel des eben eingefügten Widgets SEITEN, sodass der Mauszeiger ein Fadenkreuz ist.
6. Verschieben Sie das Widget per Drag & Drop an die gewünschte Stelle, z. B. oberhalb von META. Das Verschieben wird automatisch gespeichert und muss nicht noch extra bestätigt werden.

Wechseln Sie im Browser in das Frontend, z. B. mit einem Klick auf den Titel der Website oben in der Werkzeugleiste. Wenn alles geklappt hat, sehen Sie im Frontend unten in der Sidebar einen neuen Bereich namens SEITEN mit den Links zu den Seiten *Impressum* und *Über mich* (Abbildung 5.12).

Ein Widget ist der schnellste Weg, aber es gibt auch noch Menüs

Das Einfügen eines Widgets in der Sidebar ist der einfachste und schnellste Weg, um Links zu veröffentlichten Seiten zu erhalten. Flexibler, aber auch komplexer ist die Erstellung von Menüs, die Sie in Abschnitt 11.5, »Menüs – eine Navigation für die Website erstellen«, kennenlernen.

Abbildung 5.12 Das Widget mit den Links zu den Seiten in der Sidebar

5.4   Einen vorhandenen Beitrag bearbeiten

WordPress speichert geschriebene Inhalte wie gesagt entweder in einem Beitrag oder auf einer statischen Seite. In diesem Abschnitt geht es darum, den bereits vorhandenen Beitrag *Hallo Welt!* zu ändern.

Beitrag heißt auf Englisch »post«

Im englischen Original wird ein Beitrag in WordPress *post* genannt, mit einem langen *ou* in der Mitte. Daher nennt man das Veröffentlichen von Beiträgen auch *posten*.

5.4.1   Die Übersicht im Menü »Beiträge • Alle Beiträge«

Der Kern eines jeden Blogs oder Newsbereichs sind die Beiträge, die im Frontend in chronologisch umgekehrter Reihenfolge ausgegeben werden. Die Erstellung und Verwaltung dieser Beiträge erfolgt, vielleicht nicht ganz unerwartet, im Menü BEITRÄGE.

Nach einem Klick auf das Menü BEITRÄGE wird der Bereich ALLE BEITRÄGE angezeigt, in dem es bereits einen Beitrag mit dem schönen Titel *Hallo Welt!* gibt, der während der Installation automatisch angelegt wurde (Abbildung 5.13).

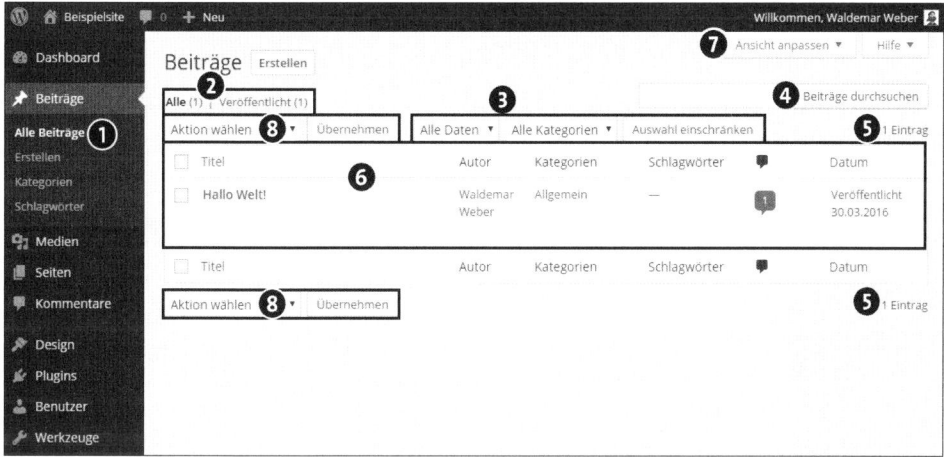

Abbildung 5.13 »Beiträge • Alle Beiträge« – alle Beiträge in der Übersicht

Im Bereich BEITRÄGE • ALLE BEITRÄGE ❶ haben Sie die folgenden Optionen:

▶ *Status der Veröffentlichung* ❷: Hier können Sie ALLE Beiträge anzeigen lassen oder nur bereits veröffentlichte Beiträge. Weitere Optionen wie PAPIERKORB, ENTWURF etc. erscheinen automatisch, sobald ein Beitrag in den Papierkorb gelegt oder als Entwurf gespeichert wird.

▶ *Filter für Datum oder Kategorie* ❸: Um die in der Übersicht angezeigten Beiträge zu filtern, wählen Sie die gewünschten Filterkriterien aus den Dropdown-Listen und klicken dann auf AUSWAHL EINSCHRÄNKEN.

▶ *Beiträge durchsuchen* ❹: Um die Beiträge nach einem bestimmten Wort zu durchsuchen, geben Sie das gewünschte Suchwort ein und klicken auf BEITRÄGE DURCHSUCHEN.

▶ *Anzahl der Beiträge* ❺: Die Zahl gibt an, wie viele Beiträge in der Übersicht gerade angezeigt werden (1 EINTRAG).

▶ Die *Übersichtstabelle* ❻ zeigt eine Zeile pro Beitrag.

▶ Über ANSICHT ANPASSEN ❼ können Sie einzelne Spalten der Tabelle ein- bzw. ausblenden. Dort können Sie auch wählen, wie viele Beiträge pro Seite angezeigt werden sollen und ob Sie die Beitragsübersicht als LISTENANSICHT (Standard) oder als KURZFASSUNG mit einem Textauszug sehen möchten.

Außerdem gibt es ober- und unterhalb der Tabelle noch das Dropdown-Menü AKTION WÄHLEN ❽ zum Bearbeiten oder Löschen mehrerer Beiträge auf einen Schlag.

5.4.2   »Beitrag bearbeiten«: Einen vorhandenen Beitrag verändern

Um den Beitrag *Hallo Welt!* zu bearbeiten, klicken Sie in der Übersichtstabelle einfach auf den Namen des Beitrags. WordPress öffnet den Beitrag zur Bearbeitung im Editor (Abbildung 5.14).

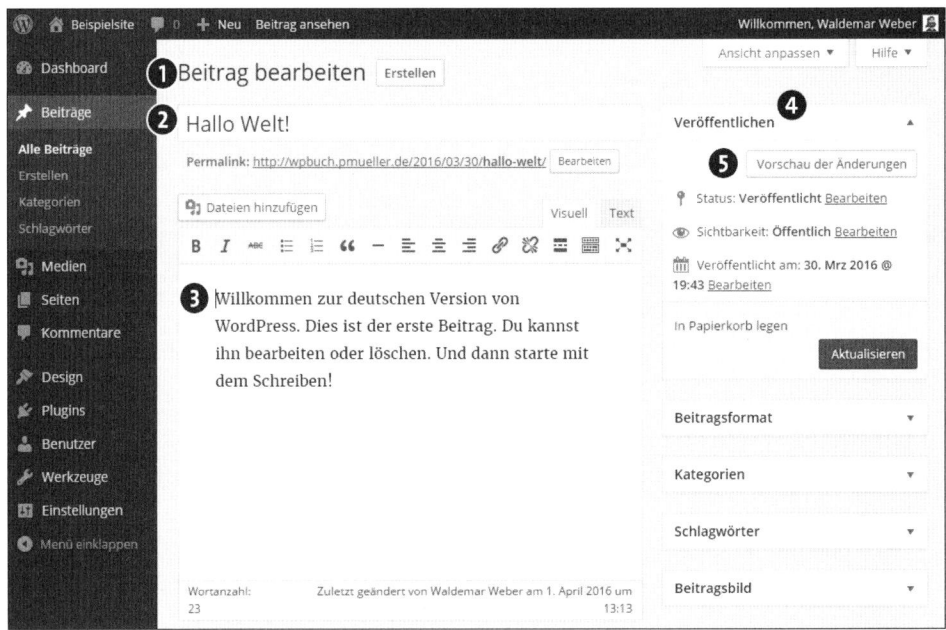

Abbildung 5.14 Einen vorhandenen Beitrag bearbeiten

Ganz oben sehen Sie, dass Sie sich gerade im Bereich BEITRAG BEARBEITEN befinden ❶. Der Link ERSTELLEN rechts daneben ist eine der zahlreichen Möglichkeiten, einen neuen Beitrag zu erstellen. Im Moment können Sie ihn einfach ignorieren, da Sie in diesem Abschnitt erst einmal den bereits vorhandenen Beitrag ändern.

Das Wichtigste auf dieser Seite ist der Beitrag selbst, der aus einem Titel ❷ und einem Textfeld ❸ besteht. Die Symbolleiste zur Formatierung funktioniert ähnlich wie in Word, und Sie lernen sie in Abschnitt 6.2, »Der visuelle Editor von WordPress im Überblick«, näher kennen.

Die weißen Bereiche rechts neben dem Editor, wie z. B. VERÖFFENTLICHEN ❹, können Sie wie im Dashboard mit einem Klick auf das Dreieck rechts oben ein- und ausklappen, mit der Maus verschieben oder über ANSICHT ANPASSEN auch ganz ausblenden.

Eine Vorschau der Änderungen erhalten Sie mit Klick auf die Schaltfläche VORSCHAU DER ÄNDERUNGEN ❺ im Bereich VERÖFFENTLICHEN, die den Beitrag in einem neuen Browser-Tab im Frontend zeigt.

Im folgenden ToDo ändern Sie Titel, Permalink und Text des vorhandenen Beitrags und speichern die Änderungen in der Datenbank. Falls Ihnen gerade nichts einfällt, worüber Sie schreiben könnten, bauen Sie einfach das Beispiel aus Abbildung 5.15 nach.

ToDo: Einen vorhandenen Beitrag bearbeiten

1. Öffnen Sie den Beitrag *Hallo Welt!* im Editor.
2. Ändern Sie zunächst den Titel. In Abbildung 5.15 lautet er »Beiträge bearbeiten«.
3. Ändern Sie den bereits vorhandenen Permalink mit einem Klick auf die Schaltfläche BEARBEITEN rechts neben dem Link.
4. Setzen Sie den Cursor in das Textfeld, und löschen Sie den vorhandenen Text.
5. Geben Sie im Editorfenster einen neuen Text ein, entweder etwas Eigenes oder die Absätze aus Abbildung 5.15.
6. Klicken Sie rechts im Bereich VERÖFFENTLICHEN auf die Schaltfläche VORSCHAU DER ÄNDERUNGEN, um den Beitrag in einem Tab zu betrachten.
7. Wenn der Beitrag fertig ist, klicken Sie auf die Schaltfläche zum AKTUALISIEREN des Beitrags.

Erst ein Klick auf AKTUALISIEREN speichert den aktuellen Stand des Beitrags in der Datenbank von WordPress. Daraufhin erscheint oberhalb des Titels die Meldung BEITRAG AKTUALISIERT.

Ein Klick auf den Link BEITRAG ANSEHEN neben der Meldung oder in der Werkzeugleiste zeigt den Beitrag im Frontend, den Sie hier so sehen, wie Ihre Besucher ihn auch sehen würden (Abbildung 5.15). Ein Klick auf den Link BEITRAG BEARBEITEN in der Admin-Leiste bringt Sie wieder zurück in den Editor, wo Sie den Text weiterbearbeiten können.

Beispielsite
Der Einstieg in WordPress

Beiträge bearbeiten

Suche ...

Waldemar Weber

30. März 2016

bearbeiten

Um einen WordPress-Beitrag zu bearbeiten, klickt man in der Menüleiste auf den Befehl „Beiträge" und dann auf den Titel des gewünschten Beitrags.

Der Editor von WordPress ist sehr übersichtlich und funktioniert auf den ersten Blick wie eine Textverarbeitung.

Nach der Bearbeitung klickt man rechts auf die Schaltfläche „Aktualisieren" und kontrolliert den Beitrag im Frontend.

LETZTE BEITRÄGE

- Beiträge erstellen
- Beiträge bearbeiten

LETZTE KOMMENTARE

- Mr WordPress bei Beiträge bearbeiten

Abbildung 5.15 Der bearbeitete Beitrag im Frontend

Die anderen Bereiche wie »Kategorien« lernen Sie später kennen
Auf der Seite BEITRAG BEARBEITEN (Abbildung 5.14) gibt es rechts neben dem Editor noch die Bereiche BEITRAGSFORMAT, KATEGORIEN, SCHLAGWÖRTER oder BEITRAGSBILD, die Sie in Kapitel 6, »Texte schreiben in WordPress«, und Kapitel 7, »Die Mediathek: Bilder und Galerien«, der Reihe nach kennenlernen.

5.5   Einen neuen Beitrag erstellen

Es gibt viele Wege, einen neuen Beitrag zu erstellen. Fast immer sichtbar sind im Backend der Befehl + NEU oben in der Werkzeugleiste und das Menü BEITRÄGE • ERSTELLEN links in der Menüleiste. Welchen Weg Sie wählen, spielt keine Rolle, denn Sie kommen immer auf derselben Seite an.

Abbildung 5.16 zeigt die Seite NEUEN BEITRAG ERSTELLEN ❶ mit einem neuen Beitrag, bei dem Titel ❷ und Text ❸ bereits eingegeben wurden.

Im Bereich Veröffentlichen ❹ haben Sie verschiedene Optionen:

▶ Ein Klick auf Speichern speichert den Beitrag als Entwurf, veröffentlicht ihn aber nicht. Das ist ideal, wenn Sie den Beitrag später fertigstellen möchten.

▶ Die Schaltfläche Vorschau zeigt den aktuellen Stand des Beitrags in einem neuen Tab. Dazu müssen Sie den Beitrag nicht vorher gespeichert haben.

▶ Der Link In Papierkorb legen löscht den Beitrag.

▶ Die farblich hervorgehobene Schaltfläche Veröffentlichen veröffentlicht den Beitrag im Frontend.

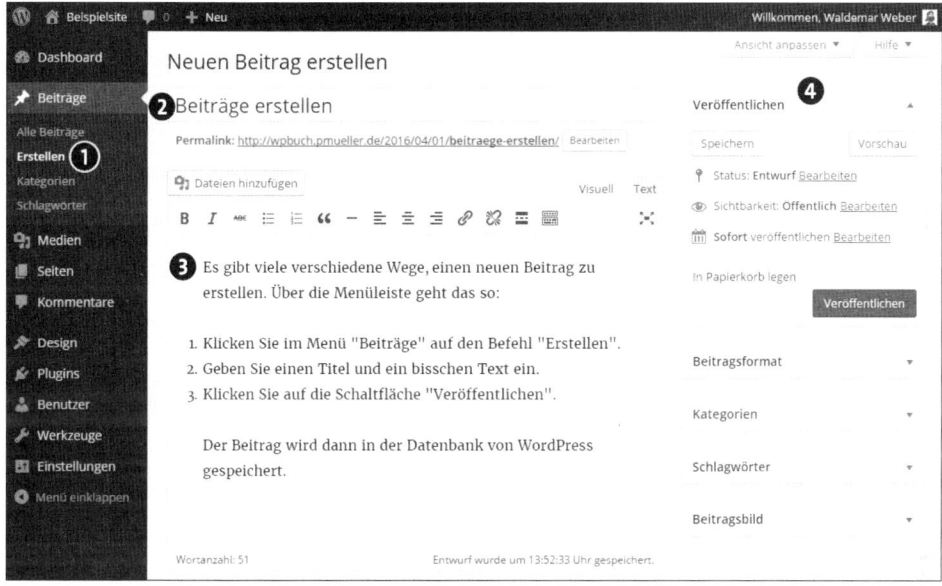

Abbildung 5.16 Einen neuen Beitrag erstellen

Im folgenden ToDo erstellen Sie einen neuen Beitrag. Falls Ihnen gerade nichts einfällt, worüber Sie schreiben könnten, bauen Sie das Beispiel aus Abbildung 5.16 nach.

ToDo: Einen neuen Beitrag erstellen

1. Erstellen Sie einen neuen Beitrag: Beiträge • Erstellen ❶.
2. Geben Sie einen Titel ein ❷. In Abbildung 5.16 lautet er »Beiträge erstellen«.
3. Klicken Sie mit der Maus in das Textfeld, und geben Sie einen Text ein ❸. Falls Sie den Text aus Abbildung 5.16 nachbauen, benutzen Sie zur Erstellung der Nummerierung das entsprechende Symbol in der Formatierungsleiste über dem Textfeld.

> 4. Ein Klick auf Vorschau öffnet den Beitrag in einem Tab.
> 5. Wenn Sie fertig sind, klicken Sie rechts auf die blau unterlegte Schaltfläche zum Veröffentlichen.

Wenn ein Beitrag veröffentlicht wurde, ändert die Schaltfläche Veröffentlichen ihre Beschriftung in Aktualisieren, und oben unterhalb der Werkzeugleiste erscheint die Meldung Beitrag veröffentlicht.

Ein Klick auf den Link Beitrag ansehen neben der Meldung oder in der Werkzeugleiste zeigt den Beitrag im Frontend. Mit dem Link Beitrag bearbeiten oben in der Werkzeugleiste kommen Sie wieder zurück in den Editor.

5.6   Beiträge im Frontend: Übersicht und Einzelansicht

Beiträge werden im Frontend auf zwei verschiedene Arten ausgegeben. Auf der Beitragsseite stehen alle Beiträge in einer Übersicht untereinander. Für jeden Beitrag gibt es aber auch eine Einzelansicht mit einer eigenen URL.

5.6.1   Auf der Beitragsseite stehen die Beiträge untereinander

Stellen Sie zunächst sicher, dass Sie auf der Startseite sind, die in WordPress standardmäßig auch gleichzeitig die Beitragsseite ist. Ein Klick auf den Titel der Website ❶ links oben bringt Sie falls nötig dorthin. Abbildung 5.17 zeigt eine Übersicht der vorhandenen Beiträge im Frontend:

▶ Der neue Beitrag *Beiträge erstellen* wurde oben eingefügt ❷.

▶ Der ältere Beitrag *Beiträge bearbeiten* rutscht dadurch nach unten ❸.

Das ist die bereits mehrfach erwähnte »chronologisch umgekehrte Reihenfolge« der Beiträge. Wie auf einer endlosen Schriftrolle fließen die Beiträge von oben nach unten.

WordPress hat in der Sidebar übrigens die Bereiche Letzte Beiträge ❹ und Archive ❺ automatisch aktualisiert.

Um einen der beiden Beiträge zu bearbeiten, klicken Sie auf den Link bearbeiten ❻ bei den Metainformationen zu einem Beitrag. Diese Links erscheinen nur, wenn Sie im selben Browserfenster am Backend angemeldet sind. Ihre Besucher sehen diese Links also nicht.

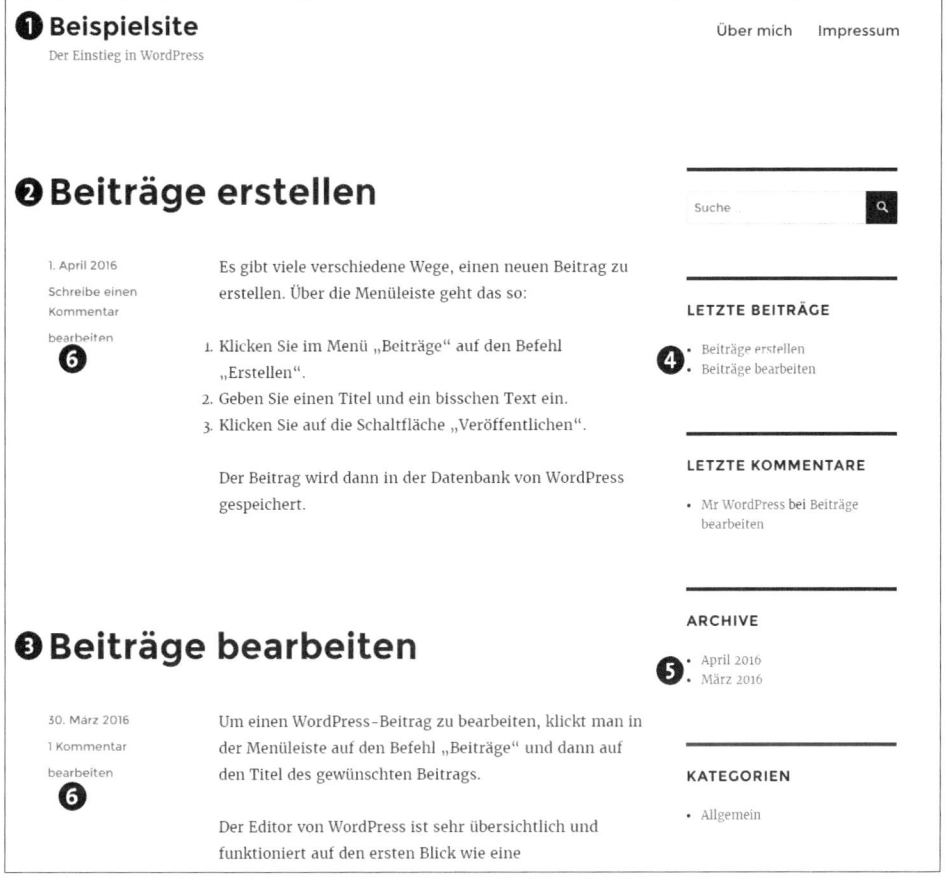

Abbildung 5.17 Die Startseite mit zwei Beiträgen, der neue steht oben.

5.6.2   Jeder Beitrag hat eine Einzelansicht mit eigenem Permalink

Neben der Beitragsübersicht auf der Startseite gibt es für jeden Beitrag auch eine Einzelansicht. Klicken Sie dazu in der Beitragsübersicht einfach auf den Titel des gewünschten Beitrags.

Abbildung 5.18 zeigt die obere Hälfte des Beitrags *Beiträge bearbeiten* in der Einzelansicht:

▸ Oben sehen Sie den Beitrag ❶ mit dem Autorenkasten.

▸ Darunter stehen eventuelle Kommentare ❷, die im Theme *Twenty Sixteen Gedanken* genannt werden.

Abbildung 5.18 Ein Beitrag in der Einzelansicht (Teil 1/2)

In Abbildung 5.19 sehen Sie die untere Hälfte des Beitrags:

► Unterhalb der Kommentare finden Sie ein Formular zur Eingabe eines neuen Kommentars ❸.

► Ganz unten befindet sich eine Navigation mit einem Link zum nächsten bzw. vorherigen Beitrag ❹, sofern welche vorhanden sind.

In der Einzelansicht hat jeder Beitrag einen Permalink

In der Einzelansicht hat ein Beitrag einen *Permalink*, einen *permanenten Link*, mit dem der Beitrag auf anderen Webseiten oder in Social-Media-Postings verlinkt werden kann. Ein Besucher, der über einen solchen Link kommt, sieht den Beitrag direkt in der Einzelansicht.

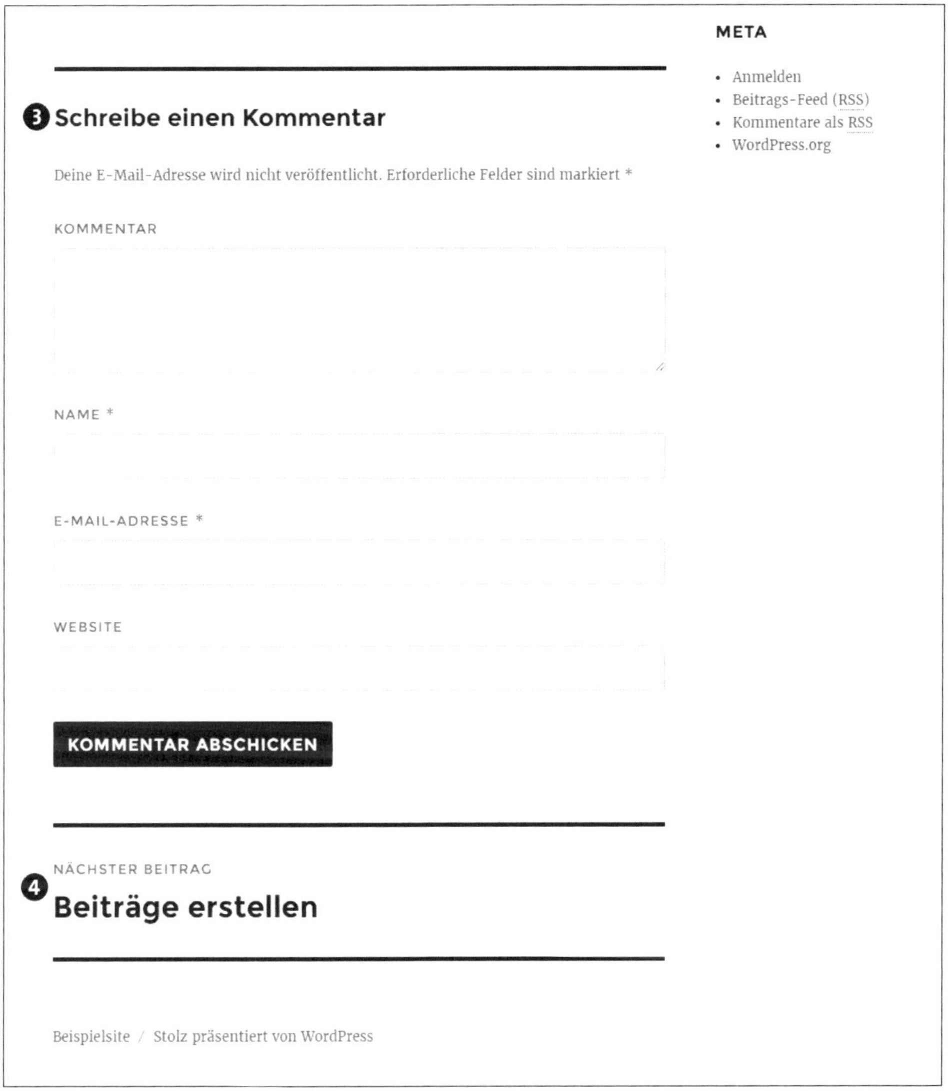

META

- Anmelden
- Beitrags-Feed (RSS)
- Kommentare als RSS
- WordPress.org

❸ Schreibe einen Kommentar

Deine E-Mail-Adresse wird nicht veröffentlicht. Erforderliche Felder sind markiert *

KOMMENTAR

NAME *

E-MAIL-ADRESSE *

WEBSITE

KOMMENTAR ABSCHICKEN

NÄCHSTER BEITRAG
❹ Beiträge erstellen

Beispielsite / Stolz präsentiert von WordPress

Abbildung 5.19 Ein Beitrag in der Einzelansicht (Teil 2/2)

5.7 Eine Website mit Startseite und News erstellen

Wenn Sie die Beiträge nicht auf der Startseite Ihrer Website ausgeben möchten, zeige ich Ihnen in diesem Abschnitt, wie Sie eine statische *Startseite* ohne Beiträge erstellen und die Beiträge stattdessen auf einer neuen Seite namens *News* ausgeben.

Im Menü EINSTELLUNGEN • LESEN ❶ finden Sie ganz oben die Option STARTSEITE ZEIGT, mit der Sie festlegen können, ob die Startseite DEINE LETZTEN BEITRÄGE oder EINE STATISCHE SEITE anzeigt ❷ (Abbildung 5.20).

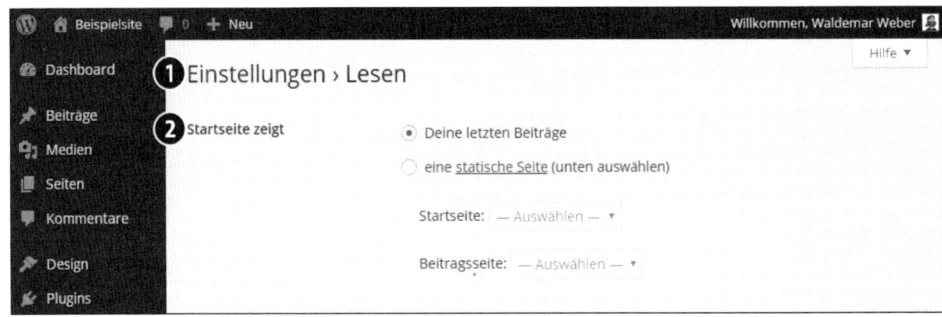

Abbildung 5.20 Die Option »Startseite zeigt ... Deine letzten Beiträge«

Die Standardeinstellung von WordPress ist DEINE LETZTEN BEITRÄGE, sodass die neuesten Beiträge auf der Startseite gezeigt werden. Wenn die Beiträge auf Ihrer Website die Hauptrolle spielen, ist das keine schlechte Einstellung, und in diesem Fall können Sie alles so lassen, wie es ist.

Die zweite Option von STARTSEITE ZEIGT, EINE STATISCHE SEITE (UNTEN AUSWÄHLEN), ist ideal, falls Sie Ihren Besuchern auf der Startseite lieber eine statische Seite ohne Beiträge zeigen möchten, oder wenn Sie überhaupt keine Beiträge, sondern *nur* statische Seiten verwenden wollen.

Zuvor müssen Sie erst einmal zwei neue Seiten erstellen, die Sie dann hier in EINSTELLUNGEN • LESEN entsprechend zuweisen. Im Folgenden zeige ich Ihnen Schritt für Schritt, wie das geht.

Neue statische Seiten erscheinen automatisch im Widget »Seiten«

Das Widget *Seiten*, das Sie in Abschnitt 5.3.2, »Navigation: Widget mit Links zu Seiten in der Sidebar einfügen«, in der Seitenleiste eingebaut haben, zeigt die beiden neuen Seiten, die Sie in diesem Abschnitt erstellen, automatisch an, sobald sie im Backend veröffentlicht werden.

5.7.1   Schritt 1: Startseite – eine neue Startseite erstellen

Im ersten Schritt erstellen Sie zunächst einmal eine neue Startseite. Abbildung 5.21 zeigt die Einstellungen im Überblick.

Abbildung 5.21 Die neue Startseite im Editor

Im folgenden ToDo erstellen Sie eine neue Startseite.

ToDo: Eine neue Startseite erstellen

1. Erstellen Sie eine neue Seite, die Sie z. B. »Startseite (statisch)« nennen.

2. Als Titel geben Sie z. B. einfach »Startseite« ein. Sie können gerne einen anderen Titel wählen. Stellen Sie sich dabei einfach vor, dass er dick und fett ganz oben auf der Startseite erscheinen wird.

3. Füllen Sie diese Seite mit den gewünschten Inhalten, und veröffentlichen Sie sie. Die Inhalte sind momentan nicht wichtig, da die Seite erst einmal nur als Platzhalter dient.

4. Wenn alles fertig ist, klicken Sie auf Veröffentlichen.

5.7.2   Schritt 2: News – eine neue Beitragsseite erstellen

Im zweiten Schritt erstellen Sie eine neue Beitragsseite. Abbildung 5.22 zeigt die Einstellungen auf einen Blick.

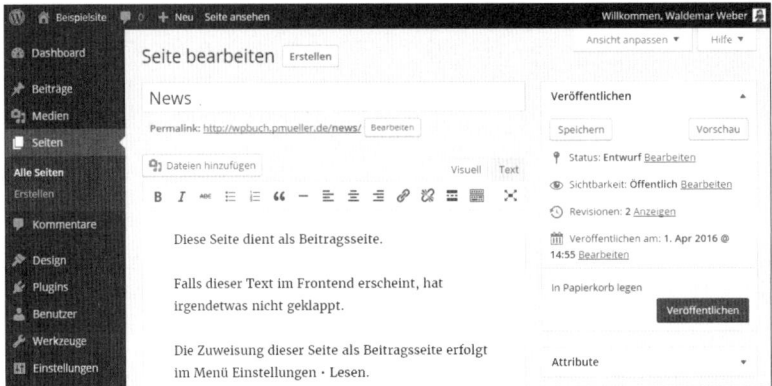

Abbildung 5.22 Die neue Beitragsseite im Editor

Im folgenden ToDo erstellen Sie die Seite zur Darstellung der Beiträge.

ToDo: Eine neue Beitragsseite erstellen

1. Erstellen Sie eine neue Seite namens *News*.
2. Geben Sie als Titel der Seite einfach »News« ein. Gängige Alternativen wären z. B. *Blog*, *Aktuelles* oder *Neues*.
3. Im Textbereich können Sie sich einfach eine Notiz machen, dass diese Seite als Beitragsseite dient. Diese Notiz wird im Frontend nicht angezeigt, da diese Seite später als Beitragsseite dient und nur die Beitragsübersicht zeigt.
4. Klicken Sie auf die Schaltfläche VERÖFFENTLICHEN.

Abbildung 5.23 zeigt die Startseite im Frontend.

Abbildung 5.23 Die (statische) Startseite im Frontend

5.7.3   Schritt 3: Startseite und Beitragsseite in den Einstellungen zuweisen

Nach der Erstellung der beiden Seiten können Sie sie jetzt in den EINSTELLUNGEN den entsprechenden Optionen zuweisen. Abbildung 5.24 zeigt diese Einstellungen in der Übersicht.

Abbildung 5.24 Die Option »Startseite zeigt ... Eine statische Seite«

Im folgenden ToDo setzen Sie diese Einstellungen um.

ToDo: Start- und Beitragsseite in »Einstellungen • Lesen« zuweisen

1. Öffnen Sie das Menü EINSTELLUNGEN • LESEN.
2. Aktivieren Sie im Bereich STARTSEITE ZEIGT die Option EINE STATISCHE SEITE (UNTEN AUSWÄHLEN).
3. Wählen Sie als STARTSEITE die Seite *Startseite*.
4. Wählen Sie als BEITRAGSSEITE die Seite *News*.
5. Bestätigen Sie die Änderungen mit einem Klick auf ÄNDERUNGEN ÜBERNEHMEN.

Wenn alle Optionen richtig eingestellt sind, haben sich im Frontend jetzt drei Dinge geändert:

▶ Die frisch erstellte *Startseite* ist jetzt die Startseite der Website. Ein Klick auf den Titel der Website oder auf den Link STARTSEITE in der Sidebar bringt den Besucher zurück zur Startseite.

▶ Auf der Seite *News* werden die Beiträge dargestellt und nicht der im Editor eingegebene Text.

▶ Das Widget *Seiten* in der Seitenleiste zeigt jetzt vier Seiten an: IMPRESSUM, NEWS, STARTSEITE und ÜBER MICH.

Abbildung 5.25 zeigt die Seite *News* mit den beiden Beiträgen.

Beispielsite   🖌 Anpassen   💬 0   ➕ Neu   ✏ Seite bearbeiten   Willkommen, Waldemar Weber 🖼 🔍

Beispielsite
Der Einstieg in WordPress

Beiträge erstellen

Suche ...   🔍

1. April 2016

Schreibe einen
Kommentar

bearbeiten

Es gibt viele verschiedene Wege, einen neuen Beitrag
zu erstellen. Über die Menüleiste geht das so:

1. Klicken Sie im Menü „Beiträge" auf den Befehl
   „Erstellen".
2. Geben Sie einen Titel und ein bisschen Text ein.
3. Klicken Sie auf die Schaltfläche „Veröffentlichen".

Der Beitrag wird dann in der Datenbank von WordPress
gespeichert.

LETZTE BEITRÄGE

- Beiträge erstellen
- Beiträge bearbeiten

LETZTE KOMMENTARE

- Mr WordPress bei Beiträge
  bearbeiten

ARCHIVE

- April 2016
- März 2016

Beiträge bearbeiten

30. März 2016

1 Kommentar

bearbeiten

Um einen WordPress-Beitrag zu bearbeiten, klickt man
in der Menüleiste auf den Befehl „Beiträge" und dann
auf den Titel des gewünschten Beitrags.

Der Editor von WordPress ist sehr übersichtlich und
funktioniert auf den ersten Blick wie eine
Textverarbeitung.

Nach der Bearbeitung klickt man rechts auf die
Schaltfläche „Aktualisieren" und kontrolliert den
Beitrag im Frontend.

KATEGORIEN

- Allgemein

SEITEN

- Impressum
- News
- Startseite
- Über mich

Abbildung 5.25 Die Seite »News« mit Beiträgen und Seitenleiste

---

In Abschnitt 11.5 erstellen Sie eine echte Navigation für die Website

Es gibt auf der Website inzwischen vier Seiten und zwei Beiträge, und sie ist auf dem
besten Wege, eine richtige Website zu werden. Mit Hilfe des Widgets *Seiten* gelangt
man von einer auf eine andere Seite, aber was momentan fehlt, ist eine echte Navigation, die z. B. rechts oben auf jeder Seite erscheint. Eine solche Navigation erstellen Sie
in Abschnitt 11.5, »Menüs – eine Navigation für die Website erstellen«.

5.8   Know-how: Verschiedene Seitentypen in WordPress

Bis jetzt war oft von Beiträgen und Seiten die Rede, womit fast immer statische Seiten gemeint waren. Aber der Begriff *Seite* kann in WordPress durchaus zu Missverständnissen führen, denn genau genommen gibt es fünf verschiedene Arten von Seiten, die ich Ihnen im Folgenden kurz vorstellen möchte:

▶ Die **Startseite** kann zwei verschiedene Funktionen haben. Sie ist entweder eine *Beitragsseite*, die die aktuellsten Beiträge zeigt, oder eine *statische Seite*, die der Begrüßung und Orientierung der Besucher dient.

▶ Die **Beitragsseite** zeigt standardmäßig die aktuellsten Beiträge. Jeder Beitrag hat einen *Autor*, ein *Datum*, mindestens eine *Kategorie* und optional *Schlagwörter*. In WordPress gibt es nur eine Beitragsseite, die manchmal auch *Blog Main Page* genannt wird.

▶ **Einzelseiten** zeigen genau einen Beitrag mit dazugehörigen Kommentaren. Sie werden automatisch generiert und haben einen Permalink.

▶ **Archivseiten** lernen Sie in Kapitel 6, »Texte schreiben in WordPress«, kennen. Sie zeigen eine Auswahl von Beiträgen, wobei es mindestens vier mögliche Filter gibt: *Autor*, *Datum*, *Kategorie* und *Schlagwort*. In einigen Themes können Sie auch nach *Beitragsformaten* filtern. Archivseiten werden automatisch erstellt und haben kein Menü im Backend.

▶ **Statische Seiten** werden im Menü SEITEN erstellt und verwaltet. WordPress kann beliebig viele statische Seiten verwalten, und statische Seiten können auch Unterseiten haben. Wenn Sie WordPress als CMS benutzen, arbeiten Sie in erster Linie mit statischen Seiten.

Nur statische Seiten haben im Backend ein eigenes Menü. Die anderen Seitentypen werden automatisch erstellt und haben kein eigenes Menü.

Tabelle 5.1 zeigt die verschiedenen Seitentypen und ihre wichtigsten Merkmale im Überblick.

Seite	Funktion	Erstellung	Anzahl
Startseite	Beitragsseite oder statische Seite	automatisch	1
Beitragsseite	Zeigt aktuelle Beiträge (oder Teaser); Anzahl in EINSTELLUNGEN • LESEN	automatisch	1
Einzelseite	Zeigt einzelnen Beitrag und Kommentare.	automatisch	beliebig

Tabelle 5.1 Die verschiedenen Arten von Seiten im Überblick

Seite	Funktion	Erstellung	Anzahl
Archivseite	Filtert Beiträge nach: ▶ Kategorie ▶ Autor ▶ Datum ▶ Schlagwort ▶ Formatvorlage (Typ)	automatisch	5
statische Seite	beliebige Inhalte; Unterseiten möglich	Menü SEITEN	beliebig

Tabelle 5.1 Die verschiedenen Arten von Seiten im Überblick (Forts.)

5.9   Auf einen Blick

Die wichtigsten Themen noch einmal im Überblick:

▶ WordPress speichert Inhalte als Beitrag (*post*) oder statische Seite:
  – Beiträge stehen untereinander und können gefiltert werden.
  – Statische Seiten enthalten statische Inhalte wie das Impressum.
▶ Statische Seiten werden im Menü SEITEN verwaltet, in dem Seiten neu erstellt oder bearbeitet werden können.
▶ Mit der Funktion QUICKEDIT können Sie unter anderem die Permalinks ändern und den Kommentarbereich deaktivieren.
▶ Fast alle Websites benötigen Impressum und Datenschutzerklärung:
  – *impressum-generator.de* hilft beim Erstellen des Impressums.
  – *datenschutz-generator.de* hilft bei der Datenschutzerklärung.
▶ Inhalte auf Beiträgen und Seiten werden in einem komfortablen visuellen Editor bearbeitet.
▶ Im Menü DESIGN • MENÜS können Sie Menüs erstellen.
▶ Die Seite, auf der alle Beiträge untereinanderstehen, heißt *Beitragsseite*.
▶ In der Einzelansicht sieht man nur einen einzigen Beitrag.
  – Der Permalink für einen Beitrag zeigt ihn in der Einzelansicht.
  – Die Einzelansicht enthält für Beiträge meist einen Kommentarbereich.
▶ Die Startseite kann die letzten Beiträge oder eine statische Seite anzeigen. Geändert wird das im Menü EINSTELLUNGEN • LESEN.

Kapitel 6
Texte schreiben in WordPress

Worin Sie einen detaillierten Blick auf das Schreiben von Texten im visuellen Editor werfen. Außerdem lernen Sie Kategorien, Schlagwörter und Beitragsformate kennen.

Die Themen im Überblick:

In diesem Kapitel schreiben Sie Texte und lernen dabei den visuellen Editor von Word-Press kennen. Außerdem werden die Geheimnisse von Kategorien, Schlagwörtern und Beitragsformaten gelüftet. Die Arbeit mit der Mediathek und das Einfügen von Grafiken, Bildergalerien und Multimedia folgen dann in den nächsten beiden Kapiteln.

Der visuelle Editor funktioniert für Seiten fast genauso wie für Beiträge

In den folgenden Abschnitten lernen Sie den visuellen Editor von WordPress kennen und erstellen dabei einige Beiträge. Die in Abschnitt 6.2 bis Abschnitt 6.5 gezeigte Arbeit mit dem visuellen Editor von WordPress funktioniert auf Seiten fast genauso. Die von Abschnitt 6.6 bis Abschnitt 6.8 beschriebenen *Kategorien*, *Schlagwörter* und *Beitragsformate* hingegen gibt es nur in Beiträgen.

6.1   Schreiben im Web für Menschen

Für das Schreiben von Texten im Web gelten einige besondere Regeln, und das hat zwei Gründe:

▶ Webseiten werden meist am Bildschirm gelesen, und Lesen am Bildschirm ist Schwerstarbeit für die Augen.

▶ Texte im Web werden nicht nur von Menschen gelesen, sondern auch von Maschinen, insbesondere Suchmaschinen.

Im folgenden Abschnitt geht es zunächst um die Menschen, die Maschinen kommen dann später in Kapitel 17, »SEO – die Optimierung für Suchmaschinen«, aber vorweg schon mal der Hinweis: Wer seine Texte so schreibt, dass Menschen sie gerne lesen, bedient die Suchmaschinen meist auch gleich mit. Oder anders ausgedrückt: Was gut ist für Ihre Besucher, ist meistens auch gut für die Suchmaschinen.

6.1.1   Wie Menschen Texte lesen

Wahrscheinlich glauben Sie, dass Sie beim Lesen einen Buchstaben nach dem anderen aufnehmen und die Wörter nur Sinn ergeben, weil die Buchstaben in den Wörtern in einer bestimmten Reihenfolge stehen.

Dann schauen Sie sich doch bitte einmal folgenden Absatz genauer an:

> *Shocn wdeier enei Rcehtschrbierofrem? Nien, aebr enei Sutide eienr elgnihcesn Uvinisterät zgiet, dsas es nchit witihcg ist, in wlecehr Rneflogheie die Bstachuebn in eneim Wrot seethn. Hptacsauhe, der estre und der leztte Bstabchue snid ritihcg. Der Rset knan ttoaelr Bsinöldn sein.*

Haben Sie den Text verstanden? Besser als erwartet, oder?

Das Geheimnis ist, dass die Augen beim Lesen nicht einen Buchstaben nach dem anderen aufnehmen, sondern über mehrere Buchstaben hinweg zum nächsten Wort, einem Komma oder einer anderen besonderen Stelle im Text springen. Wenn wir etwas falsch gelesen oder nicht verstanden haben, geht es zurück, um die Stelle genauer zu untersuchen.

Natürlich funktioniert das nur in einer bekannten Sprache, und wenn der Text nicht zu viele unbekannte Wörter enthält, aber es ist doch erstaunlich, wie unser Hirn den Buchstaben trotz der falschen Reihenfolge einen Sinn abtrotzt. Die *elgnihcse Uvinisterät* war übrigens *Crmbadgie*.

6.1.2   Webseiten werden nicht gelesen, sondern überflogen

Wenn unsere Augen beim normalen Lesen auf Papierseiten schon durch den Text hoppeln wie ein Kaninchen über eine frisch gemähte Wiese, wie lesen wir dann eine Webseite am Bildschirm?

Jakob Nielsen hat diese Frage in seinem klassischen Artikel *How Users Read on the Web* bereits 1997 untersucht, und seine in Abbildung 6.1 gezeigte Antwort gilt nach wie vor: gar nicht.

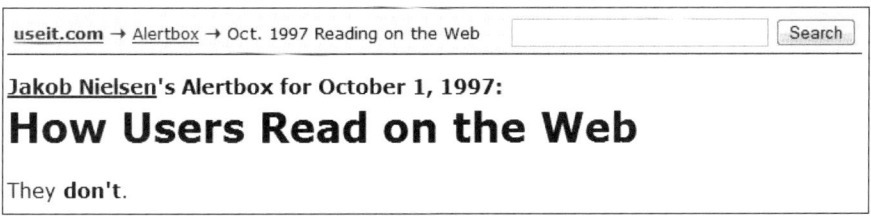

Abbildung 6.1 Wie Benutzer Webseiten lesen – gar nicht!

Natürlich werden Webseiten gelesen, aber nicht Wort für Wort. Nielsens Artikel auf der Seite *useit.com/alertbox/9710a.html* beginnt wie folgt:

> *»People rarely read Web pages word by word; instead, they scan the page, picking out individual words and sentences.«*
>
> *Menschen lesen Webseiten nur selten Wort für Wort; stattdessen überfliegen sie die Seite und bleiben nur an einzelnen Wörtern und Sätzen hängen.*

Webseiten werden also zunächst überflogen und erst wirklich gelesen, wenn etwas Interessantes gefunden wird. Das schon bei Texten auf Papier vorhandene Springen der Augen verstärkt sich, und die Sprünge werden größer.

Ein guter Webtext sollte also so geschrieben sein, dass er diese Sprünge unterstützt, und dabei helfen schon so einfache Maßnahmen wie kurze Absätze und Zwischenüberschriften, die ich Ihnen weiter unten in diesem Kapitel vorstelle.

6.2   Der visuelle Editor von WordPress im Überblick

Wenn Sie in WordPress einen neuen Beitrag erstellen, beginnen Sie mit dem in Abbildung 6.2 gezeigten leeren Eingabeformular.

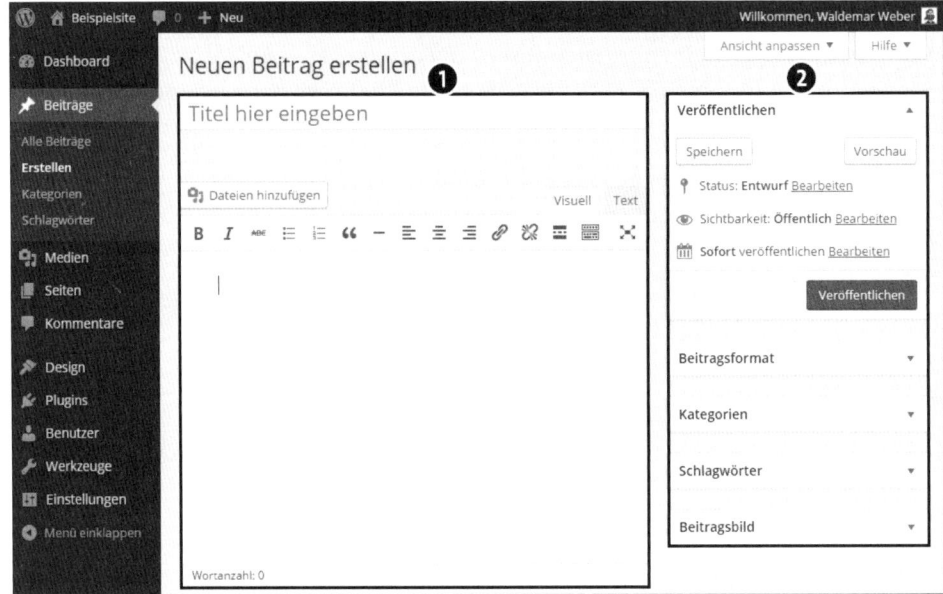

Abbildung 6.2 Die Seite »Neuen Beitrag erstellen« im Überblick

Die Backendseite zum Schreiben eines neuen Beitrags besteht aus zwei großen Bereichen: dem Editor ❶ in der Mitte des Fensters und dem Verwaltungsbereich mit diversen Optionen rechts daneben ❷. Im Folgenden lernen Sie zunächst den Editor kennen.

Im Texteditor sehen Sie den Quelltext

Der in diesem Abschnitt vorgestellte visuelle Editor funktioniert auf den ersten Blick ähnlich wie Word, aber er erzeugt im Hintergrund HTML, den Stoff, aus dem alle Webseiten sind. Im Alltag werden Sie normalerweise mit dem visuellen Editor arbeiten, aber manchmal ist es hilfreich, direkt im HTML-Quelltext zu arbeiten, und dazu gibt es im Editor den Tab TEXT. Wenn Sie neugierig sind, probieren Sie es ruhig einmal aus, aber erschrecken Sie nicht. In Kapitel 10, »HTML und der Editor von WordPress«, wird das näher erläutert.

6.2.1   Die Formatierungsleiste im visuellen Editor

Ein Werkzeug, das Sie beim Schreiben von Beiträgen und Seiten häufig benutzen werden, ist die Formatierungsleiste im visuellen Editor. Abbildung 6.3 zeigt diese Leiste im Überblick.

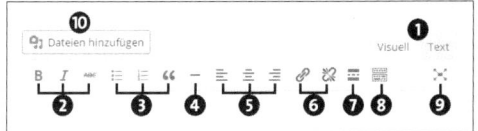

Abbildung 6.3 Die Formatierungsleiste im visuellen Editor

Mit den Tabs rechts oben ❶ können Sie zwischen den Modi VISUELL und TEXT hin- und herschalten. Wenn Sie auf der Formatierungsleiste mit der Maus kurz über einem Symbol verweilen, erscheint dessen Name in einem kleinen Pop-up-Fenster. Und hier die Symbole in der Kurzvorstellung, von links nach rechts:

▸ FETT (*bold*), KURSIV (*italic*) bzw. DURCHGESTRICHEN ❷ formatieren den im Editor-fenster ausgewählten Text. Das Format DURCHGESTRICHEN kann man z. B. beim Aktualisieren von Beiträgen oder Seiten einsetzen, wenn der alte Text nicht gelöscht werden soll: Der alte Text wird durchgestrichen und der neue danach eingefügt. So können Leser die Änderung nachvollziehen.

▸ Die Symbole AUFZÄHLUNG, NUMMERIERTE LISTE und ZITAT ❸ funktionieren wie in Word und gelten immer für einen Absatz.

▸ Die HORIZONTALE LINIE ❹ dient der Trennung von inhaltlichen Abschnitten im Text und sollte eher sparsam eingesetzt werden. Eine Zwischenüberschrift oder etwas Weißraum (z. B. ein leerer Absatz) erfüllen meist denselben Zweck.

▸ Die Symbole LINKS AUSRICHTEN, ZENTRIEREN und RECHTS AUSRICHTEN ❺ sind Absatzformate und verhalten sich wie in Word.

▸ Die Kettensymbole LINK EINFÜGEN/ÄNDERN und LINK ENTFERNEN ❻ dienen, nomen est omen, dem Einfügen bzw. Ändern und dem Entfernen von Hyperlinks (siehe Abschnitt 6.4).

▸ Ein Klick auf das Symbol WEITERLESEN-TAG EINFÜGEN ❼ fügt an der Cursorposition eine Zeile --- MORE --- ein. In der Beitragsübersicht im Frontend erscheint nur der Text oberhalb der MORE-Linie, gefolgt von einem Link zum *Weiterlesen* (siehe Abschnitt 6.3.4, »Übersichtlich: Teaser erstellen mit dem Weiterlesen-Tag«).

▸ Symbol Nummer ❽ heißt WERKZEUGLEISTE UMSCHALTEN und blendet ein zweite Symbolleiste ein bzw. aus. Diese wird im folgenden Abschnitt beschrieben.

▸ Ganz rechts finden Sie etwas abgesetzt von den anderen Symbolen noch den MODUS FÜR ABLENKUNGSFREIES SCHREIBEN ❾. Ein Klick darauf aktiviert diesen Modus. Sie sehen dann nur noch den Editor und können durch Verschieben des Mauszeigers die anderen Bereiche ein- und ausblenden. Probieren Sie es einfach aus. Manche mögen es, manche nicht.

▶ Die Schaltfläche DATEIEN HINZUFÜGEN ❿ links oberhalb der Formatierungsleiste dient dem Einfügen von Bildern und anderen Mediendateien und tritt in Kapitel 7, »Die Mediathek: Bilder und Galerien«, in Aktion.

6.2.2   Die erweiterte Formatierungsleiste im visuellen Editor

Mit dem Symbol UMSCHALTEN ❶ können Sie eine zweite Formatierungsleiste ein- und ausblenden, die ebenfalls einige nützliche Funktionen enthält. Abbildung 6.4 zeigt beide Formatierungsleisten im Überblick.

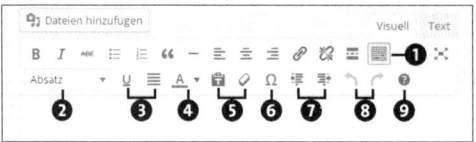

Abbildung 6.4 Die zweite Formatierungsleiste im visuellen Editor

Hier kommen die Optionen dieser zweiten Leiste in der Kurzvorstellung:

▶ Die Dropdown-Liste ganz links ❷ enthält diverse Einträge für Überschriften und Fließtextabsätze zur Verwendung im Editorfenster. ABSATZ, ÜBERSCHRIFT 2 und ÜBERSCHRIFT 3 sind die wichtigsten Kandidaten.

▶ Die Optionen UNTERSTREICHEN und BLOCKSATZ ❸ werden nicht sehr häufig benötigt. Unterstreichungen sind im Web für Hyperlinks reserviert, und Blocksatz wird selten eingesetzt, da es im Browser keine Silbentrennung gibt und bei geblockten Absätzen deshalb oft große Lücken zwischen den einzelnen Wörtern entstehen.

▶ TEXTFARBE ❹ ermöglicht es, dem markierten Text eine bestimmte Farbe zuzuweisen. Farbigen Text sollten Sie sparsam einsetzen und nur für Hervorhebungen nutzen.

▶ Die Optionen ALS TEXT EINFÜGEN und FORMATIERUNG LÖSCHEN ❺ helfen dabei, eine einheitliche Formatierung zu gewährleisten. Wenn ALS TEXT EINFÜGEN aktiviert ist, wird Text aus der Zwischenablage ohne jegliche Formatierung im Editor eingefügt. Diese Funktion ist Pflichtprogramm für alle, die auf Webseiten oder in Word kopierten Text im WordPress-Editor einfügen möchten. Formatiert wird der Text hier im Editor und nicht in Word, denn sonst ist der generierte HTML-Quelltext oft ein ziemliches Durcheinander. Mit einem Klick auf den Radiergummi FORMATIERUNG LÖSCHEN können Sie unerwünschte Formatierungen auch nachträglich entfernen.

▶ Das Omegasymbol bietet Zugriff auf diverse SONDERZEICHEN ❻.

▶ Mit den Symbolen für EINZUG VERRINGERN bzw. Einzug ERHÖHEN ❼ können Sie den Absatzeinzug nach rechts oder links verschieben.

▶ Die beiden Pfeile für WIDERRUFEN und WIEDERHOLEN ❽ entsprechen den aus vielen Programmen bekannten Funktionen *Bearbeiten – Rückgängig* bzw. *Wiederholen*.

Nach einem Klick auf das Fragezeichen ❾ sehen Sie in einer Kurzhilfe Tastaturkürzel für die Arbeit im Editor – für Tastaturfans auf jeden Fall einen Klick wert.

TinyMCE Advanced – den visuellen Editor erweitern

Der visuelle Editor von WordPress heißt mit vollem Namen TinyMCE, und in Abschnitt 19.1.2 lernen Sie das Plugin *TinyMCE Advanced* kennen, das den Editor erweitert und z. B. das Einfügen und Bearbeiten von Tabellen ermöglicht.

6.3   Texte schreiben im visuellen Editor

In diesem Abschnitt lernen Sie die Arbeit mit dem visuellen Editor kennen, indem Sie einen neuen, etwas längeren Beitrag erstellen. Sie können dazu gerne einen eigenen Text verwenden, aber falls Sie das Beispiel nachbauen möchten, finden Sie den Text dazu in den Beispieldateien oder auf der folgenden Website:

▶ *blindtextgenerator.de*

Um den Beispieltext zu kopieren, aktivieren Sie die Option HINTER DEN WORTBERGEN.

6.3.1   »Lorem Ipsum unterwegs« – Überschrift und Text

Abbildung 6.5 zeigt die Seite BEITRAG BEARBEITEN mit dem Titel *Lorem Ipsum unterwegs* ❶ und den ersten Absätzen des Beispieltextes *Hinter den Wortbergen* ❷. Einen solchen Beitrag erstellen Sie im folgenden ToDo.

Mit der Schaltfläche SPEICHERN ❸ können Sie den aktuellen Bearbeitungsstand als Entwurf zwischenspeichern, ohne den Beitrag zu veröffentlichen, ein Klick auf VORSCHAU ❹ öffnet den aktuellen Stand in einem neuen Tab im Frontend, wobei auch noch nicht gespeicherte Änderungen angezeigt werden. Die Schaltfläche VERÖFFENTLICHEN ❺ macht den Beitrag oder die Seite für Besucher der Website im Frontend sichtbar. Veröffentlichte Beiträge werden außerdem dem automatisch von WordPress generierten RSS-Feed hinzugefügt (siehe Abschnitt 5.1, »Beiträge und Seiten: So verwaltet WordPress Inhalte«).

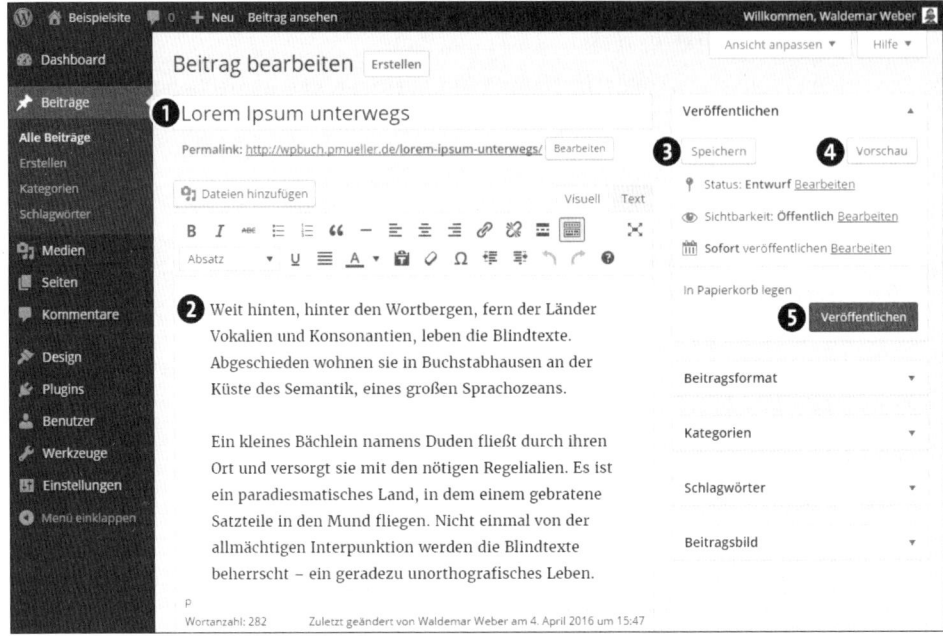

Abbildung 6.5 »Lorem Ipsum unterwegs« im Editor

Im folgenden ToDo erstellen Sie einen Beitrag mit dem Titel *Lorem Ipsum unterwegs* und dem Beispieltext *Hinter den Wortbergen*. Sie können wie gesagt auch gerne einen anderen Text verwenden, aber er sollte etwas länger sein, aus kurzen Absätzen bestehen und sich für Zwischenüberschriften eignen.

ToDo: Einen neuen Beitrag erstellen

1. Erstellen Sie einen neuen Beitrag.
2. Fügen Sie einen Titel ein, z. B. »Lorem Ipsum unterwegs«.
3. Geben Sie im Editorfenster einen längeren Blindtext ein (oder fügen Sie ihn aus der Zwischenablage ein).
4. Unterteilen Sie den Text in kurze Absätze (siehe Abbildung 6.6).
5. Prüfen Sie den Beitrag im Frontend über die Schaltfläche VORSCHAU in einem neuen Tab.
6. Wenn der Beitrag fertig ist, können Sie ihn VERÖFFENTLICHEN.

Abbildung 6.6 zeigt den Fließtext nach diesem ToDo im Theme *Twenty Sixteen*.

Abbildung 6.6 »Lorem Ipsum unterwegs« als Textwüste im Frontend

Kurze Absätze erhöhen bei Onlinetexten die Chance, dass der Text auch tatsächlich gelesen wird. Ein Absatz sollte nach Möglichkeit nicht länger als ein paar Zeilen sein.

Im Editor erzeugen Sie einen neuen Absatz genau wie in Word mit ⏎. Falls Sie innerhalb eines vorhandenen Absatzes eine neue Zeile beginnen möchten, drücken Sie ⇧ + ⏎.

Im Theme *Twenty Sixteen* sorgen Schriftgrad, Zeilenabstand und die Abstände zwischen den Absätzen bereits für eine gute Lesbarkeit, aber trotz der kurzen Absätze bilden die Buchstaben nicht viel mehr als eine große Textwüste. Da Grafiken als Blickfang erst im nächsten Kapitel dran sind, fügen im nächsten Abschnitt erst einmal Zwischenüberschriften ein, die den Text auflockern und seine Gliederung sichtbar machen.

6.3.2   Zwischenüberschriften lockern einen längeren Fließtext auf

Ab einer gewissen Textlänge empfiehlt es sich, den Fließtext in leicht verdauliche Blöcke aufzuteilen. Zwischenüberschriften machen den Text leichter scanbar und bieten dem Auge beim Überfliegen des Textes bildlich gesprochen Landeplätze an.

Überschriften sind idealerweise optisch auf den ersten Blick als solche erkennbar und sollten im Idealfall ...

► ... ohne den Kontext verständlich sein.

► ... erklären, wovon der nachfolgende Text handelt.

► ... in klarer Sprache geschrieben sein. Vorsicht mit witzigen Wortspielen.

Um eine Zwischenüberschrift einzufügen, erstellen Sie einen neuen Absatz, schreiben den gewünschten Text hin und weisen ihm dann aus der Dropdown-Liste auf der zweiten Formatierungsleiste ganz links die gewünschte Überschriftebene zu, meist ÜBER-SCHRIFT 2 oder ÜBERSCHRIFT 3.

Im folgenden ToDo fügen Sie in dem bestehenden Beitrag nachträglich zwei Zwischenüberschriften ein.

ToDo: Zwischenüberschriften einfügen

1. Öffnen Sie den weiter oben erstellten Beitrag. Falls Sie den Beispieltext verwendet haben, können Sie sich bei den Überschriften an Abbildung 6.7 orientieren.
2. Um eine Zwischenüberschrift einzufügen, erstellen Sie mit ⏎ einen leeren Absatz und schreiben den Text für die Überschrift in diesen Absatz, z. B. »In die weite Welt hinaus«.
3. Setzen Sie den Cursor in den leeren Absatz, und weisen Sie ihm die Formatvorlage ÜBERSCHRIFT 3 zu, die Sie in der zweiten Formatierungsleiste in der Dropdown-Liste ganz links finden.
4. Wiederholen Sie den Vorgang für die zweite Zwischenüberschrift »Unterwegs und gefangen«.
5. Prüfen Sie den Beitrag mit der Vorschau, und wenn er fertig ist, klicken Sie auf die Schaltfläche AKTUALISIEREN.

Abbildung 6.7 zeigt, dass ein Beitrag mit kurzen Absätzen und Zwischenüberschriften auch ohne Bilder bereits recht gut lesbar ist.

Abbildung 6.7 Der Beitrag mit Zwischenüberschriften

6.3.3   Einen Absatz als Zitat hervorheben

Um Fließtext ein bisschen aufzulockern, ist auch die optische Hervorhebung von Zitaten sehr beliebt. Wie genau das aussieht, ist abhängig vom verwendeten Theme, Abbildung 6.8 zeigt einen als Zitat gekennzeichneten Absatz in *Twenty Sixteen*.

Unterwegs und gefangen

Unterwegs traf es eine Copy. Die Copy warnte das Blindtextchen, da, wo sie herkäme, wäre sie zigmal umgeschrieben worden, und alles, was von ihrem Ursprung noch übrig wäre, sei das Wort „und", und das Blindtextchen solle umkehren und wieder in sein eigenes, sicheres Land zurückkehren.

> Text, der als Zitat hervorgehoben wird

Doch alles gute Zureden konnte es nicht überzeugen, und so dauerte es nicht lange, bis ihm ein paar heimtückische Werbetexter auflauerten, es mit Longe und Parole betrunken machten und es dann in ihre Agentur schleppten, wo sie es wieder und wieder in ihren Projekten einsetzten.

Und wenn es nicht geändert wurde, nutzen sie's noch heute.

Abbildung 6.8 Ein als Zitat gekennzeichneter Absatz

Um einen Absatz als Zitat zu kennzeichnen, genügen zwei Klicks:

1. Setzen Sie den Cursor in den entsprechenden Absatz ❶.
2. Klicken Sie in der Formatierungsleiste auf das Zitatsymbol ❷.

Abbildung 6.9 zeigt diesen Vorgang im Überblick.

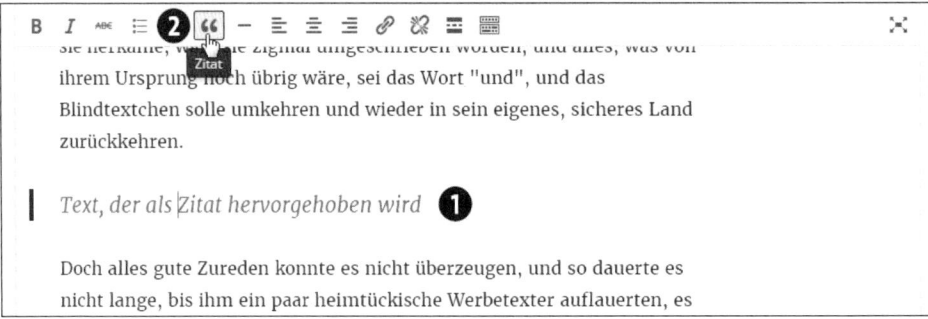

Abbildung 6.9 Einen Absatz im Editor als Zitat kennzeichnen

6.3.4   Übersichtlich: Teaser erstellen mit dem Weiterlesen-Tag

Auf der Beitragsseite wird der Beitrag *Lorem Ipsum unterwegs* momentan in seiner vollen Länge angezeigt. Ältere Beiträge rutschen dadurch nach unten, sind ohne Scrollen nicht mehr zu sehen und geraten frei nach dem Motto »Aus den Augen, aus dem Sinn« in Vergessenheit. Um auf der Beitragsseite für jeden Beitrag nur einen kurzen Anreißer (*Teaser*) zu zeigen, gibt es in WordPress das *Weiterlesen-Tag* ❶. Abbildung 6.10 zeigt, dass ein Klick auf das Symbol im Editor die Zeile --- MORE --- einfügt ❷.

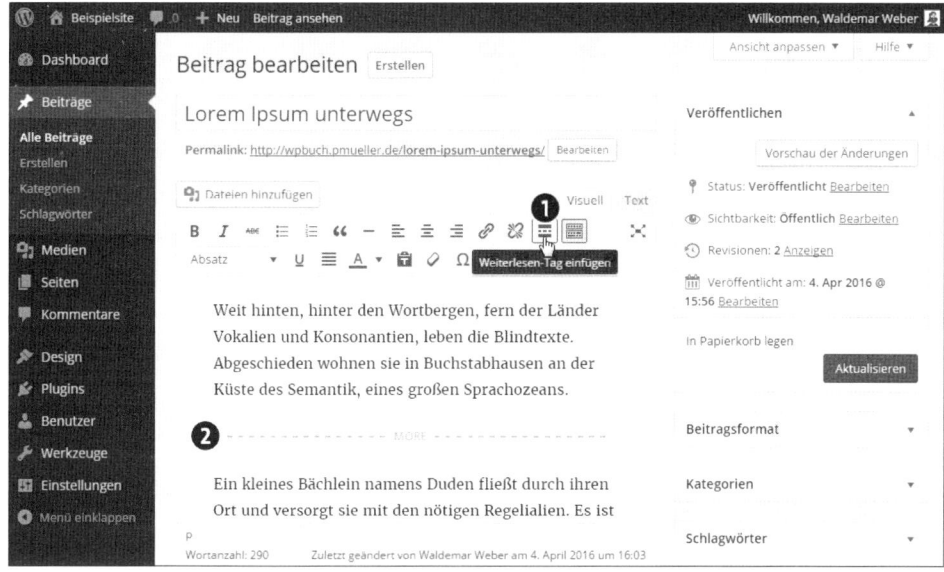

Abbildung 6.10 Die Funktion »Weiterlesen-Tag einfügen« im Editor

Das Weiterlesen-Tag bewirkt, dass auf der Beitragsseite nur der Titel, der Text oberhalb der More-Linie und ein WEITERLESEN-Link angezeigt werden (Abbildung 6.11). Dieser Link ruft die Einzelansicht des Beitrags auf und zeigt dort den gesamten Text inklusive Teaser.

Einige Themes ignorieren das Weiterlesen-Tag und produzieren automatisch einen Teaser mit fester Länge, aber bei *Twenty Sixteen* können Sie das Weiterlesen-Tag benutzen und selbst bestimmen, wie lang der Teaser sein soll.

Im folgenden ToDo fügen Sie in dem Beitrag *Lorem Ipsum unterwegs* nach dem ersten Absatz ein Weiterlesen-Tag ein.

ToDo: Mit dem Weiterlesen-Tag einen Teaser einfügen

1. Öffnen Sie den weiter oben erstellten Beitrag (*Lorem Ipsum unterwegs*) im Editor.
2. Fügen Sie nach dem ersten Absatz einen leeren Absatz ein, und lassen Sie den Cursor in diesem leeren Absatz stehen.

---

3. Klicken Sie in der oberen Formatierungsleiste auf das Symbol WEITERLESEN-TAG EIN-FÜGEN. Im Editor erscheint daraufhin an der Cursorposition eine gestrichelte Linie mit dem Wort MORE.

4. Klicken Sie im Bereich VERÖFFENTLICHEN auf die Schaltfläche AKTUALISIEREN.

5. Rufen Sie im Frontend die Beitragsseite auf. Dort sollten nur noch Titel und Teaser zu sehen sein.

6. Klicken Sie auf den Link WEITERLESEN, um den Beitrag in der Einzelansicht zu sehen.

Abbildung 6.11 zeigt, dass nach diesem ToDo in der Beitragsübersicht nur noch Titel und Teaser angezeigt werden. Ein Klick auf den Link WEITERLESEN zeigt die Einzelansicht des Beitrags mit dem gesamten Text und springt gleich zum noch nicht gelesenen Text, sodass der Teaser im Browserfenster nicht zu sehen ist.

Abbildung 6.11 Beitrag auf der Startseite mit Teaser und »weiterlesen«-Link

Einige Themes erstellen automatische Teaser

Einige Themes bieten bei der Konfiguration die Möglichkeit, automatische Kurzfassungen zu erzeugen. Meist bewirkt dies, dass nach dem ersten Absatz eines Beitrags automatisch ein Weiterlesen-Tag eingefügt wird. Das ist im Alltag zwar praktisch, aber wenn Sie das Theme wechseln möchten und das neue Theme diese Funktion nicht unterstützt, haben Sie plötzlich keine Teaser mehr.

6.3.5   Revisionen: Unfallhilfe beim Bearbeiten von Beiträgen

Sehr praktisch und manchmal fast »lebensrettend« sind im WordPress-Alltag die *Revisionen*. Revisionen sind ältere Versionen von Beiträgen, die beim Speichern oder Aktualisieren automatisch angelegt werden und die man bei Bedarf wiederherstellen kann. Wenn beim Schreiben eines Beitrags etwas schiefgelaufen ist, kann man so zu einer älteren Version des Textes zurückkehren. Bei Seiten gibt es leider keine Revisionen.

Bei Beiträgen finden Sie die Revisionen rechts neben dem Editor im Bereich VERÖFFENTLICHUNG (siehe Abbildung 6.10). Ein Klick auf den Link ANZEIGEN ruft die Seite VERGLEICHE ÜBERARBEITUNGEN VON ... auf (Abbildung 6.12).

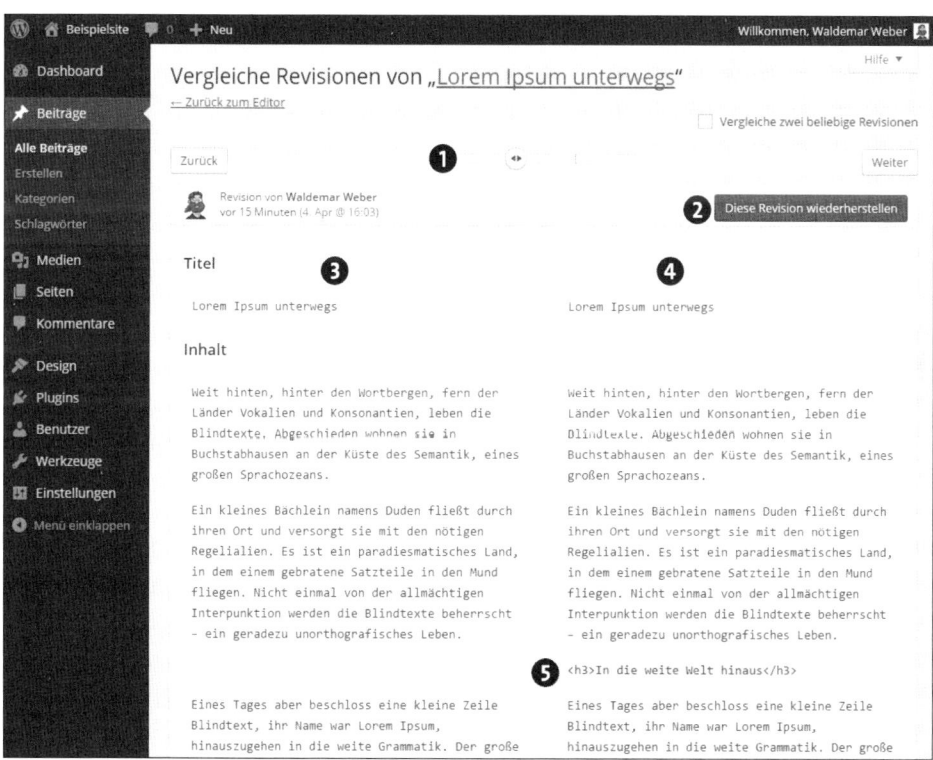

Abbildung 6.12 Revisionen – ältere Versionen wiederherstellen

Auf dieser Seite können Sie verschiedene Zustände des Textes betrachten, vergleichen und wiederherstellen:

▸ Um zwischen den Revisionen zu navigieren, verschieben Sie den Schieberegler ❶ nach links oder rechts oder benutzen die Schaltflächen WEITER oder ZURÜCK rechts bzw. links davon. Die Länge des Schiebereglers hängt von der Anzahl der gespeicherten Revisionen ab.

▸ Darunter sehen Sie nebeneinander zwei Textversionen, die chronologisch aufeinanderfolgen: Links die ältere ❸ und rechts die neuere ❹. Gelöschter Text wird rot hinterlegt, hinzugefügter Text grün ❺.

▸ Mit der Option VERGLEICHE ZWEI BELIEBIGE REVISIONEN können Sie sich zwei Textversionen nebeneinander anzeigen lassen, die nicht direkt aufeinanderfolgen.

Um die auf der rechten Seite dargestellte Version des Textes wiederherzustellen, klicken Sie oben rechts auf die Schaltfläche DIESE REVISION WIEDERHERSTELLEN ❷.

Revisionen können nur mit einem Plugin gelöscht werden

WordPress legt die Revisionen für Beiträge automatisch an, und es gibt im Backend keine Möglichkeit, Revisionen zu löschen. Abhilfe schaffen z. B. Plugins zur Optimierung der Datenbank (siehe Abschnitt 18.5.1).

6.4 Hyperlinks erstellen im visuellen Editor

Links, Hyperlinks, Verknüpfungen und Verweise – viele Wörter für dieselbe Sache. Allgemein unterscheidet man zwischen internen und externen Links:

▸ *Interne Links* sind Verlinkungen auf Ihrer eigenen Website, also zu anderen Beiträgen oder statischen Seiten innerhalb derselben Domain.

▸ *Externe Links* hingegen führen den Besucher zu einer anderen Website im World Wide Web.

Im nächsten Abschnitt erstellen Sie einen externen Link im visuellen Editor.

6.4.1 Das Dialogfeld »Link einfügen/ändern« im visuellen Editor

Um im Editor einen Hyperlink zu erstellen, markieren Sie zunächst den gewünschten Text und klicken dann auf das Kettensymbol LINK EINFÜGEN/ÄNDERN in der oberen Formatierungsleiste des Editors ❶. Abbildung 6.13 zeigt daraufhin das auf den ersten Blick recht spartanisch erscheinende Dialogfeld: ein Eingabefeld, eine Schaltfläche zum Bestätigen und ein Zahnrad für die Linkoptionen ❷.

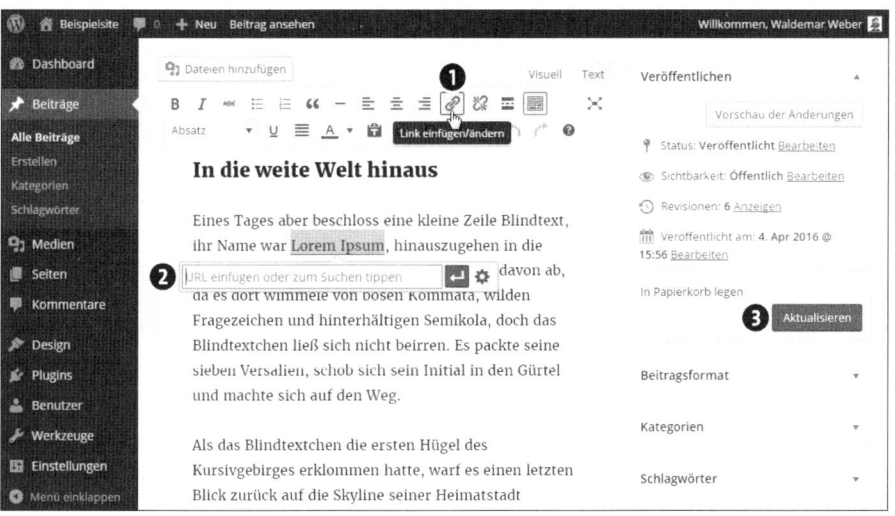

Abbildung 6.13 So fügen Sie einen Hyperlink im Editor ein.

Zur Vermeidung von Tippfehlern bei der manuellen Eingabe von URLs rufen Sie die zu verlinkende Seite am besten in einem eigenen Browser-Tab auf, klicken in die Adressleiste, kopieren die URL in die Zwischenablage und fügen sie hier im Dialogfeld mit $\boxed{\text{Strg}}$+$\boxed{\text{V}}$ (Win) bzw. $\boxed{\text{cmd}}$+$\boxed{\text{V}}$ (Mac) wieder ein, inklusive *http://* oder *https://* am Anfang. Vergessen Sie nicht, den Beitrag nach der Eingabe des Hyperlinks zu AKTUALISIEREN ❸.

Um einen internen Hyperlink zu einem Beitrag oder einer Seite auf Ihrer Website zu erstellen, geben Sie ein passendes Stichwort ein. WordPress zeigt unterhalb des Dialogfeldes alle veröffentlichten Beiträge und Seiten an, die irgendwo diese Buchstaben enthalten. Aus diesen können Sie dann das gesuchte Linkziel auswählen (Abbildung 6.14).

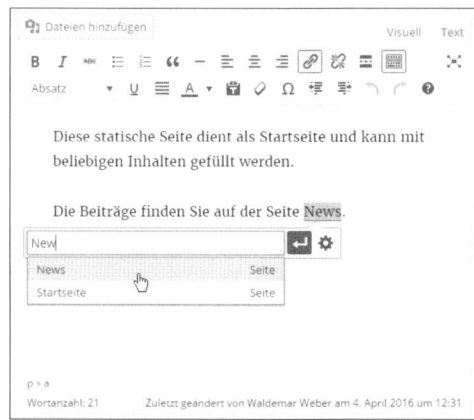

Abbildung 6.14 Einen internen Hyperlink einfügen

6.4.2   »Lorem Ipsum«: Einen externen Hyperlink erstellen

Im folgenden ToDo erstellen Sie für die Wörter *Lorum Ipsum* im Beitrag einen externen Hyperlink zum entsprechenden Artikel bei der Wikipedia. Sie können aber stattdessen auch gerne irgendwelche anderen Wörter mit irgendeiner anderen URL verlinken.

ToDo: Einen Hyperlink im Editor erstellen

1. Öffnen Sie den weiter oben erstellten Beitrag (*Lorem Ipsum unterwegs*) im Editor.
2. Falls Sie den Beispieltext übernommen haben, markieren Sie im Absatz nach der Überschrift *In die weite Welt hinaus* die Wörter *Lorem Ipsum*. Ansonsten markieren Sie einen anderen Text zum Erstellen eines Links.
3. Klicken Sie auf das Kettensymbol LINK EINFÜGEN/ÄNDERN, und fügen Sie im Feld URL die Adresse der zu verlinkenden Seite ein. Für den Beispieltext ist das »https://de.wikipedia.org/wiki/Lorem_ipsum«.
4. Drücken Sie die ⏎-Taste, oder klicken Sie im Dialogfeld auf das Symbol mit dem Pfeil darauf. Der Link wird eingefügt und das Dialogfeld geschlossen.
5. Speichern Sie die Änderungen mit einem Klick auf die Schaltfläche AKTUALISIEREN im Bereich VERÖFFENTLICHEN in der Datenbank.
6. Prüfen Sie den Beitrag im Frontend, und testen Sie den erstellten Link. Jeder eingefügte Link sollte nach der Erstellung mindestens einmal angeklickt werden, um zu schauen, ob er auch wirklich zum gewünschten Ziel führt.

Im Frontend sind nach diesem ToDo die Wörter *Lorem Ipsum* als Link hervorgehoben. Ein Klick ruft den Wikipedia-Artikel auf, und zwar im selben Browserfenster.

Um den Link in einem neuen Tab zu öffnen, klicken Sie im Dialogfeld LINK EINFÜGEN/ÄNDERN auf das Zahnradsymbol für die Linkoptionen (siehe Abbildung 6.14). Daraufhin ändert sich das Dialogfeld wie in Abbildung 6.15. Wenn Sie die Option LINK IN EINEM NEUEN TAB ÖFFNEN ankreuzen, wird der Link nach dem Anklicken in einem neuen Tab geöffnet.

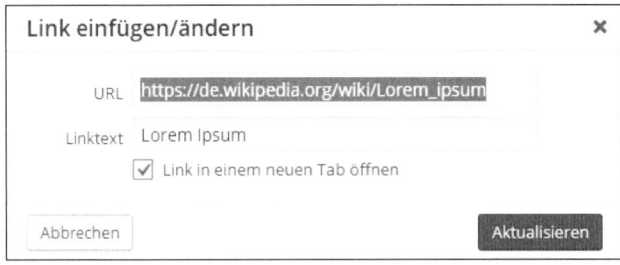

Abbildung 6.15 Der Beitrag mit »Lorem Ipsum« als Hyperlink

6.4.3   Hyperlinks und das Klicken-Sie-hier-Syndrom

Eine Grundregel bei der Erstellung von Hyperlinks lautet, dass die anklickbaren Wörter die verlinkte Ressource möglichst genau beschreiben sollten, und der gröbste Verstoß gegen diese Regel ist das Klicken-Sie-hier-Syndrom, das Ihnen im Web wahrscheinlich schon oft begegnet ist:

▶ Für weitere Informationen zu WordPress *klicken Sie hier*.

Die Worte *klicken Sie hier* sind verlinkt und springen dem Leser ins Auge, verraten aber mit keinem Wort, was ihn am anderen Ende des Links erwartet. Ein Besucher muss erst den ganzen Satz lesen und dann entscheiden, ob er klickt oder nicht. Eigentlich ist *klicken Sie hier* also ein denkbar schlechter Linktext, aber trotzdem scheinen diese Buchstaben Links übernatürlich anzuziehen.

Versuchen Sie einfach, mit dem Linktext den Inhalt des Sprungziels möglichst genau zu charakterisieren. Durch eine leichte Umformulierung lässt sich fast immer eine bessere Variante finden:

▶ Auf unserer Website finden Sie *weitere Informationen zu WordPress*.

Nach dieser einfachen Änderung sagt der hervorgehobene Linktext, was den Besucher am anderen Ende des Links erwartet.

Bei der Arbeit mit Links werden Sie wahrscheinlich sehr bald merken, dass Hyperlinks im Fließtext ein zweischneidiges Schwert sind:

▶ Links stellen dem Leser zusätzliche und ergänzende Informationen zur Verfügung.

▶ Links unterbrechen aber auch den Lesefluss und bringen den Leser in Versuchung, den Text zu verlassen.

Sie haben mit viel Mühe einen Text geschrieben, der Besucher liest ihn tatsächlich, und jeder Link ruft ihm »Klick mich!« zu.

Seien Sie also sparsam mit Links im Fließtext. Eine Alternative wäre es z. B., die Links am Ende eines Beitrags in einer Linkliste zusammenzufassen. Dann kann der Leser in Ruhe zu Ende lesen und hat trotzdem alle Informationen parat.

Suchmaschinenoptimierung: Aussagekräftige Linktexte schreiben

Das Klicken-Sie-hier-Syndrom bedeutet auch bei der Platzierung in den Suchmaschinen eine verpasste Chance: Suchbegriffe im Linktext werden besser bewertet als Suchbegriffe im normalen Fließtext, und kaum jemand sucht in einer Suchmaschine nach den Worten »Klicken Sie hier«.

6.5   Die Optionen zum Veröffentlichen

Nach dem Schreiben eines Beitrags oder einer Seite werden diese veröffentlicht, also im Frontend sichtbar. Dabei gibt es diverse Optionen, von denen ich Ihnen in diesem Abschnitt die wichtigsten vorstellen möchte.

6.5.1   Die Optionen beim »Veröffentlichen« von Beiträgen und Seiten

Der Bereich VERÖFFENTLICHEN rechts neben dem Editor hat einige interessante Optionen, die ich in diesem Abschnitt kurz erläutern möchte. Abbildung 6.16 zeigt zunächst alle Optionen auf einen Blick.

Abbildung 6.16 Die Optionen zum Veröffentlichen von Beiträgen und Seiten

Im Bereich VERÖFFENTLICHEN gibt es die folgenden Optionen:

▶ STATUS ❶ bietet drei Möglichkeiten: Mit dem Status VERÖFFENTLICHT ist ein Beitrag im Frontend sichtbar, als ENTWURF nicht. Die dritte Option, AUSSTEHENDER REVIEW, ist nur relevant, wenn es Benutzer gibt, die einen Beitrag nicht selbst veröffentlichen dürfen.

▶ SICHTBARKEIT ❷: Mit der Option ÖFFENTLICH ist ein Beitrag für alle Besucher sichtbar, mit PRIVAT hingegen nur für angemeldete Benutzer. PASSWORTGESCHÜTZT
zeigt im Frontend nur den Beitrags- oder Seitentitel, und anstelle des Textes erscheint ein Eingabefeld für das Passwort. Darüber steht eine Mitteilung, dass der
Inhalt des Beitrags passwortgeschützt ist.

▶ REVISIONEN ❸: WordPress erstellt jedes Mal, wenn ein Beitrag zwischengespeichert
wird, eine Zwischenversion, die Sie sich mit der Option REVISIONEN anzeigen lassen
können (siehe Abschnitt 6.3.5).

▶ Datum der Veröffentlichung ❹. Mit dieser Option können Sie einen Beitrag zurück-
datieren oder zeitversetzt veröffentlichen. Wenn Sie ein in der Zukunft liegendes
Datum eingeben, wird der Beitrag erst dann im Frontend angezeigt. So kann man Beiträge bereits fertig schreiben und dann zu einem geeigneten Zeitpunkt automatisch
veröffentlichen. Permalinks mit einem Datum werden dadurch nicht geändert.

Die Schaltfläche OK schließt nur den entsprechenden Bereich. Gespeichert werden die
Änderungen beim Veröffentlichen bzw. Aktualisieren. Die Namen der Schaltflächen im
Bereich VERÖFFENTLICHEN ändern sich übrigens, abhängig vom Status des Beitrags
oder der Seite. Tabelle 6.1 zeigt das im Überblick.

Status	Graue Schaltfläche(n) oben	Farbige Schaltfläche unten
ENTWURF	SPEICHERN und VORSCHAU	VERÖFFENTLICHEN
VERÖFFENTLICHT	VORSCHAU DER ÄNDERUNGEN	AKTUALISIEREN

Tabelle 6.1 Die Namen der Schaltflächen im Bereich »Veröffentlichen«

Im unteren Teil des Bereichs VERÖFFENTLICHEN gibt es noch den Link IN PAPIERKORB
LEGEN. Beiträge im Papierkorb sind noch nicht endgültig gelöscht, sondern können
wiederhergestellt werden. Wenn Beiträge im Papierkorb sind, erscheint in der tabel-
larischen Übersicht im Menü ALLE SEITEN bzw. ALLE BEITRÄGE oberhalb der Beitragsübersicht ein Link PAPIERKORB, mit dem Sie die gelöschten Beiträge im Papierkorb
verwalten können. Wenn dieser Link nicht da ist, ist der Papierkorb leer.

Publish Confirm verhindert das versehentliche Veröffentlichen

Falls Sie merken, dass Sie Beiträge oder Seiten manchmal versehentlich VERÖFFENT-
LICHEN statt sie als Entwurf zu SPEICHERN, probieren Sie einmal das kleine, aber feine
Plugin *Publish Confirm*, das nach einem Klick auf VERÖFFENTLICHEN eine kurze Abfrage
präsentiert. In Abschnitt 14.3 wird dieses Plugin installiert.

6.5.2   Ein Beitrag als Sticky Post: Die Option »Diesen Beitrag oben halten«

In vielen Themes gibt es die Möglichkeit, einen Beitrag nicht im Strom der Beiträge mitfließen zu lassen, sondern fest oben auf der Beitragsseite zu positionieren. Solche *Sticky Posts*, wörtlich übersetzt *klebende Beiträge*, sind ideal für besondere Mitteilungen von Weihnachtsgrüßen bis hin zu Urlaubsdaten.

Um einen Beitrag oben auf der Beitragsseite hervorzuheben, gehen Sie ins Menü ALLE BEITRÄGE, suchen sich den gewünschten Beitrag und nutzen die Funktion QUICKEDIT. Dort finden Sie ganz rechts ein Kontrollkästchen mit der Beschriftung DIESEN BEITRAG OBEN HALTEN. Ankreuzen, auf AKTUALISIEREN klicken, und schon bleibt der Beitrag oben auf der Seite stehen.

In Abbildung 6.17 sehen Sie, dass ein solcher Beitrag im Theme *Twenty Sixteen* den Zusatz EMPFOHLEN bekommt und ohne Datum dargestellt wird.

Abbildung 6.17   Ein Beitrag als »Sticky Post«, der immer oben bleibt

6.6   Beiträge: Kategorien erstellen und verwalten

Im Menü BEITRÄGE gibt es die beiden Unterpunkte KATEGORIEN und SCHLAGWÖRTER. Beide dienen der Klassifizierung und Gruppierung von Beiträgen, und ein Besucher kann damit Beiträge filtern und sich nur die Beiträge zu einer Kategorie oder zu einem Schlagwort anzeigen lassen. Außerdem tauchen Kategorien und Schlagwörter in den Permalinks auf, sodass z. B. in Suchmaschinen die Beiträge leichter zugeordnet werden können.

> **WordPress nur als CMS mit Seiten? Auf zum nächsten Kapitel**
>
> Wenn Sie WordPress nur mit statischen Seiten und ohne Beiträge benutzen, können Sie den Rest dieses Kapitels getrost überspringen. Kategorien, Schlagwörter und Beitragsformate gibt es nur für Beiträge.

6.6.1   Der Unterschied zwischen Kategorien und Schlagwörtern

Kategorien und Schlagwörter sind sich auf den ersten Blick recht ähnlich. Beide ermöglichen eine Gruppierung von Beiträgen, und das führt anfangs häufig zu Kuddelmuddel.

Der Übergang zwischen Kategorien und Schlagwörtern ist in der Praxis tatsächlich oft eher fließend, aber es gibt doch einige grundlegende Unterschiede:

▶ Kategorien sind die wichtigsten Themen in Ihrem Blog, während Schlagwörter eher Detailbegriffe darstellen.

▶ Jeder Beitrag gehört zu mindestens einer Kategorie. Schlagwörter hingegen sind optional und müssen nicht vergeben werden.

▶ Kategorien können Unterkategorien und somit eine zweite Ebene haben, bei Schlagwörtern gibt es nur eine Ebene.

In diesem Abschnitt möchte ich Ihnen zunächst zeigen, was es mit den Kategorien auf sich hat, Schlagwörter folgen dann in Abschnitt 6.7.

6.6.2   Das Menü »Beiträge • Kategorien« in der Übersicht

In diesem Abschnitt erstellen Sie ein paar Kategorien, und das geht am einfachsten im Menü BEITRÄGE • KATEGORIEN. Falls später neue Kategorien hinzukommen, können Sie diese auch direkt beim Schreiben von Beiträgen oder mit der Funktion QUICKEDIT erstellen.

Nach dem Aufrufen des Menüpunktes BEITRÄGE • KATEGORIEN ❶ erscheint die Seite KATEGORIEN, die aus zwei Bereichen besteht:

▶ Links finden Sie eine Eingabemaske zur Erstellung neuer Kategorien ❷.

▶ Rechts ist eine Übersichtstabelle zur Verwaltung bereits bestehender Kategorien ❸.

Nach der Installation von WordPress ist bereits eine Kategorie namens ALLGEMEIN vorhanden. Diese Standardkategorie hat bereits einige Beiträge, denn sie wurde den bisherigen Beiträgen automatisch zugewiesen. Abbildung 6.18 zeigt diesen Sachverhalt im Überblick.

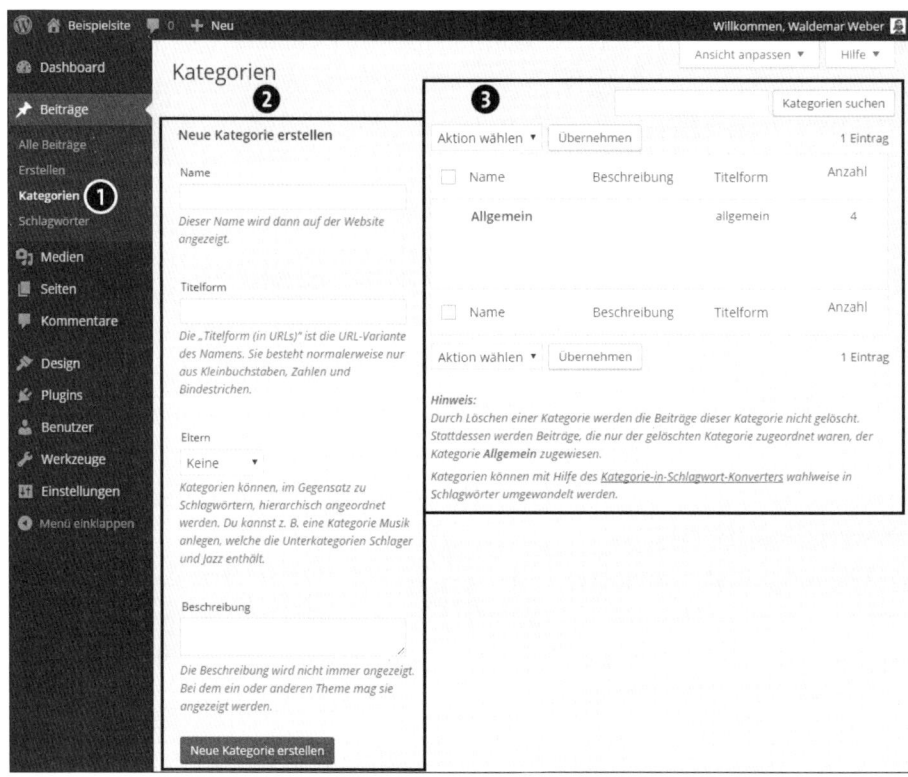

Abbildung 6.18 »Kategorien« erstellen und verwalten

Jeder Beitrag gehört zu mindestens einer Kategorie

Ein Beitrag kann durchaus zu mehreren Kategorien gehören, aber er hat immer mindestens eine, nämlich die Standardkategorie ALLGEMEIN. Im Menü EINSTELLUNGEN • SCHREIBEN können Sie den Namen für die Standardkategorie ändern, z. B. in SONSTIGES oder DIES UND DAS. In Abschnitt 6.6.3 wird gezeigt, wie man das macht.

6.6.3   Kategorien erstellen im Menü »Beiträge • Kategorien«

Namen für Kategorien können Großbuchstaben, Umlaute und sogar Leerstellen enthalten, sollten aber kurz und knackig sein. Beim Erstellen einer Kategorie können Sie ihr eine *Titelform* zuweisen, die in einem Permalink verwendet wird. Genau genommen ist die Titelform der Teil des Permalinks, den Sie selbst ändern können. Die Empfehlung für die Titelform lautet wie immer bei Links: Kleinschreibung, keine Umlaute, keine Leerstellen.

Tabelle 6.2 zeigt einige Ideen für Kategorien und deren Titelform im Überblick.

Kategorie	Titelform (für Permalink)
WordPress	wordpress
Reisen	reisen
Hören	hoeren
Sehen	sehen
Sonstiges	sonstiges

Tabelle 6.2 Beispiele für Kategorien und deren Titelform im Überblick

Im folgenden ToDo benennen Sie zunächst die Kategorie ALLGEMEIN um in SONSTIGES und erstellen dann einige neue Kategorien.

ToDo: Neue Kategorien erstellen

1. Öffnen Sie die Seite BEITRÄGE • KATEGORIEN.
2. Klicken Sie in der Übersichtstabelle auf die Kategorie ALLGEMEIN, um den Namen zu ändern.
3. Geben Sie im Feld NAME »Sonstiges« ein.
4. Ändern Sie den Eintrag im Feld TITELFORM in »sonstiges«.
5. Speichern Sie die Änderungen mit einem Klick auf AKTUALISIEREN.
6. Um eine neue Kategorie zu erstellen, geben Sie links im Feld NAME den Namen für die erste Kategorie ein, in Tabelle 6.2 wäre das »WordPress«.
7. Im Feld TITELFORM fügen Sie die gewünschte Variante für den Permalink ein. Keine Leerstellen, keine Umlaute und Kleinschreibung.
8. Lassen Sie die anderen Felder unverändert.
9. Speichern Sie die Änderungen mit einem Klick auf NEUE KATEGORIE ERSTELLEN.
10. Erstellen Sie die noch fehlenden Kategorien und Permalinks.

Im Frontend werden Sie nach diesem ToDo noch keine Änderungen bemerken, da eine Kategorie dort erst erscheint, wenn ihr mindestens ein Beitrag zugeordnet wurde. Diese Zuordnung erledigen Sie im nächsten Abschnitt.

Kategorien können auch Unterkategorien haben

Das Feld ELTERN beim Erstellen einer Kategorie deutet bereits an, dass Kategorien auch Unterkategorien (quasi *Kinder*) haben können. So könnte die Kategorie Reisen z. B. noch Unterkategorien wie USA, Deutschland, Portugal oder etwas in der Art enthalten.

Um eine Unterkategorie zu erstellen, weisen Sie beim Erstellen einer Kategorie in der Auswahlliste beim Feld ELTERN einfach die gewünschte Elternkategorie zu. Für den Einstieg ist die Arbeit mit einer Kategorie-Ebene aber ausreichend.

6.6.4   Kategorien zuweisen: Im Editor oder per »QuickEdit«

Um einem Beitrag eine Kategorie zuzuweisen, gibt es zwei Möglichkeiten:

▶ Beim Bearbeiten eines Beitrags gibt es rechts neben dem Editor den Bereich KATEGORIEN (Abbildung 6.19).

▶ In der Übersichtstabelle im Menü ALLE BEITRÄGE finden Sie die Funktion QUICKEDIT (Abbildung 6.20).

Abbildung 6.19 Kategorien beim Bearbeiten eines Beitrags zuweisen

Um den ersten Weg zu probieren, öffnen Sie einen Beitrag zur Bearbeitung. Blenden Sie dann rechts neben dem Editor, wie in Abbildung 6.19 gezeigt, den Bereich KATEGORIEN ein ❶. Dort gibt es die beiden Tabs ALLE KATEGORIEN und HÄUFIG GENUTZT, auf denen Sie die gewünschte(n) Kategorie(n) ankreuzen ❷. Die Änderungen werden dann beim Veröffentlichen bzw. Aktualisieren gespeichert. Beachten Sie, dass Sie mit dem Link + NEUE KATEGORIE ERSTELLEN auch gleich eine neue Kategorie erstellen können.

Nachträglich können KATEGORIEN ❸ auch über die Funktion QUICKEDIT ❷ im Menü ALLE BEITRÄGE ❶ zugewiesen werden (Abbildung 6.20). Zum Speichern klicken Sie auch hier auf AKTUALISIEREN ❹.

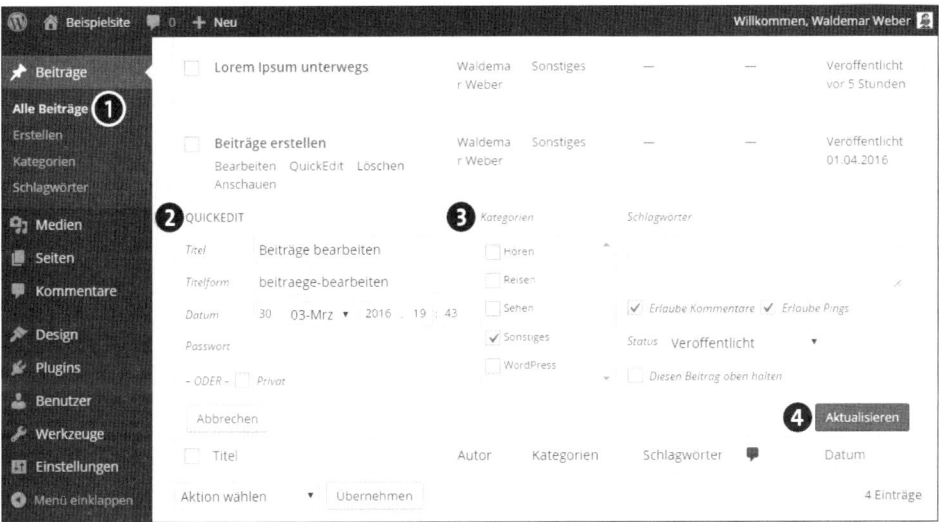

Abbildung 6.20 Kategorien mit der Funktion »QuickEdit« zuweisen

6.6.5 Den Beiträgen der Beispielsite Kategorien zuweisen

Tabelle 6.3 macht einige Vorschläge für die Zuweisung der bisher erstellten Beiträge der Beispielsite zu Kategorien: Die beiden Beiträge zu WordPress fallen in die Kategorie WORDPRESS, und die Abenteuer des Lorem Ipsum gehören in die Rubrik REISEN.

Beitrag	Kategorie
Beiträge bearbeiten	WordPress
Beiträge erstellen	WordPress
Lorem Ipsum unterwegs	Reisen

Tabelle 6.3 Beiträge und Kategorien

Im folgenden ToDo weisen Sie den vorhandenen Beiträgen einige Kategorien zu.

ToDo: Den Beiträgen Kategorien zuweisen

1. Öffnen Sie die Seite BEITRÄGE • ALLE BEITRÄGE.
2. Bearbeiten Sie die Kategorien der Beiträge mit der Funktion QUICKEDIT. Für die Beispielsite finden Sie eine mögliche Zuordnung von Beiträgen und Kategorien in Tabelle 6.3.
3. Rufen Sie das Frontend auf, und filtern Sie die Beiträge mit einem Klick auf die Kategorien in der Sidebar.

Nach diesem ToDo sehen Sie im Standard-Theme *Twenty Sixteen* die neuen Kategorien in der Sidebar, und zwar im Bereich KATEGORIEN. Eine solche Auflistung der Kategorien ist nicht in jedem Theme automatisch vorhanden, aber bei *Twenty Sixteen* gehört sie quasi zum Lieferumfang.

Auf der Beispielsite werden momentan übrigens nur die Kategorien REISEN und WORDPRESS angezeigt, weil den anderen Kategorien (noch) keine Beiträge zugeordnet wurden.

Ein Klick auf eine Kategorie aktiviert einen Filter und zeigt nur noch Beiträge aus dieser Kategorie an. Abbildung 6.21 zeigt die Beitragsseite mit Beiträgen aus der Kategorie REISEN:

▶ In der Adresszeile des Browsers sehen Sie die in Abschnitt 4.6.2, »›Gebräuchliche Einstellungen‹ für Permalinks in WordPress«, eingestellte Kategorie-Basis */thema/* das erste Mal in Aktion ❶.

▶ Am Ende der URL folgt die Kategorie, in diesem Fall also */reisen/*.

▶ Oberhalb der Beiträge steht der Hinweis KATEGORIE: REISEN ❷.

▶ In den Metadaten wird ebenfalls die Kategorie REISEN gelistet ❸.

»Design • Widgets«: Die Reihenfolge der Widgets in der Sidebar ändern

Falls Sie die Reihenfolge der Widgets in der Sidebar ändern möchten, um z. B. die Kategorien weiter oben anzuzeigen, können Sie das im Menü DESIGN • WIDGETS erledigen. Arrangieren Sie die Widgets im Widget-Bereich einfach per Drag & Drop in der gewünschten Reihenfolge. Speichern ist nicht nötig. Mehr zur Arbeit mit Widgets erfahren Sie in Abschnitt 11.6, »Die Widgets von ›Twenty Sixteen‹«, beim Anpassen von Themes.

Abbildung 6.21 WordPress zeigt nur Beiträge aus der Kategorie »Reisen«.

6.7   Beiträge: Schlagwörter erstellen und verwalten

Im englischen WordPress-Original heißen *Schlagwörter* einfach nur *Tags*. Das bedeutet wörtlich übersetzt *Etikett*, und daher haben viele Themes als Symbol vor den Schlagwörtern ein kleines Etikett.

Schlagwörter sind in gewisser Weise die perfekte Ergänzung zu Kategorien. Während Kategorien eher die Themen Ihres Blogs beschreiben, ermöglichen Schlagwörter zusätzliche Beschreibungen zu einzelnen Beiträgen.

6.7.1   Beiträge bearbeiten: Schlagwörter erstellen und zuweisen

Zur Arbeit mit Schlagwörtern öffnen Sie das Menü ALLE BEITRÄGE und rufen dort die Beiträge einzeln zur Bearbeitung auf, um ihnen Schlagwörter zuzuweisen.

Abbildung 6.22 zeigt rechts neben dem Editor den Bereich SCHLAGWÖRTER ❶. Hier können Sie für jeden Beitrag neue Schlagwörter hinzufügen ❷, vorhandene Schlagwörter mit einem Klick auf das kleine × davor entfernen ❸ oder Schlagwörter aus einer Liste bereits vorhandener Schlagwörter auswählen ❹. Das Auswählen bereits vorhandener Schlagwörter aus der Liste ist besonders hilfreich, wenn sich im Laufe der Zeit viele Schlagwörter angesammelt haben, denn dadurch wird automatisch eine konsistente Rechtschreibung gewährleistet.

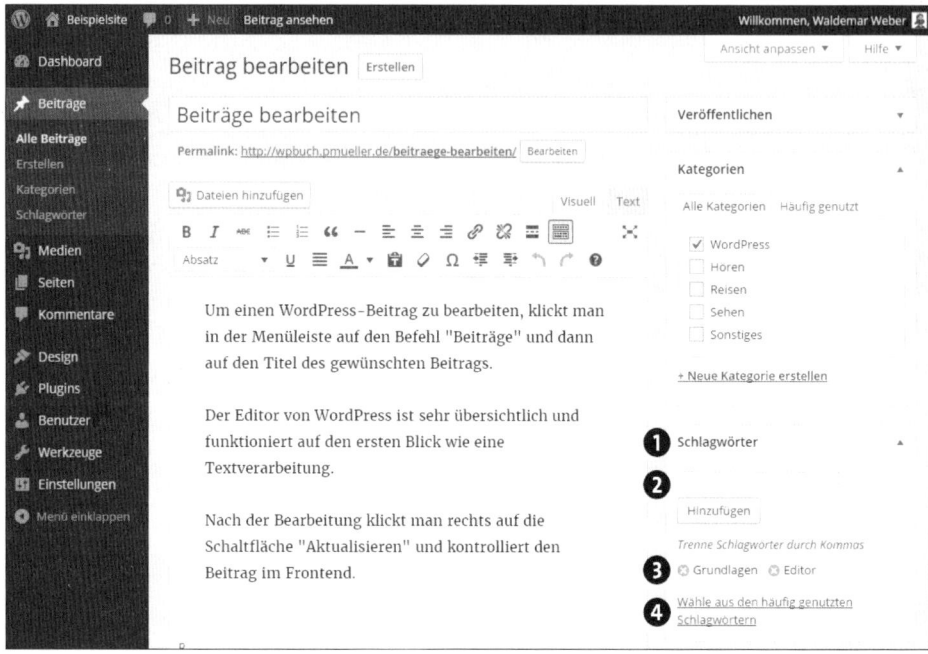

Abbildung 6.22 Schlagwörter bearbeiten, rechts neben dem Editor

Tabelle 6.4 zeigt eine Übersicht der Beiträge mit einigen Vorschlägen für die Verschlagwortung der Beiträge aus dem Beispielblog.

Beiträge	Kategorie	Vorschläge für Schlagwörter
Beiträge bearbeiten	WORDPRESS	BLOGGEN, GRUNDLAGEN, EDITOR
Beiträge erstellen	WORDPRESS	BLOGGEN, GRUNDLAGEN, EDITOR
Lorem Ipsum unterwegs	REISEN	ABENTEUER

Tabelle 6.4 Die Beiträge und ihre Schlagwörter

Die beiden ersten Beiträge gehören zur Kategorie WORDPRESS, und innerhalb dieses Themas handelt es sich bei beiden um Grundlagenartikel, die die Arbeit im Editor beschreiben. In der Kategorie WORDPRESS könnte es z. B. noch weitere Beiträge über

Arbeit mit Seiten in WordPress geben, die dann entsprechend andere Schlagwörter hätten.

Bei einem Beitrag mit Fülltext wie *Lorem Ipsum unterwegs* ist die inhaltliche Verschlagwortung etwas schwieriger, da es ja eigentlich keinen richtigen Inhalt gibt. Hier reicht vorerst das Schlagwort ABENTEUER.

Die konkrete Arbeit mit Schlagwörtern ist im Alltag stark von der inhaltlichen Ausrichtung des Blogs und von persönlichen Vorlieben abhängig.

Im folgenden ToDo weisen Sie den vorhandenen Beiträgen einige Schlagwörter zu.

ToDo: Den Beiträgen Schlagwörter zuweisen

1. Öffnen Sie die Seite BEITRÄGE • ALLE BEITRÄGE.

2. Öffnen Sie einen Beitrag zur Bearbeitung, und fügen Sie einige Schlagwörter hinzu. Für die Beispielsite finden Sie ein paar Vorschläge in Tabelle 6.4.

3. Vergessen Sie nicht, die Änderungen mit der Schaltfläche AKTUALISIEREN zu speichern.

4. Wiederholen Sie diesen Vorgang für die anderen Beiträge.

5. Rufen Sie danach das Frontend auf, und prüfen Sie, ob die Schlagwörter dort irgendwo erscheinen.

Nach diesem ToDo sehen Sie im Theme *Twenty Sixteen* neben den Beiträgen das Veröffentlichungsdatum, die Kategorie(n) und die zugewiesenen Schlagwörter (Abbildung 6.23).

Abbildung 6.23 Kategorien und Schlagwörter für einen Beitrag

Ein Besucher kann die Beiträge in Ihrem Blog jetzt nach Kategorien oder nach Schlagwörtern filtern:

▸ Mit einem Klick auf eine Kategorie sieht er nur noch Beiträge aus dieser Kategorie, egal, welche Schlagwörter sie haben.

▸ Ein Klick auf ein Schlagwort zeigt alle Beiträge mit diesem Schlagwort an, egal, in welcher Kategorie sie aufbewahrt werden.

Mit Kategorien und Schlagwörtern bietet WordPress für Beiträge sehr ausgefeilte und vielseitige Möglichkeiten zur Sortierung und Anzeige. Je mehr Beiträge Sie schreiben, desto wichtiger wird der überlegte Umgang mit Kategorien und Schlagwörtern.

6.7.2   Schlagwörter verwalten mit der Funktion »QuickEdit«

Abbildung 6.24 zeigt die Seite ALLE BEITRÄGE ❶ mit der Funktion QUICKEDIT ❷ aus der Beitragsübersicht, bei der Sie ebenfalls Schlagwörter hinzufügen oder entfernen können ❸, auch wenn es hier nicht ganz so bequem ist wie bei der Bearbeitung der Beiträge in Abbildung 6.22, weil z. B. die Liste zum Anklicken bereits vorhandener Schlagwörter fehlt. Änderungen müssen mit einem Klick auf AKTUALISIEREN gespeichert werden ❹.

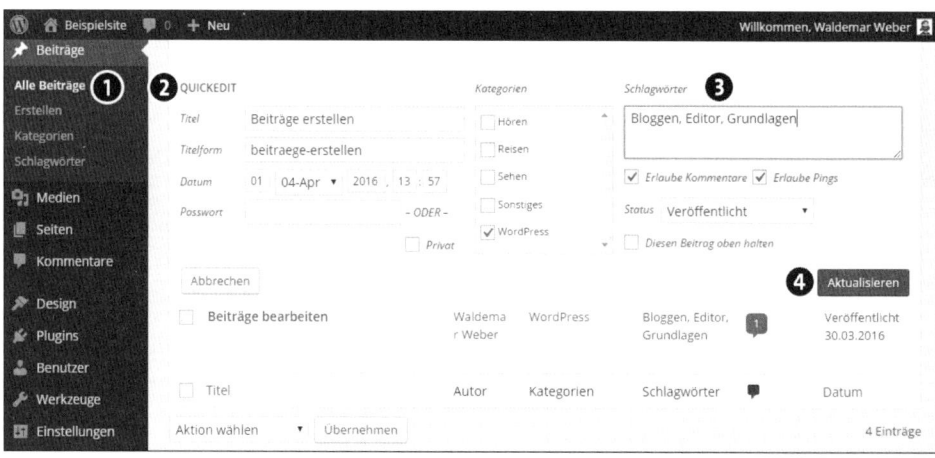

Abbildung 6.24 Schlagwörter für einen Beitrag mit »QuickEdit« bearbeiten

6.7.3   Schlagwörter verwalten: Das Menü »Beiträge • Schlagwörter«

Abbildung 6.25 zeigt das Menü BEITRÄGE • SCHLAGWÖRTER ❶, das der Verwaltung der Tags dient:

▸ Links daneben ist oben die Übersicht BELIEBTE SCHLAGWÖRTER ❷. Je größer ein Schlagwort dargestellt wird, desto beliebter ist es. Ein Klick auf ein Schlagwort öffnet es zur Bearbeitung.

▶ Darunter sehen Sie das Formular zur Erstellung neuer Schlagwörter ❸ mit den Feldern NAME, TITELFORM und BESCHREIBUNG.

▶ Rechts daneben ist eine Übersichtstabelle, in der Sie bereits vorhandene Schlagwörter verwalten können ❹.

Das Menü SCHLAGWÖRTER ist gut geeignet zur Verwaltung bestehender Schlagwörter. Sie können hier zwar auch neue Schlagwörter erstellen, aber das ist, wie weiter oben beschrieben, direkt bei der Bearbeitung der Beiträge oder mit QUICKEDIT meist einfacher und schneller.

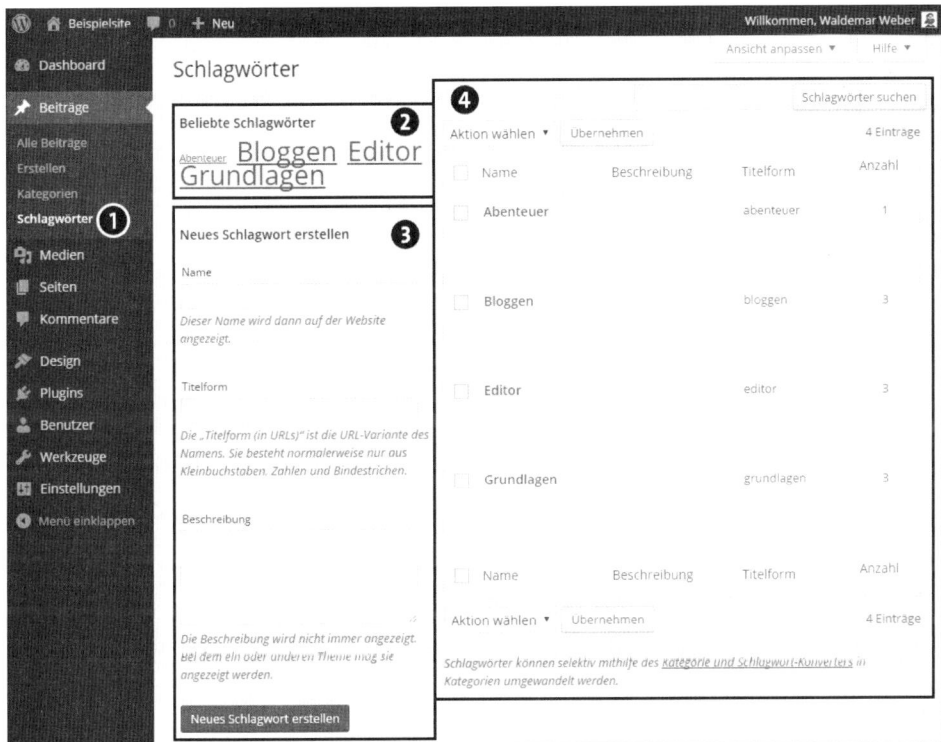

Abbildung 6.25 »Beiträge • Schlagwörter« in der Übersicht

6.8 Beiträge: Ein Beitragsformat zuweisen

Beim Schreiben von Beiträgen finden Sie im Theme *Twenty Sixteen* rechts neben dem Editor einen Bereich namens BEITRAGSFORMAT, den ich Ihnen in diesem Abschnitt kurz vorstellen möchte, auch wenn Beitragsformate nicht in jedem Theme vorhanden sind.

In Abbildung 6.26 habe ich den Bereich BEITRAGSFORMAT unter die Bereiche KATEGO-
RIEN und SCHLAGWÖRTER verschoben. Das entspricht der Reihenfolge in diesem Kapitel und in den meisten Fällen auch der Wichtigkeit dieser drei Ordnungskriterien.

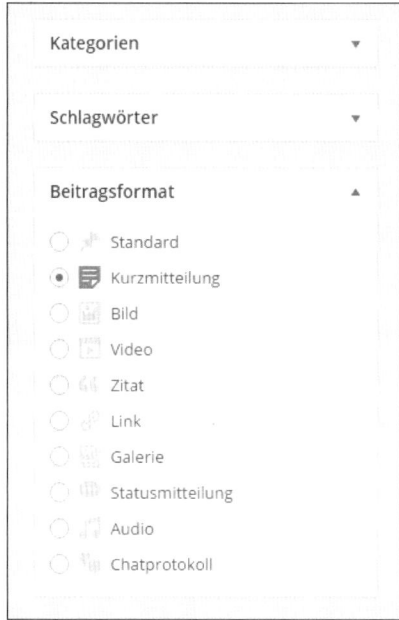

Abbildung 6.26 Die Beitragsformate für Beiträge im Überblick

Beitragsformate (engl. *post format*) bieten in WordPress zwei Funktionen:

▶ eine grundlegende Gestaltung für jeden der gelisteten Beitragstypen

▶ eine zusätzliche Sortierungs- und Filtermöglichkeit für Beiträge

Frisch erstellte Beiträge basieren auf dem Beitragsformat STANDARD. Um auszuprobie-
ren, ob Sie Beitragsformate im Alltag sinnvoll finden, erstellen Sie am besten ein paar
Beiträge damit. Da Grafiken und Videos erst im nächsten Kapitel dran sind, probieren
Sie zunächst die textbasierten Beitragsformate wie KURZMITTEILUNG, ZITAT, STATUS-
MITTEILUNG und LINK.

Abbildung 6.27 zeigt einen Beitrag auf Basis der Formatvorlage KURZMITTEILUNG (engl.
aside), und dabei fallen zwei Dinge auf:

▶ Die Überschrift von Beiträgen mit dem Beitragsformat KURZMITTEILUNG ist deutlich
kleiner als bei Beiträgen mit dem Beitragsformat STANDARD ❶.

▶ Bei den Metadaten links neben dem Beitrag erscheint der Eintrag KURZMITTEILUNG als Link ❷.

Ein Klick auf diesen Link ruft einen Permalink mit der Endung */type/aside/* auf und zeigt alle Beiträge vom Typ KURZMITTEILUNG ❸.

Abbildung 6.27 Ein Beitrag mit der Formatvorlage »Kurzmitteilung«

Bei den anderen Beitragsformaten funktioniert dies ähnlich:

▶ Beitragsformat ZITAT = *type/quote/*

▶ Beitragsformat LINK = *type/link/*

▶ Beitragsformat STATUSMITTEILUNG = *type/status/*

Mit Beitragsformaten können Sie Beiträge also ähnlich wie mit Kategorien und Schlagwörtern gruppieren und filtern.

Gleichzeitig wird den Beiträgen dabei eine bestimmte Formatierung zugewiesen. Im Standard-Theme *Twenty Sixteen* wird das allerdings nicht sehr intensiv genutzt, denn die Beitragsformate ähneln sich optisch. Bei den Beitragsformaten KURZMITTEILUNG,

175

Zitat und Link ist die Überschrift etwas kleiner, und beim Beitragsformat Statusmitteilung fehlt sie auf der Beitragsseite ganz.

Mit den Bordmitteln von WordPress können Sie für Beitragsformate weder den Permalink noch die Gestaltung ändern, und deshalb sollten Sie bei dem von Ihnen favorisier-
ten Theme einfach ausprobieren, ob Sie die Beitragsformate brauchbar finden oder
nicht.

Wenn Sie die Beitragsformate nicht nutzen, können Sie den Bereich Beitragsformat
im Menü Ansicht anpassen oben rechts auf der Seite ausblenden.

Beitragsformate für Beiträge: Vorsicht beim Wechseln des Themes
Beitragsformate für Beiträge sind nicht in jedem Theme vorhanden, und selbst wenn
sie vorhanden sind, gibt es keine Garantie, dass die Zuweisung von Beitragsformaten
und Beiträgen beim Wechsel eines Themes bestehen bleibt.

Beitragsformate sind also im Gegensatz zu Kategorien und Schlagwörtern sehr eng mit
einem bestimmten Theme verbunden und deshalb mit Vorsicht zu genießen.

6.9   Auf einen Blick

Die wichtigsten Themen noch einmal im Überblick:

- Für das Schreiben im Web gelten einige besondere Regeln:
  - Menschen lesen Texte nicht Buchstabe für Buchstabe.
  - Webseiten werden nicht gelesen, sondern überflogen.
  - Zwischenüberschriften und kurze Absätze lockern einen Text auf.
- WordPress hat einen komfortablen visuellen Editor.
  - Der visuelle Editor wird ähnlich bedient wie Word.
  - Er erzeugt im Hintergrund aber Quelltext.
- Teaser (Anreißer) erstellt man im Editor mit dem *Weiterlesen-Tag.*
- *Revisionen* sind ältere Versionen von Beiträgen und Seiten.
- Hyperlinks werden im visuellen Editor erstellt.
  - Externe Hyperlinks führen weg von der eigenen Website.
  - Interne Hyperlinks verlinken Seiten innerhalb der eigenen Website.

▶ Im Bereich VERÖFFENTLICHEN können Sie diverse Optionen einstellen:

   – Der STATUS ist entweder VERÖFFENTLICHT, ENTWURF oder AUSSTEHENDER REVIEW.

   – Die SICHTBARKEIT ist ÖFFENTLICH, PRIVAT oder PASSWORTGESCHÜTZT.

   – Das Veröffentlichungsdatum kann geändert werden und auch in der Zukunft liegen.

▶ *Sticky Posts* werden oben auf der Beitragsseite festgepinnt und mit der Funktion QUICKEDIT mit DIESEN BEITRAG OBEN HALTEN erstellt.

▶ Kategorien spiegeln die Themen eines Blogs wider:

   – Kategorien können im Editor oder mit QUICKEDIT zugewiesen werden.

   – Jeder Beitrag gehört zu mindestens einer Kategorie.

   – Beiträge können nach Kategorien gefiltert werden.

   – Kategorien werden im Menü BEITRÄGE • KATEGORIEN verwaltet.

   – Kategorien können auch Unterkategorien haben.

▶ Kategorien können optional durch Schlagwörter ergänzt werden.

   – Jeder Beitrag kann beliebig viele Schlagwörter haben.

   – Schlagwörter können im Frontend ausgegeben werden.

   – Beiträge können nach Schlagwörtern gefiltert werden.

   – Schlagwörter werden im Menü BEITRÄGE • SCHLAGWÖRTER verwaltet.

   – Schlagwörter können keine UnterSchlagwörter haben.

▶ In vielen Themes gibt es Beitragsformate für bestimmte Typen von Beiträgen (ZITATE, LINKS etc.), die ebenfalls zur Filterung von Beiträgen benutzt werden können.

Kapitel 7
Die Mediathek:
Bilder und Galerien

Worin es um das Einfügen von Bildern, die Mediathek von WordPress und um den Umgang mit Beitragsbildern und Galerien geht.

Die Themen im Überblick:

Die Mediathek von WordPress dient der Verwaltung von Bildern und anderen Medien, wie z. B. PDF-, MP3- und Videodateien. In diesem Kapitel werden Sie Bilder einfügen, optimieren und in der Mediathek verwalten. Außerdem erstellen Sie ein Beitragsbild, eine Bildergalerie und lernen die in der Mediathek integrierte Bildbearbeitung kennen. Audio- und Videodateien folgen im nächsten Kapitel.

Die in diesem Kapitel verwendeten Bilder sind in den Beispieldateien enthalten, die Sie auf der Website zum Buch oder im Download-Bereich auf *pmueller.de* herunterladen können.

7.1   Schnelldurchlauf: Ein Bild auf »Über mich« einfügen

In diesem Abschnitt prüfen Sie kurz die Einstellungen für die Mediathek und binden dann auf der Seite *Über mich* ein Porträtbild ein (Abbildung 7.1).

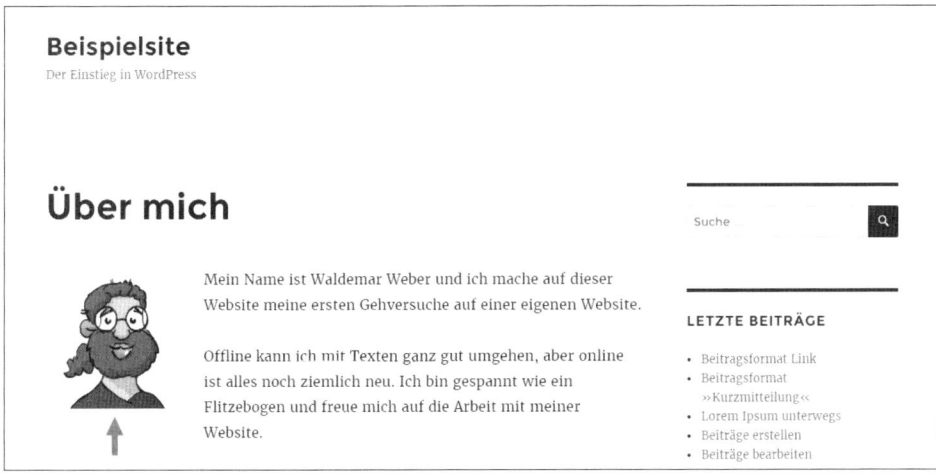

Abbildung 7.1 Die Seite »Über mich« mit einem eingefügten Bild

7.1.1 »Einstellungen • Medien«: Die Bildgrößen überprüfen

WordPress erzeugt für jedes hochgeladene Bild automatisch mehrere Versionen, und im Menü EINSTELLUNGEN werden die dafür verwendeten Bildgrößen definiert. Bevor Sie Bilder hochladen, sollten Sie also einen kurzen Blick ins Menü EINSTELLUNGEN • MEDIEN ❶ werfen und sich die dort eingetragenen Werte anschauen (Abbildung 7.2).

Abbildung 7.2 Die Einstellungen für Medien

Abbildung 7.2 zeigt im Bereich BILDGRÖSSE folgende Einstellungen, die völlig in Ordnung sind und nicht geändert werden müssen:

▸ Die Option VORSCHAUBILDER ❷ steht auf maximal 150 × 150 Pixel. Die Option BESCHNEIDE DAS VORSCHAUBILD AUF DIE EXAKTE GRÖSSE ist aktiviert und erstellt, ausgehend von der Mitte des Bildes, quadratische Vorschaubilder. Falls der so gewählte Ausschnitt nicht ideal ist, können Sie ihn nachträglich bearbeiten (siehe Abschnitt 7.7.4, »Option 3: ›Vorschaubild-Einstellungen‹ – nur das Vorschaubild ändern«).

▸ Die Option MITTELGROSS ❸ steht auf maximal 300 × 300 Pixel.

▸ Die Option GROSS ❹ steht auf maximal 1.024 Pixel.

Im Bereich DATEIEN HOCHLADEN ist die einzige Option, ORGANISIERE UPLOADS IN MONATS- UND JAHRESBASIERTEN ORDNERN ❺, standardmäßig aktiviert. WordPress speichert alle hochgeladenen Dateien im Ordner */wp-content/uploads/*, und diese Option bewirkt, dass für jeden Monat ein Unterordner erstellt wird. Im Juni 2016 hochgeladene Bilder werden dann im Ordner */wp-content/uploads/2016/06/* aufbewahrt.

Auch diese Einstellung ist okay, denn im Backend werden die Bilder in der Mediathek ohne Ordner verwaltet. Das ist anfangs ungewohnt, aber in einer gut gepflegten Mediathek findet man ein bestimmtes Bild mit der Suche schnell wieder.

Eine Änderung der Einstellungen gilt nicht für schon vorhandene Bilder

Wenn Sie die Einstellungen für die Bildgrößen ändern, gilt das nur für Bilder, die danach hochgeladen werden. Falls bereits hochgeladene Bilder nachträglich geändert werden sollen, hilft das Plugin *Regenerate Thumbnails*:

▸ wordpress.org/plugins/regenerate-thumbnails/

Wie man Plugins installiert, erfahren Sie in Kapitel 14, »WordPress erweitern: Plugins installieren«.

7.1.2   Schritt 1: Die Seite »Über mich« im Editor öffnen

Um das Einfügen von Bildern zu üben, soll auf der Seite *Über mich* links neben dem Text ein Porträtfoto eingebunden werden. Dazu öffnen Sie zunächst die Seite im Editor, setzen den Cursor an die Stelle, an der das Bild eingefügt werden soll ❶, und klicken auf die Schaltfläche DATEIEN HINZUFÜGEN ❷ (Abbildung 7.3).

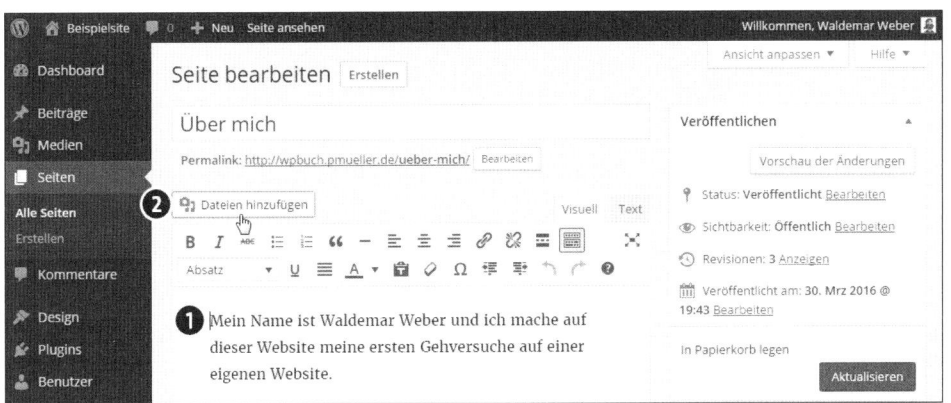

Abbildung 7.3 Die Seite »Über mich« im Editor

ToDo: Die Seite »Über mich« vorbereiten

1. Öffnen Sie die Seite *Über mich* zur Bearbeitung im Editor.
2. Setzen Sie den Cursor im Text an die Stelle, an der das Bild eingefügt werden soll. Im Beispiel ist das ganz am Anfang.
3. Klicken Sie auf die Schaltfläche DATEIEN HINZUFÜGEN oberhalb der Formatierungsleiste des Editors.

Nach dem Klick auf DATEIEN HINZUFÜGEN landen Sie in der noch leeren Mediathek auf der Seite MEDIEN HINZUFÜGEN, auf der Sie im nächsten Schritt eine Grafikdatei hochladen.

7.1.3   Schritt 2: »Medien hinzufügen« – ein Bild in die Mediathek hochladen

Da in der Mediathek noch keine Bilder sind, müssen Sie zunächst eine Grafikdatei von Ihrer Festplatte in die Mediathek auf den Webspace hochladen. Dazu wechseln Sie auf das in Abbildung 7.4 dargestellte Register DATEIEN HOCHLADEN ❶.

Zum Hochladen von Dateien haben Sie zwei Möglichkeiten:

▸ Traditionell: Sie wählen die gewünschte Datei mit der Schaltfläche DATEIEN AUS-WÄHLEN in einem Dialogfeld aus ❷.

▸ Drag & Drop: Sie ziehen die Datei mit der Maus direkt aus dem Explorer oder Finder in den weißen Upload-Bereich ❸.

Beide Wege führen zum selben Ziel. Nehmen Sie einfach die Methode, mit der Sie sich wohler fühlen.

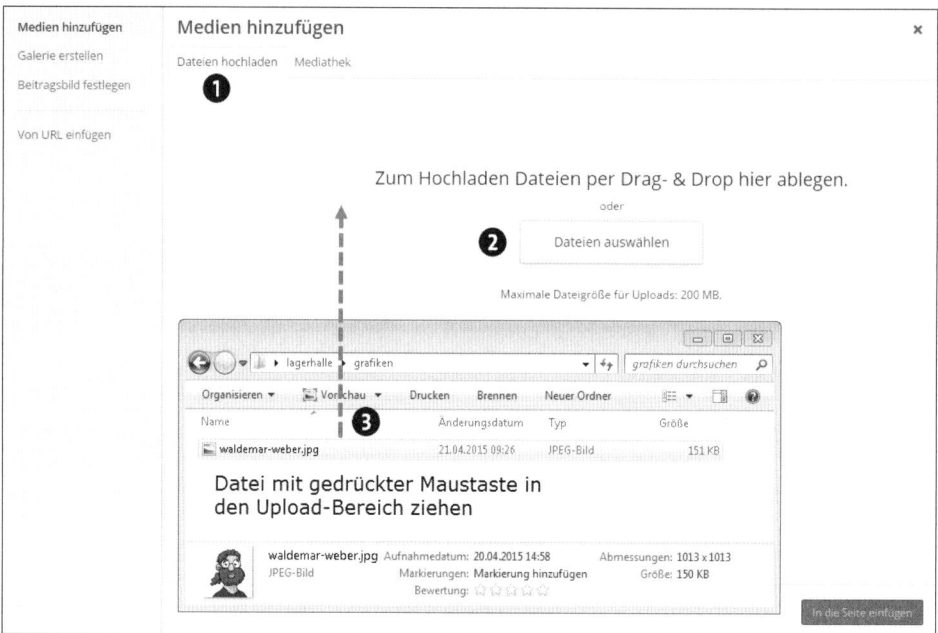

Abbildung 7.4 Dateien in die Mediathek hochladen

ToDo: Ein Bild in die Mediathek hochladen

1. Wechseln Sie in der Mediathek auf das Register DATEIEN HOCHLADEN.
2. Klicken Sie auf die Schaltfläche DATEI AUSWÄHLEN, und wählen Sie die gewünschte Grafik aus. Oder ziehen Sie die Grafikdatei mit der Maus aus dem Explorer oder Finder in den weißen Upload-Bereich.

Nachdem die Grafik hochgeladen wurde, wechselt WordPress automatisch in das Register MEDIATHEK und zeigt Ihnen dort die hochgeladene Grafik an.

7.1.4   Schritt 3: Ein Bild aus der Mediathek in die Seite einfügen

Nach dem Hochladen befindet sich das Bild in der MEDIATHEK ❶. Wenn Sie das Bild markieren ❷, erscheinen rechts in der Sidebar einige Details und Einstellungen (Abbildung 7.5).

Im oberen Bereich der rechten Sidebar können Sie die DATEIANHANG-DETAILS ❸ anpassen:

▶ Der TITEL dient in erster Linie der Verwaltung der Grafikdatei in der Mediathek und kann frei vergeben werden. Auch Leerstellen, Umlaute und Großbuchstaben sind erlaubt.

▶ Die BILDUNTERSCHRIFT ist optional und erscheint im Frontend als Text unter dem Bild. Mehr dazu erfahren Sie in Abschnitt 7.4.2, »›Medien hinzufügen‹: Ein großes Bild in einen Beitrag einfügen«.

▶ Der ALTERNATIVTEXT wird im Browserfenster nur angezeigt, wenn die Grafik (noch) nicht dargestellt wird. Im Quelltext der Seite ist er aber immer vorhanden und wird dort von Suchmaschinen und Screenreadern gefunden und ausgewertet.

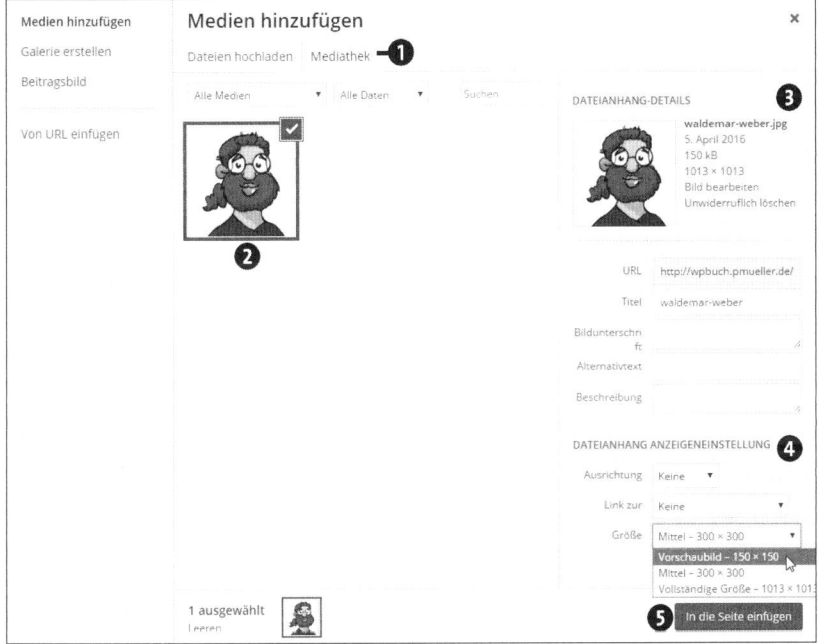

Abbildung 7.5 Das Bild in der Mediathek mit Details in der Sidebar

Die BESCHREIBUNG lernen sie weiter unten in Abschnitt 7.3.3, »›Medium bearbeiten‹: Titel, Bildunterschrift, Alt-Text und Beschreibung«, noch genauer kennen.

Im unteren Bereich DATEIANHANG ANZEIGENEINSTELLUNG ❹ können Sie auswählen, wie die Grafik – im Verhältnis zum umgebenden Text – ausgerichtet werden soll:

▶ AUSRICHTUNG definiert, wie die Grafik ausgerichtet werden soll.

▶ Die Optionen unter LINK ZUR definieren, was passieren soll, wenn ein Benutzer im Frontend auf das eingefügte Bild klickt. Standardeinstellung ist KEINE, die anderen Optionen lernen Sie in Abschnitt 7.4.2 ausführlich kennen.

▶ Bei der Größe des Bildes gibt es die Optionen Vorschaubild, Mittel und Vollständige Größe. Diese Größen entsprechen den Optionen im Menü Einstellungen • Medien.

Im folgenden ToDo überprüfen und ändern Sie die wichtigsten Details und passen die Darstellung auf der Seite an.

ToDo: Ein Bild aus der Mediathek in die Seite einfügen

1. Klicken Sie auf das Bild, um es zu markieren (siehe Abbildung 7.5, ❷).

2. Ändern Sie rechts in der Sidebar die Dateianhang-Details ❸:
   - Der Titel ist »Waldemar Weber«.
   - Die Bildunterschrift lassen Sie einfach leer.
   - Der Alternativtext lautet: »Porträt von Waldemar Weber«.

3. Ändern Sie die Angaben im Bereich Dateianhang Anzeigeneinstellungen ❹:
   - Ausrichtung: Links
   - Link zur: Keine
   - Grösse: Vorschaubild – 150 × 150

4. Überprüfen Sie alles noch einmal, und klicken Sie dann auf die Schaltfläche In die Seite einfügen ❺. Jetzt erscheint das Bild auf der Seite im Editor.

5. Speichern Sie die Änderungen an der Seite nach dem Einfügen des Bildes mit einem Klick auf die Schaltfläche Aktualisieren.

Abbildung 7.6 zeigt das Bild nach diesem ToDo im Editor.

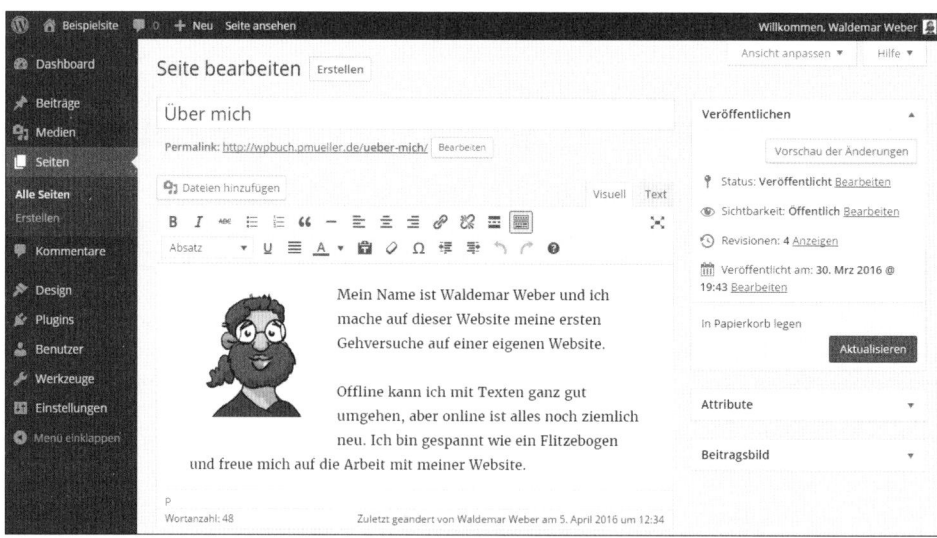

Abbildung 7.6 Das eingefügte Bild auf der Seite »Über mich« im Editor

7.1.5 Schritt 4: Das Bild im Editor nachbearbeiten

Nach dem Einfügen in die Seite können Sie das Bild im Editor bei Bedarf auch nachbearbeiten. Markieren Sie dazu das Bild mit einem Klick. Daraufhin bekommt das Bild einige quadratische Ziehpunkte zum Ändern der Bildgröße und eine kleine Symbolleiste (Abbildung 7.7).

Abbildung 7.7 Das Bild im Editor nachträglich bearbeiten

Die Ziehpunkte sollten Sie nicht zum Vergrößern des Bildes benutzen, da das Bild im Frontend dann leicht pixelig erscheinen kann. Die Symbolleiste über dem markierten Bild bietet folgende Optionen:

- Ausrichtung des Bildes ❶: Hier gibt es die Optionen LINKS, ZENTRIERT, RECHTS oder KEINE.
- Bild nachträglich bearbeiten (❷, Bleistiftsymbol): Ein Klick darauf bringt Sie auf die Seite BILD-DETAILS, die Sie in Abschnitt 7.4.3, »Ein Bild im Editor nachträglich bearbeiten«, noch näher kennenlernen (siehe Abbildung 7.21).
- Bild aus dem Beitrag entfernen (❸, schwarzes ×).

So viel zum Schnelldurchgang zum Einfügen von Bildern. Weiter geht es mit der Optimierung von Bildern.

7.2   Know-how: Über die Optimierung von großen Bildern

Im Gegensatz zum nur 150 Pixel großen Porträt von Waldemar sind viele Bilder und insbesondere Fotos für eine Verwendung im Web unbearbeitet viel zu groß und sollten deshalb vor dem Hochladen in die Mediathek verkleinert werden.

Kleinere Bilder sind gut für die Performance Ihrer Webseiten, denn je weniger Daten übertragen werden müssen, desto schneller sind die Bilder auf den Bildschirmen Ihrer Besucher. In diesem Abschnitt möchte ich Ihnen am Beispiel eines Fotos aus einer Digitalkamera zeigen, wie so eine Optimierung aussehen könnte.

7.2.1   Wie Sie Dateinamen und Dateigrößen von Bildern optimieren

Die Optimierung von Bildern in diesem Abschnitt hat zwei Ziele: Zum einen soll die Datei bei ausreichender Bildqualität so wenig Kilobyte wie möglich haben, und zum anderen sollen Suchmaschinen über die Grafik so viele Informationen wie möglich erhalten.

Die Optimierung einer Grafikdatei besteht aus den folgenden Schritten:

▸ Umbenennen: Dateinamen optimieren
  Ein aussagekräftiger Dateiname hilft zwar nicht bei der Reduzierung der Dateigröße, ist aber eine sinnvolle Sofortmaßnahme. Er erleichtert Ihnen die Verwaltung der Grafiken, und Suchmaschinen bekommen ein Indiz, was auf dem Bild zu sehen ist.

▸ Komprimieren: Dateigröße optimieren
  Die *Dateigröße* ist die Größe der Datei in Kilobyte. Komprimieren Sie das Bild mit Spezialtools wie *JPEGmini* (siehe Abschnitt 7.2.4, »Schritt 2: Komprimieren – die Dateigröße reduzieren«), um die Dateigröße so weit wie möglich zu reduzieren. Es lohnt sich in den meisten Fällen wirklich.

▸ Skalieren: Bildgröße optimieren
  Die *Bildgröße* ist die Größe des Bildes in Pixeln. Die ideale Bildgröße hängt vom Layout ab, aber mehr als 2.000 Pixel für die längere Seite werden Sie im Web selten benötigen. Durch eine Reduzierung der Bildgröße wird außerdem auch die Dateigröße noch weiter vermindert.

▸ Zuschneiden: Bildausschnitt optimieren
  Zeigen Sie nur den Bildausschnitt, den Sie wirklich benötigen, und schneiden Sie mit einem Bildbearbeitungsprogramm alles andere weg. Auch dadurch wird die Datei kleiner.

Eine Änderung des Dateinamens und eine Komprimierung der Bilder mit Spezialtools sind nach dem Hochladen in die Mediathek nicht mehr möglich, skalieren und beschneiden können Sie die Bilder hingegen notfalls auch noch in WordPress.

Die in Abschnitt 7.7, »Bilder direkt in WordPress bearbeiten«, beschriebene integrierte Bildbearbeitung ist aber in erster Linie für das Feintuning der Bilder gedacht. WordPress benötigt zur Bearbeitung von Bildern eine Menge Arbeitsspeicher, der nicht in jeder Serverumgebung zur Verfügung steht, und außerdem entstehen dabei zahlreiche zusätzliche Dateien, die allesamt Speicherplatz auf dem Webspace belegen. Es ist also empfehlenswert, die Bilder vor dem Hochladen so gut wie möglich vorzubereiten.

7.2.2   Das Beispielfoto für die Optimierung

Abbildung 7.8 zeigt das in diesem Abschnitt verwendete Foto aus den Beispieldateien im Windows-Explorer. Im Folgenden möchte ich Ihnen zeigen, wie Sie ein solches Foto Schritt für Schritt optimieren.

Abbildung 7.8 Die Originalgrafik im Windows-Explorer

Das Beispielfoto purzelte aus einer Digitalkamera direkt auf die Festplatte und hatte dabei folgende Werte:

▶ Dateiname: *IMG_4206.JPG*

▶ Dateigröße: ca. 6 MB

▶ Bildgröße: 4.272 × 2.848 Pixel

Der Bildausschnitt muss für das Beispielfoto nicht optimiert werden, da es sich um ein Panoramabild handelt und nicht nur ein bestimmter Ausschnitt gezeigt werden soll.

Bilder bearbeiten: Zuerst eine Kopie erstellen

Eine Grundregel bei der Bearbeitung von Bildern ist, dass Sie zunächst immer eine Kopie der Datei erstellen. Falls dann bei der Optimierung der Datei etwas schiefgehen sollte, können Sie so wieder von vorne anfangen.

7.2.3   Schritt 1: Umbenennen – den Dateinamen optimieren

Sie beginnen die Optimierung mit der Anpassung des Dateinamens. Ein guter Dateiname enthält weder Leerstellen noch Umlaute und beschreibt den Inhalt der Grafik, wenn man sie gerade nicht sieht.

Der aktuelle Dateiname *IMG_4206.JPG* wurde von der Kamera automatisch vergeben. Er enthält zwar keine Leerstellen oder Umlaute, sagt aber nichts über den Inhalt des Bildes. Das Beispielfoto zeigt die Altstadt von Porto in der Dämmerung, und ein passender Dateiname wäre z. B.:

▶ *porto-altstadt-daemmerung.jpg*

Dieser Dateiname stellt auch gleich einige Suchbegriffe zur Verfügung, sodass das Foto in Suchmaschinen bei einer Suche nach »Porto« oder »Altstadt« schon mit in den Auswahltopf für die Ergebnisseiten kommt. In der Mediathek werden Sie später noch weitere Informationen zum Inhalt der Grafik speichern, wie z. B. einen Titel, eine Bildunterschrift und eine Beschreibung (siehe Abschnitt 7.3.3).

7.2.4   Schritt 2: Komprimieren – die Dateigröße reduzieren

Frisch aus der Kamera hat die Grafik ein Gewicht von etwa 6 MB. Da das für ein Bild im Web viel zu viel ist, wird dem Foto zunächst eine Schlankheitskur verordnet.

Spezielle Dienste wie *JPEGmini.com* sind beim Komprimieren von Fotos meist effektiver als die Funktion FÜR WEB SPEICHERN UNTER … in einer Bildbearbeitung. Probieren Sie es einfach aus: Surfen Sie zur Website *jpegmini.com*, laden Sie das gewünschte Foto hoch, und schauen Sie sich das Ergebnis an. Abbildung 7.9 zeigt das Beispielfoto vor und nach der Schlankheitskur: Das Bild wurde um den Faktor 3,5 von ungefähr 6 MB auf 1,7 MB reduziert und sieht für Betrachter genauso aus wie vorher.

Abbildung 7.9 »JPEGmini.com« in Aktion – von 6.042 KB auf 1.720 KB

Weitere Tools zur Optimierung von Bildern

Weitere webbasierte Optimierungstools für Bilder sind z. B.:

▶ *tinypng.com* (auch für JPG)

▶ *kraken.io*

JPEGmini gibt es auch als Windows- und Mac-Programm. Für Macs gibt es außerdem noch das kostenlose Programm *ImageOptim* (*imageoptim.com*).

7.2.5   Schritt 3: Skalieren – die Bildgröße reduzieren

Im letzten Schritt reduzieren Sie mit einer beliebigen Bildbearbeitung die Bildgröße des Fotos. Falls Sie das Einsatzgebiet des Bildes und die benötigte Pixelbreite bereits genau kennen, können Sie das Bild entsprechend dimensionieren.

Falls Sie noch nicht genau wissen, wo und wie das Bild zum Einsatz kommen wird, reduzieren Sie es so, dass es auf der längeren Seite etwa 2.000 Pixel hat. Das erscheint zunächst wahnsinnig viel, aber damit ist das Bild im Web für fast alle denkbaren Situationen ausreichend dimensioniert. WordPress benutzt dieses Bild als Basis und erzeugt davon mehrere kleinere Versionen, die dann in Beiträgen und Seiten eingebunden werden.

Nach der Reduktion der Bildgröße ist das Beispielfoto 2.048 × 1.365 Pixel groß und »wiegt« noch etwas mehr als 500 KB (Abbildung 7.10). Im nächsten Abschnitt werden

Sie das optimierte Foto in die Mediathek hochladen und mit Detailinformationen versehen.

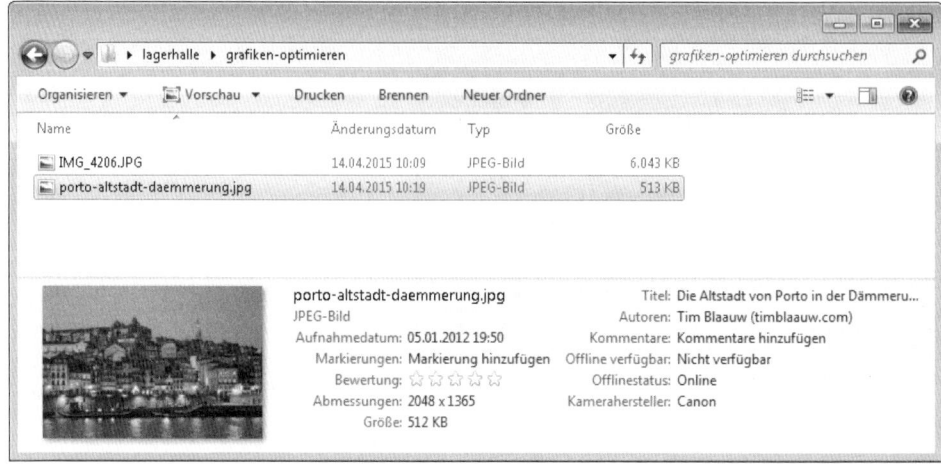

Abbildung 7.10 Die optimierte Grafik im Windows-Explorer

Rechtliches zu Bildern

Beim Veröffentlichen von Bildern sollte man sich zumindest grundlegend über die rechtli-
che Situation informieren, um Abmahnungen wegen Rechtsverletzungen zu vermeiden.

Eine sehr ausführliche Quelle zum Thema Bilder und Recht ist das Blog der Rechtsan-
wälte Tölle und Wagenknecht:

▶ *rechtambild.de*

Rechtsanwalt Thomas Schwenke ist ausgewiesener Fachmann für Social-Media-Recht.
In seinem Blog hat er einen FAQ-Bereich zum Thema Abmahnungen wegen unerlaubter
Bildnutzung zusammengestellt:

▶ *rechtsanwalt-schwenke.de/faq-abmahnung-unerlaubte-bildernutzung/*

Falls Sie also eine Abmahnung erhalten haben, tief durchatmen und dann lesen.

7.3   Dateien in der Mediathek verwalten

Die Mediathek dient der Verwaltung der hochgeladenen Dateien. In diesem Abschnitt
lernen Sie verschiedene Ansichten kennen, laden Dateien hoch und sehen, wie Sie für
die hochgeladenen Dateien diverse Detailinformationen eingeben können.

7.3.1   Dateien hochladen direkt in der Mediathek

In Abschnitt 7.1, »Schnelldurchlauf: Ein Bild auf »Über mich« einfügen«, haben Sie beim Bearbeiten einer Seite direkt im Editor ein Bild hochgeladen. Das ist ein gängiger und guter Weg, aber es gibt noch eine Alternative, die ich Ihnen in diesem Abschnitt kurz vorstellen möchte, nämlich das Hochladen einer Datei direkt in der Mediathek, ohne dass gerade eine Seite oder ein Beitrag bearbeitet wird.

Öffnen Sie dazu zunächst die Seite MEDIEN • DATEI HINZUFÜGEN ❶, entweder über die Menüleiste oder über die Admin-Leiste mit dem Befehl NEU • DATEI.

Abbildung 7.11 zeigt die daraufhin erscheinende Seite NEUE DATEIEN HOCHLADEN. Zum Hochladen von Dateien haben Sie zwei Möglichkeiten:

▶ Sie können die gewünschten Dateien mit der Schaltfläche DATEIEN AUSWÄHLEN in einem Dialogfeld auswählen ❷.

▶ Sie können die Dateien mit der Maus direkt aus dem Explorer oder Finder in den Bereich mit der gestrichelten Umrandung ziehen ❸.

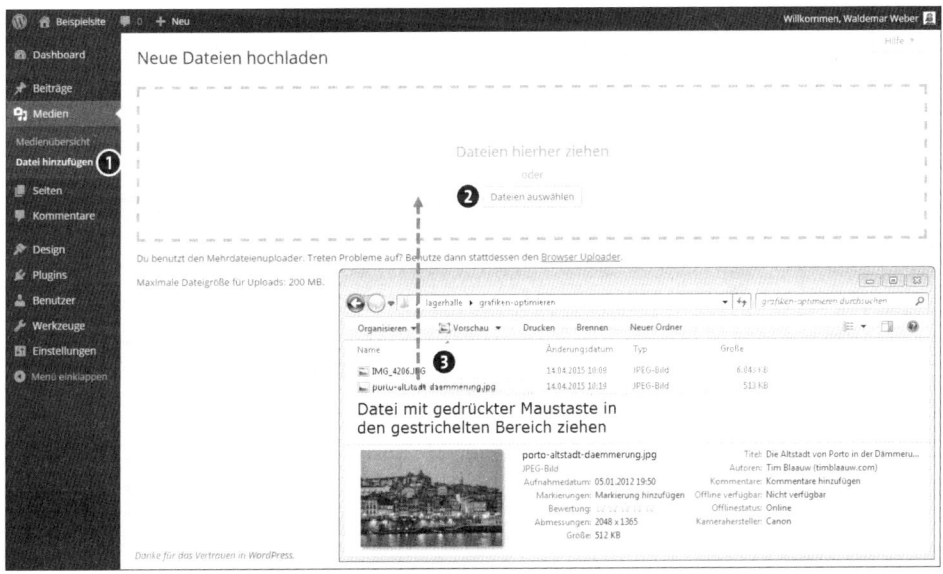

Abbildung 7.11 Dateien hochladen in die Mediathek

In Abbildung 7.12 sehen Sie, dass eine hochgeladene Datei unterhalb des gestrichelten Upload-Bereichs gelistet wird. Der Link BEARBEITEN rechts am Rand führt übrigens direkt zur Seite MEDIUM BEARBEITEN, die etwas weiter unten in Abschnitt 7.3.3 detailliert vorgestellt wird.

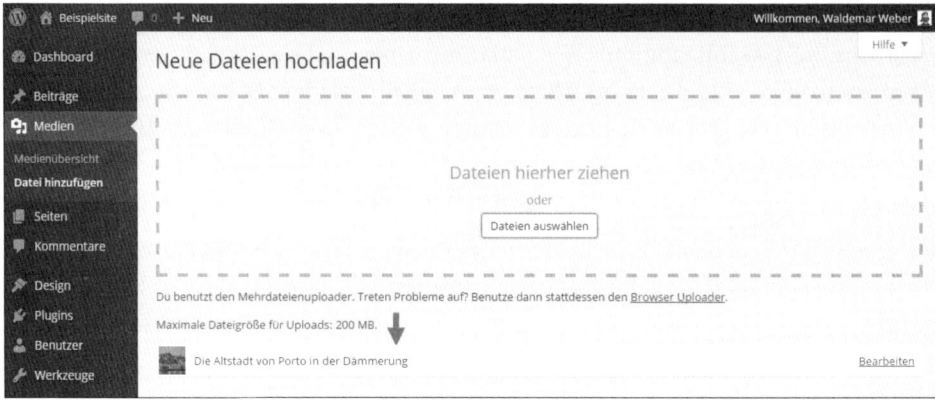

Abbildung 7.12 Die Datei wurde erfolgreich hochgeladen.

7.3.2   Die Medienübersicht: Listenansicht oder Gridansicht

Wenn Sie den Menüpunkt MEDIEN anklicken, landen Sie direkt in der MEDIENÜBER-SICHT, die entweder als *Liste* in Tabellenform oder als *Grid* mit den Bildern als Kacheln dargestellt wird.

Abbildung 7.13 zeigt die Medienübersicht als Liste. Diese Ansicht erinnert an die Übersichten für Beiträge und Seiten und zeigt zu jeder Datei ausführliche Informationen an.

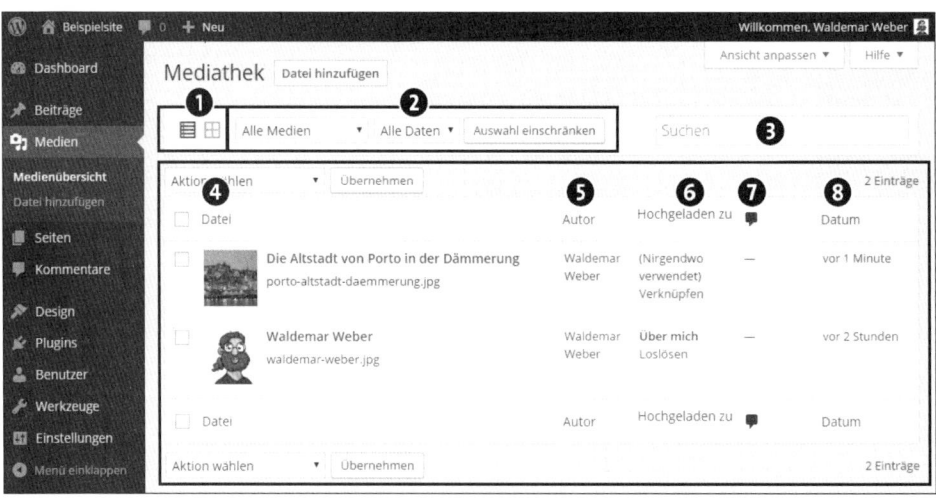

Abbildung 7.13 Die Medienübersicht als Liste

Oberhalb der eigentlichen Übersicht gibt es noch ein paar Optionen. Dort können Sie ...

▶ ... zwischen Listen- und Gridansicht umschalten ❶.

▶ ... die angezeigten Dateien filtern ❷.

▶ ... nach bestimmten Dateien suchen ❸.

Die Übersichtstabelle aus Abbildung 7.13 hat folgende Spalten:

▶ DATEI ❹. Hier steht der Titel der Datei. Standardmäßig ist das der Dateiname ohne die Endung. Mit dem Menü, das bei Mausberührung erscheint, können Sie die Datei BEARBEITEN, UNWIDERRUFLICH LÖSCHEN oder auf einer automatisch erzeugten Anhang-Seite ANSCHAUEN.

▶ AUTOR ❺ gibt an, welcher Benutzer die Datei hochgeladen hat.

▶ HOCHGELADEN ZU ❻ zeigt den Beitrag oder die Seite, in der die Datei verwendet wird. Das ist aber nicht sehr zuverlässig, denn wenn die Datei in mehreren Beiträgen oder Seiten eingebunden sein sollte, wird hier nur die erste Fundstelle angezeigt.

▶ Die Spalte mit der Sprechblase ❼ listet die Anzahl der auf der Anhang-Seite für diese Datei vorhandenen Kommentare.

▶ DATUM ❽ zeigt an, wann die Datei hochgeladen wurde.

Abbildung 7.14 zeigt die Gridansicht, die ihren Charme aber erst richtig ausspielt, wenn viele Bilder in der Mediathek sind. Sie stellt weniger Informationen dar als die Listenansicht, ist bei Bildern aber hübscher und übersichtlicher.

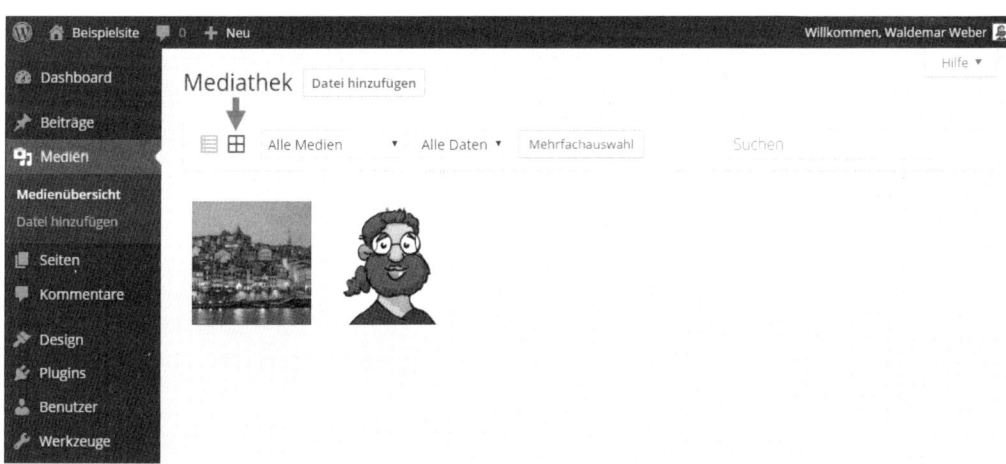

Abbildung 7.14 Die Medienübersicht als Grid

Alle Felder in der Mediathek durchsuchen

Die Suche in der Mediathek von WordPress durchsucht leider nicht alle Felder. Das folgende einfache Plugin schafft Abhilfe:

▶ *Media Search Enhanced*
  de.wordpress.org/plugins/media-search-enhanced/

Wie man Plugins installiert, erfahren Sie in Kapitel 14.

7.3.3   »Medium bearbeiten«: Titel, Bildunterschrift, Alt-Text und Beschreibung

Bei der Bearbeitung von Bildern in der Mediathek gibt es eine kleine Inkonsistenz, die besonders für Einsteiger anfangs verwirrend ist, denn in der Listenansicht und der Gridansicht werden zur Bearbeitung einer Datei unterschiedliche Seiten aufgerufen:

▶ Wenn Sie in der Listenansicht ein Bild bearbeiten, erhalten Sie die in Abbildung 7.15 gezeigte Seite MEDIUM BEARBEITEN.

▶ Wenn Sie in der Gridansicht ein Bild bearbeiten, landen Sie auf der Seite DATEIAN-HANG-DETAILS (Abbildung 7.16).

Da die Seite MEDIUM BEARBEITEN übersichtlicher ist und mehr Optionen bietet, empfehle ich Ihnen, die Bilder zunächst aus der Listenansicht heraus zu bearbeiten.

In Abbildung 7.15 sehen Sie die folgenden Bearbeitungsmöglichkeiten:

▶ Der TITEL ❶ basiert nach dem Hochladen zunächst auf dem Dateinamen. Er erscheint im Backend in der Listenansicht der Medienübersicht und im Frontend je nach Theme unter anderem als Überschrift auf der Anhang-Seite, die für jedes Bild automatisch erzeugt wird.

▶ BILDUNTERSCHRIFT ❷. Was Sie hier eingeben, erscheint im Beitrag oder auf der Seite direkt unter dem Bild. Falls Sie keine Bildunterschrift wünschen, lassen Sie das Feld einfach leer.

▶ ALTERNATIVER TEXT ❸ erscheint auf der Webseite, wenn oder solange das Bild nicht dargestellt wird. Suchmaschinen mögen diesen Alt-Text, da er das Bild beschreibt. Im Hinweiskasten zu SEO (Search Engine Optimization) etwas weiter unten wird das genauer erläutert.

▶ Die BESCHREIBUNG ❹ ist optional und erscheint z. B. auf der im nächsten Abschnitt beschriebenen Anhang-Seite als ausführliche Textbeschreibung eines Bildes. Sie können die Beschreibung mit den Schaltflächen darüber formatieren, aber erschrecken Sie beim Ausprobieren nicht, denn die von den Schaltflächen erzeugten HTML-Tags sind, anders als im visuellen Editor, sichtbar.

▶ Der Bereich SPEICHERN ❺ zeigt einige Detailinformationen zum Bild in der Übersicht und enthält die Schaltfläche AKTUALISIEREN zum Speichern der Änderungen.

Abbildung 7.15 zeigt das hochgeladene Foto mit sinnvoll ausgefüllten Formularfeldern.

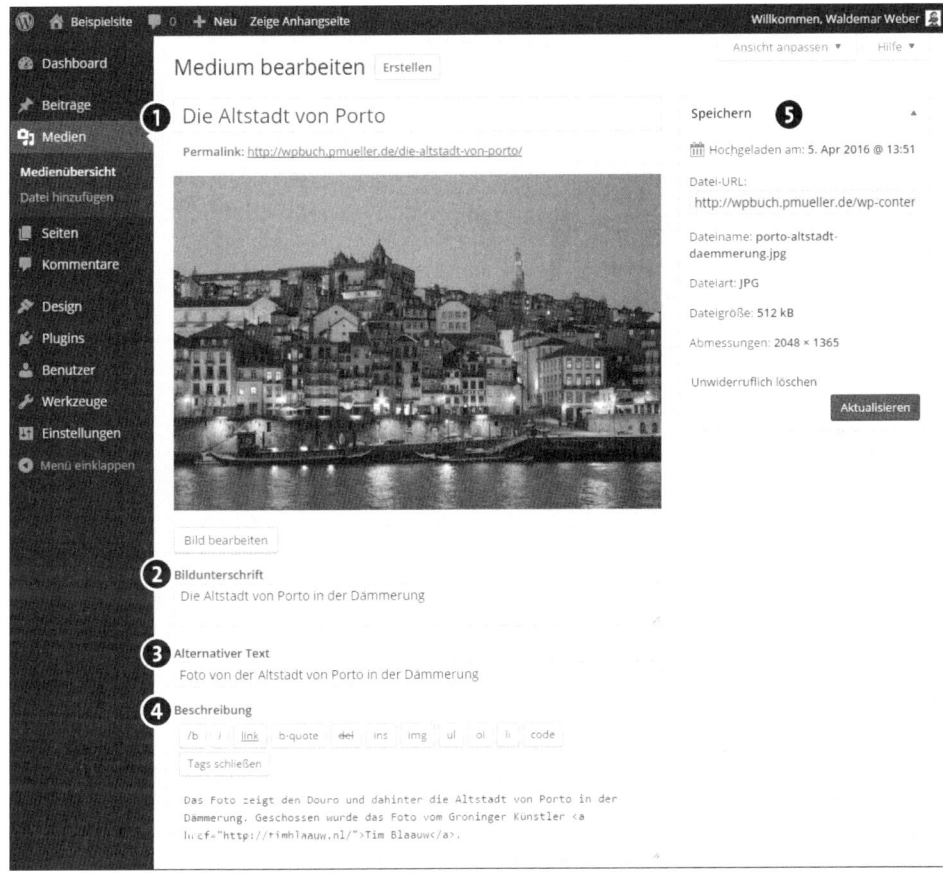

Abbildung 7.15 »Medium bearbeiten« mit ausgefüllten Formularfeldern

Wenn Sie im Feld BILDUNTERSCHRIFT einen Hyperlink einbauen möchten, um z. B. auf eine Bildquelle zu verweisen, müssten Sie den HTML-Quelltext für den Link von Hand eingeben, da dort keine Symbolleiste vorhanden ist. Bequemer ist es, wenn Sie den Hyperlink mit der Schaltfläche LINK im Feld BESCHREIBUNG erstellen und ihn dann ausschneiden und im Feld BILDUNTERSCHRIFT wieder einfügen.

Abbildung 7.16 zeigt der Vollständigkeit halber noch die Seite DATEIANHANG-DETAILS. Diese Seite sehen Sie, wenn Sie in der Gridansicht ein Bild zur Bearbeitung öffnen. Diese Seite enthält zwar dieselben Eingabefelder, aber sie sitzen etwas gedrängt rechts in der Sidebar, und im Feld BESCHREIBUNG fehlt die Formatierungsleiste für HTML-Befehle.

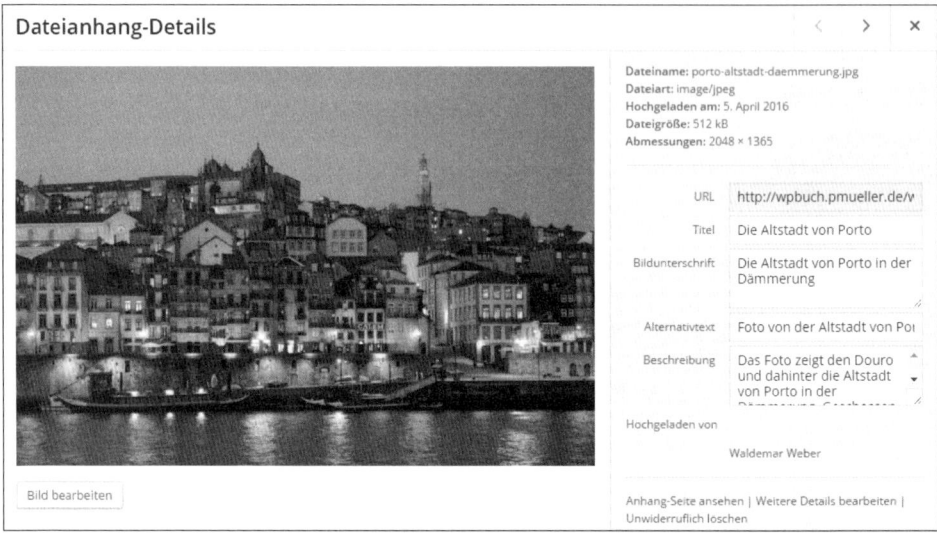

Abbildung 7.16 Gridansicht – »Bild bearbeiten • Dateianhang-Details«

SEO: Suchmaschinen mögen die Detailinformationen für Bilder

SEO bedeutet *Search Engine Optimization*, auf Deutsch *Optimierung für Suchmaschinen*, und die Detailinformationen für Bilder sind ein kleiner Baustein in der Optimierung der Webseiten für die Suchmaschinen.

Suchmaschinen verstehen und analysieren in erster Linie Text. Bilder werden zwar gesammelt, aber die meisten Suchmaschinen wissen nicht wirklich, was darauf zu sehen ist.

Sie versuchen diese Wissenslücke so gut wie möglich zu kompensieren, indem sie nach Textinformationen suchen, die sie der Grafik zuordnen können. Dabei helfen Details wie der Dateiname, eine Bildunterschrift, der alternative Text oder eine ausführliche Beschreibung. Das Ausfüllen dieser Details ist zwar mühsam, sollte aber trotzdem gemacht werden, denn es hilft Ihnen selbst bei der Verwaltung und den Suchmaschinen bei der Indizierung.

Versuchen Sie einfach, der natürlichen Tendenz von »Das mache ich dann später« bewusst entgegenzuwirken. Das ist wie Fußleistenstreichen beim Renovieren einer Wohnung. Wenn man das nicht sofort macht, passiert es nicht mehr.

7.3.4   WordPress erzeugt für jede Mediendatei eine Anhang-Seite

Für jede hochgeladene Mediendatei erstellt WordPress automatisch eine *Anhang-Seite* mit eigener URL, ausführlichen Infos zur Datei und einer Möglichkeit, Kommentare zu verfassen.

Das genaue Aussehen der Anhang-Seite ist abhängig vom verwendeten Theme, aber die in der Mediathek eingegebenen Detailinformationen werden dort eigentlich immer dargestellt.

Um die Anhang-Seite für eine Datei im Browser zu sehen, fahren Sie in der Listenansicht mit der Maus auf die gewünschte Datei und klicken im dann erscheinenden Menü auf den Link ANSCHAUEN. Abbildung 7.17 zeigt die Anhang-Seite für das Beispielfoto:

▶ Anhang-Seiten haben eine eigene URL ❶.

▶ Als Überschrift wird der Titel verwendet ❷.

▶ Unterhalb des Fotos steht die Bildunterschrift ❸.

▶ Die Beschreibung steht in einem eigenen Block unterhalb des Bildes ❹.

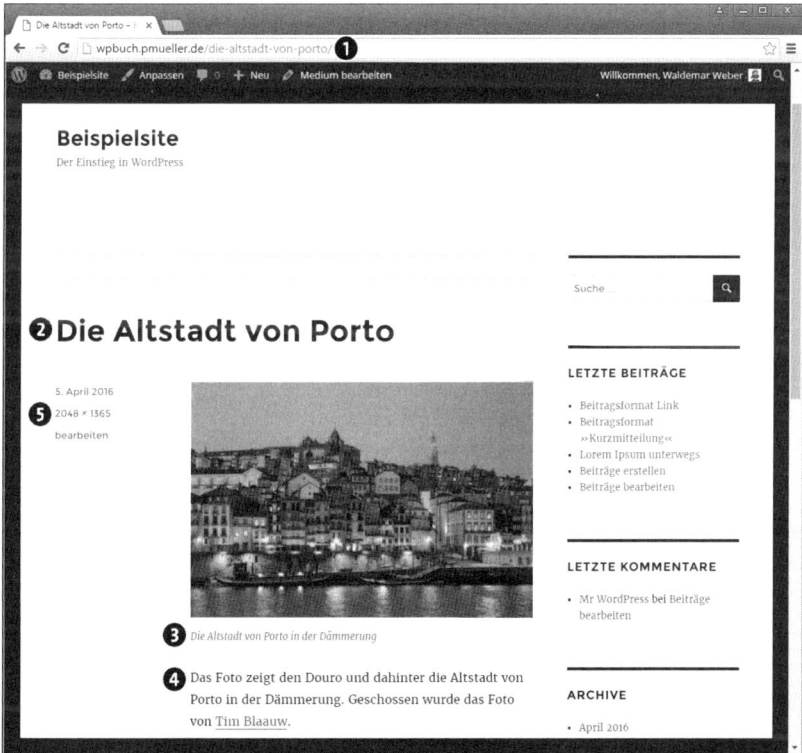

Abbildung 7.17 Die Anhang-Seite für das hochgeladene Foto

Im Theme *Twenty Sixteen* gibt es bei den Metadaten neben dem Upload-Datum noch einen Link zur Anzeige der Originaldatei ➎. Als Linktext dient dabei die Größe der Datei in Pixeln.

Die Anhang-Seite kann in WordPress als Linkziel definiert werden

Beim Einfügen eines Bildes in einen Beitrag oder eine Seite kann man auswählen, dass ein Klick auf das Bild die Anhang-Seite aufruft. Die Adresse der Anhang-Seite basiert dann auf dem Permalink des Beitrags und dem Dateinamen des Bildes. Suchmaschinen können dann dem Link zur Anhang-Seite folgen und die dort vorhandenen Informationen dem Bild zuordnen.

7.4   Ausführlich: Bilder in Beiträge und Seiten einfügen

In Abschnitt 7.1 haben Sie im Schnelldurchlauf auf der Seite *Über mich* ein Bild hinzugefügt, in diesem Abschnitt binden Sie ein bereits in der Mediathek gespeichertes Bild in einen Beitrag ein. Dabei werden die zur Verfügung stehenden Optionen ausführlich vorgestellt, aber zunächst erstellen Sie – Übung macht den Meister – einen neuen Beitrag für das Bild. Auf Seiten funktioniert das Einfügen von Bildern übrigens genauso wie in Beiträgen.

7.4.1   Einen neuen Beitrag erstellen

Im folgenden ToDo erstellen Sie zunächst einen kurzen Beitrag, in den Sie dann ein Bild aus der Mediathek einfügen.

ToDo: Einen neuen Beitrag erstellen

1.   Erstellen Sie einen neuen Beitrag.
2.   Fügen Sie einen Titel ein, im Beispiel ist das »Porto in Portugal«.
3.   Geben Sie im Editorfenster etwas Text ein, und fügen Sie nach dem ersten Absatz ein Weiterlesen-Tag ein.
4.   Weisen Sie dem Beitrag eine Kategorie zu, z. B. REISEN.
5.   Falls Sie den Beitrag als Entwurf zwischenspeichern möchten, klicken Sie rechts im Bereich VERÖFFENTLICHEN auf SPEICHERN.

Abbildung 7.18 zeigt den Beitrag im Editor, noch ohne Bild.

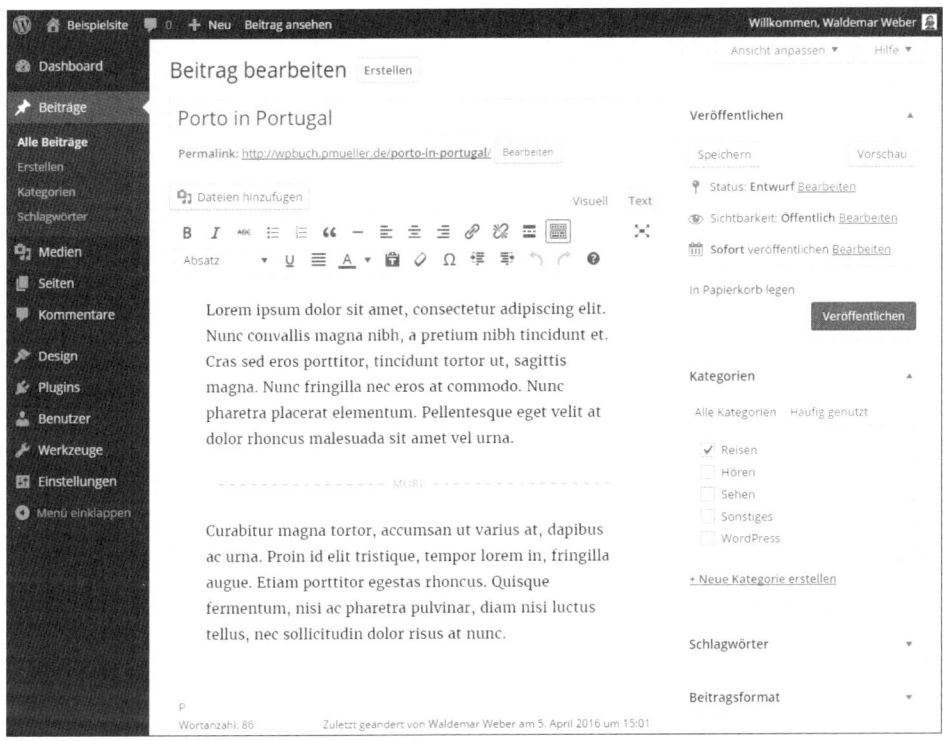

Abbildung 7.18 Beitrag erstellen und die Schaltfläche »Dateien hinzufügen«

7.4.2   »Medien hinzufügen«: Ein großes Bild in einen Beitrag einfügen

Überprüfen Sie zunächst, ob der Cursor an der Stelle steht, an der das Bild eingefügt werden soll Im Beispiel ist das ganz am Anfang des zweiten Absatzes, vor dem ersten Wort *Curabitur.*

Nach einem Klick auf die Schaltfläche DATEIEN HINZUFÜGEN erscheint im Browserfenster das in Abbildung 7.19 dargestellte Dialogfeld MEDIEN HINZUFÜGEN, das Sie im Schnelldurchlauf am Anfang des Kapitels in Abschnitt 7.1.4 bereits kennengelernt haben.

Das Dialogfeld in Abbildung 7.19 zeigt alle in der MEDIATHEK verfügbaren Dateien. Sie können die Dateien nach Medientyp oder Datum filtern oder rechts im Suchfeld einen Suchbegriff eingeben ❶. Je vollständiger die Bilddetails ausgefüllt werden, desto effektiver ist diese Suche.

Das Beispielfoto wurde in Abbildung 7.19 mit einem Klick markiert. Rechts in der Sidebar sehen Sie daher diverse Infos und Optionen zum Bild, die in zwei Bereiche unterteilt sind:

▸ Oben, im Bereich DATEIANHANG-DETAILS ❷, stehen diverse Informationen zur Datei, die hier zum Teil auch bearbeitet werden können. Details dazu finden Sie bei Bedarf in Abschnitt 7.3.3, »›Medium bearbeiten‹: Titel, Bildunterschrift, Alt-Text und Beschreibung«.

▸ Unten, im Bereich DATEIANHANG ANZEIGENEINSTELLUNG ❸, können Sie festlegen, wie das Bild im Beitrag angezeigt werden soll. Diese Optionen werden im Folgenden genauer erläutert.

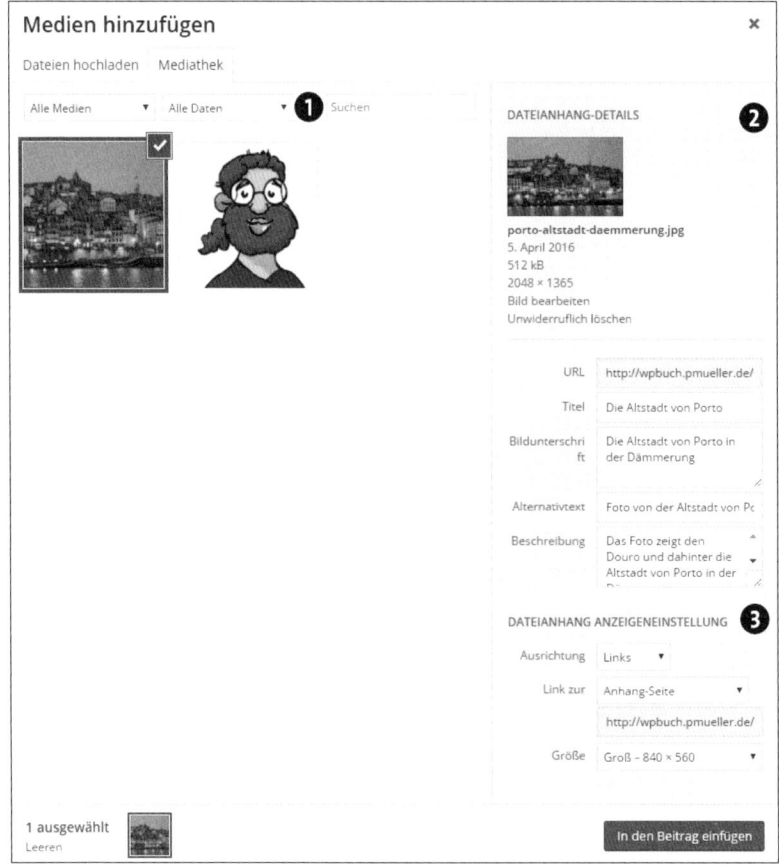

Abbildung 7.19 Das Dialogfeld »Medien hinzufügen«

In diesem Bereich gibt es diverse Optionen, die die Darstellung des Bildes im Beitrag betreffen:

▸ AUSRICHTUNG bietet eine Dropdown-Liste mit den Optionen LINKS, ZENTRIERT, RECHTS oder KEINE. Bei ZENTRIERT und KEINE erscheint es in einer eigenen Zeile, bei

LINKS und RECHTS steht das Bild neben dem Text. Letzteres kann auf großen Bildschirmen gut aussehen, aber auf kleineren Geräten eher nicht, wenn z. B. nur wenige Buchstaben neben den Text passen ...

▶ Die Optionen zur Verlinkung unter LINK ZUR definieren, was passiert, wenn ein Benutzer im Frontend auf das eingefügte Bild klickt:

  – MEDIEN-DATEI ruft die Originalgrafik im Browserfenster auf.

  – ANHANG-SEITE ruft die automatisch erstellte Anhang-Seite auf (siehe Abschnitt 7.3.4).

  – BENUTZERDEFINIERTE URL ruft die eingegebene URL auf.

  – KEINE bewirkt, dass das Bild im Frontend nicht anklickbar ist.

▶ Bei der GRÖSSE des Bildes haben Sie vier Optionen zur Auswahl:

  – VORSCHAUBILD fügt ein kleines Vorschaubild ein.

  – MITTEL fügt, tja, ein mittelgroßes Vorschaubild ein.

  – GROSS steht für ein großes Vorschaubild.

  – VOLLSTÄNDIGE GRÖSSE platziert die hochgeladene Datei im Beitrag, aber die Grafik wird dabei nicht größer als die Inhaltsspalte.

Die Pixelangaben hinter den Optionen variieren je nach Theme, Bildgröße der Datei und Einstellungen für die Mediathek.

Das folgende ToDo zeigt, wie Sie ein Bild in einen Beitrag einfügen.

ToDo: Ein großes Bild in einen Beitrag einbinden

1. Prüfen Sie, ob der Cursor im Beitrag an der gewünschten Stelle steht.

2. Klicken Sie im Editor auf die Schaltfläche DATEIEN HINZUFÜGEN oberhalb der Formatierungsleiste.

3. In der Mediathek markieren Sie die gewünschte Datei mit einem Klick. Falls die Datei noch nicht in der Mediathek ist, können Sie hier auch die DATEIEN HOCHLADEN und dann mit Schritt 4 weitermachen.

4. Überprüfen Sie die DATEIANHANG-DETAILS, und korrigieren Sie sie, falls erwünscht.

5. Wählen Sie im Bereich DATEIANHANG ANZEIGENEINSTELLUNG die gewünschten Optionen aus, z. B. LINKS, ANHANG-SEITE und GROSS.

6. Klicken Sie in der Mediathek auf die Schaltfläche IN DEN BEITRAG EINFÜGEN.

7. Betrachten Sie den Beitrag mit einem Klick auf die Schaltfläche VORSCHAU in einem neuen Tab im Frontend.

8. Wenn alles in Ordnung ist, können Sie den Artikel mit der Schaltfläche VERÖFFENTLICHEN für die Anzeige im Frontend freischalten.

Nach diesem ToDo ist im Beitrag zwischen den beiden Absätzen ein großes Bild zu sehen. Abbildung 7.20 zeigt den Beitrag mit Bild im Frontend.

Abbildung 7.20 Ein großes Bild am Anfang des Textes

7.4.3   Ein Bild im Editor nachträglich bearbeiten

Sie können sowohl das Bild als auch die Bildunterschrift nach dem Einfügen im Beitrag direkt im Editor verändern und z. B. die Ausrichtung oder die Größe des Bildes anpassen.

Wenn Sie das Bild im Editor markieren, erscheint über dem eingefügten Bild eine kleine Symbolleiste. Klicken Sie in dieser Symbolleiste auf das Bleistiftsymbol zum Bearbeiten des Bildes, erscheint das in Abbildung 7.21 gezeigte Dialogfeld BILD-DETAILS.

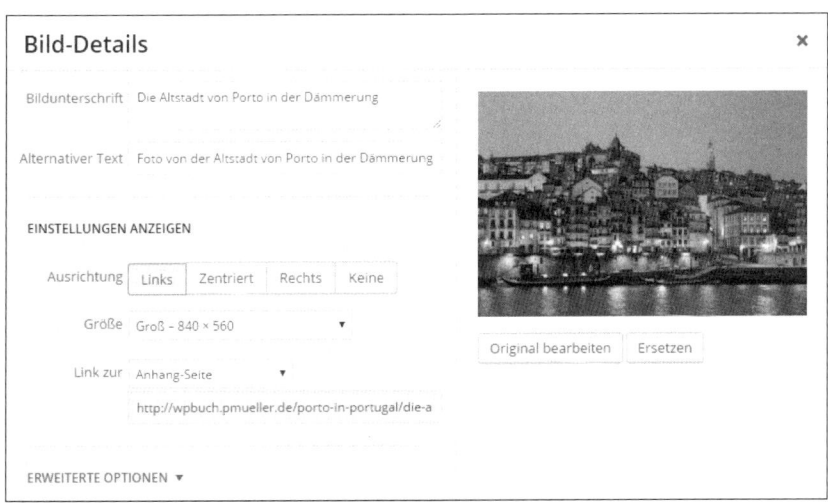

Abbildung 7.21 Das Dialogfeld »Bild-Details« zur Bearbeitung des Bildes

Neben alten Bekannten wie BILDUNTERSCHRIFT, ALTERNATIVER TEXT und AUSRICHTUNG gibt es in der Dropdown-Liste GRÖSSE die Möglichkeit, eine INDIVIDUELLE GRÖSSE auszuwählen.

Außerdem können Sie im unteren Bereich noch ERWEITERTE OPTIONEN einblenden. Dort gibt es unter anderem das Kontrollkästchen LINK IN EINEM NEUEN TAB ÖFFNEN. Die meisten anderen Optionen sind eher für WordPress-Benutzer, die fließend HTML und CSS sprechen.

Unterhalb des Vorschaubildes sehen Sie noch die Schaltflächen ORIGINAL BEARBEITEN, um das Bild mit der internen Bildbearbeitung zu öffnen (siehe Abschnitt 7.7), und ERSETZEN, mit der Sie das vorhandene Bild durch ein anderes Bild aus der Mediathek ersetzen können. Die Schaltfläche AKTUALISIEREN rechts unten speichert die Einstellungen.

Im folgenden ToDo markieren Sie das Bild und ändern die Einstellungen so, dass es größer als 840 Pixel wird. Im Theme *Twenty Sixteen* werden Bilder, die in einem Beitrag unterhalb der Metadaten stehen und breiter als 840 Pixel sind, über die volle Breite dargestellt, was sehr hübsch aussieht.

ToDo: Ein Bild im Editor nachträglich bearbeiten

1. Öffnen Sie den Beitrag mit dem Bild im Editor.
2. Markieren Sie das Bild mit einem Klick.
3. Klicken Sie in der kleinen Symbolleiste auf den Bleistift, um das Bild zu bearbeiten.

---

4. Wählen Sie auf der Seite BILD-DETAILS folgende Optionen:

   – AUSRICHTUNG: KEINE

   – GRÖSSE: VOLLSTÄNDIGE GRÖSSE

5. Speichern Sie die Änderungen mit einem Klick auf AKTUALISIEREN.

6. Klicken Sie auf der Seite BEITRAG BEARBEITEN ebenfalls auf die Schaltfläche AKTUALI-SIEREN, um die Änderungen zu speichern.

7. Betrachten Sie den Beitrag im Frontend.

Abbildung 7.22 zeigt das eingefügte Bild im Beitrag. Das Bild erstreckt sich wie gesagt über die volle Breite, da es unterhalb der Metadaten steht und breiter als 840 Pixel ist.

Abbildung 7.22 Das eingefügte Bild im Frontend

7.5   Beitragsbilder sind besondere Bilder

Jedem Beitrag kann ein sogenanntes *Beitragsbild* zugeordnet werden. Was es damit auf sich hat und wie man das macht, erläutert dieser Abschnitt. Beitragsbilder gibt es zwar in den allermeisten, aber nicht in jedem Theme. Falls es also in Ihrem Theme den Bereich BEITRAGSBILD nicht gibt, kann das erstens sein und würde zweitens nicht für das Theme sprechen. Jedenfalls nicht, wenn Sie gerne ein Beitragsbild verwenden würden.

7.5.1   Beitragsbilder sind Bilder, die nicht im Inhaltsbereich stehen

Beitragsbilder hießen in früheren WordPress-Versionen *Artikelbilder* und firmieren im englischen Original als *Featured Image* oder *post thumbnail*, was etwa so viel wie *Vorschaubild für einen Beitrag* bedeutet. Alle diese Begriffe meinen dasselbe: Ein Bild, das einem Beitrag oder einer Seite zugeordnet wird und zu diesem Beitrag oder der Seite gehört, das Sie aber nicht im Inhaltsbereich des Editors einfügen.

Bei der Bearbeitung eines Beitrags sehen Sie rechts neben dem Editor einen Bereich namens BEITRAGSBILD, in dem es einen Link mit der Beschriftung BEITRAGSBILD FEST-LEGEN gibt. Ein Klick bringt Sie in die Mediathek, wo Sie ein Bild auswählen und als Beitragsbild definieren können. Abbildung 7.23 zeigt diesen Bereich mit Beitragsbild.

Abbildung 7.23 Der Bereich »Beitragsbild« mit einem Beitragsbild

Wo, wann und wie ein solches Beitragsbild im Frontend genau erscheint, ist abhängig vom verwendeten Theme. Manchmal steht es als großes Bild ober- oder unterhalb des Titels, und manchmal findet man es in Beitragsübersichten als Thumbnail. WordPress schneidet Beitragsbilder automatisch passend zurecht. Ob es sinnvoll ist, für einen Beitrag ein Beitragsbild festzulegen, hängt nicht zuletzt davon ab, wie es in Ihrem Theme verwendet wird.

7.5.2 Ein Beitragsbild festlegen

Am besten probieren Sie die Sache mit dem Beitragsbild einfach aus, und genau das machen Sie im folgenden ToDo.

ToDo: Ein Beitragsbild für einen Beitrag festlegen

1. Öffnen Sie einen Beitrag zur Bearbeitung im Editor.
2. Blenden Sie rechts neben dem Editor den Bereich BEITRAGSBILD ein, und klicken Sie auf den Link BEITRAGSBILD FESTLEGEN.
3. Markieren Sie in der Mediathek das hochgeladene Bild, und klicken Sie auf die Schaltfläche BEITRAGSBILD FESTLEGEN.
4. Im Bereich BEITRAGSBILD rechts neben dem Editor sehen Sie jetzt eine Vorschau des Bildes (Abbildung 7.23).
5. Speichern Sie die Änderungen mit der Schaltfläche AKTUALISIEREN.
6. Öffnen Sie den Beitrag im Frontend, und schauen Sie, wo und wann in Ihrem Theme das Beitragsbild erscheint.

Nach diesem ToDo hat der Beitrag ein Beitragsbild, das sich im Frontend zwischen Titel und Fließtext über die volle Breite der Inhaltsspalte erstreckt (Abbildung 7.24).

Beitragsbilder können die Beitragsseite unübersichtlich machen

In vielen Themes wird ein Beitragsbild auch auf der Beitragsseite angezeigt, und wenn dort alle Beiträge ein großes Beitragsbild haben, kann das sehr schnell sehr unübersichtlich werden.

Bei der intensiven Verwendung von Beitragsbildern sollten Sie also einfach ein bisschen darauf achten, ob die Beitragsseite auch okay aussieht.

Abbildung 7.24 Ein Beitragsbild im Frontend (Theme »Twenty Sixteen«)

7.6   Bildergalerien erstellen und bearbeiten

Die Mediathek von WordPress hat eine integrierte Funktion zur Erstellung einer Bildergalerie, die Sie in diesem Abschnitt kennenlernen.

7.6.1   Schritt 1: Eine neue Galerie erstellen

Um eine neue Galerie zu erstellen, öffnen Sie den Beitrag oder die Seite, positionieren den Cursor an der gewünschten Stelle und klicken dann wie beim Einfügen von Bildern auf die Schaltfläche DATEIEN HINZUFÜGEN oberhalb der Formatierungsleiste des Editors.

In der Mediathek klicken Sie in der Sidebar ganz links auf den Link GALERIE ERSTELLEN (❶, Abbildung 7.25).

Zur Erstellung der Galerie klicken Sie auf alle Bilder, die Sie der Galerie hinzufügen möchten ❷. Die markierten Bilder bekommen rechts oben ein graues Häkchen, das beim zuletzt angeklickten Bild farbig ist. Die Informationen rechts im Bereich DATEIAN-HANG-DETAILS ❸ gelten immer für das zuletzt markierte Bild.

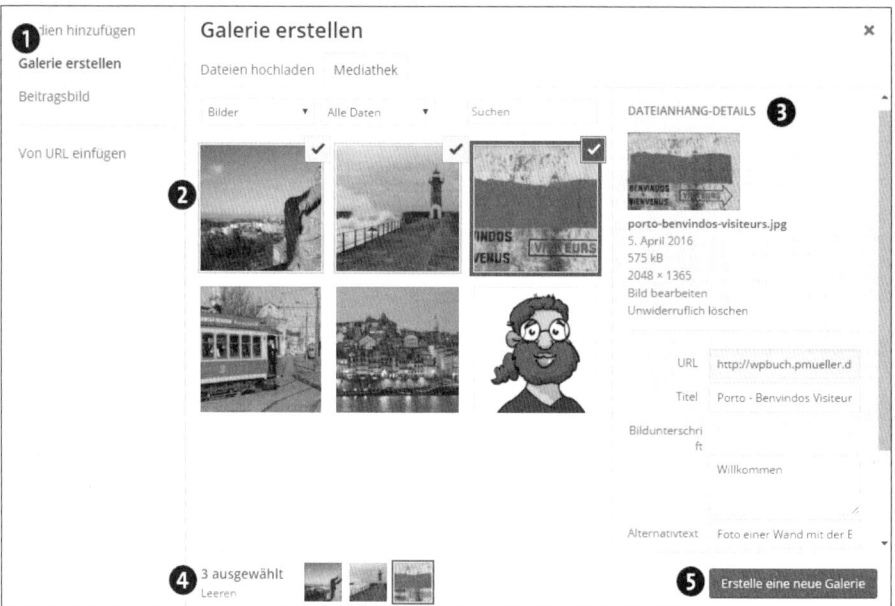

Abbildung 7.25 Eine neue Bildergalerie erstellen

Unten auf der Seite sehen Sie eine Übersicht ❹, in der Sie mit dem Link LEEREN alle Bilder mit einem Klick aus der Galerie entfernen können. Wenn alles stimmt, klicken Sie auf die Schaltfläche ERSTELLE EINE NEUE GALERIE ❺. Und genau das machen Sie im folgenden ToDo.

ToDo: Eine neue Galerie erstellen

1. Öffnen Sie den Beitrag, in dem Sie eine Galerie erstellen möchten.

2. Erzeugen Sie an der Stelle im Beitrag, an der die Galerie erscheinen soll, einen leeren Absatz.

3. Klicken Sie auf die Schaltfläche DATEIEN HINZUFÜGEN oberhalb der Formatierungsleiste des Editors, um die Mediathek aufzurufen.

4. Klicken Sie in der Mediathek ganz links auf den Link GALERIE ERSTELLEN.

5. Klicken Sie auf alle Bilder, die in der Galerie erscheinen sollen. Falls die gewünschten Bilder noch nicht in der Mediathek sein sollten, können Sie das mit dem Register DATEIEN HOCHLADEN nachholen.

6. Überprüfen Sie für jedes Bild kurz die DATEIANHANG-DETAILS, und korrigieren Sie sie, falls nötig.

7. Klicken Sie auf die Schaltfläche NEUE GALERIE ERSTELLEN, um eine Galerie zu erstellen.

Noch ist die Galerie zwar nicht im Beitrag eingefügt worden, aber nach diesem ToDo haben Sie eine Galerie erstellt, deren Einstellungen und Eigenschaften im nächsten Schritt genauer festgelegt werden.

7.6.2   Schritt 2: Die Einstellungen für die Galerie bearbeiten

Nach der Erstellung der Galerie wird automatisch die in Abbildung 7.26 dargestellte Seite GALERIE BEARBEITEN aufgerufen.

Abbildung 7.26 Bildreihenfolge und »Galerie-Einstellungen« bearbeiten

Die Seite GALERIE BEARBEITEN bietet folgende Möglichkeiten:

▶ Mit dem Link ZUR GALERIE HINZUFÜGEN können Sie nachträglich noch weitere Bilder der Galerie hinzufügen ❶.

▶ Im mittleren Bereich können Sie per Drag & Drop die Reihenfolge der Bilder ändern oder per Klick die SORTIERUNG UMKEHREN ❷.

▶ Ganz rechts werden die GALERIE-EINSTELLUNGEN angepasst ❸. Dort gibt es die folgenden Optionen:

  – Bei LINK ZUR können Sie wie gewohnt ANHANG-SEITE, MEDIEN-DATEI oder KEINE auswählen. Eine benutzerdefinierte URL gibt es hier nicht.

  – Bei SPALTEN können Sie die Anzahl der gewünschten Spalten in der Galerie einstellen, also wie viele Bilder nebeneinander in einer Zeile stehen.

  – ZUFÄLLIGE SORTIERUNG bewirkt, dass die Bilder im Frontend nicht immer in der hier festgelegten Reihenfolge erscheinen.

– GRÖSSE bietet die üblichen Verdächtigen zur Auswahl an. Bei Galerien sind Vorschaubilder sehr beliebt.

Wenn alles okay ist, wird die Galerie mit der Schaltfläche GALERIE EINFÜGEN ❹ in den Beitrag oder die Seite eingefügt, und das erledigen Sie im folgenden ToDo.

ToDo: Die Galerie nach der Erstellung bearbeiten

1. Überprüfen Sie, ob die Reihenfolge der Bilder Ihren Wünschen entspricht, und ändern Sie sie gegebenenfalls.

2. Wählen Sie in den GALERIE-EINSTELLUNGEN die gewünschten Werte, z. B. ANHANG-SEITE, 3 SPALTEN und VORSCHAUBILD.

3. Klicken Sie auf die Schaltfläche GALERIE EINFÜGEN, um die Galerie tatsächlich in den Beitrag einzufügen.

Abbildung 7.27 zeigt die Galerie nach diesem ToDo im Beitrag.

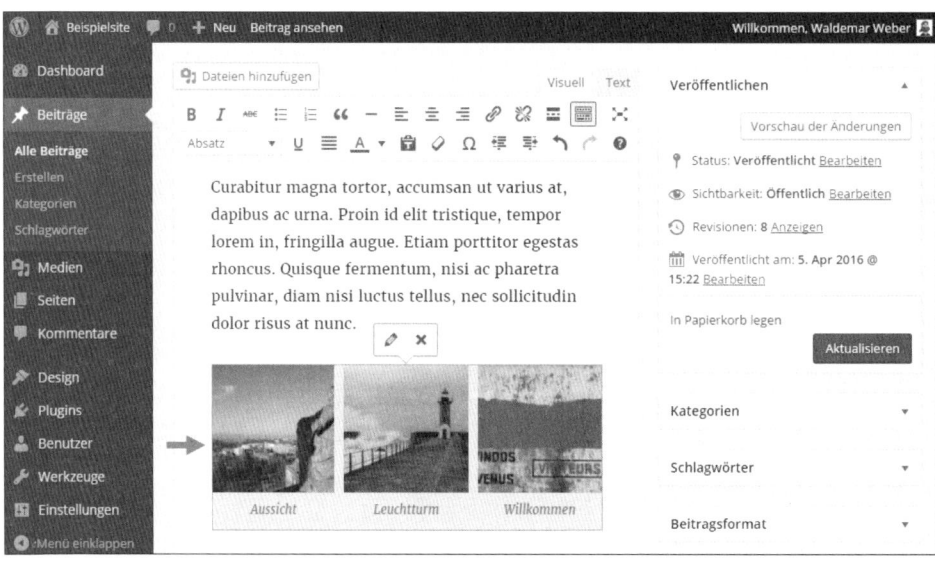

Abbildung 7.27 Die Galerie wurde im Beitrag eingefügt.

In der Abbildung wurde die Galerie mit einem Klick markiert. Das Vorschaubild wird daraufhin hellgrau hinterlegt und erhält wie normale Bilder auch eine kleine Symbolleiste. Zur nachträglichen Bearbeitung der Galerie klicken Sie auf das Bleistiftsymbol.

Eine Galerie wird von WordPress als Shortcode eingefügt

Wenn Sie im Editor rechts oben auf das Register TEXT klicken, sehen Sie, dass die Galerie dort etwa wie folgt aussieht:

```
[gallery ids="86,85,84"]
```

Dieser von eckigen Klammern umgebene Code wird *Shortcode* genannt, und in Abschnitt 10.7, »Shortcodes von WordPress im Texteditor bearbeiten«, erfahren Sie mehr dazu.

7.6.3   Die Galerie im Frontend aufrufen und überprüfen

Abbildung 7.28 zeigt die Galerie im Frontend. Alle drei Bilder stehen in einer Zeile nebeneinander.

Abbildung 7.28 Die Galerie im Frontend

Ein Klick auf ein Bild ruft, wie in den Galerie-Einstellungen festgelegt, die Medien-Datei oder die Anhang-Seite für das Bild auf, und wenn der Mauszeiger über einem Bild verweilt, erscheint links unten im Browser das Linkziel.

Ist das Linkziel die Medien-Datei, kommt der Besucher mit der ZURÜCK-Schaltfläche des Browsers wieder zurück zum Beitrag. Falls die Bilder mit ihren Anhang-Seiten verlinkt wurden, gibt es bei einigen Themes eine Navigation zu den anderen Bildern der Galerie.

Richtig schick: Gekachelte Galerien mit Jetpack

Richtig schick wird die Galerie mit den in Kapitel 15, »Jetpack – die Plugin-Sammlung von Automattic«, vorgestellten Jetpack-Modulen *Gekachelte Galerie* und *Karussell*.

7.7 Bilder direkt in WordPress bearbeiten

Sie können Bilddateien in der Mediathek von WordPress skalieren und beschneiden, sollten das aber wie gesagt so weit wie möglich bereits vor dem Hochladen der Bilder erledigen. Die Bildbearbeitung in der Mediathek ist ideal für das Feintuning, wie z. B. die Optimierung der Vorschaubilder, die ich Ihnen im Folgenden kurz zeigen möchte.

In der eben eingefügten Galerie wäre es schön, wenn man auf dem Bild ganz rechts das Wort *Benvindos* im Vorschaubild lesen könnte (Abbildung 7.28). Im Folgenden soll deshalb mit der Bildbearbeitung in der Mediathek der Ausschnitt für das Vorschaubild so geändert werden, dass das Wort dort ganz zu lesen ist.

7.7.1 Die Seite »Dateianhang-Details« zum Bearbeiten eines Bildes

Je nachdem, ob in der Mediathek die Listenansicht oder die Gridansicht aktiviert war, sieht die durch die Schaltfläche BILD BEARBEITEN aufgerufene Seite leicht anders aus. Die Funktionalität ist zwar in beiden Fällen identisch, aber die Variante über die Gridansicht ist in diesem Fall etwas übersichtlicher, und deshalb werde ich Ihnen diese im Folgenden vorstellen.

Klicken Sie in der Gridansicht auf das Vorschaubild und dann auf die Schaltfläche BILD BEARBEITEN unterhalb des Bildes. Sie sehen daraufhin die in Abbildung 7.29 dargestellte Seite DATEIANHANG-DETAILS.

Die Symbolleiste oberhalb des Bildes stellt zahlreiche Funktionen zur Bearbeitung zur Verfügung:

▶ BILDAUSSCHNITT ❶. Die Schaltfläche ist nur anklickbar, wenn im Bild darunter eine Markierung vorhanden ist.

▶ DREHEN ❷, und zwar links gegen den und rechts im Uhrzeigersinn

▶ KIPPEN ❸, links für vertikal und rechts für horizontal

▶ WIDERRUFEN und WIEDERHOLEN ❹ der letzten Aktionen

Rechts in der Sidebar gibt es die drei Bereiche BILD SKALIEREN ❺, BILDAUSSCHNITT ❻ und VORSCHAUBILD-EINSTELLUNGEN ❼, die im Folgenden vorgestellt werden. Unterhalb des Bildes finden Sie zwei Schaltflächen zum ABBRECHEN der Bearbeitung und zum SPEICHERN der Änderungen ❽.

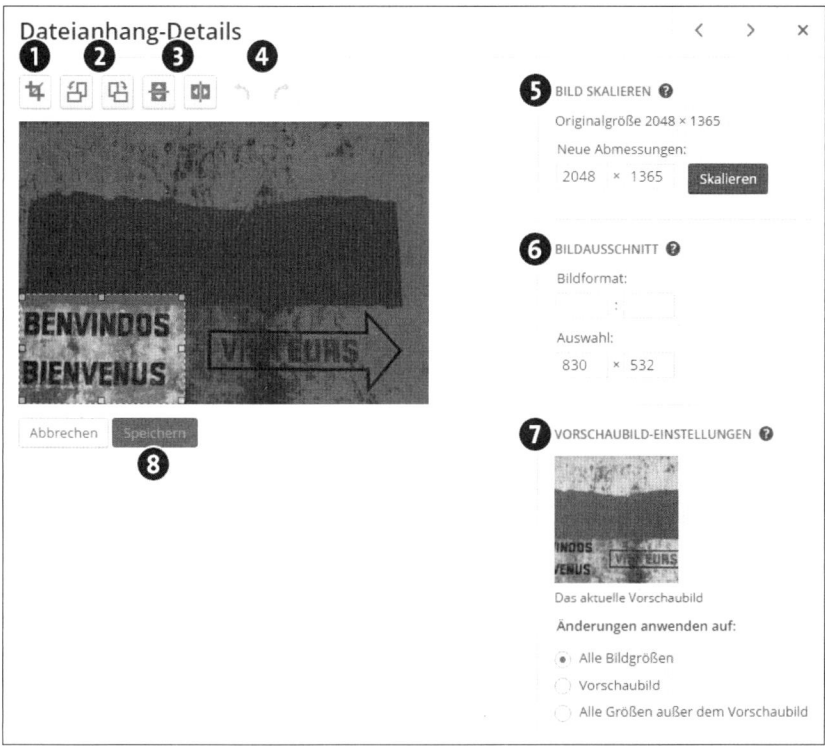

Abbildung 7.29 Gridansicht – Vorschaubild – »Bild bearbeiten«

Sie können das Originalbild wiederherstellen

Falls Sie ein Bild skalieren oder zuschneiden, sind die Änderungen nicht für immer und ewig. WordPress zeigt nach einer gespeicherten Änderung die Option ORIGINALBILD WIEDERHERSTELLEN an, mit der Sie wieder zum Originalbild zurückkehren können.

7.7.2   Option 1: »Bild skalieren« – die Bildgröße verändern

Die Skalierung des Bildes ist, wie in Abschnitt 7.2.5 beschrieben, im Idealfall bereits vor dem Hochladen des Bildes erfolgt. WordPress zeigt hier zur Erinnerung einen Hinweis auf die ORIGINALGRÖSSE des hochgeladenen Bildes, und ein Klick auf das Fragezeichen gibt folgende Hilfestellung:

Du kannst proportional das Originalbild skalieren. Für das beste Ergebnis sollte die Skalierung fertig sein, bevor du das Bild zuschneidest, spiegelst oder drehst. Bilder können nur nach unten, nicht nach oben skaliert werden.

Falls das Bild also noch skaliert werden muss, sollte die Skalierung *vor* den weiteren Aktionen erfolgen.

Für die Skalierung benötigt WordPress wie erwähnt recht viel Arbeitsspeicher auf dem Servercomputer, was auf einem nicht optimalen Webspace durchaus zu Problemen führen kann. Wenn alles klappt, erzeugt WordPress eine neue Datei mit den neuen Abmessungen. Das große Originalbild bleibt ebenfalls auf dem Webspace und belegt den gleichen Speicherplatz wie vorher.

7.7.3   Option 2: »Bildausschnitt« – das Bild zuschneiden

Das Festlegen eines Bildausschnitts ist eine sehr gute Möglichkeit, das Bild genau an die Umgebung im Beitrag oder auf der Seite anzupassen. Insbesondere die Anpassung des Vorschaubildes ist etwas, das Sie hier in der Mediathek hervorragend erledigen können.

Beim Zuschneiden des Bildes arbeiten die in Abbildung 7.29 dargestellte Symbolleiste über dem Bild, die Markierung auf dem Bild und der Bereich BILDAUSSCHNITT rechts neben dem Bild eng zusammen:

▸ Klicken Sie zunächst auf das Bild, und ziehen Sie mit der Maus eine Markierung (auch *Auswahl* genannt) auf. Wenn Sie beim Aufziehen der Markierung die ⬆-Taste gedrückt halten, bekommt sie in etwa die Proportionen der Grafik.

▸ Sie können die Markierung mit der Maus verschieben und die Größe mit den Ziehpunkten verändern. Um beim Ändern der Größe die Proportionen zu erhalten, halten Sie die ⬆-Taste gedrückt (auch wenn in der Onlinehilfe *Steuerungstaste* steht ...).

Das Feintuning für die Markierung auf dem Bild erfolgt rechts im Abschnitt BILDAUS-SCHNITT:

▸ BILDFORMAT: Hier können Sie die Proportionen der Markierung in Zahlen festlegen. Quadratisch ist 1:1, verbreitet sind 16:9 oder 4:3.

▸ AUSWAHL zeigt die Größe der Auswahl auf dem Bild in Pixeln an, aber es funktioniert auch umgekehrt. Wenn Sie also hier die Zahlen ändern, passt sich die Markierung auf dem Bild an.

Der Umgang mit den beiden Optionen BILDFORMAT und AUSWAHL ist ein wenig gewöhnungsbedürftig, denn es gilt immer die zuletzt ausgewählte Aktion. Probieren Sie es einfach aus. Übung macht den Meister.

7.7.4 Option 3: »Vorschaubild-Einstellungen« – nur das Vorschaubild ändern

In der Bildbearbeitung der Mediathek können Sie genau festlegen, für welche Versionen des Bildes die Änderungen gelten sollen (Abbildung 7.30).

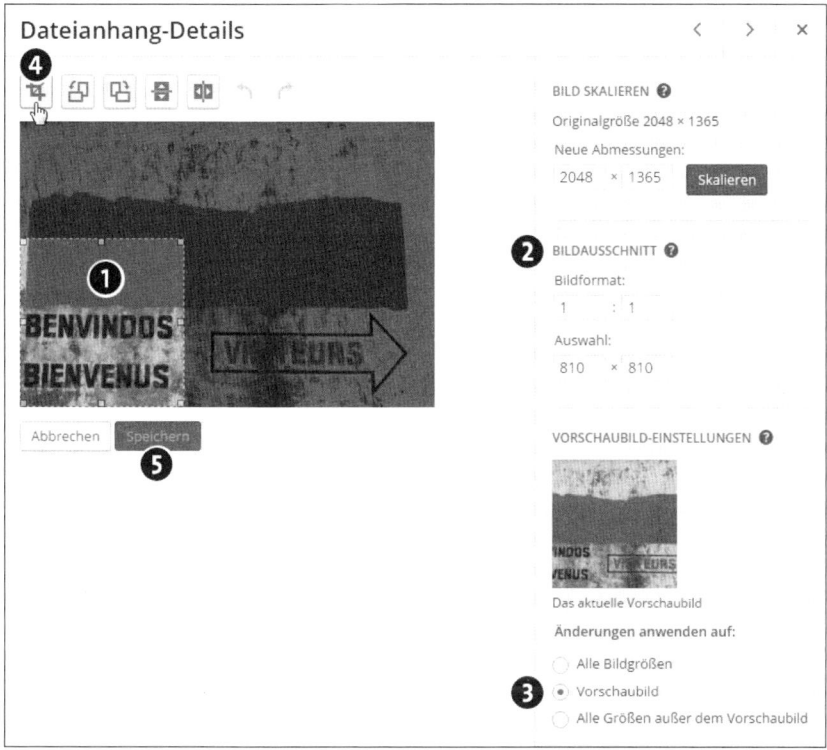

Abbildung 7.30 Bildausschnitt nur für das Vorschaubild ändern

Um den Bildausschnitt nur für das Vorschaubild zu ändern, gehen Sie wie folgt vor:

1. Erstellen Sie auf dem Bild die gewünschte Markierung ❶.
2. Verfeinern Sie die Markierung gegebenenfalls im Bereich BILDAUSSCHNITT ❷.
3. Aktivieren Sie in der Sidebar beim Befehl ÄNDERUNGEN ANWENDEN AUF: die Option VORSCHAUBILD ❸. Die Änderungen gelten dann nur für das Vorschaubild.
4. Klicken Sie in der Symbolleiste auf das erste Symbol AUSSCHNITT ❹. Nach dem Klick wird das Vorschaubild an die Markierung angepasst.
5. Speichern Sie die Änderungen mit einem Klick auf die Schaltfläche SPEICHERN ❺.

Abbildung 7.31 zeigt, dass in der Galerie jetzt das neue Vorschaubild erscheint.

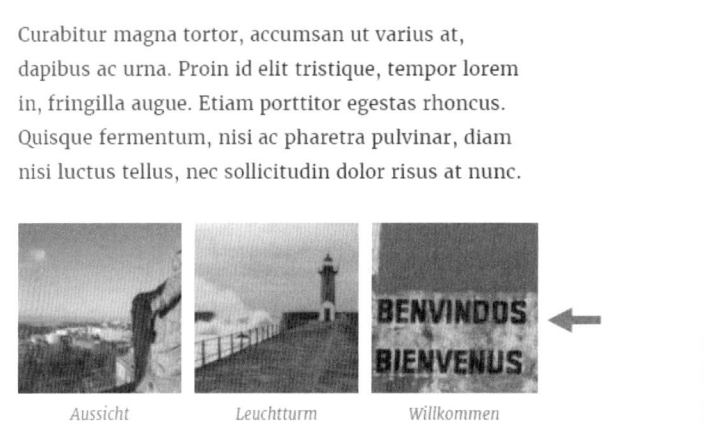

Curabitur magna tortor, accumsan ut varius at, dapibus ac urna. Proin id elit tristique, tempor lorem in, fringilla augue. Etiam porttitor egestas rhoncus. Quisque fermentum, nisi ac pharetra pulvinar, diam nisi luctus tellus, nec sollicitudin dolor risus at nunc.

Aussicht   Leuchtturm   Willkommen

Abbildung 7.31 Das neue Vorschaubild im Frontend

7.8   Auf einen Blick

Die wichtigsten Themen noch einmal im Überblick:

▶ Die Mediathek dient der Aufbewahrung von Bildern und anderen Medien wie PDF-, MP3- und Videodateien.

▶ Über EINSTELLUNGEN • MEDIEN können Sie drei verschiedene Bildgrößen definieren, die WordPress von jedem Bild erzeugt.

▶ Bilder sollten vor dem Hochladen in die Mediathek optimiert werden:

– aussagekräftigen Dateinamen vergeben

– Dateigröße optimieren (komprimieren)

– Bildgröße optimieren (skalieren)

– Bildausschnitt optimieren (zuschneiden)

▶ Dateien können direkt in der Mediathek oder vom Editor aus hochgeladen werden.

▶ In der Mediathek gibt es eine Listen- und eine Gridansicht, die beide unterschiedliche Einsatzgebiete und Vorteile haben.

▶ Für jede Datei sollten Sie in der Mediathek Detailinformationen wie Titel, Bildunterschrift, Alt-Text und Beschreibung hinterlegen.

▶ Für jede Datei in der Mediathek erzeugt WordPress eine Anhang-Seite mit einer eigenen URL, die auch als Linkziel definiert werden kann.

▶ Im Editor eingefügte Bilder können auch nachträglich bearbeitet werden.

▶ Beiträge und Seiten können ein Beitragsbild haben, das dem Beitrag bzw. der Seite fest zugeordnet wird, aber nicht im Editor bzw. Textbereich erscheint.

▶ Die Mediathek von WordPress hat eine integrierte Funktion zum Erstellen von Galerien.

▶ Bilder können direkt in der Mediathek bearbeitet werden: Bildausschnitt festlegen, drehen und kippen, skalieren. Sogar den Ausschnitt für das Vorschaubild können Sie ändern.

7

Kapitel 8
Multimedia: Sounds und Videos

Worin Sie zunächst einen Song und ein Video aus der Mediathek einbinden, bevor Sie sehen, wie Sie Medien von anderen Websites einfach durch das Einfügen der URL einbetten können.

Die Themen im Überblick:

▸ Audiodateien aus der Mediathek einbinden, Seite 218

▸ Videodateien aus der Mediathek einbinden, Seite 225

▸ Bequem: Inhalte einbetten durch Einfügen der URL, Seite 228

▸ Auf einen Blick, Seite 232

In diesem Kapitel dreht sich alles um Multimedia. WordPress hat einen HTML5-basierten Medien-Player an Bord, der viele Audio- und Videoformate unterstützt, sodass Besucher zum Abspielen kein zusätzliches Plugin wie den Flash-Player mehr benötigten. Einfacher ist nur das Einbetten durch das Kopieren und Einfügen der URL, das Sie am Beispiel eines YouTube-Videos kennenlernen.

Die in diesem Kapitel verwendeten Audio- und Videodateien sind in den Beispieldateien enthalten, die Sie auf der Website zum Buch oder im Download-Bereich auf *pmueller.de* herunterladen können.

8.1 Audiodateien aus der Mediathek einbinden

WordPress hat einen integrierten Medien-Player zum Abspielen diverser Audio- und Videoformate direkt im Browser. Der Player basiert auf HTML5 und funktioniert in allen modernen Browsern.

In diesem Abschnitt erstellen Sie einen Beitrag mit einer MP3-Datei, die der Besucher in seinem Browser per Mausklick abspielen kann (Abbildung 8.1).

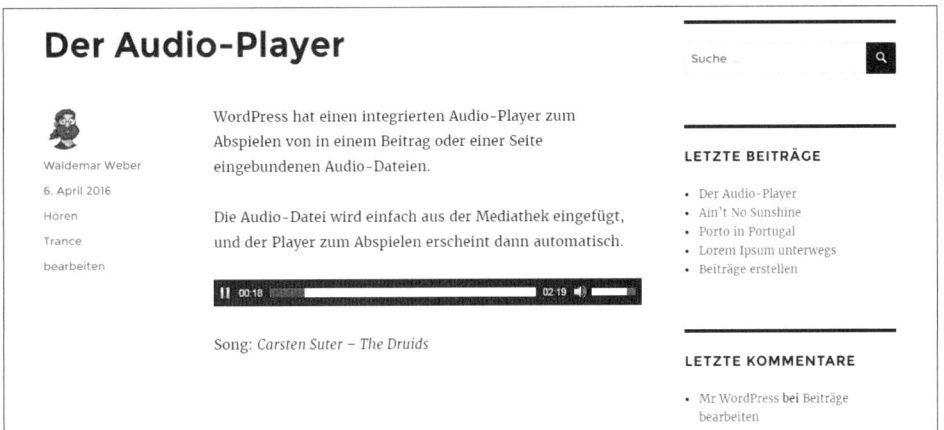

Abbildung 8.1 Der integrierte Audio-Player von WordPress im Browser

---

Die Beispieldateien enthalten eine MP3-Datei

Falls Sie gerade keine geeignete MP3-Datei zur Hand haben, finden Sie in den Beispieldateien zu diesem Buch eine MP3-Datei, die Sie für dieses Beispiel verwenden können.

8.1.1   Einen neuen Beitrag erstellen

Im folgenden ToDo erstellen Sie zunächst einen kurzen Beitrag, in den Sie dann eine
MP3-Datei aus der Mediathek einfügen.

ToDo: Einen neuen Beitrag erstellen

1. Erstellen Sie einen neuen Beitrag.
2. Fügen Sie einen Titel ein, im Beispiel ist das »Der Audio-Player«.
3. Geben Sie im Editorfenster etwas Text ein.
4. Fügen Sie nach dem ersten Absatz ein Weiterlesen-Tag ein, und schreiben Sie dann
   noch einen kurzen Absatz.
5. Erstellen Sie unterhalb des Textes einen leeren Absatz. Dort fügen Sie im nächsten
   Abschnitt die Audiodatei ein.
6. Weisen Sie dem Beitrag eine Kategorie zu, z. B. HÖREN, und vergeben Sie, falls
   gewünscht, noch Schlagwörter.
7. Um den Beitrag als Entwurf zu speichern, klicken Sie rechts im Bereich VERÖFFENTLI-
   CHEN auf die Schaltfläche SPEICHERN.

Abbildung 8.2 zeigt den Beitrag aus dem ToDo im Editor.

Abbildung 8.2 Der Beitrag vor dem Einfügen einer Audiodatei

8.1.2   Eine MP3-Datei in die Mediathek hochladen

Nach einem Klick auf die Schaltfläche DATEIEN HINZUFÜGEN oberhalb des Editors landen Sie in der Mediathek, in der Sie auf dem Register DATEIEN HOCHLADEN die gewünschte Audiodatei in die Mediathek hochladen können.

Unter der Schaltfläche DATEIEN AUSWÄHLEN steht ein Hinweis für die MAXIMALE DATEIGRÖSSE FÜR UPLOADS. Falls die dort angegebene Zahl zu klein ist, können Sie die Audiodatei nicht hochladen. Wie man das Upload-Limit erhöhen kann, beschreibt folgender Beitrag:

▶ *wpbuch.pmueller.de/wordpress-upload-limit-erhoehen/*

Nach dem Markieren einer Datei ❶ erscheinen rechts in der Sidebar die Bereiche DATEI-ANHANG-DETAILS ❷ und DATEIANHANG ANZEIGENEINSTELLUNG ❸ (Abbildung 8.3).

Im Bereich DATEIANHANG-DETAILS finden Sie selbsterklärende Felder zur Eingabe von Detailinformationen, und darunter gibt es im Bereich DATEIANHANG ANZEIGENEINSTELLUNG drei Optionen zum EINBETTEN ODER VERLINKEN der Datei:

▶ EINGEBUNDENER MEDIEN-PLAYER ist die Option, um die Datei mit dem integrierten Audio-Player abzuspielen.

▶ MEDIENDATEI VERLINKEN erstellt einen Link zur MP3-Datei. Was genau beim Anklicken passiert, hängt vom Browser des Besuchers ab.

▶ ANHANGSEITE VERLINKEN ruft die automatisch erstellte Anhang-Seite auf.

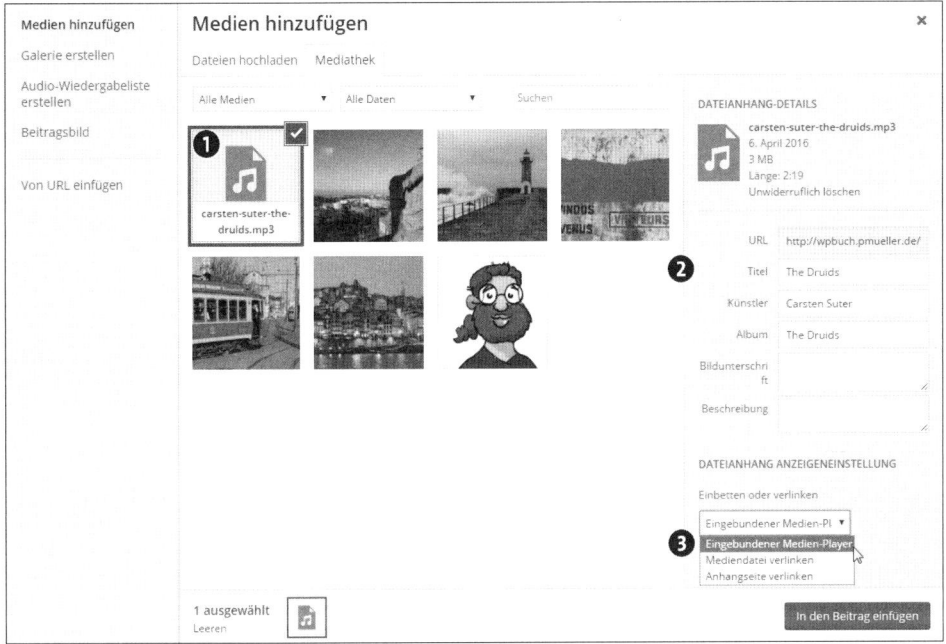

Abbildung 8.3 Eine markierte Audiodatei in der Mediathek

8.1.3 Eine MP3-Datei in einem Beitrag oder einer Seite einfügen

Im folgenden ToDo laden Sie eine Audiodatei hoch in die Mediathek und fügen diese dann in einen Beitrag ein, wobei Sie auch gerne eine Seite nehmen können.

ToDo: MP3-Datei hochladen und im Beitrag einbinden

1. Öffnen Sie den Beitrag oder die Seite, und setzen Sie den Cursor an die Stelle, an der der Audio-Player erscheinen soll.

2. Klicken Sie auf die Schaltfläche DATEIEN HINZUFÜGEN oberhalb der Formatierungsleiste des Editors.

3. Wechseln Sie in der Mediathek auf das Register DATEIEN HOCHLADEN.

4. Klicken Sie auf die Schaltfläche DATEIEN AUSWÄHLEN, wählen Sie die gewünschte MP3-Datei aus, und laden Sie sie hoch. Oder ziehen Sie die Datei mit der Maus aus dem Explorer oder Finder in den Upload-Bereich.

---

5. Überprüfen Sie rechts in der Sidebar die DATEIANHANG-DETAILS, und wählen Sie im Bereich DATEIANHANG ANZEIGENEINSTELLUNG die Option EINBETTEN ODER VERLINKEN: EINGEBUNDENER MEDIEN-PLAYER.

6. Überprüfen Sie die Details und Einstellungen, und wenn alles stimmt, klicken Sie auf die Schaltfläche IN DEN BEITRAG EINFÜGEN. Daraufhin erscheint der Audio-Player im Editor.

7. Erstellen Sie unterhalb des Players einen leeren Absatz, und notieren Sie, falls gewünscht, einige Details zur Datei.

8. Veröffentlichen Sie den Beitrag, und prüfen Sie ihn im Frontend.

Nach diesem ToDo ist der Audio-Player im Beitrag zu sehen (Abbildung 8.4) und funktioniert auch bereits im Frontend (siehe oben, Abbildung 8.1).

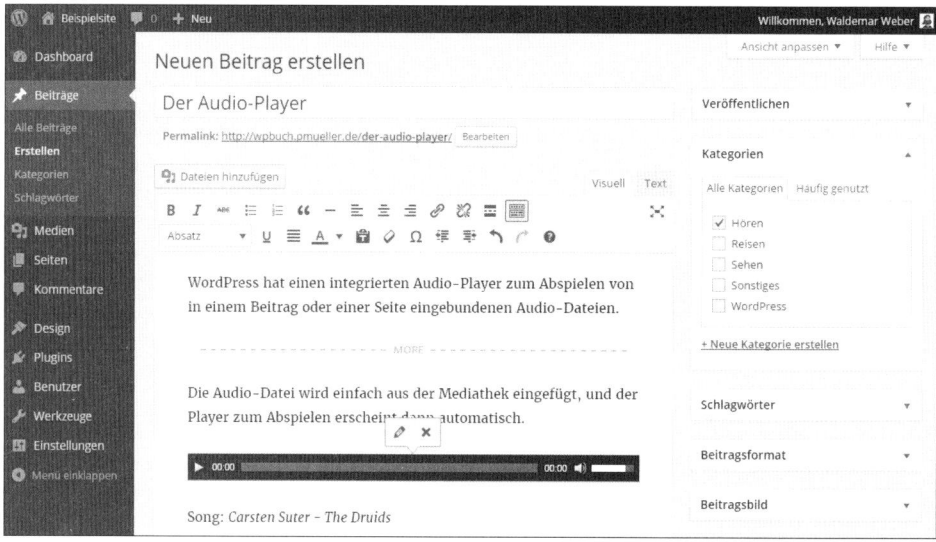

Abbildung 8.4 Der integrierte Audio-Player im Beitrag

Wenn Sie den Player im Beitrag markieren, können Sie mit einem Klick auf das Bleistiftsymbol in der Symbolleiste die Seite AUDIO-DETAILS aufrufen, auf der Sie alternative Audioformate hinterlegen und einstellen können, ob die Datei AUTOMATISCH oder als SCHLEIFE abgespielt werden soll.

Eine Audiodatei erscheint im Texteditor nebenbei bemerkt als WordPress-typischer Shortcode (siehe auch Abschnitt 10.7, »Shortcodes von WordPress im Texteditor bearbeiten«):

```
[audio mp3="http://url-zur-audiodatei.mp3"][/audio]
```

Listing 8.1 Shortcode für eine Audiodatei

Damit Ihre Besucher die Audiodatei abspielen können, müssen sowohl der Audio-Player als auch der Browser des Besuchers das gewählte Audioformat unterstützen:

▶ Der Audio-Player unterstützt die Formate MP3, M4A, OGG und WAV.

▶ Fast alle modernen Browser verstehen inzwischen MP3 und M4A.

Alternativ zu der in diesem Abschnitt beschriebenen Einbindung aus der Mediathek können Sie Audiodateien auch bei einem Dienst wie *SoundCloud.com* hochladen und dann von dort, wie weiter unten in Abschnitt 8.3 beschrieben, ganz einfach per URL einbinden. Im kostenlosen Tarif auf WordPress.com ist dies die einzige Möglichkeit, da Sie dort keine Multimediadateien hochladen können.

Andere Audio-Player für WordPress als Plugin

Falls Sie sich einige Alternativen zum integrierten Audio-Player anschauen möchten, werden im folgenden Blogbeitrag einige Plugins vorgestellt:

▶ *premium.wpmudev.org/blog/free-wordpress-audio-player-plugins/*

Wie Sie ein Plugin installieren, erfahren Sie in Kapitel 14, »WordPress erweitern: Plugins installieren«.

8.1.4   Playlist: Eine »Audio-Wiedergabeliste« erstellen

Neben dem Einfügen einzelner Audiodateien unterstützt WordPress auch das Erstellen von Playlists, und zwar unter dem schönen Namen *Audio-Wiedergabeliste* (Abbildung 8.5).

Das Erstellen einer Playlist funktioniert ähnlich wie das Erstellen einer Bildergalerie:

▶ Sie öffnen einen Beitrag oder eine Seite im Editor und klicken auf DATEIEN HINZUFÜGEN, um in die Mediathek zu gelangen.

▶ Dort erstellen Sie eine Audio-Wiedergabeliste, die Sie im nächsten Schritt noch bearbeiten können, bevor Sie im Editor eingefügt wird.

Zunächst klicken Sie also im Beitrag oder auf der Seite wie gewohnt auf DATEIEN HINZUFÜGEN. In der Mediathek klicken Sie in der Sidebar links auf den Befehl AUDIO-WIEDERGABELISTE ERSTELLEN. Dieser Befehl erscheint dort automatisch, sobald Audiodateien in der Mediathek vorhanden sind.

Abbildung 8.5 Eine Audio-Wiedergabeliste (Playlist) im Frontend

Abbildung 8.6 zeigt die Mediathek nach dem Klick auf AUDIO-WIEDERGABELISTE ERSTELLEN ❶. Hier können Sie die gewünschten Audiodateien markieren ❷ und gegebenenfalls die DATEIANHANG-DETAILS anpassen ❸. Wenn alles stimmt, erstellen Sie mit einem Klick auf die Schaltfläche ERSTELLE EINE NEUE WIEDERGABELISTE ❹ eine neue Audio-Wiedergabeliste.

Abbildung 8.6 Das Erstellen einer Audio-Wiedergabeliste

Nach der Erstellung einer Playlist landen Sie automatisch auf der Seite AUDIO-WIE-DERGABELISTE BEARBEITEN (Abbildung 8.7). Sie können hier weitere Audiodateien hinzufügen ❶, die Reihenfolge der bereits hinzugefügten Dateien ändern ❷, die EIN-STELLUNGEN WIEDERGABELISTE definieren ❸ und die AUDIO-PLAYLISTE EINFÜGEN ❹.

Abbildung 8.7 Eine Audio-Wiedergabeliste bearbeiten

Nach diesem Schritt ist die Playlist im Editor, und nach dem Veröffentlichen erscheint sie im Frontend (siehe oben, Abbildung 8.5).

Auch Playlisten werden im Editor als Shortcode eingefügt

Ähnlich wie eine Bildergalerie wird auch eine Playlist im Texteditor als Shortcode einge-fügt:

```
[playlist ids="97,93"]
```

Mehr zu Shortcodes erfahren Sie bei der Arbeit mit dem Texteditor in Kapitel 10, »HTML und der Editor von WordPress«.

8.2   Videodateien aus der Mediathek einbinden

Der integrierte Medien-Player von WordPress kann auch Videos abspielen, sodass Sie z. B. mit einer Digitalkamera oder einem Smartphone aufgenommene Videos nach dem Hochladen in die Mediathek einbinden können (Abbildung 8.8).

Falls Sie gerade keine geeignete Videodatei zur Hand haben, finden Sie eine in den Bei-spieldateien zu diesem Buch, die Sie für dieses Beispiel verwenden können.

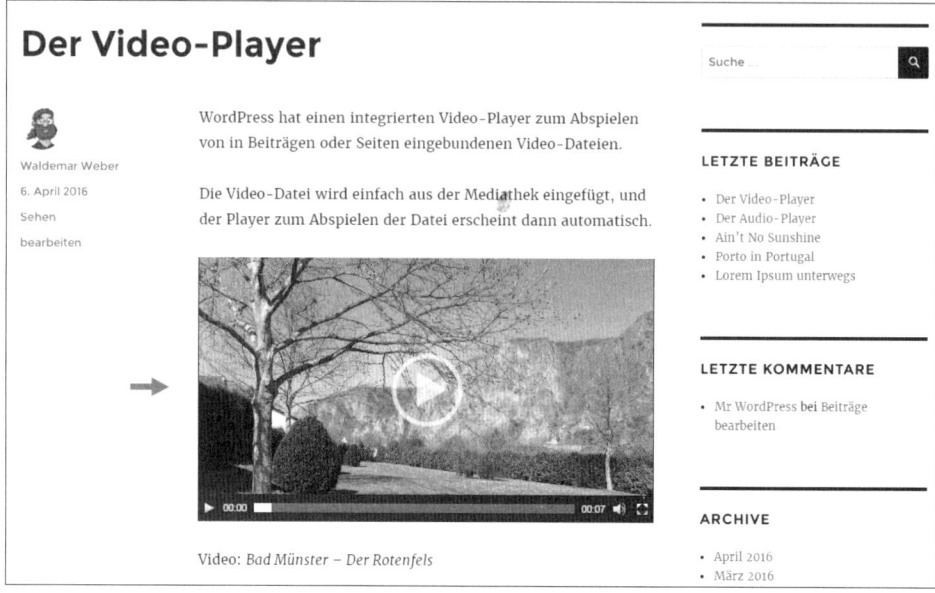

Der Video-Player

Suche …

WordPress hat einen integrierten Video-Player zum Abspielen von in Beiträgen oder Seiten eingebundenen Video-Dateien.

Die Video-Datei wird einfach aus der Mediathek eingefügt, und der Player zum Abspielen der Datei erscheint dann automatisch.

Waldemar Weber

6. April 2016

Sehen

bearbeiten

LETZTE BEITRÄGE

- Der Video-Player
- Der Audio-Player
- Ain't No Sunshine
- Porto in Portugal
- Lorem Ipsum unterwegs

LETZTE KOMMENTARE

- Mr WordPress bei Beiträge bearbeiten

ARCHIVE

- April 2016
- März 2016

00:00   00:07

Video: *Bad Münster – Der Rotenfels*

Abbildung 8.8 Der integrierte Video-Player von WordPress im Browser

Achten Sie beim Hochladen der Videodatei auf den Hinweis für die MAXIMALE DATEI-GRÖSSE FÜR UPLOADS unter der Schaltfläche DATEIEN AUSWÄHLEN. Falls die dort angegebene Zahl zu klein ist, können Sie die Videodatei nicht hochladen. Wie man das Upload-Limit erhöhen kann, beschreibt der bereits weiter oben erwähnte Beitrag:

▶ *wpbuch.pmueller.de/wordpress-upload-limit-erhoehen/*

Die Vorgehensweise zur Einbindung von Videodateien ist im Prinzip genauso, wie weiter oben für Audiodateien beschrieben. Das folgende ToDo gibt Ihnen eine Schritt-für-Schritt-Anleitung.

ToDo: Eine Videodatei hochladen und in einen Beitrag einbinden

1. Erstellen Sie einen neuen Beitrag, und vergeben Sie einen Titel, im Beispiel ist das »Der Video-Player«.

2. Geben Sie im Editorfenster etwas Text ein, fügen Sie nach dem ersten Absatz ein Weiterlesen-Tag ein, und schreiben Sie dann noch einen kurzen Absatz.

3. Erstellen Sie unterhalb des Textes einen leeren Absatz. Dort fügen Sie die Videodatei ein.

4. Klicken Sie auf die Schaltfläche DATEIEN HINZUFÜGEN oberhalb der Formatierungsleiste des Editors.

5. Wechseln Sie in der Mediathek auf das Register DATEIEN HOCHLADEN.

6. Klicken Sie auf die Schaltfläche DATEIEN AUSWÄHLEN, wählen Sie die gewünschte Videodatei aus, und laden Sie sie hoch. Oder ziehen Sie die Datei mit der Maus aus dem Explorer oder Finder in den Upload-Bereich.

7. Überprüfen Sie rechts in der Sidebar die DATEIANHANG-DETAILS, und wählen Sie im Bereich DATEIANHANG ANZEIGENEINSTELLUNG die Option EINBETTEN ODER VERLINKEN: EINGEBUNDENER MEDIEN-PLAYER.

8. Überprüfen Sie die Details und Einstellungen, und wenn alles stimmt, klicken Sie auf die Schaltfläche IN DEN BEITRAG EINFÜGEN. Daraufhin erscheint der Video-Player im Editor.

9. Erstellen Sie unterhalb des Players einen leeren Absatz, und notieren Sie, falls gewünscht, einige Details zur Datei.

10. Speichern Sie die Änderungen mit einem Klick auf die Schaltfläche VERÖFFENTLICHEN.

Abbildung 8.9 zeigt ein Video nach dem Einfügen aus der Mediathek im Editor. Über das Bleistiftsymbol können Sie auf der Seite VIDEO-DETAILS alternative Videoformate hinterlegen und einstellen, ob die Datei AUTOMATISCH oder als SCHLEIFE abgespielt werden soll.

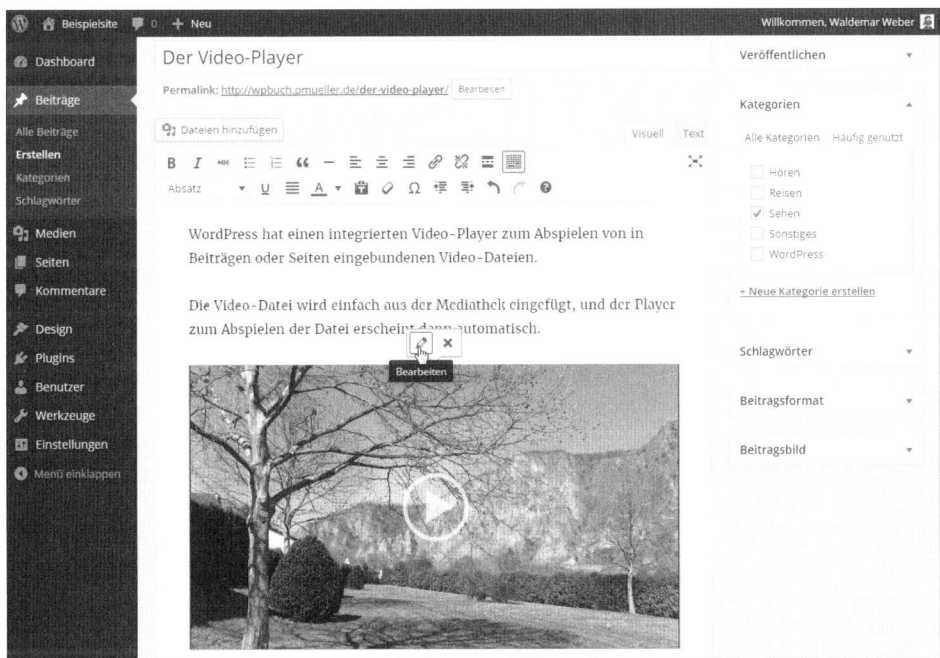

Abbildung 8.9 Ein in einen Beitrag eingefügtes Video

227

Auch Videos bindet WordPress im Texteditor als Shortcode ein (siehe dazu auch Abschnitt 10.7, »Shortcodes von WordPress im Texteditor bearbeiten«):

```
[video width="1280" height="720" mp4="http://url-zur-datei.mp4"][/video]
```

Listing 8.2 Der Shortcode zur Einbindung einer Videodatei im Texteditor

Sie sollten eingebundene Videos auf möglichst verschiedenen Geräten testen, denn damit Ihre Besucher die Videodatei in ihrem Browser abspielen können, müssen sowohl der Video-Player von WordPress als auch der Browser des Besuchers das Videoformat unterstützen. Die besten Chancen haben Sie dabei momentan mit dem Videoformat MP4 (H.264).

Sie können in WordPress alternative Videoformate einbinden, müssen die Videos aber selbst konvertieren, was unter Umständen eine Menge Arbeit ist und einiges an Knowhow erfordern kann.

Oft ist es daher einfacher, ein Video bei einer Plattform wie *YouTube.com* oder *Vimeo.com* hochzuladen und dann, wie im nächsten Abschnitt beschrieben, per URL in WordPress einzubinden. Die Videoplattform präsentiert den Browsern dann automatisch das am besten geeignete Videoformat.

Playlists für Videos: Es gibt auch »Video-Wiedergabelisten«

In Abschnitt 8.1.4 haben Sie gesehen, wie man eine *Audio-Wiedergabeliste* mit mehreren Audiodateien erstellt, und das gibt es auch für Videos.

Der Befehl in der Mediathek heißt VIDEO-WIEDERGABELISTE ERSTELLEN. Dieser Befehl erscheint links in der Sidebar automatisch, wenn in der Mediathek Videodateien vorhanden sind, und die Erstellung einer Playlist für Videos funktioniert genauso wie bei Audiodateien.

8.3 Bequem: Inhalte einbetten durch Einfügen der URL

In WordPress ist das Einbetten von Inhalten aus YouTube, Twitter, SoundCloud und vielen anderen Diensten sehr einfach:

1. Rufen Sie die gewünschte Webseite im Browser auf.
2. Kopieren Sie die URL für das Video, den Tweet, den Song etc.
3. Fügen Sie die URL im visuellen Editor von WordPress ein.

Fertig. WordPress zeigt daraufhin sowohl im Editor als auch im Frontend automatisch die eingebetteten Videos, Tweets oder was auch immer an. Magic!

In diesem Abschnitt zeige ich Ihnen das Einfügen per URL am Beispiel eines YouTube-Videos, aber WordPress unterstützt noch eine Menge anderer Dienste. Die folgende Webseite enthält eine Liste der Dienste, die das einfache Einbetten per URL unterstützen:

▶ *codex.wordpress.org/Embeds*

Auf der Liste stehen neben YouTube z. B. auch Vimeo, Twitter, Instagram, Flickr, Sound-Cloud, Spotify, Scribd und TED.

Einbetten per URL und der deutsche Datenschutz

Beim Einbetten von Medien per URL werden bei vielen Diensten bereits beim Aufrufen der Seite, also ohne Zustimmung oder Aktion des Benutzers, Daten an die Betreiber übermittelt und verschiedene Cookies gesetzt, und das widerspricht dem deutschen Datenschutz.

Da es fast unmöglich ist, für jeden Dienst zu überprüfen, was genau der Einbettungs-code macht, ist das Einbetten per URL zwar bequem, aber zumindest in Deutschland bleibt datenschutzrechtlich ein Restrisiko.

Für einige Dienste, wie z. B. YouTube, gibt es als Alternative die Möglichkeit der Einbettung, ohne dass Cookies gesetzt werden. Diese Methode ist aber ein bisschen aufwendiger als das Einbetten per URL und erfordert das Einfügen von Code in den Texteditor. In Abschnitt 10.6 sehen Sie, wie das funktioniert.

8.3.1   YouTube: Die richtige URL für ein Video finden und kopieren

Das automatische Anzeigen des Videos im Editor von WordPress funktioniert am besten mit den offiziellen Adressen von YouTube. Surfen Sie also zunächst zum gewünschten Video, und kopieren Sie die URL in die Zwischenablage. Abbildung 8.10 zeigt als Beispiel einen Klassiker von Bill Withers.

In der Adressleiste des Browsers sehen Sie die offizielle YouTube-URL ❶:

▶ *https://www.youtube.com/watch?v=tIdIqbv7SPo*

Sie können diese URL kopieren, aber da die URL in der Adressleiste des Browsers manchmal noch viele andere Parameter enthält, ist es zuverlässiger, auf den Link TEILEN ❷ zu klicken und die von YouTube generierte Kurz-URL zu kopieren:

▶ *https://youtu.be/tIdIqbv7SPo*

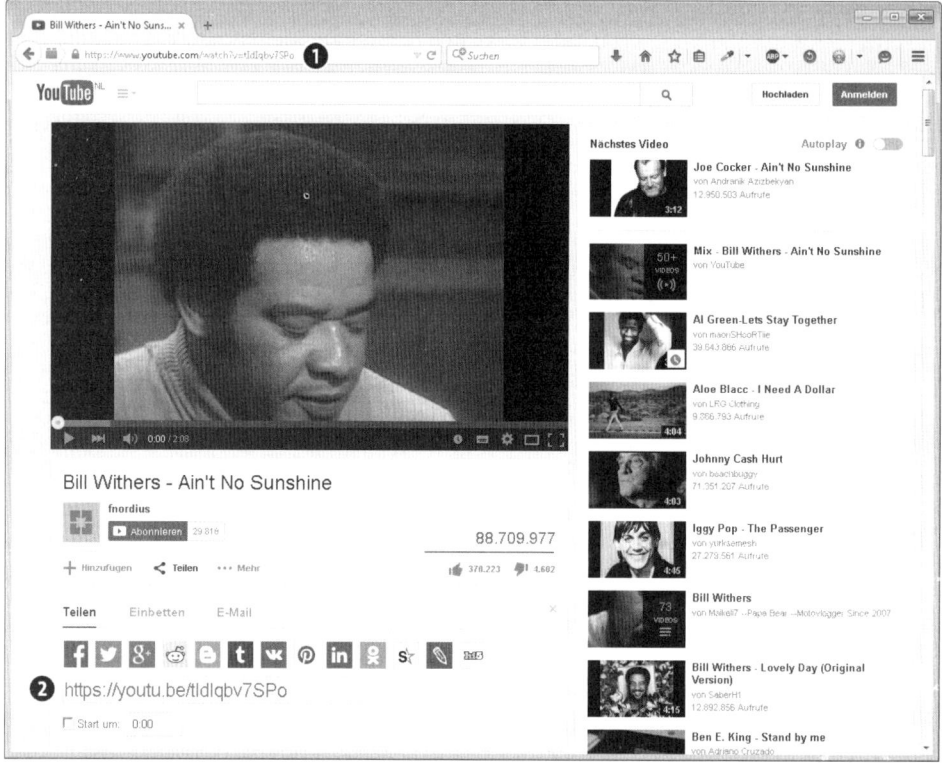

Abbildung 8.10 Ein YouTube-Video mit verschiedenen URL-Optionen

Dort können Sie im Feld START UM: sogar noch eingeben, an welcher Stelle das Video starten soll.

Mit URLs, die nicht direkt von YouTube sind, wie z. B. Kurz-URLs von Facebook oder Twitter, funktioniert die automatische Vorschau im Editor von WordPress nicht.

8.3.2   Einen Beitrag mit einem eingebetteten YouTube-Video erstellen

Um das Einfügen eines YouTube-Videos auszuprobieren, suchen Sie sich bei YouTube ein Video, das Sie gerne in einen Blogbeitrag einfügen möchten.

Abbildung 8.11 zeigt das Video von Bill Withers aus Abbildung 8.10 im Editor, komplett mit Titel, etwas Text und einem Weiterlesen-Tag für den Teaser.

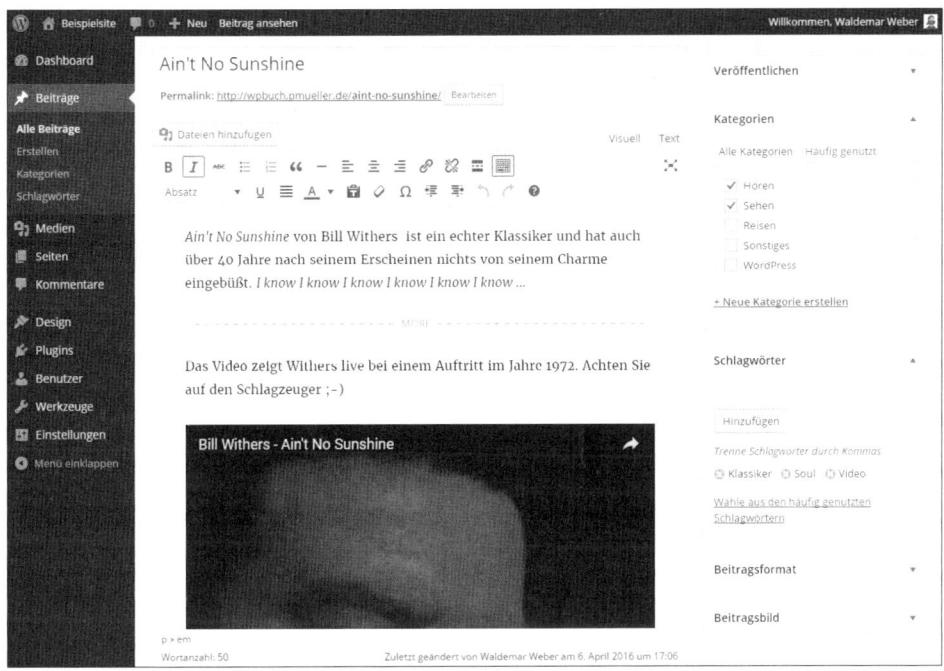

Abbildung 8.11 Ein YouTube-Video im Editor von WordPress

So fügen Sie ein Video von YouTube ein:

1. Suchen Sie sich auf YouTube ein Video, das Sie gerne einfügen würden, und kopieren Sie die URL des Videos in die Zwischenablage.

2. Erstellen Sie einen neuen Beitrag, und fügen Sie einen Titel ein.

3. Geben Sie im Editorfenster etwas Text als Einleitung ein.

4. Fügen Sie, falls gewünscht, nach der Einleitung ein Weiterlesen-Tag ein. Dann erscheint das Video nur in der Einzelansicht des Beitrags.

5. Fügen Sie im Editor die in Schritt 1 kopierte URL des Videos ein.

6. Prüfen Sie den Beitrag im Frontend mit der Schaltfläche VORSCHAU, die den Beitrag in einem neuen Tab öffnet.

7. Bearbeiten Sie den Beitrag gegebenenfalls weiter, und weisen Sie ihm KATEGORIEN und SCHLAGWÖRTER zu. Auf der Beispielsite wären HÖREN und SEHEN geeignete Kategorien, und als Schlagwörter könnten Sie z. B. VIDEO, KLASSIKER und SOUL vergeben.

8. Wenn alles fertig ist, VERÖFFENTLICHEN Sie den Beitrag.

Nach diesen Schritten sehen Sie auf der Startseite den Beitrag mit dem Teaser und in der Einzelansicht den Beitrag mit dem Video darunter (Abbildung 8.12).

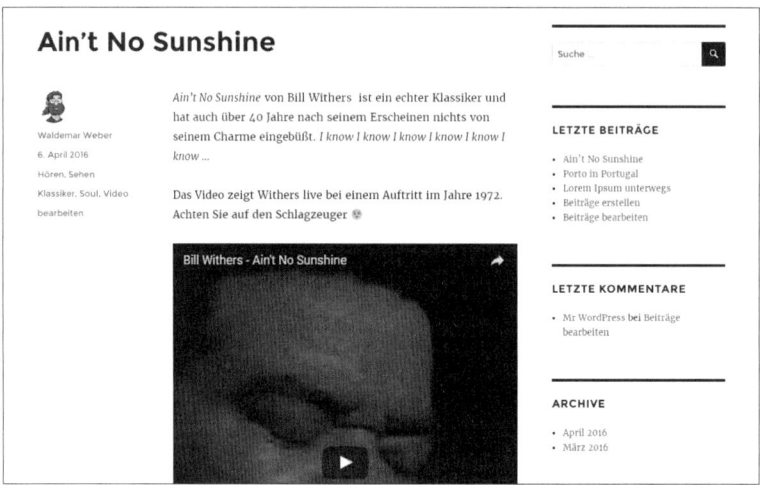

Abbildung 8.12 Ein Beitrag mit einem YouTube-Video im Frontend

8.4   Auf einen Blick

Die wichtigsten Themen noch einmal im Überblick:

▶ In WordPress können Sie Medien von anderen Webdiensten wie YouTube oder Twitter und vielen anderen nur durch das Kopieren der entsprechenden URL einbetten. Bequemer geht's nicht.

▶ WordPress hat einen integrierten Media-Player zum Abspielen von diversen Audio- und Videoformaten direkt im Browser.

 – Bei einem selbst gehosteten WordPress werden Audio- und Videodateien in die Mediathek hochgeladen und dort verwaltet.

 – Auf WordPress.com können Sie in der kostenlosen Version keine Multimedia- dateien hochladen.

▶ Der Media-Player kennt diverse Formate, die auch von modernen Browsern unter- stützt werden:

 – Für Audiodateien sind MP3 und MP4a empfehlenswert.

 – Für Videodateien liefert MP4 (H.264) die besten Resultate.

▶ Falls Sie Medien-Dateien nicht in die Mediathek hochladen möchten: Audiodateien können Sie auf SoundCloud.com hosten, Videos bei YouTube oder Vimeo.

Kapitel 9

Kommentare: Interaktion
mit Besuchern

*Worin Sie die Kommentarfunktion von WordPress kennenlernen und
erfahren, was es mit Pingbacks auf sich hat.*

Die Themen im Überblick:

▶ Die Kommentarfunktion kennenlernen, Seite 233

▶ Kommentare verwalten: Genehmigen, löschen etc., Seite 238

▶ Das Menü »Einstellungen • Diskussion«, Seite 243

▶ Kommentare für einzelne Beiträge oder Seiten deaktivieren, Seite 247

▶ Pingbacks – Interaktion mit anderen Blogs, Seite 248

▶ Auf einen Blick, Seite 249

WordPress erleichtert die Interaktion mit Besuchern, anderen Websites und Suchmaschinen. In diesem Kapitel geht es dabei um die Interaktion mit Besuchern, insbesondere um Kommentare, und um die Interaktion mit anderen Websites mithilfe von sogenannten Pingbacks.

Ein Kontaktformular erstellen Sie in Kapitel 16, »Kontaktformular, Beiträge teilen und Spamschutz«, und die Interaktion mit Suchmaschinen folgt in Kapitel 17, »SEO – die Optimierung für Suchmaschinen«.

9.1   Die Kommentarfunktion kennenlernen

Die Interaktion mit Besuchern Ihrer Website basiert auf zwei Arten von Formularen, Kommentar- und Kontaktformularen. Ein Kommentarformular sieht auf den ersten Blick fast genauso aus wie ein Kontaktformular, aber die beiden sollten nicht verwechselt werden:

▶ Ein Kommentarformular steht unterhalb eines Beitrags oder einer Seite und hat einen Titel wie SCHREIBE EINEN KOMMENTAR. Ein hier eingegebener Kommentar wird auf der Website unter dem Beitrag bzw. der Seite veröffentlicht.

▶ Ein Kontaktformular steht meist auf einer eigenen Seite, und die eingegebenen Daten werden per E-Mail verschickt und nicht auf der Website veröffentlicht (siehe Abschnitt 16.1).

In diesem Abschnitt betrachten Sie Ihre Website zunächst als ganz normaler Besucher und erstellen einen Kommentar zu einem Beitrag.

9.1.1   Einen neuen Kommentar erstellen

Zum Kennenlernen der Kommentarfunktion erstellen Sie zunächst einen Kommentar in Ihrem eigenen Blog. Dazu melden Sie sich am Backend ab und betrachten Ihr Blog aus der Perspektive eines Besuchers.

Abbildung 9.1 zeigt das ausgefüllte Kommentarformular unterhalb des in Abschnitt 8.3.2 erstellten Beitrags mit dem YouTube-Video von Bill Withers. Die HTML-Tags <em> und </em> bewirken, dass das Wort *Sweater* kursiv dargestellt wird. Mehr dazu erfahren Sie in Kapitel 10 beim Crashkurs in HTML.

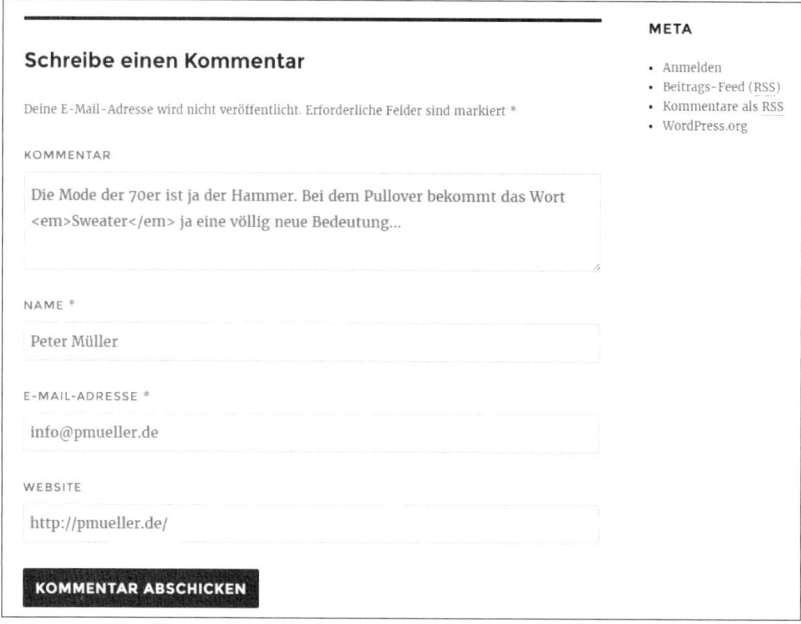

Abbildung 9.1 Einen Kommentar schreiben

Die Pflichtfelder NAME und E-MAIL-ADRESSE sind im Theme *Twenty Sixteen* durch ein blaues Sternchen gekennzeichnet. Die hier eingegebene E-Mail-Adresse wird nicht im Frontend veröffentlicht und ist nur im Backend einsehbar, ermöglicht dem Betreiber der Website eine eventuelle Kontaktaufnahme. Wenn die hier eingegebene E-Mail-Adresse mit einem Gravatar verknüpft ist, erscheint bei einer WordPress-Site Ihr Profil-bild neben dem Kommentar. Die WEBSITE ist zwar kein Pflichtfeld, aber es spricht nichts dagegen, das Feld auszufüllen. Im Frontend wird die Adresse der Website meist nicht wie im Formular als eigene Zeile dargestellt, sondern als Verlinkung für den Namen des Kommentierenden hinterlegt.

Im folgenden ToDo melden Sie sich als Administrator am Backend ab und erstellen einen Kommentar zu einem der Beiträge. Weiter unten in diesem Kapitel lernen Sie dann, wie Sie diesen Kommentar moderieren, freischalten und wieder löschen.

ToDo: Einen Kommentar erstellen

1. Melden Sie sich am Backend ab.
2. Rufen Sie das Frontend Ihres Blogs auf.
3. Suchen Sie sich einen Beitrag, den Sie gerne kommentieren würden. Im Beispiel ist das das YouTube-Video von Bill Withers.
4. Füllen Sie alle Felder des Kommentarformulars aus.
5. Schicken Sie den Kommentar mit einem Klick auf die Schaltfläche KOMMENTAR ABSCHICKEN auf die Reise.

Nach diesem ToDo sehen Sie den soeben von Ihnen erstellten Kommentar im Frontend, und zwar mit dem unscheinbaren Vermerk DEIN KOMMENTAR WARTET AUF FREI-SCHALTUNG (Abbildung 9.2). Andere Besucher sehen den Kommentar noch nicht, denn er ist noch in der Warteschlange und wartet darauf, geprüft und freigeschaltet zu werden. Deshalb steht in der Überschrift auch noch richtigerweise *0 Gedanken zu »Ain't No Sunshine«*.

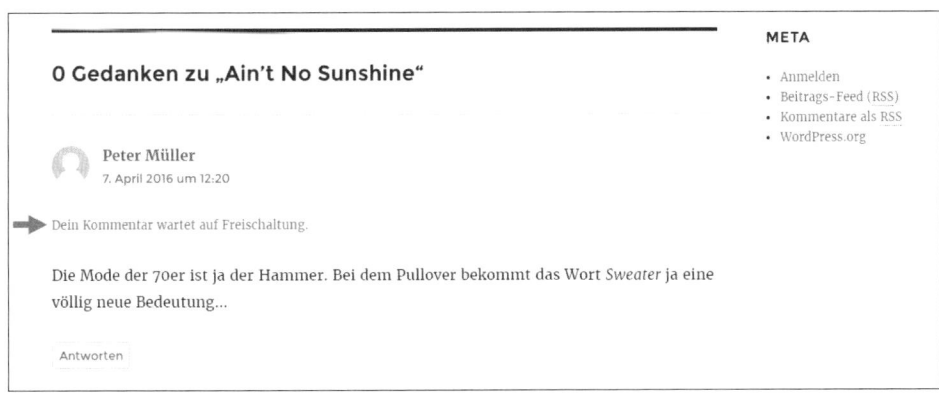

Abbildung 9.2 Der Kommentar wartet auf Freischaltung.

Kommentare von Benutzern, die noch nie kommentiert haben, werden in WordPress standardmäßig nicht sofort auf der Seite sichtbar, sondern müssen erst von Ihnen genehmigt und freigeschaltet werden. Auf diese Weise wird verhindert, dass unerwünschte Kommentare und Spam sofort im Frontend erscheinen. In Abschnitt 9.3, »Das Menü ›Einstellungen • Diskussion‹«, sehen Sie, wie Sie die Einstellungen für Kommentare an Ihre Bedürfnisse anpassen können.

In der Übersetzung von WordPress wird diese Überprüfung und Genehmigung oder Zurückweisung eines Kommentars *Freischaltung* genannt, ein anderer weit verbreiteter Begriff dafür ist *Moderation*.

9.1.2 Neuer Kommentar – Benachrichtigung per E-Mail

Damit ist Ihre Arbeit als Besucher Ihres eigenen Blogs vorerst erledigt, und Sie können sich wieder den Administratorhut aufsetzen.

Starten Sie schon mal Ihr E-Mail-Programm, denn die Standardeinstellung in WordPress ist, dass der Administrator per E-Mail benachrichtigt wird, wenn ein neuer Kommentar erstellt wird und auf Freischaltung wartet. Abbildung 9.3 zeigt eine solche E-Mail von WordPress mit der Bitte um Moderation.

Abbildung 9.3 E-Mail-Benachrichtigung zwecks Moderation

Die E-Mail ist wie folgt aufgebaut:

▶ *Absender und Betreff* ❶: Absender ist WordPress, Empfänger die E-Mail-Adresse des Administrators, und im Betreff werden Blog- und Beitragstitel genannt.

▶ *Link zum Beitrag* ❷: Die E-Mail beginnt mit einem Link zum Beitrag, für den ein Kommentar erstellt wurde, sodass Sie ihn sich per Klick anschauen können.

▶ *Informationen zum Kommentar* ❸: Hier stehen Informationen zum Autor des Kommentars sowie der vollständige Kommentartext.

▶ *Aktionslinks* ❹: Hier können Sie den Kommentar per Klick genehmigen, löschen oder als Spam deklarieren. Auch die Moderationsansicht im Backend ist nur einen Klick entfernt.

Sie könnten den Kommentar also direkt von der E-Mail aus moderieren, und in der Praxis spricht nichts dagegen, das auch tatsächlich zu tun. Falls Sie gerade im Backend angemeldet sind, gelangen Sie direkt zur angeklickten Funktion, falls nicht, wird die Anmeldeseite gezeigt, an der Sie sich erst noch anmelden müssen. Ich möchte Ihnen aber im folgenden Abschnitt erst einmal zeigen, wie die Benachrichtigung für neue Kommentare im Backend aussieht.

Die E-Mail-Benachrichtigung für Kommentare kann man ausstellen

Gerade am Anfang ist die E-Mail-Benachrichtigung über neue Kommentare eine gute Sache, aber wenn die Interaktion in einem Blog so richtig ins Rollen kommt, kann das auch nerven. Im Menü EINSTELLUNGEN • DISKUSSION können Sie die E-Mail-Benachrichtigung für Kommentare deshalb auch deaktivieren (siehe Abschnitt 9.3.1, »Grundlegende Einstellungen für Kommentare«).

9.1.3 Neue Kommentare – Benachrichtigung im Backend

Wenn Sie sich als Administrator am Backend anmelden und neue Kommentare vorhanden sind, werden Sie an verschiedenen Stellen darauf hingewiesen (Abbildung 9.4).

Nach der Anmeldung sehen Sie diverse Hinweise auf neue Kommentare:

▶ Die Sprechblase in der Werkzeugleiste ❶: Die Zahl rechts neben der Sprechblase in der Admin-Leiste zeigt, wie viele neue Kommentare vorhanden sind. Ein Klick darauf bringt Sie direkt ins Menü KOMMENTARE.

▶ Menü KOMMENTARE ❷: Rechts neben dem Menüwort gibt ein roter Kreis mit einer weißen Zahl an, wie viele neue Kommentare vorhanden sind.

▶ Im Dashboard gibt es gleich zwei Hinweise:

   – Im Bereich AUF EINEN BLICK ❸: Hier sehen Sie, wie viele neue Kommentare vorhanden sind und wie viele davon moderiert werden müssen.

– Im Bereich AKTIVITÄT ❹ sehen Sie unter anderem eine Übersicht der Kommentare und deren Status.

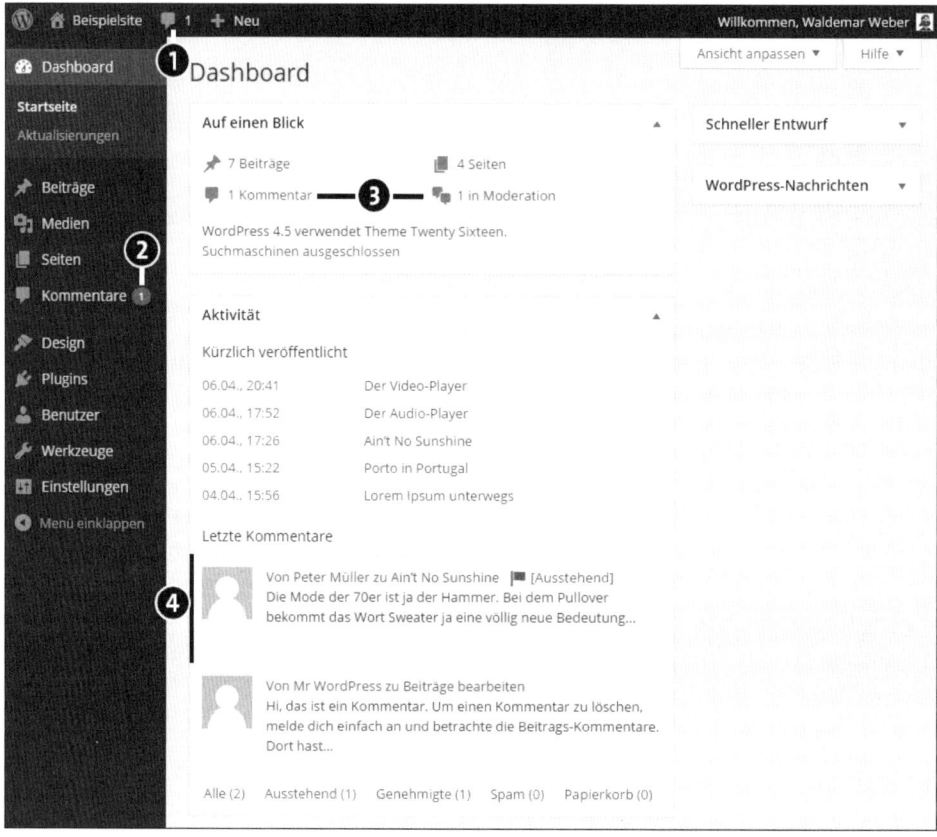

Abbildung 9.4 Ein neuer Kommentar im Backend

So viel zum Erstellen von Kommentaren und zur Benachrichtigung per E-Mail und im Backend. Im folgenden Abschnitt sehen Sie, wie Sie neue (und alte) Kommentare im Backend verwalten.

9.2   Kommentare verwalten: Genehmigen, löschen etc.

Sie haben als Besucher einen Kommentar erstellt und sind als Administrator benachrichtigt worden, dass es einen neuen Kommentar gibt, der auf Moderation wartet. In diesem Abschnitt sehen Sie, wie man Kommentare in WordPress verwaltet.

9.2.1   Das Menü »Kommentare« im Überblick: Die Verwaltungszentrale

Das Menü KOMMENTARE zeigt eine tabellarische Übersicht der Kommentare, die ähnlich aussieht wie bei Beiträgen, Seiten oder in der Listenansicht der Mediathek.

Abbildung 9.5 zeigt, dass in der Spalte AUTOR unterhalb der Namen auch die Website, E-Mail-Adresse und die IP-Adresse gelistet werden. Ein Klick auf die E-Mail-Adresse startet Ihr Standard-E-Mail-Programm, ein Klick auf die IP-Adresse zeigt alle Kommentare von dieser IP-Adresse.

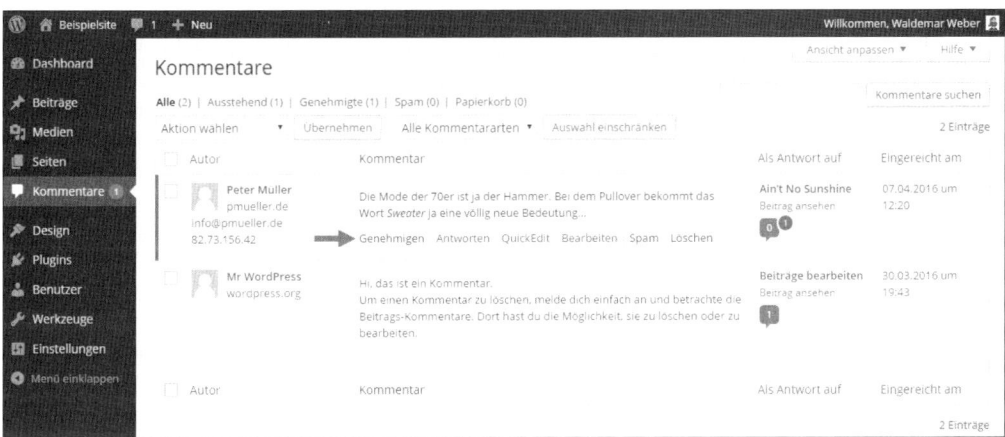

Abbildung 9.5 Die Übersichtstabelle im Menü »Kommentare«

Wenn Sie einen Kommentar mit der Maus berühren, erscheint in der Spalte KOMMENTAR ein Menü mit den folgenden Befehlen:

▶ GENEHMIGEN bzw. ZURÜCKWEISEN: Ein Klick auf GENEHMIGEN schaltet den Kommentar frei, und er wird für alle Besucher im Frontend sichtbar. Bei genehmigten Kommentaren heißt der Link ZURÜCKWEISEN. Ein Klick darauf stellt den Kommentar wieder in die Warteschlange.

▶ ANTWORTEN lässt Sie direkt im Backend auf einen Kommentar reagieren. Ihre Antwort erscheint im Frontend leicht eingerückt unterhalb des Kommentars.

▶ QUICKEDIT öffnet Namen, E-Mail-Adresse, URL und Kommentartext zur schnellen Bearbeitung in einem Formular.

▶ BEARBEITEN ruft den Kommentar zur Bearbeitung auf. Der Bearbeitungsmodus ist etwas übersichtlicher als QUICKEDIT und lässt Sie auch den Status des Kommentars ändern.

▶ SPAM markiert den Kommentar als Spam. Er erscheint dann nicht mehr im Frontend. Als Spam markierte Kommentare können Sie sich mit einem Klick auf den Link SPAM oberhalb der Tabelle anzeigen lassen und dort unwiderruflich löschen.

▶ LÖSCHEN verschiebt den Kommentar in den Papierkorb. Gelöschte Kommentare können Sie sich mit einem Klick auf den Link PAPIERKORB oberhalb der Tabelle anzeigen lassen und unwiderruflich löschen.

Im folgenden ToDo löschen Sie den bei der Installation automatisch erstellten Kommentar und genehmigen den weiter oben von Ihnen selbst erstellten Kommentar. Falls es gerade keinen Kommentar gibt, der genehmigt werden muss, erstellen Sie einfach schnell einen, oder stellen Sie einen Kommentar mit ZURÜCKWEISEN wieder in die Warteschlange.

ToDo: Kommentare im Backend löschen und genehmigen

1. Melden Sie sich am Backend an.

2. Rufen Sie das Menü KOMMENTARE auf.

3. Suchen Sie den Kommentar von *Mr. WordPress*, der bei der Installation von WordPress automatisch erstellt wurde.

4. Berühren Sie den Kommentar mit der Maus, und klicken Sie auf den Link LÖSCHEN. Der Kommentar wird in den Papierkorb verschoben.

5. Suchen Sie einen farblich hervorgehobenen Kommentar, der auf eine Genehmigung wartet.

6. Berühren Sie den Kommentar mit der Maus, und klicken Sie auf den Link GENEHMIGEN.

Abbildung 9.6 zeigt den freigeschalteten Kommentar im Frontend. Falls wie bei *Twenty Sixteen* in der Sidebar ein Widget zur Anzeige der neuesten Kommentare aktiv ist, wird der neue Kommentar dort automatisch gelistet.

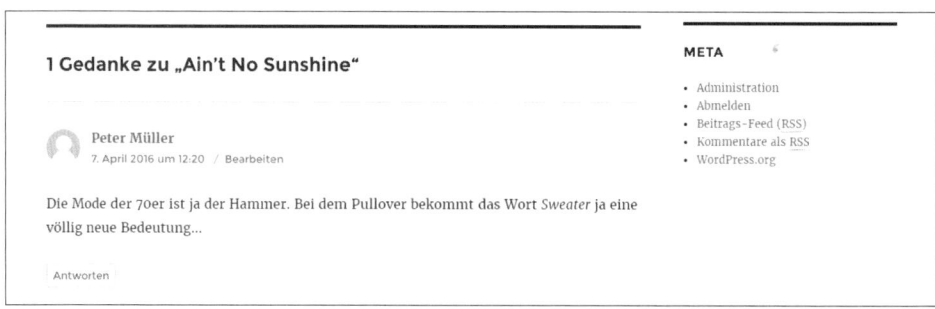

Abbildung 9.6 Der freigeschaltete Kommentar im Frontend

Im nächsten Abschnitt erfahren Sie, was es mit der Schaltfläche ANTWORTEN unterhalb des Kommentars so auf sich hat.

9.2.2   Kommentare kommentieren: Auf einen Kommentar antworten

Besucher können auf bereits vorhandene Kommentare antworten, und so kann unterhalb eines Beitrags eine sehr muntere Diskussion entstehen. Sie als Administrator können sowohl im Backend als auch im Frontend auf Kommentare antworten, nicht angemeldete Besucher können das nur im Frontend. Im folgenden ToDo erstellen Sie im Backend eine Antwort auf den Kommentar eines Besuchers.

ToDo: Einen Kommentar im Backend beantworten

1. Melden Sie sich, falls nötig, am Backend an.
2. Rufen Sie das Menü KOMMENTARE auf.
3. Berühren Sie den zu beantwortenden Kommentar mit der Maus, und klicken Sie auf den Link ANTWORTEN.
4. Schreiben Sie Ihre Antwort auf den Kommentar. Dabei können Sie die Befehle oberhalb des Formularfeldes benutzen, um den Text zu formatieren oder um Links zu erstellen.
5. Klicken Sie auf die Schaltfläche ANTWORTEN.

Abbildung 9.7 zeigt eine Antwort auf einen Kommentar, die in den meisten Themes leicht eingerückt erscheint.

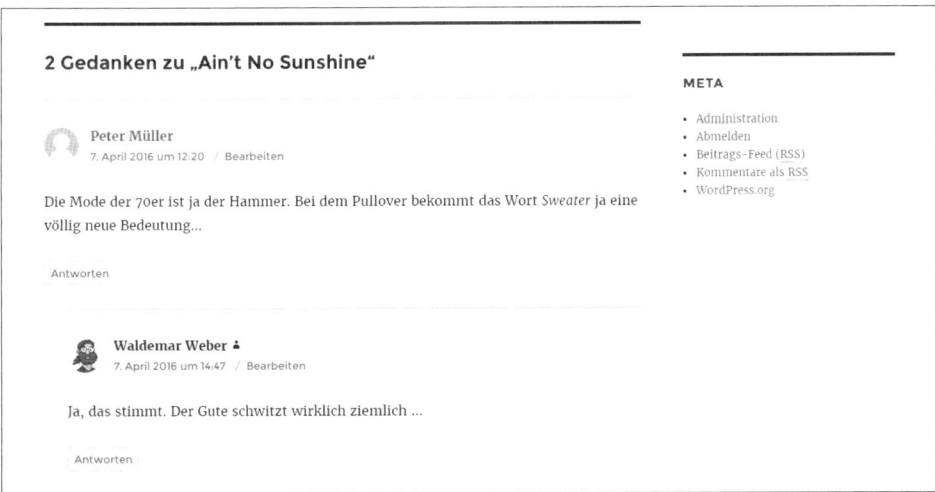

Abbildung 9.7 Eine Antwort auf einen neuen Kommentar

Eine Anmerkung noch zu Avataren, also zu den Bildern, die bei jedem Kommentar erscheinen:

▶ Der Besucher *Peter Müller* hat beim Kommentieren eine E-Mail-Adresse angegeben, die nicht mit einem Gravatar verknüpft ist, und er bekommt deshalb den in Einstellungen • Diskussion • Avatare definierten Standard-Avatar.

▶ *Waldemar Weber* hingegen hat beim Kommentieren eine bei *gravatar.com* registrierte E-Mail-Adresse benutzt, und deshalb wird automatisch der entsprechende Gravatar angezeigt.

So viel zu den wichtigsten Verwaltungsaufgaben bei der Arbeit mit Kommentaren. Im folgenden Abschnitt werfen Sie einen Blick auf die für Kommentare relevanten Einstellungen.

Eine Antwort auf einen Kommentar schaltet ihn auch gleich frei

Wenn Sie auf einen Kommentar antworten möchten, müssen Sie ihn nicht extra vorher freischalten. Das passiert mit dem Absenden der Antwort automatisch, was einige Klicks spart und wirklich praktisch ist.

9.2.3   Kommentare verwalten beim Bearbeiten von Beiträgen oder Seiten

Im Menü Kommentare werden alle Kommentare zentral gesammelt, und deshalb ist dieser Platz ideal zum Verwalten von Kommentaren, aber Sie haben dieselbe Funktion auch direkt beim Bearbeiten von Seiten und Beiträgen, und zwar unterhalb des Editors.

Falls der Bereich Kommentare unterhalb des Editors nicht sichtbar ist, müssen Sie ihn über Ansicht anpassen ❶ unterhalb der Werkzeugleiste zunächst einblenden (❷, Abbildung 9.8).

Abbildung 9.8 Den Bereich »Kommentare« einblenden

Danach erscheint unterhalb des Editors der Bereich KOMMENTARE ❶, in dem Sie die Kommentare nur für diesen Beitrag sehen. Bei Mausberührung erhalten Sie ein Menü mit Links zur Verwaltung der Kommentare (❷, Abbildung 9.9).

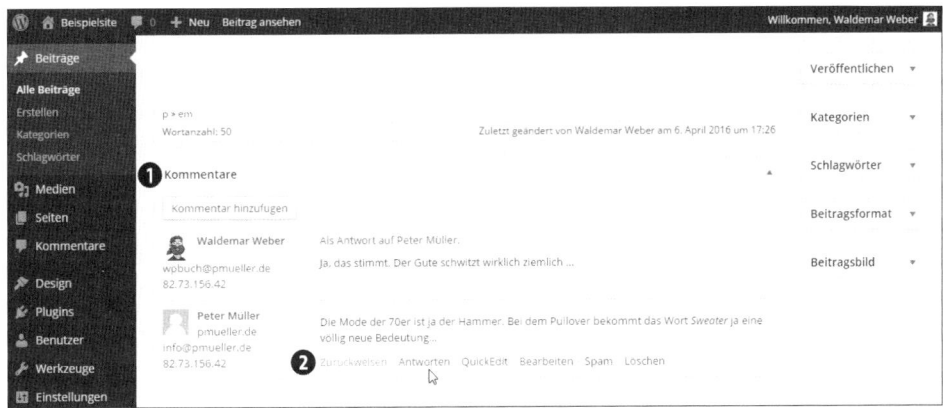

Abbildung 9.9 Der Bereich »Kommentare« unterhalb des Editors

9.3   Das Menü »Einstellungen · Diskussion«

In diesem Abschnitt lernen Sie das Menü EINSTELLUNGEN · DISKUSSION kennen, in dem sich die wichtigsten Einstellungen für Interaktionen verbergen. Auf der Seite gibt es drei große Themenbereiche:

▶ grundlegende Einstellungen für Kommentare

▶ Einstellungen zur Moderation von Kommentaren

▶ Einstellungen für Avatare bei den Kommentaren

Die Einstellungen für Avatare haben Sie in Abschnitt 4.8, »Gravatar: Das Profilbild für Benutzer anpassen«, bereits kennengelernt, die Einstellungen für Kommentare folgen jetzt.

9.3.1   Grundlegende Einstellungen für Kommentare

Abbildung 9.10 zeigt den oberen Teil der Seite im Überblick mit den grundlegenden Einstellungen für Kommentare, der zweite Teil mit Einstellungen für die Moderation folgt im nächsten Abschnitt.

In den STANDARDEINSTELLUNGEN FÜR BEITRÄGE gibt es drei Optionen ❶, von denen sich die ersten beiden mit Ping- und Trackbacks und der automatischen Interaktion zwischen Weblogs beschäftigen. Genauer erklärt werden die beiden Begriffe in Abschnitt 9.5, hier zunächst einmal die Optionen:

▶ VERSUCHE, JEDES IN BEITRÄGEN VERLINKTE WEBLOG ZU BENACHRICHTIGEN – ist diese Option aktiviert, versucht WordPress, jedes verlinkte Blog anzupingen. Dahinter erscheint ein Warnhinweis, dass diese Option die Veröffentlichung eines Beitrags je nach Anzahl der im Beitrag verlinkten Blogs verlangsamen kann. Ist diese Option deaktiviert (Standardeinstellung), sendet Ihr WordPress keine Pings.

▶ Die zweite Option, ERLAUBE LINK-BENACHRICHTIGUNGEN VON ANDEREN BLOGS (PINGBACKS UND TRACKBACKS) BEI NEUEN BEITRÄGEN, ist hingegen standardmäßig aktiviert. Diese Option bewirkt, dass WordPress Pings von einem Blogsystem akzeptiert und zwischen den Kommentaren einfügt. Diese Standardeinstellung können Sie bei den Beiträgen und Seiten überschreiben. Mehr zu Pingbacks erfahren Sie weiter unten in Abschnitt 9.5.

Die dritte Option ist eine Art Hauptschalter für die Kommentarfunktion:

▶ ERLAUBE BESUCHERN, NEUE BEITRÄGE ZU KOMMENTIEREN ❷ – wenn Sie diese Option ausstellen, ist die Kommentarfunktion für alle neuen Beiträge deaktiviert. Für einzelne Beiträge oder Seiten können Sie die Kommentarfunktion unabhängig von dieser Einstellung ein- oder ausschalten (siehe Abschnitt 9.4).

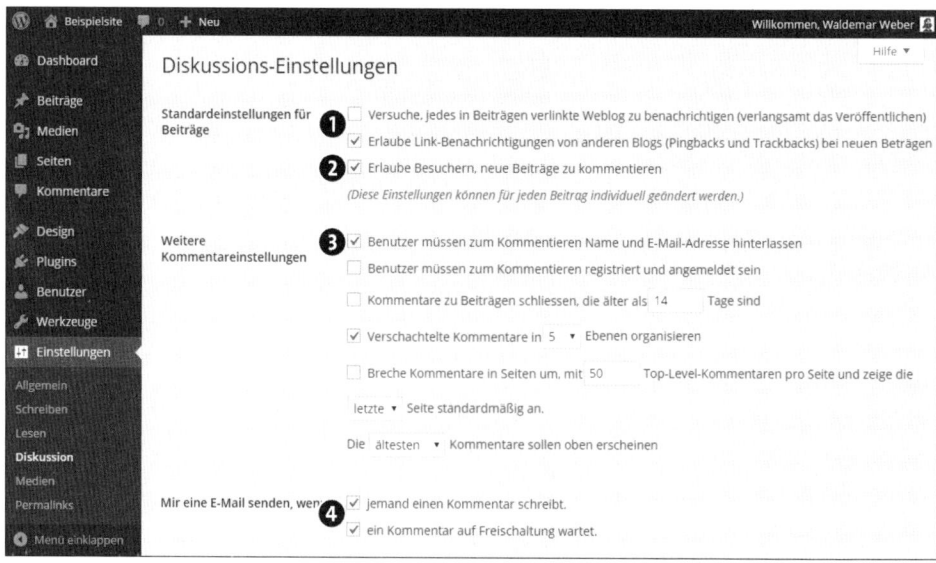

Abbildung 9.10 Der obere Teil des Menüs »Einstellungen • Diskussion«

Die Einstellungen im Bereich WEITERE KOMMENTAREINSTELLUNGEN ❸ sind recht sinnvoll gewählt, und wenn es keinen konkreten Grund zur Änderung gibt, sollten sie ruhig so bleiben, wie sie sind:

▶ BENUTZER MÜSSEN ZUM KOMMENTIEREN NAME UND E-MAIL-ADRESSE HINTERLASSEN erhöht die Hürde für Spammer etwas, auch wenn weder Name noch E-Mail-Adresse wirklich überprüft werden. Die meisten Besucher füllen diese Felder gerne aus, da z. B. der Gravatar an die E-Mail-Adresse gekoppelt ist.

▶ BENUTZER MÜSSEN ZUM KOMMENTIEREN REGISTRIERT UND ANGEMELDET SEIN bewirkt, dass Besucher sich erst in Ihrem Blog registrieren und ein Benutzerkonto anlegen müssen. Das verhindert zwar sehr effektiv Spam, schreckt aber meist auch Besucher ab.

▶ KOMMENTARE ZU BEITRÄGEN SCHLIESSEN, DIE ÄLTER ALS XX TAGE SIND ist standardmäßig aus. Diese Option verhindert, dass ältere Beiträge von Spambots mit Kommentaren bombardiert werden. Falls Sie damit Probleme haben, können Sie diese Option aktivieren.

▶ VERSCHACHTELTE KOMMENTARE IN X EBENEN ORGANISIEREN ist standardmäßig aktiviert und rückt Antworten auf Kommentare etwas ein. Das verwendete Theme muss die hier eingestellte Verschachtelungstiefe auch tatsächlich unterstützen. Im Zweifelsfall einfach ausprobieren.

Die letzte Option im Bereich WEITERE KOMMENTAREINSTELLUNGEN erzeugt nach einer bestimmten Anzahl von Kommentaren automatisch eine neue Seite (*Paginierung*) und ist nur interessant, wenn Sie sehr viele Kommentare bekommen. Mit dieser Option können Sie festlegen, wie viele Kommentare auf einer Seite stehen sollen und in welcher Reihenfolge Kommentarseiten und Kommentare angezeigt werden.

Mit den beiden Optionen im Bereich MIR EINE E-MAIL SENDEN, WENN ... ❹ können Sie einstellen, ob Sie E-Mail-Benachrichtigungen erhalten möchten, und zwar entweder für jeden Kommentar oder nur für Kommentare, die moderiert werden müssen. Die Optionen zur Moderation von Kommentaren folgen im nächsten Abschnitt.

9.3.2   Weitere Optionen für Kommentare: Moderation und Spam

Abbildung 9.11 zeigt die Optionen zur Moderation von Kommentaren im mittleren Bereich der Seite EINSTELLUNGEN • DISKUSSION.

Im ersten Bereich, BEVOR EIN KOMMENTAR ERSCHEINT ❶, gibt es zwei Optionen:

▶ MUSS DER KOMMENTAR MANUELL BESTÄTIGT WERDEN ist standardmäßig deaktiviert und bewirkt, dass wirklich jeder Kommentar manuell begutachtet und bestätigt werden muss, selbst dann, wenn es sich nach Meinung von WordPress um Spam handelt.

▶ MUSS DER AUTOR BEREITS EINEN GENEHMIGTEN KOMMENTAR GESCHRIEBEN HABEN ist aktiviert. Ein Kommentar wird direkt freigeschaltet, wenn die E-Mail-Adresse des Autors bei einem bereits genehmigten Kommentar gefunden wird.

Ein Kommentar mit sehr vielen Links ist typisch für Spam, und mit der Option EINEN KOMMENTAR IN DIE WARTESCHLANGE SCHIEBEN, WENN ER MEHR ALS X LINKS ENT-HÄLT ❷ können Sie entsprechende Kommentare moderieren.

In den beiden großen Formularfeldern zur KOMMENTARMODERATION ❸ und zur KOM-MENTAR-BLACKLIST ❹ können Sie eine Liste mit Wörtern oder Werten (IP-Adressen, URLs, E-Mail-Adressen etc.) notieren, und zwar einen pro Zeile.

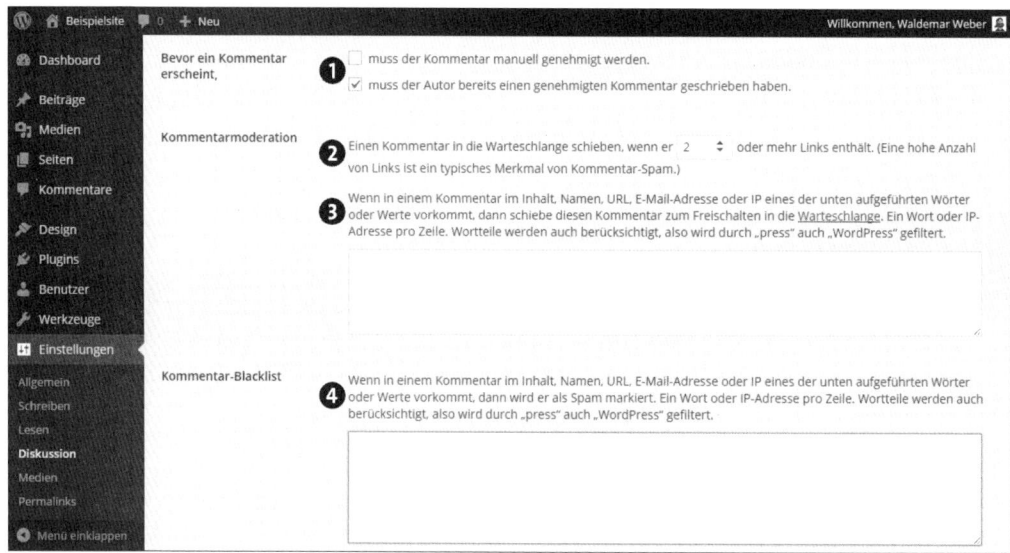

Abbildung 9.11 Mittlerer Bereich des Menüs »Einstellungen • Diskussion«

Tauchen diese Wörter oder Werte in einem Kommentar auf, werden sie in die Warte-schlange zur Moderation verschoben ❸ oder als Spam markiert ❹.

Plugins zum Schutz vor Kommentarspam

Spammer betrachten jede interaktive Funktion einer Website als Einladung, sie für ihre eigenen Zwecke zu missbrauchen. In Abschnitt 16.3 lernen Sie Plugins kennen, die bei der Bekämpfung von Kommentarspam helfen.

9.4 Kommentare für einzelne Beiträge oder Seiten deaktivieren

Im Menü EINSTELLUNGEN • DISKUSSION gibt es mit der Option ERLAUBE BESUCHERN, NEUE BEITRÄGE ZU KOMMENTIEREN also einen Hauptschalter für die Kommentarfunktion. Darüber hinaus können Sie für jede Seite und jeden Beitrag einzeln festlegen, ob Kommentare möglich sein sollen oder nicht.

Das geht zum einen über die Funktion QUICKEDIT und zum anderen über den Bereich KOMMENTARE beim Bearbeiten der Seite oder des Beitrags.

9.4.1 Die Funktion »QuickEdit« für Beiträge und Seiten

Die Funktion QUICKEDIT enthält sowohl für Seiten als auch für Beiträge die Option ERLAUBE KOMMENTARE (Abbildung 9.12). Für Beiträge gibt es zusätzlich noch die Option ERLAUBE PINGS. Zu den Pings erfahren Sie gleich mehr in Abschnitt 9.5.

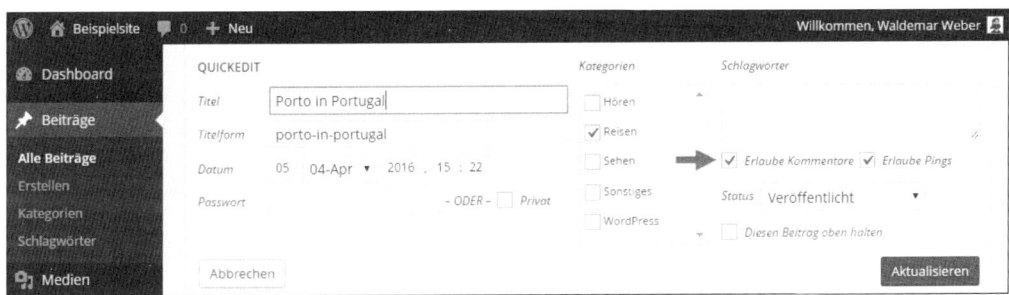

Abbildung 9.12 »QuickEdit« für Beiträge – Kommentare und Pings

9.4.2 Der Bereich »Diskussion« unterhalb des Editors

Sie können Kommentare und Pings auch beim Bearbeiten eines Beitrags nur für diesen einen Beitrag erlauben. Dazu blenden Sie über den Bereich ANSICHT ANPASSEN oben rechts unter der Werkzeugleiste zunächst den Bereich DISKUSSION ein. Daraufhin erscheint dieser Bereich unterhalb des Editors (Abbildung 9.13).

Im Bereich DISKUSSION gibt es sowohl auf Beiträgen als auch auf Seiten noch die Option ERLAUBE TRACKBACKS UND PINGBACKS AUF DIESER SEITE. Bleibt nur noch die Frage, was diese Ping- und Trackbacks eigentlich sind, und die wird gleich im nächsten Abschnitt beantwortet.

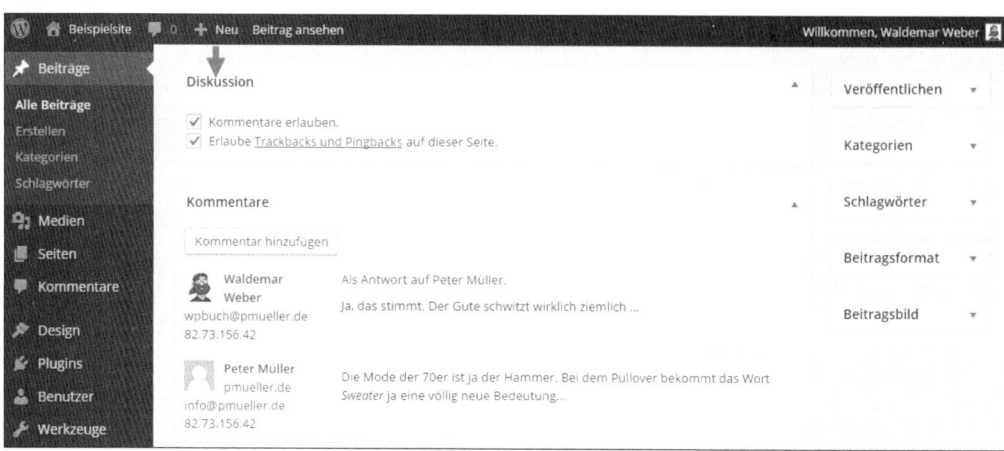

Abbildung 9.13 Der Bereich »Diskussion« unter dem Editor

9.5 Pingbacks – Interaktion mit anderen Blogs

Pingbacks, manchmal auch einfach als *Pings* abgekürzt, sind eine automatisierte Interaktion zwischen zwei Blogs (Abbildung 9.14):

▸ ⒶA schreibt einen Beitrag mit einer bestimmten URL ❶.

▸ ⒷB nimmt in einem Blogbeitrag ❷ Bezug auf den Beitrag von Ⓐ und fügt einen Link zum Beitrag von Ⓐ ein ❸.

▸ Das Blogsystem von Ⓑ sendet daraufhin ein Ping genanntes Signal an das Blog von Ⓐ, um mitzuteilen, dass die URL des Beitrags im Blog von Ⓑ verwendet wurde.

▸ Wenn im Blogsystem von Ⓐ für diesen Beitrag Pings erlaubt sind, wird der Pingback unterhalb des Beitrags zwischen den Kommentaren eingefügt ❹.

Abbildung 9.14 stellt diesen Vorgang bildlich dar.

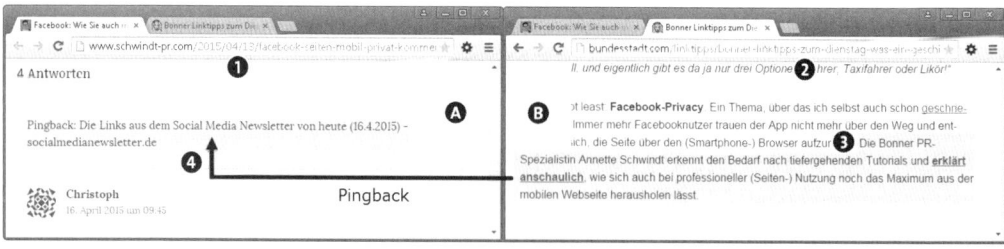

Abbildung 9.14 Ein Pingback in Aktion – Interaktion zwischen zwei Blogs

Ein Pingback ist also so etwas wie ein automatisch erstellter Kommentar von einem anderen Blogsystem, und es geht dabei um die Vernetzung zwischen Blogs und deren Beiträgen. Solche Links, die von anderen Websites auf Ihre Beiträge oder Seiten zeigen, werden *Backlinks* genannt, und sie sind wichtig für das Ranking auf den Ergebnisseiten der Suchmaschinen.

Trackbacks sind eine ältere Form von Pingbacks

Trackbacks waren die erste Form der Interaktion zwischen Blogs. Sie werden manuell erstellt, enthalten im Gegensatz zu Pingbacks auch einen Textausschnitt und sind etwas aus der Mode gekommen, da sie häufig für Spam missbraucht werden.

Falls Sie noch mehr über Trackbacks wissen möchten, hat Michaela Steidl das in einem Blogbeitrag wunderbar erklärt:

▶ *wp-bistro.de/was-sind-eigentlich-trackbacks-und-pingbacks/*

9.6   Auf einen Blick

Die wichtigsten Themen noch einmal im Überblick:

▶ Die Interaktion mit den Besuchern basiert auf Formularen:
 – Kommentarformulare stehen unter einem Beitrag. Der Kommentar wird auf der Website veröffentlicht.
 – Kontaktformulare stehen auf einer eigenen Seite. Die Eingabe wird per E-Mail verschickt und nicht auf der Website veröffentlicht.
▶ Kommentare können moderiert oder sofort freigeschaltet werden.
▶ Kommentare werden im Menü KOMMENTARE verwaltet:
 – GENEHMIGEN oder ZURÜCKWEISEN
 – ANTWORTEN oder BEARBEITEN
 – LÖSCHEN oder als SPAM deklarieren
▶ Die Optionen zur Konfiguration von Kommentaren finden Sie im Menü EINSTELLUNGEN • DISKUSSION.
▶ Kommentare können über die Funktion QUICKEDIT oder unterhalb des Editors für einzelne Seiten oder Beiträge deaktiviert werden.
▶ Pingbacks sind eine automatische Interaktion zwischen zwei Blogs. Trackbacks sind eine ältere Form von Pingbacks.

Kapitel 10
HTML und der Editor von WordPress

Worin Sie die wichtigsten HTML-Elemente kennenlernen, erfahren, wie sie aufgebaut sind und wie man im Editor von WordPress damit arbeiten kann. Außerdem lernen Sie den Texteditor und Shortcodes kennen.

Die Themen im Überblick:

▶ Der Aufbau von HTML-Elementen, Seite 250

▶ HTML-Elemente im Editor von WordPress, Seite 255

▶ HTML für Überschriften, Absätze und Hervorhebungen, Seite 257

▶ Listen: Aufzählungen und Nummerierungen, Seite 260

▶ Links, Bilder und andere nützliche HTML-Elemente, Seite 266

▶ Ein Video von YouTube im Texteditor einbetten, Seite 271

▶ Shortcodes von WordPress im Texteditor bearbeiten, Seite 273

▶ Auf einen Blick, Seite 275

Jede der Milliarden von Webseiten ist in einer Sprache namens HTML geschrieben. WordPress erzeugt dieses HTML für Sie automatisch, und diese automatische Übersetzung funktioniert im Großen und Ganzen recht gut, aber trotzdem müssen Sie manchmal selbst Hand anlegen. Kurzum: HTML-Grundlagenkenntnisse helfen Ihnen beim Schreiben von Beiträgen und Seiten und sind manchmal sogar notwendig.

In diesem Kapitel lernen Sie außerdem auch den Texteditor und die sogenannten *Shortcodes* kennen, eine Besonderheit von WordPress.

10.1   Der Aufbau von HTML-Elementen

HTML ist kurz für HyperText Markup Language. Das stimmt zwar, ist aber nicht sonderlich aussagekräftig, und deshalb soll die Abkürzung hier etwas genauer erläutert werden:

▶ HT wie Hypertext heißt nichts anderes, als dass man mit HTML Links erstellen kann. Hypertext ist Text mit Hyperlinks.

▶ M wie Markup steht für *auszeichnen*, und zwar im Sinne von Ware auszeichnen, also Etiketten an etwas kleben.

▶ L wie Language bedeutet, dass HTML eine Sprache ist, und dementsprechend gibt es Vokabeln und Grammatikregeln.

In diesem Abschnitt erstellen Sie zunächst einen neuen Beitrag im visuellen Editor, schauen sich anschließend den Quelltext im Browser an und lernen dabei den Aufbau von HTML-Elementen kennen.

10.1.1   Einen neuen Beitrag erstellen

Zunächst erstellen Sie einen neuen Beitrag, der auf der Einleitung zu diesem Abschnitt basiert. Abbildung 10.1 zeigt ihn wie gewohnt im visuellen Editor von WordPress.

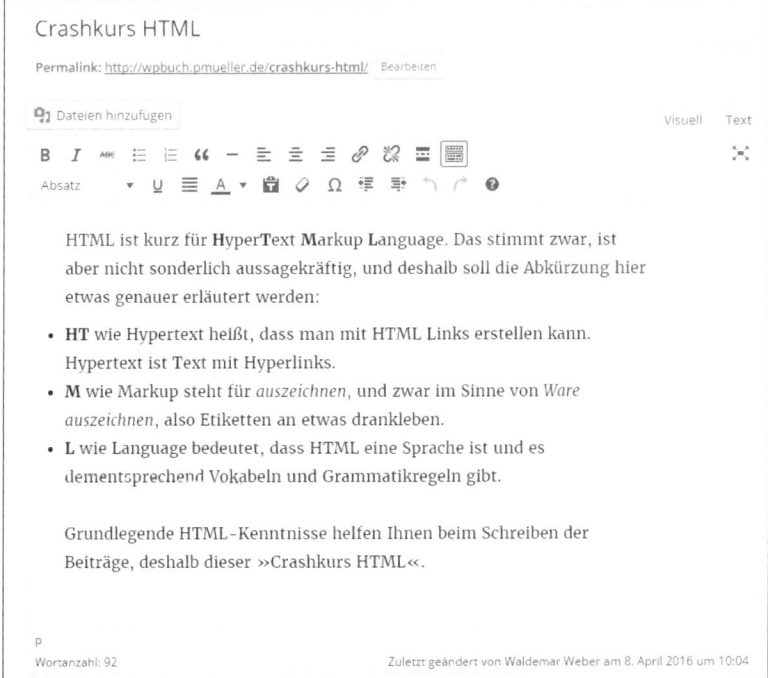

Abbildung 10.1 Der neue Beitrag im visuellen Editor

ToDo: Einen neuen Beitrag erstellen

1. Erstellen Sie einen neuen Beitrag.

2. Fügen Sie einen Titel ein, im Beispiel ist das »Crashkurs HTML«.

3. Geben Sie den Text aus Abbildung 10.1 ein.

4. Weisen Sie dem Beitrag eine Kategorie zu, z. B. WORDPRESS, und vergeben Sie, falls gewünscht, noch Schlagwörter.

5. Um den Beitrag im Frontend sichtbar zu machen, klicken Sie auf VERÖFFENTLICHEN.

Der Beitrag könnte im Frontend so aussehen wie in Abbildung 10.2.

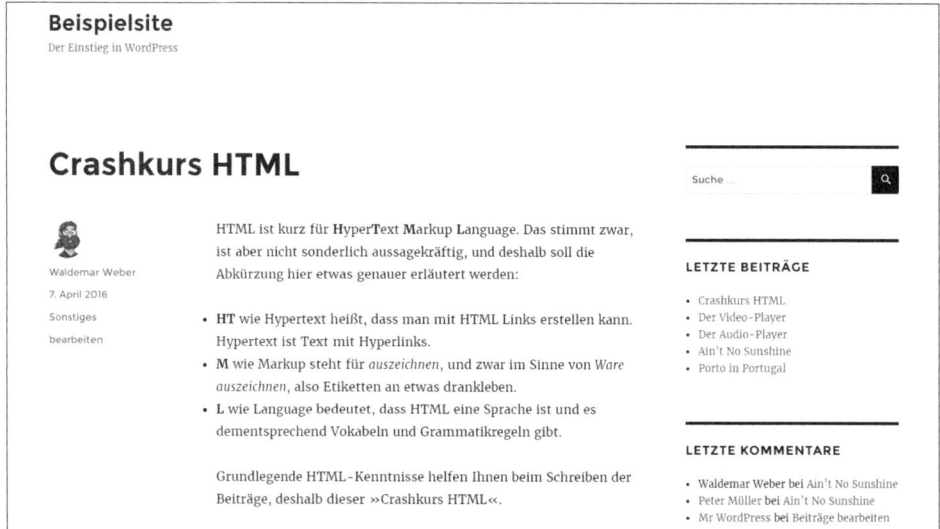

Abbildung 10.2 Der neue Beitrag im Frontend

10.1.2   Quelltext im Browser anschauen

Im allerersten Kapitel dieses Buches haben Sie in Abschnitt 1.1.4, »Webseiten bestehen aus Quelltext – WordPress schreibt ihn für Sie«, gesehen, dass Sie sich den Quelltext einer Webseite im Browser anschauen können, indem Sie einfach mit der rechten Maustaste irgendwo im Browserfenster auf die Webseite klicken und im Kontextmenü einen Befehl wie QUELLCODE ANZEIGEN oder SEITENQUELLTEXT ANZEIGEN suchen.

Der Quelltext einer kompletten Webseite ist für Einsteiger oft sehr überwältigend, und deshalb konzentrieren Sie sich im Folgenden immer nur auf einen kleinen Teil davon, und die Befehle dazu heißen je nach Browser ELEMENT UNTERSUCHEN oder einfach nur PRÜFEN. Im folgenden ToDo schauen Sie sich den Quelltext für den letzten Absatz des eben erstellten Beitrags an.

ToDo: Den Quelltext im Browser untersuchen

1. Öffnen Sie den weiter oben erstellten Beitrag in einem Browser.

2. Klicken Sie mit der rechten Maustaste auf den letzten Absatz des Beitrags
   (❶, siehe Abbildung 10.3).

3. Wählen Sie im Kontextmenü einen Befehl namens ELEMENT UNTERSUCHEN ❷
   (Firefox, Opera, IE, Edge) oder UNTERSUCHEN (Chrome).

4. Der Quelltext für den im Browserfenster angeklickten Absatz erscheint in einem
   eigenen Fensterbereich ❸.

Abbildung 10.3 zeigt das Ergebnis dieses ToDos: oben der markierte Beitrag mit dem
Kontextmenü und darunter der Fensterbereich mit dem Quelltext.

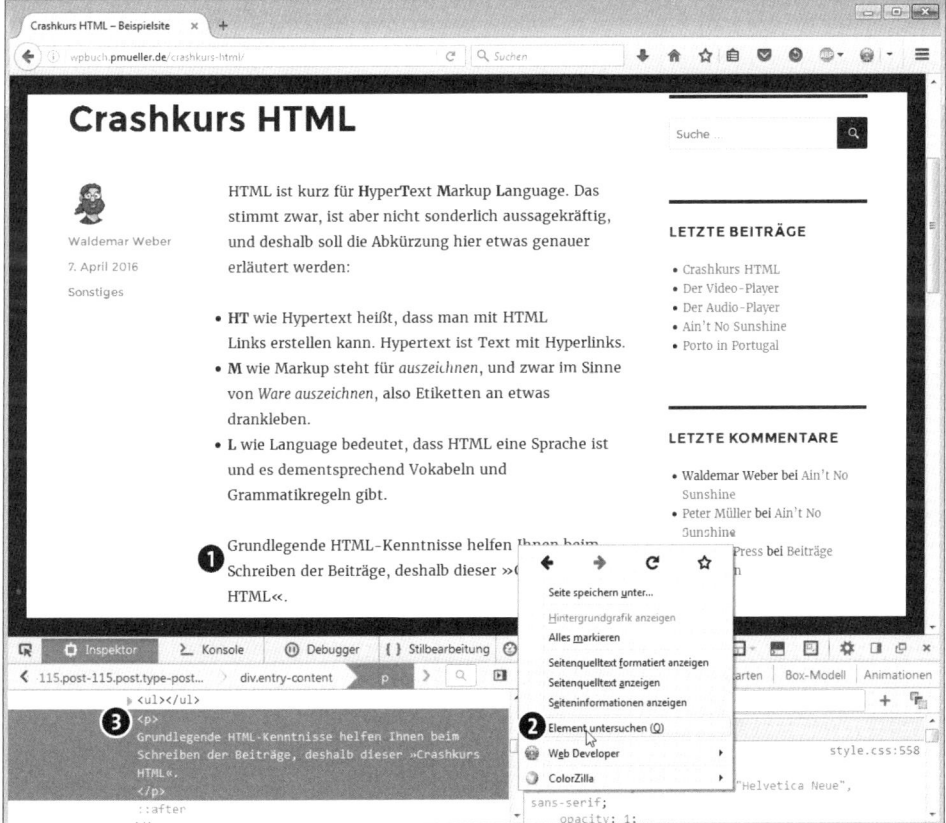

Abbildung 10.3 Quelltext für den angeklickten Bereich anzeigen (in Firefox)

10.1.3   HTML-Elemente bestehen aus Anfangs-Tag, Inhalt und Ende-Tag

Listing 10.1 zeigt den HTML-Quellcode für den Absatz aus Abbildung 10.3:

```
<p>Grundlegende HTML-Kenntnisse helfen Ihnen beim Schreiben der Beiträge,
   deshalb dieser »Crashkurs HTML«.</p>
```

Listing 10.1 Der Quelltext für den letzten Absatz des Beitrags

Ein normaler Fließtextabsatz wird im Quelltext mit dem Tag <p> begonnen und mit dem Tag </p> beendet:

▶ Das HTML-Element selbst heißt p, kurz für *paragraph*, auf Deutsch *Absatz*. Die Namen der HTML-Elemente sind meistens Abkürzungen für einen englischen Begriff.

▶ Die Tags <p> und </p> und kennzeichnen Anfang und Ende des Elements. Das Ende-Tag unterscheidet sich vom Anfangs-Tag dabei durch einen vorangestellten Schräg-strich.

Das Anfangs-Tag <p> heißt für den Browser frei übersetzt »Hier beginnt ein Absatz«, das Ende-Tag </p> dementsprechend »Hier ist ein Absatz zu Ende«. Abbildung 10.4 zeigt das in einer schematischen Darstellung.

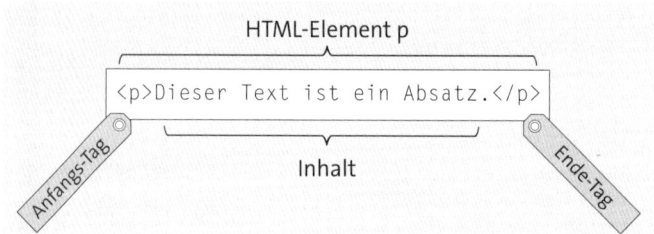

Abbildung 10.4 Schematischer Aufbau eines HTML-Elements im Quelltext

Ein *HTML-Element* besteht im Quelltext also aus drei Teilen:

▶ dem *Anfangs-Tag* in spitzen Klammern: <p>

▶ dem *Inhalt*: Dieser Text ist ein Absatz.

▶ dem *Ende-Tag* ebenfalls in spitzen Klammern: </p>

Alle drei Teile zusammen ergeben ein HTML-Element, und HTML-Elemente sind im Browserfenster immer rechteckige Kästchen. Alle Texte und Grafiken einer Webseite liegen in solchen Kästchen. Ohne Ausnahme. Man könnte so ein Kästchen auch *Con-*

tainer nennen. Auf Englisch heißt es *box*. Eine Webseite besteht also buchstäblich aus kleinen rechteckigen Kästchen, lauter *little boxes*.

Das Aussehen der HTML-Elemente wird wie erwähnt mit einer Sprache namens CSS (*Cascading Stylesheets*) festgelegt. Bei WordPress wird das CSS zur Gestaltung der Webseiten im Theme gespeichert, und zwar in einer Datei namens *styles.css*.

Beim Schreiben von Beiträgen oder Seiten im Editor von WordPress erstellen Sie also bildlich gesprochen rechteckige Kästchen, in denen die Buchstaben und Bilder aufbewahrt werden. Diese rechteckigen Kästchen werden quasi per Fernsteuerung vom für dieses Theme gespeicherten CSS gestaltet.

10.2   HTML-Elemente im Editor von WordPress

Bevor ich Ihnen die wichtigsten HTML-Elemente vorstelle, möchte ich Ihnen kurz zeigen, wie und wo sie Ihnen bei der täglichen Arbeit im WordPress-Editor begegnen.

10.2.1   Der visuelle Editor zeigt die HTML-Elemente in der Statusleiste

Der visuelle Editor hat auf den ersten Blick eine gewisse Ähnlichkeit mit Word oder einer anderen Textverarbeitung: Man schreibt Text, markiert ihn und weist ihm dann die gewünschten Formatierungen zu.

Der visuelle Editor erzeugt aber anders als Word im Hintergrund das für die Webseite benötigte HTML. Um den Beitragstext so übersichtlich wie möglich zu halten, versteckt er dabei die Anfangs- und Ende-Tags und zeigt nur das formatierte Ergebnis an.

Wenn Sie im Editor die zweite Formatierungsleiste einblenden ❶, erscheint am unteren Rand des Editors eine Statuszeile, in der die Namen der HTML-Elemente an der Cursorposition angezeigt werden.

Diese Anzeige dient in erster Linie der Orientierung, kann aber auch benutzt werden, um HTML-Elemente im Editor zu markieren. In Abbildung 10.5 steht der Cursor z. B. im ersten Absatz, und in der Statuszeile wird deshalb ein p ❷ angezeigt. Ein Klick auf dieses p in der Statuszeile markiert im Editorfenster den Absatz, in dem der Cursor steht ❸.

Wenn Sie im visuellen Editor ein Element vor dem Löschen per Klick in die Statuszeile markieren, wird das gesamte Element markiert, und zwar inklusive der nicht sichtbaren Anfangs- und Ende-Tags. Besonders bei komplexen HTML-Konstruktionen, wie z. B. verschachtelten Listen, können Sie so sicher sein, dass nach dem Löschen nicht noch irgendwo ein verlorenes Anfangs- oder Ende-Tag überbleibt und später für Probleme sorgt.

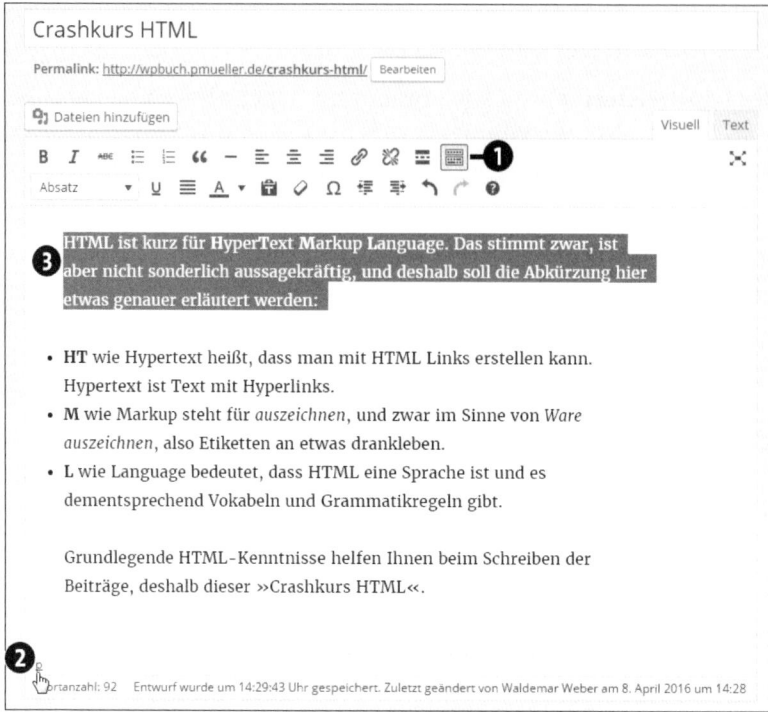

Abbildung 10.5 Das aktuelle HTML-Element in der Statuszeile

10.2.2   Der Texteditor zeigt (fast) alle HTML-Tags im Klartext

Der visuelle Editor zeigt die HTML-Elemente an der Cursorposition in der Statuszeile, der Texteditor geht noch einen Schritt weiter und zeigt den Beitrag pur: unformatiert, aber dafür mit HTML-Tags.

Abbildung 10.6 zeigt, dass das Register TEXT ❶ aktiviert wurde. Oberhalb des Editorfensters befindet sich eine Symbolleiste mit Schaltflächen für die wichtigsten HTML-Elemente ❷, und im Editorfenster sehen Sie den HTML-Quelltext für den Beitrag mit (fast) allen HTML-Tags ❸. Sie können den Quelltext hier naturlich nicht nur anschauen, sondern auch direkt bearbeiten.

Die Tags <p> und </p> für Absätze werden im Texteditor übrigens nicht angezeigt, da sie so häufig auftauchen. Das macht den Quelltext übersichtlicher, könnte anfangs aber verwirren. Einfach merken: Wenn an einem Absatz nichts dransteht, sind in Gedanken immer <p> und </p> davor und dahinter, alle anderen HTML-Elemente werden ganz normal angezeigt.

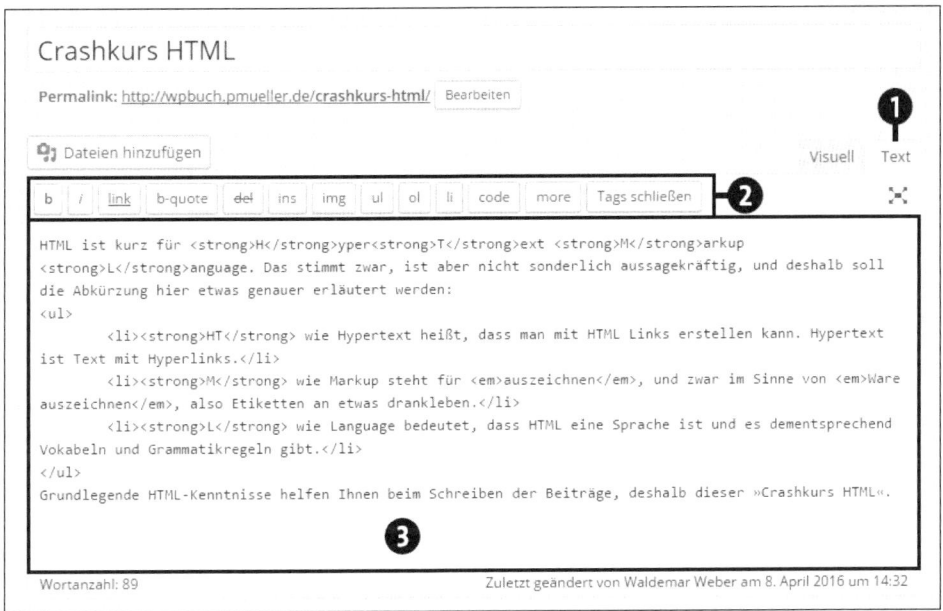

Abbildung 10.6 Der Beitrag im Texteditor

10.3   HTML für Überschriften, Absätze und Hervorhebungen

In diesem Abschnitt lernen Sie die HTML-Elemente für Überschriften, Absätze und Hervorhebungen kennen.

10.3.1   Überschriften und Zwischenüberschriften

Auch wenn Sie im Deutschunterricht das Wort »Gliederung« nicht sonderlich anziehend fanden, sollten Sie auf Ihren Webseiten Überschriften einsetzen. Zwischenüberschriften geben einer Webseite Struktur und machen den Text, wie Sie in Abschnitt 6.3.2 gesehen haben, leichter lesbar.

Überschriften und Zwischenüberschriften sind im Idealfall so geschrieben, dass der Leser den Inhalt der Webseite durch das Springen von Überschrift zu Überschrift erschließen kann und der Inhalt so scanbar wird und leichter erfasst werden kann.

HTML kennt sechs verschiedene Elemente für Überschriften, von h1 bis h6. Das *h* steht für *heading* (Überschrift), die Zahl dahinter für die Gliederungsebene. *h2* bedeutet also nicht »die zweite Überschrift im Text«, sondern »eine Überschrift der zweiten Gliederungsebene«, und es kann auf einer Webseite durchaus mehrere h2-Überschriften geben.

257

Die sechs Überschriftebenen h1 bis h6 finden Sie im visuellen Editor in der zweiten Formatierungsleiste in der Auswahlliste ganz links ❶ als Überschrift 1 bis Überschrift 6 (❷, Abbildung 10.7).

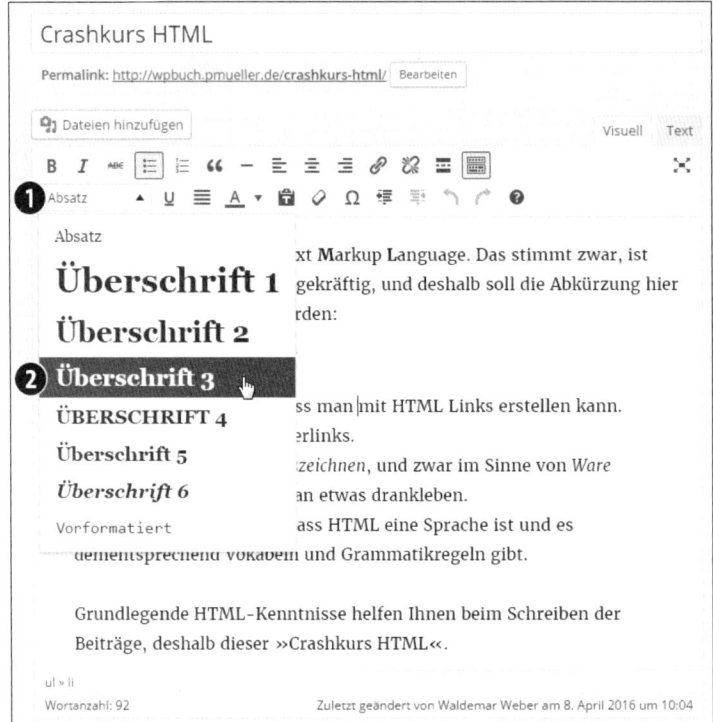

Abbildung 10.7 Die sechs Überschriftebenen von HTML im Editor

Die Gliederungsebene für den Titel einer Seite oder eines Beitrags vergibt WordPress automatisch:

▶ Die Hauptüberschrift auf einer Seite oder in der Einzelansicht eines Beitrags ist in den meisten Themes eine h1-Überschrift.

▶ Auf der Beitragsübersicht sind die Titel der Beiträge meist als h2-Überschrift ausgezeichnet.

Da h1 und h2 somit vergeben sind und Sie auf die Vergabe dieser Überschriften keinen Einfluss haben, ist es naheliegend, für Zwischenüberschriften innerhalb von Beiträgen eine h3-Überschrift zu wählen.

10.3.2   Absätze und Hervorhebungen: »p«, »strong« und »em«

Zwischen den Überschriften steht der Fließtext, und der besteht zu einem großen Teil aus Absätzen, Hervorhebungen und Listen.

Das wahrscheinlich am häufigsten verwendete HTML-Element ist p, kurz für *paragraph*, auf Deutsch »Absatz«. Jeder normale Fließtextabsatz auf einer Webseite wird mit <p> eingeleitet und mit </p> beendet, und Sie haben es in diesem Kapitel bereits kennengelernt.

Im visuellen Editor von WordPress finden Sie das p-Element in der zweiten Formatierungsleiste ganz links unter der Bezeichnung ABSATZ (Abbildung 10.8).

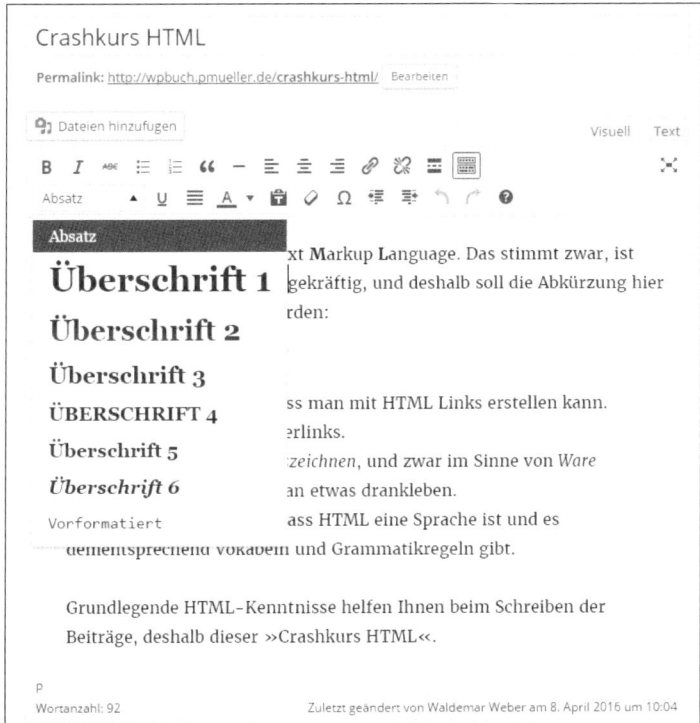

Abbildung 10.8 Die Vorlage »Absatz« steht für das HTML-Element »p«.

Die Elemente strong und em sind zur inhaltlichen Hervorhebung von Text gedacht:

▶ strong bedeutet »stark hervorheben« und wird in visuellen Browsern meist **fett** dargestellt.

▶ em hingegen steht für *emphasize*, auf Deutsch »betonen«. em wird meist *kursiv* dargestellt.

Als Faustregel benutzen Sie strong, um den Text bereits vor dem Lesen hervorzuheben, und em, wenn er erst *während* des Lesens auffallen soll. Unterstreichungen werden auf Webseiten in der Regel nicht eingesetzt, da eine Unterstreichung signalisiert, dass der Text ein Link und somit anklickbar ist.

10.3.3   HTML-Elemente verschachteln: Zuerst geöffnet, zuletzt geschlossen

Der visuelle Editor von WordPress macht es meist von alleine richtig, aber es soll trotzdem kurz erwähnt werden, dass es beim Verschachteln von HTML-Elementen eine wichtige Grundregel gibt: Das zuerst geöffnete Element wird zuletzt geschlossen.

Hier ein Beispiel:

```
<p>Normal, <strong>fett, <em>fett und kursiv</em></strong>. Wieder normal.</p>
```

Die Elemente p, strong und em werden nacheinander geöffnet und in *umgekehrter* Reihenfolge geschlossen: em, strong, p. Die von den Elementen erzeugten Kästchen werden also wie russische Matroschka-Puppen ineinander verschachtelt: em steckt in strong, das wiederum im p-Kästchen sitzt. Grafisch dargestellt, sieht das so aus wie in Abbildung 10.9.

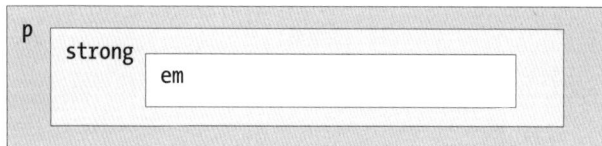

Abbildung 10.9 Verschachtelte Elemente – ein Kästchen in einem Kästchen in einem Kästchen

10.4   Listen: Aufzählungen und Nummerierungen

Listen sind ein wichtiges Stilmittel zur Strukturierung und Auflockerung von Fließtext auf Webseiten, denn die Aufzählungszeichen der Listenpunkte dienen beim Überfliegen der Seiten als Landeplätze für das Auge des Lesers.

In HTML gibt es geordnete und ungeordnete Listen, die nicht nur in Word *Aufzählung* bzw. *Nummerierung* genannt werden.

10.4.1   Aufzählungen: Ungeordnete Listen mit »ul« und »li«

Eine Aufzählung besteht in HTML aus *zwei* Elementen:

▶ <ul> und </ul> kennzeichnen Beginn und Ende der Aufzählung.

▶ `<li>` und `</li>` markieren jedes Listenelement innerhalb der Aufzählung.

ul steht übrigens für *unordered list,* zu Deutsch »ungeordnete Liste«.

Abbildung 10.10 zeigt den Quelltext der Liste, den Sie nach einem Rechtsklick auf die Aufzählung ELEMENT UNTERSUCHEN ❶ in einem eigenen Fensterbereich sehen ❷.

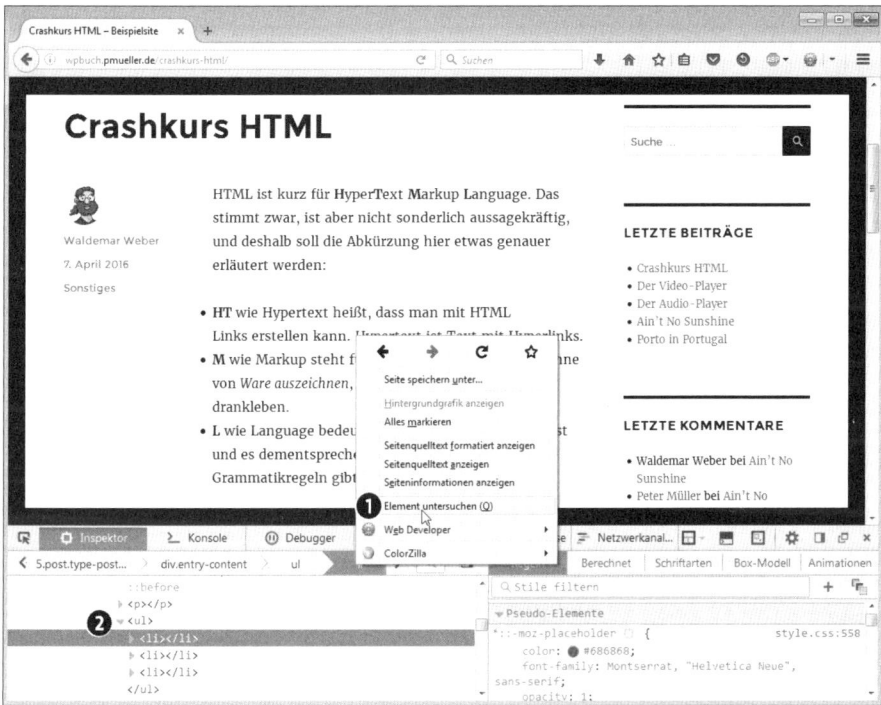

Abbildung 10.10 Firefox zeigt den Quelltext für den markierten Bereich.

Listing 10.2 zeigt den kompletten HTML-Quelltext für die ungeordnete Liste aus Abbildung 10.10:

```
<ul>
  <li><strong>HT</strong> wie Hypertext heißt, dass man mit HTML
    Links erstellen kann. Hypertext ist Text mit Hyperlinks.</li>
  <li><strong>M</strong> wie Markup steht für <em>auszeichnen</em>, und zwar im
    Sinne von <em>Ware auszeichnen</em>, also Etiketten an etwas drankleben.</li>
  <li><strong>L</strong> wie Language bedeutet, dass HTML eine Sprache
    ist und es dementsprechend Vokabeln und Grammatikregeln gibt.</li>
</ul>
```

Listing 10.2 Eine ungeordnete Liste, auch bekannt als Aufzählung

<ul> sagt dem Browser: »Hier beginnt eine ungeordnete Liste.« Zwischen <li> und </li> stehen dann die einzelnen Listenelemente, bevor die Liste mit </ul> beendet wird.

HTML erstellt die Liste, CSS gestaltet sie

Im HTML-Quellcode steht, *dass* der Text eine Aufzählung ist, aber nicht *wie* sie aussehen soll. Die HTML-Elemente ul und li sagen dem Text nur, dass er eine Aufzählung ist. Wie Liste und Aufzählungszeichen aussehen, wird vom CSS im verwendeten WordPress-Theme festgelegt.

10.4.2   Eine Nummerierung ist eine geordnete Liste

Geordnete Listen (engl. *ordered lists*) sind besser bekannt als *Nummerierungen* und werden verwendet, wenn die Reihenfolge der Listenelemente wichtig ist. Abbildung 10.11 zeigt die Liste im Editor als Nummerierung.

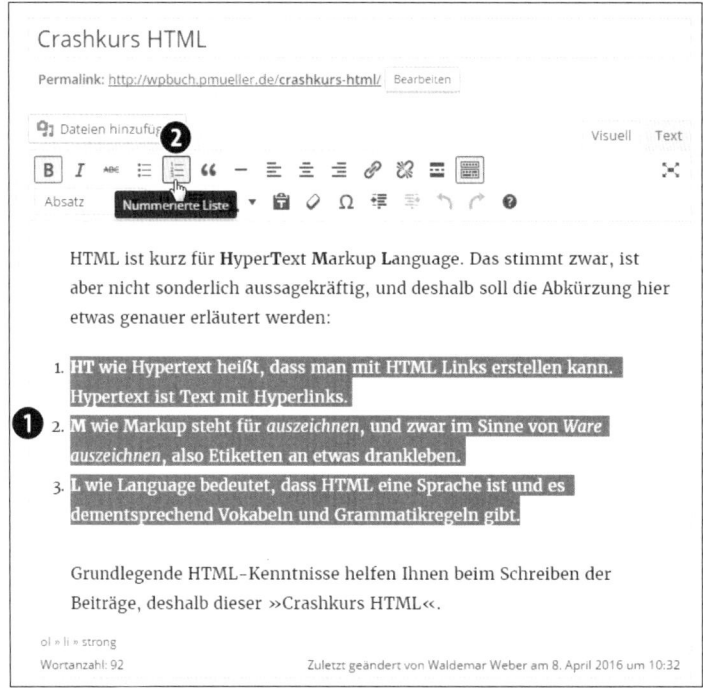

Abbildung 10.11 Der Beitrag im Frontend mit Nummerierung

Im folgenden ToDo machen Sie die Aufzählung zu einer Nummerierung.

ToDo: Eine Aufzählung zur Nummerierung machen

1. Öffnen Sie den weiter oben erstellten Beitrag im Editor.
2. Markieren Sie mit gedrückter Maustaste die Aufzählung ❶. Dazu können Sie auch in der Statuszeile des Editors auf das Element ul klicken.
3. Klicken Sie in der oberen Formatierungsleiste auf das Symbol für eine Nummerierung ❷. In der Statuszeile des Editors steht jetzt ol.
4. Klicken Sie im Bereich VERÖFFENTLICHEN auf die Schaltfläche AKTUALISIEREN.

Nach diesem ToDo ist die Aufzählung im Browser zu einer Nummerierung geworden. Im HTML ist der Aufbau einer Nummerierung identisch mit ungeordneten Listen, lediglich das ul wird durch ol, kurz für *ordered list*, ersetzt:

```
<ol>
  <li><strong>HT</strong> wie Hypertext ... </li>
  <li><strong>M</strong> wie Markup ... </li>
  <li><strong>L</strong> wie Language ... </li>
</ol>
```

Listing 10.3 Eine geordnete Liste, auch bekannt als Nummerierung

10.4.3   Verschachtelte Listen: Eine Liste in einer Liste

Listen können ineinander verschachtelt werden, und Abbildung 10.12 zeigt den weiter oben erstellten Beitrag, wobei der zweite Listenpunkt um eine eingeschobene Aufzählung ergänzt wurde.

Da verschachtelte Listen im Editor nicht immer ganz einfach zu erstellen sind, üben Sie das im folgenden ToDo einmal Schritt für Schritt.

ToDo: Eine verschachtelte Liste im visuellen Editor erstellen

1. Öffnen Sie den weiter oben erstellten Beitrag im Editor.
2. Setzen Sie den Cursor ans Ende von Nummerierungspunkt »2.«, hinter den Satzpunkt nach dem Wort »drankleben«.
3. Erstellen Sie mit ⏎ einen leeren Absatz. Dieser erhält zunächst als durchlaufende Nummerierung ein »3.« vorne dran.
4. Klicken Sie in der unteren Formatierungsleiste auf das Symbol EINZUG ERHÖHEN ❶, um den Listenpunkt nach rechts einzurücken. Die Nummerierung für den Listenpunkt ändert sich dabei in »1.«.

---

5. Klicken Sie dann in der oberen Formatierungsleiste auf das Symbol Aufzählung ❷, und fügen Sie etwas Text hinzu, z. B.: »HTML-Tags kleben bildlich gesprochen mitten im Text einer Webseite.«

6. Erstellen Sie mit ⏎ einen weiteren Absatz, und ergänzen Sie ein wenig Text, z. B.: »Tags (tähgs gesprochen) bedeutet auf Deutsch Etikett oder Preisschild.«

7. Klicken Sie im Bereich Veröffentlichen auf die Schaltfläche Aktualisieren, um die Änderungen zu speichern.

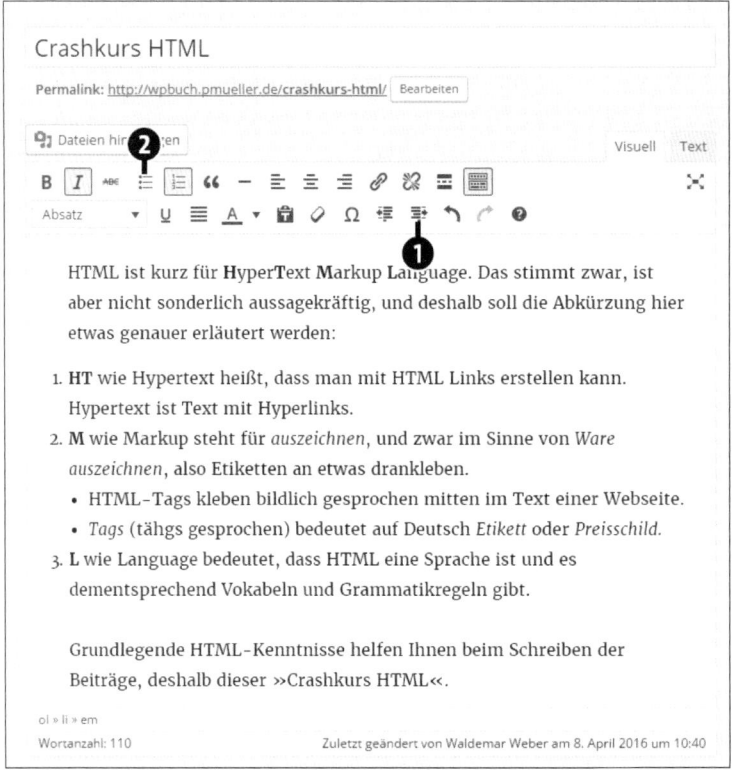

Abbildung 10.12 Eine verschachtelte Liste im visuellen Editor

Listing 10.4 zeigt den Quelltext der verschachtelten Liste, den Sie im Browser oder im Texteditor kontrollieren können:

```
<ol>
  <li><strong>HT</strong> wie Hypertext ... </li>
  <li><strong>M</strong> wie Markup ...
    <ul>
```

```
      <li>HTML-Tags kleben ...   </li>
      <li>»Tags« (<em>tähgs</em> gesprochen) ...   </li>
    </ul>
  </li>
  <li><strong>L</strong> wie Language ... </li>
</ol>
```

Listing 10.4 Eine verschachtelte Liste

Achten Sie darauf, dass in Listing 10.4 das <li> am Anfang des zweiten Listenelements, »M wie Markup«, erst einige Zeilen tiefer geschlossen wird, und zwar nach dem Ende der verschachtelten, inneren Liste.

Dieser Aufbau ist zwar logisch, denn die innere Liste ist ja ein Teil dieses Listenelements, aber nicht unbedingt intuitiv. Es scheint irgendwie ungewohnt, und viele HTML-Autoren schließen das Listenelement bereits vor der inneren Liste, aber das ist und bleibt falsch.

Zum besseren Verständnis zeigt Abbildung 10.13 ein Schema der ineinander verschachtelten Listenkisten aus dem oben dargestellten Beispiel.

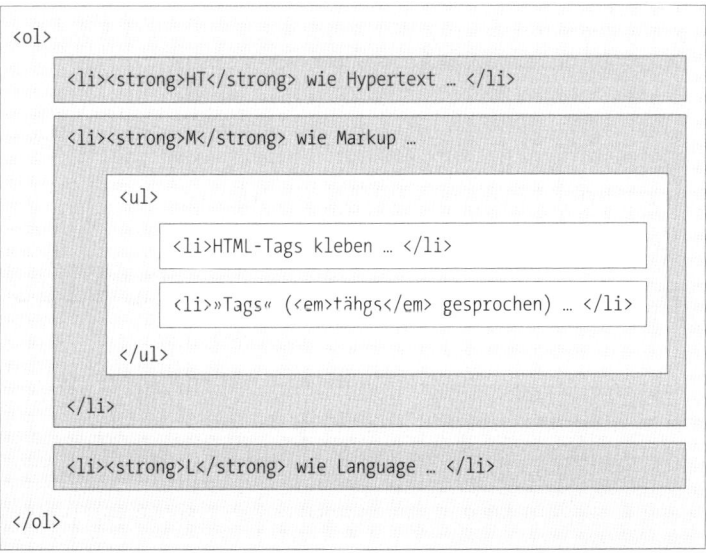

Abbildung 10.13 Schematische Darstellung einer verschachtelten Liste

Falls verschachtelte Listen im visuellen Editor nicht so wollen, wie sie sollen, können Sie sie am besten im Texteditor reparieren. Wechseln Sie dazu einfach auf das Register

TEXT, und nehmen Sie sich einen Augenblick Zeit, um die Reihenfolge der Tags zu kontrollieren. Oder Sie bleiben im visuellen Editor, löschen die Liste und fangen einfach noch mal von vorne an.

Nummerierungen für Fortgeschrittene: »start« und »type«

Im visuellen Editor können Sie eine fortlaufende Nummerierung erstellen, aber im Texteditor können Sie dem Element ol mit dem Attribut start einen anderen Startwert geben:

```
<ol start="5"> ... </ol>
```

In diesem Fall beginnt die Nummerierung nicht mit 1, sondern mit 5. Das ist praktisch, wenn zwei Listen von ein bisschen Fließtext unterbrochen werden, und die zweite Liste danach nicht wieder mit 1 beginnen soll.

Außerdem können Sie im Texteditor mit dem Attribut type die Art der Nummerierung beeinflussen und beide Attribute kombinieren:

```
<ol start="5" type="A"> ... </ol>
```

Eine solche Nummerierung würde mit E beginnen. Gültige Werte für das Attribut type sind "1" oder "a" oder "A" oder "i" oder "I".

In Abschnitt 19.1, »Nützliche Plugins für die Arbeit im Editor«, lernen Sie das Plugin *TinyMCE Advanced* kennen, das diese Nummerierungen auch im visuellen Editor ermöglicht.

10.5   Links, Bilder und andere nützliche HTML-Elemente

Dieser kurze HTML-Crashkurs ist natürlich keine komplette Referenz und zeigt nur die wichtigsten Elemente, aber zur Abrundung lernen Sie hier noch ein paar nützliche Vertreter kennen.

10.5.1   Hyperlinks – das Besondere am World Wide Web

Hyperlinks sind das *Hyper* in Hypertext, und in gewisser Weise typisch für HTML ist, dass das wichtigste Element in dem ganzen Laden nicht hyperlink heißt, sondern schlicht und einfach a (wie Anker).

Hyperlinks haben im Quelltext immer denselben Aufbau:

```
<a href="...">Im Browserfenster verlinkter Text</a>
```

Listing 10.5 Aufbau eines Hyperlinks

Hier das Beispiel im Detail:

▶ Das Element zum Erstellen eines Hyperlinks heißt einfach nur a.

▶ Das Anfangs-Tag `<a>` wird um ein Attribut namens `href` (*Hypertext Reference*) erweitert, das die Wegbeschreibung zum Linkziel enthält. Hier kann einfach nur ein Dateiname oder eine komplette URL stehen.

▶ Zwischen `<a href="...">` und `</a>` steht der Text, der vom Browser als Link formatiert wird.

▶ `</a>` beendet den Hyperlink.

Wie Sie im visuellen Editor von WordPress einen Hyperlink hinzufügen, haben Sie in Abschnitt 6.4, »Hyperlinks erstellen im visuellen Editor«, gesehen, und jetzt kennen Sie auch den HTML-Quellcode, der dabei erzeugt wird. Wenn Sie im Editor beim Hinzufügen eines Hyperlinks in den LINK-OPTIONEN das Kontrollkästchen LINK IN EINEM NEUEN TAB ANZEIGEN aktivieren, wird im Quelltext das Attribut `target` mit dem Wert `_blank` ergänzt:

```
<a href="..." target="_blank">Linktext</a>
```

Listing 10.6 Hyperlink, der in einem neuen Tab geöffnet wird

10.5.2   Die Wegbeschreibung zum Bild: »img«

Das Element zum Einfügen eines Bildes heißt `img`, kurz für *Image*, und es gibt im Quelltext kein Ende-Tag `</img>`. Das `<img>`-Tag enthält nicht die Datei selbst, sondern lediglich die Wegbeschreibung zum Speicherort des Bildes. Im Web sind Webseite und Grafikdatei also – anders als auf Papierseiten – immer zwei verschiedene Dateien.

In Abbildung 10.14 sehen Sie die Seite *Über mich* im Texteditor.

Listing 10.7 zeigt den HTML-Quelltext zum Einfügen des Bildes aus Abbildung 10.14, wobei die Attribute der Übersichtlichkeit halber jeweils in einer eigenen Zeile stehen:

```
<img class="size-thumbnail wp-image-69 alignleft"
    src="http://pfad-zur-datei/waldemar-weber-150x150.jpg"
    alt="Portrait von Waldemar Weber"
    height="150"
    width="150">
```

Listing 10.7 Mit »img« werden Bilder eingefügt.

Abbildung 10.14 Die Seite »Über mich« und der Quelltext für das Bild

Das Element img kennt jede Menge Attribute, hier eine kurze Erklärung der für Sie wichtigsten:

▶ src="dateiname.jpg"
Das wichtigste Attribut zu <img> sind die Buchstaben src, was für *Source* steht und »Quelle« heißt. src teilt dem Browser die Wegbeschreibung zum Speicherort der Grafikdatei mit. Wenn Sie irgendwo manuell ein Bild einfügen möchten, benötigen Sie diese Pfadangabe.

▶ alt="Alternativer Text"
Die Eingabe eines *alternativen* Textes ist Pflicht. Er wird angezeigt, wenn die Grafik nicht (oder *noch* nicht) im Browser dargestellt wird, und ist auch für Suchmaschinen wichtig. Möchten Sie aus irgendeinem Grund keinen alternativen Text angeben, schreiben Sie einfach alt="".

▶ width und height: Breite und Höhe der Grafik
width und height sagen dem Browser, wie viel Platz er für die Grafik reservieren soll, und zwar schon *bevor* er sie erhalten hat. Die Werte für width und height entsprechen im Normalfall der tatsächlichen Bildgröße der Grafik.

Das Attribut class wird von WordPress automatisch hinzugefügt, und die Werte size-thumbnail (Größe Vorschaubild), wp-image-69 (ID des Bildes) alignleft (links ausgerichtet) können zur Gestaltung des Bildes per CSS verwendet werden.

10.5.3   Zitate werden von »blockquote« umgeben

In Abschnitt 6.3.3 haben Sie einen Absatz als Zitat gekennzeichnet. Im HTML ist dabei das Element blockquote verwendet worden.

Wie der Name schon andeutet, ist blockquote ein Blockelement für Zitate. Im visuellen Editor von WordPress gibt es in der oberen Formatierungsleiste das Symbol ZITAT (die Anführungsstriche) und im Texteditor eine Schaltfläche mit der Beschriftung B-QUOTE. Beide Optionen fügen im Quelltext die Tags <blockquote> und </blockquote> ein:

```
<blockquote>
I like deadlines. I like the whooshing sound they make when they go by.
</blockquote>
```

Listing 10.8 Beispiel für die Verwendung von »blockquote«

In *Twenty Sixteen* kann man Zitate außerdem mit den Klassen alignleft bzw. alignright nach links bzw. rechts ausrichten. Im Texteditor sieht das so aus:

```
<blockquote class="alignright">
I like deadlines. I like the whooshing sound they make when they go by.
</blockquote>
```

Listing 10.9 »blockquote« mit der Klasse »alignright« im Quelltext

Im Theme *Twenty Sixteen* rückt ein so ausgezeichnetes Zitat nach rechts, und der normale Text fließt drumherum (Abbildung 10.15).

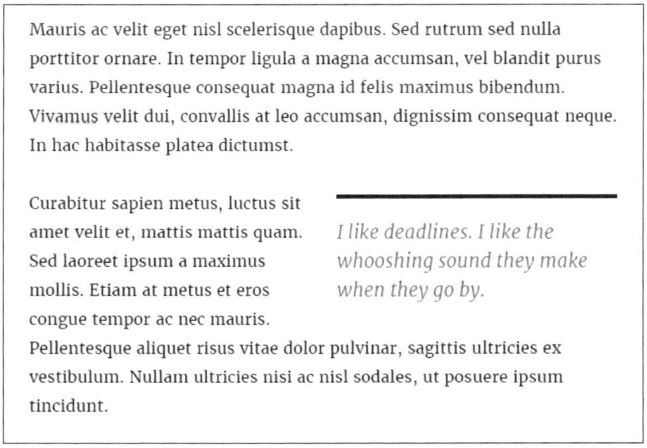

Abbildung 10.15 Ein Zitat mit der Klasse »alignright«

Die Zitatquelle kann man übrigens zwischen `<cite>` und `</cite>` notieren:

```
<blockquote class="alignright">
I like deadlines. I like the whooshing sound they make when they go by.
<cite>Douglas Adams</cite>
</blockquote>
```

Listing 10.10 »blockquote« mit der Klasse »alignleft« und Zitatquelle

Auch hier unterscheidet sich die Darstellung von Theme zu Theme.

10.5.4   Beginne eine neue Zeile mit »br«

Falls Sie an einer bestimmten Stelle im Textfluss einen Zeilenumbruch wünschen, ohne einen neuen Absatz zu beginnen, erzeugen Sie diesen im visuellen Editor genau wie in Word mit ⌂ + ↵ . Diese Tastenkombination fügt im Quelltext HTML ein:

```
<br>
```

br steht für *Break* (»Umbruch«) und ist ein sogenanntes *leeres Element*, ein Element ohne Inhalt, und hat deshalb kein Ende-Tag. Im Texteditor von WordPress wird das `<br>` genau wie `<p>` und `</p>` nicht angezeigt, im Quelltext der Webseite ist es dagegen vorhanden.

Sie sollten einen manuellen Zeilenumbruch sehr sparsam einsetzen, denn der Textfluss auf Webseiten wird durch eine Vielzahl von Faktoren bestimmt und kann – anders als auf Papierseiten – vom Autor nicht wirklich kontrolliert werden.

10.5.5   Sonderzeichen im HTML-Quellcode: » « und Kollegen

Sonderzeichen werden im HTML-Quelltext in einer besonderen Form notiert: Sie beginnen mit &, gefolgt von einem Kürzel, das eine Buchstaben- oder Zahlenkombination sein kann, und enden mit einem Semikolon Eines der bekanntesten Sonderzeichen ist eine geschützte Leerstelle:

```
 
```

Im Browserfenster wird das Kürzel   durch eine geschützte Leerstelle ersetzt:

▶ Wenn ein Browser das & sieht, »weiß« er: Hier beginnt ein Sonderzeichen.

▶ Danach erwartet er ein definiertes Kürzel wie nbsp, kurz für *non breakable space*, frei übersetzt *unkaputtbare Leerstelle*.

▶ Durch das Semikolon danach »weiß« der Browser, dass das Sonderzeichen beendet ist und es normal weitergeht.

Tabelle 10.1 zeigt eine Übersicht einiger häufig eingesetzter Sonderzeichen.

Zeichen	im HTML-Quelltext	Englisch
geschützte Leerstelle		non breakable space
&	&amp;	ampersand
€	&euro;	euro
©	&copy;	copyright
®	&reg;	registered trademark
<	&lt;	less than
>	&gt;	greater than

Tabelle 10.1 Einige häufig benutzte Sonderzeichen

Wenn im visuellen Editor besonders am Ende des Inhalts ein mysteriöser Abstand nach unten auftaucht, wechseln Sie einfach kurz in den Texteditor, schauen, ob da irgendwo ein   herumliegt, und löschen es.

Mehr zu HTML (und CSS) finden Sie in »Einstieg in CSS«

Die Beschreibungen der HTML-Elemente in diesem Crashkurs basieren zum Teil auf denen der ersten Kapitel meines Buches »Einstieg in CSS«:

▶ *pmueller.de/einstieg-in-css.html*

Falls Sie diesen HTML-Crashkurs nützlich finden, können Sie das Thema dort vertiefen und lernen anschließend das Wichtigste zur Gestaltung von Webseiten per CSS (*Cascading Style Sheets*), der Sprache zur Gestaltung von HTML-Elementen. HTML und CSS sind füreinander gemacht und ergänzen sich perfekt. In WordPress wird das CSS im Theme definiert.

10.6   Ein Video von YouTube im Texteditor einbetten

In Kapitel 8, »Multimedia: Sounds und Videos«, haben Sie ein YouTube-Video in einem Beitrag bequem per Einfügen der URL eingebettet. Dabei hatte ich geschrieben, dass es eine Möglichkeit der Einbettung ohne Cookies von Google gibt, die etwas aufwendiger ist und das Einfügen von Code in den Texteditor erfordert. Diese Möglichkeit möchte ich Ihnen jetzt zeigen.

10.6.1   Schritt 1: Den Einbettungscode von YouTube kopieren

In diesem Abschnitt möchte ich Ihnen einen anderen Weg zum selben Ziel zeigen, der etwas datenschutzkonformer ist. Surfen Sie bei YouTube zu dem Video, das Sie gerne einfügen möchten, und dann geht es los:

1. Klicken Sie unterhalb des Videos auf TEILEN ❶ (Abbildung 10.16).
2. Wählen Sie eine Zeile tiefer die mittlere Option EINBETTEN ❷.
3. Wählen Sie die gewünschte VIDEOGRÖSSE, und aktivieren Sie dann die Option ERWEITERTEN DATENSCHUTZMODUS AKTIVIEREN ❸.
4. Kopieren Sie den Code zum Einbetten ❹ in die Zwischenablage.

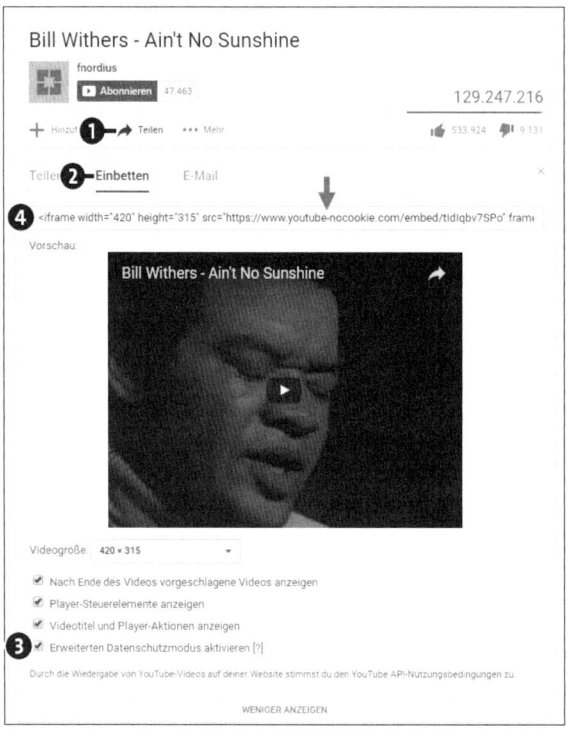

Abbildung 10.16 YouTube-Video einbetten mit erweitertem Datenschutz

Durch die Aktivierung des erweiterten Datenschutzmodus wird der Domain-Name im Einbettungscode auf *youtube-nocookie.com* geändert.

10.6.2   Schritt 2: Den Einbettungscode von YouTube im Texteditor einfügen

Nach dem Kopieren des Einbettungscodes müssen Sie diesen nur noch in dem entsprechenden Beitrag einfügen, und zwar im Texteditor.

1. Öffnen Sie den gewünschten Beitrag.
2. Wechseln Sie in den Texteditor ❶ (Abbildung 10.17).
3. Löschen Sie eine eventuell bereits vorhandene URL zum Video.
4. Fügen Sie den in Schritt 1 kopierten Einbettungscode ein ❷.

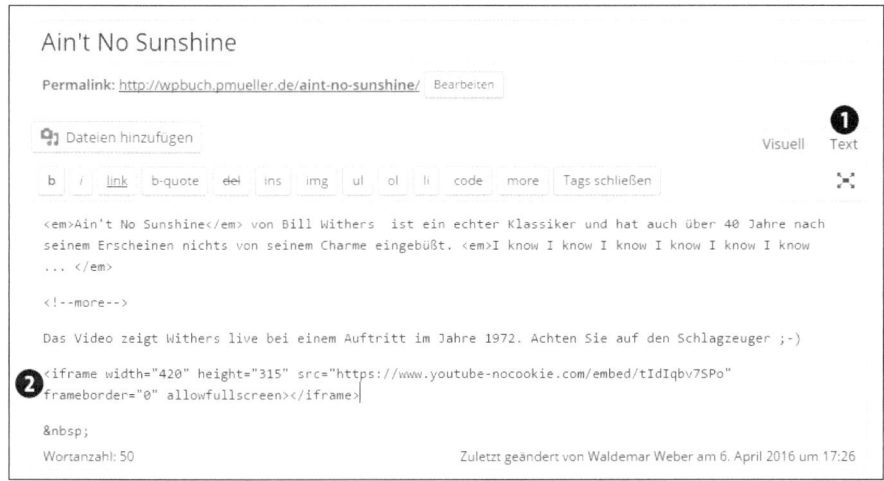

Abbildung 10.17 Den Einbettungscode im Texteditor einfügen

Nach dem Aktualisieren des Beitrags erscheint das Video im Frontend, aber dieses Mal mit dem erweiterten Datenschutzmodus und ohne Cookies von Google.

Sie können die Videogröße bei Bedarf auch nachträglich direkt im Einbettungscode ändern. Bei Google gelistete Optionen sind z. B. 480 × 360 oder 640 × 480, das Einbetten per URL hat das Video in einer Größe von 840 × 630 eingefügt. Vergessen Sie nicht zu AKTUALISIEREN.

10.7   Shortcodes von WordPress im Texteditor bearbeiten

Beim Einfügen von Bildern und Galerien in Kapitel 7, »Die Mediathek: Bilder und Galerien«, und bei der Einbindung von Audio- und Videodateien in Kapitel 8, »Multimedia: Sounds und Videos«, hat WordPress im Editor einen sogenannten *Shortcode* erzeugt. Shortcodes sind übersichtliche und relativ einfach zu verstehende WordPress-spezifische Kürzel, die vor der Auslieferung der Webseite an die Browser in reguläres HTML umgewandelt werden.

Folgende Shortcodes kennt WordPress von Haus aus:

▶ [audio] zur Einbindung von Audiodateien aus der Mediathek

▶ [caption] für die Bildunterschriften

▶ [embed] für eingebettete Medien

▶ [gallery] zur Einbindung von Bildergalerien

▶ [playlist] zur Einbindung von Wiedergabelisten

▶ [video] zur Einbindung von Videodateien aus der Mediathek

10.7.1   Vergleich: Der Shortcode für eine Galerie – und das HTML im Browser

Der Shortcode für die Galerie aus Kapitel 7 lautete wie folgt:

```
[gallery ids="86,85,84"]
```

Listing 10.11 Der Shortcode für eine Galerie

Das ist recht übersichtlich und bedeutet für WordPress: »Füge eine Galerie ein, und zwar mit den Bildern, die die ID 86, 85 und 84 haben.« Abbildung 10.18 zeigt im Vergleich dazu das HTML im Browser, das WordPress aus diesem Shortcode gebastelt hat, und zwar nur für das erste Bild.

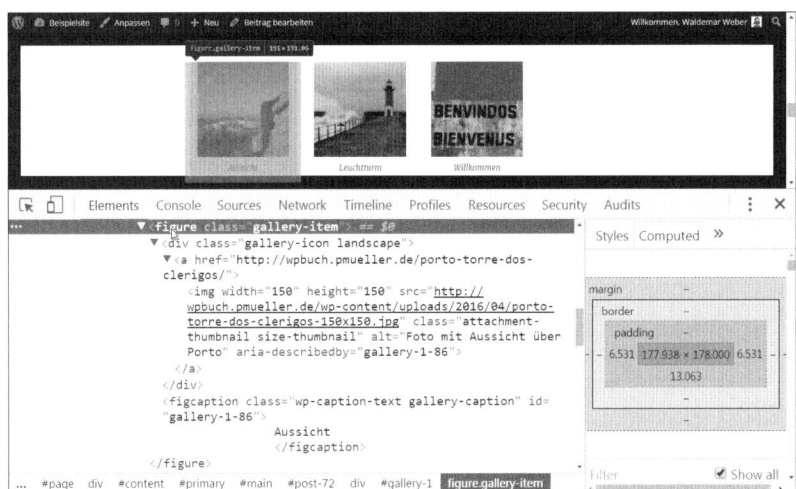

Abbildung 10.18 Das aus dem Shortcode generierte HTML im Browser

Wenn es keine Shortcodes gäbe, würde dieses HTML auch im WordPress-Editor stehen.

10.7.2   Shortcodes können Sie im Texteditor nachträglich bearbeiten

Shortcodes machen die Arbeit aber nicht nur übersichtlicher, sondern sie können auch direkt im Editor geändert werden.

Um z. B. die Reihenfolge der Bilder in einer Galerie zu ändern, könnten Sie im visuellen Editor auf die Galerie klicken und sie dann bearbeiten, aber Sie können auch einfach im Texteditor die Reihenfolge ändern:

```
[gallery ids="84,85,86"]
```

Listing 10.12 Reihenfolge der Bilder direkt im Shortcode ändern

Wenn Sie dann noch Beitrag oder Seite aktualisieren, sind die Bilder schon in einer anderen Reihenfolge angeordnet.

Sie können einen Shortcode auch kopieren und in einen anderen Beitrag oder einer anderen Seite wieder einfügen. Das ist bei einer etwas größeren Bildergalerie garantiert schneller, als sie von Grund auf neu zu erstellen.

Shortcodes Ultimate – das Plugin für die Arbeit mit Shortcodes

In Abschnitt 14.5 lernen Sie das Plugin *Shortcodes Ultimate* kennen, eine Art Schweizer Armeemesser für Shortcodes. Das Plugin bringt zahlreiche zusätzliche und sehr praktische Shortcodes für die Arbeit im Editor mit.

10.8   Auf einen Blick

Die wichtigsten Themen noch einmal im Überblick:

- ▶ Webseiten bestehen aus Quelltext, den WordPress automatisch erzeugt.
- ▶ Quelltext besteht zum großen Teil aus HTML.
  - – HTML steht für HyperText Markup Language.
  - – Grundlegende HTML-Kenntnisse sind hilfreich beim Schreiben von Beiträgen und Seiten.
- ▶ HTML-Elemente bestehen aus Anfangs-Tag, Inhalt und Ende-Tag.
- ▶ Die wichtigsten HTML-Elemente sind:
  - – Überschriften von h1 bis h6
  - – Absätze mit p und Hervorhebungen mit strong und em
  - – Listen mit ul (Aufzählung) und ol (Nummerierung)

275

- Hyperlinks mit a
- Bilder mit img
- Zitate mit blockquote und cite
- manueller Zeilenumbruch mit br

► Sonderzeichen werden manchmal codiert.   steht z. B. für eine geschützte Leerstelle.

► Shortcodes sind übersichtliche WordPress-spezifische Kürzel, die vor der Auslieferung an den Browser von WordPress in HTML verwandelt werden.

TEIL III

Themes: Das Design Ihrer Website

Kapitel 11

Das Menü »Design«: Themes anpassen

Worin Sie das Theme »Twenty Sixteen« kennenlernen und sehen, wie Sie ein Design anpassen können: Unter anderem ändern Sie die Farben, fügen ein Header-Bild hinzu, erstellen Menüs und passen die Widgets an.

Die Themen im Überblick:

- ▶ »Twenty Sixteen« – ein Theme kennenlernen, Seite 278
- ▶ »Design • Anpassen«: Die Live-Vorschau für Themes, Seite 282
- ▶ Website-Informationen: Titel, Logo und Website-Icon, Seite 284
- ▶ Farben, Header- und Hintergrundbild, Seite 286
- ▶ Menüs – eine Navigation für die Website erstellen, Seite 290
- ▶ Die Widgets von »Twenty Sixteen«, Seite 299
- ▶ »Twenty Sixteen«: Auszug als Unterüberschrift, Seite 307
- ▶ Auf einen Blick, Seite 308

In diesem Kapitel zeige ich Ihnen am Beispiel des Standard-Themes *Twenty Sixteen*, wie Sie im Menü DESIGN ein THEME ANPASSEN können, ohne selbst Code zu schreiben. Dabei ändern Sie das Farbschema, lernen Header- und Hintergrundbilder kennen, erstellen eine horizontale Hauptnavigation nebst Social-Media-Menü und fügen Widgets der Sidebar hinzu.

Dieses Kapitel basiert auf dem Standard-Theme *Twenty Sixteen*, und es macht am meisten Spaß, wenn dieses Theme aktiv ist. Die gezeigten Techniken lassen sich später leicht auf andere Themes übertragen.

11.1 »Twenty Sixteen« – ein Theme kennenlernen

Das Standard-Theme *Twenty Sixteen* hinterlässt bei vielen Benutzern einen ersten Eindruck, den man vielleicht mit den Worten »Na ja, so toll sieht das ja nun auch wieder nicht aus« umschreiben könnte, aber je länger man damit arbeitet, desto mehr positive Seiten entdeckt man.

11.1.1 Die Website zum Theme: Über ein Theme informieren

Ein guter Ausgangspunkt zum Kennenlernen eines Themes ist dessen offizielle Website. Für *Twenty Sixteen* gibt es davon gleich zwei:

▶ *de.wordpress.org/themes/twentysixteen/*

▶ *theme.wordpress.com/themes/twentysixteen/*

Abbildung 11.1 zeigt die Startseite der Demo auf WordPress.com.

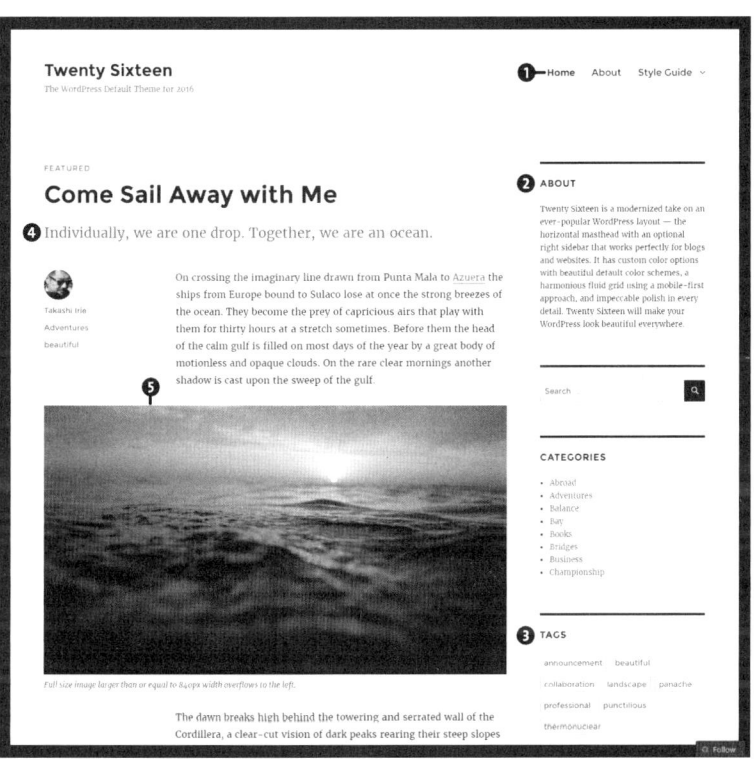

Abbildung 11.1 Die Startseite der Demo zu »Twenty Sixteen«

Gegenüber der Beispielsite, die Sie bisher erstellt haben, gibt es bereits auf den ersten Blick einige kleine Unterschiede:

▶ Rechts oben gibt es eine horizontale Navigation mit Untermenü ❶.

▶ Die Sidebar beginnt mit einem Text-Widget namens ABOUT ❷.

▶ Weiter unten in der Sidebar werden die verwendeten Schlagwörter als kleine Etiketten angezeigt (TAGS, ❸).

▶ Die Beitragsüberschrift hat eine erläuternde Unterüberschrift ❹.

Im Inhaltsbereich sehen Sie außerdem noch einen Beitrag mit einem hübschen Foto ❺, aber wie das gemacht wird, wissen Sie bereits.

Weitere Infos zu »Twenty Sixteen«? Die Theme-Seite auf WordPress.com

Auf WordPress.com gibt es nicht nur eine Demo, sondern auch noch eine offizielle Theme-Seite, auf der *Twenty Sixteen* ausführlich vorgestellt wird:

▶ *theme.wordpress.com/themes/twentysixteen/*

Einige der dort gezeigten Features lernen Sie in diesem Kapitel kennen.

11.1.2   Responsives Layout: »Twenty Sixteen« auf mobilen Geräten

Bei der Auswahl eines Themes ist es wichtig, darauf zu achten, dass das Theme *responsiv* ist, also auf allen Geräten gut aussieht und funktioniert.

Prüfen Sie von Anfang an, wie sich die Webseiten in kleineren Browserfenstern verhalten, indem Sie die Demoseiten auf einem Smartphone oder Tablet aufrufen. Aber auch ohne mobile Endgeräte können Sie das Verhalten der Webseiten testen, indem Sie am Desktop mit der Maus einfach die Breite des Browserfensters verkleinern und vergrößern. Abbildung 11.2 zeigt das Theme auf einem Tablet und einem Smartphone, jeweils im Hochformat.

Abbildung 11.2 »Twenty Sixteen« auf Tablet und Smartphone

Auf kleineren Bildschirmen wird die horizontale Navigation zu einer Menüschaltfläche, die nach dem Antippen die Menüeinträge anzeigt. Der Inhaltsbereich wird einspaltig, und die Sidebar rutscht unter den Inhalt. Auch die Bilder passen sich dem zur Verfügung stehenden Platz automatisch an, und die Schriftgröße ändert sich im Verhältnis zur Breite des Browserfensters, sodass der Text selbst auf einem Smartphone sehr gut lesbar ist. *Twenty Sixteen* ist also auf jedem Gerät benutzbar.

11.1.3   »Design • Themes«: Die »Theme-Details« von »Twenty Sixteen«

Wenn Sie im Backend das Menü DESIGN • THEMES aufrufen und mit der Maus über das Vorschaubild fahren, erscheint eine Schaltfläche namens THEME-DETAILS. Wenn Sie dann auf das Vorschaubild klicken, sehen Sie die in Abbildung 11.3 dargestellte Seite mit einigen Details zum Theme.

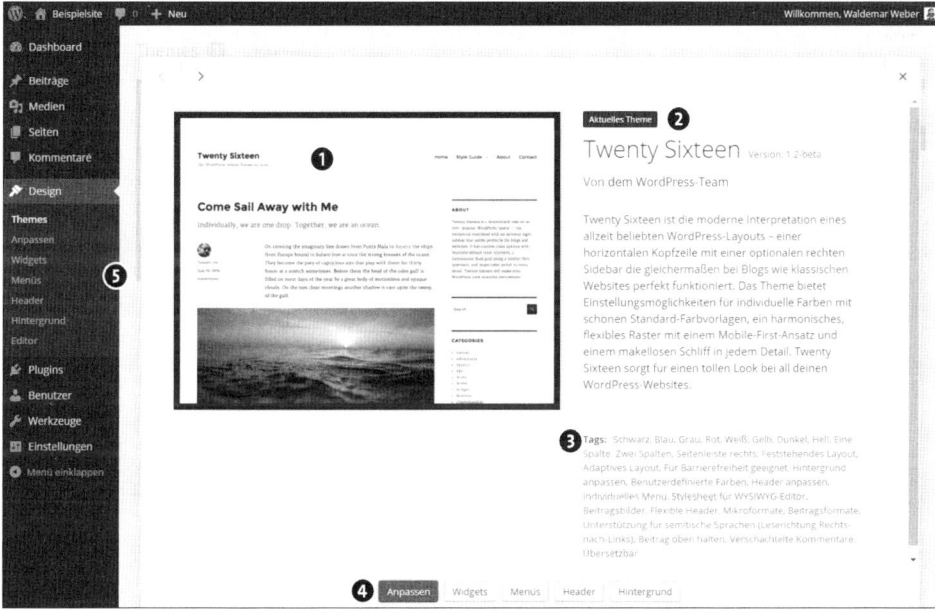

Abbildung 11.3 »Twenty Sixteen« – die »Theme-Details« im Backend

Abbildung 11.3 zeigt ein Bildschirmfoto der Demo-Startseite ❶, rechts daneben finden Sie eine kurze Beschreibung des Themes ❷:

> *Twenty Sixteen ist die moderne Interpretation eines allzeit beliebten WordPress-Layouts – einer horizontalen Kopfzeile mit einer optionalen rechten Sidebar die gleichermaßen bei Blogs wie klassischen Websites perfekt funktioniert.*

Das Theme bietet Einstellungsmöglichkeiten für individuelle Farben mit schönen Standard-Farbvorlagen, ein harmonisches, flexibles Raster mit einem Mobile-First-Ansatz und einem makellosen Schliff in jedem Detail. Twenty Sixteen sorgt für einen tollen Look bei all deinen WordPress-Websites.

Twenty Sixteen hat also eine horizontale Kopfzeile, die Sidebar auf der rechten Seite ist optional, und es gibt die Möglichkeit, die Farben zu verändern.

Unterhalb der Beschreibung sehen Sie eine Liste von Schlagwörtern, die das Theme beschreiben ❸, und darunter einige Schaltflächen zur Anpassung des Themes ❹. Diese Schaltflächen entsprechen den Unterpunkten zum Menü Design links in der schwarzen Menüleiste ❺:

▸ ANPASSEN: Ruft die *Anpassungsleiste* und eine *Live-Vorschau* auf. In dieser Ansicht verbringen Sie in diesem Kapitel einen Großteil Ihrer Zeit.

▸ WIDGETS: Kleine Fertigmodule für den Einsatz in der Sidebar und in anderen speziellen Widget-Bereichen

▸ MENÜS: Erstellung individueller Menüs für die Navigation

▸ HEADER: Gestaltung des Kopfbereichs

▸ HINTERGRUND: Gestaltung des Hintergrunds der Webseiten

Diese Möglichkeiten zur Anpassung eines Themes lernen Sie in diesem Kapitel kennen, und los geht es mit dem Menüpunkt ANPASSEN und der Live-Vorschau.

11.2   »Design • Anpassen«: Die Live-Vorschau für Themes

In diesem Abschnitt lernen Sie das Menü DESIGN • ANPASSEN kennen, in dem alle Optionen zur Konfiguration des Themes auf einen Blick zur Verfügung stehen (Abbildung 11.4).

Nach dem Aufrufen des Menüs DESIGN • ANPASSEN erscheint links eine Seitenleiste zum Anpassen des Themes und rechts eine Live-Vorschau. Die Anpassungsleiste links wird im englischen WordPress übrigens auch *Customizer* genannt (*to customize* heißt »anpassen«).

Abbildung 11.4 Das Menü »Design • Anpassen« im Überblick

Ganz oben können Sie mit einem Klick auf das × links oben Anpassungsleiste und Live-Vorschau schließen oder Änderungen mit der farbigen Schaltfläche SPEICHERN & PUBLIZIEREN. Sind alle Änderungen gespeichert, heißt die Schaltfläche GESPEICHERT ❶.

Darunter sehen Sie, welche Website ❷ und welches Theme ❸ Sie gerade bearbeiten. Mit der Schaltfläche WECHSELN können Sie schnell ein anderes installiertes Theme in die Live-Vorschau laden.

In *Twenty Sixteen* stehen in der Sidebar folgende Optionen zur Auswahl ❹:

▶ WEBSITE-INFORMATIONEN. Hier können Sie ein Logo auswählen, den Titel der Website sowie den Untertitel ändern und ein Website-Icon hinzufügen (Abschnitt 11.3).

▶ FARBEN, HEADER-BILD und HINTERGRUNDBILD dienen der Anpassung des Farbschemas und zum Hinzufügen von Bildern für den Header bzw. den Hintergrund (Abschnitt 11.4).

▶ MENÜS dient der Erstellung einer Navigation für die Website (Abschnitt 11.5).

▶ WIDGETS können hier an Ort und Stelle geändert werden. Beschrieben wird das ausführlich weiter unten in Abschnitt 11.6.

▶ STATISCHE STARTSEITE kennen Sie bereits aus Abschnitt 5.7.

Wenn Sie die Sidebar EINKLAPPEN ❺, hat die Live-Vorschau etwas mehr Platz im Browserfenster, und mit den drei Symbolen für Desktop, Tablet und Smartphone rechts daneben können Sie ganz schnell checken, wie das Theme auf verschiedenen Geräten aussieht.

11.3   Website-Informationen: Titel, Logo und Website-Icon

Im Bereich Website-Informationen können Sie folgende Details anpassen

- ► Logo ❶
- ► Titel und Untertitel der Website ❷
- ► Website-Icon ❸

Abbildung 11.5 zeigt diesen Bereich im Überblick. Zurück ins Hauptmenü in Abbildung 11.4 kommen Sie mit dem kleinen Pfeil nach links ❹.

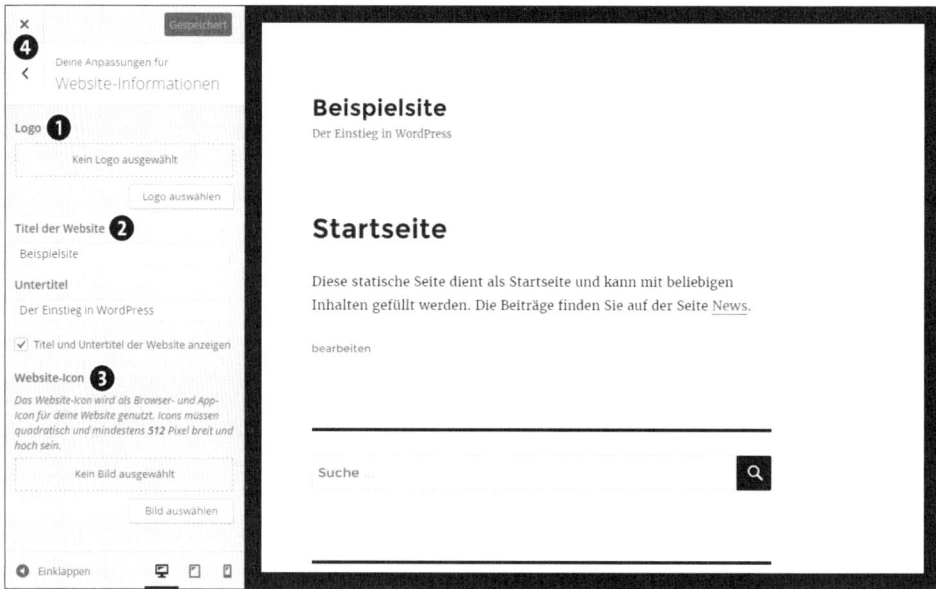

Abbildung 11.5 »Design • Anpassen • Website-Informationen« im Überblick

11.3.1   Die Einstellungen für Logo, Titel und Untertitel der Website

Seit WordPress 4.5 gehört die Möglichkeit, eine Logografik hochzuladen, zum Kern. Nach einem Klick auf Logo auswählen empfiehlt WordPress eine Bildgröße für das Logo, in *Twenty Sixteen* 150 × 150 Pixel, und Sie können dann wie immer eine Grafikdatei aus der Mediathek auswählen.

Abbildung 11.6 zeigt die Beispielsite mit einer ausgewählten Logografik ❶. Die Einstellungen werden rechts live in der Vorschau angezeigt ❸. Wenn das Logo den Titel und Untertitel der Website bereits enthält, können Sie diese auch ausblenden ❷. Falls Sie lieber ohne Logo bleiben möchten, können Sie es mit der entsprechenden Schaltfläche einfach wieder ENTFERNEN.

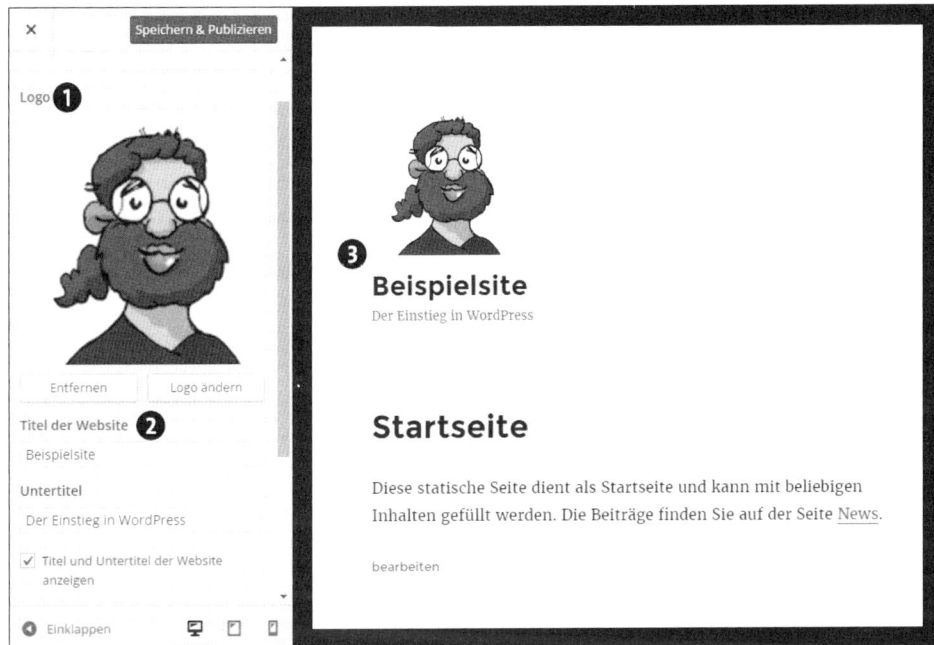

Abbildung 11.6 »Website-Informationen« – Logo und Titel der Website

11.3.2   »Website-Icon« – ein Minilogo für Ihre Webseiten

Das *Favorite Icon* oder kurz *Favicon* ist ein kleines Phänomen. Ursprünglich im Internet Explorer 5 als Symbol für die dort Favoriten genannten Lesezeichen eingeführt, erfreuen sich diese kleinen Kunstwerke inzwischen allgemeiner Beliebtheit und geben einer Site ein Stück Identität. Im Browserfenster sieht man Favicons z. B. in den Tabs, dem Verlauf und bei Lesezeichen.

Die Funktion *Website-Icon* erzeugt aus dem hochgeladenen Bild automatisch nicht nur ein klassisches Favicon, sondern auch gleich noch ein Symbol für mobile Geräte (*Touchicon*) und unter Windows 8 oder höher eine Kachel.

Um Ihren Webseiten ein Website-Symbol mit auf den Weg zu geben, benötigen Sie nur ein Bild, das quadratisch und mindestens 512 × 512 Pixel groß ist:

1. Öffnen Sie das Menü DESIGN • ANPASSEN • WEBSITE-INFORMATIONEN.
2. Klicken Sie im Bereich WEBSITE-ICON auf BILD AUSWÄHLEN, und wählen Sie in der Mediathek das gewünschte Bild.

3. Jetzt können Sie das BILD ZUSCHNEIDEN. Rechts sehen Sie dabei eine Vorschau als *Favicon* und als *Touchicon*.

4. Wenn alles passt, klicken Sie auf BILD ZUSCHNEIDEN.

5. Abbildung 11.7 zeigt den Bereich WEBSITE-INFORMATIONEN mit einem Website-Icon und der Vorschau für Favicon (links) und Touchicon (rechts) ❶.

Wenn Ihnen das Website-Icon gefällt, speichern Sie die Einstellungen mit einem Klick auf SPEICHERN UND PUBLIZIEREN oben rechts ❷. Ganz unten sehen Sie eine kleine Vorschau, wie das Website-Icon im Browser oder als Touchicon aussehen wird.

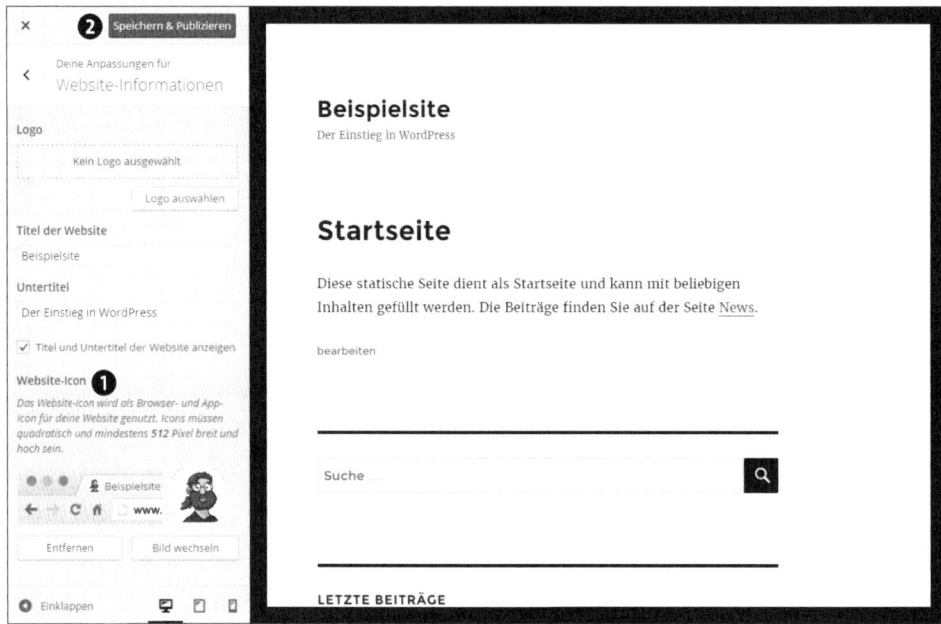

Abbildung 11.7 Ein Bild zuschneiden als Website-Symbol

11.4 Farben, Header- und Hintergrundbild

In *Twenty Sixteen* können Sie das Farbschema ändern sowie ein Header-Bild und ein Hintergrundbild hinzufügen.

11.4.1 »Farben« ändern: Weg mit dem schwarzen Trauerrand

Von Haus aus ist das Theme *Twenty Sixteen* in einem neutralen Schwarzweiß gehalten, aber es gibt diverse Optionen, um die Farbgebung zu ändern (Abbildung 11.8).

Abbildung 11.8 Die Auswahl in »Design • Anpassen • Farben«

Die Optionen zur Änderung der FARBEN ❶ offenbaren ihren Charme erst auf den zweiten Blick. Oben gibt es die Auswahlliste BASIS-FARBVORLAGE mit den fünf Farbschemata STANDARD, DUNKEL, GRAU, ROT und GELB ❷. Der Enthusiasmus beim Ausprobieren dieser Vorlagen hält sich bei den meisten Anwendern aber eher in Grenzen.

Richtig flexibel wird die Sache dadurch, dass Sie in jedem Farbschema die fünf definierten Farben einzeln ändern können:

▶ HINTERGRUNDFARBE ❸ gibt es gleich zweimal: Die obere Option definiert die Hintergrundfarbe der Seite (schwarz), die untere die des Inhaltsbereichs (weiß). Sie können die beiden beliebig kombinieren.

▶ LINKFARBE ❹ (Blau) definiert, ja, die Farbe der Hyperlinks.

▶ TEXTFARBE ❺ regelt die normale Textfarbe (Schwarz) für Überschriften und Fließtext und die Farbe der schwarzen Linien über den Widgets.

▶ Die ZWEITE TEXTFARBE (hellgrau) ist etwas heller und z. B. für den Untertitel zuständig.

Um eine Farbe zu ändern, klicken Sie bei der gewünschten Farbe auf FARBE WÄHLEN. Der Farbwähler zeigt zunächst die Farbe aus dem Farbschema, aber die kann geändert werden.

In Abbildung 11.9 wurde das STANDARD-Farbschema gewählt ❶, aber die Hintergrundfarbe ist auf Blaugrau (Farbwert #99acbf, ❷) geändert, was auch direkt in der Live-Vorschau angezeigt wird ❸. Sie können in dem Farbfeld eine beliebige andere Farbe wählen. Am ein-

11

287

fachsten wählen Sie dazu unten eine Basisfarbe, klicken im Farbfeld ungefähr auf die gewünschte Farbe und verändern sie dann rechts mit dem Schieberegler, bis es passt. Nach einem Klick auf SPEICHERN & PUBLIZIEREN ❹ ist der schwarze Trauerrand Geschichte.

Abbildung 11.9 Standard-Farbschema mit hellgrauem Hintergrund

---

Farbwerte suchen mit ColorZilla

Wenn Sie auf einer Webseite eine Farbe sehen, die Ihnen gefällt, können Sie mit dem Browsertool *ColorZilla* den genauen Farbwert herausfinden.

▸ *www.colorzilla.com*

ColorZilla gibt es für Firefox und Chrome.

11.4.2 »Header-Bild« hinzufügen: Ein Bild zwischen Titel und Inhalt

In *Twenty Sixteen* können Sie ein Header-Bild hinzufügen. Empfohlen wird dafür eine Größe von 1.200 × 280 Pixel. Kleinere Bilder sollten Sie nicht verwenden, da diese pixelig werden, größere können Sie direkt beim Einfügen zuschneiden.

Abbildung 11.10 zeigt den Bereich HEADER-BILD mit einem hinzugefügten Bild. In der Live-Vorschau sehen Sie, dass das Header-Bild zwischen dem Titel- und dem Inhaltsbereich eingefügt wird.

Sie können das Bild mit BILD AUSBLENDEN auch schnell ausblenden, um zu sehen, ob die Webseiten mit oder ohne Header-Bild besser aussehen, und Sie können mehrere Bilder hochladen und diese dann zufällig anzeigen lassen.

Abbildung 11.10 »Header-Bild« in »Design • Anpassen«

11.4.3   »Hintergrundbild«: Ein Bild für den Hintergrund der Webseiten

Sie haben weiter oben für den Hintergrund der Webseite bereits eine Farbe definiert, und mit der Option HINTERGRUNDBILD können Sie diesem Bereich eine Grafik zuweisen. Die Aufgabe einer solchen Hintergrundgrafik ist es, eine ansonsten leere Fläche auf interessante Weise zu füllen, ohne dabei sonderlich aufzufallen.

Da man bei einem Hintergrundbild nie genau weiß, wie groß die zu füllende Fläche genau sein wird, verwendet man meist eine kleinere Grafik, die dann horizontal und vertikal so oft wiederholt wird, bis der Hintergrund gefüllt ist. Die im Beispiel verwendete Grafik wiegt 1 KB, ist 126 × 20 Pixel groß und in den Beispieldateien zu finden.

Das genaue Verhalten des Hintergrundbildes können Sie mit den Optionen im Bereich HINTERGRUNDBILD festlegen (Abbildung 11.11):

▶ WIEDERHOLUNG DES HINTERGRUNDS ❶ steht meist auf WIEDERHOLEN. Die Grafik füllt den Hintergrundbereich dann horizontal und vertikal.

▶ POSITION DES HINTERGRUNDS ❷ gibt an, an welcher Position die Grafik beginnen soll. LINKS ist okay.

▶ SCROLL-VERHALTEN DES HINTERGRUNDS ❸ definiert, ob die Grafik mitscrollen soll oder fixiert wird, sodass der Inhalt darüber hinwegrollt, was ein interessanter Effekt sein kann. Einfach ausprobieren.

Falls Sie das Muster auf dem Hintergrundbild in Abbildung 11.11 im gedruckten Buch schlecht erkennen können – es ist tatsächlich eines da, und eine Hintergrundgrafik soll ja dezent sein.

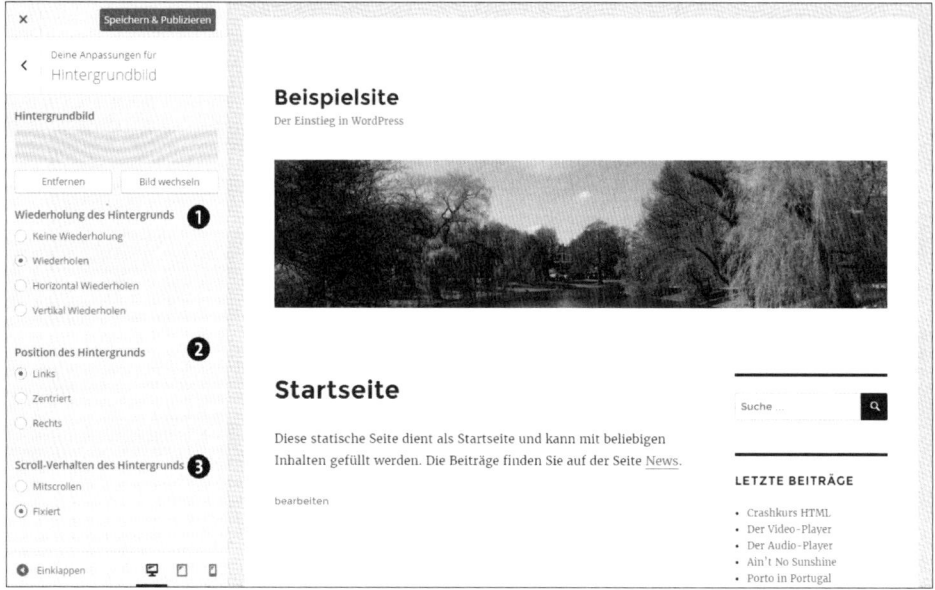

Abbildung 11.11 Hintergrundbild mit Optionen

Grafiken für Hintergründe: »subtlepatterns.com«

Auf der folgenden Website finden Sie geeignete Hintergrundgrafiken:

▸ *subtlepatterns.com*

Wenn Sie eine Grafik gefunden haben, die Ihnen gefällt, einfach herunterladen, von der Festplatte in die Mediathek beamen und dann im Theme ausprobieren.

11.5   Menüs – eine Navigation für die Website erstellen

WordPress hat eine fantastische Menüfunktion, mit der die Erstellung einer benutzerfreundlichen Navigation für Ihre Website fast zum Vergnügen wird und die ich Ihnen in diesem Abschnitt kurz vorstellen möchte.

Die grundlegende Vorgehensweise ist bei allen WordPress-Menüs gleich:

1. *Menü erstellen:* Zunächst erstellen Sie ein Menü und speichern es unter einem Namen, wie z. B. *Hauptmenü*.

2. *Position zuweisen:* Nach der Erstellung weisen Sie das Menü einer Position zu. Welche Positionen es gibt, ist von Theme zu Theme unterschiedlich.

Bei der Erstellung eines Menüs ist WordPress sehr flexibel, denn die Menüpunkte können Sie aus Seiten, Beiträgen, selbst erstellten Links, Kategorien, Schlagwörtern und sogar Beitragsformaten auswählen und beliebig kombinieren.

Twenty Sixteen unterstützt zwei Menüpositionen namens PRIMÄRES MENÜ (rechts oben im Header) und SOCIAL-LINKS-MENÜ (rechts unten im Footer). Abbildung 11.12 zeigt das fertige Hauptmenü an der Menüposition PRIMÄRES MENÜ in der Desktop-Ansicht.

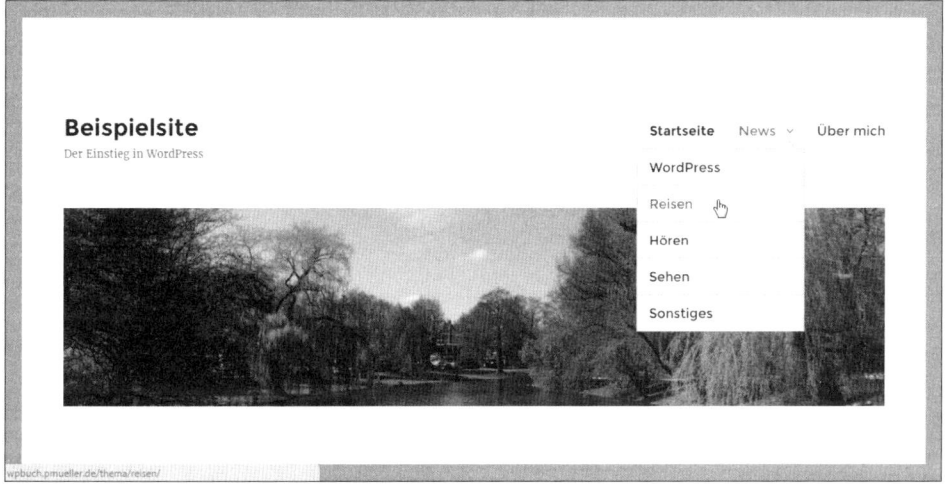

Abbildung 11.12 Das fertige Hauptmenü in der Desktop-Ansicht

Menüs können Sie im Backend an zwei verschiedenen Stellen bearbeiten

Menüs können Sie im Backend an zwei Stellen bearbeiten:

▶ DESIGN • ANPASSEN • MENÜS direkt in der Anpassungsleiste

▶ DESIGN • MENÜS im eigenen Menü

Die beiden Menüs sehen zwar anders aus, sind von der Funktionalität her aber weitgehend identisch. Ich zeige Ihnen im Folgenden den etwas moderneren Weg über die Anpassungsleiste in DESIGN • ANPASSEN • MENÜS.

11.5.1   Schritt 1: Das Hauptmenü erstellen und ihm eine Position zuweisen

Im ersten Schritt erstellen Sie ein Menü, das Sie danach in den folgenden Schritten mit Inhalt füllen. Abbildung 11.13 zeigt die Anpassungsleiste in DESIGN • ANPASSEN • MENÜS bei der Erstellung des Hauptmenüs.

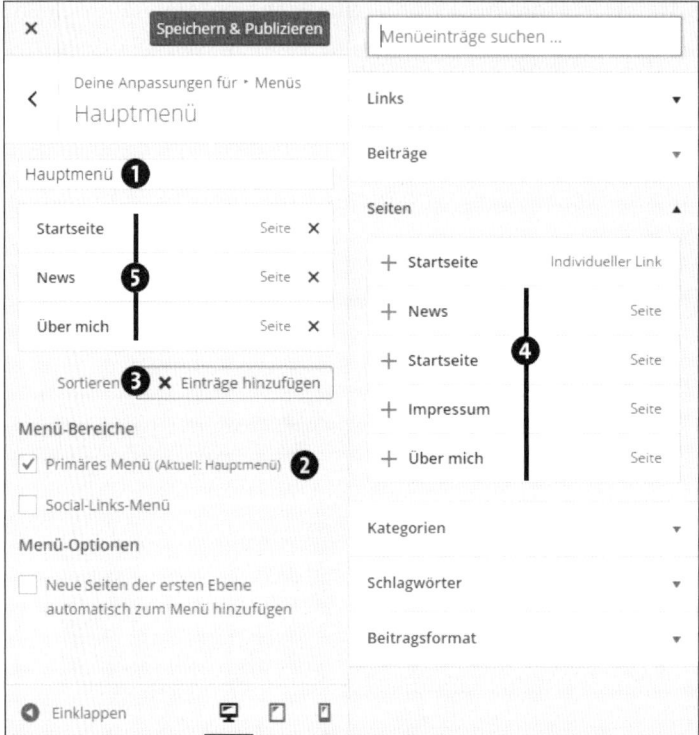

Abbildung 11.13 Die Anpassungsleiste bei der Erstellung des Hauptmenüs

Nicht erschrecken, im folgenden ToDo wird Schritt für Schritt gezeigt, wie Sie das Hauptmenü erstellen, ihm eine Position zuweisen und es mit Menüeinträgen füllen. In der Live-Vorschau sehen Sie dabei live und in Farbe, wie die Navigation auf der Website aussieht.

ToDo: Das Hauptmenü erstellen und ihm eine Position zuweisen

1. Rufen Sie im Backend das Menü Design • Anpassen • Menüs auf.

2. Klicken Sie auf die Schaltfläche + Menü hinzufügen.

3. Geben Sie einen Namen für das Menü ein, z. B. »Hauptmenü«.

4. Klicken Sie auf die Schaltfläche Menü erstellen. Abbildung 11.13 zeigt die sich daraufhin öffnende Seite, in der Sie die Einträge und Eigenschaften für das Hauptmenü ❶ definieren.

5. Aktivieren Sie bei Menü-Bereiche das Kontrollkästchen vor Primäres Menü ❷.

6. Klicken Sie auf Einträge hinzufügen ❸. Rechts öffnet sich eine Übersicht der möglichen Navigationslinks.

---

7. Öffnen Sie den Bereich SEITEN ❹, und klicken Sie auf STARTSEITE (SEITE), NEWS und ÜBER MICH. Die angeklickten Seiten erscheinen daraufhin links unter dem Wort HAUPTMENÜ ❺.

8. Wenn alles fertig ist, speichern Sie das Menü mit einem Klick auf SPEICHERN & PUBLIZIEREN.

Nach diesem ToDo sehen Sie in Abbildung 11.14 links in der Anpassungsleiste das Hauptmenü ❶, das Sie bei Bedarf mit einem Klick auf den kleinen Pfeil nach rechts weiter bearbeiten können. In der Live-Vorschau erscheint das Hauptmenü rechts oben ❷.

Abbildung 11.14 Das Hauptmenü in der Live-Vorschau

Mit den Symbolen unten in der Anpassungsleiste (Abbildung 11.14, ❸) können Sie probieren, wie die Webseite sich auf einem Tablet oder einem Smartphone verhält.

Abbildung 11.15 zeigt, dass die Navigation automatisch zu einer Menüschaltfläche wird. Wenn die Menüschaltfläche angeklickt oder auf einem Touchscreen angetippt wird, öffnet sich das Menü.

Menüeinträge nachträglich bearbeiten

Nach dem Speichern können Sie die Einträge eines Menüs editieren und so z. B. die Beschriftung der Menüpunkte ändern:

▶ Öffnen Sie das gewünschte Menü.

▶ Klicken Sie auf den gewünschten Menüeintrag, um den Detailbereich zu öffnen.

▸ Ändern Sie den Text im Feld ANGEZEIGTER NAME.

▸ SPEICHERN & PUBLIZIEREN Sie das Menü.

Dadurch wird es möglich, dass ein Menüeintrag im Menü eine andere Bezeichnung hat als das Element, das dahintersteht.

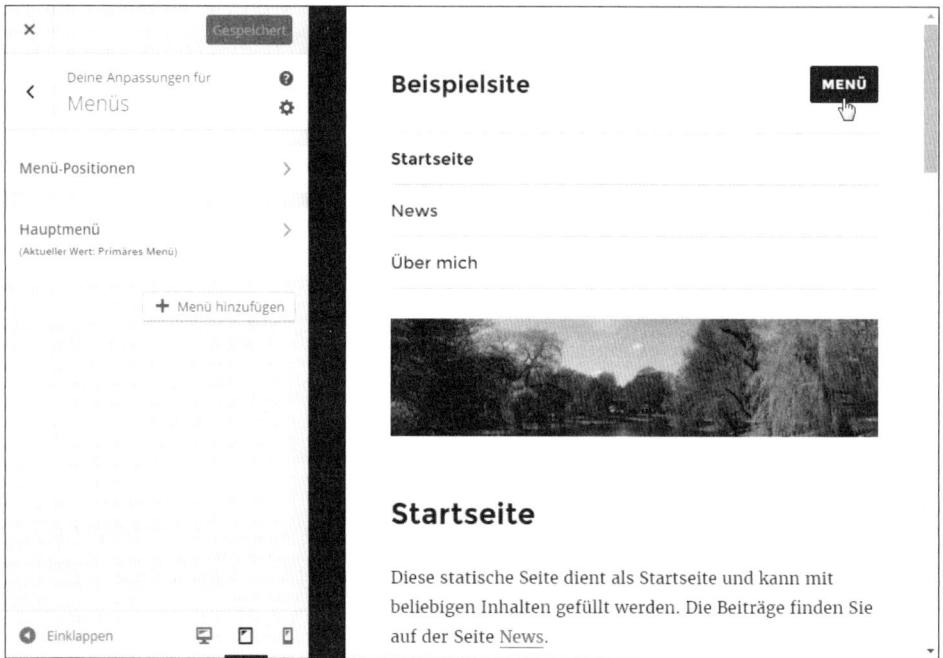

Abbildung 11.15 Die Navigation in der Tablet-Ansicht der Live-Vorschau

11.5.2   Schritt 2: Hauptmenü erweitern – ein Untermenü für die Seite »News«

In diesem Schritt erweitern Sie das Hauptmenü um ein Untermenü für die Seite *News*. In diesem Untermenü sollen die Kategorien aus dem Newsbereich gelistet werden. Abbildung 11.16 zeigt dies im Überblick.

Im folgenden ToDo erstellen Sie das Untermenü für die Seite *News*.

ToDo: Ein Untermenü für die Seite »News« erstellen

1. Rufen Sie im Backend das Menü DESIGN • ANPASSEN • MENÜS auf.

2. Klicken Sie rechts neben dem HAUPTMENÜ auf den Pfeil nach rechts, um das Hauptmenü zu bearbeiten.

---

3. Nach einem Klick auf EINTRÄGE HINZUFÜGEN öffnet sich rechts die Übersicht der möglichen Einträge (Abbildung 11.16).

4. Öffnen Sie den Bereich KATEGORIEN ❶, und klicken Sie nacheinander auf die Kategorien ❷, sodass diese links im Hauptmenü erscheinen.

5. Zum Sortieren der Menüeinträge haben Sie zwei Möglichkeiten: per Ziehen und Fallenlassen mit der Maus oder über den Link SORTIEREN, bei dem Sie die Menüpunkte bequem mit Pfeilen ordnen können. Ziel ist, dass die Kategorien etwas eingerückt unterhalb von NEWS stehen ❸.

6. Wenn alles fertig ist, speichern Sie das Menü mit einem Klick auf SPEICHERN & PUBLIZIEREN ❹.

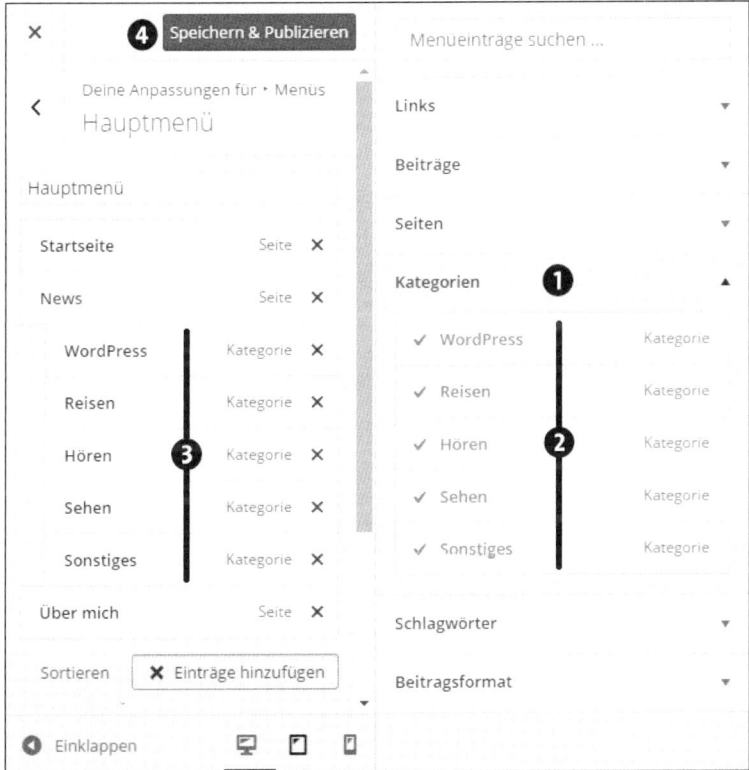

Abbildung 11.16 Ein Untermenü für die Seite »News« erstellen

Abbildung 11.17 zeigt das im ToDo erstellte Hauptmenü ❶ mit geöffnetem Untermenü in der Tablet-Ansicht der Live-Vorschau ❷.

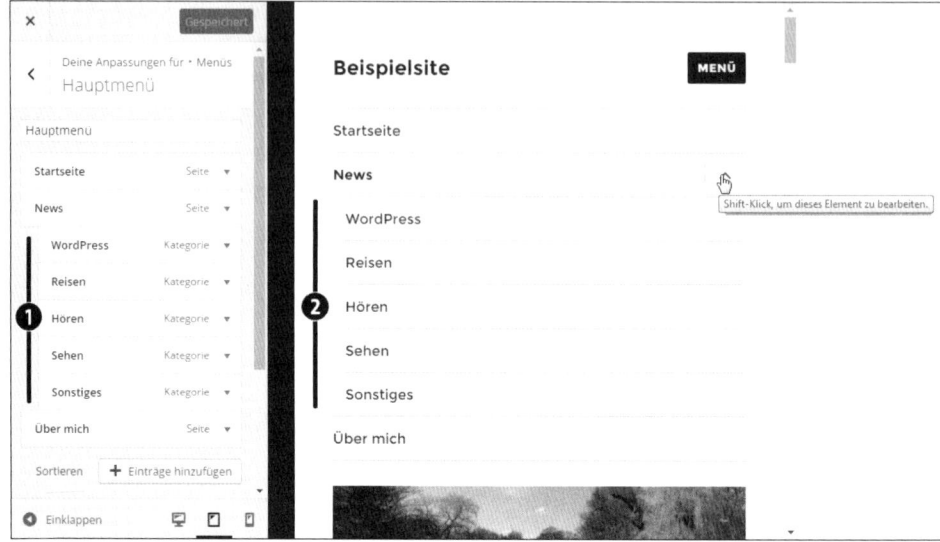

Abbildung 11.17 Das fertige Hauptmenü in der Tablet-Ansicht

Um einen Menüpunkt von der Live-Vorschau aus direkt zu bearbeiten, halten Sie die ⌂-Taste gedrückt, und klicken Sie den gewünschten Menüeintrag an. Er wird dann links in der Anpassungsleiste zur Bearbeitung geöffnet.

Menüeinträge in einem neuen Tab oder Fenster öffnen

Falls Sie in Ihren Menüs einen Link haben, der in einem neuen Fenster geöffnet werden soll, so ist auch das möglich:

▸ Klicken Sie in der Anpassungsleiste auf MENÜS.

▸ Klicken Sie rechts neben dem Wort MENÜS auf das Zahnrad.

▸ Aktivieren Sie das Kontrollkästchen vor LINKZIEL.

Danach erscheint bei der Bearbeitung eines Menüeintrags die Option LINK IN EINEM NEUEN TAB ÖFFNEN.

11.5.3   Schritt 3: Ein Social-Links-Menü mit Links erstellen

Sofern Sie bei Facebook, Twitter oder anderen Diensten ein persönliches Profil oder eine offizielle Seite haben, können Sie im Backend ein zweites Menü erstellen und dort die Links zu Ihren Social-Media-Präsenzen eingeben (Abbildung 11.18).

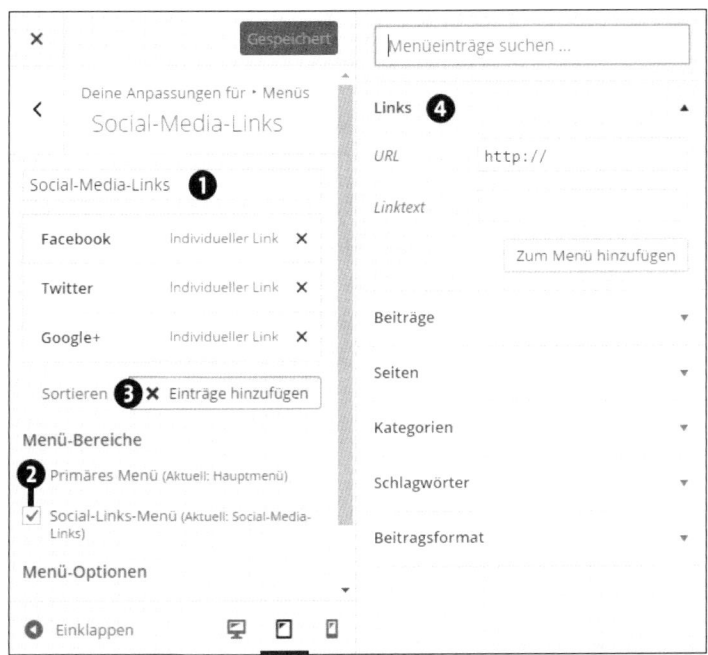

Abbildung 11.18 Die Erstellung eines Social-Media-Menüs im Überblick

Falls Sie ein Social-Media-Menü erstellen möchten, genügen dazu die folgenden Schritte:

1. Erstellen Sie ein Menü, das Sie z. B. Social-Media-Links nennen ❶.
2. Weisen Sie dem Menü die Position Social-Links-Menü zu ❷.
3. Klicken Sie auf Einträge hinzufügen ❸.
4. Öffnen Sie den Bereich Links ❹.
5. Geben Sie im Feld URL den Link zum gewünschten Profil ein. WordPress weist dem Profil anhand der URL automatisch das richtige Symbol zu.
6. Im Feld Linktext geben Sie den Namen des Dienstes an, z. B. Facebook. Im Menübereich Social-Links-Menü wird dieser Name durch das Icon des jeweiligen Dienstes ersetzt.
7. Klicken Sie auf die Schaltfläche Zum Menü hinzufügen.
8. Die hinzugefügten Links erscheinen links in der Menüstruktur.
9. Sortieren Sie die Links wie gewünscht, und speichern Sie das Menü mit einem Klick auf Speichern & Publizieren.

Abbildung 11.19 zeigt das im Customizer erstellte Menü ❶ mit den Social-Media-Symbolen im Frontend ❷. Dabei fällt auch auf, dass in der Tablet- und Smartphone-Ansicht das Hauptmenü am Ende der Seite im Fußbereich noch einmal erscheint, und zwar geöffnet. Das ist für Benutzer sehr praktisch, denn dann müssen Sie nicht erst wieder ganz nach oben, um auf eine andere Seite zu gelangen.

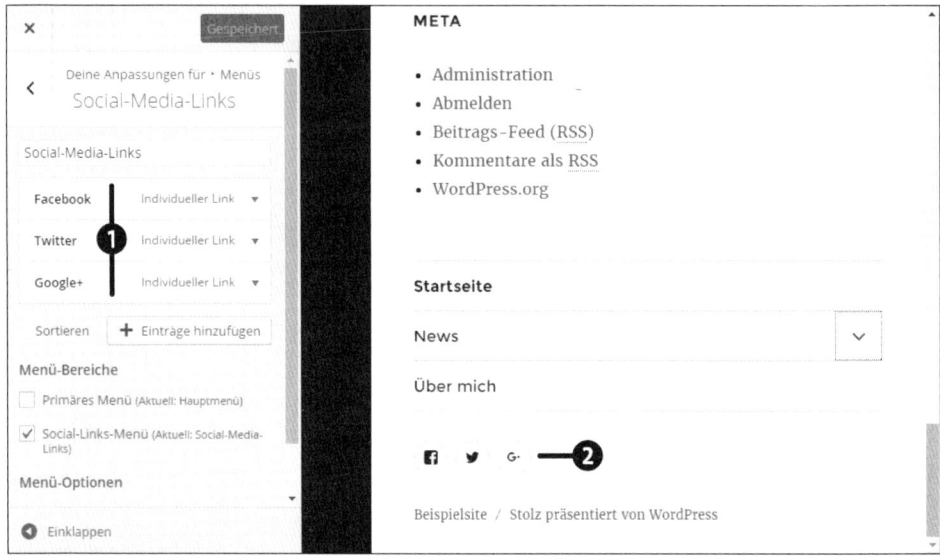

Abbildung 11.19 Das Social-Media-Menü in der Live-Vorschau (Tablet)

WordPress erkennt eine Menge Dienste wie Facebook, Twitter, Google+, LinkedIn, Vimeo, Pinterest, Flickr, Instagram und viele andere automatisch, für alle anderen wird ein Standardsymbol verwendet. Die Symbole sind übrigens keine Grafiken, sondern sogenannte *Genericons*. Das sind als Schrift eingebundene Symbole (*Iconfont*), die auch bei starker Vergrößerung scharf bleiben und nicht pixelig werden. Unter der folgenden URL finden Sie eine komplette Sammlung der Genericons:

▶ *genericons.com*

Für unbekannte Dienste nimmt WordPress das Icon *genericon-share* (*f415*).

Lieber andere Social-Media-Icons? Das geht nur als Widget

Möchten Sie anstelle der Genericons lieber die von den jeweiligen Diensten extra dafür zur Verfügung gestellten Icons nehmen, können Sie die Grafikdateien in die Mediathek hochladen und über ein Text-Widget im Bereich WIDGET einbinden. Mehr zu Widgets erfahren Sie gleich in Abschnitt 11.6.

11.6   Die Widgets von »Twenty Sixteen«

In diesem Abschnitt möchte ich Ihnen die Widgets vorstellen, die in einem WordPress mit dem Standardtheme *Twenty Sixteen* vorhanden sind. Viele Themes und auch Plug-ins bringen noch eigene Widgets mit, sodass es später auch noch andere Widgets geben kann. Genau wie bei den Menüs gibt es auch für Widgets im Backend zwei Wege zur Bearbeitung:

▶ über das Menü DESIGN • WIDGETS auf der Seite WIDGETS

▶ über DESIGN • ANPASSEN • WIDGETS in der Anpassungsleiste

Das Menü DESIGN • WIDGETS haben Sie in Kapitel 5, »Die ersten Seiten und Beiträge«, bei der Erstellung der statischen Seiten *Über mich* und *Impressum* bereits kennengelernt. In diesem Abschnitt möchte ich Ihnen die Anpassung der Widgets über die Anpassungsleiste zeigen. Abbildung 11.20 zeigt links den Bereich zum Anpassen der Widgets im Widget-Bereich SEITENLEISTE ❶. Darunter sehen Sie die eingebundenen Widgets ❷, die in der Live-Vorschau rechts in der Sidebar erscheinen ❸.

Abbildung 11.20 Der Bereich »Widgets« in »Design • Anpassen«

11.6.1   Die Widgets »Letzte Beiträge« und »Letzte Kommentare«

Um ein Widget zu bearbeiten, klicken Sie im hellgrauen Bereich mit dem Titel des Widgets ganz rechts außen auf das kleine Dreieck nach unten, um den Detailbereich einzublenden.

In diesem Detailbereich können Sie je nach Widget verschiedene Details anpassen und die Widgets aus der Sidebar entfernen. Änderungen werden rechts in der Sidebar sofort angezeigt. Im folgenden ToDo probieren Sie das einmal aus und ändern die Widgets *Letzte Beiträge* und *Letzte Kommentare*.

ToDo: Widgets »Letzte Beiträge« und »Letzte Kommentare« ändern

1. Öffnen Sie im Menü DESIGN • ANPASSEN den Bereich zur Anpassung der Widgets.
2. Blenden Sie die Details zum Widget LETZTE BEITRÄGE ein.
3. Geben Sie im Feld TITEL die gewünschte Bezeichnung für das Widget ein, z. B. »Neueste Beiträge« oder »Gerade eingetroffen« oder was auch immer. Die Änderungen werden bereits während der Eingabe in der Live-Vorschau angezeigt.
4. Legen Sie die ANZAHL DER BEITRÄGE fest, die gezeigt werden.
5. Entscheiden Sie, ob Sie das VERÖFFENTLICHUNGSDATUM ANZEIGEN möchten. Dieses erscheint in einer eigenen Zeile unterhalb des Beitragstitels.
6. Mit einem Klick auf SPEICHERN & PUBLIZIEREN werden die Änderungen gespeichert und im Frontend sichtbar.
7. Blenden Sie die Details zum Widget LETZTE KOMMENTARE ein.
8. Geben Sie einen Titel ein, z. B. »Neueste Kommentare« oder »Frisch kommentiert«, und geben Sie an, wie viele Kommentare angezeigt werden sollen.
9. Speichern Sie die Änderungen mit einem Klick auf SPEICHERN & PUBLIZIEREN.

Abbildung 11.21 zeigt den Bereich zur Anpassung der Widgets ❶ und die Änderungen in der Sidebar bei den Widgets NEUESTE BEITRÄGE ❷ und FRISCH KOMMENTIERT ❸.

Abbildung 11.21 Die Änderungen im Widget-Bereich und in der Sidebar

11.6.2   Widgets entfernen: »Kategorien«, »Seiten« und vielleicht auch »Meta«

Seit der Erstellung der Navigation in Abschnitt 11.5 enthalten einige Widgets wie *Kategorien* und *Seiten* Inhalte, die zum Teil auch schon im Hauptmenü stehen, und sollen in diesem Abschnitt entfernt werden.

Der Pflichtlink zum Impressum darf natürlich nicht fehlen und wird weiter unten mit einem Widget vom Typ *Text* wieder eingebaut (Abschnitt 11.6.3).

Ob man das Widget *Meta* behält, ist zum Teil Geschmackssache. Die Links zum An- und Abmelden am Backend und zu *wordpress.org* kann man sich auch als Lesezeichen im Browser hinterlegen, und Besucher, die die Adressen für die RSS-Feeds interessant finden, kennen diese meist sowieso. Bei Bedarf können Sie diese auch mit dem Widget *RSS* wieder einbauen. Im folgenden ToDo räumen Sie den Widget-Bereich etwas auf und entfernen die Widgets.

ToDo: Widgets aus dem Widget-Bereich entfernen

1. Öffnen Sie im Menü DESIGN • ANPASSEN den Bereich zur Anpassung der Widgets in der SEITENLEISTE.
2. Blenden Sie die Details zu dem Widget ein, das Sie gerne entfernen würden. Kandidaten sind z. B. *Kategorien*, *Seiten* und *Meta*.
3. Klicken Sie im Detailbereich auf den Link ENTFERNEN.
4. Wiederholen Sie diese Schritte für alle zu entfernenden Widgets.
5. Speichern Sie die Änderungen mit SPEICHERN & PUBLIZIEREN.

Nach diesem ToDo sieht der Widget-Bereich in der Seitenleiste etwas aufgeräumter aus als vorher, aber vor dem nächsten Bildschirmfoto bauen Sie erst den Link zum Impressum wieder ein.

Übrigens: Wenn Sie *alle* Widgets aus der Seitenleiste entfernen, blendet *Twenty Sixteen* die Seitenleiste komplett aus und schaltet auf ein einspaltiges Seitenlayout um.

11.6.3   Widgets hinzufügen: Das Widget »Text« ist ein Joker

Falls Sie das Widget *Seiten* mit dem Link zum *Impressum* entfernt haben, sollten Sie nicht vergessen, ihn wieder einzubauen, und wie erwähnt ist das Widget *Text* ein Weg dorthin.

Das Text-Widget ist eine Art Joker, denn damit bekommen Sie ein leeres Rechteck, das Sie selbst mit Inhalt füllen können. Einziger Nachteil ist, dass Sie den HTML-Quelltext für den Link zum Impressum selbst erstellen müssen, aber das ist nicht wirklich schwer.

Um ein Widget hinzuzufügen, klicken Sie, wie in Abbildung 11.22 gezeigt, unten im Widget-Bereich SEITENLEISTE auf die Schaltfläche WIDGET HINZUFÜGEN ❶ und anschließend auf das gewünschte Widget, im Beispiel TEXT ❷.

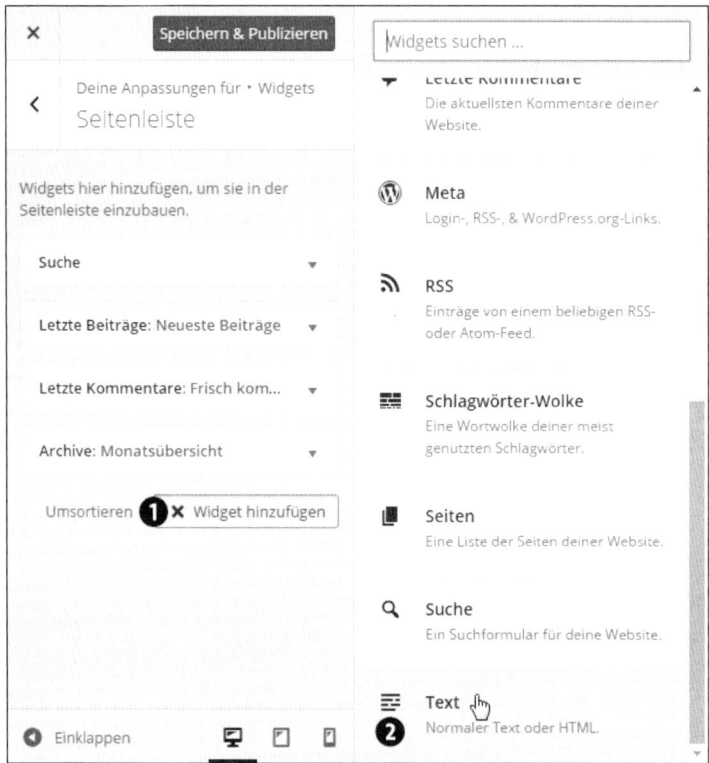

Abbildung 11.22 Das Widget »Text« hinzufügen

Im folgenden ToDo fügen Sie am Ende der Widget-Liste ein Text-Widget hinzu und erstellen darin einen Link zum Impressum.

ToDo: Widget »Text« mit Link dem Impressum hinzufügen

1. Öffnen Sie im Menü DESIGN • ANPASSEN • WIDGETS den Widget-Bereich SEITENLEISTE.
2. Klicken Sie unten im Widget-Bereich auf die Schaltfläche WIDGET HINZUFÜGEN.
3. Suchen Sie in der alphabetisch sortierten Liste das Widget TEXT, und klicken Sie auf das Widget. Daraufhin wird es links im Widget-Bereich als letztes Widget hinzugefügt.
4. Blenden Sie den Detailbereich für das Widget ein, falls er nicht sowieso schon von alleine erscheint.

---

5. Lassen Sie das Feld TITEL frei, denn der Link zum Impressum benötigt keine eigene Überschrift.

6. Geben Sie im Textfeld darunter folgenden HTML-Quelltext ein, der sich über mehrere Zeilen erstrecken kann:

   `<a href="http://mein-name.de/impressum/">Impressum</a>`

   Ersetzen Sie dabei `mein-name.de` bitte durch Ihre Domain.

7. Speichern Sie die Änderungen mit SPEICHERN & PUBLIZIEREN.

Abbildung 11.23 zeigt links das Widget TEXT in der Anpassungsleiste ❶, und rechts in der Live-Vorschau ganz unten in der Sidebar einen Link zum IMPRESSUM ❷.

Abbildung 11.23 Sidebar mit Link zum Impressum

Falls Sie bereits eine Seite mit der Datenschutzerklärung erstellt haben, können Sie den Link dazu hier auch gleich im selben Widget einbauen.

Ein Text-Widget ist in erster Linie für Text gedacht, aber Sie können dort auch ein Bild hinzufügen, was allerdings etwas umständlicher ist, als Sie es vom WordPress-Editor her gewohnt sind.

Ein relativ bequemer Weg zum Einfügen eines Bildes ist folgender:

1. Erstellen Sie einen neuen Beitrag.

2. Fügen Sie das Bild von der Größe und Ausrichtung her genau so ein, wie Sie es gerne im Text-Widget hätten.

3. Wechseln Sie im Editor auf das Register TEXT.

4. Kopieren Sie den Quelltext.

5. Schließen Sie den Beitrag, ohne ihn zu speichern.

6. Wechseln Sie zum Text-Widget, und fügen Sie den kopierten Quelltext ein.

Ein Bild wird im HTML-Quelltext durch das Tag `<img src="" ...>` eingefügt, und ein verlinktes Bild wird von `<a href="" ...>` und `</a>` umgeben.

Alternative: Link zum Impressum mit dem Widget »Individuelles Menü«

Statt mit einem Text-Widget können Sie den Link zum Impressum auch über das Widget *Individuelles Menü* einfügen.

Ein Menü kann normalerweise nur einem vorgegebenen Menübereich zugewiesen werden. Das Widget *Individuelles Menü* ermöglicht es, ein vorher erstelltes Menü in einem Widget-Bereich zu platzieren. Und das geht so:

1. Erstellen Sie in DESIGN • MENÜS ein neues Menü, das Sie z. B. *Rechtliches* nennen und das den Link zur Seite *Impressum* enthält.

2. Fügen Sie im Widget-Bereich das Widget *Individuelles Menü* hinzu.

3. Wählen Sie im Widget das Menü RECHTLICHES aus.

In *Twenty Sixteen* hat der Link zum Impressum in der Sidebar dann allerdings einen Aufzählungspunkt davor, weil er als Menüliste eingefügt wird.

11.6.4 Chronologische Widgets: »Archive« und »Kalender«

Das Widget *Archive* zeigt eine Übersicht der Beiträge pro Monat, und *Monatsübersicht* wäre eigentlich kein schlechter Titel dafür.

Ein zweites Widget, das eine chronologische Auswahl der Beiträge ermöglicht, ist das Kalender-Widget, das ich Ihnen in diesem Abschnitt ebenfalls kurz vorstellen möchte. Der Kalender dient nicht dem Eintragen von Terminen, sondern zeigt an, an welchen Tagen Beiträge veröffentlicht wurden.

Im folgenden ToDo benennen Sie das Widget *Archive* um und fügen darunter ein Widget vom Typ *Kalender* ein.

ToDo: »Archive« umbenennen und »Kalender« hinzufügen

1. Öffnen Sie im Menü DESIGN • ANPASSEN den Bereich zur Anpassung der Widgets.

2. Blenden Sie die Details zum Widget ARCHIVE ein.

---

3. Geben Sie im Feld Titel die gewünschte Bezeichnung für das Widget ein, z. B. »Monatsübersicht«.

4. Klicken Sie unten im Widget-Bereich auf Widgets hinzufügen.

5. Suchen Sie in der rechts daneben erscheinenden Liste das Widget Kalender, und fügen Sie es mit einem Klick darauf ein.

6. Ziehen Sie das Widget Kalender mit der Maus nach oben, sodass es unterhalb von Archive steht.

7. Lassen Sie den Detailbereich unverändert.

8. Speichern Sie die Änderungen über Speichern & Publizieren.

Abbildung 11.24 zeigt die beiden Widgets nach diesem ToDo in der Anpassungsleiste ❶ und in der Live-Vorschau (❷ und ❸).

Abbildung 11.24 Die Monatsübersicht und der Kalender

11.6.5   Eine Wortwolke ausgeben mit dem Widget »Schlagwörter-Wolke«

In einer Wortwolke werden verschiedene Begriffe dargestellt. Für Besucher schlägt eine solche Wortwolke zwei Fliegen mit einer Klappe: Sie sehen auf einen Blick, welche Themen in dem Blog behandelt werden, und sie können das gewünschte Schlagwort direkt anklicken, um alle zugehörigen Beiträge zu sehen.

Im folgenden ToDo fügen Sie das Widget *Schlagwörter-Wolke* hinzu.

ToDo: Das Widget »Schlagwörter-Wolke« hinzufügen

1. Öffnen Sie im Menü Design • Anpassen • Widgets den Bereich zur Anpassung der Widgets im Bereich Seitenleiste.

2. Klicken Sie unten im Widget-Bereich auf Widget hinzufügen.

3. Suchen Sie in der rechts daneben erscheinenden Liste das Widget Schlagwörter-Wolke, und fügen Sie es mit einem Klick darauf ein.

4. Speichern Sie die Änderungen mit Speichern & Publizieren.

Abbildung 11.25 zeigt die Sidebar nach diesem ToDo, links die Einstellungen in der Anpassungleiste ❶, rechts das Widget in der Live-Vorschau ❷.

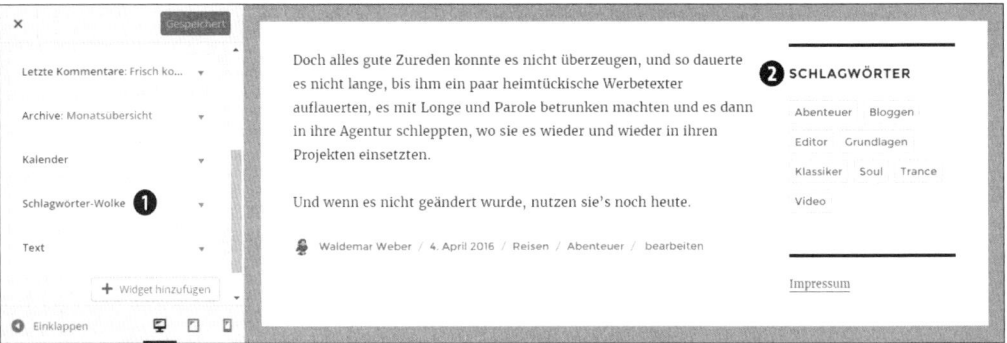

Abbildung 11.25 Das Widget »Schlagwörter-Wolke«

Das Widget *Schlagwörter-Wolke* kann übrigens trotz seines Namens auch eine Liste der Kategorien als Wortwolke ausgeben. Ob Kategorien oder Schlagwörter ausgewählt werden sollen, legen Sie im Detailbereich des Widgets mit der Option Taxonomie fest.

Es spricht auch nichts dagegen, das Widget zweimal einzubinden, einmal mit Schlagwörtern und einmal mit Kategorien. Die Navigation hat in erster Linie die Aufgabe, Ihren Besuchern zu helfen, und solange das gewährleistet ist, ist alles erlaubt.

»Twenty Sixteen« kennt insgesamt drei Widget-Bereiche

Das Theme *Twenty Sixteen* kennt insgesamt drei Widget-Bereiche, die *Seitenleiste*, *Unterhalb des Inhalts 1* und *Unterhalb des Inhalts 2*. In diesem Abschnitt haben Sie nur die Seitenleiste eingesetzt, aber wenn Sie Lust haben, probieren Sie die anderen beiden Bereiche einfach einmal aus. Sie erscheinen nebeneinander zwischen Inhaltsbereich und Footer, und zwar auf allen statischen Seiten und der Einzelansicht für Beiträge, aber *nicht* auf der Beitragsseite und auch nicht auf Archivseiten.

11.7 »Twenty Sixteen«: Auszug als Unterüberschrift

Zum Abschluss des Kapitels möchte ich Ihnen noch eine kleine Besonderheit des Themes *Twenty Sixteen* zeigen. Das Theme nimmt nämlich den sogenannten *Auszug* zu einem Beitrag und fügt ihn im Frontend als Unterüberschrift ein (Abbildung 11.26).

Abbildung 11.26 Die Unterüberschrift wird im Feld »Auszug« eingegeben

Diese Unterüberschriften kennen Sie vielleicht aus Zeitungen, sie dienen als Verbindung zwischen Überschrift und Beitragstext. Und so erzeugen Sie eine Unterüberschrift in *Twenty Sixteen*:

1. Öffnen Sie den gewünschten Beitrag.
2. Aktivieren Sie im Bereich ANSICHT ANPASSEN das Kontrollkästchen vor dem Feld AUSZUG, das unterhalb des Editorfensters eingeblendet wird.
3. Geben Sie im Feld AUSZUG den gewünschten Text ein, und aktualisieren Sie den Beitrag.

Das war es schon. Abbildung 11.27 zeigt das Eingabefeld mit ein bisschen Text.

Ein möglicher Nachteil dieses Tricks ist, dass er eine Besonderheit von *Twenty Sixteen* ist. Ein *Auszug* (englisch *excerpt*) dient eigentlich dazu, eine kurze manuelle Zusammenfassung des Beitrags zu schreiben. Andere Themes benutzen den dort eingegebenen Text vielleicht gar nicht oder an einer ganz anderen Stelle für einen ganz anderen Zweck.

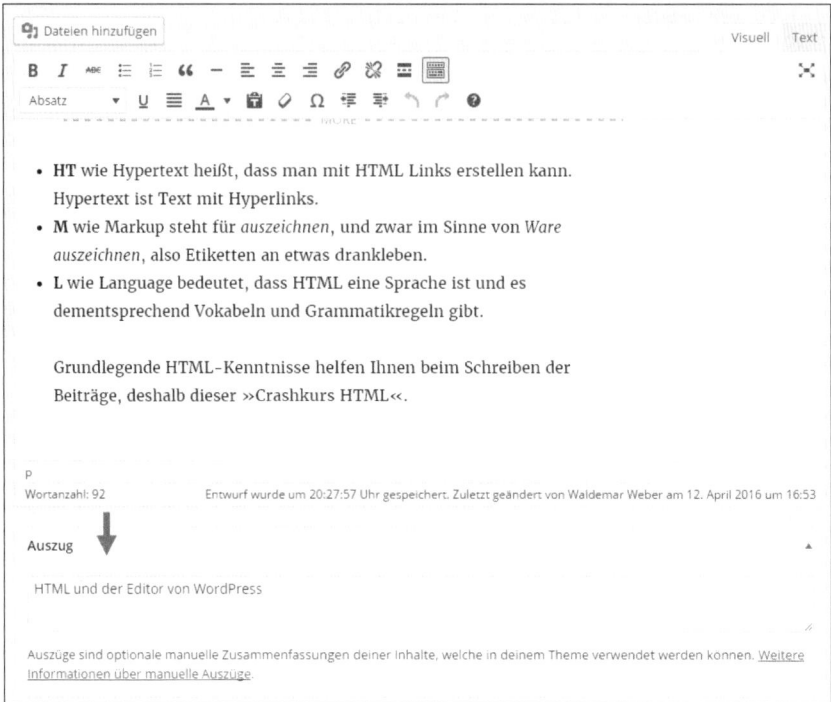

Abbildung 11.27 Das Feld »Auszug« unterhalb des Editors

11.8   Auf einen Blick

Die wichtigsten Themen noch einmal im Überblick:

▶ Ein guter Ausgangspunkt zum Kennenlernen eines Themes ist dessen offizielle Demo. Hier werden meist alle wichtigen Features vorgestellt.

▶ Ein Theme sollte wie *Twenty Sixteen* responsiv sein und sowohl auf mobilen Geräten als auch am Desktop funktionieren.

▶ Für jedes installierte Theme gibt es im Backend THEME-DETAILS.

▶ Im Menü DESIGN • ANPASSEN können Sie ein Theme in einer Live-Vorschau ausprobieren, ohne dass sich das Frontend ändert. Die meisten Themes zeigen in der Live-Vorschau z. B. Änderungen an:

  – Website-Informationen wie Titel, Untertitel, Logo und Website-Icon

  – Farbschema

  – Header- und Hintergrundbild

- Menüs und Widgets
- Startseite mit Beiträgen oder statischer Seite

▶ Jedes Theme hat unterschiedlich viele Menü- und Widget-Bereiche.

▶ Im Menü DESIGN • MENÜS können Sie eine Navigation erstellen.

- Ein Menü kann aus Seiten, Kategorien, Links und vielen anderen Dingen bestehen.
- Ein Menü wird normalerweise einer Menüposition zugewiesen.
- *Twenty Sixteen* kennt ein Social-Media-Menü mit hübschen Icons.

▶ Widgets werden in einem speziellen Widget-Bereich platziert.

- Den Widget-Bereich finden Sie oft in der Sidebar.
- WordPress kennt zahlreiche Standard-Widgets wie *Letzte Beiträge*, *Letzte Kommentare*, *Kategorien*, *Seiten*, *Text*, *Archive* oder *Kalender*.
- Viele Themes und Plugins stellen noch zusätzliche Widgets bereit.

11

Kapitel 12

Ein Theme installieren und ausprobieren

Worin Sie das Theme-Verzeichnis von WordPress.org kennenlernen und dann das Theme »Hemingway« installieren, ausprobieren, aktivieren und anpassen.

Die Themen im Überblick:

▶ Informieren: Themes suchen und kennenlernen, Seite 311

▶ Installieren: Das Theme auf den Webspace kopieren, Seite 315

▶ Ausprobieren: Das Theme in der »Live-Vorschau«, Seite 320

▶ Aktivieren: »Hemingway« gestaltet das Frontend, Seite 326

▶ Anpassen: Feintuning für das neue Theme, Seite 327

▶ Auf einen Blick, Seite 331

In diesem Kapitel lernen Sie das Theme *Hemingway* kennen und weisen es der Beispielsite zu. Die dabei gezeigten Techniken können Sie später leicht auf andere Themes übertragen.

Der Wechsel auf ein neues Theme besteht aus den folgenden Schritten:

▶ *Informieren:* Zunächst müssen Sie ein gutes Theme finden und sich dann informieren, ob es für Ihre Website in Frage kommt (siehe Abschnitt 12.1).

▶ *Installieren:* Um herauszufinden, ob ein Theme wirklich passt, wird es in Ihrem WordPress installiert (siehe Abschnitt 12.2).

▶ *Ausprobieren:* Nach der Installation können Sie ein Theme in der LIVE-VORSCHAU testen, ohne dass Ihre Besucher im Frontend davon etwas mitbekommen (siehe Abschnitt 12.3).

▶ *Aktivieren:* Wenn Ihnen das Theme gefällt, wird es aktiviert. Ab diesem Moment ist das Theme für das Aussehen Ihrer Website verantwortlich (siehe Abschnitt 12.4).

▶ *Anpassen:* Nach der Aktivierung kontrollieren Sie das Frontend und schauen, ob das Theme hält, was die Live-Vorschau versprach (siehe Abschnitt 12.5).

Und wenn das Theme dann doch nicht das Richtige war, geht das Spiel mit dem nächsten Kandidaten wieder von vorne los.

12.1 Informieren: Themes suchen und kennenlernen

In diesem Abschnitt möchte ich Ihnen zunächst die offizielle Quelle für WordPress-Themes vorstellen, auf der Sie sich bei Ihrer Suche nach dem für Ihre Website idealen Theme umschauen können.

Vorsicht: Themes nur von vertrauenswürdigen Quellen installieren

Bei der Installation eines Themes werden Dateien auf Ihren Webspace übertragen. Diese Dateien enthalten neben sicherheitstechnisch unbedenklichem HTML und CSS auch Programmcode in den Sprachen JavaScript und PHP und können somit auch Sicherheitslücken oder sogar Schadcode enthalten.

Aus diesem Grund sollten Sie nur Themes von vertrauenswürdigen Quellen verwenden. In diesem Abschnitt stelle ich Ihnen für den Einstieg das Theme-Verzeichnis von WordPress.org vor, in Kapitel 13, »Das richtige Theme finden«, finden Sie noch weitere Quellen.

12.1.1 Das Theme-Verzeichnis auf WordPress.org

Erste Anlaufstelle für Einsteiger auf der Suche nach einem WordPress-Theme ist das Theme-Verzeichnis auf WordPress.org, wo es eine riesige Auswahl an Themes gibt:

▶ de.wordpress.org/themes/

Abbildung 12.1 zeigt die ersten sechs Themes aus der Rubrik POPULÄR. Seit 2010 veröffentlicht das WordPress-Team jedes Jahr ein neues Standard-Theme, das die Jahreszahl im Namen trägt. *Twenty Sixteen* haben Sie in den letzten Kapiteln bereits ausführlich kennengelernt, aber Abbildung 12.1 zeigt, dass auch ältere Standard-Themes sich noch lange nach ihrem Erscheinen großer Beliebtheit erfreuen, und *Twenty Fifteen* und *Twenty Fourteen* werden in Kapitel 13 kurz vorgestellt.

Mit dem Link NACH FUNKTIONEN FILTERN können Sie Themes nach bestimmten Kriterien filtern und mit dem Suchfeld THEMES SUCHEN… das Verzeichnis nach Stichwörtern durchsuchen. Falls Sie also z. B. irgendwo von einem Theme namens *Hemingway* gehört haben, geben Sie hier einfach »Hemingway« in das Suchfeld ein.

Abbildung 12.1 Die populärsten Themes im Theme-Verzeichnis

12.1.2 Jedes Theme hat eine Detailseite mit Links und Infos zum Theme

Jedes Theme hat im Theme-Verzeichnis eine Detailseite, und Abbildung 12.2 zeigt als Beispiel die Detailseite für das eben erwähnte Theme *Hemingway*:

▶ *de.wordpress.org/themes/hemingway*

Die Detailseiten zeigen nützliche Informationen zum jeweiligen Theme:

▶ Oben finden Sie ein kleines Vorschaubild ❶.

▶ Darunter steht eine kurze Beschreibung ❷, in der unter anderem steht, dass *Hemingway* responsiv ist.

▶ Unterhalb der Beschreibung sehen Sie eine Reihe anklickbarer SCHLAGWÖRTER ❸, die dieses Theme beschreiben.

▶ Unten auf der Seite ist eine Statistik mit der Anzahl der DOWNLOADS PRO TAG ❹ für dieses Theme, ein erstes Indiz für dessen Popularität.

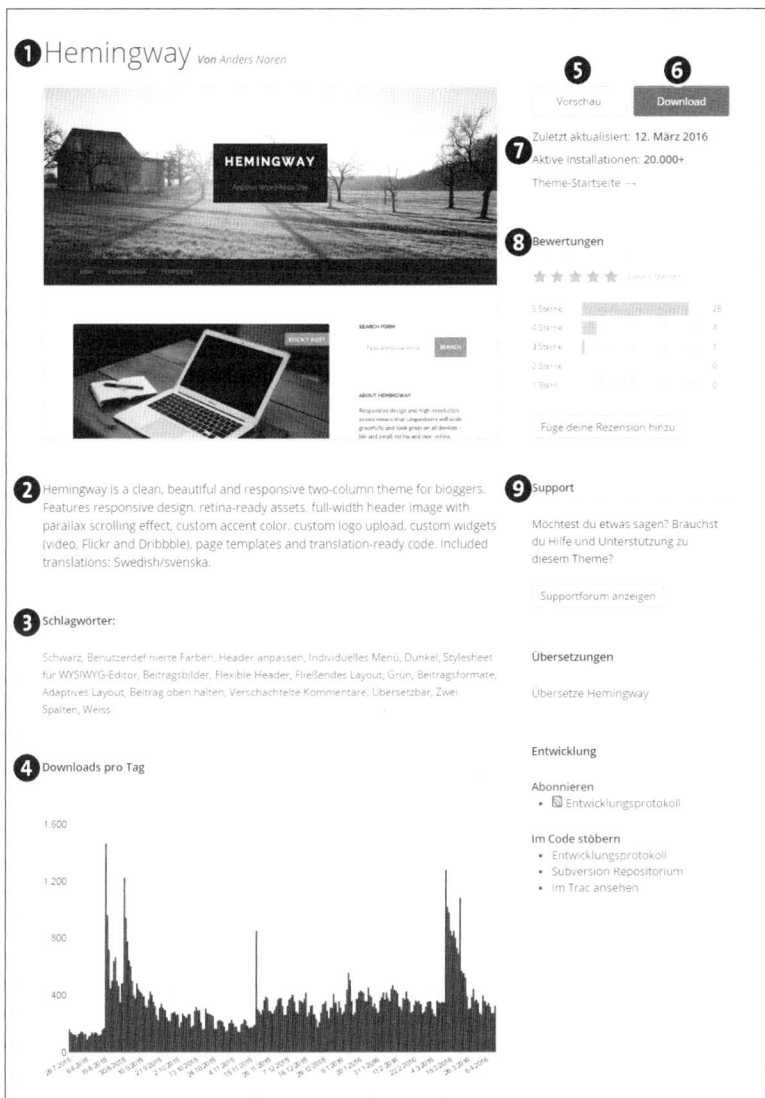

Abbildung 12.2 Weitere Informationen zum Theme »Hemingway«

Rechts in der Sidebar gibt es diverse Links und Infos:

▶ Die Schaltfläche VORSCHAU ❺ führt zu einer einfachen, navigierbaren Theme-Vorschau, die einen ersten Eindruck des Themes vermittelt.

▶ Die Schaltfläche DOWNLOAD ❻ ermöglicht das Herunterladen eines ZIP-Archivs, was aber meist nicht nötig ist, da alle Themes aus dem Theme-Verzeichnis ohne vorherigen Download im Backend von WordPress bequem per Mausklick installiert werden können (siehe Abschnitt 12.2).

▶ ZULETZT AKTUALISIERT ❼ zeigt das Datum des letzten Theme-Updates. Ein relativ aktuelles Datum deutet darauf hin, dass das Theme aktiv entwickelt und aktualisiert wird, was wiederum ein wichtiges Kriterium für ein gutes Theme ist. AKTIVE INSTALLATION zeigt an, auf wie vielen Websites *Hemingway* installiert ist, und der Link THEME-STARTSEITE direkt darunter führt zur Website des Themes.

▶ Im Bereich BEWERTUNGEN ❽ sehen Sie Rezensionen von Theme-Benutzern. Ein Klick auf einen der fünf Balken zeigt die Bewertungen mit der entsprechenden Anzahl Sterne.

▶ Im Bereich SUPPORT ❾ können Sie über die Schaltfläche SUPPORTFORUM ANZEIGEN direkt zu einem (englischsprachigen) Forumsbereich zu diesem Theme springen. Das ist der ideale Platz für Fragen zum Theme.

So viel zum Theme-Verzeichnis auf WordPress.org.

12.1.3   Das Theme »Hemingway« von Anders Noren

Anders Noren (*andersnoren.se*) aus Umeå in Schweden ist bekannt für gut aussehende und sauber programmierte WordPress-Themes. *Hemingway* ist ein schlichtes, elegantes Theme mit einem dezenten Parallax-Effekt für den Kopfbereich: Die Navigationsleiste und das Header-Bild werden beim Scrollen in unterschiedlichem Tempo nach oben geschoben, wodurch das Header-Bild langsam kleiner zu werden scheint. Scrollen Sie in der Theme-Vorschau einfach mal nach unten, dann wissen Sie, was ich meine.

Bei *Hemingway* erhält man ein sofort einsetzbares Theme, bei dem man nur wenig anpassen muss:

▶ Eine Logografik kann Titel und Untertitel der Website ersetzen.

▶ Es gibt einen Menübereich für eine horizontale Navigation.

▶ Die Akzentfarbe (Standard ist Grün) kann leicht angepasst werden.

▶ Statische Seiten können auf verschiedenen Seiten-Templates basieren.

▶ Insgesamt vier Widget-Bereiche, einer rechts in der Sidebar und drei im Footer, ermöglichen eine flexible Gestaltung.

Tabelle 12.1 zeigt die Details für *Hemingway* im Überblick.

Theme	»Hemingway« (Version 1.55)
Theme Directory	*de.wordpress.org/themes/hemingway/*
Theme-Homepage	*andersnoren.se/teman/hemingway-wordpress-theme/*
Dokumentation	dito
Menübereiche	1
Widget-Bereiche	4, einer in der Sidebar und drei im Footer
Seiten-Templates	*Standard*, *Archive*, *Full Width* und *No Sidebar*
Besonderheiten	▸ Das Seiten-Template *Archive* listet automatisch alle Beiträge nach diversen Kriterien. ▸ eigene Widgets für Videos, Flickr und Dribbble

Tabelle 12.1 Übersichtstabelle für das Theme »Hemingway«

12

Auch die anderen Themes von Anders Noren sind einen Blick wert

Falls Ihnen *Hemingway* vom Stil her gefällt, schauen Sie sich einmal die anderen Themes von Anders Noren an. Sie werden sie mögen:

▸ *andersnoren.se/teman/*

Hitchcock, *Rowling*, *Garfunkel* und andere warten darauf, entdeckt zu werden.

12.2   Installieren: Das Theme auf den Webspace kopieren

Wenn Sie ein interessantes Theme gefunden haben, möchten Sie es in Ihrem WordPress ausprobieren, und dazu müssen Sie das Theme installieren. Bei einem kostenlosen Theme aus dem Theme-Verzeichnis ist das problemlos möglich, kostenpflichtige Themes hingegen müssen Sie meistens wohl oder übel vorher kaufen.

Nach der Installation ist das Theme noch nicht im Frontend zu sehen

Während der Installation werden die Theme-Dateien auf den Webspace kopiert. Das Theme wird durch die Installation aber nicht automatisch aktiviert, und im Frontend ändert sich dadurch nichts. Sie können also problemlos mehrere Themes installieren und anschließend mit der LIVE-VORSCHAU ganz in Ruhe testen.

12.2.1   Das Menü »Design • Themes« im Backend

Im Backend von WordPress erfolgt die Verwaltung von Themes im Menü DESIGN •
THEMES. Nach der Installation von WordPress stehen dort die drei Standard-Themes
Twenty Sixteen, *Twenty Fifteen* und *Twenty Fourteen* bereits zur Auswahl (Abbildung 12.3).

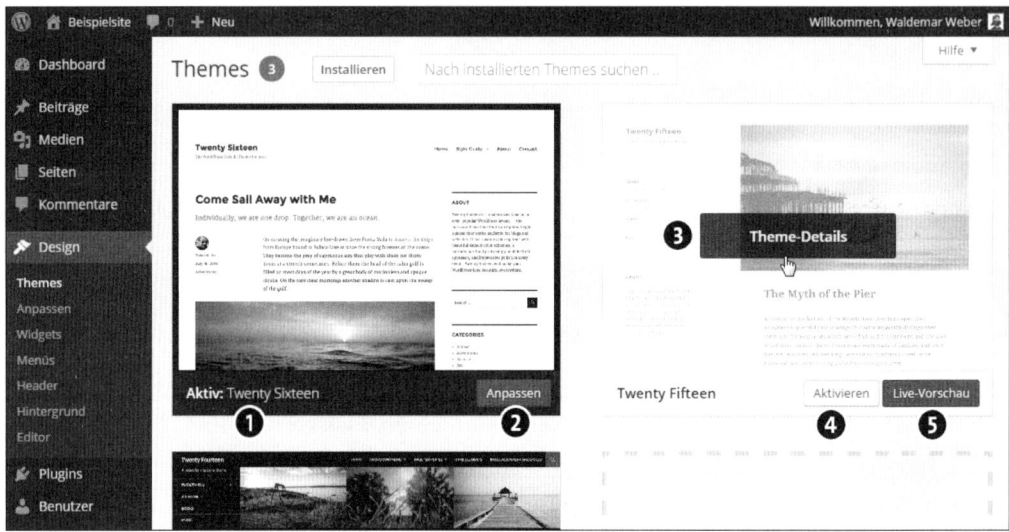

Abbildung 12.3 Das Menü »Design • Themes« im Backend von WordPress

In Abbildung 12.3 ist das Theme *Twenty Sixteen* aktiv ❶. Es kann immer nur ein Theme
aktiv sein, und das jeweils aktive Theme lässt sich mit einem Klick auf die Schaltfläche
ANPASSEN ❷ konfigurieren.

Bei installierten aber nicht aktivierten Themes haben Sie drei Möglichkeiten:

▶ Ein Klick auf das Vorschaubild zeigt die THEME-DETAILS ❸. Dort erhalten Sie einige
Details zum Theme, unter anderem einen Link zum LÖSCHEN.

▶ Mit einem Klick auf AKTIVIEREN ❹ wird das Theme aktiviert und gestaltet damit ab
sofort das Frontend der Website.

▶ Die LIVE-VORSCHAU ❺ ist ideal für Testfahrten. Die Funktion zeigt die aktuelle Site
im neuen Gewand, aber nur im Backend, das Frontend bleibt unverändert. Dabei
können Sie Anpassungen am Theme vornehmen, die in der Live-Vorschau sofort
angezeigt werden.

Drei Standard-Themes sind also bereits vorhanden und können mit der LIVE-VORSCHAU
sofort ausprobiert werden, alle anderen Themes müssen Sie zunächst installieren.

12.2.2 Themes aus dem Backend heraus installieren

Um aus dem Backend heraus ein neues Theme zu installieren, gibt es zwei Möglichkeiten:

▶ Sie klicken oben unterhalb der Admin-Leiste auf den Link INSTALLIEREN.

▶ Sie klicken weiter unten in der Reihe der installierten Themes auf den gestrichelten Bereich mit dem Titel NEUES THEME HINZUFÜGEN.

In beiden Fällen gelangen Sie auf die in Abbildung 12.4 gezeigte Seite THEMES INSTALLIEREN.

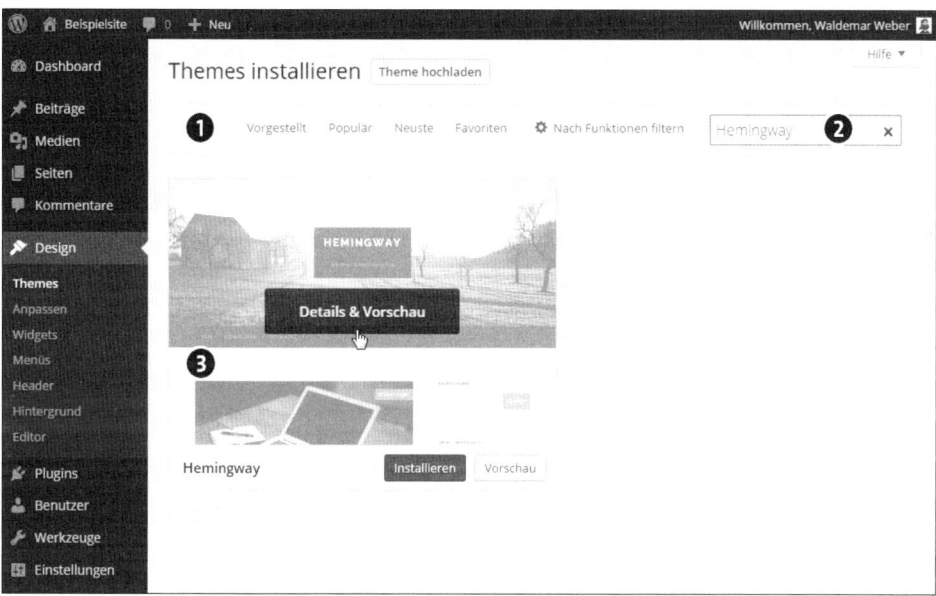

Abbildung 12.4 Die Seite »Themes installieren« im Backend

Hier sehen Sie das Theme-Verzeichnis von WordPress.org in Ihrem Backend. Auch die Aufteilung ❶ in VORGESTELLT, POPULÄR und NEUSTE ist identisch, und Sie können NACH FUNKTIONEN FILTERN und nach THEMES SUCHEN ❷. Dort ist der Suchbegriff »Hemingway« eingetragen, und das Theme wird darunter bereits angezeigt ❸.

ZIP-Archiv für das Theme schon heruntergeladen? »Theme hochladen«

Falls Sie das ZIP-Archiv für ein Theme bereits auf Ihre Festplatte heruntergeladen haben, können Sie die ZIP-Datei mit der Schaltfläche THEME HOCHLADEN von Ihrer Festplatte auf den Webspace hochladen und dann installieren.

12.2.3   Vor der Installation: Die Theme-Vorschau (»Theme Preview«)

Auf der Seite *Themes installieren* hat jedes Theme rechts unter dem Theme-Foto eine Schaltfläche VORSCHAU. Ein Klick darauf installiert das Theme noch nicht, sondern gibt einen ersten optischen Eindruck. Abbildung 12.5 zeigt die Theme-Vorschau für das Theme *Hemingway*.

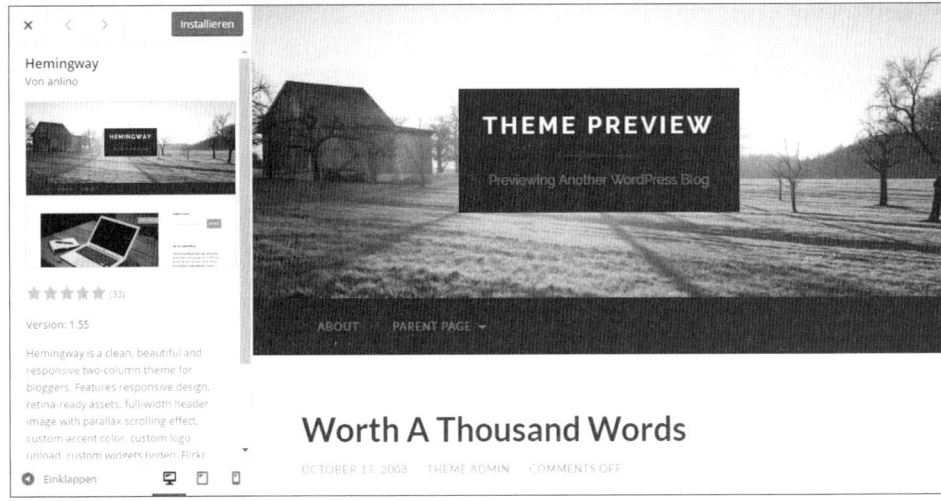

Abbildung 12.5 Die Vorschau für das Theme »Hemingway«

In der Vorschau erhalten Sie links in der Seitenleiste ein paar Detailinformationen zum Theme und rechts eine einfache, navigierbare Beispielsite, die das Theme in Aktion zeigt. Falls Ihnen das Theme nicht zusagt, beenden Sie die Vorschau mit einem Klick auf das × ganz links oben und probieren dann das nächste.

12.2.4   Die Installation: Meist genügt ein Klick

Im folgenden ToDo installieren Sie das Theme *Hemingway* auf Ihrem Webspace.

ToDo: Das Theme »Hemingway« installieren

1. Falls Sie das Theme *Hemingway* in der Vorschau betrachten, klicken Sie einfach oben links auf die Schaltfläche INSTALLIEREN (Abbildung 12.5).
2. Falls nicht, öffnen Sie im Backend gegebenenfalls das Menü DESIGN • THEMES.
3. Klicken Sie oben unterhalb der Admin-Leiste auf den Link INSTALLIEREN (rechts neben dem Seitentitel THEMES).

---

4. Suchen Sie das Theme Hemingway.

5. Fahren Sie mit der Maus auf das Vorschaubild, und klicken Sie dann auf die Schaltfläche Installieren.

Nach einem Klick auf Installieren macht Ihr WordPress sich auf den Weg zu *down-
loads.wordpress.org* und holt automatisch die neueste Version des ZIP-Archivs für das
Theme. Danach wird das Archiv entpackt und auf Ihrem Webspace in den richtigen Ordner kopiert. Dateien für Themes landen auf dem Webspace in einem ganz bestimmten
Ordner:

wordpress/wp-content/themes/name-des-themes

Kurze Zeit später sollten Sie die Meldung erhalten, dass das Theme *Hemingway* erfolgreich installiert wurde (Abbildung 12.6).

Abbildung 12.6 Das Theme »Hemingway« wurde erfolgreich installiert.

Sie haben von hier aus drei Möglichkeiten. Sie können ...

▶ ... in einer Live-Vorschau das Theme ausprobieren.

▶ ... das Theme sofort Aktivieren.

▶ ... Zurück zur Theme-Installation gehen, um noch weitere Themes
zu installieren.

Auf der Übersichtsseite Design • Themes erscheint das frisch installierte Theme
Hemingway (Abbildung 12.7).

Manuelle Installation: Das Theme per FTP auf den Webspace kopieren

Wenn sich ein Theme nicht aus dem Backend heraus installieren lässt und Sie es trotzdem gerne ausprobieren würden, können Sie es auch manuell installieren:

1. Laden Sie das ZIP-Archiv für das Theme herunter.

2. Entpacken Sie das ZIP-Archiv auf Ihrer Festplatte.

3. Starten Sie Ihr FTP-Programm.

4. Laden Sie den Theme-Ordner per FTP hoch. Der Theme-Ordner muss auf dem Webspace ein Unterordner von *wordpress/wp-content/themes/* sein.

5. Starten Sie das Backend von WordPress.

6. Wechseln Sie in das Menü DESIGN • THEMES.

WordPress erkennt das neue Theme automatisch, und Sie können es z. B. mit der LIVE-VORSCHAU testen.

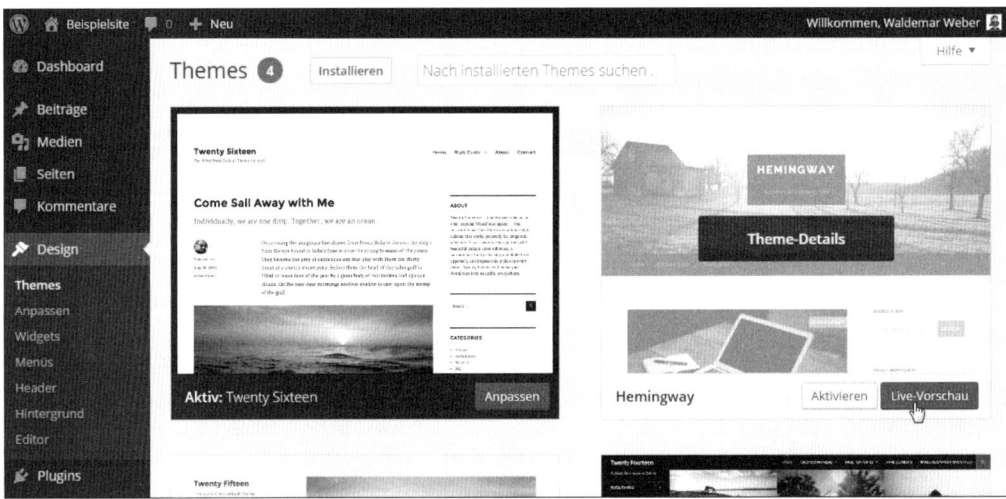

Abbildung 12.7 Die Theme-Übersicht mit »Hemingway«

12.3   Ausprobieren: Das Theme in der »Live-Vorschau«

Auf der Seite DESIGN • THEMES können Sie installierte, aber nicht aktivierte Themes in einer LIVE-VORSCHAU ausprobieren.

12.3.1   In der »Live-Vorschau« können Sie das Theme in Ruhe ausprobieren

In Abschnitt 12.2.3 haben Sie bereits eine *Theme-Vorschau* mit einer einfachen Beispielsite gesehen. Die *Live-Vorschau* geht einen entscheidenden Schritt weiter:

▶ Die Live-Vorschau zeigt das Theme mit der Struktur und den Inhalten *Ihrer* Website. Sie können darin ganz normal navigieren und von einer Seite zur anderen wechseln.

▶ In der Anpassungsleiste links können Sie diverse Einstellungen vornehmen, die rechts in der Vorschau live angezeigt werden.

So können Sie in Ruhe ausprobieren, ob das Theme für Ihre Website geeignet ist. Im folgenden ToDo rufen Sie die LIVE-VORSCHAU für das Theme *Hemingway* auf.

ToDo: Die »Live-Vorschau« für das Theme »Hemingway« aufrufen

1. Rufen Sie im Backend das Menü DESIGN • THEMES auf.
2. Suchen Sie das Theme HEMINGWAY.
3. Fahren Sie mit der Maus auf das Vorschaubild, und klicken Sie auf die Schaltfläche LIVE-VORSCHAU.

Abbildung 12.8 zeigt das Beispielblog mit dem Theme *Hemingway* nach diesem ToDo in der LIVE-VORSCHAU im Backend, während das Frontend für Ihre Besucher nach wie vor vom aktiven Theme *Twenty Sixteen* gestaltet wird.

Abbildung 12.8 Die »Live-Vorschau« mit dem Theme »Hemingway«

Sie können die Anpassungsleiste auch einklappen

Ganz unten in der Anpassungsleiste gibt es einen Link EINKLAPPEN, mit dem Sie die gesamte Leiste ausblenden können. Dadurch ist mehr Platz für die eigentliche Vorschau. Besonders auf kleineren Bildschirmen ist das sehr hilfreich beim Ausprobieren eines Themes mit der LIVE-VORSCHAU.

12.3.2   »Live-Vorschau«: Ein eigenes Header-Bild einfügen

Am besten probieren Sie die in der Anpassungsleiste angebotenen Einstellungsmöglichkeiten der Reihe nach durch:

▶ WEBSITE-INFORMATIONEN bieten die bekannten Einstellungen zur Änderung von Titel und Untertitel der Website und des Website-Icons.

▶ FARBEN gibt Ihnen Möglichkeiten der Hintergrundfarbe und einer Akzentfarbe für Links und Schaltflächen.

▶ LOGO ermöglicht das Hochladen und Einbinden einer Logografik.

Da Sie bei diesen drei Optionen wahrscheinlich nichts ändern müssen, springen Sie am besten gleich zur vierten Option, dem Header-Bild. Das Theme *Hemingway* hat wie *Twenty Sixteen* einen klassischen horizontalen Kopfbereich, der mit einem hübschen Header-Bild oft aufgewertet wird. In der Anpassungsleiste wird für das Header-Bild eine Größe von 1.280 × 416 Pixeln vorgeschlagen. Sie können für das gewünschte Bild beim Einfügen einen passenden Ausschnitt wählen und müssen es nicht auf den Pixel genau zugeschnitten in die Mediathek hochladen.

Im folgenden ToDo binden Sie ein Header-Bild ein und probieren, wie der Kopfbereich der Website damit wirkt.

ToDo: »Live-Vorschau« für »Hemingway« – Header-Bild einfügen

1. Öffnen Sie gegebenenfalls die LIVE-VORSCHAU für *Hemingway*.
2. Blenden Sie den Bereich HEADER-BILD ein, und klicken Sie auf die Schaltfläche NEUES BILD HINZUFÜGEN.
3. Wählen Sie ein geeignetes Header-Bild aus, oder wechseln Sie auf das Register DATEIEN HOCHLADEN, und laden Sie die Grafik hoch in die Mediathek.
4. Wählen Sie das gewünschte Bild aus, und füllen Sie rechts in der Sidebar die gewünschten Details wie TITEL, BESCHRIFTUNG, ALTERNATIVTEXT und BESCHREIBUNG aus.
5. Klicken Sie auf die Schaltfläche AUSWÄHLEN UND ZUSCHNEIDEN.
6. Falls das Bild bereits die richtigen Maße hat, klicken Sie unten auf die Schaltfläche ZUSCHNEIDEN ÜBERSPRINGEN. Falls nicht, schneiden Sie es zu und klicken dann auf BILD ZUSCHNEIDEN.
7. Nach diesem Klick erscheint das Bild in der LIVE-VORSCHAU.

Abbildung 12.9 zeigt das Header-Bild nach diesem ToDo in der Live-Vorschau.

Die nächste Option, HINTERGRUNDBILD, gehört eher in den Bereich Feintuning, das auch noch nach der Aktivierung erfolgen kann, und daher geht es gleich weiter mit den Menüs.

Abbildung 12.9 »Live-Vorschau« – »Hemingway« mit Header-Bild

12.3.3   Menü zuweisen: Die Navigation in der »Live-Vorschau«

Im Bereich MENÜS sehen Sie die in Abschnitt 11.5, »Menüs – eine Navigation für die Website erstellen«, erstellten Menüs *Hauptmenü* und *Social-Media-Links*, die aber momentan noch keiner Menüposition zugewiesen sind.

Hemingway kennt nur eine einzige Menüposition namens PRIMÄRES MENÜ, die offensichtlich zwischen Header und Inhaltsbereich eingefügt wird. Im folgenden ToDo weisen Sie das Hauptmenü dem primären Menü zu.

ToDo: »Live-Vorschau« für »Hemingway« – Menüs zuweisen

1. Öffnen Sie gegebenenfalls die LIVE-VORSCHAU für *Hemingway*.
2. Öffnen Sie den Bereich MENÜS.
3. Weisen Sie dem Menü HAUPTMENÜ die Menüposition PRIMÄRES MENÜ zu.

Nach diesem ToDo sieht die Live-Vorschau so aus wie in Abbildung 12.10.

12

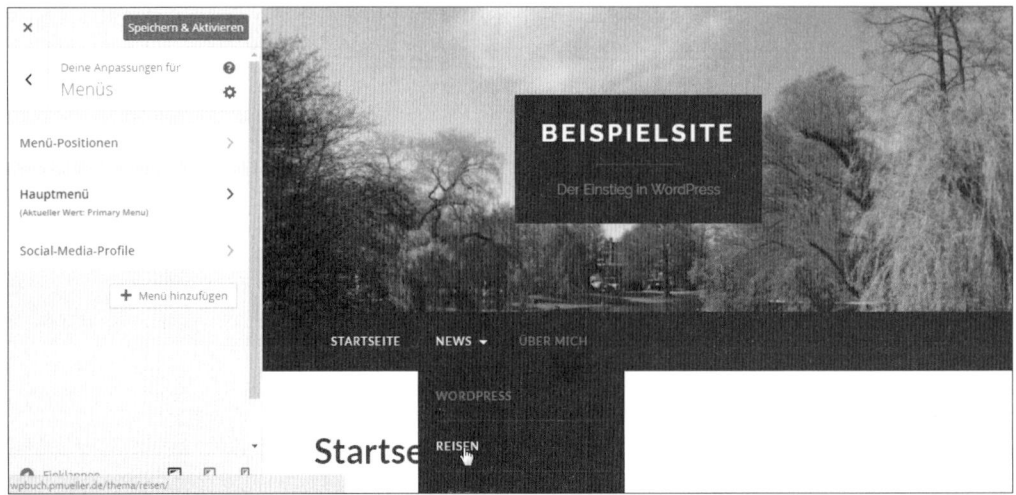

Abbildung 12.10 Die Live-Vorschau mit dem funktionierenden Hauptmenü

Das Hauptmenü passt, und sogar das Untermenü der Seite *News* erscheint problemlos, aber das Social-Links-Menü von *Twenty Sixteen* mit den schicken Icons können Sie in *Hemingway* nicht einbauen. Die Links zu Ihren Social-Media-Präsenzen müssten Sie also anders einbauen, und damit sind Sie auch schon im nächsten Bereich, bei den WIDGETS.

12.3.4   Die Widgets in der »Live-Vorschau« ausprobieren

Im Theme *Hemingway* gibt es gleich vier Widget-Bereiche, in die Sie Widgets einfügen können:

▶ SIDEBAR

▶ FOOTER A

▶ FOOTER B

▶ FOOTER C

Die drei Widget-Bereiche im Footer stehen von links nach rechts nebeneinander im Fußbereich.

WordPress versucht zu raten, in welchem Widget-Bereich Sie die in Abschnitt 11.6, »Die Widgets von ›Twenty Sixteen‹«, in der Seitenleiste eingefügten Widgets gerne hätten, und wenn Sie in der Live-Vorschau nach unten scrollen, sehen Sie, dass das nach dem

Motto »Knapp vorbei ist auch daneben« nicht ganz geklappt hat: Die Widgets erscheinen allesamt ganz links im Fußbereich im Bereich *Footer A*.

Da man Widgets in der Live-Vorschau nicht von einem Bereich in den anderen verschieben kann, lassen Sie die Widgets im Bereich *Footer A* erst einmal, wie sie sind, und erstellen im folgenden ToDo ein paar neue im Bereich *Sidebar*. Der Fußbereich wird dann in Abschnitt 12.5.1 aufgeräumt.

ToDo: »Live-Vorschau« für »Hemingway« – Widgets sortieren

1. Öffnen Sie gegebenenfalls die LIVE-VORSCHAU für *Hemingway*.
2. Wechseln Sie in den Widget-Bereich SIDEBAR, und fügen Sie einige Widgets hinzu, z. B. SUCHE, LETZTE BEITRÄGE mit dem Titel »Neueste Beiträge« und LETZTE KOMMENTARE mit dem Titel »Frisch kommentiert«.

Abbildung 12.11 zeigt die eingebundenen Widgets in der Anpassungsleiste ❶ und in der LIVE-VORSCHAU in der Sidebar ❷.

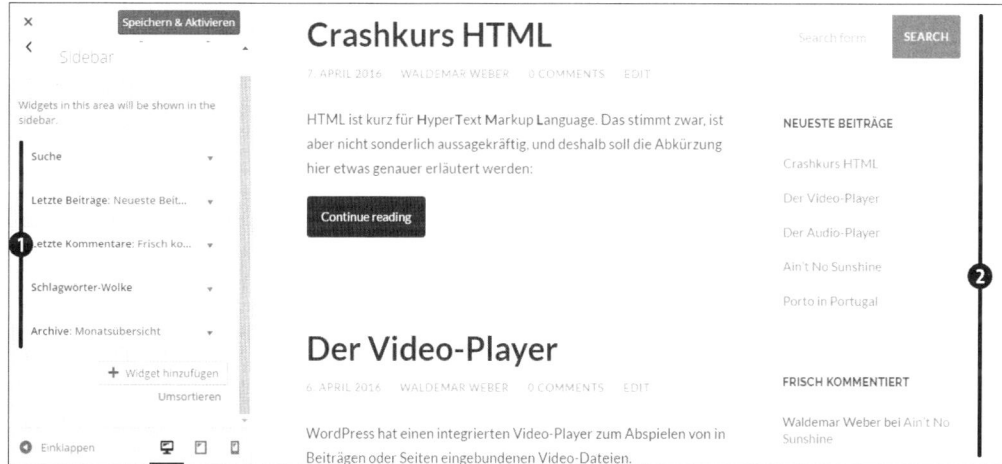

Abbildung 12.11 »Live-Vorschau« – »Hemingway« mit Widgets

Englische Sprachreste im Frontend? Loco Translate hilft weiter

Im Frontend sehen Sie noch ein paar englische Sprachfetzen wie »Search form«, »Search« oder »Continue Reading«. Das findet man bei vielen ansonsten sehr guten Themes, und der Grund dafür ist, dass keine komplette deutsche Übersetzung mitgeliefert wird. Mit dem in Abschnitt 14.6 vorgestellten Plugin *Loco Translate* können Sie die Übersetzung des Themes ganz einfach anpassen.

12.4   Aktivieren: »Hemingway« gestaltet das Frontend

Sie haben das Theme in der Live-Vorschau jetzt auf Herz und Nieren getestet und haben an dieser Stelle zwei Möglichkeiten:

▶ Sie brechen die LIVE-VORSCHAU mit einem Klick auf das × ganz oben links ab und verwerfen damit alle vorgenommenen Änderungen.

▶ Sie SPEICHERN & AKTIVIEREN das Theme mit der entsprechenden Schaltfläche.

Im folgenden kurzen ToDo speichern Sie die vorgenommenen Änderungen und aktivieren das Theme *Hemingway*.

ToDo: Änderungen speichern und das Theme aktivieren

1. Überprüfen Sie in der LIVE-VORSCHAU die Änderungen für das Theme *Hemingway*.
2. Wenn alles stimmt, klicken Sie oben rechts in der Anpassungsleiste auf die Schaltfläche SPEICHERN & AKTIVIEREN.

Von allen installierten Themes ist wie gesagt immer nur eines aktiv, und seit dem Klick auf die Schaltfläche SPEICHERN & AKTIVIEREN ist das *Hemingway* (Abbildung 12.12).

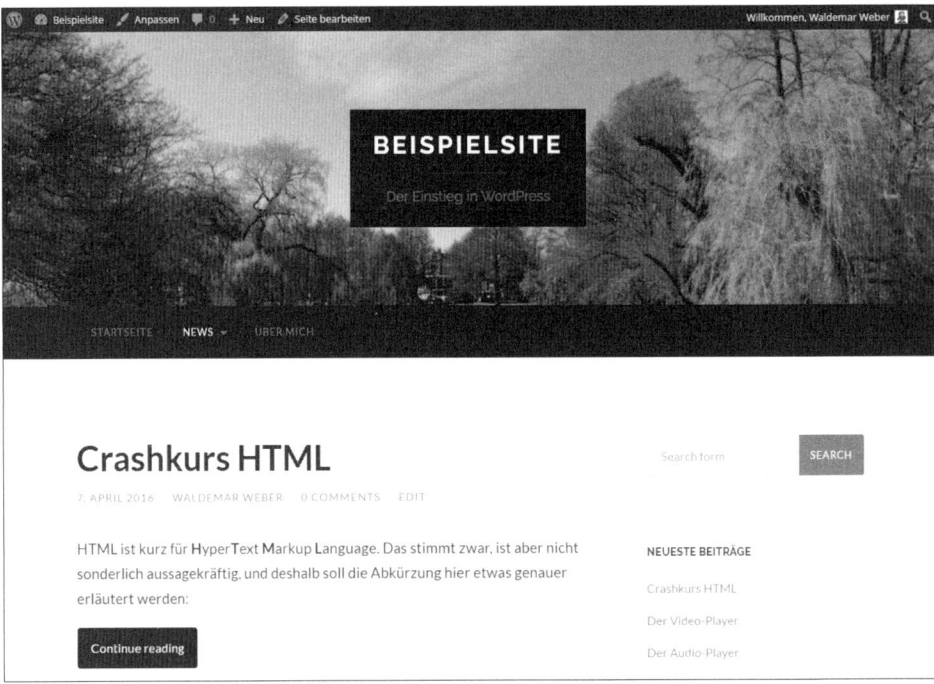

Abbildung 12.12 Das Frontend mit dem Theme »Hemingway«

Wieder zurück zu »Twenty Sixteen«?

Falls Sie später wieder zurück zu *Twenty Sixteen* möchten:

1. Öffnen Sie im Backend das Menü Design • Themes.
2. Fahren Sie mit der Maus auf das Vorschaubild von Twenty Sixteen.
3. Klicken Sie auf die Schaltfläche Aktivieren.

WordPress merkt sich die Einstellungen für ein installiertes Theme, und so müssen Sie z. B. nicht jedes Mal wieder die Widgets neu sortieren.

12.5   Anpassen: Feintuning für das neue Theme

Nach der Aktivierung sollten Sie das Frontend gründlich checken, denn der Teufel steckt bekanntlich im Detail, und Sie werden bei fast jedem Theme-Wechsel mehr oder weniger Feinarbeit leisten müssen.

12

12.5.1   Die Widgets im Fußbereich aufräumen

Beim Aufräumen der Widgets im Fußbereich sollten Sie beachten, dass *Hemingway* die Sidebar auf kleineren Bildschirmen nicht unterhalb des Inhalts anzeigt, sondern komplett ausblendet.

In der horizontalen Navigationsleiste erscheint dann links ein Menüschaltfläche und rechts eine Lupe für die Suchfunktion, sodass die Suche auch auf mobilen Geräten verfügbar bleibt. Alle anderen Sidebar-Widgets können Sie im Fußbereich ruhig noch einmal wiederholen, damit sie auch auf mobilen Geräten sichtbar sind.

Im Bereich Design • Widgets ❶ sehen Sie links Verfügbare Widgets ❷ und rechts die vier Widget-Bereiche ❸. Hier können Sie Widgets mit der Maus einfach von einem Bereich in den anderen ziehen ❹ (Abbildung 12.13). Das Verschieben der Widgets muss nicht noch extra gespeichert werden und ist sofort nach dem Fallenlassen auch im Frontend zu sehen.

Verteilen Sie die vorhandenen Widgets einfach auf die drei Footer-Bereiche. Tabelle 12.2 zeigt eine mögliche Variante.

Footer A	Footer B	Footer C
Letzte Beiträge	Kategorien	Archive
Titel: *Neueste Beiträge*	Titel: *Themen*	Titel: *Monatsübersicht*

Tabelle 12.2 Mögliche Anordnung der Widgets in den Footer-Bereichen

Footer A	Footer B	Footer C
Letzte Kommentare Titel: *Frisch kommentiert*	Schlagwörter-Wolke Titel: *Schlagwörter*	Text (Impressum) ohne Titel

Tabelle 12.2 Mögliche Anordnung der Widgets in den Footer-Bereichen (Forts.)

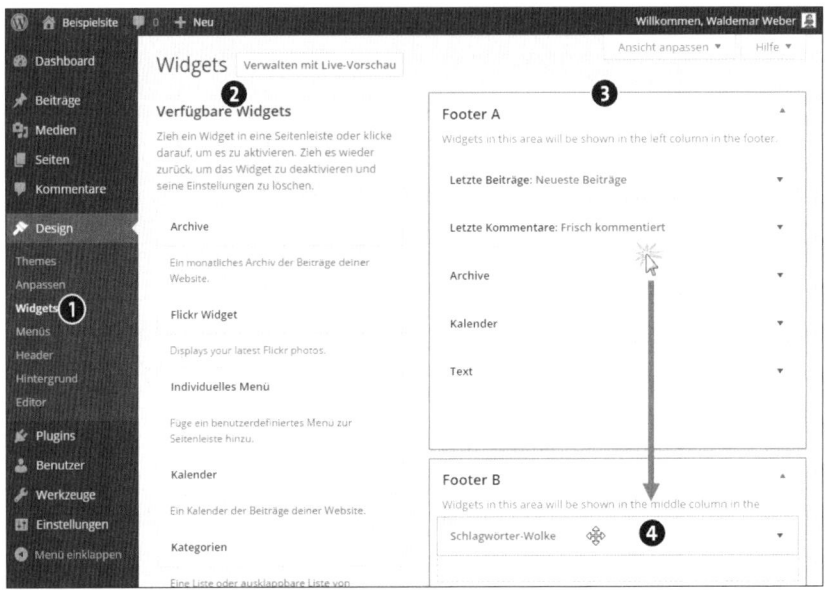

Abbildung 12.13 Widgets mit der Maus in andere Bereiche ziehen

Mit dieser Anordnung sieht der Fußbereich der Website so aus wie in Abbildung 12.14.

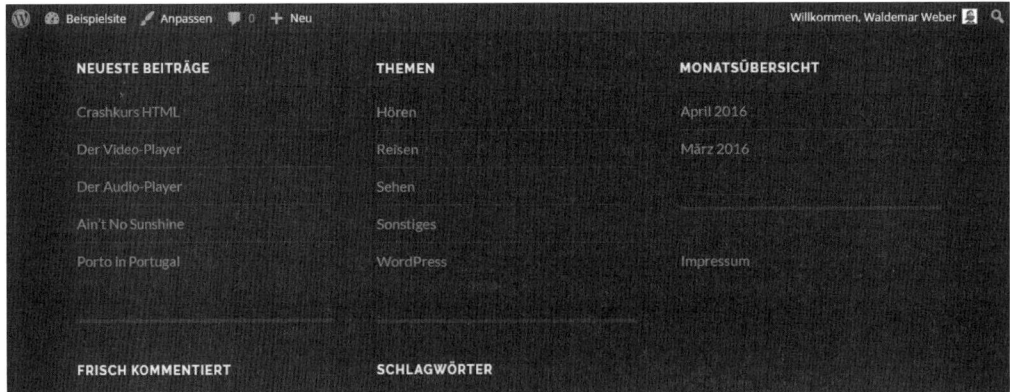

Abbildung 12.14 Der Fußbereich mit den Widgets

12.5.2   Social-Media-Menü als Widget »Individuelles Menü«

Ein Menü wird meist einem Menübereich zugewiesen, aber *Hemingway* kennt nur die Menüposition PRIMÄRES MENÜ, und an der ist bereits das Hauptmenü eingefügt.

Deshalb nutzen Sie für das in Abschnitt 11.5.3 erstellte Menü *Social-Media-Links* ein Widget *Individuelles Menü* und fügen es in einem Widget-Bereich im Footer ein. Abbildung 12.15 zeigt das fertig ausgefüllte Widget im Menü DESIGN • WIDGETS.

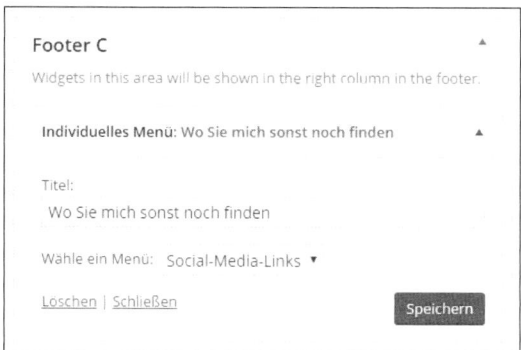

Abbildung 12.15 »Design • Widgets« – Individuelles Menü in Footer C

Und so erstellen Sie ein Widget zum Einfügen eines Menüs:

1. Öffnen Sie das Menü DESIGN • WIDGETS.
2. Klicken Sie links im Bereich VERFÜGBARE WIDGETS auf INDIVIDUELLES MENÜ.
3. Fügen Sie es in Footer C ein, und ziehen Sie es dort ganz nach oben.
4. Geben Sie einen TITEL ein, z. B. »Wo Sie mich sonst noch finden«.
5. Bestätigen Sie die Änderungen mit einem Klick auf SPEICHERN.

Wenn alles geklappt hat, erscheint das Widget rechts oben im Fußbereich. Abbildung 12.16 zeigt das Ergebnis.

Abbildung 12.16 Fußbereich mit Widget »Individuelles Menü«

12.5.3   Optional: Eine Archiv-Seite mit allen Inhalten erstellen

Das Theme *Hemingway* hat für statische Seiten ein Template namens *Archive template*, das automatisch alle Archive auf einer Seite ausgibt: die letzten Beiträge zuerst sowie sortiert nach Kategorien, nach Schlagwörtern, nach Autoren und nach Jahren, Monaten sowie Tagen. Abbildung 12.17 zeigt den Anfang einer solchen Archivseite.

Abbildung 12.17 Übersicht – statische Seite mit dem »Archive template«

So erstellen Sie eine solche Seite:

1. Erstellen Sie eine neue Seite.
2. Geben Sie ihr einen TITEL, z. B. »Übersicht – alle Archive«.
3. Lassen Sie den Inhaltsbereich im Editor komplett leer.
4. Weisen Sie der Seite das TEMPLATE *Archive template* zu.
5. Veröffentlichen Sie die Seite.

Um die Seite für Besucher zugänglich zu machen, können Sie sie im Menü oder in einem Widget einbinden. Die Übersetzung der englischen Überschriften erfolgt in Abschnitt 14.6 mit dem Plugin *Loco Translate*.

12.5.4 Optional: Die Seite »Impressum« ohne Sidebar gestalten

Das *Impressum* hat momentan eine Sidebar mit den Widgets, die aber im Impressum nicht wirklich zwingend nötig ist. *Hemingway* bietet für statische Seiten einige alternative Templates, unter anderem eines ohne Sidebar (Abbildung 12.18).

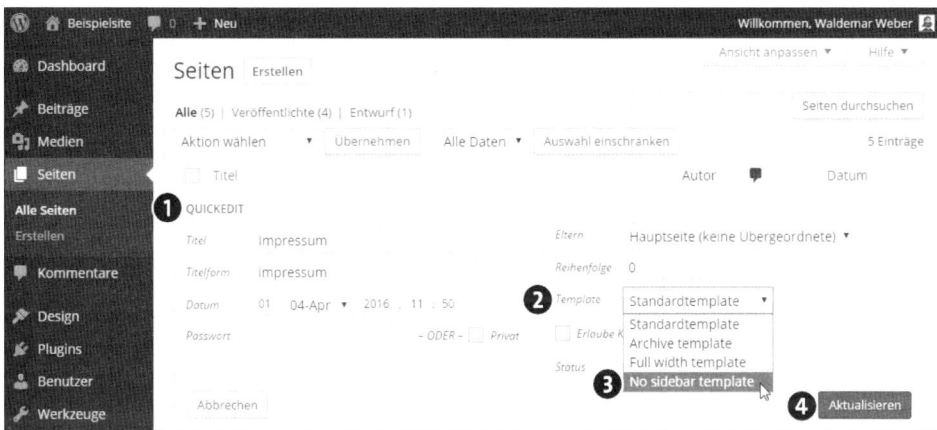

Abbildung 12.18 Die Seite »Impressum« bekommt ein neues Template.

So weisen Sie dem Impressum ein Template zu:

1. Öffnen Sie das Menü SEITEN • ALLE SEITEN.
2. Klicken Sie auf die Funktion QUICKEDIT für die Seite *Impressum* ❶.
3. Klicken Sie auf die Auswahlliste TEMPLATE ❷.
4. Wählen Sie die Option NO SIDEBAR TEMPLATE ❸.
5. Bestätigen Sie die Änderung mit der Schaltfläche AKTUALISIEREN ❹.

Nach diesen Schritten hat das Impressum auf der rechten Seite keine Sidebar mehr.

12.6 Auf einen Blick

Die wichtigsten Themen noch einmal im Überblick:

▶ Themes sollten Sie nur von vertrauenswürdigen Quellen installieren.

▶ Im Theme-Verzeichnis auf WordPress.org hat jedes Theme eine Detailseite mit Vorschau, Bewertung und weiteren Informationen.

▶ Um ein Theme für Ihre Website auszuprobieren, müssen Sie es zunächst installieren:

– Im Backend-Menü Design • Themes können Sie Themes installieren.

– Vor der Installation gibt es nur eine einfache Theme-Vorschau.

– Die Installation kopiert die Theme-Dateien auf Ihren Webspace.

▶ Nach der Installation können Sie ein Theme in der Live-Vorschau ausprobieren:

– Die Live-Vorschau zeigt Ihre Website mit dem neuen Theme.

– Sie können Website-Informationen, Farben, Menüs, Widgets etc. ändern, ohne dass sich im Frontend etwas ändert.

▶ Damit das Theme das Frontend gestaltet, müssen Sie es aktivieren.

▶ Nach der Aktivierung sollten Sie das Frontend gründlich prüfen, gefundene Fehler korrigieren und nach Bedarf anpassen.

Kapitel 13
Das richtige Theme finden

*Worin Sie Wissenswertes zur Auswahl von Themes erfahren und ein
paar kostenlose Themes kennenlernen, bevor ich Ihnen ein paar nicht
ganz kostenlose Themes, Anbieter und Marktplätze vorstelle.*

Die Themen im Überblick:

WordPress-Themes zu finden ist einfach, das *richtige* Theme zu finden hingegen
nicht unbedingt. In diesem Kapitel möchte ich Ihnen ein paar Tipps zur Auswahl
eines Themes geben und ein paar Themes und Theme-Anbieter vorstellen. Viel Spaß
und vor allem Erfolg bei Ihren Streifzügen durch die ewigen Theme-Gründe.

13.1 Wissenswertes zu WordPress-Themes

Stellen Sie sich vor, Sie geben auf der Suche nach dem passenden Theme in Google einfach »wordpress theme« ein, ergänzen die Suche um ein paar beschreibende Begriffe
wie »Band«, »Fotograf«, »Restaurant« oder was immer, und landen dann bei dem per-
fekten WordPress-Theme.

Schön wär's. Wahrscheinlicher ist es allerdings, dass die Wahl bei der Suche nach dem
richtigen Theme sehr bald zur Qual wird, und deshalb möchte ich Ihnen zunächst ein
paar grundlegende Gedanken zur Auswahl von Themes mit auf den Weg geben, die
Ihnen helfen sollen, die Spreu vom Weizen zu trennen.

13.1.1   Achten Sie bei einem Theme auf die Layoutbereiche

Lassen Sie sich bei der Beurteilung der Themes möglichst nicht von den meist wunderbaren Fotos verführen. Das ist zwar leichter gesagt als getan, aber achten Sie lieber darauf, wie übersichtlich das Design ist und wie die verschiedenen Layoutbereiche genutzt werden:

▶ Der **Kopfbereich**, auch *Header* genannt, ist wichtig für die Identität der Website. Hier finden Sie den Titel der Website, einen Untertitel und vielleicht ein prägnantes Foto. Ein eventuell vorhandenes Logo wird meist links oben im Kopfbereich platziert.

▶ Zur **Navigation** gibt es in vielen Themes gleich mehrere Bereiche. Die Hauptnavigation ist oft horizontal in der Nähe des Headers oder links vertikal in einer Sidebar untergebracht. In der Nähe der Hauptnavigation finden Sie oft eine Suchfunktion.

▶ Der **Inhaltsbereich** enthält Texte und Bilder und ist häufig unterteilt in einen *Hauptbereich*, in dem auf jeder Seite andere Inhalte stehen, und eine oder sogar zwei *Sidebars* mit zusätzlichen Infos, die oft auf allen Seiten mehr oder weniger gleich sind.

▶ Der **Fußbereich** oder *Footer* schließlich steht, wie der Name schon andeutet, unter dem Inhaltsbereich. Er enthält z. B. einen Link zum Impressum oder eine kurze Notiz, welches Theme verwendet wird, kann aber auch ziemlich umfangreich sein und alle möglichen Infos enthalten.

Achten Sie bei der Begutachtung von Themes darauf, ob der Fließtext im Inhaltsbereich gut lesbar ist, und probieren Sie, ob das Theme responsiv ist, also ob es auch in einem kleineren Browserfenster, auf einem Smartphone oder einem Tablet funktioniert.

13.1.2   Kostenlose Themes vs. Premium-Themes

Ein Missverständnis möchte ich gleich vorweg klären: Premium-Themes kosten zwar Geld, sind aber deswegen nicht per Definition besser als kostenlose. Es gibt sehr gute kostenlose Themes, und es gibt Premium-Themes, die ihren Namen nicht wirklich verdient haben. Der Unterschied liegt im Wesentlichen in den Bereichen Installation und Support:

▶ **Kostenlose Themes** können Sie in Ihrem WordPress installieren und ausprobieren, aber bei der Anpassung sind Sie mehr oder weniger auf sich gestellt. Jedes im Theme Directory auf WordPress.org gelistete Theme hat dort auch ein Supportforum, in dem Sie (auf Englisch) Fragen stellen können, aber Sie haben kein *Anrecht* auf Unterstützung.

Der Autor des Themes hat Tage und Wochen seiner Zeit in die Entwicklung des Themes gesteckt und stellt Ihnen das Ergebnis ohne geldlichen Gegenwert zur Verfügung. Das Theme auf Ihre Bedürfnisse zuzuschneiden ist dann Ihre Aufgabe.

▶ **Premium-Themes** können Sie erst *nach* dem Kauf installieren und ausprobieren, aber dafür bieten sie meistens irgendeine Form von Support bei der Anpassung. Das bedeutet zwar nicht, dass jemand zu Ihnen nach Hause kommt und erst wieder geht, wenn alle Probleme gelöst sind, aber meist gibt es Unterstützung per E-Mail oder in einem Forum.

Viele kostenlose Themes sind eine abgespeckte Version eines Premium-Themes. Das ist an sich eine gute Kombination, denn so können Sie ausprobieren, ob das Theme Ihnen gefällt, und vielleicht reichen die Features der kostenlosen Variante sogar aus.

13.1.3 Zwei Arten von Themes: »Blog-Theme« vs. »Magazin-Theme«

Viele WordPress-Themes lassen sich zwei Kategorien zuordnen, die oft mit Begriffen wie *Blog-Theme* oder *Magazin-Theme* umschrieben werden. Da diese Unterscheidung bei der Suche nach dem richtigen Theme hilfreich sein kann, möchte ich diesen Unterschied kurz erläutern.

WordPress war ursprünglich eine reine Blogsoftware, und in einem Blog stehen auf der Startseite die Beiträge im Mittelpunkt. Vertreter der Gattung Blog-Themes sind z. B. die Standard-Themes *Twenty Fifteen* (Abschnitt 13.2.1) und *Twenty Thirteen* (Abbildung 13.1).

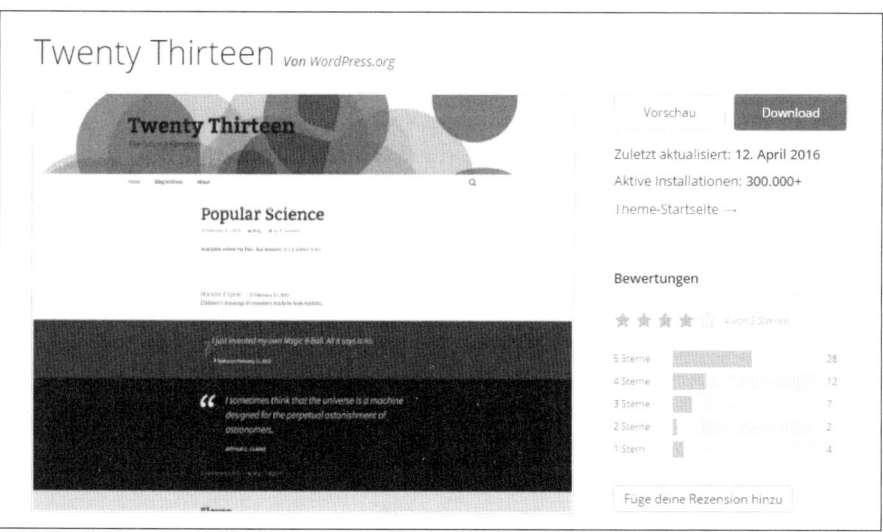

Abbildung 13.1 »Twenty Thirteen« – Beispiel für ein Blog-Theme

Ein Nachteil von Blog-Themes ist, dass die Präsentation von Inhalten sehr einge-schränkt ist. Ältere Beiträge rutschen langsam, aber sicher einfach nach unten und ver-schwinden früher oder später spurlos in den Archiven. Es gibt zwar *Sticky Posts*, aber ansonsten kann man in einem Blog-Theme nur schlecht auf besondere Beiträge oder Seiten hinweisen.

Diese Schwäche versuchen Magazin-Themes zu beheben, indem sie es besonders auf der Startseite ermöglichen, die Inhalte flexibler zu gestalten, ähnlich wie bei einer Zeit-schrift oder einem Magazin. So gibt es z. B. Rubriken für *Featured Posts*, in denen belie-bige Beiträge gezeigt werden können, egal, wann sie veröffentlicht wurden.

Ein Beispiel für ein Magazin-Theme ist das in Abschnitt 13.2.2 vorgestellte Standard-Theme *Twenty Fourteen* oder das in Abbildung 13.2 gezeigte Theme *MH Magazine lite* (siehe dazu auch Abschnitt 13.3.2).

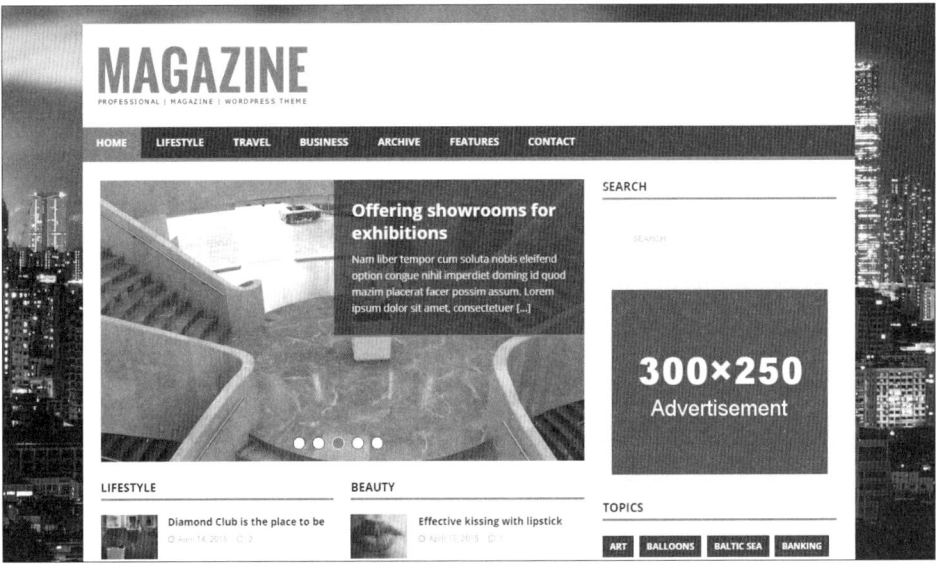

Abbildung 13.2 MH Magazine – Beispiel für ein Magazin-Theme

Für den Einstieg sind Blog-Themes gut geeignet, weil sie einfacher zu handhaben sind, da es meist nur eine Sidebar, ein paar Beiträge und statische Seiten gibt. Optisch inte-ressanter hingegen sind die Magazin-Themes, aber dafür erfordern Sie auch mehr Ein-arbeitung.

Artikel über Vor- und Nachteile von »Magazine-Style Themes«

Bereits im August 2008 erschien im Smashing Magazine ein sehr ausführlicher Artikel über die Vor- und Nachteile von »Magazine-Style Themes for Blogs«:

► *tinyurl.com/wp-blog-magazine-smashing* (auf *smashing-magazine.com*)

Der Beitrag ist zwar schon (ur)alt, aber auch heute noch lesenswert, denn viele grundsätzliche Argumente gelten noch genau wie damals.

13.1.4   Funktionale Ausstattung: Theme vs. Plugin

Ein Theme kümmert sich in erster Linie um die Gestaltung, aber viele Themes bringen auch eine funktionale Erweiterung von WordPress mit, und das ist im Hinblick auf einen späteren Theme-Wechsel ein zweischneidiges Schwert.

Funktionale Erweiterung meint Dinge, die über die reine Gestaltung hinausgehen, wie z. B. Slider, in denen mehrere Bilder präsentiert werden, oder sogenannte Pagebuilder-Tools, um Inhalte auf Seiten mehrspaltig präsentieren zu können. Solche Erweiterungen gehören eher in ein Plugin, damit Sie auch nach einem Theme-Wechsel noch funktionieren.

Anhand der Shortcodes, die Sie in Abschnitt 10.7 kurz kennengelernt haben, und die die tägliche Arbeit im Editor sehr erleichtern, möchte ich Ihnen das Problem kurz erläutern:

► Wenn ein Theme z. B. einen eigenen Shortcode wie [dark_box] und [/dark_box] mitbringt, dann ist das zunächst einmal praktisch, denn Sie können damit Text in einer Infobox hervorheben, ohne dass Sie dafür erst HTML- und CSS lernen müssen (Abbildung 13.3).

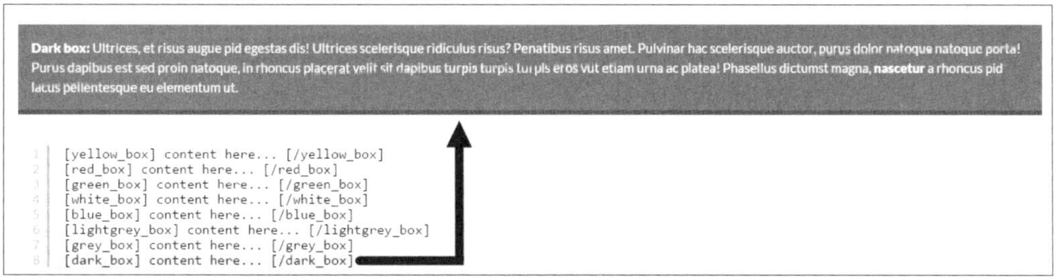

Abbildung 13.3 Shortcodes aus dem Theme »Dorayaki« von »elmastudio.de«

▶ Solche Theme-eigenen Shortcodes sparen eine Menge Zeit und Arbeit. Wenn Sie aber zu einem Theme wechseln, das diese Shortcodes nicht versteht, dann erscheinen statt der farblichen Infoboxen plötzlich die Zeichen [dark_box] und [/dark_box] im Frontend.

Shortcodes im Frontend sehen nicht nur blöd aus, sondern machen auch viel Arbeit, denn Sie müssen alle Beiträge und Seiten manuell durchforsten, um sie zu entfernen.

Eigentlich wären Shortcodes also in einem Plugin besser aufgehoben als in einem Theme, und so sind sie bei den im Theme-Verzeichnis auf WordPress.org gelisteten Themes nicht mehr erlaubt.

Nur zur Deutlichkeit: Themes mit zusätzlichen Funktionen wie Shortcodes oder Slidern sind nicht per se schlecht, aber man sollte sich von vornherein darüber im Klaren sein, dass sie an das jeweilige Theme gebunden sind. Das ist ein bisschen wie die Zugbindung bei günstigen Bahntickets: Klingt nicht weiter schlimm, bis man den Zug verpasst hat.

Fazit: Ein Theme ist in erster Linie dazu da, die Inhalte zu *gestalten*. Neue Funktionen kann man besser über Plugins nachrüsten.

Shortcodes per Plugin: Shortcodes Ultimate

Für Shortcodes, die unabhängig vom Theme verwendet werden können, gibt es z. B. das Plugin *Shortcodes Ultimate*, das Sie in Abschnitt 14.5 kennenlernen.

13.1.5   Die Antwort auf die Frage »Welches Theme ist das?«

Wenn Sie auf Ihren Surftouren eine tolle, mit WordPress erstellte Website finden und Sie gerne wissen möchten, welches Theme im Einsatz ist, haben Sie verschiedene Möglichkeiten:

▶ Schauen Sie in den Fußbereich der Website. Oft finden Sie dort einen Link zum verwendeten Theme.

▶ Untersuchen Sie den Quelltext. Im HTML-Header gibt es in den Pfadangaben zu Stylesheets und anderen Dateien oft Hinweise auf den Namen des Themes.

▶ Oder surfen Sie zu einer der folgenden Websites:

  – WP Theme Detector auf *wpthemedetector.com*

  – What WP Theme is That? auf *whatwpthemeisthat.com*

Auf diesen Websites geben Sie den Domain-Namen der fraglichen Website ein, und mit ein bisschen Glück erhalten Sie wenig später eine Antwort auf die Frage »Welches Theme ist das?«.

Abbildung 13.4 zeigt die Suche in Aktion. Oft bekommen Sie auch noch zusätzliche Informationen, einen direkten Link zur Homepage des Themes und Infos über die installierten Plugins.

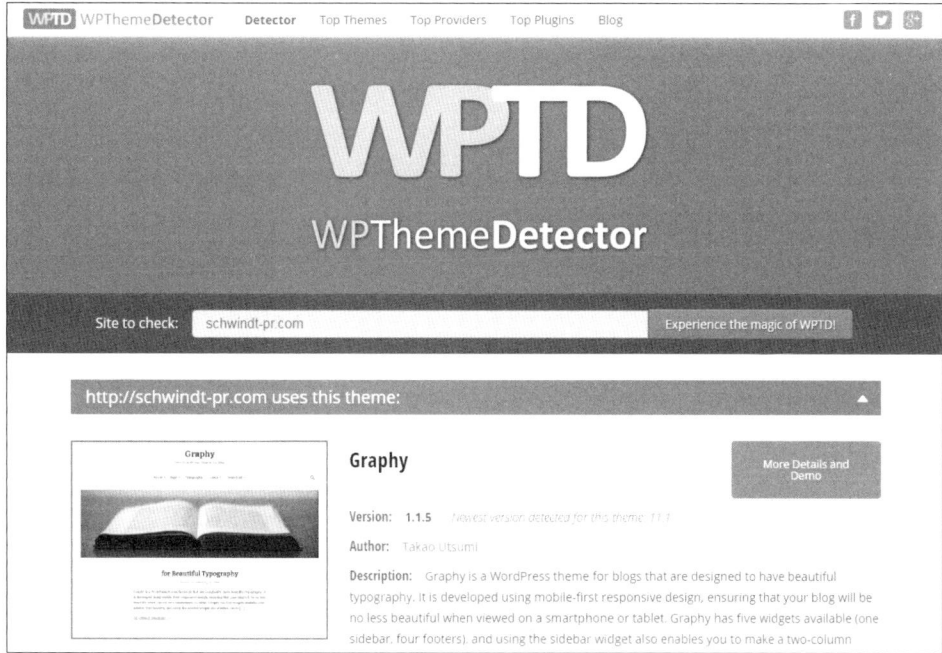

Abbildung 13.4 Der Theme Detector auf »wpthemedetector.com«

13.2 Die Standard-Themes vom WordPress-Team

Das WordPress-Team erstellt wie gesagt jedes Jahr ein neues Standard-Theme, dass die Jahreszahl als Namen bekommt, und die letzten drei davon sind in WordPress bereits vorinstalliert. Die Themes vom WordPress-Team sind für den Einstieg gut geeignet und werden bei jedem WordPress-Update aktualisiert.

Twenty Sixteen haben Sie im Laufe des Buches bereits ausführlich kennengelernt. Bleiben noch die beiden anderen Kandidaten: *Twenty Fifteen* und *Twenty Fourteen*.

13.2.1 »Twenty Fifteen« – ein modernes Blog-Theme

Twenty Fifteen ist ein modernes, zweispaltiges Theme, ideal für klassische Blogs. Abbildung 13.5 zeigt das Theme im Verzeichnis auf WordPress.org.

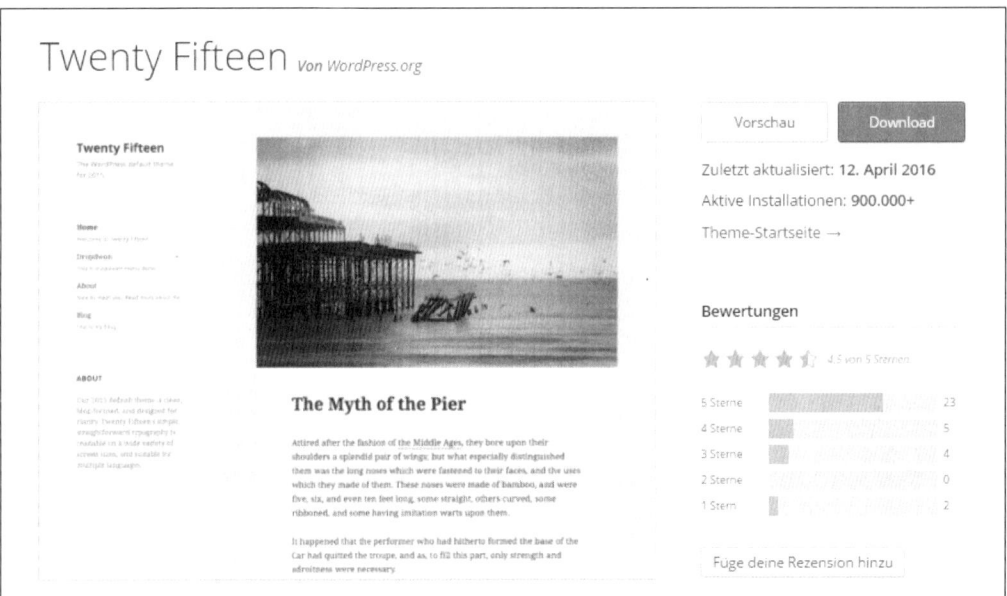

Abbildung 13.5 »Twenty Fifteen« im Theme-Verzeichnis auf WordPress.org

Twenty Fifteen ist momentan bei jedem WordPress bereits vorinstalliert, und wenn Sie im Menü DESIGN • THEMES die THEME-DETAILS aufrufen, finden Sie folgenden Text, der das Theme gut charakterisiert:

> *Unser Standard-Theme für 2015 ist reduziert, stellt das Bloggen in den Mittelpunkt und ist auf ein klares Erscheinungsbild ausgerichtet. Twenty Fifteens einfache, gradlinige Typografie lässt sich in verschiedenen Bildschirmauflösungen und zahlreichen Sprachen gut lesen.*

> *Wir sind bei unserem Design von mobilen Endgeräten ausgegangen, sodass die Inhalte in den Mittelpunkt rücken – ganz gleich, ob deine Besucher sich die Seiten mit einem Smartphone, Tablet, Laptop oder Desktop-Computer ansehen.*

Falls Sie das Theme ausprobieren möchten, helfen die im Folgenden gezeigten Schemata der Layoutbereiche, denn eine Besonderheit des Themes ist das Verhalten der Sidebar in der Desktop- und in der mobilen Ansicht.

Am Desktop hat *Twenty Fifteen* ein zweispaltiges Layout: Links ist eine Sidebar, rechts der Inhaltsbereich. Und es gibt *keinen* horizontalen Header (Abbildung 13.6).

Abbildung 13.6 Die Layoutbereiche von »Twenty Fifteen« (Desktop)

Die Sidebar ist am Desktop in drei Bereiche unterteilt, deren Reihenfolge Sie nicht ändern können:

▶ Ganz oben stehen Titel und Untertitel der Website.

▶ Danach folgt ein Menübereich, der zwei Positionen namens PRIMÄRES MENÜ und SOCIAL-LINKS-MENÜ hat.

▶ Ganz unten ist der Widget-Bereich, in dem Sie die zur Verfügung stehenden Widgets in beliebiger Reihenfolge platzieren können.

In einem schmalen Browserfenster ändert sich das Layout. Titel und Untertitel der Website stehen dann *über* dem Inhaltsbereich. Die Sidebar wird dann quasi zum Header und enthält eine Menüschaltfläche, der auf Klick oder Touch unter dem Header den Menü- und Widget-Bereich einblendet (Abbildung 13.7).

Twenty Fifteen ist kein Theme mit sofortigem Wow-Effekt, aber je länger man damit arbeitet, desto mehr positive Seiten entdeckt man. Tabelle 13.1 zeigt die wichtigsten Details im Überblick.

Theme	»Twenty Fifteen«
Theme Directory	*de.wordpress.org/themes/twentyfifteen/*
Theme-Homepage	dito

Tabelle 13.1 Übersichtstabelle für das Theme »Twenty Fifteen«

Theme	»Twenty Fifteen«
WordPress.com	*twentyfifteendemo.wordpress.com*
Menübereiche	2; in der Sidebar: oben primär, Social-Links darunter
Widget-Bereiche	1; in der Sidebar unter den Menüs
Seiten-Templates	Standard
Besonderheiten	▶ responsiv, mit toller Lesbarkeit auf allen Geräten ▶ Sidebar wird mobil zum Header mit Menüschaltfläche. ▶ Menüeinträge mit Beschreibung darunter

Tabelle 13.1 Übersichtstabelle für das Theme »Twenty Fifteen« (Forts.)

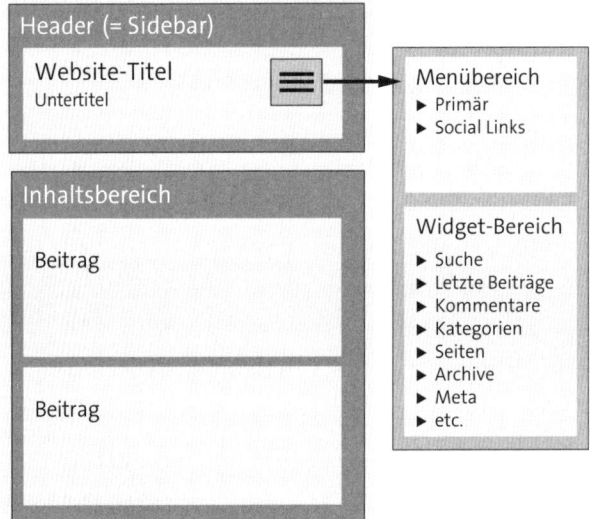

Abbildung 13.7 Die Layoutbereiche von »Twenty Fifteen« (mobil)

13.2.2   »Twenty Fourteen« – jenseits von Blogs

Twenty Fourteen geht ein ganzes Stück in Richtung Magazin-Theme und eignet sich gut für den Einstieg in die Arbeit damit:

▶ *de.wordpress.org/themes/twentyfourteen/*

▶ *theme.wordpress.com/themes/twentyfourteen/* (mit guter Live-Demo)

Abbildung 13.8 zeigt die Detailseite im Theme-Verzeichnis auf WordPress.org.

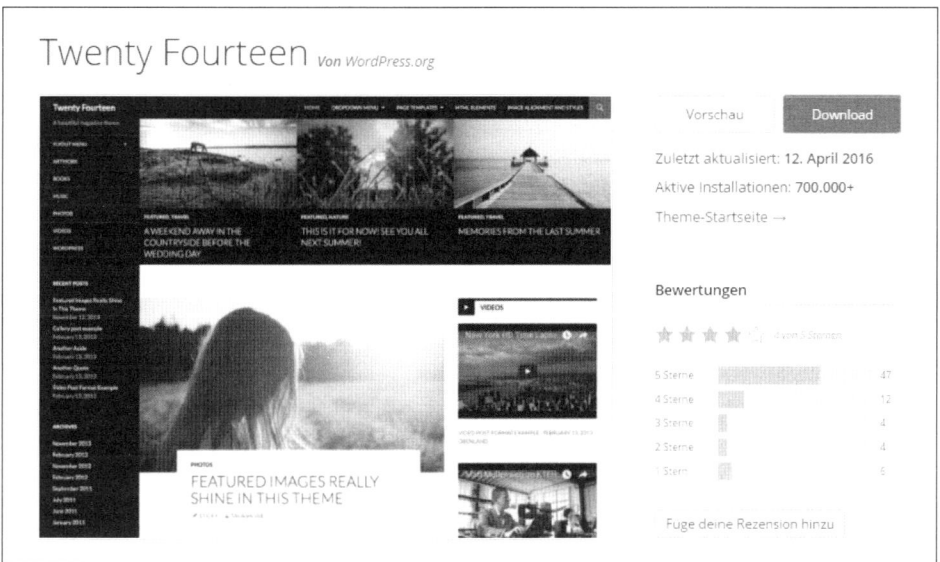

Abbildung 13.8 »Twenty Fourteen« – a beautiful magazine theme

Die Konfiguration von *Twenty Fourteen* ist im Vergleich zu reinen Blog-Themes etwas komplexer:

▶ Es gibt zwei Menü- und drei Widget-Bereiche, sodass es etwas Planung und Ausprobieren erfordert, bis sich diese gut ergänzen.

▶ Auf der Startseite können einzelne Beiträge mit Beitragsbild in einem Grid (Raster) oder einem Slider (Diashow) präsentiert werden. Dazu müssen die Beiträge lediglich mit dem Schlagwort *featured* versehen werden. Das Schlagwort kann bei Bedarf in den Theme-Optionen geändert werden.

▶ Ein optionales Header-Bild erscheint im Kopfbereich oberhalb vom Titel der Website und dem primären Menü.

Abbildung 13.9 zeigt eine schematische Darstellung der Layoutbereiche auf der Startseite von *Twenty Fourteen* im Überblick.

Twenty Fourteen hat aber mindestens zwei Nachteile:

▶ Die linke Sidebar ist immer vorhanden, auch bei Seiten mit dem Template *Seiten mit voller Breite*.

▶ Das Schwarz im Kopfbereich, der linken Sidebar und dem Fußbereich lässt sich im Backend ebenso wenig ändern wie das Grün als Akzent- und Linkfarbe.

Abbildung 13.9 Layoutbereiche auf der Startseite von »Twenty Fourteen«

Die linke Sidebar werden Sie nicht los, aber um das Schwarz-Grün zu ändern, gibt es das Plugin *Fourteen Colors*, das die farbliche Gestaltung der Layoutbereiche in *Twenty Fourteen* ermöglicht:

▶ *wordpress.org/plugins/fourteen-colors/*

Tabelle 13.2 zeigt die Details für *Twenty Fourteen* im Überblick.

Theme	»Twenty Fourteen«
Theme Directory	*de.wordpress.org/themes/twentyfourteen/*
Theme-Homepage	dito
WordPress.com	*twentyfourteendemo.wordpress.com*
Menübereiche	2; primär oben, sekundär links oben in Sidebar
Widget-Bereiche	3; Sidebar links, Sidebar rechts und im Footer

Tabelle 13.2 Übersichtstabelle für das Theme »Twenty Fourteen«

Theme	»Twenty Fourteen«
Seiten-Templates	*Standard*, *Autorenseite* und *Seite mit voller Breite*
Besonderheiten	▸ flexible Gestaltung mit Menüs und Widgets ▸ hervorgehobene Beiträge auf der Startseite ▸ farbliche Gestaltung mit Plugin *Fourteen Colors*

Tabelle 13.2 Übersichtstabelle für das Theme »Twenty Fourteen« (Forts.)

13.3   Einige gute kostenlose Themes im Überblick

In diesem Abschnitt möchte ich Ihnen einige kostenlose Themes aus dem Theme-Verzeichnis auf WordPress.org vorstellen, die nicht vom WordPress-Team sind.

13.3.1   Für Blogs: »Graphy« von Takao Utsumi

Graphy ist ein Blog-Theme, das in schlichtem Schwarzweiß gehalten ist und besonderen Wert auf eine gelungene Typographie (engl. *typography*) legt. Im Theme Directory finden Sie *Graphy* unter folgender URL:

▸ *de.wordpress.org/themes/graphy/*

Abbildung 13.10 zeigt die Detailseite im Theme Directory.

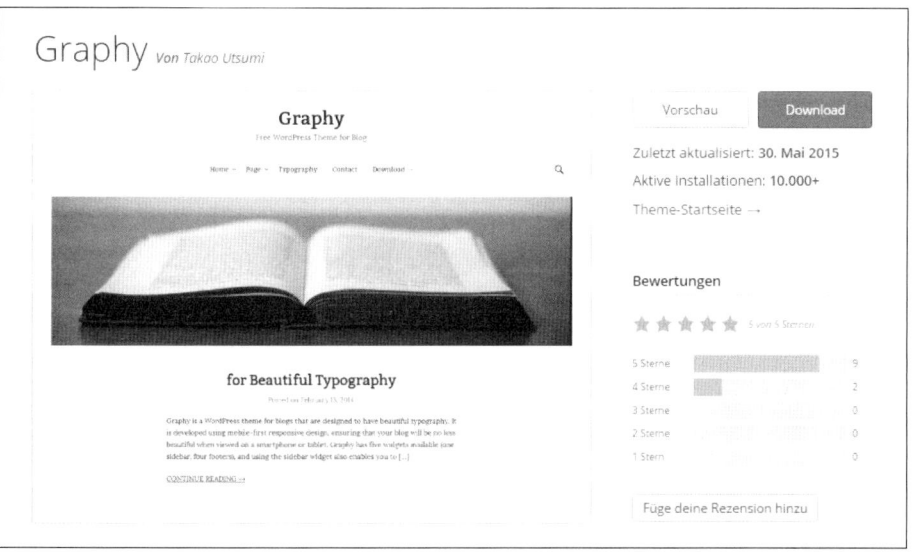

Abbildung 13.10 »Graphy« im Theme-Verzeichnis auf WordPress.org

Graphy ist responsiv und sieht entsprechend auf allen Geräten gut aus. Das Theme ist auch für Einsteiger einfach zu konfigurieren, und über Design • Anpassen kann man unter anderem die Linkfarben einstellen und ein Menü definieren, das am Desktop horizontal unter dem Titel der Website dargestellt wird.

Widgets können in einer rechts dargestellten Sidebar hinzugefügt werden, und für Seiten, auf denen keine Sidebar gewünscht ist, gibt es ein Seiten-Template namens *Keine Sidebar*. Im Fußbereich der Webseiten können bis zu vier Widget-Bereiche nebeneinanderstehen, was eine flexible Gestaltung ermöglicht.

13.3.2   Für Onlinemagazine: »MH Magazine lite« von MH Themes

MH Magazine Lite ist die kostenlose Version des Themes *MH Magazine* der Firma MH Themes aus Frankfurt (Abbildung 13.11):

▶ *de.wordpress.org/themes/mh-magazine-lite/*

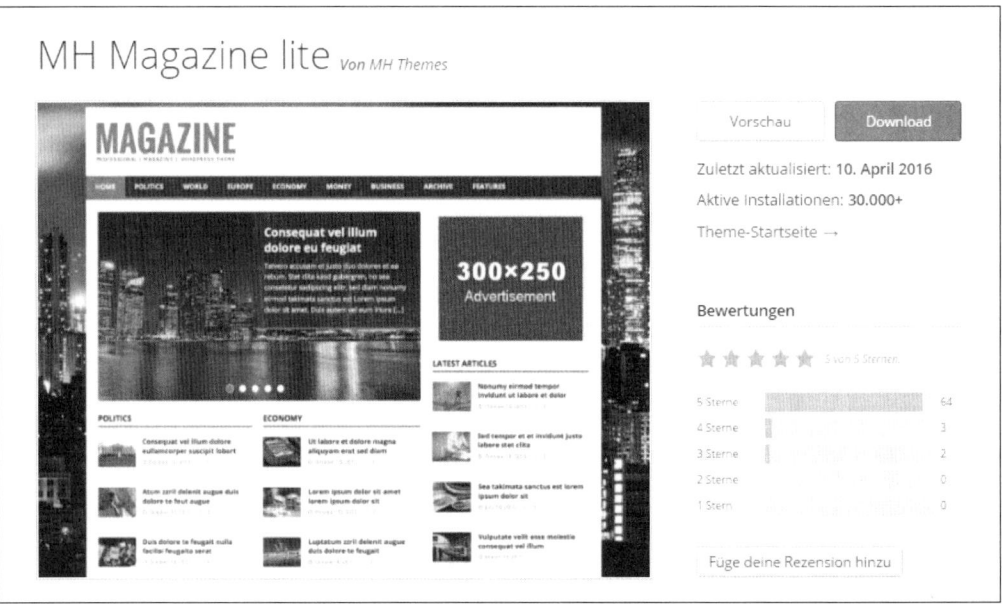

Abbildung 13.11 »MH Magazine lite« im Theme-Verzeichnis

Die Lite-Version gibt einen sehr guten Einblick in die Funktionsweise von MH Magazine, und auf der folgenden Seite finden Sie eine ausführliche Dokumentation:

▶ *mhthemes.com/themes/mh/magazine-lite/*

Auf der Seite finden Sie auch einen Vergleich zwischen den Features von MH Magazine lite und MH Magazine (der Vollversion).

13.3.3   Flexibel und vielseitig: »Customizr« von Nicolas Guillaume

Customizr leitet seinen Namen von der Anpassungsleiste für Themes im Backend ab (engl. *Customizer*) und trägt seinen Namen zu Recht:

▶ *de.wordpress.org/themes/customizr/*

Auf der Theme-Homepage erhalten Sie eine ausführliche (englischsprachige) Dokumentation zum Kennenlernen der vielfältigen Einsatzmöglichkeiten (Abbildung 13.12).

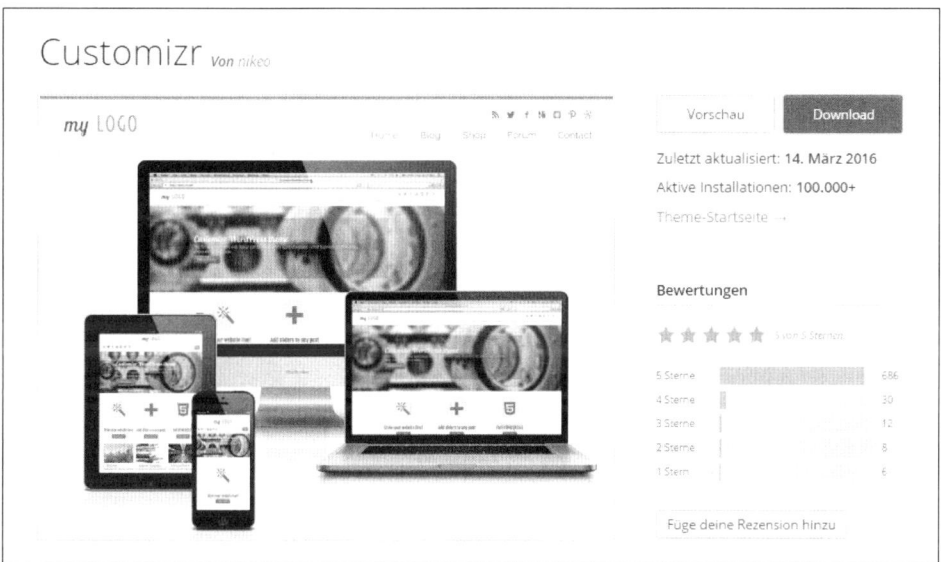

Abbildung 13.12 »Customizr« im Theme Directory auf WordPress.org

13.3.4   Made for Business: »Make« von The Theme Foundry

Zielgruppe des Themes sind Business-User, und Sie finden es im Theme-Verzeichnis unter folgender Adresse:

▶ *de.wordpress.org/themes/make/*

Eines der Highlights ist der integrierte Pagebuilder, der sehr einfach zu bedienen ist und unter anderem mehrspaltige Inhalte komplett ohne Shortcodes ermöglicht (Abbildung 13.13).

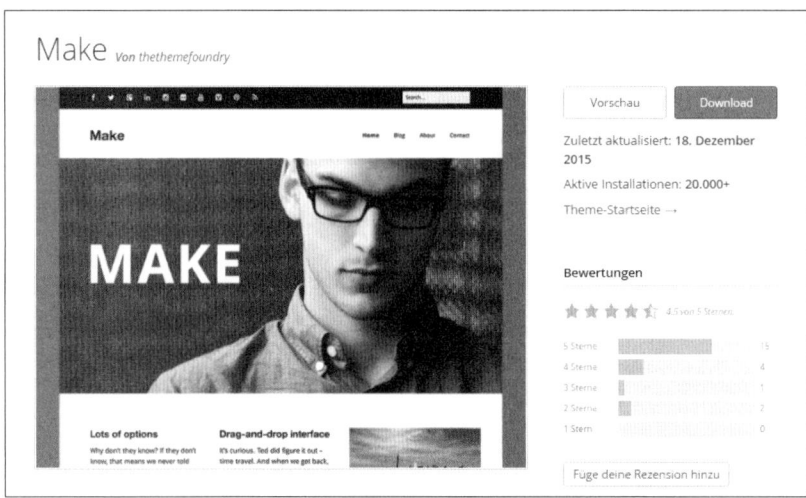

Abbildung 13.13 »Make« – ein Business-Theme mit Upgrade-Möglichkeiten

Eine Onlinedokumentation zu *Make* finden Sie unter folgender URL:

▸ *thethemefoundry.com/docs/make-docs/*

Die erweiterten Versionen von Make sind nicht ganz billig, aber das Theme ist wie gesagt für Business-Websites gemacht, und da zählt Qualität mehr als ein paar Dollar. Den Ritterschlag erhielten das Theme und seine Macher übrigens von WordPress-Urgestein Justin Tadlock von *themehybrid.com*, der das Theme untersucht hat und anschließend sagte:

> *»If code is truly poetry, then The Theme Foundry is the Shakespeare, Dickinson, and Whitman of our time, all rolled into one. Make and Make Plus represent some of the finest work I've seen.«*

Ein Business-Theme, dessen Code wie Poesie ist. Was will man mehr.

13.3.5   Modern: »Hueman« von Alexander Agnarson und Nicolas Guillaume

Hueman ist ein sehr modernes Magazin-Theme mit vielen Optionen zur flexiblen Gestaltung. So ist z. B. die Anzahl der Sidebars variabel (Abbildung 13.14):

▸ *de.wordpress.org/themes/hueman/*

Hueman wurde ursprünglich von Alexander Agnarson geschrieben und Anfang 2016 von Nicolas Guillaume (aka *nikeo*) übernommen, der auch das *Customizr*-Theme erstellt hat.

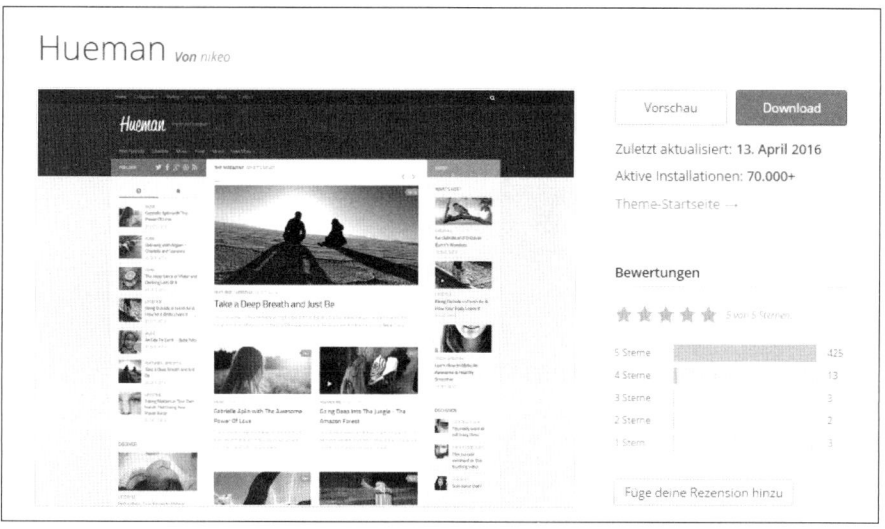

Abbildung 13.14 »Hueman« – ein modernes Magazin-Theme

13.3.6   Für Fotos: »Gridsby« von Modern Themes

Gridsby ist ein sehr schönes Theme zur Präsentation von Fotos in einem Raster, das auch verschieden hohe Elemente verarbeiten kann (Abbildung 13.15):

▶ *de.wordpress.org/themes/gridsby/*

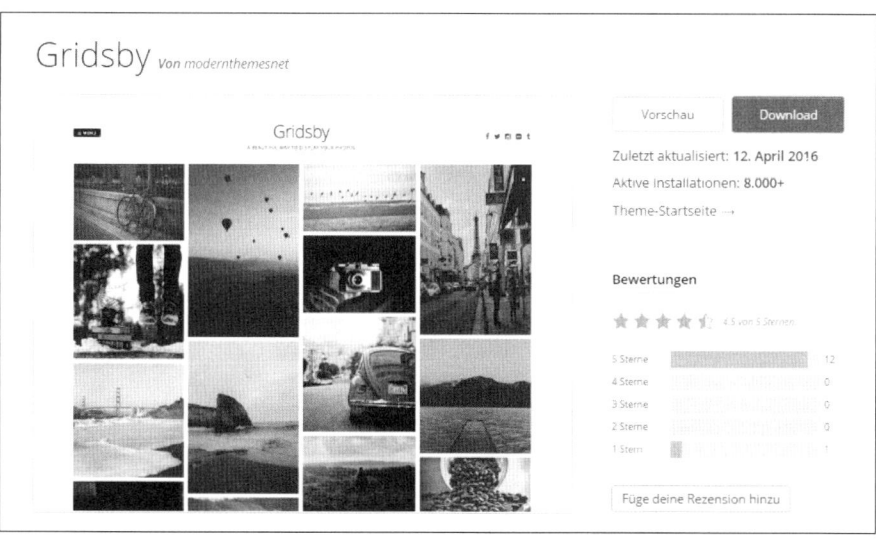

Abbildung 13.15 »Gridsby« im Theme Directory auf WordPress.org

Eine gute Art zum Kennenlernen komplexerer Themes wie *Gridsby* ist es, dass man nach der Installation zunächst versucht, die Demoversion nachzubauen. Dabei ist die Lektüre der (englischen) Dokumentation eine große Hilfe:

▶ *modernthemes.net/documentation/gridsby-documentation/*

Sie sollten für solch eine Aktion je nach Vorwissen ruhig ein paar Stunden oder Tage einplanen, denn nur durch intensives Ausprobieren können Sie beurteilen, ob das Theme wirklich für die von Ihnen geplante Website geeignet ist.

13.4   Kostenpflichtige Themes: Anbieter und Marktplätze

Neben den kostenlosen Themes gibt es auch unzählige Themes von kommerziellen Anbietern. Erste Anlaufstelle dafür ist wieder das Theme-Verzeichnis auf WordPress.org, aber es gibt natürlich auch andere Marktplätze wie *themeforest.net*. Beide möchte ich Ihnen im Folgenden kurz vorstellen.

WordPress basiert auf der GPL-Lizenz – Themes sollten das auch

Die Nutzung von Software unterliegt einer Lizenz. WordPress steht als freie Software ähnlich wie Linux unter der *General Public License*, abgekürzt GPL. Das bedeutet für Sie als Nutzer unter anderem, dass Sie WordPress kommerziell nutzen und auf beliebig vielen Sites einsetzen dürfen. Das *frei* in *freie Software* bedeutet nicht unbedingt immer kostenlos, ist also mehr wie in *freie Rede* zu verstehen und nicht so sehr wie in *Freibier*.

Idealerweise sollten Themes und Plugins genau wie WordPress selbst der GPL unterliegen, denn bei GPL-Anbietern sind Sie lizenztechnisch auf der sicheren Seite. Das ist aber nicht bei jedem Theme der Fall. Achten Sie vor dem Kauf also auf die Lizenz und darauf, was genau Sie mit dem Theme machen dürfen.

13.4.1   GPL-Themes mit kommerziellem Support auf WordPress.org

Im Theme-Verzeichnis auf WordPress.org gibt es unter dem Link KOMMERZIELLE THEMES einen speziellen Bereich für kommerzielle Theme-Anbieter, die ihre Themes unter der Lizenz GPL veröffentlichen:

▶ *de.wordpress.org/themes/commercial/*

Abbildung 13.16 zeigt die Seite *GPL-Themes mit kommerziellem Support*. Wohlgemerkt: Auf dieser Seite werden nicht einzelne Themes gelistet, sondern *Theme-Anbieter*, deren Themes zwar der GPL unterliegen, aber nicht kostenlos sind. Die Bezahlmodelle sind dabei ganz unterschiedlich, und die Palette reicht von Theme-Abonnements bis zu bezahltem Support- und Update-Service.

Abbildung 13.16 Kommerzielle Theme-Anbieter auf WordPress.org (GPL)

Hier eine kleine Auswahl der Anbieter:

▶ *Elma Studio (elmastudio.de)*
Elma Studio mit seinen minimalistischen, frischen und relativ leicht zu nutzenden Themes gehört zu den bekanntesten Anbietern aus deutschen Landen, auch wenn Inhaber Ellen Bauer und Manuel Esposito seit einiger Zeit in Neuseeland wohnen.

▶ MH Themes (*mhthemes.com*)
Im Jahre 2012 von Michael Hebenstreit gegründet, konzentriert sich das Frankfurter Unternehmen auf professionelle Magazine-Themes für WordPress, und das weiter oben erwähnte *MH Magazine Theme* ist inzwischen eines der populärsten seiner Art.

▶ *Graph Paper Press (graphpaperpress.com)*
Hier finden Sie »Minimalist WordPress themes for creatives«, die in die Kategorien *Photography*, *Business*, *Portfolio* und *Magazine* unterteilt werden.

▶ *Theme Foundry (thethemefoundry.com)*
Drew Strojny und sein Team haben seiner Zeit das Standard-Theme *Twenty Twelve*

erstellt, und das auf der Website erhältliche kommerzielle Theme *Linen* sieht aus wie dessen Pro-Version. Aktuell haben Sie z. B. das weiter oben vorgestellte *Make* im Angebot.

▸ *WooThemes* (*woothemes.com*)
WooThemes erstellt nicht nur Themes, sondern ist auch (und vor allem) für sein Plug-in *WooCommerce* bekannt, das WordPress zum Onlineshop erweitert. WooThemes gehört seit Mai 2015 zu Automattic.

Weitere bekannte Theme-Anbieter, die sich an der GPL orientieren, sind z. B. *Elegant Themes* und *StudioPress*:

▸ *Elegant Themes* (*elegantthemes.com*)
Das Paradepferd von Elegant Themes ist *Divi*, das als eines der besten Mehrzweck-Themes gilt. Angeblich gibt es nichts, was man damit nicht bauen kann, aber man lernt es auch nicht mal so nebenbei. Die Themes sind GPL, die dazugehörigen Photoshop-Dateien nicht.

▸ *StudioPress* (*studiopress.com*)
Bekannt für sein *Genesis Framework*, das allen Themes von StudioPress zugrunde liegt. Auf der Website wird das so umschrieben: WordPress ist der Motor, das Genesis Framework Fahrwerk und Karosserie und die Themes von Studio Press sind der Lack auf dem Blech (Abbildung 13.17).

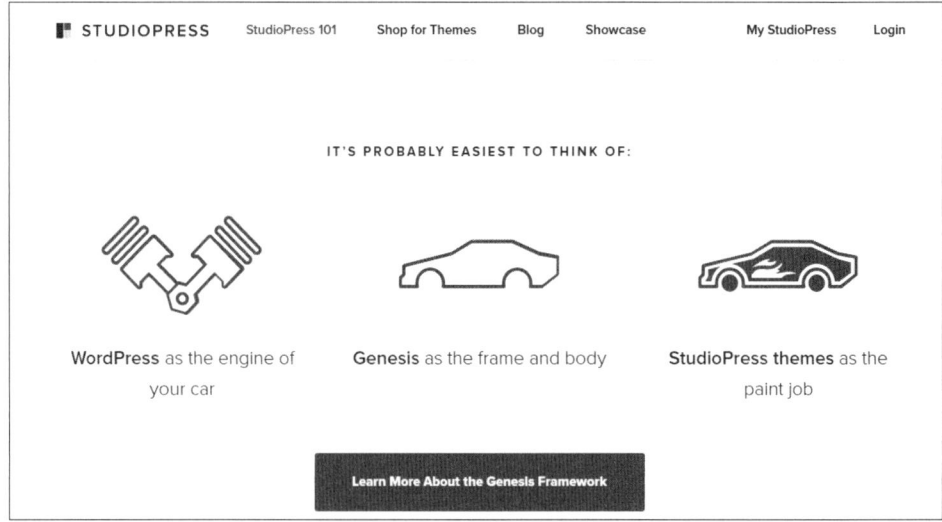

Abbildung 13.17 So funktioniert das Genesis Framework von StudioPress.

Dies ist natürlich nur eine ganz kleine Auswahl von Theme-Anbietern, und wenn ein Anbieter nicht genannt wurde, bedeutet das nicht, dass er schlechter ist als die hier genannten. Es gibt einfach zu viele ...

13.4.2   Jenseits der GPL: WordPress-Themes von ThemeForest

Alle bisher genannten Themes und Theme-Anbieter folgen der Empfehlung des Word-Press-Teams und unterstehen zum großen Teil der Lizenz GPL. Bei den folgenden Themes ist dies nicht immer der Fall, und Sie sollten sich deshalb vor einem Kauf die Lizenzbedingungen anschauen und herausfinden, was erlaubt ist und was nicht.

Der wohl bekannteste Marktplatz für Themes aller Art ist *ThemeForest*, und die Word-Press-Abteilung finden Sie dort unter folgender Adresse:

▶ *themeforest.net/category/wordpress*

Abbildung 13.18 zeigt die Bestsellerliste der WordPress-Themes, und die drei Topseller heißen *Avada*, *X* und *Enfold*.

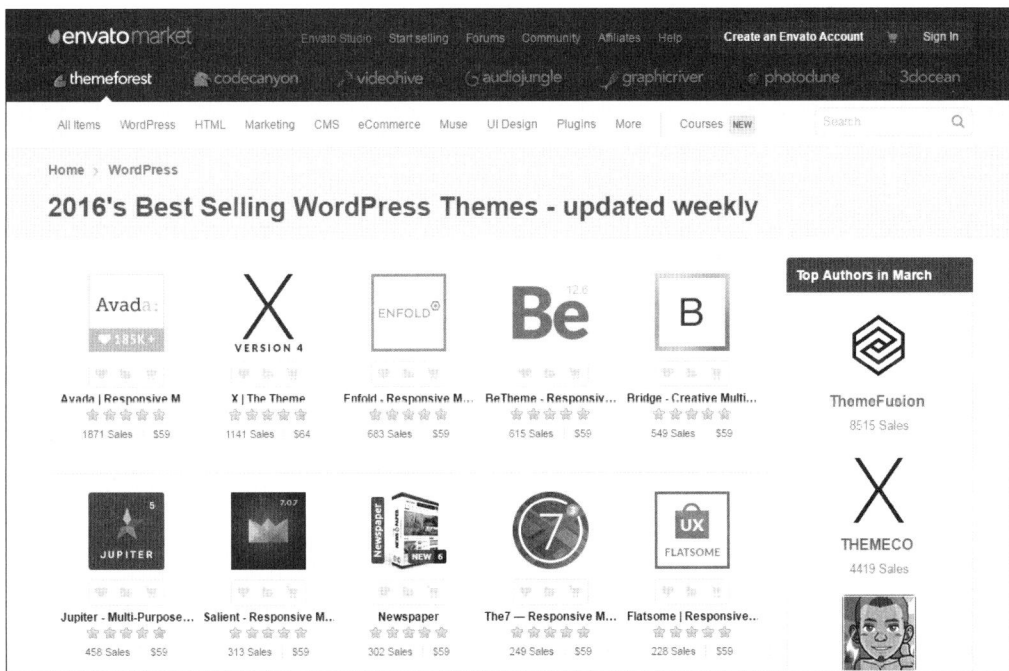

Abbildung 13.18 WordPress-Themes – die Bestseller bei themeforest.net

Sie können die meisten kommerziellen Themes zwar nicht vor dem Kauf auf Ihrer Website installieren, aber es gibt fast immer eine Live-Demo, und Sie können sich in den Reviews und Supportforen für die einzelnen Themes anschauen, wie zufrieden die Benutzer damit sind.

Theme gekauft? Demodaten nicht löschen

Wenn Sie ein Theme gekauft haben, sind nach der Installation häufig viele Beiträge, Seiten, Grafiken enthalten. Diese Demodaten sind zum Studieren und Verstehen des Themes gedacht, und Sie sollten sie nicht einfach so löschen.

Auch bei sehr restriktiven Lizenzen dürfen Sie fast immer eine zusätzliche Version des Themes in einem WordPress auf Ihrem eigenen Computer installieren. Dann können Sie auf Ihrem eigenen Computer das Theme studieren und online eine eigene Website damit bauen. Wie Sie WordPress auf dem eigenen Windows-PC oder Mac ans Laufen kriegen, wird in Abschnitt 3.4, »Offline-Webspace: WordPress lokal installieren«, beschrieben.

13.5   Auf einen Blick

Die wichtigsten Themen noch einmal im Überblick:

▶ Es gibt kostenlose Themes und kostenpflichtige Premium-Themes.

▶ Blog-Themes sind einfach zu konfigurieren, Magazin-Themes sind flexibler, aber auch komplexer.

▶ Ein Theme dient in erster Linie der Gestaltung. Funktionen wie Slider, Shortcodes etc. sind in Plugins besser aufgehoben.

▶ WordPress unterliegt der freizügigen GPL-Lizenz, und idealerweise sollten Themes und Plugins das auch tun.

▶ Auf Marktplätzen wie ThemeForest sollten Sie die Lizenz studieren, bevor Sie ein Theme kaufen.

TEIL IV

Plugins: WordPress erweitern

Kapitel 14

WordPress erweitern:
Plugins installieren

Worin Sie das Wichtigste zu Plugins erfahren, das Menü »Plugins« im Backend entdecken und dann einige nützliche Plugins installieren und kennenlernen.

Die Themen im Überblick:

▶ Wissenswertes zu Plugins, Seite 356

▶ Das Menü »Plugins« im Backend, Seite 359

▶ Publish Confirm: Ein neues Plugin installieren, Seite 362

▶ Coming Soon Page: Ein Hinweis für Ihre Besucher, Seite 364

▶ Shortcodes Ultimate: Praktische Kürzel, Seite 368

▶ Loco Translate: Die perfekte Übersetzung, Seite 377

▶ Auf einen Blick, Seite 382

Ein Grund für die weltweite Beliebtheit von WordPress ist die Möglichkeit, seinen Funktionsumfang mit Plugins fast beliebig erweitern zu können. Egal, ob Sie schicke Bildergalerien erstellen, ein Kontaktformular einrichten oder Ihre Website für Suchmaschinen optimieren möchten, ein Plugin gibt es für fast alle erdenklichen Situationen.

In diesem Kapitel lernen Sie zunächst einmal vier der in den bisherigen Kapiteln erwähnten Plugins näher kennen: *Publish Confirm*, *Coming Soon Page*, *Shortcodes Ultimate* und *Loco Translate*.

14.1 Wissenswertes zu Plugins

In diesem Abschnitt möchte ich Ihnen das offizielle Plugin-Verzeichnis auf WordPress.org kurz vorstellen und Ihnen zeigen, worauf Sie bei der Auswahl von Plugins achten sollten.

14.1.1   Das Plugin-Verzeichnis auf WordPress.org

Plugins sind kleine Programme und können daher genau wie Themes unbeabsichtigte Sicherheitslücken oder gar bösartigen Code enthalten. Die im Plugin Directory gelisteten Plugins wurden vor der Veröffentlichung allesamt geprüft, was zwar keine hundertprozentige Garantie ist, aber doch wesentlich besser als ein Plugin aus einer unbekannten oder ungeprüften Quelle.

Die offizielle Quelle für Plugins aller Art ist wie gesagt das Plugin-Verzeichnis auf WordPress.org mit derzeit über 44.000 Plugins und weit mehr als einer Milliarde Downloads:

▶ *de.wordpress.org/plugins/*

Abbildung 14.1 zeigt die Startseite, auf der immer einige beliebte Plugins vorgestellt werden.

Abbildung 14.1 Das Plugin-Verzeichnis auf WordPress.org

14.1.2   Worauf Sie bei einem Plugin achten sollten

Jedes Plugin hat im Plugin-Verzeichnis eine Detailseite, auf der es ausführlich vorgestellt wird.

Am Beispiel des in Abschnitt 6.5, »Die Optionen zum Veröffentlichen«, erwähnten Plugins *Publish Confirm*, das versehentliches Veröffentlichen von Beiträgen oder Seiten verhindert, indem es eine kleinen Bestätigungsdialog auf den Bildschirm zaubert ❶, möchte ich Ihnen eine solche Detailseite kurz vorstellen:

▶ *de.wordpress.org/plugins/plugin-confirm/*   *publish*

Abbildung 14.2 zeigt die Detailseite zum Plugin.

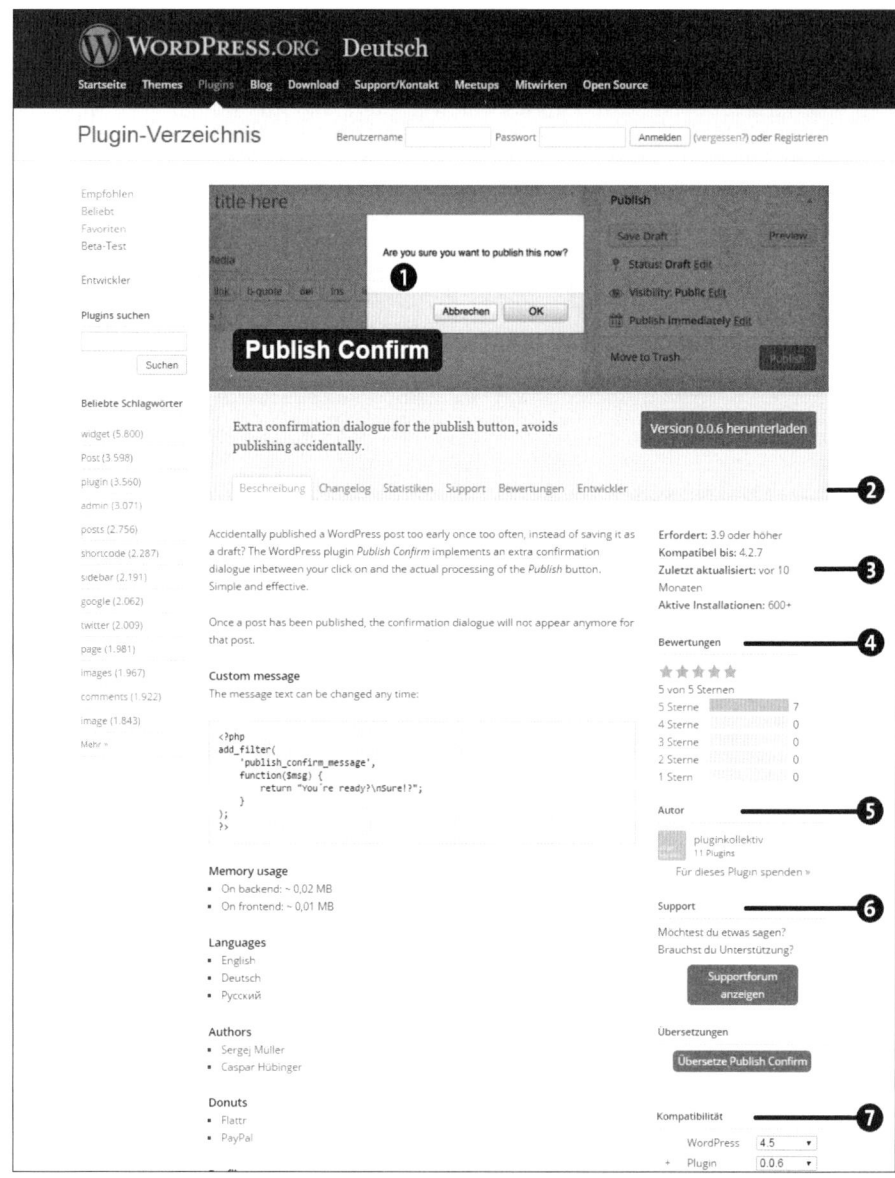

Abbildung 14.2 Detailseite zu Publish Confirm im Plugin-Verzeichnis

Auf einer Detailseite sehen Sie eine Navigation mit diversen Registern ❷ und darunter eine ausführliche Beschreibung des Plugins. Besonders interessant ist die Sidebar rechts, die Antworten auf unter anderem die folgenden Fragen enthält:

▶ ZULETZT AKTUALISIERT und AKTIVE INSTALLATIONEN ❸: Wann wurde das Plugin zuletzt aktualisiert, und wie oft ist das Plugin derzeit installiert?

▶ BEWERTUNGEN ❹: Wie bewerten die Benutzer das Plugin? Neben der Anzahl der Sterne zählt natürlich auch, wie viele Bewertungen abgegeben wurden.

▶ AUTOREN ❺: Wer hat das Plugin programmiert, und wie viele Plugins stammen von diesem Autor? Hier gibt es auch einen Link, um für das Plugin zu spenden.

▶ SUPPORT ❻ zeigt eine Schaltfläche, die Sie ins Supportforum führt. Dort kann man Fragen zum Plugin stellen oder schauen, ob andere damit Probleme haben.

▶ KOMPATIBILITÄT ❼: Hier können Sie schauen, welche Plugin-Version sich mit welcher WordPress-Version verträgt. In der Regel sollten hier von WordPress und dem Plugin die neuesten Versionen ausgewählt sein.

Mit der Beschreibung und diesen Informationen bekommen Sie schon einen guten ersten Eindruck von einem Plugin: *Publish Confirm* ist ein relativ unbekanntes Plugin (AKTIVE INSTALLATIONEN: 600+), das vor einiger Zeit das letzte Mal aktualisiert wurde, sehr gut bewertet wurde und von einem *pluginkollektiv* gepflegt wird, das für insgesamt elf Plugins verantwortlich ist. Die Bewertungen sind allesamt fünf Sterne und folgen dem Motto: »Klein, aber fein, warum ist das nicht schon in WordPress drin?«

14.2   Das Menü »Plugins« im Backend

Bevor Sie im nächsten Abschnitt Ihrem WordPress ein neues Plugin hinzufügen, werfen Sie zunächst einen kurzen Blick in das Menü PLUGINS, die Verwaltungsabteilung für Plugins in Ihrem Backend.

14.2.1   Das Menü »Plugins«: Zwei Plugins sind bereits installiert

Abbildung 14.3 zeigt, dass dort bereits zwei Plugins installiert sind:

▶ *Akismet* ist ein Antispam-Plugin, das Sie in Abschnitt 16.3.2 genauer kennenlernen.

▶ *Hello Dolly* zeigt oben rechts im Backend Zitate aus dem Musical *Hello Dolly* an und ist eigentlich eher ein Spaß, mit dem WordPress-Gründer Matt Mullenweg zeigen wollte, was Plugins machen können. Sie werden es in Abschnitt 14.2.3 einmal aktivieren und dann löschen.

Beachten Sie, dass beide Plugins zwar *installiert*, aber nicht *aktiviert* sind. Dieser Unterschied wird im folgenden Abschnitt erklärt.

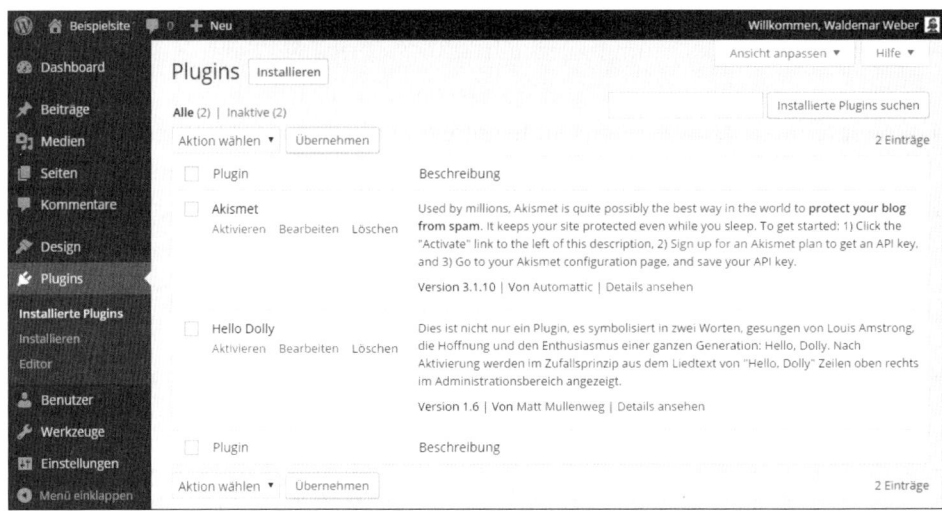

Abbildung 14.3 Zwei Plugins sind installiert, aber nicht aktiv.

14.2.2   Plugins müssen nach der Installation aktiviert werden

Das Grundprinzip von Installation und Aktivierung ist bei Plugins genau wie bei Themes:

▶ Die Installation eines Plugins kopiert die Dateien in einen bestimmten Ordner auf Ihrem Webspace (*/wp-content/plugins/name-des-plugins*).

▶ Ein installiertes Plugin muss nach der Installation aktiviert werden, damit es funktioniert.

Die Trennung zwischen Installation und Aktivierung ist eine sehr praktische Sache, denn so müssen Sie ein Plugin, das Sie vorübergehend nicht benötigen, nicht *deinstallieren*, sondern können es *deaktivieren*. Dann spielt es in WordPress nicht mehr mit, bleibt aber auf dem Webspace erhalten und kann schnell wieder aktiviert werden.

14.2.3   Hello Dolly – ein Plugin aktivieren, deaktivieren und löschen

In diesem Abschnitt üben Sie das Aktivieren, Deaktivieren und Löschen eines Plugins, und zwar am Beispiel des in jedem WordPress nach der Installation vorhandenen Nur-zum-Spaß-Plugins *Hello Dolly*:

▶ Öffnen Sie das Menü PLUGINS • INSTALLIERTE PLUGINS.

▶ Klicken Sie beim Plugin *Hello Dolly* auf den Link AKTIVIEREN.

Nach der Aktivierung ändert sich der Linktext in DEAKTIVIEREN ❶, und das Plugin wird farblich hervorgehoben. Außerdem erscheint oberhalb der Übersichtstabelle eine kurze Mitteilung PLUGIN AKTIVIERT ❷. Oben rechts unterhalb der Admin-Leiste erscheint nach der Aktivierung des Plugins ein Zitat aus dem Musical *Hello Dolly* (❸, Abbildung 14.4).

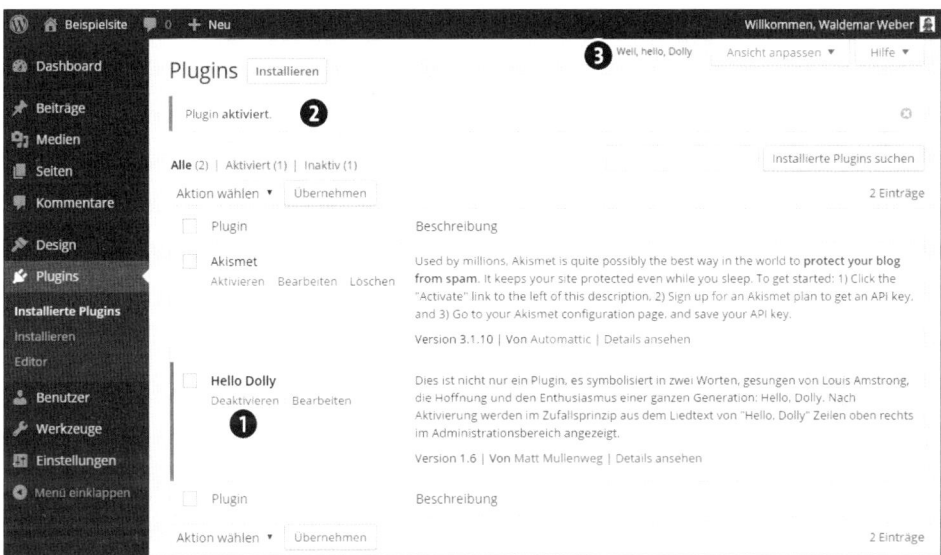

Abbildung 14.4 »Well, hello, Dolly« – ein aktiviertes Plugin in Aktion

Wenn Sie im Backend eine andere Seite aufrufen, erscheint ein anderes Zitat. Mehr macht dieses Plugin nicht. Es ist nur ein Tradition gewordener Spaß, und Sie können das Plugin problemlos deaktivieren und löschen:

▶ Klicken Sie beim Plugin *Hello Dolly* auf den Link DEAKTIVIEREN.

▶ Daraufhin ändert sich der Linktext wieder in AKTIVIEREN, und der Link LÖSCHEN erscheint, mit dem Sie das Plugin, tja, löschen können.

Falls Sie Dolly irgendwann vermissen sollten, können Sie das Plugin aus dem Plugin-Verzeichnis wieder neu installieren.

14.3 Publish Confirm: Ein neues Plugin installieren

Der bequemste Weg zu einem neuen Plugin ist die Installation über das Menü PLUGINS
• INSTALLIEREN direkt aus dem Backend heraus. Abbildung 14.5 zeigt das am Beispiel des
bereits erwähnten Plugins *Publish Confirm*.

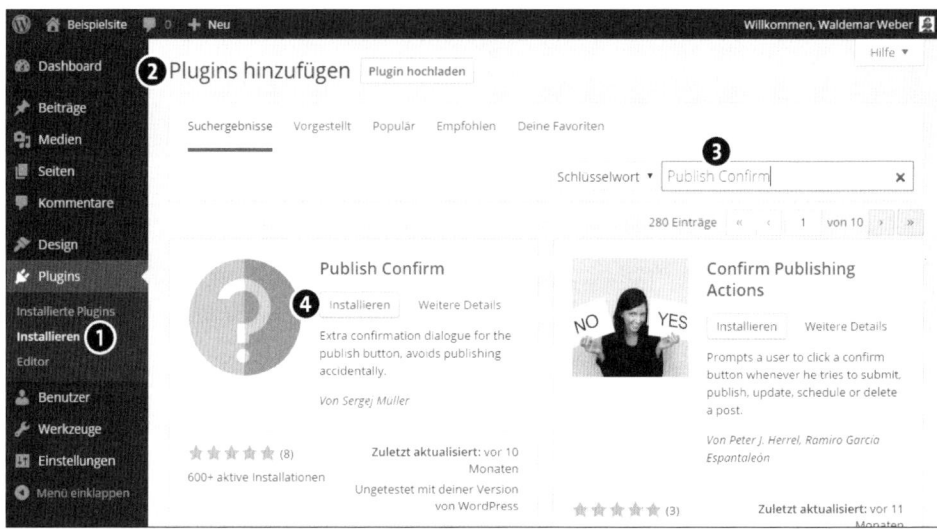

Abbildung 14.5 Das Menü »Plugins • Installieren«

14.3.1 Das Plugin Publish Confirm installieren

Hier eine kurze allgemeine Installationsanleitung, die für alle Plugins gilt:

1. Wechseln Sie in das Menü PLUGINS • INSTALLIEREN ❶.
2. Danach sehen Sie auf der Seite PLUGINS HINZUFÜGEN ❷ das WordPress Plugin-Verzeichnis.
3. Finden Sie das gewünschte Plugin ❸. Falls es nicht bereits angezeigt wird, geht das
   am einfachsten über das Suchformular rechts oben.
4. Um die Installation zu starten, klicken Sie in der Beschreibung des Plugins auf die
   Schaltfläche INSTALLIEREN ❹.

WordPress kopiert nach diesem Klick die neueste Version des Plugins auf Ihren Webspace, entpackt das ZIP-Archiv und kopiert die Dateien in den richtigen Ordner. Falls
alles klappt, erhalten Sie eine kurze Erfolgsmeldung (Abbildung 14.6).

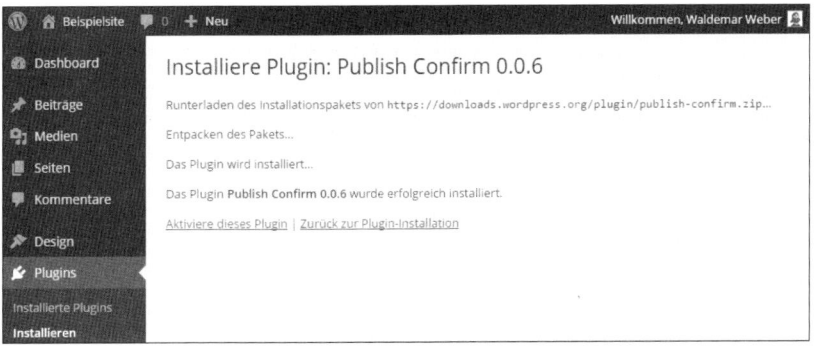

Abbildung 14.6 Das Plugin wurde erfolgreich installiert.

14.3.2   Das Plugin Publish Confirm aktivieren

Sie können das Plugin mit dem Link AKTIVIERE DIESES PLUGIN sofort aktivieren oder
zunächst in das Menü PLUGINS • INSTALLIERTE PLUGINS wechseln, sich dort die Liste der
installierten Plugins ansehen und es dann dort aktivieren, indem Sie auf den Link AKTI-
VIEREN klicken. Nach der Aktivierung ändert sich der Linktext in DEAKTIVIEREN ❶, und
oben erscheint die Mitteilung PLUGIN AKTIVIERT ❷.

Die Übersichtstabelle auf der Seite INSTALLIERTE PLUGINS sieht mit dem aktivierten
Plugin *Publish Confirm* so aus wie in Abbildung 14.7.

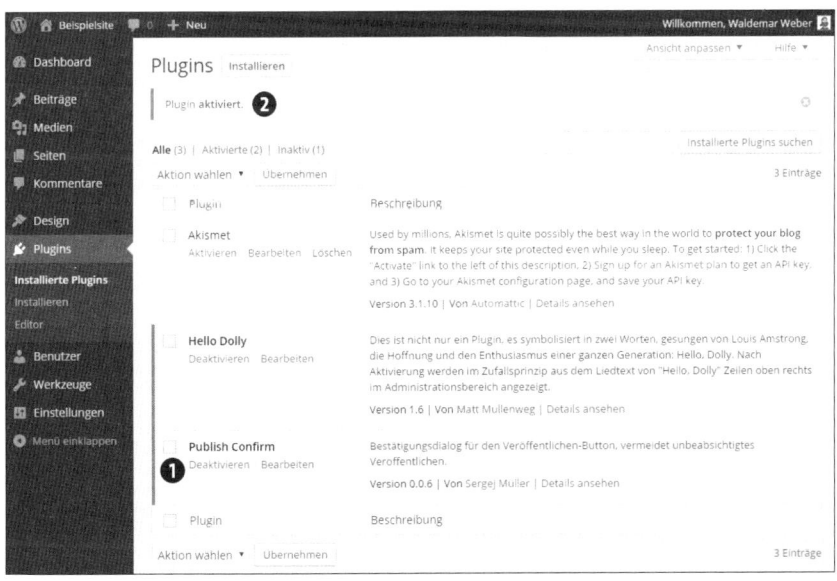

Abbildung 14.7 Das Plugin Publish Confirm wurde aktiviert.

Ab jetzt erhalten Sie bei Beiträgen und Seiten nach einem Klick auf VERÖFFENTLICHEN (❶ in Abbildung 14.8) einen zusätzlichen Bestätigungsdialog ❷.

Abbildung 14.8 Publish Confirm in Aktion

Manuelle Installation: Ein Plugin per FTP auf den Webspace kopieren

Wenn sich ein Plugin nicht aus dem Backend heraus installieren lässt und Sie es trotzdem gerne ausprobieren würden, können Sie es auch manuell installieren:

1. Laden Sie das ZIP-Archiv für das Plugin herunter.
2. Entpacken Sie das ZIP-Archiv auf Ihrer Festplatte.
3. Starten Sie Ihr FTP-Programm.
4. Laden Sie den Plugin-Ordner per FTP hoch. Der Plugin-Ordner muss auf dem Webspace ein Unterordner zu *wordpress/wp-content/plugins/* sein.
5. Starten Sie das Backend von WordPress.
6. Wechseln Sie in das Menü PLUGINS • INSTALLIERTE PLUGINS.

WordPress erkennt das neue Plugin automatisch, und Sie müssen es nur noch aktivieren.

14.4   Coming Soon Page: Ein Hinweis für Ihre Besucher

Am Anfang von Kapitel 5, »Die ersten Seiten und Beiträge«, hatte ich erwähnt, das Sie Besuchern und Suchmaschinen eine hübsche Hinweisseite anzeigen können, während Sie selbst hinter diesem Vorhang ganz normal an der Website arbeiten können.

Falls Sie diese Idee sympathisch finden, gibt es zahlreiche Plugins, die Ihnen das ermöglichen, und eines davon ist *Coming Soon Page & Maintenance Mode by SeedProd* (Abbildung 14.9):

▶ *wordpress.org/plugins/coming-soon/*

Abbildung 14.9 Coming Soon Page ... – das Plugin mit dem langen Namen

14.4.1   Das Plugin Coming Soon Page installieren und aktivieren

Im folgenden ToDo installieren und aktivieren Sie das Plugin *Coming Soon Page & Maintenance Mode von SeedProd.*

Achten Sie bei der Suche nach dem Plugin darauf, dass Sie das richtige an der Angel haben, denn es gibt zahlreiche Plugins, die ähnlich klingen und auch Ähnliches machen. Die Suche nach dem Autor *SeedProd* führt wahrscheinlich schneller zum gewünschten Ergebnis.

ToDo: Coming Soon Page installieren und aktivieren

1. Öffnen Sie das Menü Plugins • Installieren.
2. Geben Sie in das Suchfeld »SeedProd« ein. Das ist der Autor des Plugins.
3. Suchen Sie nach dem Plugin *Coming Soon Page ...*
4. Klicken Sie beim Plugin auf die Schaltfläche Installieren.
5. Klicken Sie nach der Installation auf den Link Aktiviere dieses Plugin.

Nach diesem ToDo ist das Plugin bereit (Abbildung 14.10) und kann im nächsten Schritt konfiguriert werden.

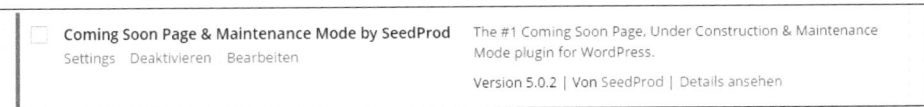

Abbildung 14.10 Das Plugin Coming Soon Page ist aktiviert.

14.4.2   Konfiguration: Infos für Besucher, Browser und Suchmaschinen

Nach Installation und Aktivierung des Plugins finden Sie im Menü EINSTELLUNGEN einen neuen Menüpunkt namens COMING SOON PAGE & MAINTENANCE MODE, mit dem Sie das Plugin konfigurieren können.

Abbildung 14.11 zeigt die Seite im Überblick.

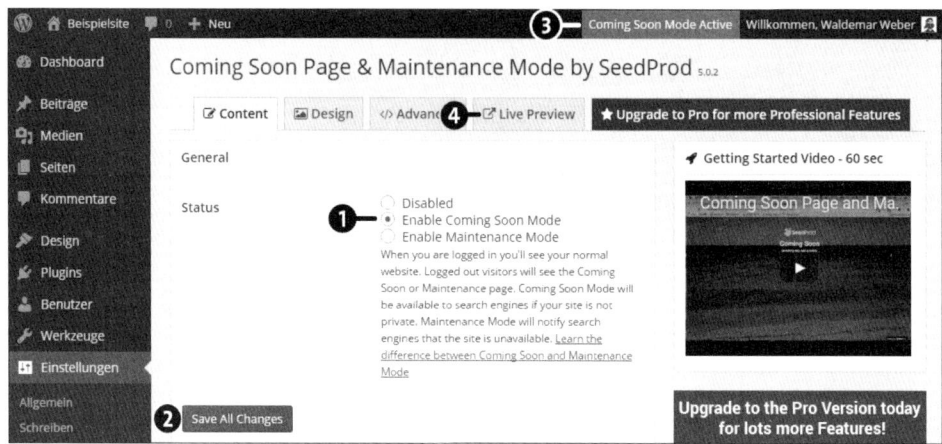

Abbildung 14.11 Die Seite »Einstellungen • Coming Soon ...«

Um einen Hinweis für Ihre Besucher zu erstellen, aktivieren Sie im Bereich STATUS die Option ENABLE COMING SOON MODE ❶ und klicken auf die Schaltfläche SAVE ALL CHANGES ❷.

Daraufhin erscheint oben in der Admin-Toolbar ein roter Hinweis COMING SOON MODE ACTIVE ❸, damit Sie nicht vergessen, dass nicht am Backend angemeldete Besucher die Website nicht sehen können. Ein Klick auf diesen roten Hinweis bringt Sie, egal, wo im Backend Sie sind, zurück auf diese Seite, auf der Sie die *Coming Soon Page* konfigurieren.

Das Register LIVE PREVIEW ❹ zeigt Ihnen eine Vorschau, und momentan ist die Hinweisseite noch komplett weiß. Eine Mitteilung für Ihre menschlichen Besucher erstellen Sie im Bereich PAGE SETTINGS. Füllen Sie dort die Felder HEADLINE (Überschrift) und MESSAGE (Nachricht) aus, und binden Sie, sofern vorhanden, ein LOGO ein.

Im Bereich HEADER direkt darunter stellen Sie Informationen für Browser und Suchmaschinen bereit (Abbildung 14.12):

▶ Das FAVICON ist für die Browser. Dort laden Sie die Grafik hoch, die Sie bereits in Abschnitt 11.3.2 als Website-Icon eingebunden haben.

▶ Die Felder SEO TITLE und SEO META DESCRIPTION sind für die Suchmaschinen. Geben Sie hier eine kurze Beschreibung für Ihre Site ein. Mehr zu diesen beiden Optionen erfahren Sie in Kapitel 17, »SEO – die Optimierung für Suchmaschinen«.

Vergessen Sie nicht, alle Eingaben mit einem Klick auf SAVE ALL CHANGES zu speichern.

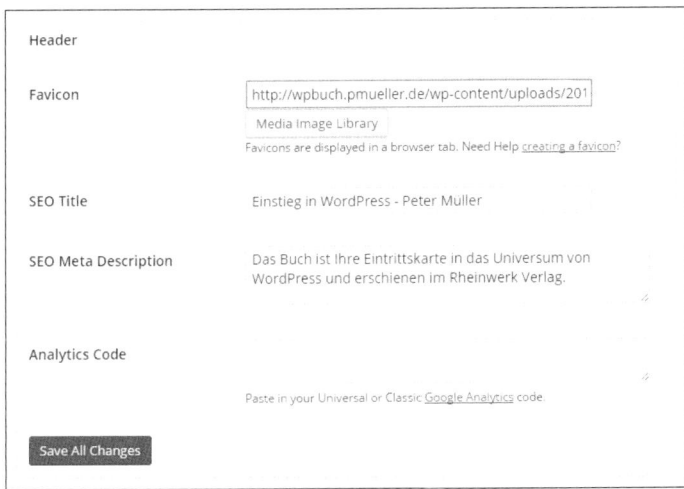

Abbildung 14.12 Informationen für Browser und SEO

14.4.3   Design: Die Hinweisseite für die Besucher gestalten

Auf dem Register DESIGN können Sie die Seite gestalten und z. B. ein Hintergrundbild einfügen und den Text gestalten. Vergessen Sie nicht, eventuelle Änderungen zu speichern. Achten Sie beim Einfügen einer Hintergrundgrafik darauf, dass in der Mediathek die Option VOLLSTÄNDIGE GRÖSSE ausgewählt ist, und nicht z. B. VORSCHAUBILD.

Am Ende könnte die Seite z. B. so aussehen wie in Abbildung 14.13.

Abbildung 14.13 Die Hinweisseite für Besucher

14.4.4 Coming Soon Page und Maintenance Mode – der Unterschied

In diesem Abschnitt haben Sie eine *Coming Soon Page* erstellt, aber das Plugin *Coming Soon Page & Maintenance Mode* kennt, wie der Name ja bereits andeutet, zwei verschiedene Optionen:

▶ *Coming Soon Page*: Eine in diesem Abschnitt erstellte »Wir-sind-bald-da«-Seite ist eine Hinweisseite für eine neue Domain, und zwar *bevor* die Website online geht. Menschliche Besucher lesen die Hinweisseite und Suchmaschinen nehmen die SEO-Infos mit.

▶ *Maintenance Mode*: Der Wartungsmodus erstellt eine Hinweisseite für eine aktive Website, die nur vorübergehend nicht verfügbar ist. Menschliche Besucher lesen die Hinweisseite, Suchmaschinen bekommen aber dieses Mal den Code 503. Dieser Code besagt, dass der Server temporär nicht zur Verfügung steht, z. B. wegen Wartungsarbeiten, aber bald wieder online sein wird.

Menschliche Besucher sehen also in beiden Fällen eine Hinweisseite, aber Suchmaschinen erhalten jeweils unterschiedliche Signale. Fazit:

▶ Wenn die Site gerade erst erstellt wird und bei den Suchmaschinen noch unbekannt ist, erstellen Sie eine *Coming Soon Page*.

▶ Wenn die Website bereits aktiv ist und von Suchmaschinen bereits indiziert wurde, wählen Sie den *Maintenance Mode*.

Wenn Sie keine Hinweisseite brauchen: Plugin deaktivieren oder löschen

Wenn Sie gerade keine Hinweisseite benötigen, was hoffentlich ziemlich häufig der Fall ist, können Sie das Plugin *deaktivieren*. Dann verbraucht es, abgesehen von einem bisschen Speicherplatz auf Ihrem Webspace, keine Ressourcen. Wenn Sie das Plugin gar nicht mehr benötigen, können Sie es auch *löschen*. Dann ist auch dieser Speicherplatz wieder verfügbar.

14.5 Shortcodes Ultimate: Praktische Kürzel

In Kapitel 10, »HTML und der Editor von WordPress«, haben Sie die praktischen Shortcodes von WordPress kennengelernt, und in Abschnitt 13.1.4, »Funktionale Ausstattung: Theme vs. Plugin«, wurde bereits erwähnt, dass zusätzliche Shortcodes in einem Plugin besser aufgehoben sind als in einem Theme. Ein solches Plugin, das mit vielen vorgefertigten Shortcodes daherkommt, ist *Shortcodes Ultimate* (Abbildung 14.14):

▶ *de.wordpress.org/plugins/shortcodes-ultimate/*

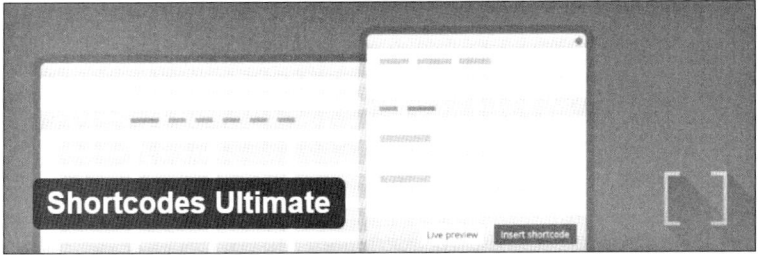

Abbildung 14.14 Das Plugin Shortcodes Ultimate

14.5.1   Schritt 1: Shortcodes Ultimate installieren und kennenlernen

Im folgenden ToDo installieren und aktivieren Sie das Plugin *Shortcodes Ultimate*.

ToDo: Shortcodes Ultimate installieren und aktivieren

1. Öffnen Sie das Menü PLUGINS • INSTALLIEREN.
2. Geben Sie in das Suchfeld »Shortcodes Ultimate« ein.
3. Klicken Sie beim Plugin auf die Schaltfläche INSTALLIEREN.
4. Klicken Sie nach der Installation auf den Link AKTIVIERE DIESES PLUGIN.

Nach diesem ToDo ist das Plugin aktiviert (Abbildung 14.15), und im Backend gibt es zwei Neuerungen: In der Menüleiste erscheint ein neues Menü namens SHORTCODES, und beim Bearbeiten von Beiträgen und Seiten ist oberhalb des Editors die Schaltfläche INSERT SHORTCODE.

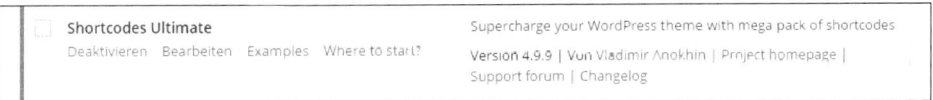

Abbildung 14.15 Shortcodes Ultimate ist aktiviert.

Der Link WHERE TO START? führt Sie auf die Seite *Welcome to Shortcode Ultimate* zu einer kleinen Einführung in das Plugin, aber im Folgenden zeige ich Ihnen statt langer Erklärungen lieber gleich ein einfaches, aber im Alltag sehr praktisches Beispiel.

Infoboxen mit einer farblich hinterlegten Überschrift werden eingesetzt, um Inhalte hervorzuheben. Im Editor ist eine solche Box nicht so einfach möglich, und daher erstellen Sie in den folgenden Schritten eine solche Infobox per Shortcode (Abbildung 14.16).

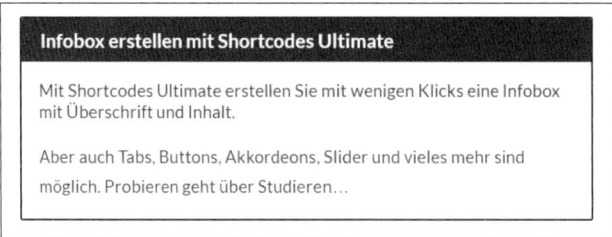

Abbildung 14.16 Eine Infobox mit Überschrift und Inhalt per Shortcode

14.5.2   Schritt 2: Neue Seite oder Beitrag erstellen

Nach der Aktivierung des Plugins gibt es im Editor eine neue Schaltfläche namens INSERT SHORTCODE. Zur Übung erstellen Sie zunächst einen neuen Beitrag oder eine neue Seite, auf der Sie dann mit den Shortcodes ein bisschen experimentieren können:

1. Erstellen Sie eine neue Seite oder einen neuen Beitrag im Editor.

2. Vergeben Sie einen Titel ❶.

3. Fügen Sie einen einleitenden Absatz ein ❷.

4. Setzen Sie den Cursor in einen leeren Absatz darunter.

5. Klicken Sie oberhalb des Editors auf INSERT SHORTCODE ❸.

Abbildung 14.17 zeigt diese Schritte im Editor.

Abbildung 14.17 Eine neue Seite und die Schaltfläche »Insert shortcode«

14.5.3   Schritt 3: »Box« – der Shortcode für die Infobox

Nach einem Klick auf die Schaltfläche INSERT SHORTCODE erscheint die in Abbildung 14.18 dargestellte Übersicht aller verfügbaren Shortcodes. Eine Infobox heißt hier einfach nur *Box* und hat den Zusatz *colored box with caption* (übersetzt etwa »farbige Box mit Beschriftung«).

Sie können die Shortcodes mit einem Klick auf z. B. den Link Box ❶ filtern. Das erhöht die Übersicht, denn nicht zu dieser Kategorie gehörende Shortcodes werden abgeblendet. Nach einem Klick auf den Eintrag Box ❷ erscheint ein Dialogfeld zur Konfiguration der Optionen für diesen Shortcode, und das lernen Sie im nächsten Schritt kennen.

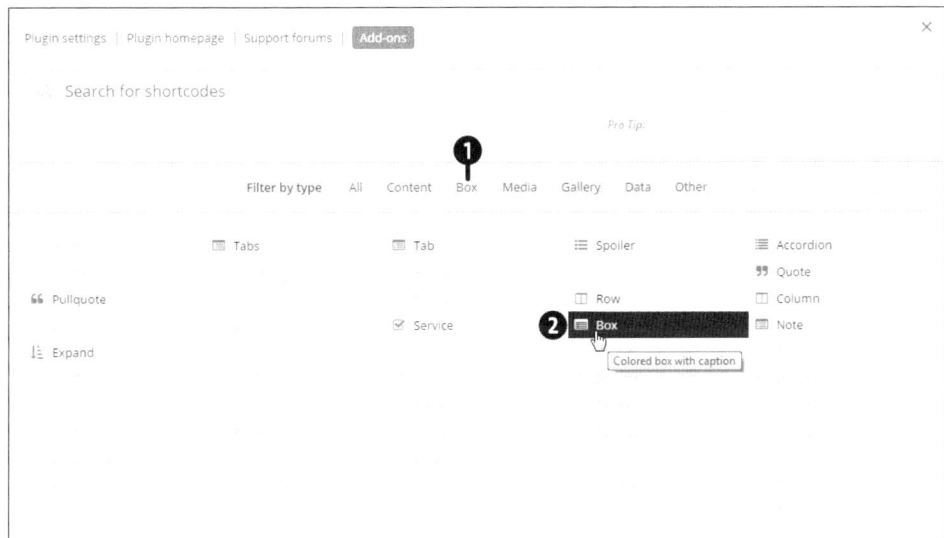

Abbildung 14.18 Übersicht der Shortcodes, die Sie einfügen können

14.5.4   Schritt 4: Die Optionen für die Infobox konfigurieren

Abbildung 14.19 zeigt einen Ausschnitt aus dem Dialogfeld zur Konfiguration einer Infobox.

In diesem Dialogfeld definieren Sie Inhalt und Aussehen der Box:

1. Geben Sie im Feld TITLE ❶ einen Titel für die Infobox ein. Der Titel ist die Überschrift, die farblich hinterlegt wird.

2. Wählen Sie im Feld STYLE ❷ eine Option, oder lassen Sie die Standardeinstellung DEFAULT stehen. Die Optionen verändern das Erscheinungsbild des Rahmens um die Box und die Hintergrundfarbe der Überschrift.

3. Wählen Sie im Feld COLOR ❸ die Hintergrundfarbe des Titels. *Shortcodes Ultimate* zeigt den aktuellen Farbwert in einer hexadezimalen Schreibweise (#333333) an, aber mit einem Klick auf die Farbe erhalten Sie einen komfortablen Farbwähler.

4. Im Feld TITLE TEXT COLOR ❹ wählen Sie die Textfarbe für die Überschrift.

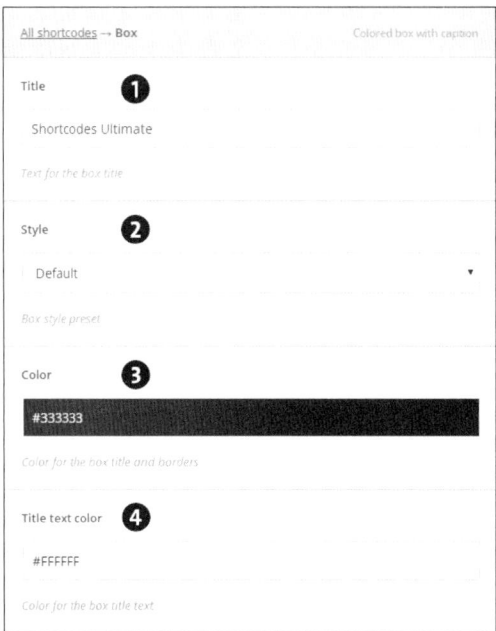

Abbildung 14.19 Dialogfeld zur Konfiguration einer »Box« (Ausschnitt)

In weiteren Feldern können Sie noch den RADIUS für abgerundete Ecken definieren und eine optionale CSS-Klasse eingeben (einfach freilassen, wenn Sie nicht wissen, was damit gemeint ist).

Im Feld CONTENT geben Sie den Inhalt für die Infobox ein, den Sie aber später im Editor jederzeit wieder ändern können. Schließlich gibt es im Fußbereich des Dialogfeldes noch drei Schaltflächen:

▶ INSERT SHORTCODE fügt den Shortcode im Editor ein.

▶ LIVE PREVIEW zeigt an Ort und Stelle eine Vorschau der Box mit den aktuellen Einstellungen, ohne den Shortcode einzufügen.

▶ PRESETS ermöglicht es, die aktuellen Einstellungen zu speichern, sodass Sie sie beim nächsten Mal einfacher auswählen können.

Mit einem Klick auf INSERT SHORTCODE fügen Sie die Infobox im Editor ein.

14.5.5   Schritt 5: Der Shortcode für die Infobox im Editor und im Frontend

Abbildung 14.20 zeigt den in Schritt 3 erstellten Shortcode für die Infobox im Editor.

Infoboxen mit einer farblich hinterlegten Überschrift benötigt man häufig, um Inhalte auf einer Seite oder in einem Beitrag hervorzuheben.

➡ [su_box title="Shortcodes Ultimates"]Mit Shortcodes Ultimate erstellen Sie mit wenigen Klicks eine Infobox mit Überschrift und Inhalt. Aber auch Tabs, Buttons, Akkordeons, Slider und vieles mehr sind möglich. Probieren geht über Studieren...[/su_box]

Abbildung 14.20 Der Shortcode für die Infobox im Editor

Die in eckigen Klammern stehenden Shortcodes sind im visuellen Editor sichtbar und können dort auch bearbeitet werden, erscheinen aber nicht im Frontend. Beim Erzeugen der Webseite verwandelt WordPress den Shortcode in eine hübsche Infobox (Abbildung 14.21).

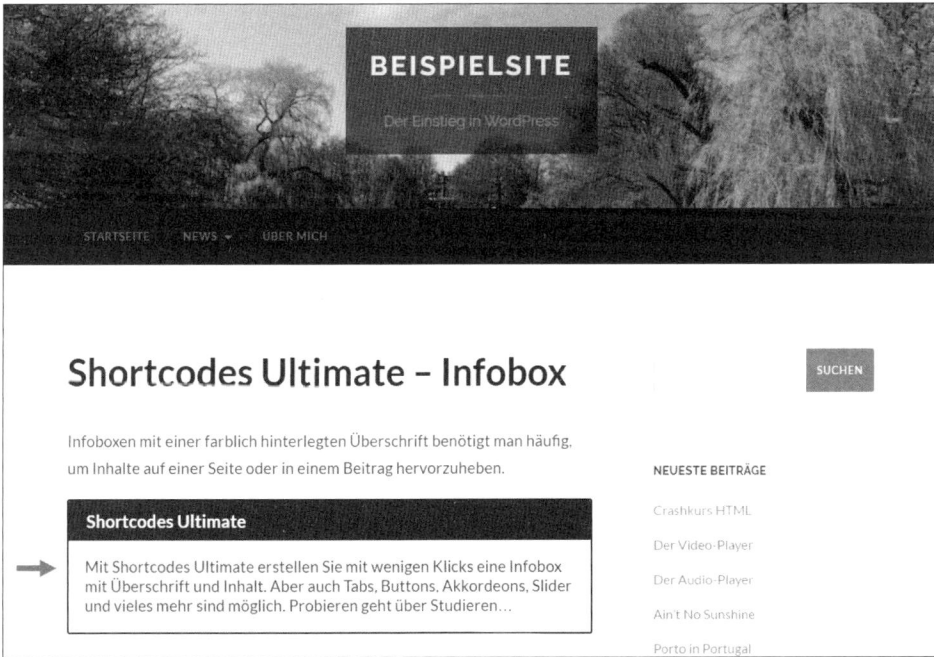

Abbildung 14.21 Eine Infobox auf der Webseite

Shortcodes sind sehr einfach aufgebaut, und Listing 14.1 zeigt den im Editor eingefügten Code noch einmal im Überblick:

```
[su_box title="Shortcodes Ultimate"]Mit Shortcodes Ultimate erstellen Sie mit
wenigen Klicks eine Infobox mit Überschrift und Inhalt. Aber auch Tabs, Buttons,
Akkordeons, Slider und vieles mehr sind möglich. Probieren geht über Studieren...
[/su_box]
```

Listing 14.1 Der Shortcode für die Infobox im Editor

Selbst wenn Sie den Crashkurs HTML in Kapitel 10 übersprungen haben, ist der Aufbau eines Shortcodes recht einfach zu verstehen:

▶ Zunächst gibt es ein Anfangs-Tag wie `[su_box]`.

▶ Dieses Anfangs-Tag kann durch zusätzliche Attribute wie `title` ergänzt werden. Dabei kann es durchaus noch weitere Attribute geben.

▶ Nach dem Anfangs-Tag folgt der Inhalt. Hier können Sie im Editor ganz normal arbeiten und z. B. Absätze eingeben, Listen erstellen oder Bilder einfügen.

▶ Beendet wird der Shortcode durch das Ende-Tag `[/su_box]`.

Das Grundprinzip von Shortcodes ist also ähnlich wie bei HTML-Tags, nur dass Shortcodes nicht in spitzen, sondern in eckigen Klammern stehen und dass die vom Plugin erzeugten Shortcodes im visuellen Editor sichtbar sind.

14.5.6   Schritt 6: Shortcodes Ultimate – entdecke die Möglichkeiten

Eine Infobox ist im Alltag sehr praktisch, aber buchstäblich nur die Spitze vom Eisberg, denn *Shortcodes Ultimate* ist eine Art Schweizer Taschenmesser für Shortcodes.

Zum Experimentieren erstellen Sie am besten jeweils eine neue Seite oder einen neuen Beitrag, klicken dann auf INSERT SHORTCODE und spielen einfach ein bisschen mit den verschiedenen Shortcodes herum.

Probieren Sie z. B. die Shortcodes für BUTTON, GMAP, SLIDER oder CAROUSEL. Falls etwas nicht klappt, löschen Sie einfach den Shortcode im Editor, und probieren Sie dann das nächste Beispiel. Kaputtgehen kann dabei nichts.

Zusätzlich gibt es im Menü SHORTCODES • EXAMPLES ❶ zahlreiche fertige Beispiele, unterteilt in BASIC EXAMPLES ❷ und ADVANCED EXAMPLES ❸ (Abbildung 14.22).

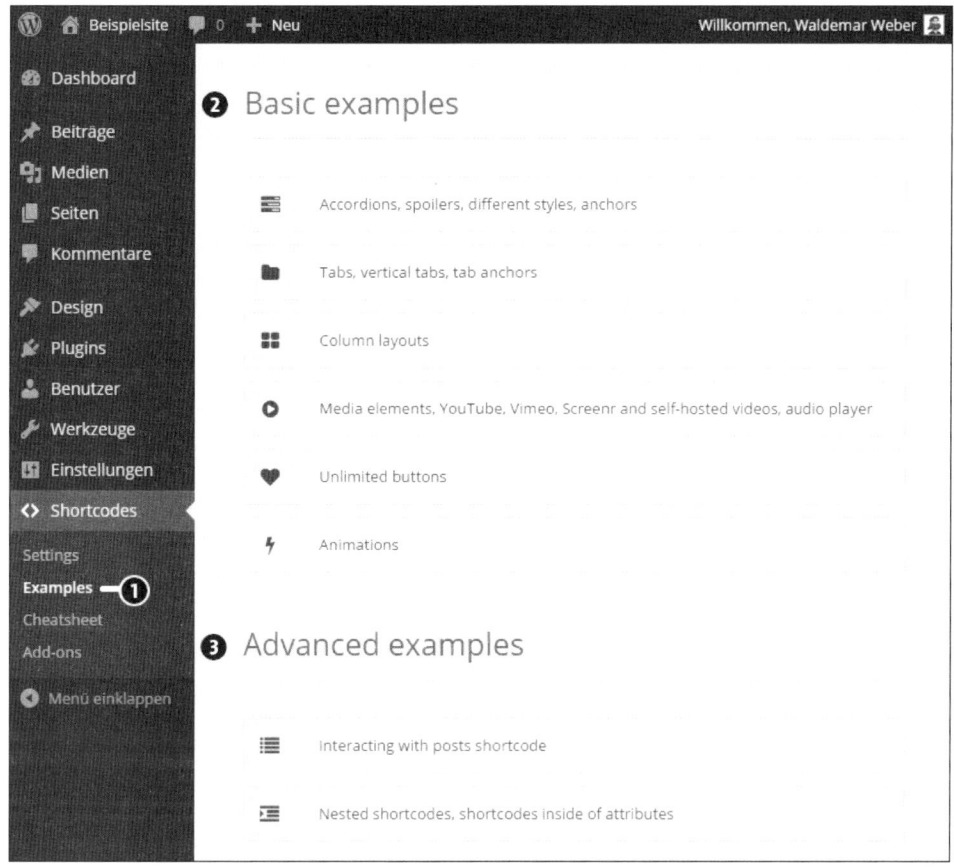

Abbildung 14.22 Die mitgelieferten Beispiele von Shortcodes Ultimate

Das Geniale daran ist, dass man den Shortcode mit der Schaltfläche GET CODE kopieren, im Editor einfügen und dort anpassen kann. Learning by doing.

Hinter jeder Überschrift verbergen sich jeweils zahlreiche Beispiele:

▶ ACCORDIONS enthalten diverse Beispiele, die zunächst nur eine Überschrift anzeigen und nach dem Anklicken weiteren Inhalt enthüllen. So können Sie auf wenig Platz relativ viele Informationen unterbringen (Abbildung 14.23).

▶ TABS ermöglichen die Erstellung von anklickbaren Registern. Auch das ist ein beliebtes Element zur Präsentation von komplexen Inhalten auf wenig Raum (Abbildung 14.24).

Und so weiter. Sie können Shortcodes auch verschachteln. Abbildung 14.25 zeigt eine *Box with nested spoilers*.

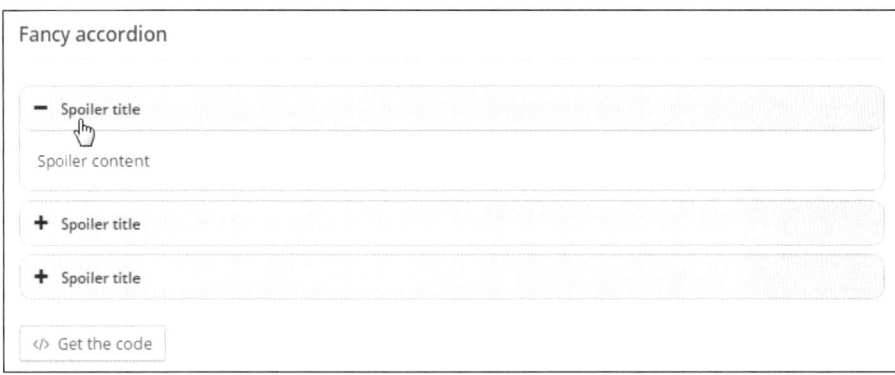

Abbildung 14.23 Ein Akkordeon mit ausklappbaren Inhaltsbereichen

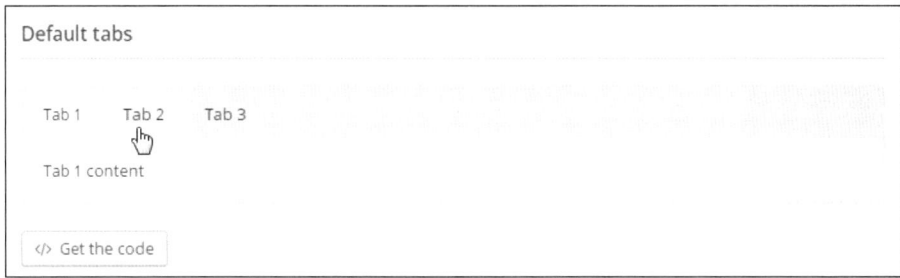

Abbildung 14.24 Tabs sind anklickbare Register.

Abbildung 14.25 Eine Infobox mit ausklappbaren Spoilern darin

Zum Abschluss dieses Abschnitts zeigt Abbildung 14.26 eine Seite mit per Shortcode eingefügtem *Slider* und zwei nebeneinanderstehenden Textspalten.

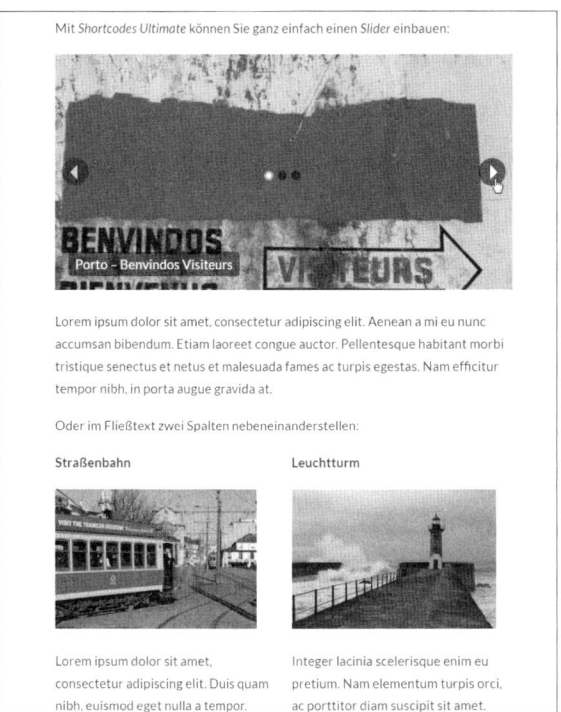

Mit *Shortcodes Ultimate* können Sie ganz einfach einen *Slider* einbauen:

BENVINDOS
Porto – Benvindos Visiteurs

Lorem ipsum dolor sit amet, consectetur adipiscing elit. Aenean a mi eu nunc accumsan bibendum. Etiam laoreet congue auctor. Pellentesque habitant morbi tristique senectus et netus et malesuada fames ac turpis egestas. Nam efficitur tempor nibh, in porta augue gravida at.

Oder im Fließtext zwei Spalten nebeneinanderstellen:

Straßenbahn   Leuchtturm

Lorem ipsum dolor sit amet,   Integer lacinia scelerisque enim eu
consectetur adipiscing elit. Duis quam   pretium. Nam elementum turpis orci,
nibh, euismod eget nulla a tempor.   ac porttitor diam suscipit sit amet.

Abbildung 14.26 Slider und zwei Spalten nebeneinander per Shortcode

Die zwei nebeneinanderstehenden Textspalten wurden übrigens mit dem Shortcode *Column layout 1/2 + 1/2* eingefügt, den Sie auf der Seite EXAMPLES bei den COLUMN LAYOUTS finden. Eine Hintergrundfarbe ist nicht vorgesehen, aber dafür ist die Lösung responsiv, und die beiden Spalten stehen auf kleinen Bildschirmen untereinander.

> **»Shortcodes • Cheatsheet« zeigt alle Optionen auf einen Blick**
>
> Im Menü SHORTCODES • CHEATSHEET sehen Sie alle mitgelieferten Shortcodes mit Syntaxhinweisen im Überblick – gut zum schnellen Nachschlagen von möglichen Attributen und Attributwerten beim Anpassen der eingefügten Shortcodes im Editor.

14.6   Loco Translate: Die perfekte Übersetzung

[handwritten note: Loco Translate ist in V2 erschienen und komplett neu programmiert. Abbildung 14.29 und 14.30 sehen etwas anders aus. Die Nummerierungen und Text stimmen aber noch.]

Viele ansonsten richtig gute Themes kommen ohne eine deutsche Sprachdatei, sodass an einigen Stellen immer noch die englischen Begriffe durchscheinen, und beim Checken der Seiten merkt man recht bald, dass das auch bei *Hemingway* so ist.

Diese Probleme bezüglich der Übersetzung bei Themes und Plugins sind so typisch für den Alltag mit WordPress, dass ich Ihnen kurz zeigen möchte, wie man sie mit dem Plugin *Loco Translate* (Abbildung 14.27) leicht beheben kann:

▶ *de.wordpress.org/plugins/loco-translate/*

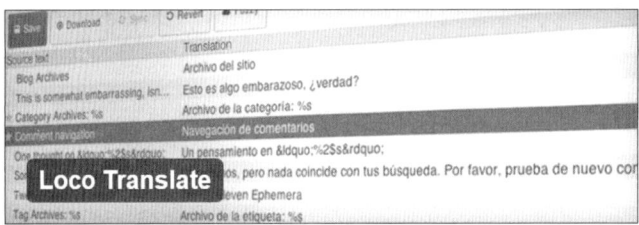

Abbildung 14.27 Das Plugin Loco Translate

14.6.1 Englische Sprachreste im Theme »Hemingway«

Abbildung 14.28 zeigt eine Archivseite für die Kategorie HÖREN, auf der einige englische Begriffe wie CATEGORY, COMMENTS, EDIT, CONTINUE READING, SEARCH FORM und SEARCH zu sehen sind.

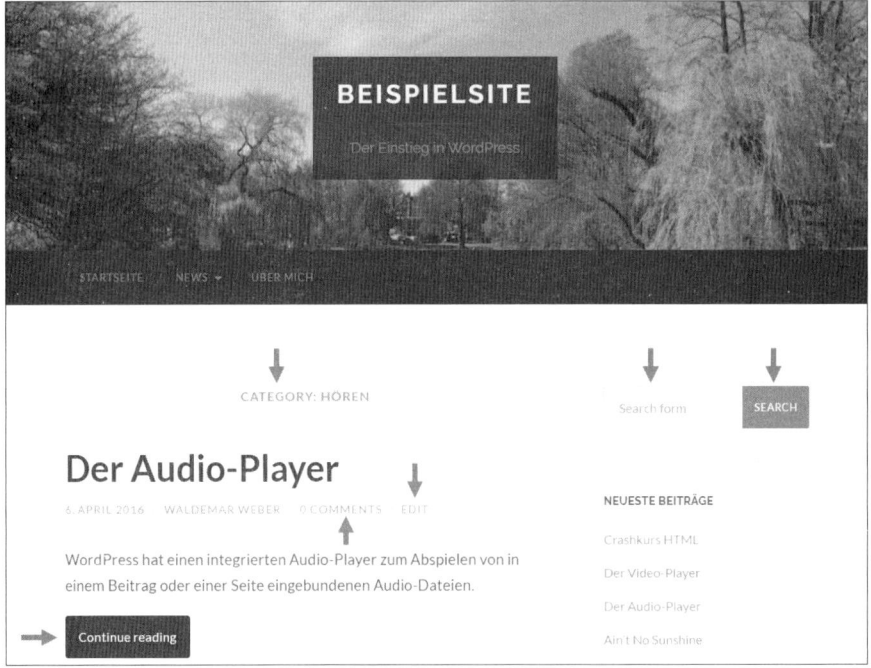

Abbildung 14.28 Englische Sprachreste in »Hemingway«

Ursache für diese Sprachverwirrung ist wie gesagt, dass das Theme keine deutsche Sprachdatei hat. Die deutschen Begriffe wie NEUESTE BEITRÄGE kommen von Word-Press, die englischen Begriffe vom Theme.

14.6.2   Loco Translate hilft bei der Verwaltung von Sprachdateien

Das Plugin *Loco Translate* ist die perfekte Lösung zur Erstellung, Bearbeitung und Verwaltung von Sprachdateien und damit zur Bereinigung englischer Sprachreste in Themes und in Plugins:

▶ *wordpress.org/plugins/loco-translate/*

Nach der Installation gibt es im Backend unten in der Menüleiste ein neues Menü namens LOCO TRANSLATE mit den beiden Unterpunkten ÜBERSETZUNGEN VERWALTEN und ÜBERSETZUNGSOPTIONEN.

Auf der Seite ÜBERSETZUNGEN VERWALTEN werden alle installierten Themes und Plugins samt Sprachdateien gelistet, und in der Spalte ÜBERSETZUNGEN ist zu sehen, dass *Hemingway* außer Englisch nur 1 SPRACHE spricht, und zwar SWEDISH (Abbildung 14.29).

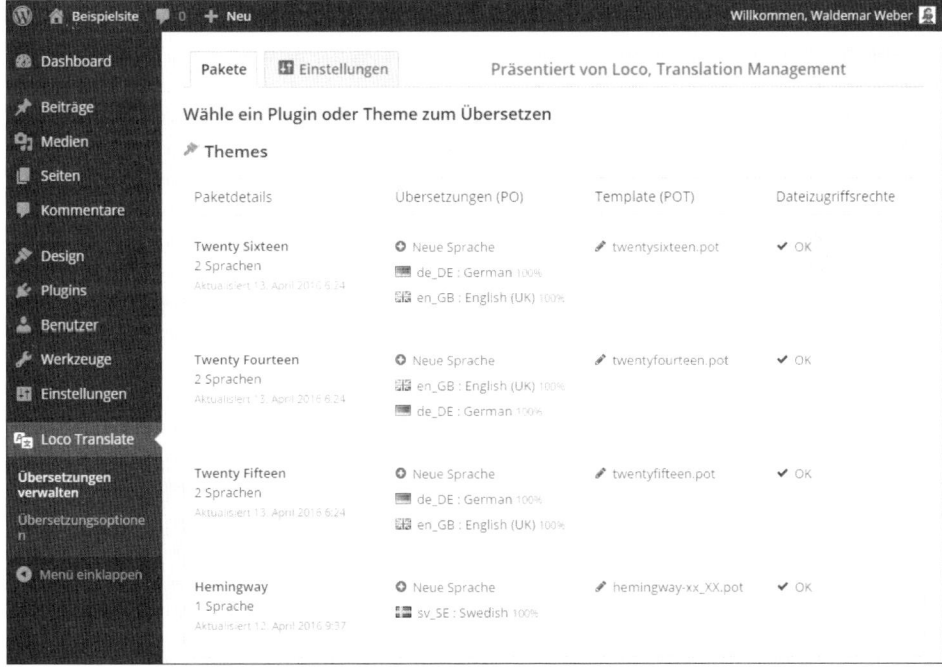

Abbildung 14.29 »Hemingway« spricht momentan nur Schwedisch.

14.6.3   Eine deutsche Sprachdatei für das Theme »Hemingway« erstellen

Um für *Hemingway* eine deutsche Sprachdatei zu erstellen, gehen Sie wie folgt vor:

1. Klicken Sie in der Zeile für *Hemingway* auf den Link NEUE SPRACHE.
2. Wählen Sie als Sprache GERMAN mit dem Sprach-Code DE_DE.
3. Wichtig ist, dass Sie die Sprachdatei im *globalen Sprachverzeichnis* speichern, also im Ordner */languages/themes*. Im lokalen Sprachverzeichnis wird die Sprachdatei nämlich beim nächsten Theme-Update wieder entfernt.
4. Klicken Sie auf die Schaltfläche STARTE ÜBERSETZUNG.

Abbildung 14.30 zeigt die Seite, auf der die eigentliche Übersetzungsarbeit stattfindet.

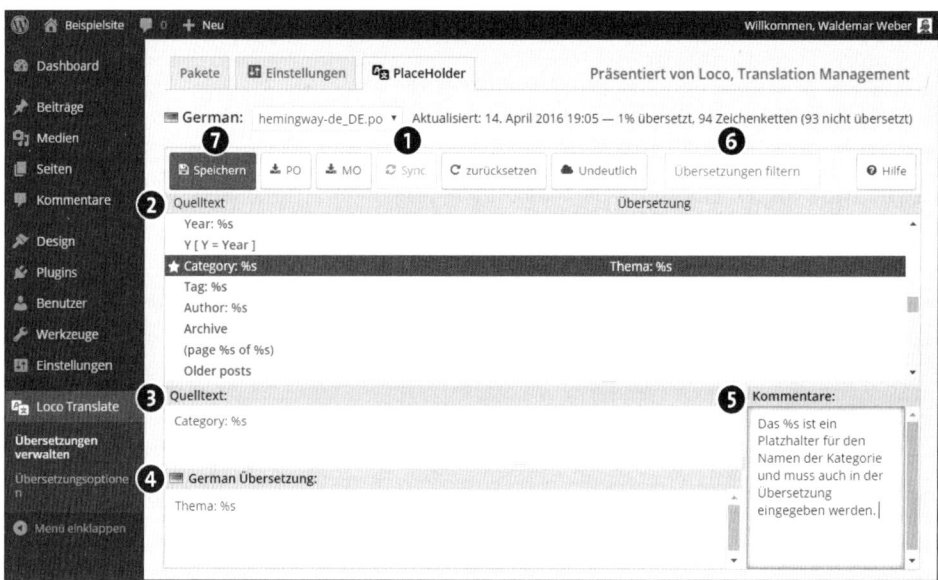

Abbildung 14.30 Die Übersetzung für »Hemingway« in Loco Translate

Oben auf der Seite finden Sie den Namen der Sprachdatei und den Status der Übersetzung. Darunter ist eine Bedienleiste mit diversen Optionen. Falls Sie auf der Seite noch keine Begriffe zum Übersetzen sehen sollten, klicken Sie einmal auf SYNC ❶.

Unterhalb der Bedienleiste sehen Sie eine Tabelle ❷ mit den beiden Spalten QUELLTEXT und ÜBERSETZUNG:

▶ Klicken Sie auf die zu übersetzende Zeile, die daraufhin blau hervorgehoben wird.
▶ Darunter sehen Sie im Feld QUELLTEXT ❸ den englischen Begriff und das Feld GERMAN ÜBERSETZUNG ❹, in das Sie die deutsche Übersetzung eingeben.

▶ Rechts können Sie bei Bedarf einen Kommentar zu der aktuellen Übersetzung eingeben ❺.

▶ Vergessen Sie nicht, zwischendurch manchmal zu SPEICHERN ❼.

Sie können einfach eine Zeile nach der anderen übersetzen oder oben im Suchfeld ÜBERSETZUNGEN FILTERN ❻ nach bestimmten Begriffen suchen. Wenn die Übersetzung fertig ist, sieht die Archivseite von *Hemingway* aus Abbildung 14.28 jetzt so aus wie in Abbildung 14.31.

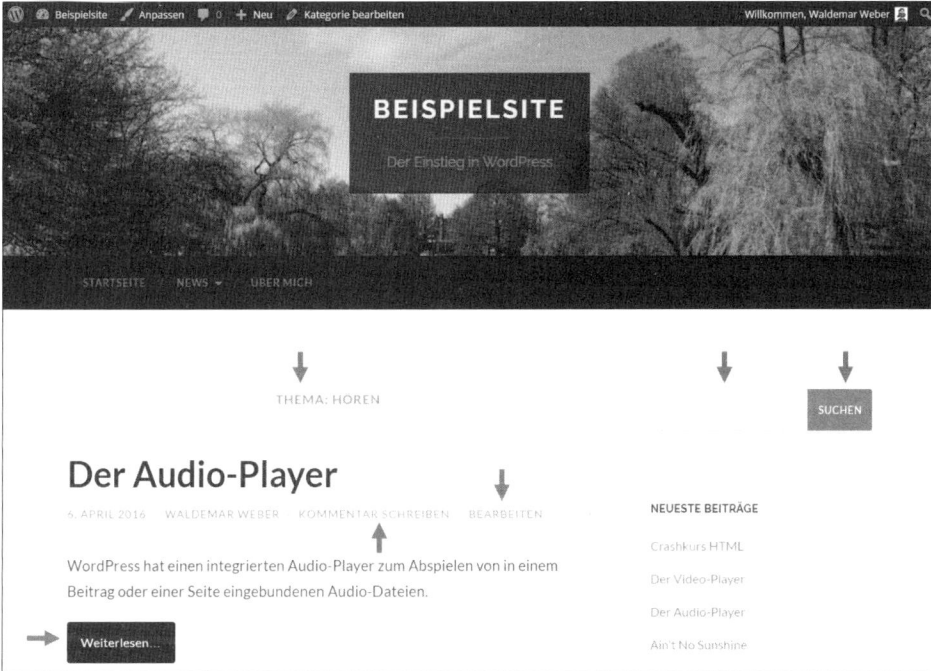

Abbildung 14.31 »Hemingway« spricht jetzt auch Deutsch.

Noch ein paar Hinweise zur Übersetzung:

▶ Das Wort *Category* habe ich mit »Thema« übersetzt, genau wie bei den Einstellungen für die Permalinks.

▶ Im Suchformular habe ich anstelle von *Search form* eine geschützte Leerstelle   eingegeben, damit im Suchfeld kein Text steht.

▶ Anstelle von *0 Comments* habe ich die Formulierung »Kommentar schreiben« gewählt. Wenn es viele unkommentierte Beiträge gibt, sieht das angenehmer aus, als wenn bei jedem Beitrag *0 Kommentare* steht.

Aber egal, für welche Übersetzungen Sie sich entscheiden – *Loco Translate* hilft bei der sprachlichen Perfektionierung von Themes und Plugins.

14.7   Auf einen Blick

Die wichtigsten Themen noch einmal im Überblick:

- ▶ Plugins sind kleine Programme, die WordPress funktional erweitern.
- ▶ Plugins sollten, genau wie Themes, nur von einer vertrauenswürdigen Quelle installiert werden.
- ▶ Die offizielle Quelle ist das Plugin-Verzeichnis auf WordPress.org: *de.wordpress.org/plugins/*
- ▶ Auf der Detailseite eines Plugins kann man unter anderem sehen, ob es noch aktiv entwickelt wird und wie viele aktive Installationen es gibt.
- ▶ Im Backend werden Plugins im Menü PLUGINS verwaltet.
- ▶ Genau wie Themes können Plugins aus dem Backend heraus installiert werden und müssen nach der Installation aktiviert werden.
- ▶ *Publish Confirm* verhindert versehentliches Veröffentlichen von Beiträgen oder Seiten durch eine zusätzliche Abfrage.
- ▶ *Coming Soon Page & Maintenance Mode* ermöglicht die Erstellung einer Hinweisseite für Besucher vor der Veröffentlichung der Website.
- ▶ *Shortcodes Ultimate* ist ein Schweizer Taschenmesser für Shortcodes.
- ▶ *Loco Translate* sorgt für die perfekte Übersetzung von Themes und Plugins.

Kapitel 15
Jetpack – die Plugin-Sammlung von Automattic

Worin Sie mit Jetpack eine Plugin-Sammlung von Automattic installieren und kennenlernen.

Die Themen im Überblick:

In diesem Kapitel lernen Sie die Plugin-Sammlung *Jetpack* kennen, die eine Verbindung zwischen Ihrer Website und WordPress.com herstellt und zahlreiche nützliche Module enthält. Voraussetzung für die Arbeit mit Jetpack ist ein Konto auf WordPress.com.

15.1 Jetpack – die Plugin-Sammlung von Automattic

Jetpack sieht nach Update auf Version 4.3 auf den ersten Blick anders aus, auf den zweiten noch genau wie vorher

Jetpack ist kein normales Plugin, sondern eine Sammlung nützlicher Module, die Automattic auf WordPress.com eingebaut hat und die durch Jetpack auch für ein selbst gehostetes WordPress zugänglich werden. Jetpack macht also die Power von WordPress.com für selbst gehostete WordPress-Sites verfügbar.

Jetpack ist eine Art eierlegende Wollmilchsau, und das Spektrum der enthaltenen Module reicht von schicken Bildergalerien über den Schutz vor Angreifern bis hin zu Statistiken, einem Kontaktformular oder Share-Buttons zum Weitersagen von Beiträgen.

Im Netz ist Jetpack auf *jetpack.com* zu Hause (Abbildung 15.1).

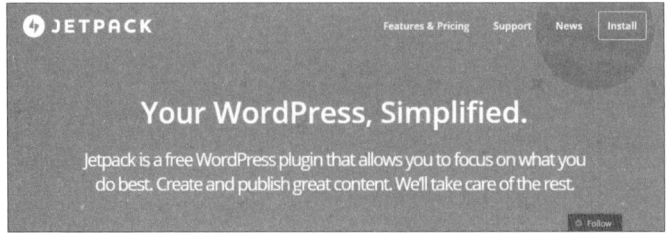

Abbildung 15.1 Jetpack ist auf »jetpack.com« zu Hause.

15.1.1   Jetpack auf Ihrem Webspace installieren

Jetpack verbindet Ihr selbst gehostetes WordPress mit WordPress.com und funktioniert nicht ohne ein Benutzerkonto auf WordPress.com. Das haben Sie eventuell bereits, wenn Sie z. B.

▶ in Kapitel 3, »WordPress installieren«, eine Website auf WordPress.com erstellt haben oder

▶ in Abschnitt 4.8 einen Gravatar eingerichtet haben.

Falls Sie noch keines haben, können Sie während der Installation eines einrichten, auch ohne dabei eine Website auf WordPress.com zu erstellen.

Im folgenden ToDo installieren Sie Jetpack auf Ihrem Webspace.

ToDo: Jetpack in Ihrem WordPress installieren

1. Wechseln Sie ins Menü Plugins • Installieren.

2. Installieren Sie das Plugin, wie beschrieben. Bei Bedarf finden Sie in Abschnitt 14.2, »Das Menü ›Plugins‹ im Backend«, eine kurze Beschreibung zum Installieren eines Plugins.

3. Aktivieren Sie das Jetpack-Plugin. Daraufhin erscheint auf der Seite Installierte Plugins ganz oben die Meldung Jetpack ist fast einsatzbereit!

4. Klicken Sie auf die Schaltfläche Mit WordPress.com verbinden rechts daneben. Daraufhin erscheint eine neue Seite mit der Mitteilung, dass Jetpack sich gerne mit WordPress.com verbinden möchte.

5. Geben Sie Ihren Benutzernamen von WordPress.com und das dazugehörige Passwort in das Formular ein. Klicken Sie auf den Link Du brauchst ein Benutzerkonto?, falls Sie noch kein WordPress.com-Konto haben.

6. Klicken Sie nach der Eingabe der Benutzerdaten auf Genehmigen. Jetpack stellt daraufhin eine Verbindung zwischen Ihrem WordPress und Ihrem Benutzerkonto auf WordPress.com her.

---

7. Wenn die Verbindung hergestellt wurde, sehen Sie im nächsten Schritt eine Seite namens STARTHILFE FÜR DEINE WEBSITE. Ob Sie auf die Schaltfläche STARTHILFE oder den Link ÜBERSPRINGEN darunter klicken, spielt keine Rolle, da Sie im nächsten Schritt sowieso erst einmal alle Module deaktivieren.

Nach diesem ToDo gibt es oben in der Menüleiste ein neues Menü namens JETPACK mit den vier Unterpunkten JETPACK, EINSTELLUNGEN, OMNISEARCH und STATISTIK.

Im Menü JETPACK sehen Sie eine Übersicht über die nach Meinung des Jetpack-Teams wichtigsten Module und deren Status (Abbildung 15.2).

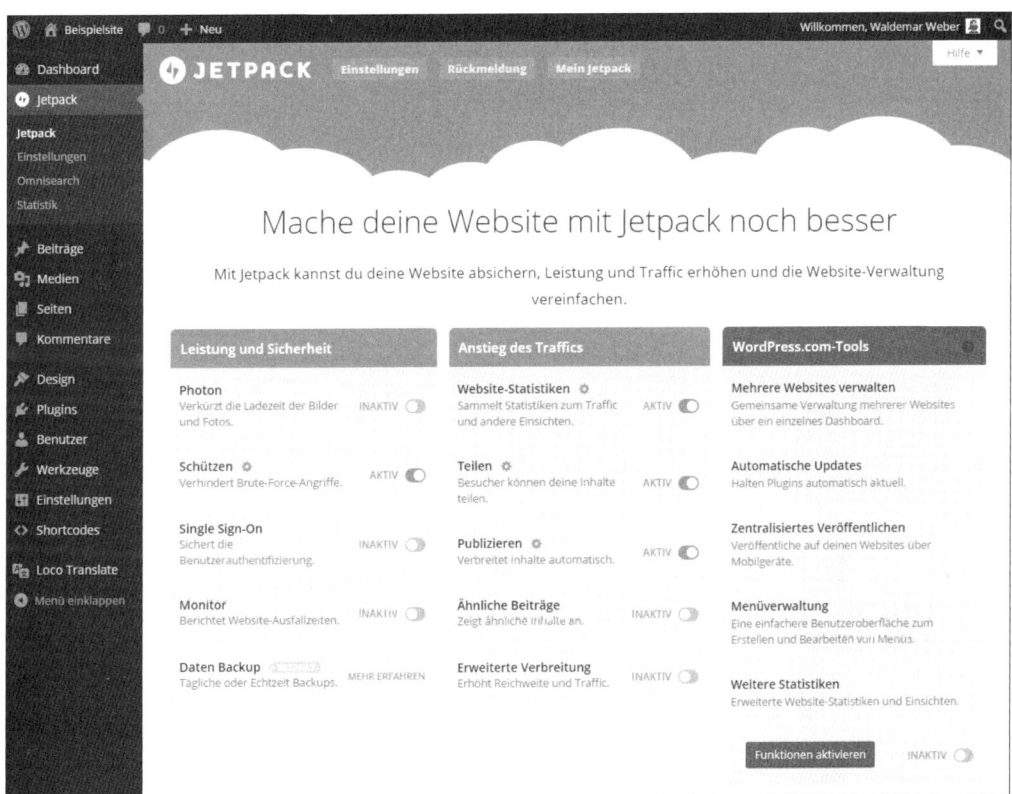

Abbildung 15.2 Die Übersicht im Menü »Jetpack«

Die Module SCHÜTZEN, WEBSITE-STATISTIKEN, TEILEN und PUBLIZIEREN sind bereits aktiv, und falls Sie auf die Schaltfläche STARTHILFE geklickt haben, sind eventuell noch weitere Module eingeschaltet. Im nächsten Schritt deaktivieren Sie aber erst einmal alle Module und schalten dann eines nach dem anderen wieder frei.

Die »WordPress.com-Tools« dienen dem Verwalten von Websites

In Abbildung 15.2 sehen Sie ganz rechts die Spalte WORDPRESS.COM-TOOLS. Dort sind Tools gelistet, die mit dem Jetpack-Modul *Verwalten* (engl. *Manage*) aktiviert werden und in erster Linie der Verwaltung von Websites mithilfe von WordPress.com dienen. Richtig nützlich werden die meisten dieser Tools erst, wenn man mehrere Websites verwaltet, und sie werden in diesem Kapitel nicht vorgestellt.

15.1.2 »Mein Jetpack«: Mit diesem WordPress.com sind Sie verbunden

Falls Sie sich nicht sicher sein sollten, mit welchem WordPress.com-Konto Jetpack gerade verbunden ist, können Sie sich das mit einem Klick auf MEIN JETPACK anzeigen lassen.

Falls Sie aus irgendeinem Grund die Verbindung zwischen Ihrer Website und WordPress.com unterbrechen möchten oder müssen, können Sie das hier mit der Schaltfläche WEBSITE VON WORDPRESS.COM TRENNEN machen. Viele Jetpack-Module funktionieren solange aber nicht.

Abbildung 15.3 zeigt die Seite MEIN JETPACK im Überblick.

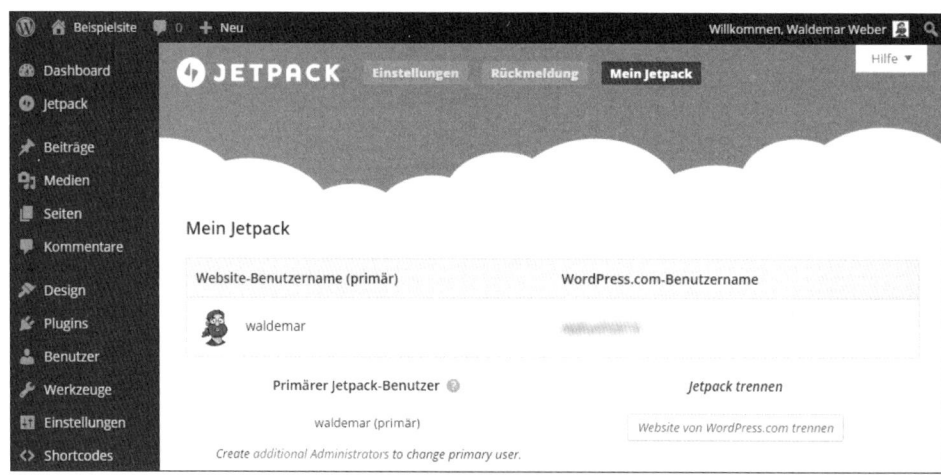

Abbildung 15.3 Jetpack ist mit diesem WordPress.com-Konto verbunden.

15.1.3 »Jetpack • Einstellungen«: Alle Module deaktivieren

Abbildung 15.4 zeigt das Menü EINSTELLUNGEN, das eine Liste *aller* Jetpack-Module mit deren Status zeigt.

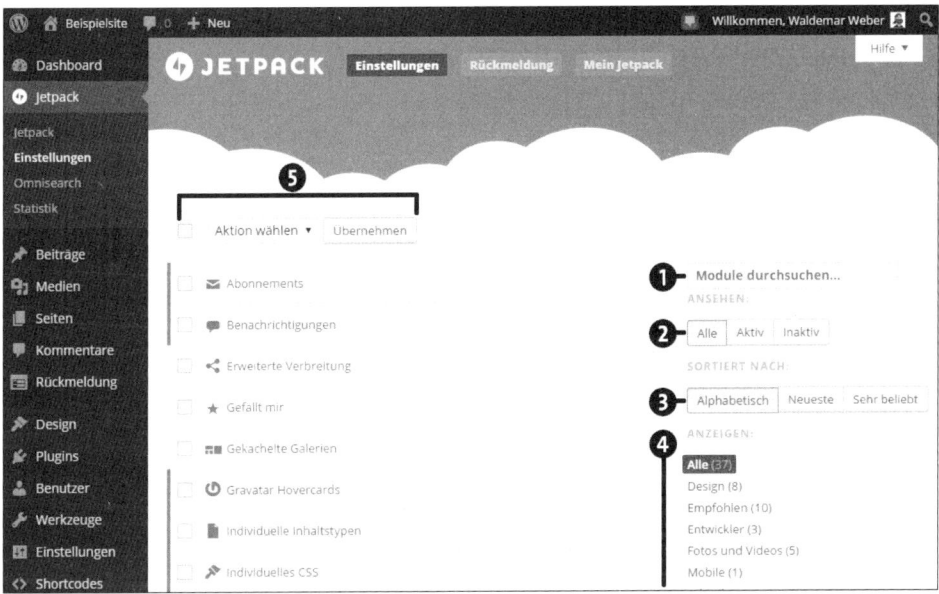

Abbildung 15.4 Die Einstellungen von Jetpack

In der Sidebar rechts können Sie nach bestimmten Modulen suchen ❶, sich nur aktive oder inaktive Module anzeigen lassen ❷, die Sortierung ändern ❸ oder nach Kategorien wie DESIGN oder EMPFOHLEN filtern ❹.

Nach der Installation von Jetpack sind bereits zahlreiche Module aktiv. Das ist etwas unübersichtlich, und da Sie nicht genau wissen, was diese Module im Einzelnen alles machen, werden Sie zunächst einmal, wie im folgenden ToDo beschrieben, *alle* Jetpack-Module zu deaktivieren. Danach lernen Sie die einzelnen Module kennen und können bei jedem überlegen, ob Sie es aktivieren möchten oder nicht. So wissen Sie genau, was auf Ihrer Website so alles passiert.

ToDo: Alles auf null – alle Jetpack-Module deaktivieren

1. Wechseln Sie ins Menü JETPACK • EINSTELLUNGEN.
2. Prüfen Sie, ob ALLE Module angezeigt werden.
3. Aktivieren Sie das Kontrollkästchen oberhalb der Modulliste (Abbildung 15.4, ❺), um alle angezeigten Module zu markieren.
4. Wählen Sie aus dem Dropdown-Feld AKTION WÄHLEN den Befehl DEAKTIVIEREN.
5. Klicken Sie auf die Schaltfläche ÜBERNEHMEN, um erst einmal alle Jetpack-Module zu deaktivieren.

Nach diesem ToDo haben Sie folgenden Stand der Dinge:

▶ Jetpack ist installiert und im Menü PLUGINS aktiviert.

▶ Alle Jetpack-Module sind in JETPACK • EINSTELLUNGEN deaktiviert.

Um ein Modul zu aktivieren, fahren Sie einfach mit der Maus darüber und klicken auf den Link AKTIVIEREN. Mit einem Klick auf den Modulnamen erhalten Sie in einem Pop-up-Fenster detaillierte Informationen über dessen Funktion. In den folgenden Abschnitten und Kapiteln lernen Sie viele Jetpack-Module zumindest kurz kennen und können dann entscheiden, ob Sie sie aktivieren möchten oder nicht.

15.1.4   Jetpack-Module, die Sie sofort wieder aktivieren sollten

Die folgenden Jetpack-Module sind entweder wichtig für die Sicherheit Ihrer Website oder einfach nur praktisch, und deshalb sollten Sie sie gleich wieder aktivieren:

▶ SCHÜTZEN (engl. *Protect*) schützt Ihre WordPress-Site gegen Brute-Force-Angriffe, z. B. von Botnetzen – Aktivierung empfehlenswert.

▶ OMNISEARCH blendet ganz rechts oben eine Lupe und links in der Menüleiste das Menü JETPACK • OMNISEARCH ein. Mit OMNISEARCH können Sie Beiträge, Seiten, Kommentare, Mediendateien und Plugins auf einen Schlag durchsuchen, was ausgesprochen praktisch sein kann.

▶ Das Jetpack-Modul MONITOR hat nichts mit einem Bildschirm zu tun, sondern überprüft alle fünf Minuten, ob Ihre Website online erreichbar ist. Sobald ein Ausfall entdeckt wird, erhalten Sie eine E-Mail.

Abbildung 15.5 zeigt die Einstellungsseite von Jetpack mit diesen Modulen, und zwar mit dem Filter AKTIV und sortiert nach SEHR BELIEBT.

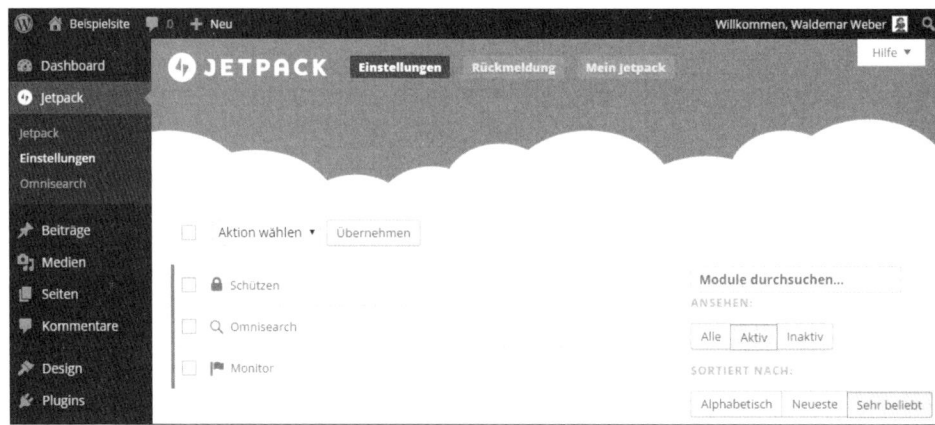

Abbildung 15.5 »Jetpack • Einstellungen« mit drei aktiven Modulen

15.2   Die wichtigsten Jetpack-Module für Bilder

Jetpack enthält einige Module, die die Darstellung von Bildern in WordPress optimieren. In diesem Abschnitt möchte ich Ihnen das Karussell, die gekachelten Galerien und Photon kurz vorstellen.

15.2.1   Galerien mit Diashow: Das Modul »Karussell«

Das KARUSSELL (engl. *Carousel*) ist eines der beliebtesten Module von Jetpack. Es wandelt bestehende WordPress-Galerien in bildschirmfüllende Diashows um und ist ausgesprochen einfach zu bedienen:

1. Öffnen Sie das Menü JETPACK • EINSTELLUNGEN.
2. Fahren Sie mit der Maus auf das Modul KARUSSELL.
3. Klicken Sie auf den bei Mausberührung sichtbar werdenden Link AKTIVIEREN.
4. Fertig.

Das KARUSSELL schnappt sich automatisch alle WordPress-Galerien und verwandelt sie in eine Diashow mit integrierter Kommentarfunktion, die das gesamte Browserfenster ausfüllt. Abbildung 15.6 zeigt die in Abschnitt 7.6 erstellte Galerie nach einem Klick auf das Bild mit dem Leuchtturm.

15

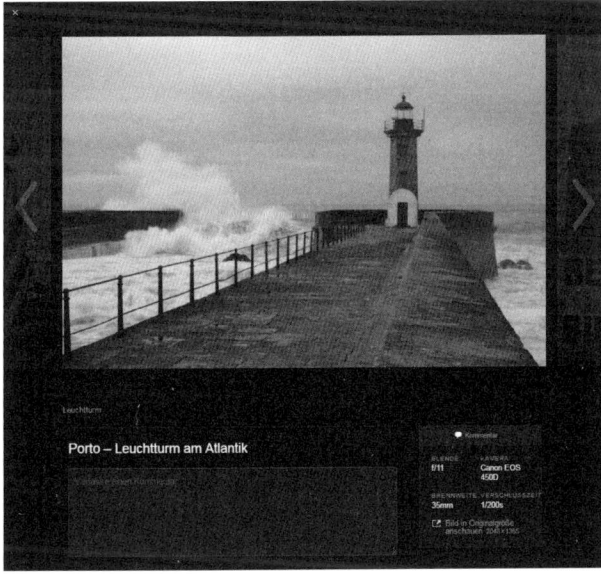

Abbildung 15.6 Eine Diashow mit Kommentarfunktion – »Karussell«

Das »Karussell« konfigurieren

Im Menü Jetpack • Einstellungen können Sie das Modul Karussell konfigurieren, indem Sie mit der Maus auf das Modul fahren und dann den Link Konfigurieren anklicken. Für das Karussell können Sie die Hintergrundfarbe ändern und auf Wunsch die Foto-Metadaten (EXIF) ausblenden.

15.2.2 Galerien mit Layoutoptionen: Das Modul »Gekachelte Galerien«

Das Modul Gekachelte Galerien (engl. *Tiled Galeries*) ergänzt WordPress um eine zusätzliche Option, mit der Sie beim Erstellen von Galerien verschiedene Layouts auswählen können (Abbildung 15.7).

Abbildung 15.7 Das Modul »Gekachelte Galerien« bringt neue Optionen.

»Gekachelte Galerie« als Standardeinstellung für alle Bildergalerien

Falls Sie dieses Layout als Standard für alle Galerien einrichten möchten:

▶ Wechseln Sie in das Menü Einstellungen • Mediathek.

▶ Aktivieren Sie das Kontrollkästchen neben Alle Galeriebilder in einem coolen Mosaik anzeigen.

Sieht einfach gut aus, diese *Tiled Gallery*.

Standardmäßig werden Galerien weiterhin als VORSCHAUBILD-GRID angezeigt, aber Sie können beim Einfügen oder Bearbeiten jetzt andere Layoutstile auswählen. Mit der Option GEKACHELTES MOSAIK sieht die in Abschnitt 7.6 erstellte Galerie im Frontend so aus wie in Abbildung 15.8.

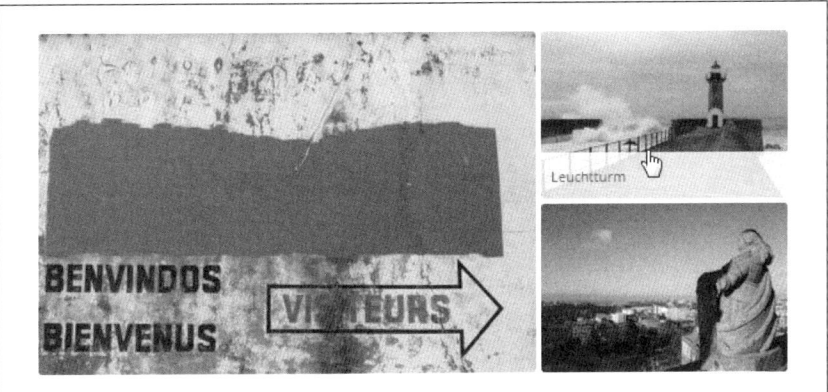

Abbildung 15.8 Eine Galerie mit dem Layout »Gekacheltes Mosaik«

15.2.3   Das Modul »Photon« beschleunigt die Auslieferung von Bildern

Die perfekte Ergänzung zur Darstellung von Bildern ist das Modul PHOTON, das die Auslieferung von Bildern beschleunigt, indem es die Bilder in den Beiträgen von dem für WordPress.com benutzten Content Delivery Network (CDN) ausliefern lässt.

Die Bilder werden dort zwischengespeichert und über dieses schnelle Netzwerk ausgeliefert, sodass Ihr Webserver weniger arbeiten muss und die Bilder schneller bei Ihren Besuchern sind. Das Jetpack-Modul GEKACHELTE GALERIE nutzt dieses Netzwerk übrigens auch zur Bearbeitung der Bilder für die Galerie, und zwar auch dann, wenn das Modul PHOTON deaktiviert ist.

Abbildung 15.9 zeigt die Übersicht der aktivierten Jetpack-Module am Ende dieses Abschnitts.

»Photon« ist optimiert für die USA – einfach ausprobieren

Die Infrastruktur von WordPress.com ist auf amerikanische Websites ausgerichtet, und hier in Europa ist die Beschleunigung nicht ganz so spürbar wie in Nordamerika.

Ob Photon die Auslieferung Ihrer Bilder wirklich beschleunigt, hängt von vielen Faktoren ab. Falls Ihre Bilder nach der Aktivierung von Photon langsamer ausgeliefert werden als vorher, können Sie das Modul einfach wieder deaktivieren.

15

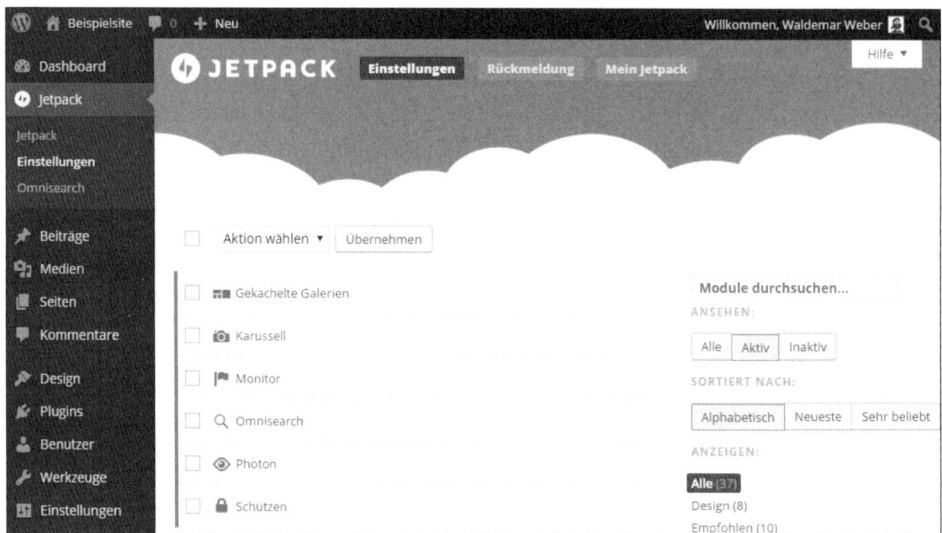

Abbildung 15.9 »Jetpack • Einstellungen« mit sechs aktiven Modulen

15.3   Jetpack-Module rund um Beiträge

Ob der Fülle der Jetpack-Module kann ich in diesem Buch nicht alle ausführlich vorstellen, daher möchte ich Ihnen in diesem Abschnitt einen kurzen Überblick über Module für die Arbeit rund um Beiträge geben, die im Alltag nützlich sein können.

15.3.1   Praktisch: »Zusätzliche Seitenleisten-Widgets«

Das Jetpack-Modul ZUSÄTZLICHE SEITENLEISTEN-WIDGETS (engl. *Extra Sidebar Widgets*) stellt einige interessante zusätzliche Widgets zur Verfügung. So gibt es unter anderem:

▶ TOP BEITRÄGE & SEITEN zeigt die beliebtesten Beiträge und Seiten und erscheint nur, wenn das Jetpack-Modul WEBSITE-STATISTIKEN aktiviert ist (siehe Abschnitt 15.6).

▶ GALERIE und BILD ermöglichen das Einfügen von Bildern.

▶ KONTAKTINFO (mit Google Map)

Außerdem gibt es noch viele andere Widgets, z. B. für die neuesten Tweets oder zur Verbindung mit Facebook-Seiten. Aktivieren Sie das Modul, schauen Sie sich die Liste der zusätzlichen Widgets an, und wenn Sie sie nützlich finden, fügen Sie sie ein. Abbildung 15.10 zeigt die Jetpack-Widgets TOP BEITRÄGE & SEITEN, GALERIE und KONTAKT-INFO in Aktion.

Abbildung 15.10 Drei zusätzliche Widgets aus dem Jetpack

Das Jetpack-Modul »Widget-Sichtbarkeit« ist ausgesprochen praktisch

WIDGET-SICHTBARKEIT (engl. *Widget Visibility*) ist sehr praktisch und fügt allen Widgets die Schaltfläche SICHTBARKEIT hinzu, mit der Sie kontrollieren können, auf welchen Seiten das Widget erscheinen soll. Falls das verlockend klingt, aktivieren Sie das Modul, gehen ins Menü DESIGN • WIDGETS und probieren es aus.

15.3.2   Hübsch: »Gravatar Hovercards« erweitern einen Gravatar

Das Modul GRAVATAR HOVERCARDS erweitert die einfachen Gravatar-Profilbilder, die z. B. bei den Kommentaren unter den Beiträgen erscheinen, um weitere Informationen wie Name, Biografie, Bilder, Kontaktinformationen und weitere Dienste, die bei Mausberührung des Profilbildes (*Hovern*) als eine Art Karteikarte (engl. *Card*) angezeigt werden (Abbildung 15.11).

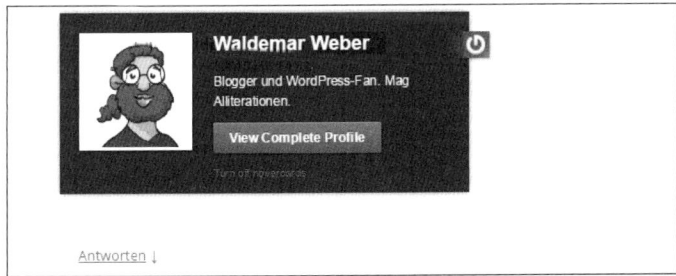

Abbildung 15.11 Eine »Gravatar Hovercard« in Aktion

15.3.3   Hilfreich: »Ähnliche Beiträge« anzeigen lassen

Auf Websites mit vielen Beiträgen können Sie mit dem Modul ÄHNLICHE BEITRÄGE (engl. *Related Posts*) auf der Einzelansicht für einen Beitrag automatisch ähnliche Beiträge anzeigen lassen. Das Modul zeigt unter den Beiträgen zusätzliche relevante Links zu anderen Beiträgen an (Abbildung 15.12).

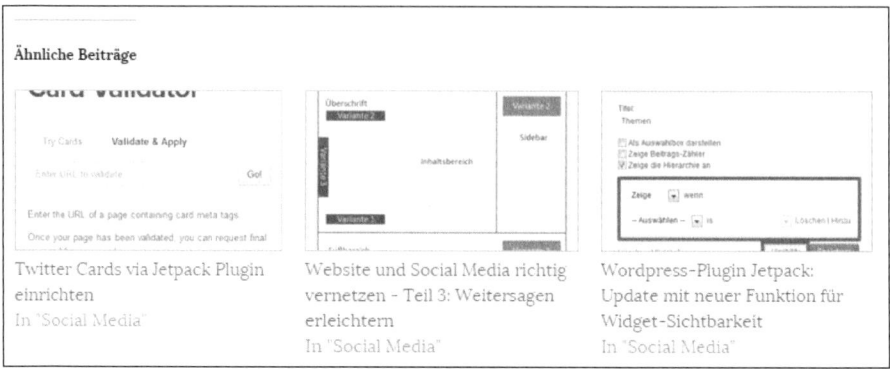

Abbildung 15.12 »Ähnliche Beiträge« in Aktion

Das Modul fügt in EINSTELLUNGEN • LESEN eine neue Option hinzu, bei der Sie wählen können, ob die ähnlichen Beiträge mit Bildern oder ohne erscheinen sollen. Die Analyse der Beiträge, um ähnliche zu finden, erfolgt übrigens automatisch und auf den Servern von WordPress.com.

Jetpack zeigt ähnliche Beiträge nur an, wenn es mindestens drei nützliche Links findet. Damit das Modul also sinnvoll funktionieren kann, sollten Sie ziemlich viele Beiträge veröffentlicht haben, Minimum ist zehn.

Alternative: Contextual Related Posts

Eine Alternative zu ÄHNLICHE BEITRÄGE wäre das Plugin *Contextual Related Posts*:

▶ *de.wordpress.org/plugins/contextual-related-posts/*

Das Plugin bietet mehr Konfigurationsmöglichkeiten als das Jetpack-Modul.

15.3.4 »Unendlich Scrollen« – endloses Scrollen statt Paginierung

In EINSTELLUNGEN • LESEN können Sie festlegen, wie viele Beiträge auf einer Seite angezeigt werden. Gibt es mehr Beiträge, erscheinen unten auf der Beitragsseite Links zu älteren bzw. neueren Beiträgen.

Das Modul UNENDLICH SCROLLEN ermöglicht es, dass statt der Links beim Scrollen ältere Beiträge automatisch nachgeladen werden, wie Sie es vielleicht aus sozialen Netzen wie Facebook oder Google+ kennen.

Das klingt zunächst einmal fantastisch, aber erstens muss das Theme diese Funktion unterstützen, und das tun längst nicht alle, und zweitens ist das nicht empfehlenswert, wenn im Fußbereich Informationen stehen, die der Leser finden soll. Auch auf mobilen Geräten ist *Infinite Scrolling* manchmal nicht so der Hit, da viele Daten automatisch vorgeladen werden.

15.3.5   »Individuelle Inhaltstypen« – Inhalte jenseits von Seiten und Beiträgen

INDIVIDUELLE INHALTSTYPEN (engl. *Custom Post Types*) ermöglichen es, Inhalte jenseits von Beiträgen und Seiten zu speichern.

Eigentlich sind *Custom Post Types* eher ein Thema für fortgeschrittene WordPress-Anwender, aber das Jetpack-Modul INDIVIDUELLE INHALTSTYPEN erleichtert den Einstieg, indem es zwei fertige Inhaltstypen bereitstellt:

▶ PORTFOLIO ist zur Darstellung von eigenen Projekten, wie z. B. erstellten Websites, geschriebenen Büchern o. Ä., gedacht.

▶ REFERENZEN (engl. *Testimonials*) dienen der Speicherung von Kundenaussagen zu Ihren Produkten oder Dienstleistungen.

Nach der Aktivierung des Moduls INDIVIDUELLE INHALTSTYPEN können Sie es im Menü EINSTELLUNGEN • SCHREIBEN im Bereich DEINE INDIVIDUELLEN INHALTSTYPEN konfigurieren. Wenn Sie dort die Kontrollkästchen vor PORTFOLIO-PROJEKTE bzw. REFERENZEN ankreuzen, werden die Inhaltstypen in der Menüleiste unterhalb von SEITEN als neuer Menüpunkt eingefügt. Das Erstellen von Einträgen in diesen Inhaltstypen funktioniert fast genauso wie das Erstellen von Beiträgen oder Seiten. Gespeicherte Inhalte können anschließend z. B. als Archivseite über eine URL aufgerufen werden:

▶ *http://meine-domain.de/portfolio/*

▶ *http://meine-domain.de/testimoniul/*

Inhaltstypen können leicht Menüs hinzugefügt oder auch mit den Shortcodes `[portfolio]` bzw. `[testimonials]` eingebunden werden.

Weitere Informationen zu den Jetpack-Inhaltstypen

Falls Sie die beiden individuellen Inhaltstypen von Jetpack interessant finden, können Sie sich auf den folgenden Seiten genauer darüber informieren:

▶ REFERENZEN (engl. *Testimonials*)
en.support.wordpress.com/testimonials/

▶ PORTFOLIO
en.support.wordpress.com/portfolios/

15.4   Jetpack-Module für Themes

Die folgenden Jetpack-Module kümmern sich um Themes und beeinflussen somit das Aussehen Ihrer Website.

15.4.1   »Mobiles Theme« erstellt eine mobile Ansicht der Website

Fast alle neueren Themes sind responsiv und passen sich den Ausgabegeräten und Bildschirmen der Website-Besucher automatisch an. Viele Websites haben aber noch ältere Themes im Einsatz, die nicht responsiv sind, und für diese Websites ist dieses Modul eine gute Nachricht:

▶ MOBILES THEME (engl. *Mobile Theme*) stellt ein zusätzliches Design bereit, das nur auf mobilen Geräten aktiviert wird.

▶ Das aktive Theme wird dann auf mobilen Geräten überschrieben.

Dieses Modul ist also eigentlich nur relevant, wenn Ihr Theme nicht responsiv ist oder Sie mit der Darstellung des Themes auf mobilen Geräten nicht zufrieden sind.

Abbildung 15.13 zeigt die Beispielsite, links mit dem Theme *Hemingway*, rechts mit aktiviertem Modul MOBILES THEME.

Abbildung 15.13 Beispielsite mit »Hemingway« und »Mobiles Theme«

15.4.2 »Individuelles CSS« – das CSS des Themes updatesicher ändern

HTML-Elemente werden durch CSS-Regeln gestaltet, und das Aussehen des verwendeten Themes wird in hohem Maße durch die Gestaltungssprache CSS definiert.

Jetpack bietet CSS-Schreiberlingen mit dem Modul INDIVIDUELLES CSS (engl. *Custom CSS*) eine echte Erleichterung, denn es ermöglicht, das im Theme enthaltene CSS updatesicher zu überschreiben, ohne extra ein sogenanntes Child-Theme anlegen zu müssen. Das in diesem Modul definierte CSS wird *nach* dem Theme-Stylesheet geladen.

Falls Sie nicht wissen, was mit den Buchstaben CSS gemeint ist, lassen Sie dieses Modul erst einmal deaktiviert. In Abschnitt 19.3, »Know-how: Quelltext von Themes bearbeiten«, wird es kurz vorgestellt.

15.5 Jetpack-Module für die Arbeit im Editor

Die folgenden Jetpack-Module sollen die Arbeit im Editor von WordPress erleichtern:

▶ RECHTSCHREIBUNG UND GRAMMATIK (engl. *Spelling and Grammar*) aktiviert im Editor eine Rechtschreib- und Grammatikprüfung. Einfach ausprobieren, ob es Ihnen hilft oder nicht.

▶ SHORTCODE-EINBETTUNGEN (engl. *Shortcode Embeds*) erlaubt es, Videos und andere Medien von anderen Diensten einzubinden. Dazu reicht aber, wie in Kapitel 8, »Multimedia: Sounds und Videos«, dargestellt, oft schon das Einfügen der URL, was noch einfacher ist. Probieren Sie aus, ob Sie das Modul nützlich finden. Ansonsten lassen Sie es deaktiviert.

▶ MARKDOWN (engl. *Markdown*) ist eine Sprache zur Strukturierung von Text, ähnlich wie HTML, aber einfacher zu schreiben. Wenn Sie Markdown kennen und nutzen, probieren Sie dieses Modul aus.

▶ SCHÖNE MATHEMATIK (engl. *Beautiful Math*) ermöglicht das Einfügen von Formeln mit LaTeX. Wenn Sie keine mathematischen Formeln darstellen wollen, können Sie auf dieses Plugin getrost verzichten.

Last and least ermöglicht es Ihnen das Modul PER E-MAIL VERÖFFENTLICHEN (engl. *Post by Email*), neue Beiträge als E-Mail an WordPress zu schicken. Der Nutzwert dieser Funktion ist nach Meinung vieler WordPress-Nutzer begrenzt, da es für mobile Geräte (und auch für den Desktop) Apps zum Erstellen von Beiträgen gibt, die wesentlich bequemer und sicherer sind als das Posten per E-Mail, aber Sie können es natürlich gerne ausprobieren. Diese Apps stelle ich Ihnen übrigens in Kapitel 19, »Tipps und Tricks«, vor.

15.6   Die »Website-Statistiken« von Jetpack

Das Jetpack-Modul WEBSITE-STATISTIKEN erzeugt eine einfache und übersichtliche Statistik und zeigt diese im Menü JETPACK • WEBSITE STATISTIKEN an.

Vorab ein Hinweis: Die Website-Statistik wird auf WordPress.com erstellt und gespeichert, und dieser Umstand ruft in Deutschland die Bedenken von Datenschützern hervor. Toni Schneider hat in seiner Funktion als CEO von Automattic bereits vor einigen Jahren erklärt, dass im Rahmen der WEBSITE-STATISTIKEN keine IP-Adressen von Benutzern gespeichert werden, und von daher sollte eine Datenschutzerklärung wie die von *datenschutz-generator.de* reichen, um sich vor eventuellen Abmahnungen zu schützen (siehe auch Abschnitt 5.3.1, »Das Menü ›Seiten • Erstellen‹: Eine neue Seite erstellen«).

15.6.1   Das Jetpack-Modul »Website-Statistiken« in der Praxis

Um die Website-Statistiken zu nutzen, müssen Sie im folgenden ToDo einfach nur das entsprechende Jetpack-Modul aktivieren. Der Rest passiert dann wie von allein.

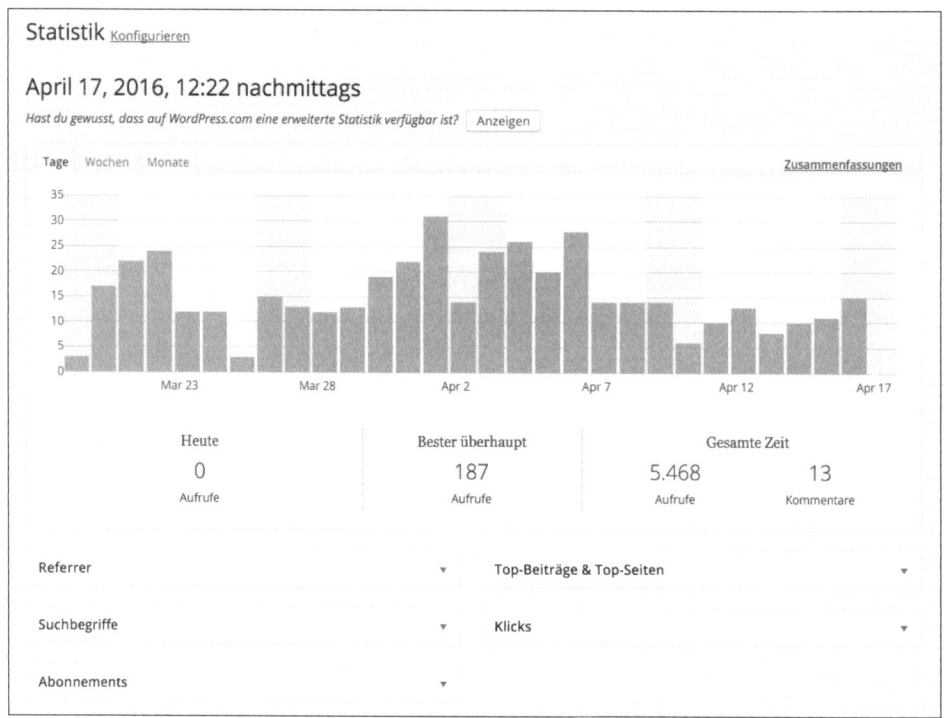

Abbildung 15.14 Die »WordPress.com-Statistiken« im Backend

ToDo: Das Jetpack-Modul »Website-Statistiken« aktivieren

1. Wechseln Sie im Backend in das Menü JETPACK • EINSTELLUNGEN.

2. Suchen Sie das Modul WEBSITE-STATISTIKEN.

3. Klicken Sie auf den Link AKTIVIEREN.

4. Öffnen Sie das Menü JETPACK • WEBSITE STATISTIK.

Abbildung 15.14 zeigt eine Website-Statistik in der Übersicht. Darin können Sie unter anderem sehen, woher die Besucher kamen (REFERRER) und unter welchen Suchbegriffen Ihre Seiten gefunden wurden (SUCHBEGRIFFE). Im Bereich TOP-BEITRÄGE & TOP-SEITEN sehen Sie, welche Beiträge und Seiten am häufigsten aufgerufen wurden.

15.6.2   Alternativen: Statify, Google Analytics und Piwik

Eine datenschutzrechtlich völlig unbedenkliche Alternative liefert das Plugin *Statify*, das nur auf die WordPress-eigene Datenbank zugreift und die Anzahl der Seitenaufrufe zählt (Abbildung 15.15):

▶ *de.wordpress.org/plugins/statify/*

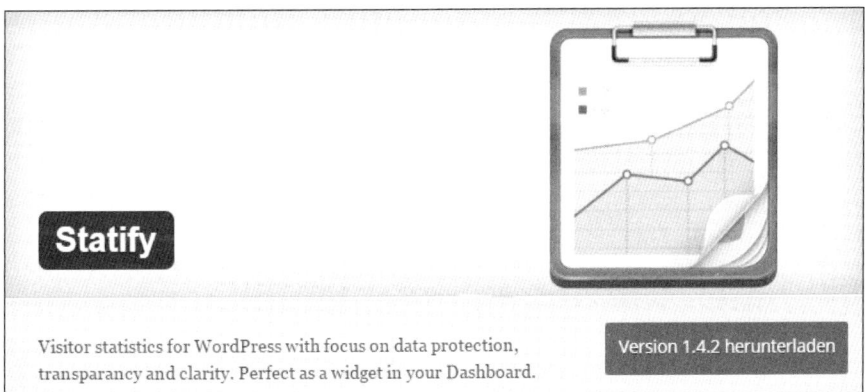

Abbildung 15.15 Statify – ein Plugin für einfache Statistiken

Falls Ihnen die Statistiken von *Statify* oder WORDPRESS.COM-STATISTIKEN hingegen nicht ausreichen und Sie gerne mehr Informationen hätten, schauen Sie sich einmal Google Analytics an:

▶ *google.com/analytics*

Eine weitere Statistik-Alternative wäre die Software Piwik (*piwik.org*), die im Gegensatz zu Google Analytics auf dem eigenen Webspace installiert werden muss.

Weitere Jetpack-Module, die bisher noch nicht erwähnt wurden

Die Jetpack-Module zur Interaktion mit Menschen und Suchmaschinen finden Sie in den folgenden Kapiteln:

▶ Module zur Interaktion mit Menschen wie KONTAKTFORMULAR, TEILEN (engl. *Sharing*), ABONNEMENTS, KOMMENTARE und andere werden in Kapitel 16 vorgestellt.

▶ Module wie SITEMAPS und WEBSITE-VERIFIZIERUNG werden in Kapitel 17, »SEO – die Optimierung für Suchmaschinen«, erwähnt.

▶ DATEN BACKUP (engl. *VaultPress*) wird in Kapitel 18, »Systemverwaltung, Backups und Updates«, genannt.

Die folgenden Jetpack-Module werden in diesem Buch nicht gezeigt:

▶ JETPACK SINGLE SIGN-ON (Anmeldung mit WordPress.com-Konto)

▶ VIDEOPRESS (kostenpflichtiges Video-Hosting)

▶ JSON-API (eher für Entwickler)

Auch alle Jetpack-Module, die nach V4.0.2 hinzukamen, sind nicht dabei.

15.7   Auf einen Blick

Die wichtigsten Themen noch einmal im Überblick:

▶ Jetpack ist eine Plugin-Sammlung von Automattic und erweitert ein selbst installiertes WordPress um Funktionen von WordPress.com.

▶ Jetpack enthält etwa vierzig Module, die nach der Installation einzeln aktiviert und deaktiviert werden können.

▶ Für Bilder sind folgende Jetpack-Module interessant: KARUSSELL, GEKACHELTE GALERIEN und PHOTON.

▶ Jetpack enthält unter anderem zahlreiche nützliche ZUSÄTZLICHE SEITENLEISTEN-WIDGETS.

▶ Mit dem Modul WIDGET-SICHTBARKEIT können Widgets nur auf bestimmten Seiten erscheinen.

▶ Weiterhin gibt es noch zahlreiche Jetpack-Module für Themes, die Arbeit im Editor und zur Verwaltung der Website.

▶ Mit dem Jetpack-Modul WEBSITE-STATISTIKEN können Sie analysieren, welche Seiten und Beiträge erfolgreich sind, und so Ihre Website optimieren.

Kapitel 16

Kontaktformular, Beiträge teilen und Spamschutz

Worin Sie einige interessante Jetpack-Module und andere Plugins rund um die Interaktion mit Ihren Besuchern kennenlernen.

Die Themen im Überblick:

▶ Eine Kontaktseite mit Kontaktformular, Seite 401

▶ Weitersagen: Beiträge teilen mit »Jetpack • Teilen«, Seite 406

▶ Müllvermeidung: Plugins gegen Kommentarspam, Seite 411

▶ Weitere Jetpack-Module zur Interaktion im Überblick, Seite 414

▶ Auf einen Blick, Seite 419

In diesem Kapitel geht es um die Interaktion, und das Jetpack enthält dazu einige sehr nützliche Module. Außerdem im Programm sind Plugins zur Vermeidung von Spam wie *Antispam Bee* und *Akismet*.

16.1 Eine Kontaktseite mit Kontaktformular

In diesem Abschnitt erstellen Sie eine Seite namens *Kontakt*, auf der Sie mit einem Jetpack-Modul ein Kontaktformular für Ihre Besucher anbieten.

16.1.1 Kontakt: Eine neue Seite erstellen und dem Menü hinzufügen

In diesem ToDo erstellen Sie eine Kontaktseite und fügen diese Seite dem Hauptmenü hinzu.

ToDo: Eine neue Kontaktseite erstellen

1. Öffnen Sie das Menü SEITEN • ERSTELLEN.

2. Geben Sie einen Titel für die neue Seite ein, z. B. »Kontakt«.

3. Fügen Sie einen kurzen einleitenden Absatz ein.

4. Klicken Sie auf die Schaltfläche Veröffentlichen.

5. Wechseln Sie in das Menü Design • Anpassen.

6. Klicken Sie auf Menüs, und öffnen Sie das Hauptmenü zur Bearbeitung.

7. Fügen Sie die Seite *Kontakt* als letzten Menüpunkt dem Menü hinzu.

8. Speichern Sie die Änderungen mit Speichern & Publizieren.

Nach diesem ToDo gibt es einen neuen Menüpunkt und eine neue Seite, der Sie im nächsten Abschnitt ein Kontaktformular hinzufügen (Abbildung 16.1).

Abbildung 16.1 Die Kontaktseite und der neue Menüpunkt im Hauptmenü

16.1.2   Ein Kontaktformular auf der Seite »Kontakt« hinzufügen

Im Jetpack ist ein Modul namens Kontaktformular enthalten, mit dem Sie in diesem Abschnitt auf der Seite *Kontakt* ein Kontaktformular einfügen.

Nach der Aktivierung des Jetpack-Moduls Kontaktformular finden Sie beim Bearbeiten von Seiten und Beiträgen oberhalb des Editors eine neue Schaltfläche, mit der Sie ganz einfach ein Kontaktformular einfügen können. Abbildung 16.2 zeigt das Formular vor dem Einfügen in die Seite.

Im folgenden ToDo aktivieren Sie das Jetpack-Modul KONTAKTFORMULAR und fügen dann damit auf der Seite *Kontakt* ein funktionierendes Formular ein.

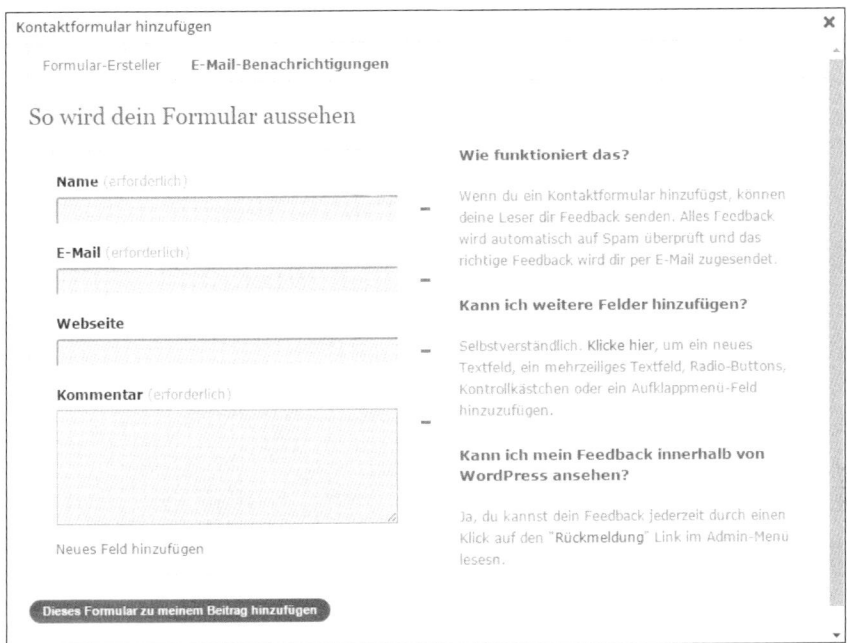

Abbildung 16.2 Ein Kontaktformular hinzufügen

16

ToDo: Ein Kontaktformular auf der Seite »Kontakt« hinzufügen

1. Öffnen Sie das Menü JETPACK • EINSTELLUNGEN.

2. Aktivieren Sie das Modul KONTAKTFORMULAR.

3. Wechseln Sie in das Menü SEITEN • ALLE SEITEN.

4. Öffnen Sie die weiter oben erstellte Seite *Kontakt* zur Bearbeitung, und setzen Sie den Cursor im Editor unter den einleitenden Absatz.

5. Klicken Sie oberhalb des Editors auf die Schaltfläche KONTAKTFORMULAR HINZUFÜGEN. Diese Schaltfläche wird hier vom Jetpack-Modul KONTAKTFORMULAR eingefügt.

6. Das Formular hat bereits vier Formularfelder. Fahren Sie mit der Maus auf das Formularfeld KOMMENTAR, und klicken Sie auf BEARBEITEN.

7. Ändern Sie den TITEL des Formulars in »Nachricht«, und bestätigen Sie die Änderungen mit einem Klick auf DIESES FELD SPEICHERN.

8. Klicken Sie auf die Schaltfläche DIESES FORMULAR ZU MEINEM BEITRAG HINZUFÜGEN. Im Beitrag erscheint der Shortcode (siehe Abschnitt 16.1.3).

9. Speichern Sie die Änderungen mit einem Klick auf AKTUALISIEREN.

Nach diesem ToDo sieht die Kontaktseite im Frontend jetzt etwa so aus wie in Abbildung 16.3.

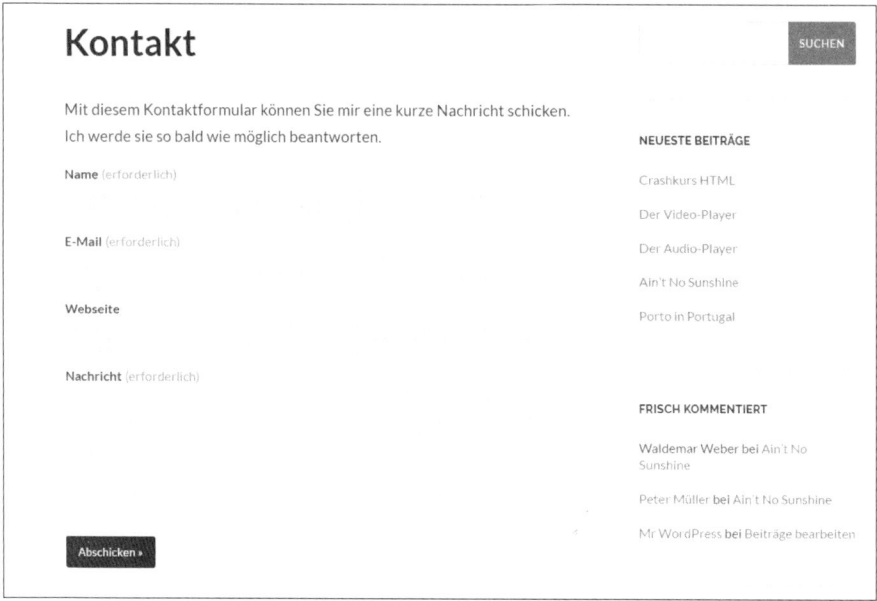

Abbildung 16.3 Das Kontaktformular im Frontend

16.1.3   Der Shortcode für das Kontaktformular im Detail

Der Shortcode, der für das Formular eingefügt wurde, sieht in etwa so aus wie der folgende, der nur etwas geordnet wurde:

```
[contact-form]
  [contact-field label='Name' type='name' required='1'/]
  [contact-field label='E-Mail' type='email' required='1'/]
  [contact-field label='Webseite' type='url'/]
  [contact-field label='Nachricht' type='textarea' required='1'/]
[/contact-form]
```

Listing 16.1 Der Shortcode für das Kontaktformular

Im Einzelnen funktioniert das wie folgt:

▶ Mit [contact-form] beginnt das Formular.

▶ Danach werden mit [contact-field] vier Formularfelder definiert.

  – Das Attribut label regelt die Beschriftung der Felder.

- Das Attribut `type` bestimmt, welche Art von Formularfeld erzeugt wird.
- Das Attribut `required='1'` macht ein Formularfeld zum Pflichtfeld. Wenn dieses Feld leer ist, wird das Formular nicht abgeschickt.

▶ Das Formular wird mit `[/contact-form]` beendet.

Sie können den Shortcode auch nach dem Einfügen in den Editor ändern und so z. B. Formularfelder ganz einfach umbenennen.

16.1.4 »Rückmeldung«: Das Kontaktformular testen

Nach der Erstellung des Formulars sollten Sie es zu Testzwecken mindestens einmal ausfüllen und abschicken. Ob das Verschicken der Formulardaten geklappt hat, können Sie an zwei Stellen überprüfen:

▶ Der Administrator sollte eine E-Mail mit den Formulardaten bekommen.

▶ Im Menü RÜCKMELDUNG werden die mit dem Kontaktformular verschickten Nachrichten aufbewahrt.

In RÜCKMELDUNG können Sie auch Details zu der Nachricht sehen. Dort werden unter anderem die E-Mail-Adresse des Absenders, seine IP-Adresse und die URL des verwendeten Formulars gespeichert.

Letzteres ist besonders nützlich, falls Sie auf Ihrer Website mehrere Formulare einsetzen. Außerdem können Sie die Nachricht als SPAM markieren oder in den PAPIERKORB verschieben (Abbildung 16.4).

16

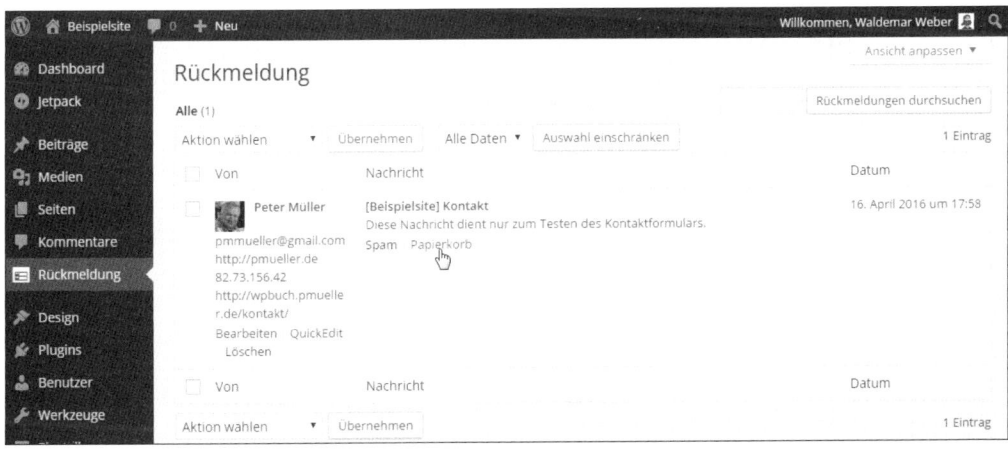

Abbildung 16.4 Das Menü »Rückmeldung« sammelt Daten aus Formularen.

405

Falls Sie über das Kontaktformular Spam bekommen ...

Zur Spambekämpfung arbeitet das Jetpack-Modul KONTAKTFORMULAR mit dem Plugin *Akismet* zusammen, dessen Einsatz in Deutschland datenschutzrechtlich nicht unbedenklich ist (siehe Abschnitt 16.3.2).

Falls Sie also über das Kontaktformular zu viel Spamnachrichten bekommen, können Sie eine Plugin-Alternative wie *Contact Form 7* verwenden:

► *de.wordpress.org/plugins/contact-form-7/*

Die Erstellung eines Formulars ist mit dem Plugin fast genauso einfach wie mit dem Jetpack-Modul, aber *Contact Form 7* kennt zusätzlich ein Formularfeld mit einer einfachen Quizfrage, an der die meisten Spambots scheitern.

16.2   Weitersagen: Beiträge teilen mit »Jetpack • Teilen«

Mit dem Jetpack-Modul TEILEN (engl. *Sharing*) machen Sie es Ihren Besuchern möglich, Beiträge mit einem Mausklick über Facebook, Twitter und andere Dienste zu teilen.

16.2.1   Das Jetpack-Modul »Teilen« aktivieren

Zunächst aktivieren Sie in diesem Abschnitt das Modul TEILEN. Danach ist das Modul zunächst für *alle* Beiträge aktiviert. Sie können die Option aber unterhalb des Editors im Bereich TEILEN für Beiträge und Seiten einzeln ein- oder ausschalten.

ToDo: Das Jetpack-Modul »Teilen« aktivieren

1. Öffnen Sie das Menü JETPACK • EINSTELLUNGEN.
2. Aktivieren Sie das Modul TEILEN.
3. Wechseln Sie in das Menü EINSTELLUNGEN • TEILEN.
4. Die Schaltflächen für *Twitter*, *Facebook* und *Google+* befinden sich bereits im Bereich AKTIVIERTE DIENSTE. Wie Sie hier Dienste entfernen oder hinzufügen können, erfahren Sie in Abschnitt 16.2.2, »›Einstellungen • Teilen‹: Das Jetpack-Modul ›Teilen‹ konfigurieren«.
5. Wählen Sie als SCHALTFLÄCHENSTIL die Option NUR ICON.
6. Ändern Sie, falls gewünscht, die SHARING BEZEICHNUNG, z. B. in »Weitersagen mit:«. Dieser Text erscheint im Frontend oberhalb der Symbole.

7. Bestätigen Sie die Einstellungen mit ÄNDERUNGEN ÜBERNEHMEN.

8. Rufen Sie einen Beitrag im Frontend auf, und prüfen Sie, ob die Share-Buttons unterhalb des Beitrags eingefügt wurden.

Nach diesem ToDo sehen Sie unterhalb eines Beitrags drei Share-Buttons, mit denen Ihre Besucher den Beitrag über Twitter, Facebook und Google+ weitersagen können (Abbildung 16.5).

Abbildung 16.5 Das Modul »Teilen« mit den Standardschaltflächen

Probieren Sie selbst einmal, wie das Weitersagen von Beiträgen mit diesen Schaltflächen funktioniert, und teilen Sie einen Beitrag mit den frisch eingefügten Share-Buttons. Bei Facebook könnte das so aussehen wie in Abbildung 16.6.

Die Optimierung von Beiträgen für das Teilen in sozialen Netzen

Wie Sie Beiträge und auch Seiten für das Weitersagen und Teilen in sozialen Netzen wie Facebook, Twitter & Co. optimieren, erfahren Sie in Abschnitt 17.5, »›Social Meta‹: Beiträge für Social Media optimieren«.

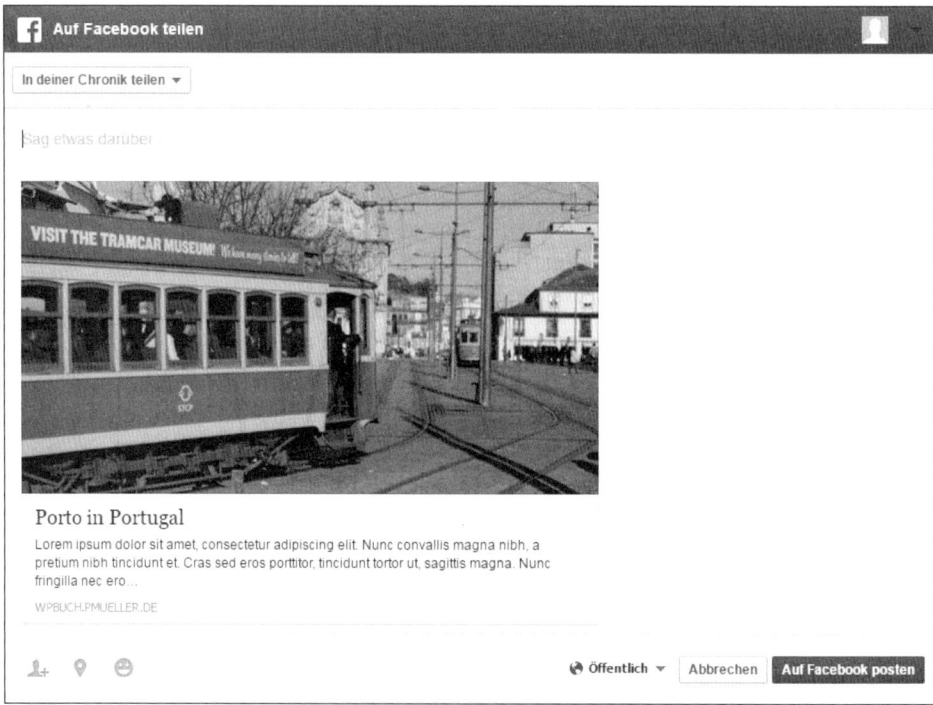

Abbildung 16.6 Einen Beitrag auf Facebook teilen

16.2.2 »Einstellungen • Teilen«: Das Jetpack-Modul »Teilen« konfigurieren

Durch die Aktivierung des Moduls wird im Menü EINSTELLUNGEN ein neuer Menüpunkt namens TEILEN eingefügt, den ich Ihnen in diesem Bereich etwas ausführlicher vorstellen möchte.

Abbildung 16.7 zeigt die obere Hälfte des Menüs EINSTELLUNGEN • TEILEN.

In den Bereichen VERFÜGBARE DIENSTE ❶ und AKTIVIERTE DIENSTE ❷ legen Sie fest, welche Schaltflächen erscheinen sollen.

Um einen Dienst zu aktivieren, ziehen Sie einfach die gewünschte Schaltfläche in den Bereich AKTIVIERTE DIENSTE. Symbole im dunkelgrauen Bereich rechts ❸ werden ausgeblendet und erst nach einem Klick auf die Schaltfläche MEHR sichtbar. Die LIVE-VORSCHAU ❹ zeigt Ihnen den aktuellen Stand an.

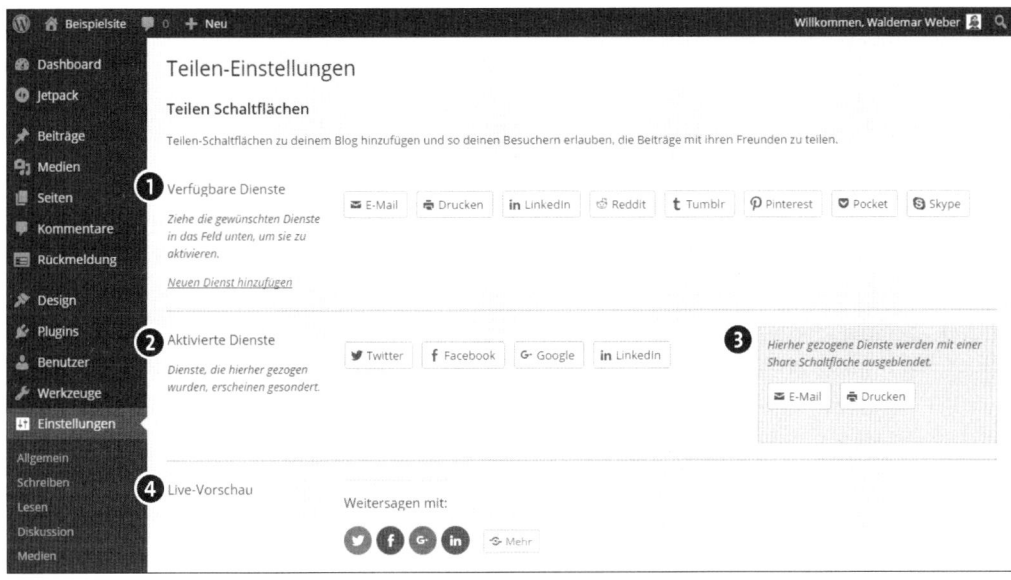

Abbildung 16.7 »Teilen« – die gewünschten Dienste aktivieren

In der unteren Hälfte des Menüs EINSTELLUNGEN • TEILEN können Sie das Aussehen der Schaltflächen festlegen (Abbildung 16.8).

16

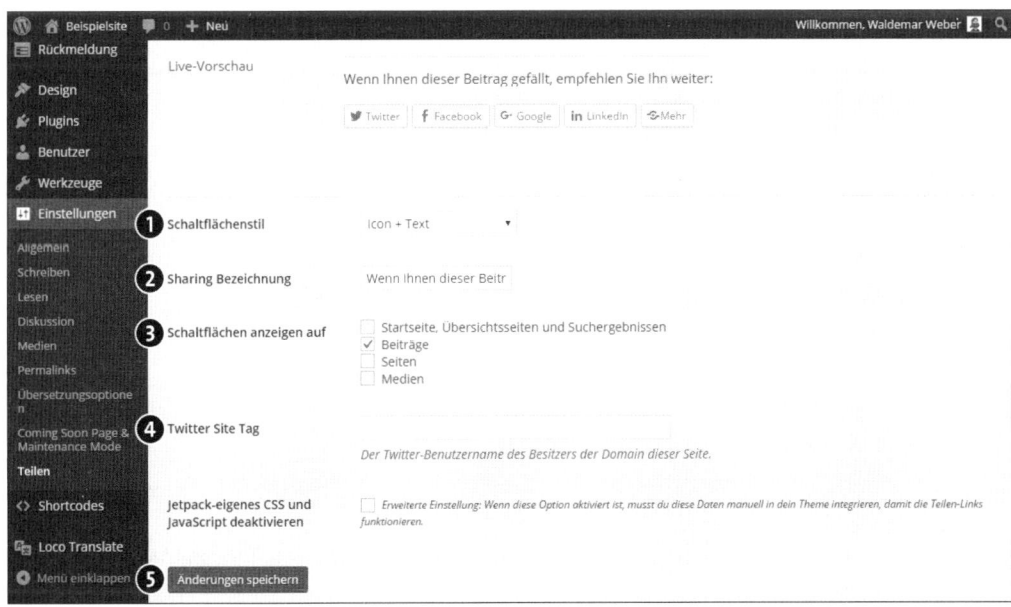

Abbildung 16.8 Aussehen und Beschriftung der Schaltflächen einstellen

Hier die Optionen im Einzelnen:

▶ Die Option SCHALTFLÄCHENSTIL ❶ stellt vier Optionen bereit: ICON + TEXT, NUR ICON, NUR TEXT und OFFIZIELLE SCHALTFLÄCHEN. Probieren Sie aus, was Ihnen am besten gefällt. Die LIVE-VORSCHAU zeigt die gewählte Option sofort an.

▶ Die SHARING BEZEICHNUNG ❷ lautet standardmäßig SHARE MIT, und das sollten Sie wahrscheinlich ändern. Versuchen Sie, eine freundliche Formulierung zu finden, die Ihren Lesern gleichzeitig deutlich macht, dass das Weitersagen von Beiträgen explizit erwünscht ist.

▶ Mit der Option SCHALTFLÄCHEN ANZEIGEN AUF ❸ legen Sie fest, ob die Schaltflächen nur unter Beiträgen oder auch auf Seiten erscheinen sollen. Die Standardeinstellung BEITRÄGE ist wohl in den meisten Fällen sinnvoll, aber Sie können es hier bei Bedarf ändern.

▶ Das TWITTER SITE TAG ❹ ist Ihr Twitter-Benutzername (*ohne* @ davor). Wenn Sie dieses Feld ausfüllen, wird beim Weitersagen über Twitter Ihr Benutzername in den Tweet eingefügt (als Quelle, also *mit* einem @ davor), sodass andere Benutzer mit einem Klick auf Ihrem Twitter-Konto landen.

Eventuelle Änderungen sollten Sie mit einem Klick auf ÄNDERUNGEN SPEICHERN ❺ vornehmen, bevor Sie die Einstellungen verlassen.

Im folgenden ToDo ändern Sie die Einstellungen für die Share-Buttons gemäß Ihren Vorstellungen.

ToDo: Einstellungen für das Modul »Teilen« ändern

1. Rufen Sie das Menü EINSTELLUNGEN • TEILEN auf.

2. Aktivieren Sie die gewünschten Dienste, indem Sie sie in den Bereich VERFÜGBARE DIENSTE ziehen.

3. Ändern Sie, falls erwünscht, im Bereich SCHALTFLÄCHENSTIL das Erscheinungsbild der Schaltflächen.

4. Passen Sie mit der Option SHARING BEZEICHNUNG den Text oberhalb der Schaltflächen an.

5. Legen Sie mit der Option SCHALTFLÄCHEN ANZEIGEN AUF fest, wo die Schaltflächen erscheinen sollen.

6. Fügen Sie gegebenenfalls im Feld TWITTER SITE TAG Ihren Twitter-Benutzernamen ein.

7. Speichern Sie die Einstellungen mit einem Klick auf die Schaltfläche ÄNDERUNGEN SPEICHERN.

Abbildung 16.9 zeigt die Share-Buttons mit der Einstellung Icon + Text und einer geänderten Sharing Bezeichnung.

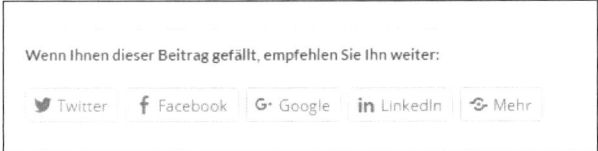

Abbildung 16.9 Die Share-Buttons mit geänderten Einstellungen

---

Shariff Wrapper – die Alternative zum Jetpack-Modul »Teilen«

Das Plugin *Shariff Wrapper* ist eine sehr gute Alternative zum Jetpack-Modul Teilen:

▶ *de.wordpress.org/plugins/shariff/*

Shariff Wrapper ist sehr vielseitig, leicht zu konfigurieren und bietet auch Share-Buttons für XING und WhatsApp.

16.3   Müllvermeidung: Plugins gegen Kommentarspam

WordPress erleichtert die Interaktion mit Besuchern mithilfe der in Kapitel 9 beschriebenen Kommentarfunktion, und das ist eine tolle Sache, aber wenn etwas *gebraucht* werden kann, dann kann es auch *missbraucht* werden.

Sie kennen Spam wahrscheinlich als unerwünschte Werbung in E-Mails, aber Spam gibt es auch in Formularen. Automatisierte, *Spambots* genannte Programme füllen Kommentarformulare aus und versuchen so z. B., Links zu dubiosen Websites zu platzieren. Das ist zwar nicht direkt gefährlich, kann aber doch sehr lästig sein, und in diesem Abschnitt möchte ich Ihnen zeigen, wie Sie sich gegen Kommentarspam schützen können.

16.3.1   Der Klassiker aus Deutschland: Antispam Bee

Das Plugin *Antispam Bee* (*Biene*) kommt aus deutschen Landen frisch auf den Tisch und hat sich im Laufe der Jahre zum echten Klassiker entwickelt (Abbildung 16.10):

▶ *de.wordpress.org/plugins/antispam-bee/*

16

Abbildung 16.10 Das Plugin Antispam Bee im Plugin-Verzeichnis

Auf der Detailseite im Plugin-Verzeichnis auf *wordpress.org* wird das Plugin wie folgt beschrieben:

> *Say Goodbye zu Spam in deinem Blog. Kostenlos, werbefrei und datenschutzkonform. Für Kommentare und Trackbacks.*

Und das fasst es gut zusammen. *Antispam Bee* ist schnell, effektiv und im Gegensatz zu *Akismet* auch für kommerzielle Websites kostenlos, kümmert sich aber nicht um den Spam aus Kontaktformularen.

Die Installation ist wie immer mit wenigen Klicks erledigt, und nach der Aktivierung sollten Sie sicherheitshalber einmal kurz kontrollieren, ob das Kommentarformular wie gewohnt funktioniert. Erkannter Spam wird im Menü KOMMENTARE • SPAM aufbewahrt und kann dort begutachtet, bearbeitet und gelöscht werden.

Bei der Plugin-Konfiguration auf der Seite EINSTELLUNGEN • ANTISPAM BEE gibt es drei große Bereiche:

▶ ANTISPAM-REGELN ❶: In diesem Bereich sehen Sie die Filter zur Spambehandlung, die Sie einzeln ein- und ausstellen können.

▶ ERWEITERT ❷ regelt, was mit dem Spam passieren soll und wie Sie benachrichtigt werden. Hier sollten Sie zwei Optionen ändern:

  – Deaktivieren Sie die Option BEI SPAM VIA E-MAIL INFORMIEREN ❸.

  – Ändern Sie VORHANDENEN SPAM NACH 0 TAGEN LÖSCHEN in z. B. NACH 30 TAGEN LÖSCHEN, und aktivieren Sie die Option ❹.

▶ SONSTIGES ❺ listet noch ein paar WENIGER RELEVANTE OPTIONEN auf.

Abbildung 16.11 zeigt diese Einstellungen im Überblick.

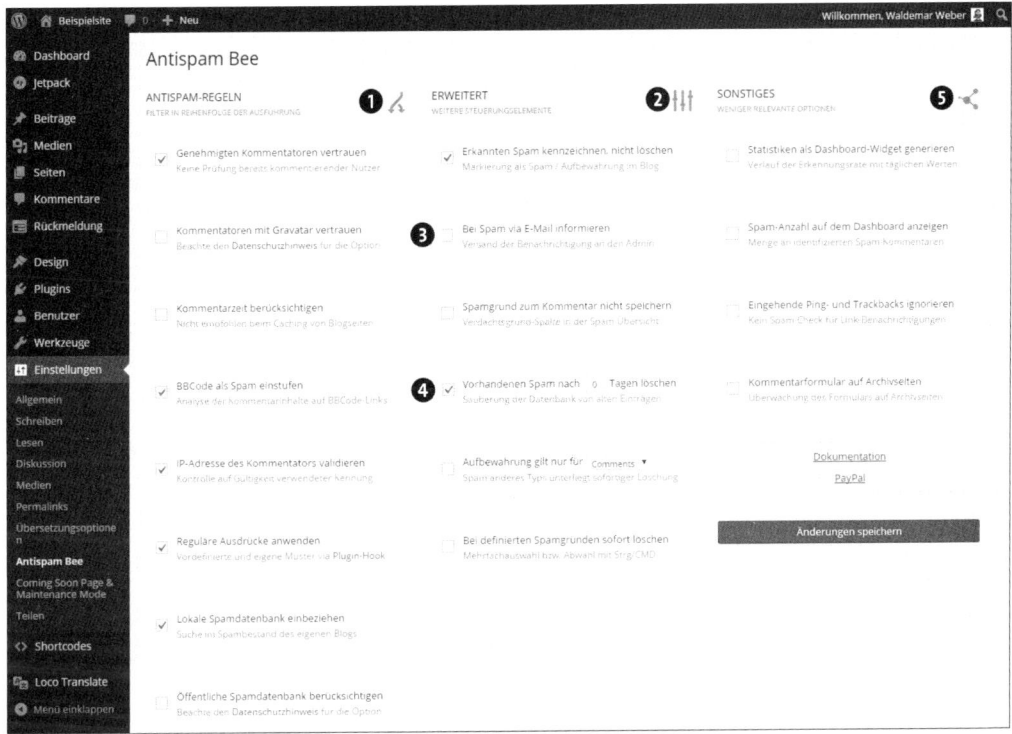

Abbildung 16.11 Die Einstellungen für die Antispam Bee

Ansonsten gilt: Lassen Sie die Standardeinstellungen so, wie sie sind, und ändern Sie sie nur, wenn Sie einen Grund dazu haben. Sie können sich vorher in der detaillierten, deutschsprachigen Beschreibung im Onlinehandbuch von *Antispam Bee* informieren:

▶ *github.com/pluginkollektiv/antispam-bee/wiki*

Falls Sie in Ihrem Blog Ärger mit Kommentarspam haben, lohnt es sich, dort einmal vorbeizuschauen und die Einstellungen genauer zu studieren.

Antispam Bee funktioniert nicht mit dem Modul »Kommentare«

Antispam Bee funktioniert nicht mit dem Jetpack-Modul KOMMENTARE, da dieses das Kommentarformular in einem sogenannten *iFrame* platziert, der für die Biene nicht zugänglich ist.

16.3.2   Der Klassiker aus den USA: Akismet

Akismet ist von Automattic, der Firma hinter WordPress.com, und neben *Hello Dolly* das einzige Plugin, das nach der Installation von WordPress gleich mit dabei ist (Abbildung 16.12).

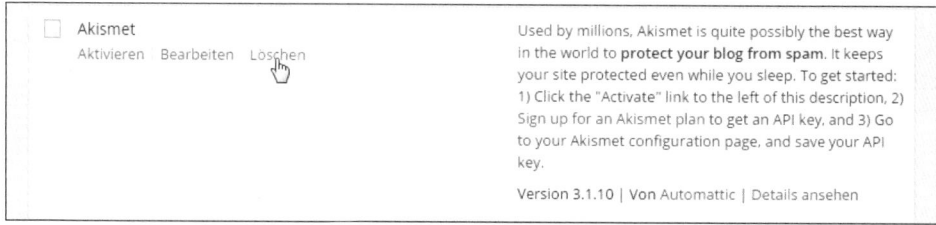

Abbildung 16.12 Akismet ist von Anfang an dabei.

Das Plugin wäre eine wahrscheinlich ziemlich perfekte Waffe gegen Spam aus Kommentar- und Kontaktformularen und funktioniert auch mit den Jetpack Comments, aber es hat zwei große Nachteile:

- **Kosten**: *Akismet* ist nur für den persönlichen Gebrauch kostenlos. *»For personal, non-commercial sites and blogs«* heißt es auf der Website im Wortlaut.
- **Datenschutz**: In Europa gibt es starke datenschutzrechtliche Bedenken gegen den Einsatz von *Akismet*, da die Formulardaten und IP-Adressen auf den Servern von *Akismet* gespeichert werden.

Bei den Kosten können Sie selbst entscheiden, ob *Akismet* Ihnen das Geld wert ist oder nicht, aber beim Datenschutz setzen Sie sich durch den Einsatz von *Akismet* einem geringen, aber doch vorhandenen Abmahnrisiko aus.

Für den rechtssicheren Einsatz von *Akismet* gegen Kommentarspam gibt es ein Plugin namens *Akismet Privacy Policies*, das unter dem Kommentarformular einen Datenschutzhinweis mit einem Kontrollkästchen platziert, das der Kommentator ankreuzen und dem er so aktiv zustimmen muss:

- *de.wordpress.org/plugins/akismet-privacy-policies/*

Ein solcher Datenschutzhinweis unter einem Formular ist alles andere als schön und hält Besucher eventuell von einem Kommentar ab.

16.4   Weitere Jetpack-Module zur Interaktion im Überblick

Jetpack enthält noch viele andere Module zur Interaktion mit Ihren Besuchern und Suchmaschinen, von denen ich Ihnen einige in diesem Abschnitt kurz vorstellen möchte.

16.4.1   »Abonnements« für Beiträge und Kommentare

Das Jetpack-Modul ABONNEMENTS bietet die bei vielen Besuchern beliebte Möglichkeit, sich über neue Beiträge oder Kommentare automatisch via E-Mail benachrichtigen zu lassen.

Das Jetpack-Modul ABONNEMENTS (engl. *Subscriptions*) erstellt unterhalb eines Kommentarformulars zwei Optionen, mit denen sich Besucher über weitere Kommentare oder neue Beiträge per E-Mail informieren lassen können.

In EINSTELLUNGEN • DISKUSSION können Sie die Optionen im Bereich JETPACK ABONNEMENT EINSTELLUNGEN für Beiträge und Kommentare getrennt ein- und ausschalten (Abbildung 16.13).

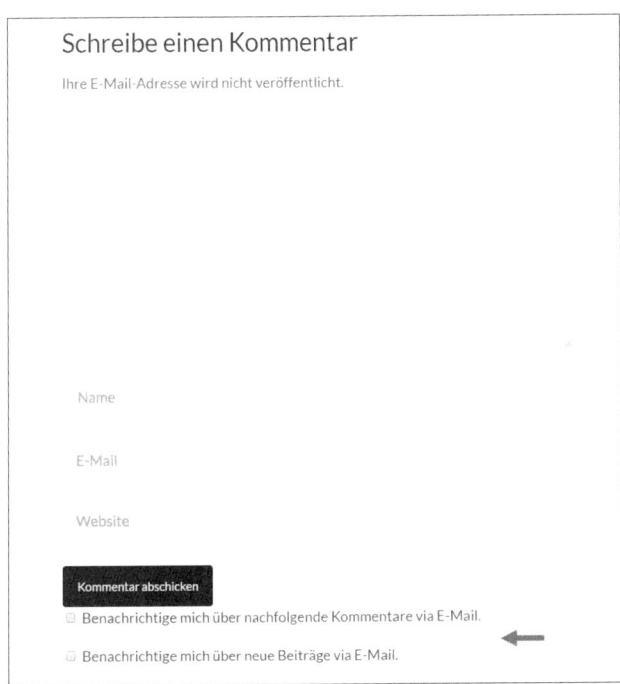

Abbildung 16.13 Das Abonnieren von Kommentaren und Beiträgen

Außerdem erstellt das Modul ein Sidebar-Widget namens *Jetpack: Blog-Abonnements*, das einem Besucher die Möglichkeit bietet, sich bei neuen Beiträgen per E-Mail benachrichtigen zu lassen.

In Abbildung 16.14 wurde das Widget in der Sidebar unterhalb des Suchformulars eingefügt. Das Feld für die E-MAIL-ADRESSE und die Schaltfläche BEITRÄGE ABONNIEREN sehen nicht so richtig hübsch aus, aber das könnte man mit etwas CSS beheben.

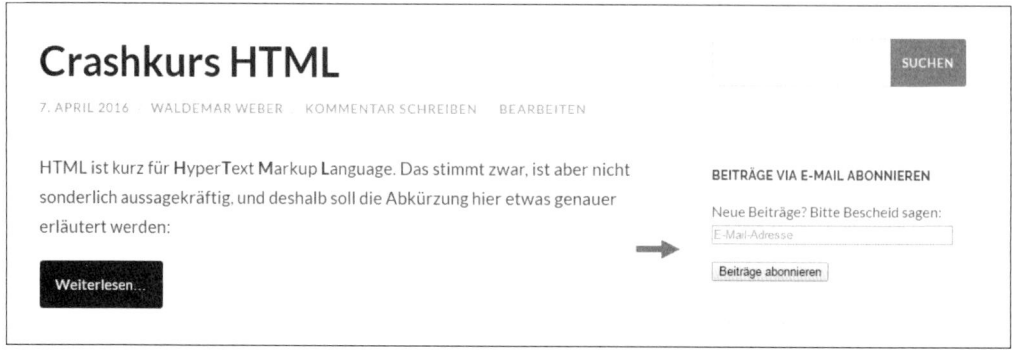

Abbildung 16.14 Ein Widget zum Abonnieren von Beiträgen

Alle Aktionen werden mit einem *Double-Opt-in* versehen: Ein Besucher, der eine der Optionen auswählt, bekommt eine E-Mail mit einem Bestätigungslink, den er zur Aktivierung der Option anklicken muss. Den Text der E-Mails können Sie auf der Seite EINSTELLUNGEN • LESEN im Bereich FOLLOWER-EINSTELLUNGEN anpassen.

In jeder verschickten E-Mail ist ein Link zur Stornierung des Abonnements enthalten, allerdings werden alle Abonnements und somit auch die E-Mail-Adressen der Besucher auf WordPress.com (*subscribe.wordpress.com*) verwaltet, auch wenn der Besucher kein WordPress-Konto haben sollte.

Die Zahl der Abonnenten wird im Bereich ABONNEMENTS des Jetpack-Moduls WEBSITE-STATISTIKEN angezeigt (siehe Abschnitt 15.6). Allerdings sehen Sie dort keine E-Mail-Adressen und können diese auch nicht hinzufügen oder entfernen. Das Abonnement beenden kann also nur der Abonnent selbst, indem er zu *subscribe.wordpress.com* surft und dort den Anweisungen folgt.

16.4.2   »WP.me Kurz-URLs« zum einfachen Weitersagen in E-Mails

Das Modul WP.ME KURZ-URLs erzeugt für jeden Beitrag zusätzlich zum Permalink unter Verwendung der Domain *wp.me* eine kurze Webadresse. Dies ist besonders praktisch beim Weitersagen von langen URLs in E-Mails, damit lange Adressen nicht umbrochen werden.

Hier ein Beispiel:

▸ Permalink: *http://ihre-domain.de/2015/03/22/lorem-ipsum-unterwegs/*

▸ WP.me Kurz-URL: *http://wp.me/p5Oo2S*

Den Kurzlink für einen Beitrag erhalten Sie, indem Sie den gewünschten Beitrag im Editor zur Bearbeitung öffnen und dann auf die Schaltfläche KURZLINK ANZEIGEN unterhalb des Permalinks klicken.

16.4.3   »Publizieren« neuer Beiträge in Ihren Social-Media-Kanälen

Das Jetpack-Modul PUBLIZIEREN (engl. *Publicize*) ermöglicht das halb automatische Veröffentlichen neuer Beiträge auf Facebook, Twitter, LinkedIn, Google+, Tumbler und Path. So erfahren Ihre Follower in den diversen Social-Media-Kanälen, dass es in Ihrem Blog einen neuen Beitrag gibt.

Nach der Aktivierung des Moduls gibt es im Menü EINSTELLUNGEN • TEILEN einen neuen Bereich mit dem passenden Namen PUBLIZIEREN. Dort müssen Sie sich zunächst einmal mit den gewünschten Diensten verbinden (Abbildung 16.15).

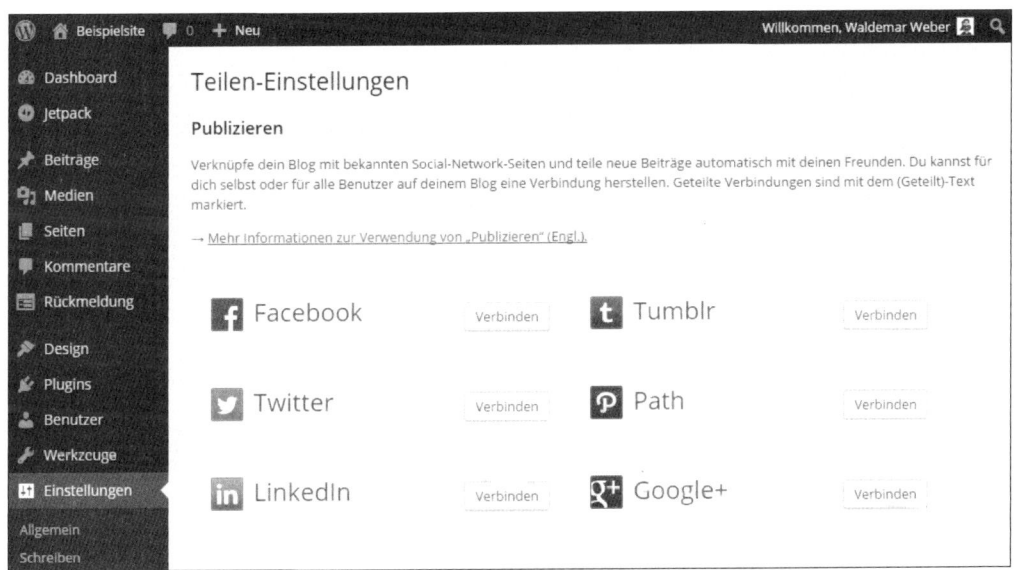

Abbildung 16.15 »Publizieren« – mit den gewünschten Diensten verbinden

Die Verbindung mit einem Dienst erlaubt WordPress, in Ihrem Namen Beiträge zu erstellen. Nachdem Sie sich mit einem Dienst verbunden haben, erscheint bei Beiträgen neben dem Editor im Bereich VERÖFFENTLICHEN die Option PUBLIZIEREN, mit der Sie einen Beitrag während der Veröffentlichung auch gleich in Ihren Social-Media-Kanälen verbreiten.

Das klingt soweit nicht schlecht, aber in der Praxis ist das Modul PUBLIZIEREN nicht sonderlich flexibel: Es kann nur eine Version für alle Dienste, erlaubt z. B. nur 140 Zeichen, kennt keine Anpassung der Bilder und zeigt vor dem Publizieren keine Vorschau. Probieren Sie es einfach aus, und deaktivieren Sie es wieder, wenn es Ihnen nicht gefällt.

Blog2Social als Alternative zum Jetpack-Modul »Publizieren«

Als Alternative zum Jetpack-Modul PUBLIZIEREN gibt es z. B. das Plugin *Blog2Social*, das leistungsfähiger, aber dafür nicht ganz kostenlos ist:

▶ *de.wordpress.org/plugins/blog2social/*

Weitere Infos finden Sie auf *blog2social.de*, der Website zum Plugin.

16.4.4   »Erweiterte Verbreitung«: Der Feuerwehrschlauch von WordPress.com

Die Beschreibung für das Modul ERWEITERTE VERBREITUNG lautet wie folgt:

Jetpack wird automatisch die veröffentlichten Inhalte deiner Webseite nehmen und sie direkt mit Drittanbieter-Diensten, wie Suchmaschinen, teilen, um deine Reichweite und den Besucherstrom zu vergrößern.

Gemeint ist damit, dass Jetpack alle öffentlichen Inhalte Ihrer Website in einen großen Mahlstrom von Beiträgen einspeist, den unter anderem Suchmaschinen regelmäßig abfragen. Der Nutzeffekt ist, dass Suchmaschinen so noch schneller von neuen Beiträgen erfahren und diese indizieren können.

Im englischen Original heißt das Modul WORDPRESS FIREHOSE, und *firehose* heißt wörtlich übersetzt der »Feuerwehrschlauch«. Das Modul ERWEITERTE VERBREITUNG spritzt Ihre Beiträge also bildlich gesprochen mit dem großen Feuerwehrschlauch von WordPress.com hinaus ins große, weite Web. Kann ja nicht schaden.

Überblick: Nicht ganz so nützliche Interaktionsmodule von Jetpack

Die folgenden Module sind in der Praxis meist nur begrenzt nützlich:

▶ JETPACK-KOMMENTARE hat eigentlich nur Vorteile, wenn man Kommentare nur für registrierte Besucher erlaubt. Es erschwert das Kommentieren auf mobilen Geräten und funktioniert nicht mit dem Spamschutz von *Antispam Bee*, sodass Sie *Akismet* verwenden müssten (siehe Abschnitt 16.3.2).

▶ GEFÄLLT MIR hat nichts mit Facebook zu tun, sondern ermöglicht Benutzern von WordPress.com-Konten, ein Like-it zu setzen, das dann zentral auf WordPress.com verwaltet werden kann.

▶ BENACHRICHTIGUNGEN ermöglicht es Ihnen, Benachrichtigungen über neue Kommentare und »Gefällt mir«-Klicks zu erhalten. Nur sinnvoll, falls Sie sich langweilen und nicht sowieso schon mehr als genug Benachrichtigungen bekommen.

16.5　Auf einen Blick

Die wichtigsten Themen noch einmal im Überblick:

▶ Ein Kontaktformular bietet Besuchern eine einfache Möglichkeit, Ihnen eine Nachricht zu schicken.

▶ Das Jetpack-Modul KONTAKTFORMULAR ist die wahrscheinlich einfachste Art, in WordPress ein Kontaktformular einzufügen.

▶ Nachrichten der Besucher über das Kontaktformular werden Ihnen per E-Mail zugeschickt und im Menü RÜCKMELDUNG gespeichert.

▶ Das Jetpack-Modul TEILEN integriert Schaltflächen zum Weitersagen von Beiträgen oder Seiten in sozialen Medien wie Facebook oder Twitter.

▶ Ein Klassiker zur Vermeidung von Kommentarspam ist das Plugin *Antispam Bee* von Sergej Müller (*antispambee.de*).

▶ *Akismet* wäre ein toller Spamschutz und wird bei jedem WordPress vorinstalliert, aber es ist nur für den persönlichen Einsatz kostenlos, und in Europa erschweren datenschutzrechtliche Bedenken den Einsatz.

▶ Weitere eventuell nützliche Jetpack-Module sind:

　– ABONNEMENTS fügt Optionen zum Abonnieren von Kommentaren oder Blogbeiträgen hinzu.

　– WP.ME KURZ-URLS erzeugt Kurzadressen zum Teilen in E Mails.

　– PUBLIZIEREN ermöglicht das automatische Weitersagen von Beiträgen nach der Veröffentlichung, ist aber nicht sehr flexibel.

　– ERWEITERTE VERBREITUNG kopiert Ihre Beiträge in den großen Stream von WordPress.com und erleichtert es so Suchmaschinen und anderen Diensten, Ihre Beiträge zu finden.

16

TEIL V

Systemverwaltung und Tipps & Tricks

Kapitel 17

SEO – die Optimierung
für Suchmaschinen

Worin Sie erfahren, wie Texte im Web von Maschinen gelesen werden,
und ein Plugin zur Optimierung Ihrer Webseiten für Suchmaschinen und
Social Media kennenlernen.

Die Themen im Überblick:

Die Optimierung von Webseiten für Suchmaschinen und Social Media ist in den letzten Jahren fast zum Selbstzweck geworden, und die Abkürzung *SEO* (*Search Engine Optimization*) ist im Weballtag fest verankert. Meist wird SEO als ein Wort ausgesprochen (*seoh*), aber alle Buchstaben einzeln geht auch (*s-e-o*).

Die Optimierung für Suchmaschinen ist natürlich wichtig, aber der Satz »Was gut ist für Ihre Besucher, ist auch gut für Suchmaschinen« hat sich als guter Leitfaden im Alltag etabliert. Suchmaschinen und Besucher tragen schließlich beide das »Suchen« im Namen, und beide suchen dasselbe, nämlich relevanten Inhalt.

Um Ihre Webseiten für Suchmaschinen zu optimieren, benötigen Sie keine schwarze Magie, sondern nur ein bisschen Grundlagenwissen und ein gutes Plugin zur Umsetzung.

> **WordPress – Sichtbarkeit in Suchmaschinen**
> Falls Sie sich nicht sicher sind, prüfen Sie zunächst bitte, ob WordPress Ihre Seite
> momentan vor den Suchmaschinen versteckt oder nicht:

17.1 Schreiben im Web für Maschinen
▶ Öffnen Sie im Backend das Menü EINSTELLUNGEN • LESEN.

▶ Suchen Sie dort den Bereich SICHTBARKEIT DES BLOGS.

▶ Prüfen Sie, ob die Option MEINE WEBSEITE SOLL NICHT ÖFFENTLICH SEIN. NUR FÜR MICH UND BENUTZER SICHTBAR, DIE ICH AUSWÄHLE aktiviert ist oder nicht.

Mit dieser in Abschnitt 4.5, »›Einstellungen • Lesen‹: Beiträge, Newsfeed und Suchmaschinen«, vorgestellten Option kontrollieren Sie die Sichtbarkeit Ihrer Website in den Suchmaschinen.

17.1 Schreiben im Web für Maschinen

Webseiten werden nicht nur von Menschen gelesen, sondern auch von Maschinen, insbesondere von Robots der Suchmaschinen. Wichtig ist dabei zunächst Folgendes:

1. *Keine* Suchmaschine durchsucht live das Web. Das geht nicht, weil das Web über Zigmillionen Servercomputer verteilt ist, und die kann man nicht jedes Mal alle abklappern.

2. Suchmaschinen haben *Robots*, *Spider* oder *Crawler* genannte Programme, die eine Liste mit URLs bekommen und anhand dieser Liste rund um die Uhr durchs Web surfen.

3. Die Robots machen Kopien vom Quelltext der besuchten Webseiten und speichern diese Kopien in der Datenbank der Suchmaschine.

4. Die Suchmaschine durchsucht nur diese Datenbank.

5. *Keine* Suchmaschine hat das gesamte Web in ihrer Datenbank.

Diese Punkte gelten für *alle* Suchmaschinen, auch für Google.

17.1.1 Suchmaschinen denken nicht, sie vergleichen Zeichen

Das Faszinierende an Suchmaschinen ist zum einen das Tempo, in dem das Suchergebnis bei uns eintrifft, und zum anderen, dass auf der Ergebnisseite überhaupt nützliche Treffer angezeigt werden. Das ist insofern überraschend, als eine Suchmaschine keine thematischen Zusammenhänge versteht. Eine Suchmaschine kann nicht denken, sondern nur Zeichen vergleichen.

Die folgende Google-Suche verdeutlicht dies beispielhaft:

```
"ägyptische Pyramiden" wunderwerke
```

Mit dieser Suche wird Google beauftragt, Seiten zu finden, auf denen die Wörter "ägyptische Pyramiden" und wunderwerke vorkommen. Google legt daraufhin los und präsentiert 0,21 Sekunden später das Ergebnis, das eventuell etwas überrascht. Bestes Suchergebnis ist ein Link zum Manifest der Kommunistischen Partei von Karl Marx (Abbildung 17.1).

Abbildung 17.1 Die ägyptischen Pyramiden im kommunistischen Manifest

Der Grund für dieses Suchergebnis ist ~~nicht~~, dass im »Manifest der Kommunistischen Partei« folgender Satz steht:

> *»Sie hat ganz andere Wunderwerke vollbracht als ägyptische Pyramiden, römische Wasserleitungen und gotische Kathedralen, [...]«*

Dieser Satz enthält die Suchbegriffe, erfüllt alle Suchbedingungen und ist für eine Suchmaschine somit ein absoluter Volltreffer. Suchmaschinen vergleichen Zeichen. Sie wissen nicht, dass das kommunistische Manifest *thematisch* mit ägyptischen Pyramiden eher weniger zu tun hat.

Was bedeutet das jetzt für Ihre Webseiten? Wenn Sie unter einem bestimmten Suchbegriff gefunden werden wollen, muss dieser tatsächlich irgendwo auf Ihren Seiten stehen.

Beim Schreiben eines Webtextes sollten Sie sich also vorstellen, welche Suchbegriffe der gewünschte Leser benutzen würde, um diesen Beitrag zu finden, und genau diese Begriffe sollten im Text vorkommen.

17.1.2   Suchmaschinenrobots können nicht lesen

In diesem Abschnitt möchte ich Ihnen kurz zeigen, wie Webseiten aus der Sicht von Suchmaschinen aussehen, denn Suchmaschinenrobots können nicht lesen, nicht hören, nicht denken und nicht klicken, und es ist ihnen ebenfalls völlig egal, ob eine Webseite ein fantastisches Design hat.

Suchmaschinenrobots sehen eine Webseite eher so wie in Abbildung 17.2. Wenn Sie genau hinschauen, erkennen Sie die Startseite aus der in diesem Buch erstellten Beispielsite. Dieser Text wird zusammen mit der URL in der Datenbank der Suchmaschine gespeichert.

Abbildung 17.2 So etwa sieht ein Suchmaschinenrobot die Beispielsite.

Links zu Suchmaschinensimulatoren

Falls Sie einen solchen *Search Engine Simulator* einmal ausprobieren möchten, hier ein paar URLs:

▶ *totheweb.com/learning_center/tools-search-engine-simulator/*
▶ *rapid.searchmetrics.com/seo-tools/se-spider.html*

Falls diese Links nicht mehr funktionieren sollten, geben Sie bei Google einfach »search engine simulator« ein.

17.1.3   Suchmaschinen analysieren den »head«-Bereich im Quelltext

Jede Webseite besteht aus Quelltext, und dieser Quelltext lässt sich in zwei große Bereiche unterteilen:

▶ Der *Head* ist eine Art Vorspann, der im Quelltext zwischen <head> und </head> liegt. In diesem Bereich gibt es Elemente, wie z. B. den *Seitentitel* und die *Seitenbeschreibung*, die für die Suchmaschinen sehr wichtig sind.

▶ Der *Body* zwischen <body> und </body> ist der im Browserfenster sichtbare Teil des Quelltextes, der oft in Layoutbereiche wie Kopf-, Navigations-, Inhalts- und Fußbereich eingeteilt wird.

Auch wenn menschliche Besucher den Quelltext meist nicht zu Gesicht bekommen, die Programme unter den Besuchern interessieren sich sehr dafür. Während Menschen also meist nur den im Browserfenster sichtbaren body betrachten, analysieren Suchmaschinenrobots immer auch den unsichtbaren head-Bereich. Abbildung 17.3 zeigt den Quelltext einer Webseite mit markiertem head und body.

Abbildung 17.3 »head« und »body« im Quelltext einer Webseite

17.1.4   Suchergebnis, Seitentitel, URL und Seitenbeschreibung

Im head-Bereich des Quelltextes gibt es zwei Elemente, die für das Erscheinungsbild der Seite in den Suchmaschinen von besonderer Bedeutung sind:

▶ Der *Seitentitel* steht zwischen `<title>` und `</title>`. Er enthält einen kurzen Text, der auf den Ergebnisseiten der Suchmaschinen meist als dicker blauer Hyperlink oberhalb eines Suchergebnisses benutzt wird.

Ein guter Seitentitel ist kurz (fünf bis sieben Wörter, ca. 60 Zeichen) und beschreibt den Inhalt der Webseite, ohne dass man diese sieht. Ein paar wichtige Begriffe, die den Inhalt der Webseite beschreiben, und der Name der Firma oder der Site sind ein guter Ausgangspunkt.

▶ Die *Seitenbeschreibung* (`<meta name="description">`) ist ein kurzer Text, den Google und andere Suchmaschinen zur Beschreibung eines Suchergebnisses benutzen. Sie sollte zwei bis drei ganze Sätze mit zwischen 80 und 150 Zeichen (keine Romane) und den für diese Seite relevanten Suchbegriffen enthalten. Machen Sie in der Seitenbeschreibung Werbung für die Seite, kurz und knackig.

Auf den Ergebnisseiten von Google steht zwischen Seitentitel ❶ und Seitenbeschreibung ❸ außerdem noch die grün eingefärbte URL ❷, die auch den von Ihnen festgelegten Permalink enthält, und die eingegebenen Suchbegriffe werden im Suchergebnis fett hervorgehoben (Abbildung 17.4).

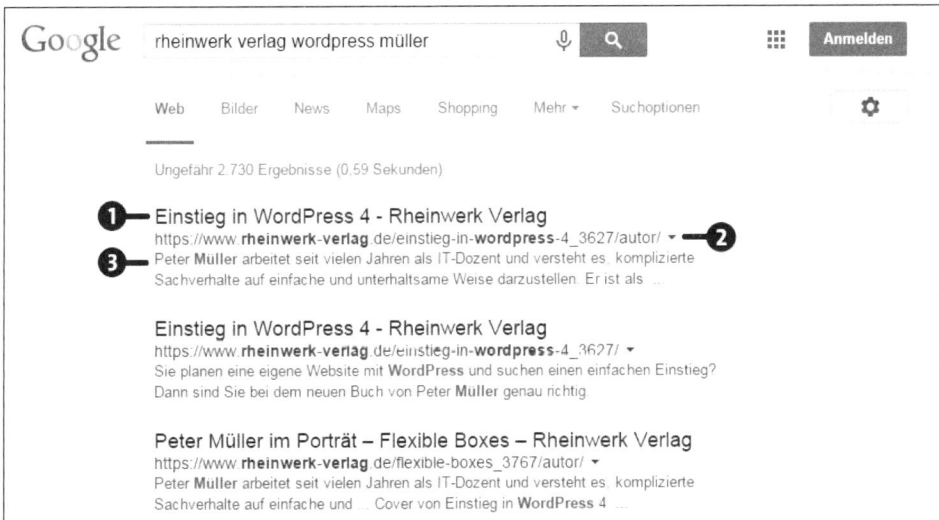

Abbildung 17.4 Seitentitel, URL und Seitenbeschreibung bei Google

Seitentitel und -beschreibung anpassen

Seitentitel und Seitenbeschreibung bestimmen das Erscheinungsbild der Seite in den Suchmaschinen, und in Abschnitt 17.4 sehen Sie, wie Sie sie in WordPress für jeden Beitrag und jede Seite optimieren können.

17.2 Ranking: Die Reihenfolge der Suchergebnisse

Um bei einer bestimmten Suche in den Topf mit den Suchergebnissen zu kommen, müssen die eingegebenen Suchbegriffe also auf Ihren Webseiten stehen. Aber wie legen die Suchmaschinen dann die Reihenfolge der Treffer fest?

Dieser Prozess heißt *Ranking*, und dabei spielen viele Hunderte von Faktoren eine Rolle, die von den Suchmaschinen auch regelmäßig geändert werden, aber der Kern der Sache ist, dass Google Hyperlinks mag.

17.2.1 Google mag Hyperlinks ...

Das Besondere am World Wide Web sind Hyperlinks. Im Rahmen einer inzwischen online leider nicht mehr verfügbaren Einführung hat Google selbst das einmal so ausgedrückt:

> *»Das Herz unserer Software ist PageRank(TM), ein System der Beurteilung von Webseiten, das von den Gründern von Google, Larry Page und Sergey Brin, an der Universität von Stanford entwickelt wurde. [...]*

> *PageRank verlässt sich auf die einzigartige demokratische Natur des World Wide Webs, indem es die weitverzweigte Link-Struktur als einen Indikator für die individuelle Einschätzung der Qualität einer Seite nimmt. Der Kern ist dabei, dass Google einen Link von Seite A zu Seite B als ein ›Votum‹ von Seite A für Seite B interpretiert.«*

Mit *einzigartige demokratische Struktur des World Wide Webs* ist gemeint, dass Google schaut, wie viele Hyperlinks auf eine bestimmte Seite zeigen. Jeder dieser eingehenden Links wird als Stimme gewertet, und je mehr Stimmen sie hat, desto wichtiger ist eine Seite.

Gleichzeitig schaut Google aber auch, ob die Stimme von einer ihrerseits wichtigen Seite kommt, denn dann zählt sie mehr:

> *»Das Votum von einer Seite, die selber ›wichtig‹ ist, zählt mehr und hilft, andere Seiten ›wichtig‹ zu machen.«*

So viel zu Google und der demokratischen Struktur des World Wide Web.

17.2.2   Backlinks: Hyperlinks, die auf Ihre Webseiten zeigen

Die simple Tatsache, dass Google Hyperlinks mag, hat weitreichende Folgen, denn um eine Seite bei Google auf den Ergebnisseiten nach oben zu bringen, helfen Links, die auf Ihre Seiten zeigen, sogenannte *Backlinks*.

Um Backlinks zu bekommen, gehen einige Site-Betreiber weite und zum Teil auch nicht ganz legale Wege. Es lohnt sich aber definitiv nicht, dabei zu mogeln, und Sie sollten keinesfalls auf Backlink-Angebote eingehen, die Sie per E-Mail erhalten. Google bewertet Backlinks von bekannten schwarzen Schafen auch negativ.

Je aktiver Sie im Web sind und je mehr Links auf Ihre Webseiten zeigen, desto eher werden Sie belohnt. Das Zauberwort heißt *Vernetzung*.

Aber denken Sie daran, dass die Suchmaschinen die Besucher nur auf Ihre Site bringen. Wenn es dort nichts Interessantes zu lesen oder zu gucken gibt, sind sie auch ganz schnell wieder weg. Der Inhalt Ihrer Site sollte also einen Besuch wert sein, sonst lohnt sich die ganze Optimierung nicht.

17.2.3   »Mobile friendly« – ist die Seite responsiv?

Google berücksichtigt beim Ranking seit einiger Zeit auch, ob Webseiten für mobile Geräte optimiert wurden oder nicht. Auf der folgenden Seite können Sie beliebige URLs auf ihre Mobiltauglichkeit hin testen:

▶ *google.com/webmasters/tools/mobile-friendly/*

Abbildung 17.5 zeigt, dass das Ergebnis für *wpbuch.pmueller.de* im grünen Bereich liegt. Wenn Sie ein responsives Theme einsetzen, sollte das bei Ihnen auch der Fall sein.

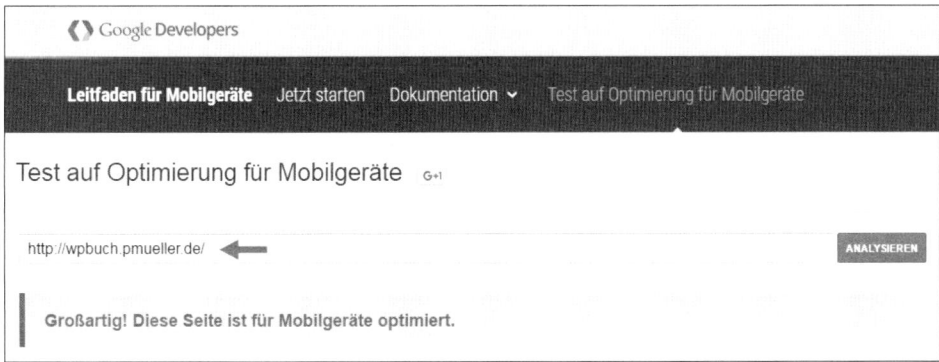

Abbildung 17.5 Der Test auf Optimierung für Mobilgeräte von Google

17.3   Das Plugin All in One SEO Pack im Überblick

In diesem Abschnitt geht es um die Optimierung Ihrer Webseiten für Suchmaschinen. WordPress bietet dazu von Haus aus nur wenige Möglichkeiten:

▶ Sie können für Seiten und Beiträge den Permalink festlegen.

▶ Suchmaschinen bekommen Bescheid, wenn neue Beiträge veröffentlicht werden. Die Option finden Sie im Menü EINSTELLUNGEN • SCHREIBEN im Bereich UPDATE-SERVICES.

Darüber hinaus bietet WordPress nicht sehr viel, und Sie können z. B. nicht Seitentitel und -beschreibung für Seiten und Beiträge optimieren.

Deshalb möchte ich in diesem Abschnitt das Plugin *All in One SEO Pack* von Michael Tolbert vorstellen, das für Einsteiger ohne aufwendige Konfiguration seinen Dienst tut und für fortgeschrittene Benutzer mehr als genügend Einstellungsmöglichkeiten bietet.

Alternativen zu All in One SEO Pack

Das *All in One SEO Pack* ist ein guter, kostenloser Einstieg, aber es gibt noch zwei weitere hervorragende Plugins, die nicht unerwähnt bleiben sollen:

▶ *WordPress SEO by Yoast*: *de.wordpress.org/plugins/wordpress-seo/*
Der Autor stammt aus den Niederlanden, heißt Joost de Valk, und *Yoast* ist die englische Aussprache seines Vornamens. Das Plugin ist genau wie *All in One SEO Pack* auf Millionen von Websites im Einsatz, erfordert aber etwas mehr Know-how und Feintuning und ist deshalb eher was für Fortgeschrittene.

▶ *wpSEO* von Sergej Müller: *wpseo.de*
wpSEO ist deutschsprachig, ein absolut professionelles Tool und kann zehn Tage lang ausprobiert werden. Nach der Testphase kostet *wpSEO* einmalig ab 19,99 € plus MwSt (Stand: Mai 2016).

Wenn Ihnen das *All in one SEO Pack* also nicht gefallen sollte, haben Sie genügend Auswahl.

17.3.1   Das Plugin All in One SEO Pack installieren

Zunächst einmal müssen Sie das Plugin *All in One SEO Pack* installieren. Im Plugin-Verzeichnis finden Sie es unter folgender Adresse (Abbildung 17.6):

▶ *de.wordpress.org/plugins/all-in-one-seo-pack/*

Abbildung 17.6 All in One SEO Pack im Plugin-Verzeichnis

Im folgenden ToDo installieren und aktivieren Sie das Plugin.

ToDo: Das Plugin All in One SEO Pack installieren

1. Öffnen Sie im Backend die Seite PLUGINS • INSTALLIEREN.
2. Geben Sie rechts oben bei PLUGINS SUCHEN »All in One SEO Pack« ein.
3. Daraufhin sollte das Plugin *All in One SEO Pack* angezeigt werden.
4. Klicken Sie beim Plugin auf die Schaltfläche INSTALLIEREN.
5. Klicken Sie nach der Installation auf den Link zur Aktivierung des Plugins.

Nach Installation und Aktivierung finden Sie in der Menüleiste einen neuen Menü-punkt namens ALL IN ONE SEO mit den Untermenüs HAUPTEINSTELLUNGEN, LEISTUNG und FEATURE MANAGER.

17

Die Dokumentation zu All in One SEO Pack

Auf der Website zum Plugin gibt es eine ausführliche (englische) Dokumentation:

▶ Überblick: *semperplugins.com/documentation/*
▶ Quick Start: *semperplugins.com/documentation/quick-start-guide/*

Auf der Seite HAUPTEINSTELLUNGEN finden Sie rechts in der Sidebar im Bereich SUPPORT auch entsprechende Links (Abbildung 17.7).

17.3.2 Die »Haupteinstellungen« für das All in One SEO Pack im Überblick

Zunächst einmal sollten Sie einen kurzen Blick in die allgemeinen Einstellungen des SEO Pack werfen, da die Seite sonst auf den ersten Blick etwas überwältigend wirkt und eher abschreckt als einlädt.

ToDo: Einstellungen für All in One SEO Pack kennenlernen

1. Wechseln Sie in das Menü ALL IN ONE SEO • HAUPTEINSTELLUNGEN.
2. Klappen Sie alle Bereiche mit einem Klick auf das kleine Dreieck rechts neben HILFE ein.

Abbildung 17.7 zeigt die Seite HAUPTEINSTELLUNGEN nach diesem ToDo, wobei ich die Werbeblöcke entfernt habe. Leider gibt es keine Möglichkeit, diese Einstellung zu speichern, aber um einen Überblick zu bekommen, ist sie ideal.

Oben finden Sie eine Einladung zum Abonnieren einer Mailingliste ❶ und darunter sehen Sie links zehn Bereiche für diverse SEO-Einstellungen ❷ (HAUPTEINSTELLUNGEN, HOMEPAGE EINSTELLUNGEN etc.) und rechts noch ABOUT und SUPPORT ❸. Einige dieser Bereiche lernen Sie in diesem Kapitel noch kennen. Die allermeisten Voreinstellungen sind recht sinnvoll, was gerade für Einsteiger sehr vorteilhaft ist.

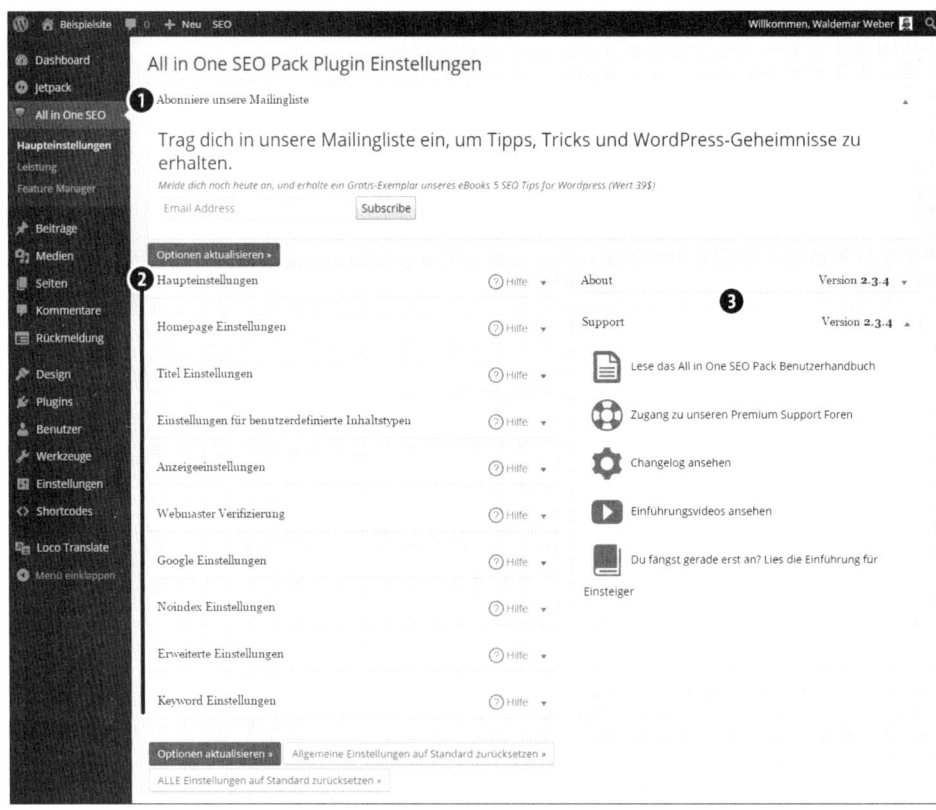

Abbildung 17.7 Die »Haupteinstellungen« für All in One SEO Pack

17.4   SEO: Seitentitel und -beschreibung optimieren

Die eigentliche SEO-Arbeit erwartet Sie beim Schreiben der Beiträge und Seiten. Abbildung 17.8 zeigt, dass es auf der Seite ALLE BEITRÄGE zwei neue Spalten mit den Überschriften SEO TITEL ❶ und SEO BESCHREIBUNG ❷ gibt (falls die Seite zu breit wird, können Sie über ANSICHT ANPASSEN einzelne Spalten der Tabelle ausblenden). Darunter sehen Sie die etwas missglückte Übersetzung von *No title* (Kein Titel) und *No description* (Keine Beschreibung). Gemeint ist damit, dass für die in Abschnitt 17.1.4 vorgestellten Elemente Seitentitel und Seitenbeschreibung noch keine für Suchmaschinen optimierte Version festgelegt wurde.

Abbildung 17.8 Die Seite »Alle Beiträge« mit zwei neuen Spalten

Bei der Bearbeitung eines Beitrags oder einer Seite erscheint unterhalb des Editors ein neuer Bereich namens ALL IN ONE SEO PACK, in dem Sie unter anderem Seitentitel und Seitenbeschreibung definieren können. Das Pfiffige daran ist das PREVIEW SNIPPET ❶, das Ihnen einen Eindruck davon verschafft, wie Seitentitel ❷, Seitenbeschreibung ❸ und die URL auf der Ergebnisseite einer Suchmaschine aussehen würden (Abbildung 17.9).

Der Rest ist harte Arbeit, wie man so schön sagt, denn ab jetzt können Sie unterhalb des Editors für jede Seite und für jeden Beitrag festlegen, wie sie später auf den Ergebnisseiten der Suchmaschinen aussehen sollen.

Google hält sich nicht immer genau an das »Preview Snippet«

Suchmaschinen nehmen den Seitentitel und die Seitenbeschreibung, sofern vorhanden, als Grundlage für die Darstellung auf den Ergebnisseiten, können aber durchaus auch davon abweichen. Es gibt also keine Garantie, dass die Seite in Google genauso aussieht wie im PREVIEW SNIPPET im Backend.

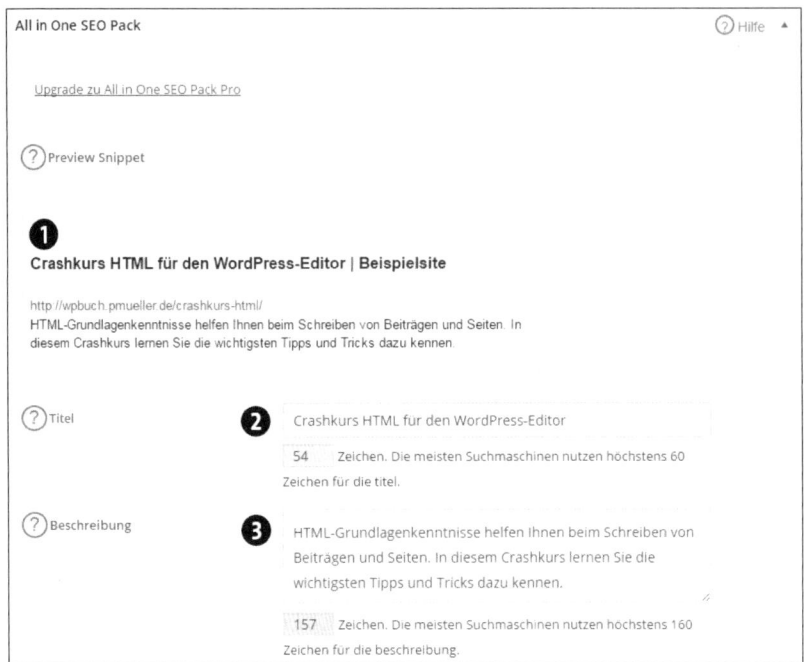

Abbildung 17.9 »Preview Snippet«, Seitentitel und Seitenbeschreibung

17.5   »Social Meta«: Beiträge für Social Media optimieren

Im letzten Abschnitt haben Sie gesehen, wie Sie das Erscheinungsbild Ihrer Seiten für Suchmaschinen beeinflussen können, in diesem Abschnitt geht es um das Erscheinungsbild der Beiträge beim Weitersagen in Ihren Social-Media-Kanälen.

17.5.1   Der Open Graph: Metadaten für Facebook, Twitter & Co.

Im Modul SOCIAL META werden Ihnen häufiger die Buchstaben OG begegnen, die in diesem Zusammenhang für *Open Graph* stehen. Gemeint ist damit ein ursprünglich von Facebook entwickeltes Protokoll, das auf einer Webseite Metadaten für die Integration eines Beitrags in Social-Media-Diensten bereitstellt. Das Open-Graph-Protokoll hat sich in den letzten Jahren zum Standard entwickelt und wurde von vielen anderen Diensten übernommen.

Da *Metadaten* sehr abstrakt klingt, folgt hier ein konkretes Beispiel:

▶ Facebook möchte beim Teilen eines Beitrags unter anderem wissen, welchen Titel der Beitrag bekommen soll und welches Bild dazugehört.

▶ Dazu können Sie im Quelltext Ihrer Webseiten Meta-Elemente einfügen, die diese Informationen für Facebook bereitstellen:

```
<meta property="og:title" content="Crashkurs HTML" />
<meta property="og:image" content="pfad-zum-bild.jpg" />
```

Das erste Meta-Element teilt Facebook mit, dass der Titel des Beitrags »Crashkurs HTML« lauten soll, das zweite sagt, welches Bild dazugehört.

Das Modul SOCIAL META erleichtert Ihnen das Erstellen dieser Metadaten, damit Sie das Erscheinungsbild Ihrer Beiträge in Facebook & Co. möglichst genau festlegen können und nicht alles von Hand in den Quelltext schreiben müssen.

17.5.2   Das All-in-One-SEO-Modul »Social Meta« aktivieren

Um die Darstellung Ihrer Blogbeiträge beim Weitersagen in den sozialen Netzwerken zu optimieren, gibt es im *All in One SEO Pack* ein Modul namens SOCIAL META. Aktivieren können Sie das Modul im Menü ALL IN ONE SEO • FEATURE MANAGER ❶ im Bereich SOCIAL META ❷ (Abbildung 17.10).

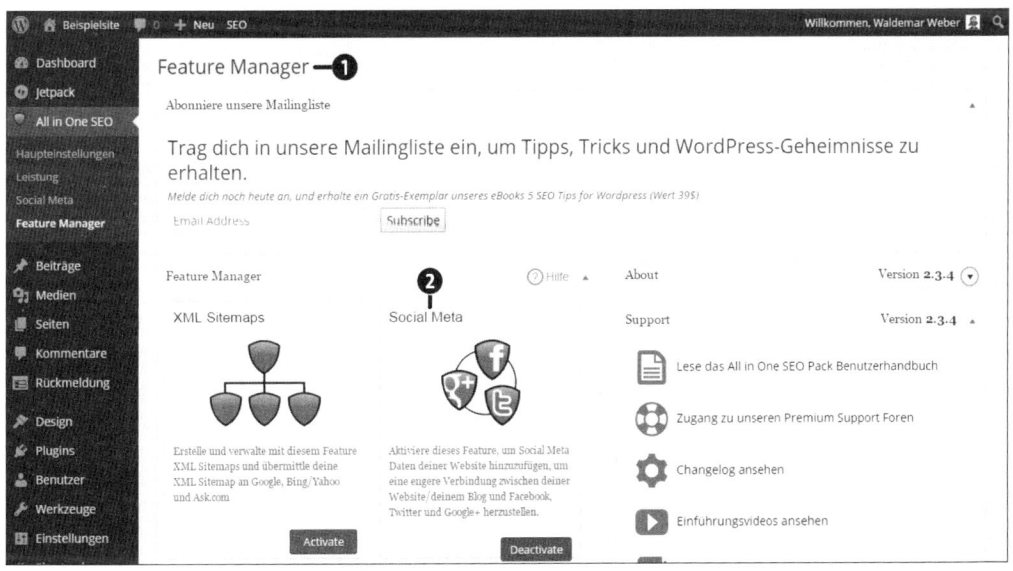

Abbildung 17.10 Der »Feature Manager« von All in One SEO Pack

Im folgenden ToDo aktivieren Sie das Modul SOCIAL META.

ToDo: »All in One SEO« – das Modul »Social Meta« aktivieren

1. Öffnen Sie das Menü ALL IN ONE SEO • FEATURE MANAGER.
2. Klicken Sie im Bereich SOCIAL META auf die Schaltfläche ACTIVATE.

Nach diesem ToDo erscheint im Menü ALL IN ONE SEO ein neues Untermenü namens SOCIAL META ❶ mit zahlreichen Bereichen ❷ (Abbildung 17.11).

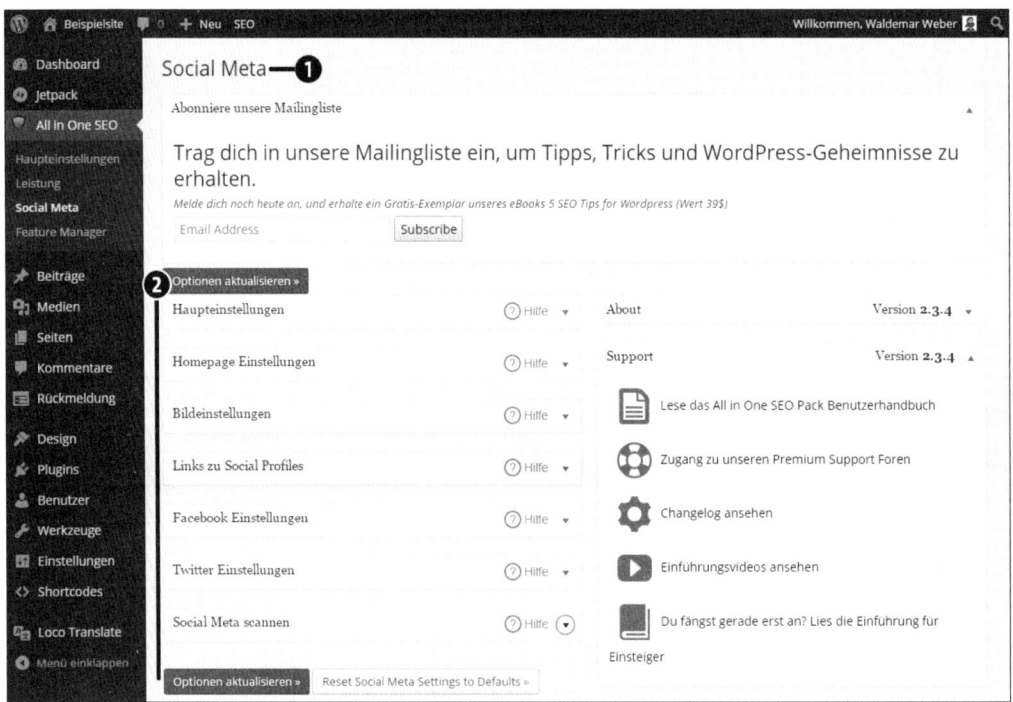

Abbildung 17.11 Die Optionen im Menü »All in One SEO • Social Meta«

In den Einstellungen finden Sie unter anderem die Konfiguration für die Homepage, für Bilder, Facebook und Twitter. Schauen Sie sich die weiteren Einstellungen ruhig an, aber verändern Sie erst einmal nichts.

Mit einem Klick auf das umkreiste Fragezeichen bekommen Sie zu jeder Option eine kurze Hilfe und mit der Schaltfläche RESET SOCIAL META SETTINGS TO DEFAULTS können Sie notfalls die Standardeinstellungen wiederherstellen.

Statische Startseite? Der »Facebook Object Typ« ist dann »Website«

Wenn Sie in WordPress eine statische Seite als Startseite definiert haben, erhalten Sie unter Umständen eine Meldung, dass der *Facebook Object Type* wahrscheinlich *Website* sei.

Ändern Sie dann im Bereich FACEBOOK EINSTELLUNGEN den FACEBOOK OBJECT TYPE von BLOG auf WEBSITE. Dann betrachtet Facebook Ihre Website beim Weitersagen nicht als Blog, sondern als klassische Website.

17.5.3   »Social Meta · Bildeinstellungen«: Ein Standardbild definieren

Beim Weitersagen und Teilen von Beiträgen oder Seiten in sozialen Netzen, ist ein Bild im wahrsten Sinne des Wortes ein guter Blickfang. Da nicht jede Seite und jeder Beitrag ein passendes Bild mitbringen, legen Sie in diesem Abschnitt eine Standardgrafik fest, die immer dann verwendet wird, wenn *All in One SEO Pack* kein spezielles Bild findet.

Das Standardbild sollte mindestens 600 × 315 Pixel groß sein, sich optisch an Ihrer Website orientieren und Betrachtern einen Wiedererkennungswert bieten. In diesem Abschnitt verwende ich dazu ein Foto vom Kopfbereich der Website (Abbildung 17.12).

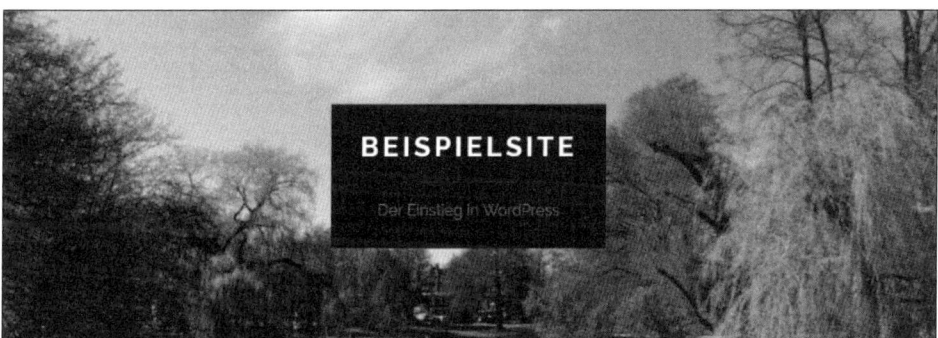

Abbildung 17.12 Die Standardgrafik zum Weitersagen in sozialen Netzen

Im folgenden ToDo definieren Sie ein Standardbild zum Weitersagen von Seiten und Beiträgen in den sozialen Netzen.

ToDo: »All in One SEO« – Standardbild für Social Media festlegen

1. Wechseln Sie in das Menü ALL IN ONE SEO • SOCIAL META.
2. Suchen Sie den Bereich BILDEINSTELLUNGEN.
3. Prüfen Sie, ob als OG: IMAGE QUELLE die Option DEFAULT IMAGE ausgewählt ist.

4. Kreuzen Sie darunter die Option STANDARDBILD BENUTZEN, FALLS KEIN BILD GEFUNDEN WIRD an.
5. Klicken Sie im Bereich STANDARD OG: IMAGE auf UPLOAD IMAGE.
6. Wählen Sie ein geeignetes Bild.
7. Klicken Sie unter dem Feld WEB-ADRESSE die Schaltfläche DATEI-URL an, bevor Sie das Bild IN DEN BEITRAG EINFÜGEN.
8. Speichern Sie die Änderungen mit der Schaltfläche OPTIONEN AKTUALISIEREN.

Nach diesem ToDo sollte in den BILDEINSTELLUNGEN neben der Option STANDARD OG: IMAGE der Pfad zum Bild erscheinen. Das Bild selbst ist hier leider nicht zu sehen, aber im nächsten Abschnitt werden Sie sehen, ob alles geklappt hat.

17.5.4   Die »Settings für Social Media« für Beiträge und Seiten

Nach der Aktivierung des Moduls SOCIAL META finden Sie bei Beiträgen und Seiten unterhalb des Editors im Bereich ALL IN ONE SEO PACK ein zweites Register namens SETTINGS FÜR SOCIAL MEDIA ❶.

Abbildung 17.13 zeigt den oberen Teil dieses Dialogfeldes im Überblick.

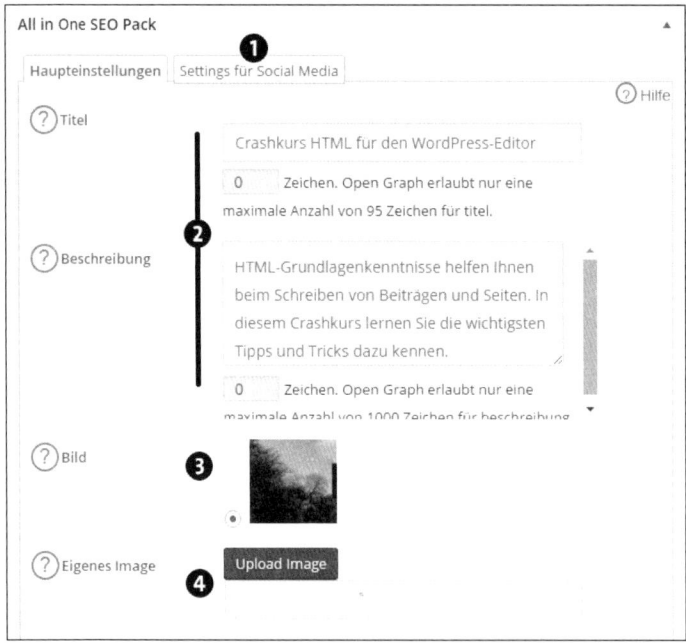

Abbildung 17.13 Die »Settings für Social Media« unter einem Beitrag

In diesen SETTINGS FÜR SOCIAL MEDIA können Sie die Standardeinstellungen aus dem Modul SOCIAL META überschreiben. Die ersten vier Optionen sind im Alltag am wichtigsten:

- ▶ TITEL und BESCHREIBUNG ❷: Wenn Sie das Feld leer lassen, werden die Einträge aus den HAUPTEINSTELLUNGEN übernommen. Sind die Felder dort auch leer, sind der Titel des Beitrags oder der Seite an der Reihe.
- ▶ BILD ❸: Hier können Sie ein Bild definieren, das Facebook & Co. beim Weitersagen benutzen sollen. Hier erscheint das weiter oben festgelegte STANDARDBILD OG: IMAGE.
- ▶ In EIGENES BILD ❹ können Sie ein spezielles Bild hochladen, das nur für diesen Beitrag gilt. Achten Sie auch hier beim Einfügen eines Bildes darauf, unter dem Feld WEB-ADRESSE die Schaltfläche DATEI-URL anzuklicken, bevor Sie das Bild IN DEN BEITRAG EINFÜGEN. Ansonsten bleibt das Eingabefeld leer.

Vergessen Sie nach dem Ausfüllen der Felder nicht, den Beitrag zu AKTUALISIEREN. Abbildung 17.14 zeigt, dass Facebook beim Teilen des Beitrags die weiter oben definierten Einstellungen für BILD ❶, TITEL ❷ und BESCHREIBUNG ❸ übernimmt.

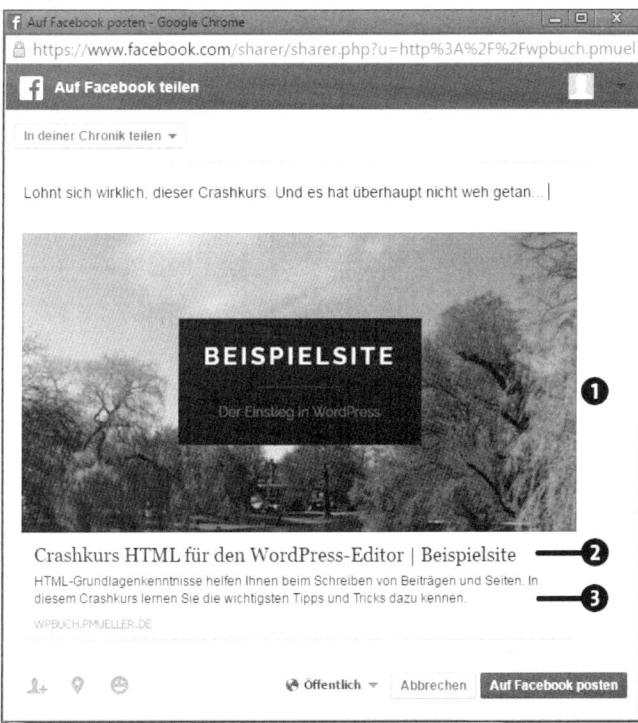

Abbildung 17.14 Der Beitrag in Facebook mit »Settings für Social Media«

Facebook übernimmt die Einstellungen nicht?

Falls beim Einfügen in Facebook etwas nicht klappen will, probieren Sie einfach einmal den Debugger von Facebook:

▸ *developers.facebook.com/tools/debug/og/object/*

Dort geben Sie die entsprechende URL ein, lassen sich mit SHOW EXISTING SCRAPE INFOR-MATION die aktuellen Werte anzeigen und können dann bei Bedarf mit FETCH NEW SCRAPE INFORMATION Facebook dazu bewegen, die Daten noch einmal neu zu holen.

17.6   SEO: »XML-Sitemap« als Inhaltsverzeichnis der Website

Mit einer XML-Sitemap geben Sie den Suchmaschinenrobots quasi ein Inhaltsverzeichnis Ihrer Website mit auf den Weg, sodass sie genau wissen, welche Seiten in der Datenbank der Suchmaschine aufgenommen werden sollen.

Jetpack hat ein Modul »Sitemaps«

In diesem Abschnitt erstellen Sie die Sitemap mit dem *All in One SEO Pack*. Falls Sie kein spezielles SEO-Plugin einsetzen möchten, können Sie eine Sitemap auch mit Jetpack erstellen. Dazu gibt es ein Jetpack-Modul mit dem treffenden Namen SITEMAPS.

17.6.1   Das All-in-One-SEO-Modul »XML Sitemaps« aktivieren

Das Plugin *All in One SEO Pack* hätte seinen Namen nicht verdient, wenn es nicht auch eine Option zur Generierung einer XML-Sitemap bieten würde, die wie das Modul SOCIAL META erst im FEATURE MANAGER aktiviert werden muss.

Im folgenden ToDo aktivieren Sie das Feature XML SITEMAPS und erstellen dann damit eine XML-Sitemap.

ToDo: »All in One SEO« – eine XML-Sitemap erstellen

1. Öffnen Sie das Menü ALL IN ONE SEO • FEATURE MANAGER.
2. Klicken Sie im Bereich XML SITEMAPS auf die Schaltfläche ACTIVATE.

Nach diesem ToDo erscheint im Menü ALL IN ONE SEO ein neues Untermenü namens XML SITEMAP ❶ mit verschiedenen Bereichen ❷ (Abbildung 17.15).

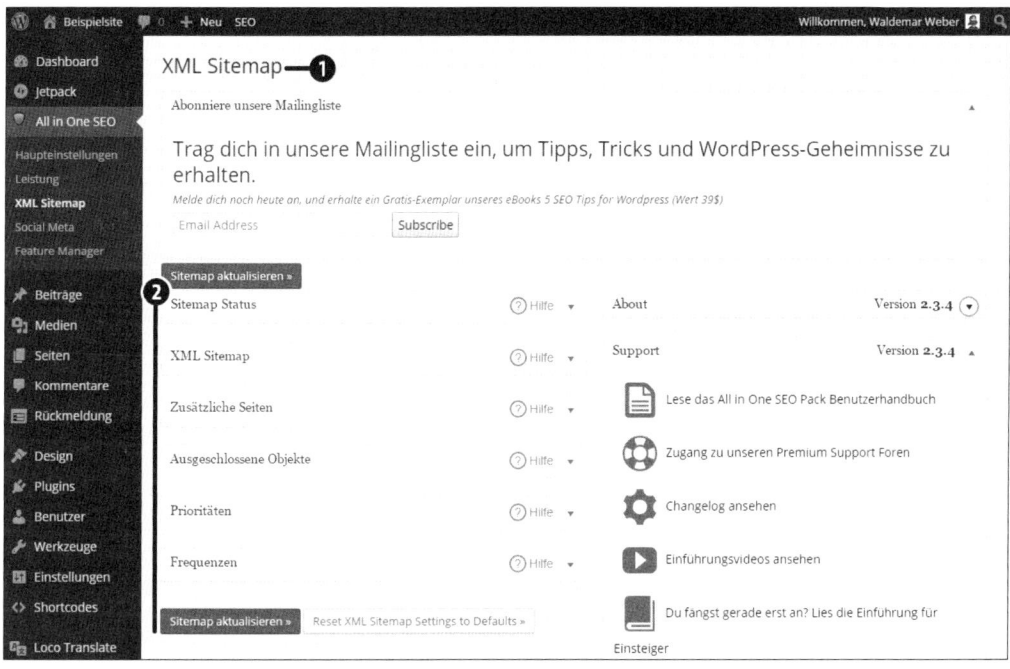

Abbildung 17.15 Die Optionen im Menü »All in One SEO • XML Sitemap«

Schauen Sie sich die Einstellungen ruhig an, aber verändern Sie erst einmal nichts. Mit einem Klick auf das umkreiste Fragezeichen bekommen Sie zu jeder Option eine kurze Hilfe und mit der Schaltfläche RESET XML SITEMAP SETTINGS TO DEFAULTS können Sie notfalls die Standardeinstellungen wiederherstellen.

17.6.2   Eine XML-Sitemap erstellen mit All in One SEO Pack

Im folgenden ToDo erstellen Sie eine XML-Sitemap mit dem entsprechenden Modul des *All in One SEO Packs*.

ToDo: Eine XML-Sitemap erstellen mit »All in One SEO«

1. Wechseln Sie in das Menü ALL IN ONE SEO • XML SITEMAP.

2. Lassen Sie die Standardeinstellungen unverändert, und klicken Sie auf die Schaltfläche SITEMAP AKTUALISIEREN.

3. Klicken Sie auf den Link DEINE SITEMAP ANSEHEN, um sich die frisch generierte Sitemap in einem neuen Browsertab anzeigen zu lassen.

4. Wenn in der Sitemap alle gewünschten Ressourcen gelistet sind, wechseln Sie wieder in das Menü ALL IN ONE SEO • XML SITEMAP.

17

5. Blenden Sie, falls nötig, den Bereich XML-Sitemap ein.

6. Prüfen Sie, ob im Feld Präfix des Dateinamens *sitemap* steht. Die Endung *.xml* wird automatisch ergänzt.

7. Aktivieren Sie die Kontrollkästchen vor den beiden Optionen Google benachrichtigen und Bing benachrichtigen.

8. Lassen Sie alle anderen Einstellungen unverändert.

9. Klicken Sie auf die Schaltfläche Sitemap aktualisieren.

Die Adresse der von All in One SEO generierten Sitemap lautet:

http://meine-domain.de/sitemap.xml

Abbildung 17.16 zeigt einen Ausschnitt aus der Sitemap. Wenn alles geklappt hat, wurden Google und Bing bereits benachrichtigt, dass es eine Sitemap gibt, und schicken ihre Bots zur Indizierung der dort gelisteten Adressen vorbei.

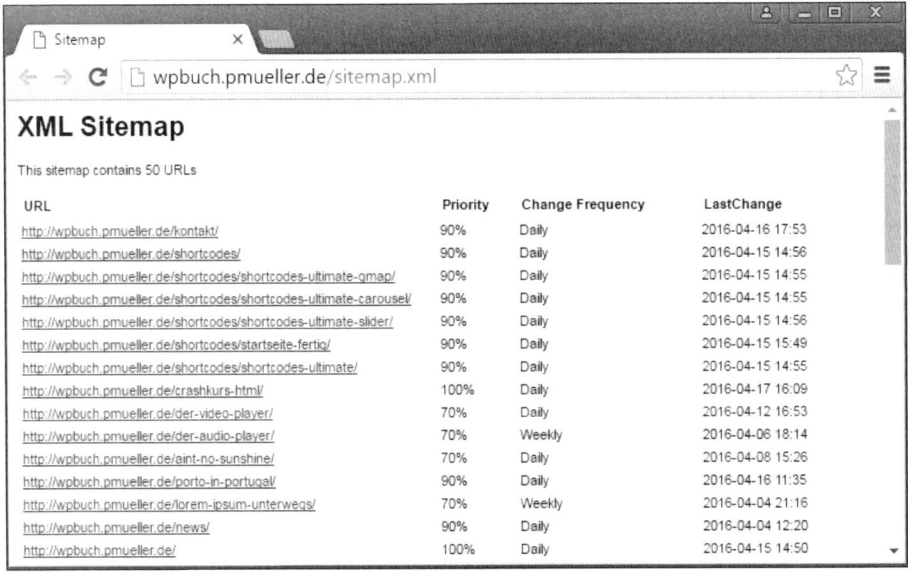

Abbildung 17.16 Die von »All in One SEO« generierte XML-Sitemap

17.6.3   So prüfen Sie Ihre Website bei Google: »site:ihre-domain.de«

Der Google-Bot weiß jetzt, welche Seiten er besuchen und indizieren soll, aber das passiert nicht in einem Wimpernschlag, und es kann schon ein paar Stunden bis Tage dauern, bevor der Google-Bot das erste Mal bei Ihnen vorbeikommt, um die erste Indizierung vorzunehmen.

Mit einer ganz einfachen Google-Suche können Sie sich aber anschauen, ob der Bot schon da war, wie viele Seiten Google von Ihrer Website indiziert hat und wie diese auf der Ergebnisseite aussehen.

Dazu benutzen Sie das Such-Zauberwort `site:` und schreiben ohne Leerstelle den gewünschten Domain-Namen dahinter. Hier ein Beispiel:

`site:pmueller.de`

Abbildung 17.17 zeigt, dass Google von der Domain *pmueller.de* zum Zeitpunkt der Suche 246 Seiten in der Datenbank hatte.

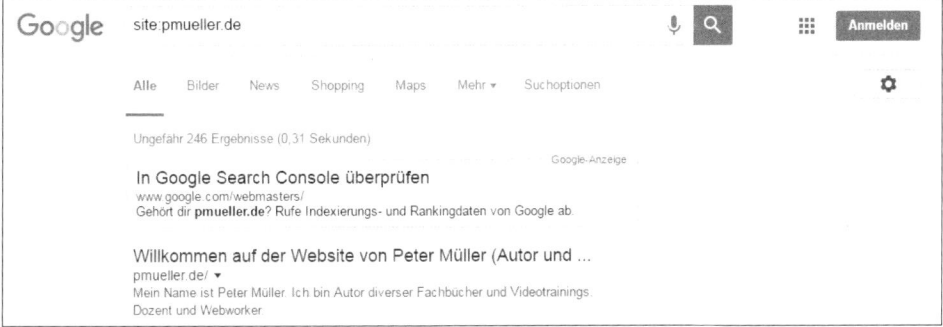

Abbildung 17.17 »site:domain.de« zeigt alle Seiten von dieser Domain.

Sie können eine solche Suche auch mit anderen Suchbegriffen kombinieren und so bestimmte Websites nach einem bestimmten Suchbegriff durchsuchen, z. B. »site: schwindt-pr.com wordpress jetpack«.

17.6.4   »Google Search Console«: So sieht Google Ihre Website

Die *Google Search Console*, früher *Google Webmaster-Tools*, ist ein mächtiges Werkzeug, mit dem Sie sich Ihre Webseiten aus der Sicht von Google anschauen können:

▶ *g.co/SearchConsole*

In der Search Console zeigt Google Ihnen, wie es Ihre Website sieht. Sie können hier unter anderem Ihre XML-Sitemap einreichen und anschließend genau sehen, welche Seiten bereits indiziert wurden und ob es dabei irgendwelche Probleme gegeben hat.

Zur Anmeldung bei der Search Console benötigen Sie ein Google-Konto, und bevor Sie Ihre Website hier analysieren können, müssen Sie die Inhaberschaft der Website bestätigen, die hier übrigens *Property* genannt wird.

17

Die Google Search Console bietet zur Bestätigung der Inhaberschaft mehrere Varianten zur Auswahl an, aber Sie erhalten in jedem Fall einen Verifizierungscode, den Sie auf Ihren Webseiten integrieren müssen. Abbildung 17.18 zeigt den einfachsten Weg im Überblick.

Abbildung 17.18 Inhaberschaft bestätigen in der Google Search Console

Und so bestätigen Sie die Inhaberschaft einer Website:

▶ Wechseln Sie beim Hinzufügen einer Website auf das Register ALTERNATIVE METHO-DEN ❶.

▶ Wählen Sie dort die erste Option, HTML-TAG ❷.

▶ Jetzt wird Ihnen ein META-TAG angezeigt ❸, das den eigentlichen Verifizierungscode enthält:

```
<meta name="google-site-verification" content="2DLK2CcC1DE..." />
```

▶ Fügen Sie den Verifizierungscode, wie unten beschrieben, auf Ihren Webseiten ein.

▶ Klicken Sie nach dem Speichern des Codes auf Ihren Webseiten auf die Schaltfläche BESTÄTIGEN ❹.

Zum Einfügen des Codes haben Sie in WordPress zwei Optionen:

▶ Im *All in One SEO Pack* gibt es in den HAUPTEINSTELLUNGEN einen Bereich namens WEBMASTER VERIFIZIERUNG.

▶ Das Jetpack-Modul WEBSITE-VERIFIZIERUNG erzeugt nach der Aktivierung im Menü WERKZEUGE • VERFÜGBARE WERKZEUGE eine Option zum Speichern des Google-Schlüssels.

Bei beiden Optionen fügen Sie nur die kryptischen Zeichen ein, die beim Attribut con-tent zwischen den Anführungszeichen stehen. Abbildung 17.19 zeigt die ausgeführte WEBMASTER VERIFIZIERUNG in den HAUPTEINSTELLUNGEN des *All in One SEO Packs*.

Abbildung 17.19 Die »Webmaster Verifizierung« im All in One SEO Pack

Bing hat seine eigene Search Console bzw. eigene Webmastertools

Microsofts Suchmaschine Bing hat ihre eigenen Webmastertools, die Sie unter der folgenden Adresse finden:

▶ *bing.com/toolbox/webmaster*

Dort können Sie ebenfalls die frisch generierte XML-Sitemap einreichen.

17.7   Auf einen Blick

Die wichtigsten Themen noch einmal im Überblick:

▶ Suchmaschinenrobots sammeln den Quelltext der Webseiten ein und kopieren ihn in die Datenbank der Suchmaschine.

▸ Suchmaschinen analysieren den Quelltext und lesen auch den unsichtbaren head-Bereich einer Webseite.

▸ Suchmaschinen benutzen zur Beschreibung eines Suchergebnisses den Seitentitel (`<title>`), die URL und die Seitenbeschreibung (`<meta name="description">`). Alle drei Angaben können Sie selbst beeinflussen.

▸ Die Reihenfolge der Suchergebnisse (*Ranking*) wird durch Hunderte von Faktoren festgelegt, aber Suchmaschinen mögen Hyperlinks und responsive Webseiten (*mobile friendly*).

▸ Mit einem SEO-Plugin können Sie das Erscheinungsbild Ihrer Webseiten in den Suchmaschinen optimieren.

▸ Viele SEO-Plugins bieten Module, um die Darstellung Ihrer Beiträge beim Weitersagen in den sozialen Netzwerken zu optimieren.

▸ Mit einer XML-Sitemap geben Sie einer Suchmaschine ein Inhaltsverzeichnis für Ihre Website.

▸ Mit der Google Search Console können Sie Ihre Seiten aus der Sicht von Google sehen und entsprechend konfigurieren.

Kapitel 18

Systemverwaltung, Backups und Updates

Worin die Benutzerverwaltung und die Import-/Export-Funktion vorgestellt werden. Außerdem sehen Sie, wie Sie Backups erstellen und WordPress aktuell halten. Zum Abschluss gibt es noch einige nützliche Plugins in der Kurzvorstellung.

Die Themen im Überblick:

In diesem Kapitel geht es um die Benutzerverwaltung, um die Funktion zum Im- und Exportieren von Inhalten, um Backups zur Sicherung Ihrer Dateien und Daten und um Updates für WordPress, Themes und Plugins.

18.1 Die Benutzerverwaltung von WordPress

Bis jetzt sind Sie in Ihrem WordPress der einzige Benutzer, aber das muss nicht so bleiben, denn in diesem Abschnitt sehen Sie, wie Sie neue Benutzer hinzufügen können, und erfahren, warum Sie für sich am besten zwei Benutzerkonten einrichten, eines als Administrator und eines als Redakteur.

18.1.1 Die fünf Benutzerrollen von WordPress und ihre Rechte

WordPress hat eine Benutzerverwaltung mit einem einfachen Rollen- und Rechtesystem, das zwischen fünf Rollen unterscheidet. Sie sind im Augenblick Administrator und dürfen alles, die anderen vier Rollen haben jeweils etwas weniger Rechte.

Tabelle 18.1 zeigt die fünf Benutzerrollen und die wichtigsten Rechte im Überblick.

	Admin	Redakteur	Autor	Mitarbeiter	Abonnent
Einstellungen	ja	–	–	–	–
Themes	ja	–	–	–	–
Plugins	ja	–	–	–	–
Updates	ja	–	–	–	–
Seiten	alle	alle	–	–	–
Beiträge	alle	alle	eigene	eigene	–
lesen	alle	alle	alle	alle	alle
erstellen	alle	alle	eigene	eigene	–
bearbeiten	alle	alle	eigene	eigene	–
löschen	alle	alle	eigene	eigene	–
veröffentlichen	alle	alle	eigene	–	–
Profil ändern	alle	eigenes	eigenes	eigenes	eigenes

Tabelle 18.1 Die Benutzerrollen von WordPress und ihre Rechte

Diese fünf Benutzerrollen entsprechen unterschiedlichen Aufgaben:

▶ Der *Administrator* kann alle Funktionen von WordPress uneingeschränkt nutzen, und es gibt für jede Installation oft nur einen »Admin«. Nur Admins können WordPress verwalten und sehen Menüs wie PLUGINS und THEMES.

▶ *Redakteure* sind für die inhaltliche Betreuung der Website zuständig und dürfen mit allen Seiten und allen Beiträgen alles machen.

▶ *Autoren* dürfen Bilder hochladen, Beiträge erstellen und veröffentlichen, können aber nur eigene Bilder und Beiträge bearbeiten und löschen.

▶ *Mitarbeiter* dürfen Beiträge erstellen, aber nicht veröffentlichen, und sie dürfen keine Bilder hochladen.

▶ *Abonnenten* sind registrierte Benutzer der Website und dürfen nur ihr eigenes Benutzerprofil ändern.

Abbildung 18.1 zeigt das Backend aus der Sicht eines Autors. Links in der Menüleiste fehlen z. B. die Menüs für DESIGN und PLUGINS, und im Menü JETPACK ist für einen Autor nur das Modul OMNISEARCH zugänglich.

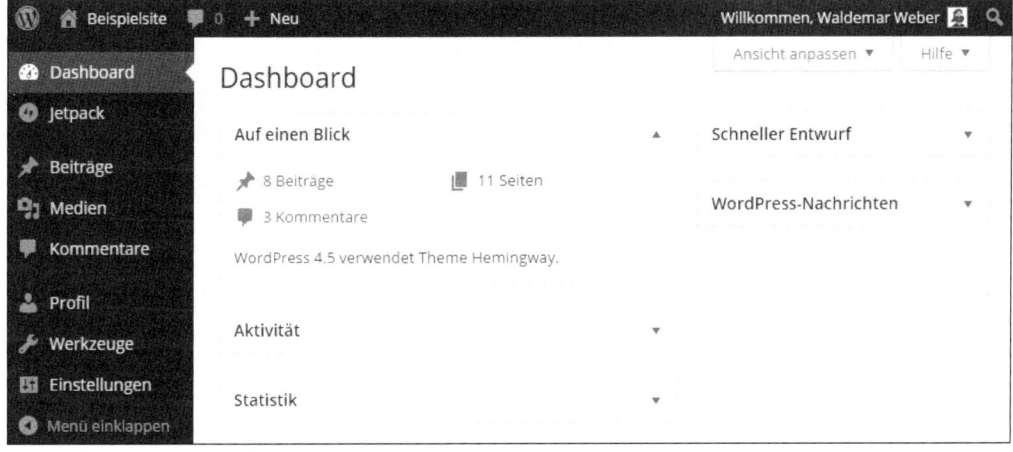

Abbildung 18.1 Das Backend aus Sicht eines Autors – mit weniger Menüs

18.1.2   Sicher ist sicher: Verwaltung als »Admin«, Schreiben als »Redakteur«

Sie haben in den bisherigen Kapiteln alle Seiten und Beiträge als Administrator geschrieben und veröffentlicht. Idealerweise wird das Administratorkonto in einer WordPress-Installation aber nur zur Verwaltung der Website und nicht zur Arbeit mit Inhalten benutzt.

Das liegt daran, dass der Benutzername, mit dem Sie sich am Backend anmelden, im Frontend nach außen sichtbar ist, z. B. in der URL der Autorenseite:

▶ Ein Außenstehender kann im Frontend so leicht eine Liste der Benutzernamen erstellen und muss »nur« noch das entsprechende Passwort herausfinden, um sich am Backend anmelden zu können.

▶ Wenn Sie als Admin keine Seiten oder Beiträge schreiben, taucht der Benutzername des Administrators im Frontend nicht auf.

Daher ist es sinnvoll, dass Sie zwei Benutzerkonten haben, eines als Administrator und eines als Redakteur.

Um das zu erreichen, fügen Sie im folgenden ToDo einen neuen Benutzer als Administrator hinzu, melden sich dann mit diesem Konto an und ändern die Rolle für das bisherige Admin-Konto in *Redakteur*.

ToDo: Neuen Admin hinzufügen und alter Admin wird Redakteur

1. Melden Sie sich als Administrator am Backend an.
2. Wechseln Sie in das Menü BENUTZER • NEU HINZUFÜGEN, und füllen Sie das Formular aus.
3. Geben Sie im Feld BENUTZERNAME einen guten Benutzernamen ein, der nicht leicht zu raten ist. »Admin« ist kein guter Benutzername.
4. Wählen Sie ein wirklich gutes Passwort. Falls Ihnen die von WordPress vorgeschlagenen kryptischen Zeichen nicht geheuer sind, wählen Sie nach dem Motto »Gut zu merken, schlecht zu raten« ein eigenes.
5. Notieren Sie sich Benutzernamen und Passwort, oder speichern Sie sie in Ihrem Passwortmanager.
6. Wählen Sie als ROLLE aus der Dropdown-Liste ADMINISTRATOR.
7. Klicken Sie auf die Schaltfläche NEUEN BENUTZER HINZUFÜGEN.
8. Melden Sie sich am Backend ab und mit dem neu erstellten Admin-Konto gleich wieder an.
9. Wechseln Sie in das Menü BENUTZER • ALLE BENUTZER, und öffnen Sie das Benutzerprofil des alten Administrators zur Bearbeitung.
10. Wählen Sie für die Option ROLLE aus der Dropdown-Liste REDAKTEUR.
11. Speichern Sie die Änderungen mit einem Klick auf die Schaltfläche BENUTZER AKTUALISIEREN.

Nach diesem ToDo gibt es einen neuen Administrator, dessen Benutzernamen nur Sie kennen, und der alte Administrator, der bisher alle Beiträge geschrieben hat, ist nur noch Redakteur (Abbildung 18.2).

Abbildung 18.2 Der Benutzer »Waldemar« ist nur noch Redakteur.

18.1.3   Praktisch: Beiträge und Seiten einem anderen Benutzer zuweisen

Der traditionelle Gegenspieler von Sicherheit ist Komfort, und eine sichere Lösung ist selten komfortabel. So sind die zwei Benutzerprofile zur Verwaltung als Admin und zum Schreiben als Redakteur zwar aus Sicherheitsgründen empfehlenswert, werden im Alltag aber als unpraktisch empfunden, weil man sich andauernd an- und abmelden muss.

Ein guter Kompromiss zwischen beiden Wegen wäre vielleicht der folgende:

▶ Sie arbeiten und schreiben wie gewohnt als Administrator.

▶ Nach dem Speichern weisen Sie Beitrag oder Seite dem Redakteur zu.

Dann haben Sie den Komfort, als Admin zu arbeiten, und die Sicherheit, dass der Admin-Benutzername im Frontend nicht auftaucht.

Das Zuweisen zu einem anderen Benutzer geht ganz bequem mit der Funktion QUICK-EDIT und ist an sich selbsterklärend, und man kann das sogar für mehrere Beiträge oder Seiten auf einen Streich machen (Abbildung 18.3):

1. Kreuzen Sie die gewünschten Beiträge oder Seiten an.

2. Wählen Sie im Feld AKTION WÄHLEN die Option BEARBEITEN ❶.

3. Bestätigen Sie die Auswahl mit ÜBERNEHMEN ❷.

4. Wählen Sie im Feld AUTOR den Nicht-Admin-Benutzer aus ❸.

Abschließend AKTUALISIEREN Sie die Änderungen und sind fertig.

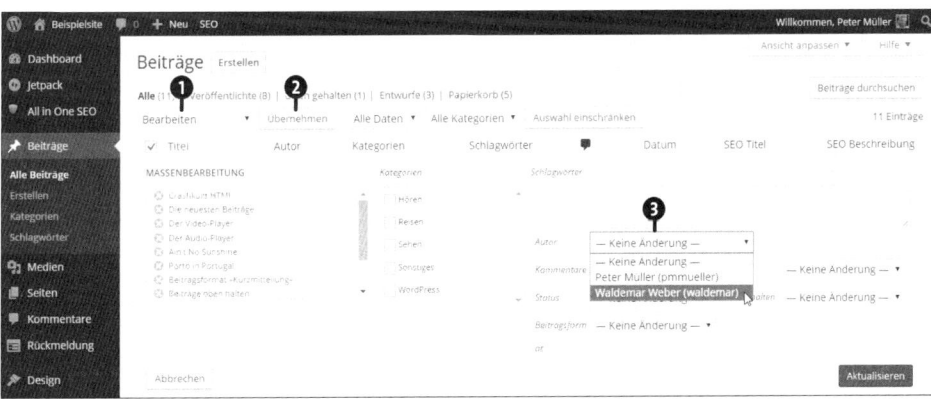

Abbildung 18.3 Ausgewählte Beiträge einem anderen Autor zuweisen

Benutzerverwaltung: Neue Rechte und neue Rollen per Plugin

Falls Sie in Ihrem WordPress andere Rollen oder Rechte benötigen, gibt es dafür natürlich Plugins, z. B. *WPFrontend User Role Editor*:

▶ *wordpress.org/plugins/wpfront-user-role-editor/*

> Zur Anpassung der Rechte können Sie sich im WordPress-Codex eine sehr ausführliche
> Übersicht von Rollen und Rechten anschauen:
>
> ▶ codex.wordpress.org/Roles_and_Capabilities#Capability_vs._Role_Table

18.2   Import/Export: Inhalte in ein anderes WordPress übertragen

Im Menü WERKZEUGE gibt es zwei Befehle, mit denen Sie Inhalte zwischen zwei Word-Press-Installationen austauschen können:

▶ DATEN IMPORTIEREN

▶ DATEN EXPORTIEREN

Das ist z. B. sehr praktisch, wenn Sie eine Website auf WordPress.com erstellt haben und später doch lieber auf ein selbst gehostetes WordPress umsteigen möchten. Mit dieser Import-/Export-Funktion können Sie bereits geschriebene Seiten und Beiträge exportieren und in einem anderen WordPress wieder importieren.

Import/Export ist kein Ersatz für ein Backup

Mit der Einstellung DATEN EXPORTIEREN werden nur die Inhalte, also Beiträge, Seiten und gegebenenfalls Medien transferiert. Die WordPress-Einstellungen sowie Themes, Plugins und deren Einstellungen werden *nicht* exportiert, und deshalb ist diese Funktion nur begrenzt sinnvoll, um ein Backup zu erstellen.

18.2.1   Schritt 1: Daten aus WordPress exportieren

Das Exportieren von Beiträgen und Seiten einer WordPress-Installation ist denkbar einfach:

1. Öffnen Sie das Menü WERKZEUGE • DATEN EXPORTIEREN (❶, Abbildung 18.4).
2. Wählen Sie die Option danach aus, was Sie exportieren möchten. In der Regel werden dies ALLE INHALTE sein ❷.
3. Klicken Sie auf die Schaltfläche EXPORT-DATEI HERUNTERLADEN ❸.

WordPress erstellt eine XML-Datei im Format WordPress eXtended RSS (WXR), die alle Inhalte enthält. Diese Datei mit der Endung *.xml* speichern Sie auf Ihrer Festplatte ab.

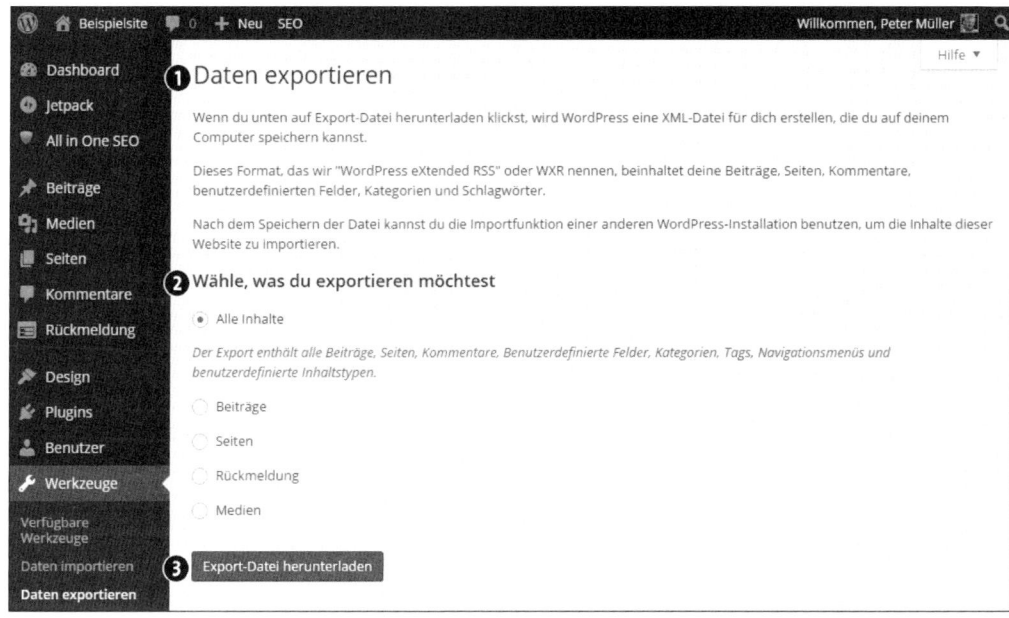

Abbildung 18.4 Die Seite »Werkzeuge • Daten exportieren«

18.2.2   Schritt 2: Daten in einem anderen WordPress importieren

Beim Import der in der XML-Datei gespeicherten Daten in ein anderes WordPress gehen Sie wie folgt vor:

1. Gehen Sie auf die Seite WERKZEUGE • DATEN IMPORTIEREN.

2. Wählen Sie dann aus der Liste der verschiedenen Blogsysteme die Option WORDPRESS.

3. Nach diesem Schritt gibt es zwischen WordPress.com und einem selbst gehosteten WordPress einen kleinen Unterschied:

   – Auf dem selbst gehosteten WordPress müssen Sie das Plugin *WordPress-Importer* installieren.

   – Auf WordPress.com entfällt dieser Schritt, da der WordPress-Importer bereits installiert ist.

   Abbildung 18.5 zeigt die Seite WERKZEUGE • DATEN IMPORTIEREN, die von dem Plugin WordPress-Importer erzeugt wird.

4. Klicken Sie auf dieser Seite auf die Schaltfläche DATEI AUSWÄHLEN ❶, und wählen Sie die exportierte XML-Datei aus.

5. Klicken Sie auf DATEI AKTUALISIEREN UND IMPORTIEREN ❷.

18

Abbildung 18.5 Die Seite »Werkzeuge • Daten importieren«

6. Danach erscheint die in Abbildung 18.6 dargestellte Seite IMPORTIERE WORDPRESS mit den Bereichen AUTOREN ZUWEISEN ❶ und IMPORTIERE ANHÄNGE ❷.

Abbildung 18.6 Zuweisung der Autoren und Bilder auch importieren

7. Auf der Seite in Abbildung 18.6 müssen Sie noch ein oder zwei Dinge erledigen:

   – Sie müssen entscheiden, ob Sie den Benutzer importieren, einen neuen Benutzer erstellen oder die Beiträge einem existierenden Benutzer zuweisen möchten ❸.

   – In einem selbst gehosteten WordPress müssen Sie zum Importieren der Medienda-
     teien die Option DATEIANHÄNGE HERUNTERLADEN UND IMPORTIEREN ankreuzen ❹.

In der XML-Datei stehen die Pfadangaben zu allen Bildern, und sofern diese öffentlich zugänglich sind, holt WordPress beim Importieren die Bilder und speichert sie in
der Mediathek. Auf WordPress.com werden die Mediendateien übrigens automatisch importiert.

8. Klicken Sie auf die Schaltfläche SENDEN, um den Import der Daten zu beginnen.

Nach diesen Schritten sind alle Seiten und Beiträge aus der ursprünglichen WordPress-
Installation in die neue übertragen worden. Die Dateianhänge werden in die Mediathek
importiert, aber falls etwas nicht funktioniert, muss man eventuell bei den Links in den
Beiträgen noch einige Pfade anpassen.

18.3   Backups erstellen mit UpdraftPlus

Backups (auf Deutsch auch *Sicherungen* oder *Sicherungskopien* genannt) zu erstellen ist
eine verdammt gute Angewohnheit, denn Daten sind flüchtig, und weg ist weg.

In diesem Abschnitt möchte ich Ihnen einen kurzen Überblick über mögliche Wege
zum Backup geben und Ihnen dann mit *UpdraftPlus* ein kostenloses Plugin vorstellen,
dass die Erstellung eines Backups und auch die Wiederherstellung im Ernstfall wesentlich erleichtert.

18.3.1   Backup erstellen: Vom Webhoster, von Hand oder per Plugin

Eine WordPress-Website besteht aus zwei Komponenten:

▶ einer MySQL-Datenbank mit darin gespeicherten Daten

▶ den Ordnern und Dateien von WordPress auf Ihrem Webspace

Bei einem Backup müssen unbedingt immer beide Komponenten gesichert werden,
und in diesem Abschnitt möchte ich Ihnen die verschiedenen Möglichkeiten zur Erstellung eines Backups kurz vorstellen.

Zunächst einmal sollten Sie Ihren Webhoster fragen, ob er Webspace und Datenbank
regelmäßig sichert und wie man im Ernstfall darauf zugreifen kann. Dazu können Sie
die FAQ des Webhosters lesen oder eine E-Mail an den Support schreiben.

Das Backup des Webhosters entbindet Sie aber nicht von der Pflicht, selbst eines anzu-
legen. Doppelt hält besser, und außerdem arbeiten auch bei Webhosting-Firmen nur
Menschen, und Menschen machen manchmal Fehler.

18

Zur Erstellung eines eigenen Backups gibt es folgende Möglichkeiten:

▸ Von Hand und ohne Plugin: Sie können die Dateien per FTP auf Ihre Festplatte herunterladen und die Daten aus der Datenbank mit einer Anwendung wie *phpMyAdmin* exportieren (siehe Abschnitt 3.5), aber das ist mühsam, kostet viel Zeit und ist eher etwas für technisch versierte Anwender.

▸ Bezahlte Dienstleistungen wie *BackupBuddy* von iThemes oder *VaultPress* von Automattic vereinfachen ein Backup enorm und bieten bequeme Optionen zur Wiederherstellung. VaultPress heißt als Jetpack-Modul in der deutschen Übersetzung übrigens DATEN BACKUP.

▸ Kostenlose Plugins wie *UpdraftPlus* sind ein guter Kompromiss: komfortabler als ein Backup per FTP und phpMyAdmin und preisgünstiger als die bezahlten Dienstleistungen.

In den folgenden Abschnitten möchte ich Ihnen das in der Basisversion kostenlose Plugin *UpdraftPlus* vorstellen. Es ermöglicht die Erstellung eines Backups mit wenigen Klicks, bietet dazu im Gegensatz zu vielen anderen kostenlosen Plugins auch eine Funktion zur Wiederherstellung der Daten im Ernstfall (Abbildung 18.7):

▸ *de.wordpress.org/plugins/updraftplus/*

Abbildung 18.7 »UpdraftPlus« für WordPress-Backups

UpdraftPlus ermöglicht, Backups entweder manuell oder zeitlich zu planen, und kann die Backup-Dateien bei Bedarf auch gleich in der Cloud speichern (Dropbox, Google Drive etc.). In diesem Abschnitt erstellen Sie ein manuelles Backup, das Sie anschließend auf Ihrer eigenen Festplatte speichern.

18.3.2 Schritt 1: UpdraftPlus installieren und aktivieren

Im folgenden ToDo installieren und aktivieren Sie zunächst das Plugin.

ToDo: UpdraftPlus installieren und aktivieren

1. Öffnen Sie das Menü Plugins • Installieren.
2. Geben Sie in das Suchfeld »UpdraftPlus« ein.
3. Wenn das Plugin erscheint, klicken Sie auf Installieren.
4. Klicken Sie nach der Installation auf Aktiviere dieses Plugin.

Nach diesem ToDo gibt es oben in der Admin-Toolbar einen neuen Menüpunkt namens UpdraftPlus und im Menü Einstellungen ein neues Untermenü UpdraftPlus Sicherungen. Abbildung 18.8 zeigt die Seite UpdraftPlus Backup/Restore mit dem Register Aktueller Status ❶, auf dem es drei wichtige Schaltflächen gibt:

▶ Jetzt sichern ❷ ist die Schaltfläche zum Erstellen eines Backups.

▶ Wiederherstellen ❸ (engl. *Restore*) ist für den Ernstfall und dient dazu, ein Backup wieder einzuspielen.

▶ Klonen/Migrieren ❹ kann die WordPress-Installation zu einem anderen Webspace transferieren. Dazu benötigen Sie aber kostenpflichtige Zusatztools. Alternativen finden Sie auf der Website zum Buch im Beitrag *wpbuch.pmueller.de/wordpress-umzug/*.

Abbildung 18.8 UpdraftPlus mit dem Register »Aktueller Status«

18.3.3   Schritt 2: »Jetzt sichern« – ein manuelles Backup erstellen

In diesem Abschnitt erstellen Sie mit wenigen Klicks ein manuelles Backup. *Manuell* bedeutet in diesem Zusammenhang, dass Sie selbst klicken und das Backup nicht automatisiert nach einem Zeitplan erstellt wird.

Nach einem Klick auf JETZT SICHERN (Abbildung 18.8) erscheint das Dialogfeld aus Abbildung 18.9, in dem die beiden Optionen zur Sicherung von Datenbank und Dateien bereits angekreuzt sind.

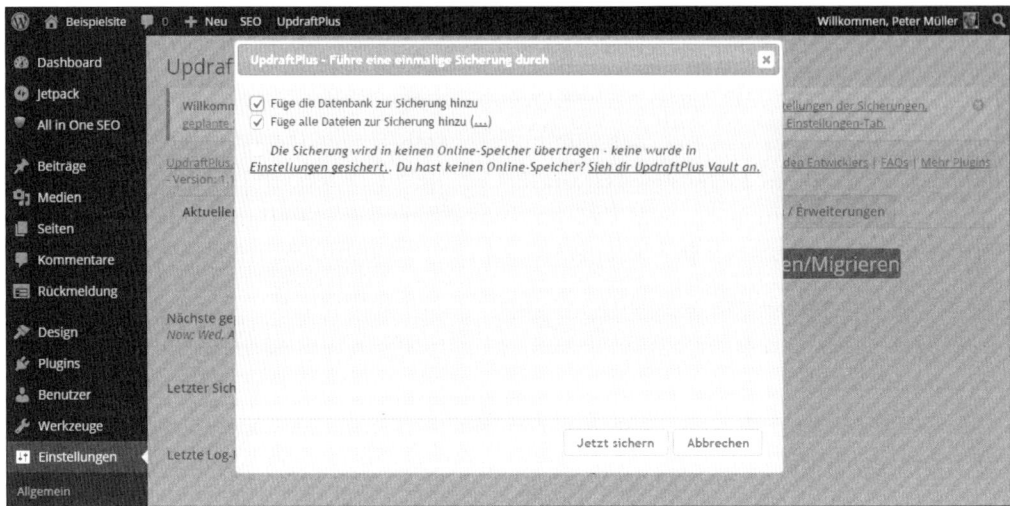

Abbildung 18.9 Optionen zur Auswahl von Datenbank und Dateien

Im folgenden ToDo erstellen Sie ein manuelles Backup mit *UpdraftPlus*.

ToDo: Ein manuelles Backup mit UpdraftPlus erstellen

1. Öffnen Sie die Seite EINSTELLUNGEN • UPDRAFTPLUS SICHERUNGEN.
2. Klicken Sie auf die Schaltfläche JETZT SICHERN.
3. Prüfen Sie im folgenden Dialogfeld, ob die beiden Optionen zur Sicherung von Datenbank *und* Dateien aktiviert sind (Abbildung 18.9).
4. Klicken Sie im Dialogfeld unten auf JETZT SICHERN.

UpdraftPlus zeigt während der Erstellung des Backups einen Fortschrittsbalken. Wenn das Backup fertig ist, erscheint, wie in Abbildung 18.10 zu sehen, die Meldung DIE SICHE-RUNG WAR ANSCHEINEND ERFOLGREICH UND IST NUN VOLLSTÄNDIG ❶. Außerdem wird die Zahl der existierenden Sicherungen geändert ❷.

Die Backup-Dateien liegen in diesem Moment auf Ihrem Webspace. Ein Backup auf dem Webspace ist zwar besser als gar kein Backup, aber trotzdem sollten Sie die Backup-Dateien dort nicht einfach liegen lassen, sondern unbedingt auf den eigenen Computer oder auf einen USB-Stick kopieren. Das passiert in Schritt 3.

Abbildung 18.10 Das Backup wurde erfolgreich erstellt.

18.3.4   Schritt 3: Das Backup herunterladen

Abbildung 18.11 zeigt das Register EXISTIERENDE SICHERUNGEN ❶, auf dem Sie sich Backups anschauen und die Backup-Dateien auf die eigene Festplatte herunterladen können.

UpdraftPlus hat insgesamt fünf Backup-Dateien erstellt, und für jede Datei gibt es eine Schaltfläche zum Herunterladen ❷: DATENBANK, PLUGINS, DESIGNS (= Themes), UPLOADS und ANDERE.

In Abbildung 18.11 wurde die Schaltfläche DATENBANK bereits angeklickt, sodass darüber ein umrahmter Kasten mit Details zur Datei und den zwei Schaltflächen AUF COMPUTER HERUNTERLADEN ❸ und VOM WEBSERVER LÖSCHEN ❹ erscheint.

Abbildung 18.11 Das Register »Existierende Sicherungen« im Überblick

Im folgenden ToDo laden Sie die fünf Backup-Dateien herunter und speichern Sie auf Ihrem eigenen Computer.

ToDo: Die Backup-Dateien herunterladen und speichern

1. Öffnen Sie die Seite EINSTELLUNGEN • UPDRAFTPLUS SICHERUNGEN (Abbildung 18.11).
2. Wechseln Sie auf das Register EXISTIERENDE SICHERUNGEN ❶.
3. Klicken Sie auf die Schaltfläche DATENBANK ❷.
4. Sobald *UpdraftPlus* die Datei bereitgestellt hat, klicken Sie auf die Schaltfläche AUF COMPUTER HERUNTERLADEN ❸.
5. Speichern Sie die Datei in einem geeigneten Ordner auf Ihrer Festplatte.
6. Falls der Speicherplatz auf Ihrem Webspace knapp ist, können Sie die Datei danach VOM WEBSERVER LÖSCHEN ❹.
7. Wiederholen Sie diesen Vorgang für die anderen vier Dateien PLUGINS, DESIGNS, UPLOADS und ANDERE.

Nach diesem ToDo haben Sie ein Backup der wichtigsten Dateien Ihrer WordPress-Installation erstellt und auf Ihren Computer kopiert. Abbildung 18.12 zeigt fünf komprimierte Dateien im Windows Explorer.

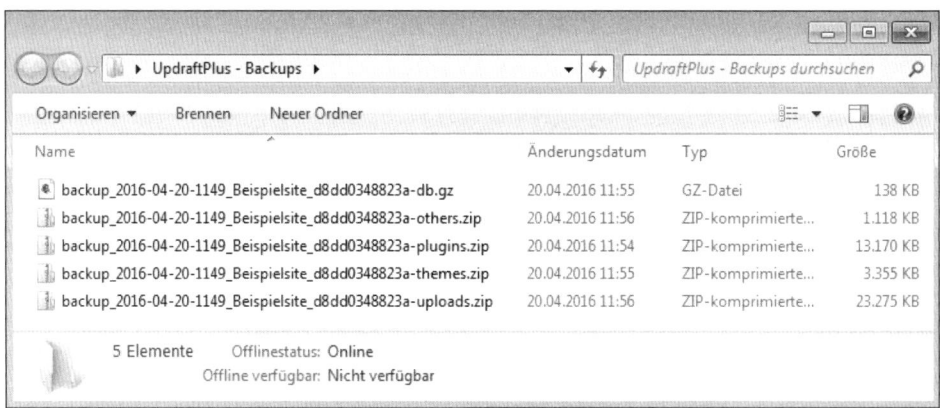

Abbildung 18.12 Die Backup-Dateien im Windows Explorer

18.3.5 Überblick: Was UpdraftPlus alles sichert (und was nicht)

UpdraftPlus hat recht sinnvolle Standardeinstellungen und sichert nicht die gesamte WordPress-Installation, sondern außer der Datenbank nur die vier wirklich wichtigen Bereiche (Abbildung 18.13):

▶ PLUGINS enthält die Dateien und Unterordner der installierten Plugins. Online werden Sie im Ordner *wp-content/plugins/* gespeichert.

▶ DESIGNS enthält die Dateien und Unterordner für die installierten Themes, die online im Ordner *wp-content/themes/* liegen.

▶ UPLOADS enthält alle hochgeladenen Dateien und Medien. Online sind diese im Ordner *wp-content/uploads/* zu finden.

▶ ANDERE VERZEICHNISSE enthält alle anderen Ordner, die unterhalb von *wp-content* gespeichert werden, z. B. die Sprachdateien.

Abbildung 18.13 zeigt einen Ausschnitt aus dem Register EINSTELLUNGEN.

Abbildung 18.13 »Einstellungen« – diese Ordner speichert UpdraftPlus.

UpdraftPlus verzichtet also darauf, den Kern von WordPress zu sichern. Weder der WordPress-Hauptordner mit der Konfigurationsdatei *wp-config.php* noch die Ordner *wp-admin* und *wp-includes* sind in den Backup-Dateien enthalten. Das klingt auf den ersten Blick seltsam, ist in der Praxis aber durchaus sinnvoll: Das Backup von *UpdraftPlus* enthält alle Daten und Dateien, die Ihre WordPress-Installation von einer Standardinstallation unterscheiden. Dadurch ist ein Backup schnell erledigt und bleibt übersichtlich.

Vollautomatisch: Zeitlich geplante Backups in der Cloud speichern

Bei Bedarf können Sie mit *UpdraftPlus* auch ein automatisiertes Backup einrichten, dass die Backup-Dateien z. B. in der Dropbox oder einem anderen Cloud-Service (*Fernspeicher*) speichert. Automatisierte Backups richten Sie in *UpdraftPlus* auf dem Register EINSTELLUNGEN ein.

18.3.6   Im Notfall: Backup wiederherstellen mit UpdraftPlus

Bei der Wiederherstellung eines Backups gibt es zwei mögliche Szenarien:

1. Das Backend von WordPress funktioniert noch.

2. Das Backend ist kaputt oder nicht zugänglich.

Diese beiden Varianten werden weiter unten beschrieben, aber am allerwichtigsten ist es, erst einmal Ruhe zu bewahren:

► Keine Panik. Sie haben ein Backup!

► Die erfolgreiche Wiederherstellung ist nur eine Frage der Zeit.

Natürlich ist man genervt, wenn etwas so grundlegend schiefläuft, dass man ein Backup wiederherstellen muss. Aber oft entstehen die wirklich schlimmen Fehler erst durch überhastete und unüberlegte Versuche, etwas schnell wieder gerade zu biegen. Okay? Tief durchatmen, und los geht's.

Option 1: Wiederherstellen, wenn das WordPress-Backend noch funktioniert

Falls WordPress noch funktioniert und Sie einen oder mehrere der fünf gesicherten Bereiche wiederherstellen möchten:

► Lesen Sie den folgenden Artikel gründlich durch
updraftplus.com/faqs/restore-site-updraftplus/

► Öffnen Sie die Seite EINSTELLUNGEN • UPDRAFT SICHERUNGEN.

► Klicken auf die Schaltfläche WIEDERHERSTELLEN.

► Prüfen Sie, ob das gewünschte Backup auf dem Webspace liegt. Falls nicht, laden Sie die Backup-Dateien auf den Webspace hoch.

► Klicken Sie neben dem gewünschten Backup auf WIEDERHERSTELLEN.

► Im darauffolgenden Dialogfeld können Sie auswählen, welche Dateien wiederhergestellt werden sollen (Abbildung 18.14).

► Klicken Sie nach der Auswahl der gewünschten Bereiche auf WIEDERHERSTELLEN.

Probieren Sie ruhig, alle gewünschten Bereiche wiederherzustellen. Falls das nicht klappt und es einen Time-out gibt, lesen Sie den folgenden Hinweiskasten zu Time-outs.

Time-out? Probieren Sie, die Bereiche einzeln wiederherzustellen

Das größte Risiko bei der Wiederherstellung mehrerer Bereiche auf einmal ist ein *Time-out*. Auf den meisten Webservercomputern liegen viele hundert Websites, die sich die Rechenleistung der Hardware teilen. Jede Website hat deshalb nur eine bestimmte Zeit an einem Stück zur Verfügung, bevor die anderen wieder dran sind.

Ist diese Zeit um, gibt es ein *Time-out*, und die Wiederherstellung wird abgebrochen. Sollte es also ein Time-out geben, stellen Sie die Bereiche einzeln wieder her, und nicht mehrere auf einmal.

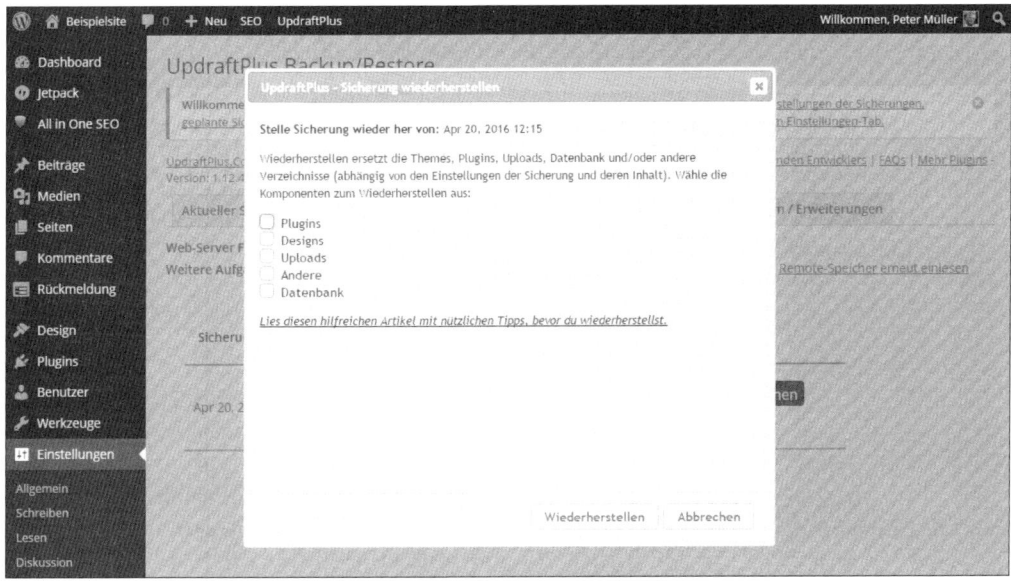

Abbildung 18.14 Sicherung wiederherstellen – Bereiche auswählen

Option 2: Wiederherstellen, wenn das Backend nicht mehr funktioniert

Falls der Kern von WordPress kaputt ist und Sie nicht mehr im Backend arbeiten können, wird die Wiederherstellung etwas aufwendiger, denn Sie müssen zunächst ein
neues WordPress installieren:

▸ Lesen Sie den folgenden Artikel gründlich durch:
  tinyurl.com/restore-site-without-wp-admin

▸ Installieren Sie ein frisches WordPress auf Ihrem Webspace.

▸ Installieren und aktivieren Sie *UpdraftPlus*.

Der Rest funktioniert dann genau wie bei Option 1:

▸ Öffnen Sie die Seite EINSTELLUNGEN • UPDRAFT SICHERUNGEN.

▸ Klicken auf die Schaltfläche WIEDERHERSTELLEN.

▸ Prüfen Sie, ob das gewünschte Backup auf dem Webspace liegt. Falls nicht, laden Sie
  die Backup-Dateien hoch auf den Webspace.

▸ Klicken Sie neben dem gewünschten Backup auf WIEDERHERSTELLEN.

▸ Im darauffolgenden Dialogfeld können Sie auswählen, welche Dateien wiederhergestellt werden sollen (Abbildung 18.14).

▸ Klicken Sie nach der Auswahl der gewünschten Bereiche auf WIEDERHERSTELLEN.

18

463

Falls das aus welchen Gründen auch immer nicht funktionieren sollte, benötigen Sie wahrscheinlich mehr Hilfe als ein Buch liefern kann. Falls Sie im Bekannten- oder Freundeskreis niemanden kennen, bleibt Ihnen nur der Weg, über Google oder WordPress-Foren einen professionellen Dienstleister zu suchen.

Das war die schlechte Nachricht. Die gute ist, dass die erfolgreiche Wiederherstellung mit einem aktuellen Backup nur eine Frage der Zeit ist. Datenbank, Plugins, Themes, Uploads und Sprachdateien wurden von *UpdraftPlus* gesichert, und damit kann ein Profi eine WordPress-Installation auf jeden Fall wiederherstellen.

18.4   Updates: WordPress aktualisieren

In diesem Abschnitt möchte ich Ihnen zeigen, warum es wichtig ist, dass Sie WordPress aktuell halten, und wie Sie das am besten tun können. So, wie ein Auto regelmäßig zur Inspektion muss und einen Ölwechsel braucht, benötigt WordPress ab und zu ein Update.

18.4.1   Automatische Sicherheitsupdates sind unbedingt empfehlenswert

Wenn Sie in WordPress die Seite DASHBOARD • AKTUALISIERUNGEN aufrufen, bekommen Sie einen Überblick über die anstehenden Updates für WordPress, Plugins, Themes und Übersetzungen.

In Abbildung 18.15 stehen keine Updates an. Mit der Schaltfläche ERNEUT PRÜFEN ❶ können Sie checken, ob wirklich keine Updates vorliegen. Darunter sehen Sie den Hinweis ❷:

> *Du benutzt die aktuelle Version von WordPress. Künftige Sicherheitsupdates werden automatisch durchgeführt.*

Um diese Meldung zu verstehen, muss man wissen, dass WordPress zwei verschiedene Arten von Updates kennt:

▶ Ein *Sicherheitsupdate* ist ein kleiner Versionssprung von z. B. 4.5.1 auf 4.5.2. Ein solches Update dient nur der Beseitigung von Fehlern und wird auch als *kleines Update* oder *Bugfix-Release* bezeichnet.

▶ Ein *großes Update* von z. B. 4.5 auf 4.6, enthält nicht nur Fehlerbeseitigungen, sondern auch viele Änderungen und neue Funktionen. Ein großes Update kann es durchaus in sich haben.

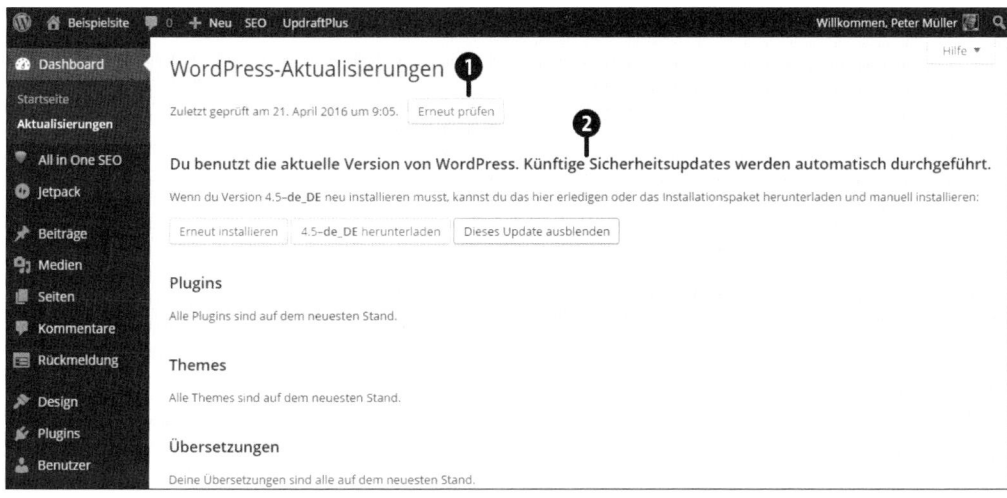

Abbildung 18.15 Die Seite »Dashboard • Aktualisierungen«

Seit der Version 3.7 kann WordPress Sicherheitsupdates für WordPress und Überset-
zungsdateien automatisch im Hintergrund erledigen.

Automatische Sicherheitsupdates sind eine ziemlich gute Idee, denn darin werden Fehler beseitigt und Sicherheitslöcher gestopft. Themes und Plugins werden nach einem
Sicherheitsupdate in der Regel weiterhin problemlos funktionieren.

Ein großes Update hingegen wird nicht automatisch im Hintergrund ausgeführt, sondern muss manuell gestartet werden. Große Updates erscheinen ungefähr alle fünf bis
sechs Monate, und davor gibt es Testversionen (*Beta*) sowie fast fertige Vorabversionen
(*Release Candidate*), sodass interessierte Anwender die Neuerungen bereits vorab
begutachten und ausgiebig testen können.

18

Eine Übersicht aller WordPress-Versionen inklusive Changelog

Auf der folgenden Seite finden Sie eine Übersicht aller WordPress-Versionen:

▶ *codex.wordpress.org/WordPress_Versions*

Dort finden Sie auch Links zum *Changelog*, in dem alle Änderungen gelistet werden,
und zum *Blog* auf WordPress.org, in dem die wichtigsten Änderungen für jede Version
in einem eigenen Beitrag vorgestellt werden.

465

18.4.2 Das Ein-Klick-Update: WordPress per Mausklick aktualisieren

Sicherheitsupdates werden von WordPress also automatisch durchgeführt, aber große Updates für WordPress sowie Updates für Plugins und Themes müssen Sie von Hand starten.

Wenn ein neues Update bereitsteht, werden Sie im Backend an verschiedenen Stellen darauf hingewiesen. Abbildung 18.16 zeigt die Seite DASHBOARD • AKTUALISIERUNGEN, auf der die aktuelle Update-Situation genau beschrieben wird.

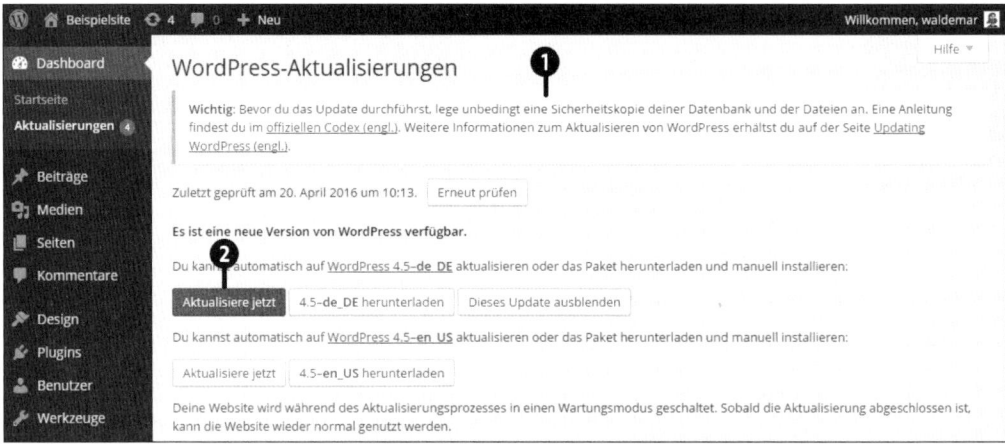

Abbildung 18.16 Die Seite »Aktualisierungen« mit anstehendem Update

Auf der Seite DASHBOARD • AKTUALISIERUNGEN wird darauf hingewiesen, dass vor dem Update *unbedingt eine Sicherheitskopie der Datenbank und der Dateien* erstellt werden sollte ❶. Nehmen Sie diesen Hinweis ernst, und erstellen Sie *vor dem Update* ein aktuelles Backup. Einfach machen.

Danach ist das Update einfach:

▸ Gehen Sie auf die Seite DASHBOARD • AKTUALISIERUNGEN.

▸ Klicken Sie auf die Schaltfläche AKTUALISIERE JETZT ❷.

WordPress holt die aktuelle Version, entpackt die Datei und nimmt alle notwendigen Änderungen vor. Kurz darauf sehen Sie eine Seite mit einem Hinweis auf die neue Version (Abbildung 18.17).

Updates für Plugins und Themes funktionieren nach demselben Muster und sind in der Regel kurz und schmerzlos. Abbildung 18.18 zeigt ein Beispiel: zuerst das gewünschte Plugin auswählen ❶ und dann auf PLUGINS AKTUALISIEREN ❷ klicken. Am besten immer eins nach dem anderen, damit es kein Time-out gibt (siehe oben).

Abbildung 18.17 Update erfolgreich – der Willkommen-Bildschirm

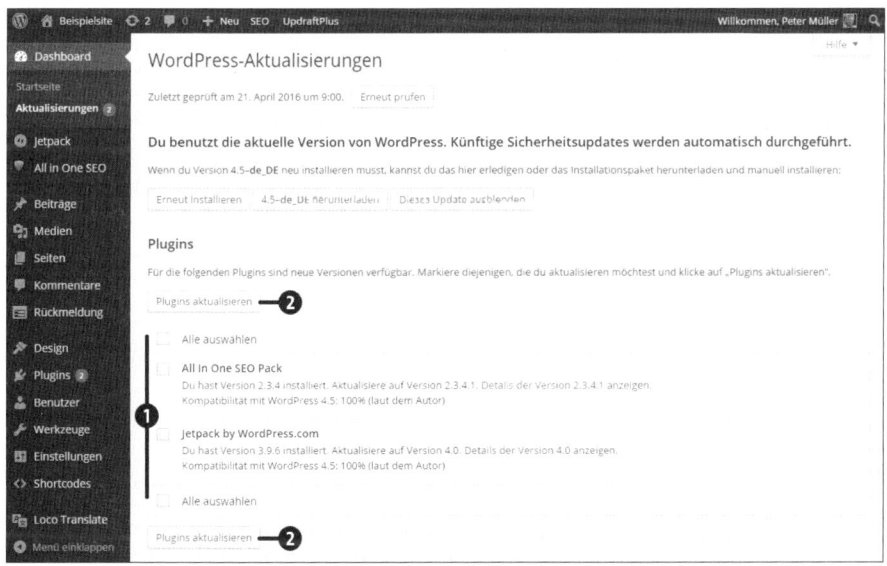

Abbildung 18.18 Updates für Plugins – ein Beispiel

Nach jedem Update sollten Sie Ihre Webseiten immer kurz checken: an- und abmelden am Backend, die Seiten im Frontend öffnen und schauen, ob alle Widgets und Plugins noch gut sitzen und funktionieren.

Mögliche Probleme und manuelle Updates

Falls bei einem Update etwas schiefgehen sollte, können Sie sich unter der folgenden Adresse über mögliche Ursachen informieren bzw. im Forum auf *wpde.org* fragen:

▶ Info: *midesign.at/blog/wordpress-probleme-beim-update/*

▶ Fragen: *forum.wpde.org/installation/*

Falls Sie ein manuelles Update bevorzugen oder das automatische Update aus dem Backend heraus nicht funktioniert, finden Sie eine Anleitung z. B. auf der Website von Jens Appelt aus Berlin oder im Codex auf WordPress.org:

▶ *tinyurl.com/derappelt-wp-update-manuell* (führt zu *derappelt.de*)

▶ *codex.wordpress.org/Updating_WordPress*

18.5   Weitere nützliche Plugins zur Systemverwaltung

Zum Abschluss dieses Kapitels möchte ich Ihnen noch einige nützliche Plugins zur Systemverwaltung vorstellen.

18.5.1   Datenbank aufräumen: Optimize Database after Deleting Revisions

Die WordPress-Datenbank wird im Laufe der Zeit immer größer, nicht zuletzt aufgrund der gespeicherten Revisionen, die Sie in Abschnitt 6.3.5 kennengelernt haben. Zum Beispiel vor einem Backup ist es eine gute Idee, die Datenbank aufzuräumen und so die Größe zu reduzieren.

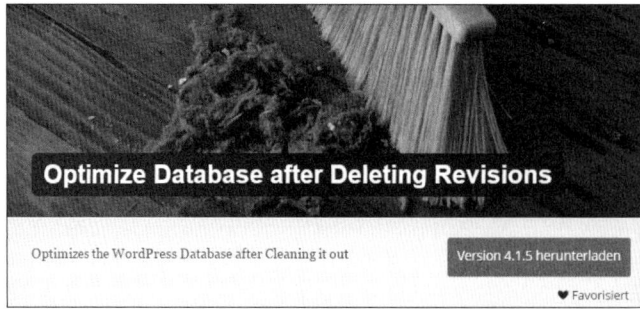

Abbildung 18.19 Das Plugin Optimize Database after Deleting Revisions

Trotz seines etwas umständlichen Namens ist dieses Plugin ausgesprochen praktisch und hilft Ihnen beim Aufräumen der Datenbank (Abbildung 18.19):

▶ *de.wordpress.org/plugins/rvg-optimize-database/*

Von Haus aus bietet WordPress keine Möglichkeit, die automatisch gespeicherten Revisionen zu löschen. Das Plugin bietet hierzu auf der Seite EINSTELLUNGEN • OPTIMIZE DATABASE einige übersichtliche Optionen. Abbildung 18.20 zeigt einen Ausschnitt daraus. Hier können Sie ...

▶ ... alle Revisionen löschen, die älter als x Tage sind ❶.

▶ ... festlegen, wie viele Revisionen maximal gespeichert werden sollen ❷.

▶ ... diverse andere Dinge in der Datenbank löschen ❸.

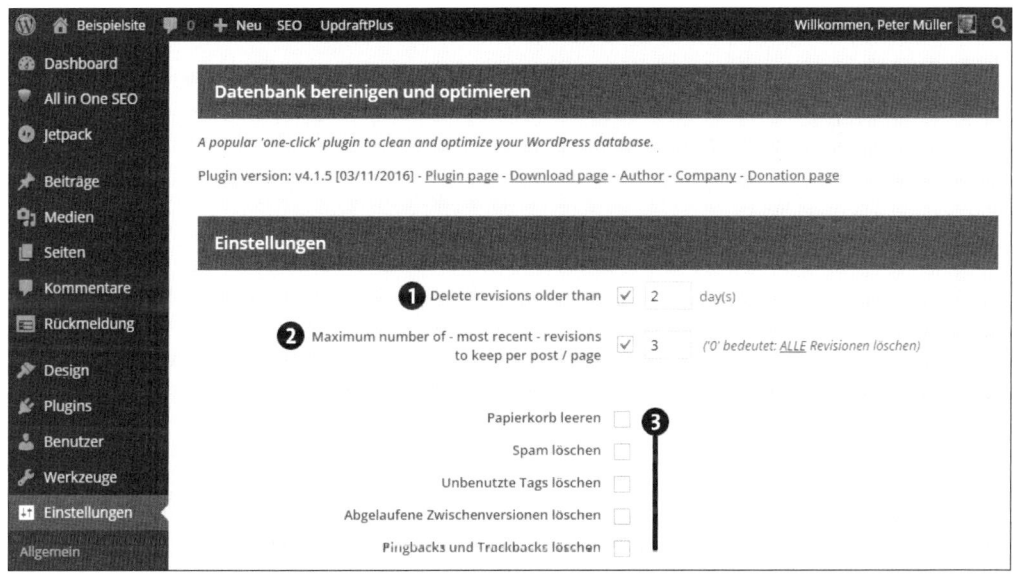

Abbildung 18.20 Einige Einstellungen zur Optimierung der Datenbank

18.5.2   Links überprüfen: Broken Link Checker

Das Plugin *Broken Link Checker* überprüft die Links auf Ihrer Website, schaut, ob irgendwelche Links ins Nichts führen, und sagt bei fehlerhaften Links im Dashboard oder per E-Mail Bescheid, sodass Sie sie überprüfen und korrigieren können (Abbildung 18.21):

▶ *de.wordpress.org/plugins/broken-link-checker/*

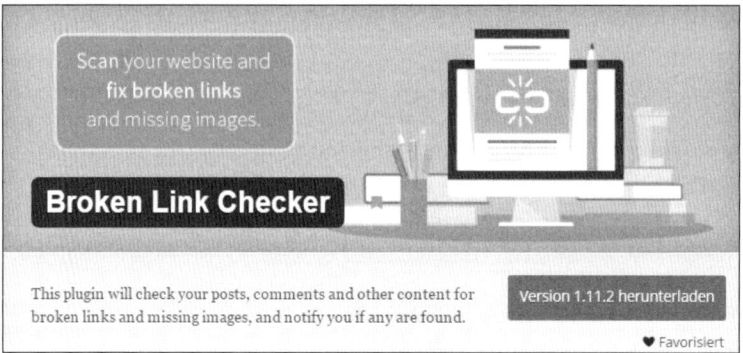

Abbildung 18.21 Das Plugin Broken Link Checker

Performance-Probleme? Broken Link Checker deaktivieren

Falls Sie nach der Aktivierung des Plugins bemerken, dass Ihre Webseiten sehr viel langsamer ausgeliefert werden, sollten Sie das Plugin deaktivieren und schauen, ob die Seiten dann wieder schneller sind. Falls nötig, können Sie in EINSTELLUNGEN • LINK CHECKER auf dem Register ERWEITERT genau einstellen, wie sich das Plugin verhalten soll.

18.5.3   Zusätzliche Sicherheit für WordPress: Wordfence Security

Sie halten WordPress, Plugins und Themes immer auf dem aktuellen Stand, Sie haben das Jetpack-Modul SCHÜTZEN aktiviert, und Sie erstellen Inhalte nicht als Administrator, sondern als Redakteur. Wenn Sie noch mehr für die Sicherheit Ihrer Website tun möchten, schauen Sie sich einmal das Plugin *WordFence Security* an (Abbildung 18.22):

▶ *de.wordpress.org/plugins/wordfence/*

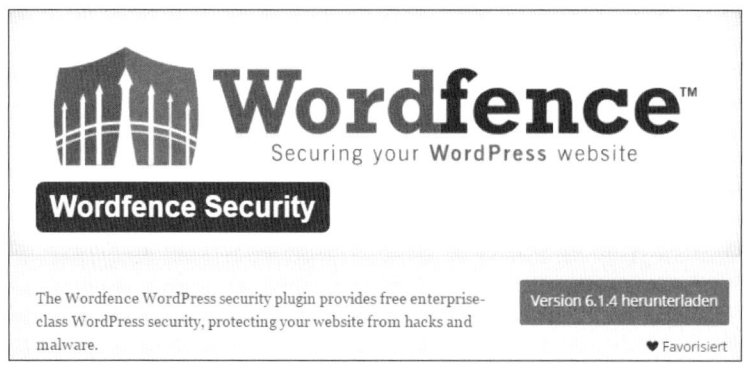

Abbildung 18.22 Das Plugin Wordfence Security

18.5.4   Seiten beschleunigen: Drei WordPress-Plugins zum Caching

Je mehr Besucher Ihre Website hat, desto härter müssen WordPress, der Webserver und die Datenbank arbeiten, denn normalerweise werden alle Seiten ja erst auf Anforderung erstellt. Abhilfe schaffen dann Cache-Plugins, die WordPress die Arbeit erleichtern, indem sie z. B. häufig besuchte Seiten vorproduzieren und für Besucher bereitstellen.

Drei der beliebtesten Cache-Plugins sind die folgenden:

- *WP Supercache* ist einfach zu konfigurieren und auch für Laien relativ einfach einsetzbar: *wordpress.org/plugins/wp-super-cache/*
- *W3 Total Cache*, oft als *W3TC* abgekürzt, ist komplexer und kann Ihre Seiten, von Expertenhand bedient, wirklich beschleunigen, was aber gerade für Einsteiger eher nachteilig sein kann: *wordpress.org/plugins/w3-total-cache/*
- *WP Rocket* ist einfach zu bedienen und sehr leistungsfähig, aber nicht im Plugin-Verzeichnis erhältlich, da es keine kostenlose Version gibt. Weitere Infos finden Sie auf der Website, auch auf Deutsch: *wp-rocket.me/de/*
  Sie erhalten *WP Rocket* ab 29 € inklusive Updates und Support für ein Jahr (Stand: Juni 2015).

18.5.5   Cookie Law Info: Der Cookie-Hinweis für Besucher

Wenn bei den Besuchern Ihrer Websites in irgendeiner Form Cookies gesetzt werden, müssen Sie sie darauf hinweisen und ihre Zustimmung einholen. Diese in einer EU-Richtlinie formulierte und an sich gut gemeinte Idee führt dazu, dass man auf vielen Websites einen Cookie-Hinweis bekommt, den man lesen und akzeptieren sollte.

Für WordPress gibt es diverse Plugins, die einen solchen Hinweis generieren. Das momentan beliebteste ist *Cookie Law Info* (Abbildung 18.23):

- *de.wordpress.org/plugins/cookie-law-info/*

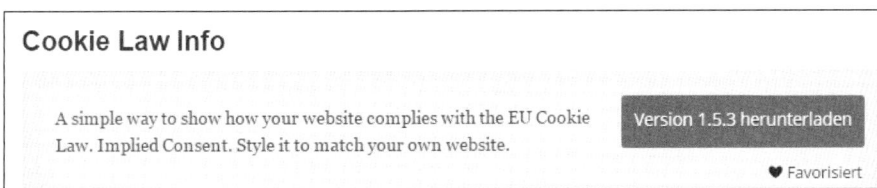

Abbildung 18.23 Cookie Law Info erzeugt einen Cookie-Hinweis.

Cookies werden von vielen Plugins und z. B. von Jetpack-Modulen wie ABONNEMENTS oder MOBILES THEME gesetzt. Falls Sie sich nicht sicher sind, ob Ihre Website Cookies setzt, machen Sie die Probe aufs Exempel: Löschen Sie in Ihrem Browser alle Cookies, surfen zu Ihrer Website und schauen, ob danach welche vorhanden sind. Wenn ja, fügen Sie einen Cookie-Hinweis hinzu.

18.6   Auf einen Blick

Die wichtigsten Themen noch einmal im Überblick:

▶ WordPress kennt eine einfache Benutzerverwaltung mit fünf verschiedenen Rollen.

▶ Aus Sicherheitsgründen schreiben Sie Beiträge und Seiten idealerweise nicht als Administrator, sondern als Redakteur oder Autor.

▶ Die Import-/Export-Funktion ermöglicht es, Inhalte bequem in eine andere Word-Press-Installation zu übertragen.

▶ Eine WordPress-Site besteht immer aus Datenbank und Dateien auf dem Webspace. Bei einem Backup müssen Sie immer beide Komponenten sichern.

▶ Ein Plugin wie *UpdraftPlus* kostet zwar etwas Zeit bei der Einrichtung, bietet Ihnen danach aber das beruhigende Gefühl, ein automatisches, immer aktuelles Backup von Datenbank und Dateien zu haben.

▶ WordPress kennt zwei Arten von Updates:
  – Sicherheitsupdates mit einer dreistelligen Versionsnummer wie 4.5.1.
  – große Updates mit einem Versionssprung von z. B. 4.5 auf 4.6.
  – WordPress führt Sicherheitsupdates automatisch durch.
  – Ein großes Update muss manuell im Backend angestoßen werden, läuft aber in der Regel automatisch ab.

Kapitel 19
Tipps und Tricks

Worin Sie zum Abschluss ein paar nützliche Tipps und Tricks und eine Checkliste für die Freischaltung Ihrer Website kennenlernen.

Die Themen im Überblick:

▶ Nützliche Plugins für die Arbeit im Editor, Seite 473

▶ Praktisch: Apps für die Arbeit mit WordPress, Seite 478

▶ Know-how: Quelltext von Themes bearbeiten, Seite 479

▶ Checkliste für die Freischaltung einer WordPress-Site, Seite 482

▶ Sie sind nicht allein: Die WordPress-Community, Seite 484

▶ Auf einen Blick, Seite 485

In diesem letzten Kapitel geht es um nützliche Plugins, Apps für die Arbeit mit Word-Press und dem technisch etwas anspruchsvolleren Thema wie Sie Änderungen am Quelltext von Themes vornehmen.

Am Ende des Kapitels finden Sie Checklisten für die Freischaltung Ihrer WordPress-Website und ein paar hilfreiche Links zu WordPress-Foren, falls Sie einmal allein nicht weiterkommen.

19.1 Nützliche Plugins für die Arbeit im Editor

Zunächst möchte ich Ihnen zwei kleine, aber feine Plugins für die Arbeit im Editor vorstellen, nämlich *Duplicate Post* und *TinyMCE Advanced*.

19.1.1 Duplicate Post: Beiträge und Seiten duplizieren

Das in Abbildung 19.1 gezeigte Plugin *Duplicate Post* ermöglicht es, im Backend Kopien von Beiträgen und Seiten zu erstellen, die anschließend inhaltlich bearbeitet werden können. Ein Beispiel:

- ▸ Sie haben mehrere Produkte oder Dienstleistungen, die Sie jeweils auf einer eigenen Seite vorstellen möchten.

- ▸ Dazu erstellen Sie für das erste Produkt eine Seite mit Slider, Bildern, Shortcodes für mehrspaltige Texte und allem Drum und Dran.

- ▸ Für das zweite Produkt fangen Sie nicht mit einer leeren Seite an, sondern erstellen mit *Duplicate Post* eine Kopie der ersten Seite, die Sie anschließend bearbeiten.

Das ist im WordPress-Alltag superpraktisch, und so ist das Plugin mit mehr als einer Million aktiver Installationen auch ziemlich beliebt.

- ▸ *de.wordpress.org/plugins/duplicate-post/*

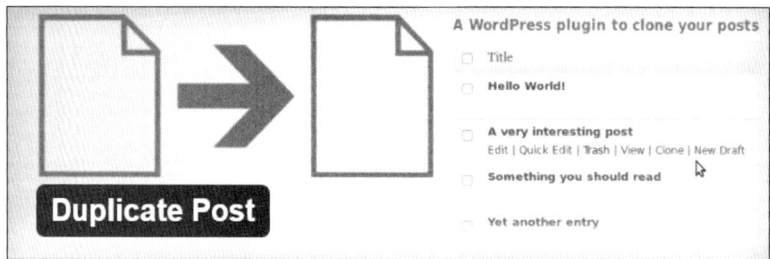

Abbildung 19.1 Das Plugin Duplicate Post

Nach der Installation erhalten Sie im Menü PLUGINS • INSTALLIERTE PLUGINS einen neuen Eintrag namens ARTIKEL DUPLIZIEREN (Abbildung 19.2).

Abbildung 19.2 Das Plugin Duplicate Post alias »Artikel duplizieren«

Ist das Plugin aktiv, gibt es in den Übersichtstabellen auf ALLE BEITRÄGE und ALLE SEITEN zwei neue Befehle, wenn man einen Eintrag mit der Maus berührt:

- ▸ DUPLIZIEREN speichert eine Kopie als Entwurf und macht sonst nichts.

- ▸ NEUER ENTWURF erstellt eine Kopie und öffnet diese sofort im Editor.

Abbildung 19.3 zeigt die beiden Befehle auf der Seite ALLE BEITRÄGE.

Außerdem erscheint bei der Bearbeitung von Beiträgen und Seiten im Bereich VERÖFFENTLICHEN neben dem Editor ein neuer Befehl oberhalb von IN DEN PAPIERKORB LEGEN (Abbildung 19.4). Der Link SEITE/ARTIKEL ALS ENTWURF DUPLIZIEREN erstellt eine Kopie und öffnet diese sofort im Editor.

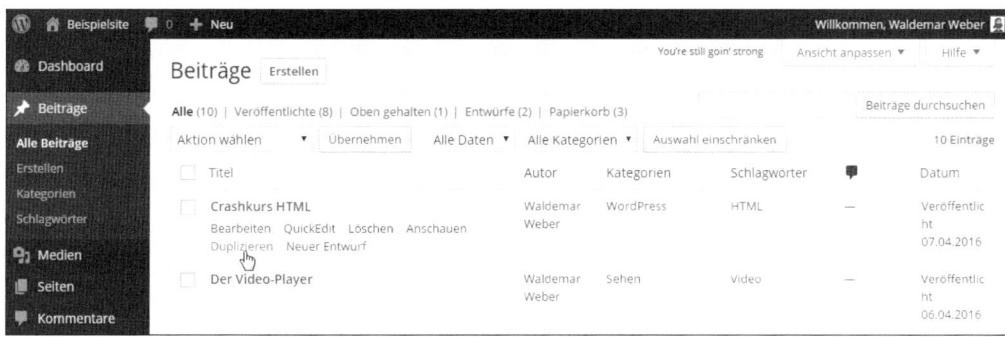

Abbildung 19.3 Duplicate Post – zwei neue Befehle

Abbildung 19.4 Der Befehl »Seite/Artikel als Entwurf duplizieren«

Das Menü »Einstellungen • Artikel duplizieren« dient der Feineinstellung

Im Menü »Einstellungen • Artikel duplizieren« können Sie das genaue verhalten von
Artikel duplizieren konfigurieren und z. B. festlegen, dass bestimmte Merkmale wie
Beitragsbilder, Kategorien oder Schlagwörter nicht kopiert werden sollen. Aber die Stan-
dardeinstellungen sind sinnvoll gewählt und sollten nur bei Bedarf geändert werden.

19.1.2   TinyMCE Advanced: Tabellen für den Editor

Der visuelle Editor von WordPress heißt mit vollem Namen *TinyMCE* und ist wirklich
komfortabel, aber manchmal fehlen ihm doch ein paar Funktionen, wie z. B. die Möglichkeit, Tabellen einzufügen.

475

Abhilfe schafft das Plugin *TinyMCE Advanced*, das den Editor um einige nützliche Funktionen erweitert und z. B. auch die Sortierung der Symbole ermöglicht (Abbildung 19.5):

▶ *de.wordpress.org/plugins/tinymce-advanced/*

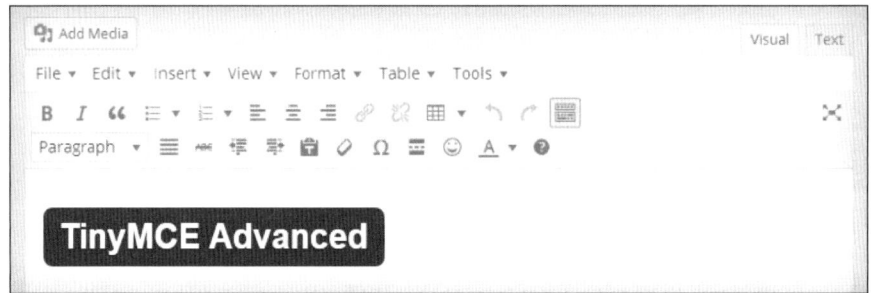

Abbildung 19.5 Das Plugin »TinyMCE Advanced«

Nach der Installation und Aktivierung erscheint im Editor eine neue Menüleiste ❶, und in der oberen Formatierungsleiste gibt es ein Symbol zum Einfügen von Tabellen ❷, mit dem man fast wie in Word Tabellen per Maus einfügen und nachträglich bearbeiten kann ❸ (Abbildung 19.6).

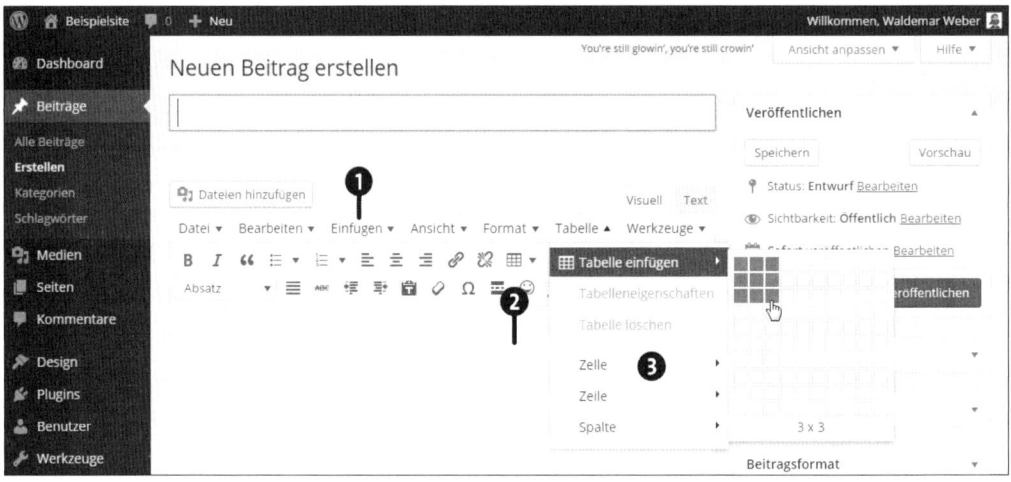

Abbildung 19.6 Der Editor mit Menüleiste und Symbol für Tabellen

Das Plugin bietet aber noch weitere Feinheiten. Unter anderem haben die Symbole zum Einfügen von Listen jetzt einen kleinen Pfeil daneben, der beim Einfügen von Listen diverse Optionen für die Nummerierung bzw. das Aufzählungszeichen anbietet, und im Menü BEARBEITEN gibt es einen Befehl zum SUCHEN UND ERSETZEN im Editorfenster.

Im Menü EINSTELLUNGEN hat das Plugin einen eigenen Menüpunkt namens TINYMCE ADVANCED ❶. Abbildung 19.7 zeigt die Einstellungsseite im Überblick.

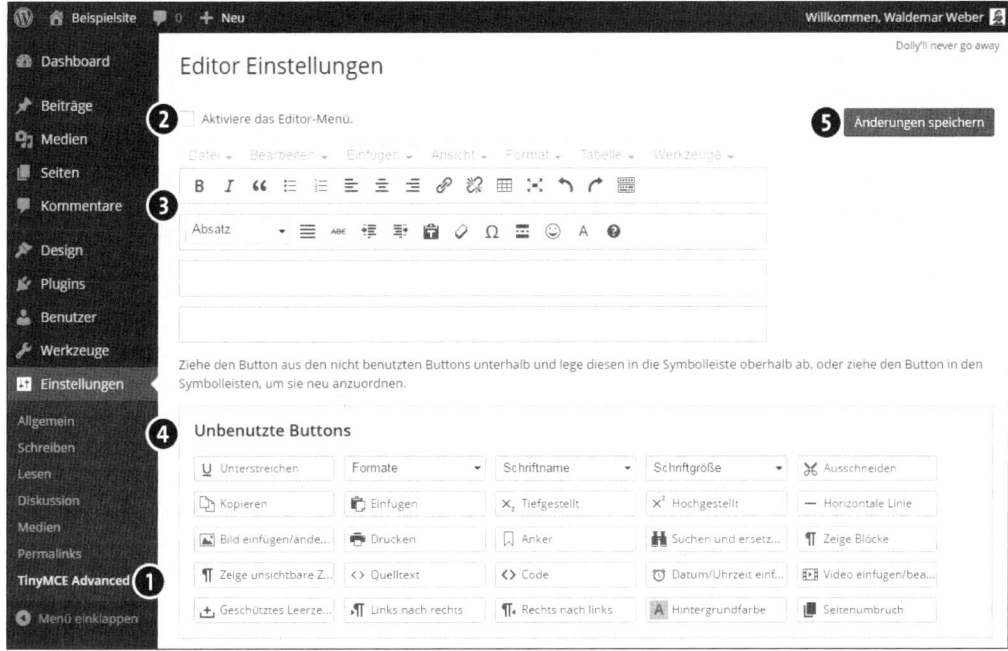

Abbildung 19.7 Die Einstellungen für das Plugin TinyMCE Advanced

Sie können in den Einstellungen für das Plugin unter anderem:

▶ die Menüzeile im Editor ein- oder ausstellen ❷

▶ die Anordnung der Symbole auf den Symbolleisten ändern ❸

▶ Symbole aus dem Bereich UNBENUTZTE BUTTONS ❹ in die Symbolleisten darüber ziehen

Vergessen Sie nicht, nach getaner Arbeit die Änderungen zu speichern ❺. So können Sie sich den Editor wirklich so einstellen, wie Sie ihn gerne hätten.

Symbolleisten im Editor durcheinander? Keine Panik

Falls bei der Optimierung der Symbolleisten für den Editor etwas schiefgeht, gibt es einen Notschalter. Auf der Seite EINSTELLUNGEN • TINYMCE ADVANCED finden Sie eine Schaltfläche mit der beruhigenden Beschriftung STANDARDEINSTELLUNGEN WIEDERHERSTELLEN.

19.2 Praktisch: Apps für die Arbeit mit WordPress

Bisher haben Sie das Backend von WordPress im Browser an einem Desktop-Rechner kennengelernt, aber gibt es zur Bearbeitung der Inhalte einer WordPress-Website auch Apps, und zwar sowohl für mobile Geräte mit iOS (Apple) und Android als auch für Desktop-Computer mit Windows, Linux oder OS X (Abbildung 19.8):

▶ *apps.wordpress.com*

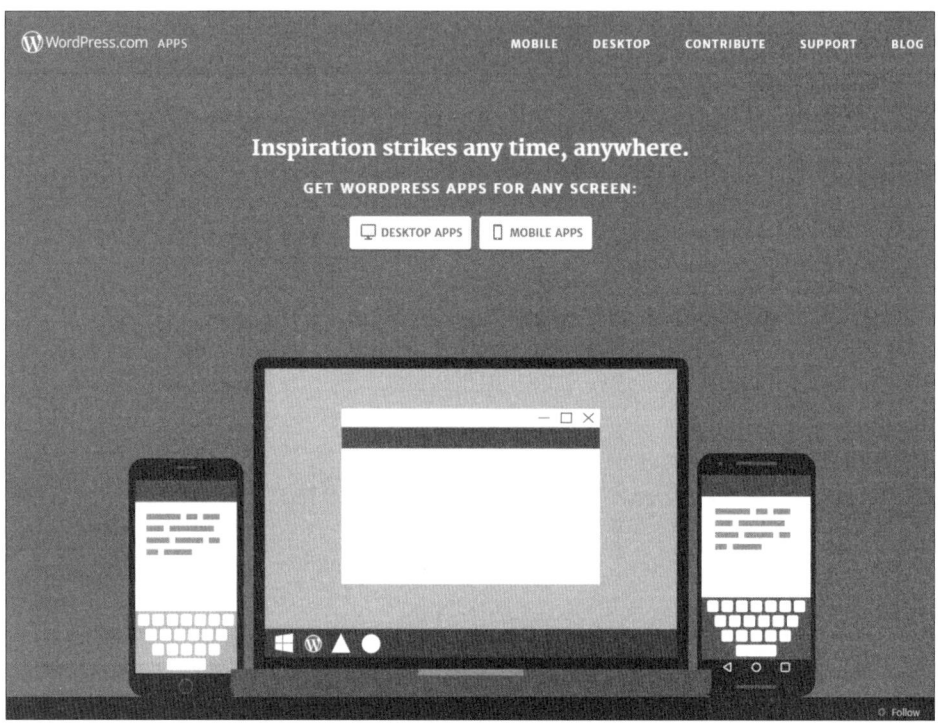

Abbildung 19.8 Mobile Apps zum Bearbeiten der Inhalte in WordPress

Die Apps verbinden sich mit einem Konto auf WordPress.com, können aber auch Word-Press-Installationen auf dem eigenen Webspace (*self-hosted sites*) verwalten, sofern diese via Jetpack mit einem Konto auf WordPress.com verbunden sind.

Optisch basieren die Apps auf dem blauen Calypso-Backend von WordPress.com. Der genaue Funktionsumfang unterscheidet sich von App zu App, aber Sie können damit auf jeden Fall z. B. Beiträge oder Seiten bearbeiten oder die WEBSITE-STATISTIKEN von Jetpack studieren. Abbildung 19.9 zeigt die Windows-App mit einer Übersicht der veröffentlichten Beiträge.

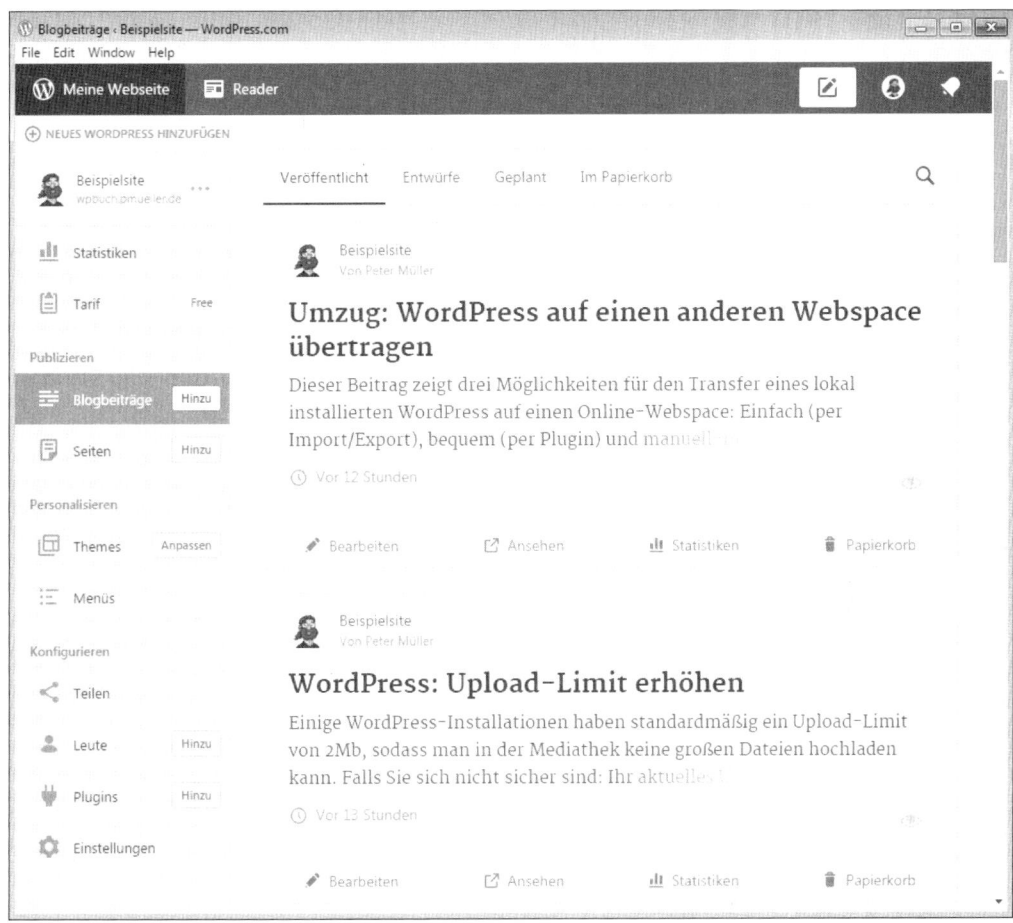

Abbildung 19.9 Optionen beim Erstellen eines Beitrags

19.3   Know-how: Quelltext von Themes bearbeiten

In Kapitel 11 und 12 haben Sie Themes konfiguriert, ohne direkt mit dem Code in Berührung zu kommen, und oft reichen diese Möglichkeiten völlig aus.

Bei einem selbst gehosteten WordPress gibt es für Experten noch weitere Wege, ein Theme zu bearbeiten, die ich Ihnen kurz vorstellen möchte. Für beide Varianten benötigen Sie allerdings zumindest Grundkenntnisse in HTML und CSS, und Begriffe wie JavaScript oder PHP sollten Sie auch schon mal gehört haben und richtig einordnen können.

Backup ist Pflicht, bevor der Code geändert wird

Änderungen im Editor werden nach dem Speichern sofort umgesetzt, und es gibt, wie im richtigen Leben, kein BEARBEITEN • RÜCKGÄNGIG.

Da auch kleine Fehler manchmal große Auswirkungen haben können, sollten Sie auf jeden Fall ein Backup der Dateien auf Ihrem Webspace machen, damit Sie sie notfalls wieder zurückkopieren können.

19.3.1   Nicht updatesicher: Themes bearbeiten »Design • Editor«

Abbildung 19.10 zeigt den Bereich THEMES BEARBEITEN im Backend. Diese Seite erscheint, wenn Sie im Menü DESIGN auf den Befehl EDITOR klicken.

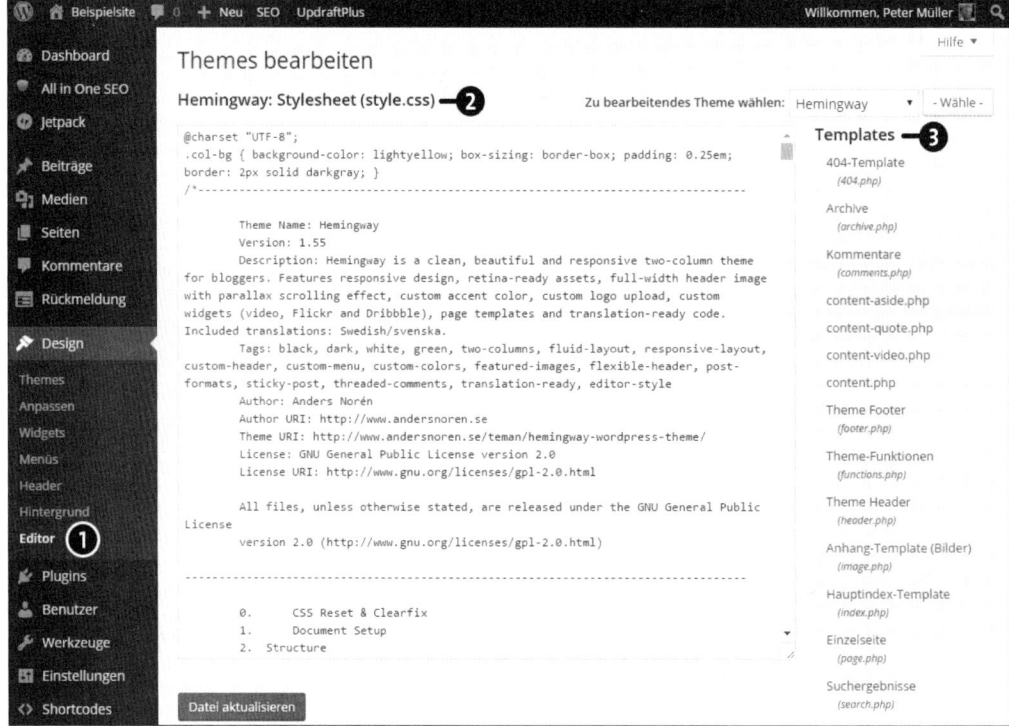

Abbildung 19.10 Der Editor zum Bearbeiten von Theme-Dateien

Wenn Sie den EDITOR ❶ aufrufen, sehen Sie das Stylesheet mit dem Namen *style.css* im Editorfenster ❷. Rechts außen zeigt das Auswahlfeld den Namen des gerade aktiven

Themes, im Beispiel also *Hemingway*. Darunter sehen Sie eine lange Liste von TEMP-LATES ❸ genannten PHP-Dateien. Diese Dateien bilden das Rückgrat Ihres Themes, und eine Änderung daran kann gravierende Auswirkungen haben.

Änderungen am Editor werden nach dem Speichern sofort umgesetzt, sodass man hier sehr schnell etwas ausprobieren kann, wenn man weiß, was man tut, aber sie werden beim nächsten Theme-Update wieder überschrieben.

Änderungen in »Design • Editor« werden bei Updates überschrieben

Der große Nachteil von Änderungen in DESIGN • EDITOR ist, dass diese bei einem Theme-Update wieder überschrieben werden. Von daher ist diese Methode zum Testen oder für kleine Änderungen okay, aber keine wirkliche Lösung.

19.3.2   Updatesicheres CSS: Das Jetpack-Modul »Individuelles CSS«

Besser als eine Änderung direkt in der *styles.css* ist es, das gewünschte CSS mit einem Plugin wie dem Jetpack-Modul INDIVIDUELLES CSS (engl. *Custom CSS*) zu erstellen. Nach der Aktivierung des Moduls gibt es ein neues Menü namens DESIGN • CSS BEARBEITEN, und hier notierte CSS-Regeln überleben auch ein Update des Themes (Abbildung 19.11).

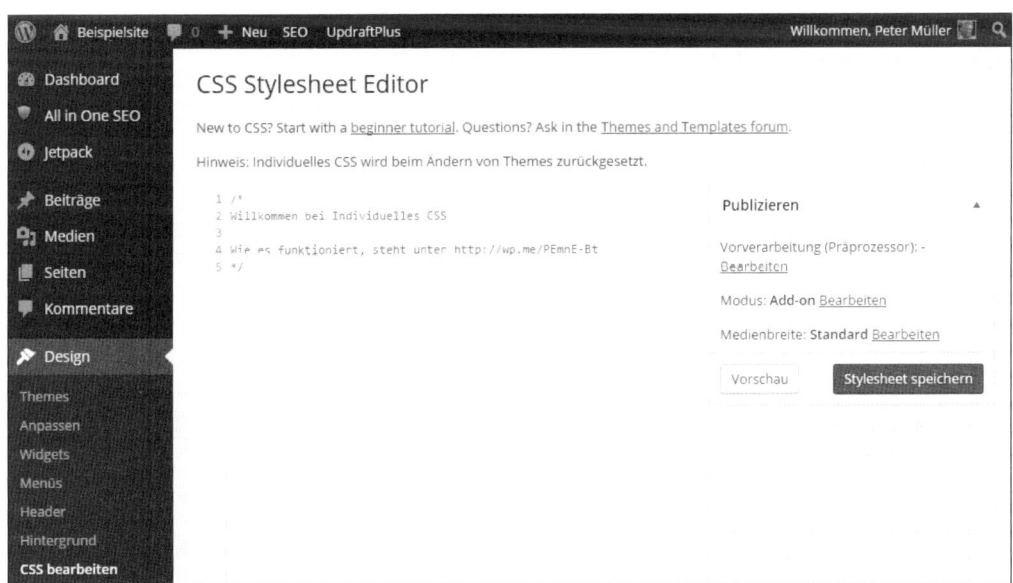

Abbildung 19.11 Das Menü »Design • CSS bearbeiten«

19.3.3   Komplett updatesicher: »Child-Themes« zur Anpassung von Themes

Für updatesichere Änderungen am CSS gibt es also Plugin-Module wie INDIVIDUELLES CSS, aber für Änderungen an Templates oder auch großen Änderungen am CSS erstellt man besser ein sogenanntes *Child-Theme*.

Ein Child-Theme wird auf dem Webspace in einem eigenen Verzeichnis gespeichert, und das Original-Theme (*Parent-Theme*) bleibt dabei unberührt. So können Updates für das Original-Theme installiert werden, und alle im Child-Theme erfolgten Änderungen bleiben erhalten.

Child-Themes sind eine superpraktische Sache zur Individualisierung von vorhandenen Themes. Mehr dazu erfahren Sie auf den folgenden Seiten:

▶ *tinyurl.com/elma-wp-child-theme* (führt zu *elmastudio.de*)

▶ *codex.wordpress.org/Child_Themes*

19.4   Checkliste für die Freischaltung einer WordPress-Site

In diesem Abschnitt möchte ich Ihnen eine kurze Checkliste zeigen, die Sie vor dem Freischalten einer Website durchgehen können.

Checklisten sind naturgemäß nie wirklich fertig oder vollständig, und Sie sollten diese Liste nach Ihren Bedürfnissen anpassen, verkürzen oder ergänzen, aber ich hoffe, dass Sie sie nützlich finden.

19.4.1   Checkliste Frontend

▶ Titel der Website und Untertitel sind okay.

▶ Website-Symbole funktionieren (*Favicon* und *Touchicon*).

▶ Inhalte checken:

  – Impressum ist vorhanden, okay und korrekt verlinkt.

  – Datenschutzerklärung ist vorhanden, okay und korrekt verlinkt.

  – Rechte am Bildmaterial sind vorhanden, und Quellen werden genannt.

  – Rechtschreibung auf Beiträgen und Seiten stimmt.

▶ Links checken:

  – Navigation funktioniert.

  – Alle Links in Beiträgen und Seiten sind okay.

  – 404-Seite bei nicht vorhandenen Links ist vorhanden.

- ▶ Seiten wurden in verschiedenen Browsern getestet (Chrome, Firefox, IE etc.).
- ▶ Seiten wurden auf verschiedenen Geräten getestet (iOS, Android etc.).
- ▶ Ladezeiten aller Seiten sind okay.

19.4.2   Checkliste Interaktionen

- ▶ Das Kontaktformular ist leicht erreichbar und funktioniert.
- ▶ Die Suchfunktion funktioniert und ist überall vorhanden.
- ▶ Kommentarfunktion:
    - – Kommentarbereiche sind vorhanden und funktionieren.
    - – Kommentarbereiche auf Seiten wie dem Impressum wurden deaktiviert.
    - – Kommentareinstellungen sind okay (EINSTELLUNGEN • DISKUSSION).
    - – Der Spamschutz für die Kommentarfunktion ist aktiviert (*Antispam Bee*).
    - – Optional: Das Abonnement für Kommentare ist aktiviert (*Jetpack*).
- ▶ Social Media: Share-Buttons sind eingebaut und funktionieren.
- ▶ Optional: Das Widget für die Kontaktinfo wurde eingerichtet (*Jetpack*).
- ▶ Optional: Das Abonnement für Blogbeiträge ist aktiviert (*Jetpack*).

19.4.3   Checkliste Backend

- ▶ Benutzer:
    - – Der Administrator hat als Benutzernamen nicht *admin*.
    - – Beiträge werden nicht als Administrator geschrieben.
    - – Alle Benutzer haben sichere Passwörter.
- ▶ Aktualisierungen:
    - – WordPress ist aktuell.
    - – Plugins sind aktuell.
    - – Themes sind aktuell.
    - – Übersetzungen sind aktuell.
- ▶ Themes:
    - – Nicht benötigte Themes werden gegebenenfalls gelöscht.
    - – Menüs sind richtig konfiguriert.
    - – Alle Widgets sind an den richtigen Stellen.
- ▶ Mediathek:
    - – Bilder sind optimiert.

19

- – Detailinformationen für Bilder sind ausgefüllt.
- – Nach Theme-Wechsel: *Regenerate Thumbnails* erledigt.
- – PHOTON zum schnellen Servieren von Fotos ist aktiviert (*Jetpack*).
▶ Backup:
- – Aktuelles Backup ist erstellt.
- – Optional: Automatisches Backup ist eingerichtet und getestet.
▶ Jetpack:
- – Das Modul SCHÜTZEN ist aktiviert (*Brute Protect*).
- – Nicht erwünschte Module sind deaktiviert.
▶ Die Statistik ist aktiviert (Jetpack, Google Analytics o. Ä.).
▶ Optional: Ein Security-Plugin ist installiert und konfiguriert.

19.4.4   Checkliste SEO

▶ Suchmaschinen dürfen indizieren (EINSTELLUNGEN • LESEN).
▶ URLs prüfen:
- – Der Domain-Name stimmt.
- – Die Permalinks sind im gewünschten Format.
▶ Theme wird von Google als *mobile friendly* eingestuft.
▶ SEO-Plugin ist installiert und aktiviert.
- – *Preview Snippets* für Beiträge und Seiten sind okay.
- – SETTINGS FÜR SOCIAL MEDIA sind für alle Beiträge und Seiten okay.
- – XML-Sitemap wurde generiert und eingereicht.
▶ Konto für Webmastertools bei Google (Google Search Console) und gegebenenfalls Bing sind eingerichtet.

Ein paar Tage nach der Freischaltung sollten Sie prüfen, ob die Webseiten im Index der Suchmaschinen vorhanden sind (Suche »site:domain.de«).

19.5   Sie sind nicht allein: Die WordPress-Community

In diesem Buch haben Sie die wichtigsten Dinge rund um die Arbeit mit WordPress kennengelernt. Falls im Alltag Fragen oder Probleme auftauchen, ist man meistens nicht der Erste, der damit konfrontiert wird. Eine kurze Google-Suche hilft oft schon weiter, denn WordPress ist nicht nur die erfolgreichste Software zum Veröffentlichen von Inhalten im Web, sondern hat auch eine weltweit sehr aktive Community.

Auf WordPress.org gibt es eine Hilfeseite mit Links zu guten deutschsprachigen Word-Press-Foren (Abbildung 19.12):

▶ *de.wordpress.org/hilfe/*

Abbildung 19.12 Deutschsprachiger Support auf »wordpress.org«

Aber die WordPress-Community gibt es nicht nur virtuell. Auf WordCamps treffen sich WordPress-Nutzer in der realen Welt und tauschen sich untereinander aus. Infos dazu erhalten Sie z. B. auf *wpde.org/wordcamp/*.

Und jetzt wünsche ich Ihnen viel Spaß mit WordPress und Ihrer Website!

19.6 Auf einen Blick

Die wichtigsten Themen noch einmal im Überblick:

▶ Zwei nützliche Plugins für die Arbeit im Editor sind diese beiden:
  – *Duplicate Post* ermöglicht das Kopieren von Beiträgen und Seiten.
  – *TinyMCE Advanced* erweitert den visuellen WordPress-Editor.

▶ Außer dem klassischen WP-Admin-Backend im Browser gibt es Apps für die Arbeit mit WordPress, und zwar für Desktop-Computer und mobile Geräte.

▶ Um den Quelltext von Themes updatesicher zu bearbeiten, gibt es Plugin-Module wie INDIVIDUELLES CSS oder die Möglichkeit, mit Child-Themes zu arbeiten.

▶ Vor der Freischaltung Ihrer Website schauen Sie sich einmal die Checklisten zu Frontend, Interaktionen, Backend und SEO an.

▶ Sie sind nicht allein – die WordPress Community ist weltweit aktiv.

19

Index

- Installation, Anwendung, Administration

- Erstellung eigener Themes und Erweiterungen

- Inkl. Google Analytics, Google AdSense, SEO, Widget- und Plug-in-Programmierung

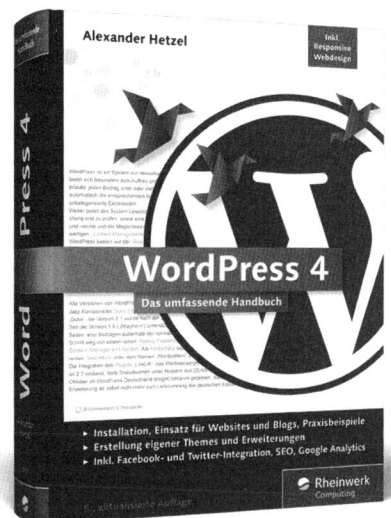

Alexander Hetzel

WordPress 4
Das umfassende Handbuch

Umfassend, bewährt, für Einsteiger und Profis: das ist unser WordPress-Handbuch. Hier finden Sie alles – von der Installation bis hin zur Anpassung und Konfiguration Ihrer Website oder Ihres Blogs. Dazu zählt auch die Entwicklung von eigenen Design-Vorlagen und Erweiterungen. Inkl. Einbindung von Social-Media-Diensten und SEO sowie einer Einführung in HTML und CSS.

935 Seiten, gebunden, 39,90 Euro
ISBN 978-3-8362-3943-1
5. Auflage 2016
www.rheinwerk-verlag.de/4002

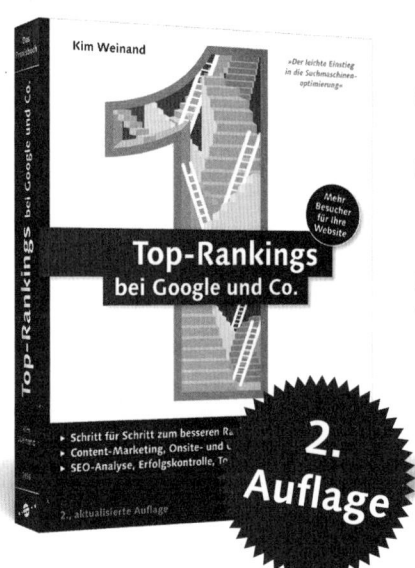

- Schritt für Schritt zum besseren Ranking

- Content-Marketing, Onsite- und Offsite-Optimierung

- SEO-Analyse, Erfolgskontrolle, Tools und Tricks

Kim Weinand

Top-Rankings bei Google und Co.

Zieht Ihre Internetseite zu wenige Besucher an? Die Lösung dieses Problems liegt meist klar auf der Hand: Die Website wird im Internet nicht gefunden. Maßgeblich für den Erfolg eines Unternehmens ist, dass der Internetauftritt auf der ersten Seite bei Google & Co. erscheint. Kim Weinand vermittelt in seinem Einsteigerbuch aktuelles Praxiswissen und Erfahrungswerte zu den Trends der Suchmaschinen-Optimierung. Hier erfahren Sie alles darüber, wie Sie erfolgreicher im Netz auftreten können.

425 Seiten, broschiert, 24,90 Euro
ISBN 978-3-8362-2896-1
2. Auflage
www.rheinwerk-verlag.de/3619